나 침 반

핵심 성경 연구 ①

창세기 ~ 말라기

나침반
출판사

종합선교 – 나침반 출판사 / 그리스도인들의 성장을 돕습니다.

ⅠⅠⅠ0 – 6ⅠⅠ6 서울 · 광화문 우체국 사서함 1641호 ☎(02)2279-6321~3/주문처(02)2606-6012~4

● ● ●

COMPASS HOUSE PUBLISHERS

A DIVISION OF NACHIMVAN (=COMPASS) MINISTRIES
KWANGHWAMOON P. O. BOX 1641, SEOUL 110-616, KOREA

『Expository Notes on the Old & New Testament』
Translated and published by permission of Dr. Warren Wiersbe
이 책은 허락을 받아 번역, 출판한 것입니다.

이 소중한 책을

특별히______________________________님께

드립니다.

"성경을 성경으로서 쉽게 이해하는데 큰 도움을 주도록 만든 것입니다."

워런 W. 위어스비 목사님의 수많은 저서 중에서도 특별한 책으로 간주되는 『EXPOSITORY NOTES ON THE OLD TESTAMENT/THE NEW TESTAMENT』가 한국어로 번역되어 『핵심 성경 연구』라는 제목으로 발행된 것을 하나님께 감사드리며, 수고한 이들에게 찬사를 보냅니다.

워런 W. 위어스비 목사님과의 친교는 꽤 오래 전부터 였읍니다. 제가 미국 미시간주 랜싱의 SOUTH BAPTIST CHURCH에서 한국인을 위한 교회를 개척할 때, 그 교회 담임 목사님이시며, 위어스비 목사님과 특별히 절친한 관계이신 하워드 서그든 목사님(이 두 분은 『목회자 지침서/나침반社 발행』의 저자들이기도 하다-편집인註)의 소개로 처음 서로 알게 된 후, 저의 모교인 그랜드래피드 침례 신학교와, 여러 선교사 수양회에서 함께 일하기도 하였읍니다. 그 후 한국으로 귀국한 후인 오늘날까지도(특별히 제가 일하고 있는 극동·아세아방송사의 영어방송중 하나인 『BACK TO THE BIBLE』의 협회 책임자이며, 소련어 방송을 위하여 소련인들로만 구성된 슬라빅복음선교회의 이사장인 위어스비 목사님과) 방송인으로서의 관계가 지속되고 있읍니다. 그러기에 지난 2월초(1985년) 제42차 국제 기독교 방송인 대회가 미국의 수도 와싱톤에서 열렸을 때 오랫만에 다시 만날 기회가 있었읍니다. 그 때 특별히 이 책이 한국어판으로 발행되는데 대하여 의견을 나눌 때 위어스비 목사님은 "한국의 그리스도인들에게 크게 축복이 되기를 기대한다"며 사용을 쾌히 승락하셨읍니다. 그리고 그 자리에서 한국 방문을 요청하였을 때 "매일 바쁜 일정이지만 가까운 시일안에 한번 한국을 방문하기를 희망한다"고 하였읍니다.

이 책은 위어스비 목사님의 한때 시무하시던 갈보리 교회의 "성경전서 연구과정"을 위하여 마련한 것으로 7년 동안 주일저녁과 수요일저녁에 교회 중간 지

제42차 국제 기독교 방송인 대회(와싱톤D. C.)
에서 저자 W. W. 위어스비 목사와 송용필 목사

도자들에게 가르쳤던『해설적 성경 개관』입니다.

성경은 하나님께서 "이 예언의 말씀을 읽는 자들과 듣는 자들과 그 가운데 기록한 것을 지키는 자들이 복이 있도록" 그 자녀들에게 주신 것입니다. 또한 성경에는 "어리석은 자가 되지 말고 오직 주의 뜻이 무엇인지를 이해하라"고 기록되어 있습니다. 그런데 교리적인 면에는 당황하지 않는 많은 그리스도인들이 성경을 직접 대할 때에는 쉽게 이해하지 못하는 경우가 대단히 많습니다.

그러기에 이 책은 성경전서를 성경으로서 쉽게 이해하는 데 큰 도움을 주도록 만든 것입니다.

간결한 구성과 문장으로 성경에서 빼놓지 말아야 할 핵심적인 부분들을 알기 쉽게 설명하면서, 또한 우리에게 생각하고 행동할 수 있는 지침들을 제시합니다.

흔히 놓치기 쉬운 성경의 영적인 의미와 교훈들을 지적하는 위어스비 목사님의 영적 통찰력에 우리는 놀라지 않을 수 없읍니다.

이 책이 발행되도록 원고 정리에 정성을 다한 조 현영 자매와,『도서출판-나침반社』전 직원들과, 발행인이며 저의 사역에 기꺼이 동참하는 김 용호 목사님의 수고를 애독자들과 함께 기억하고 싶읍니다. 그리고 이 책이 미국에서 널리 사용되어 크게 기여한 바와 같이, 한국어로 발행되어진 지금, 우리 가운데에서도 이 책으로 인하여 하나님의 말씀이 흥왕되어지기를 기도합니다.

초판 발행에 즈음하여

목사 송 용 필(John Song)

이 『핵심성경연구』를 새로 인쇄하게 되었다는 사실은 지금 내게 기쁨과 감사를 가져다 주었다. 나는 하나님께서 하나님의 자녀들을 돕는 데에 이 단순한 연구서를 사용하고 계신다는 정기적인 보고를 받았는데, 이는 참으로 기쁜 일이다.

이 책은 켄터기주(州) 커빙턴시의 갈보리 교회(Calvary Baptist Church)에서 처음 준비된 것으로서, 35년간이나 결실있는 목회를 해오신 D. B. 이스텝 박사님에 의해 시작된 "성경전서 연구 과정"의 일부이다. 이스텝 박사님이 1962년 3월에 주님 품에 가시자, 교회는 내게 그들의 목회자로 사역해 주기를 요청하였으며, 나는 "성경전서 연구 과정"의 7년간, 말씀을 연구하며 그 과정을 준비하는 특권을 누렸다. 매 주마다 우리 교회의 가족들을 위해 하나님의 말씀을 연구하는 것이 내게는 얼마나 즐거웠는지!

내가 현재 하고 있는 사역이나 장래에 하게 될 일은 확실히 이 기간 동안의 집중적인 연구의 결과이다. 모든 교회가 그들의 목회자를 참된 성경 연구자가 되게 하기를 원한다면, 그것은 가능하다. 나는 갈보리 교회의 성도들의 격려와 도움에 대해 어떻게 감사를 드려도 충분하지가 못하다!

이 책이 여러 번 출간된 것은 많은 그리스도인들이 성경을 쉽고 체계적인 방법으로 연구하기를 원한다는 증거이다.

A. W. 토저는 우리에게, 성경을 사람이 가르치는 것과 성령께서 가르치시는 것에는 차이가 있음을 상기시키곤 하였다. 나는 하나님의 성령이 이 책에 기록된 것보다 훨씬 더 가르치시기를 기도한다. 이 연구서는 안내서에 지나지 않는 것이다. 그러나, 예수 그리스도는 길이요 진리이시다. 모쪼록 우리의 마음과 애정과 관심이 하나님께로만 고정되기를 기도한다.

모쪼록 우리의 마음과 애정과 관심이 하나님께로만 고정되기를 기도합니다.

그동안 많은 목회자들이 그들의 교회에서 이 책을 재인쇄(또는 복사)해 사용하는 것을 허락하여 주기를 요청하는 연락을 해왔다. 그러나 이 자료는 부분적으로 복사 또는 재인쇄되는 것을 금한다. 나는 이 자료가 목회자들이나 교사들이 그들 자신의 개인적인 연구를 위해 사용되는 것은 기쁘게 여기지만, 이것이 개교회에서 재인쇄되는 것을 허락할 수는 없다. 교회 프로그램에 "성경전서 연구 과정"을 운영하고자 하는 교회들은 이 책을 각자 구입토록 해주기 바라며, 개교회의 목회자나 교사들의 강의에 의하여 그 내용이 자세하게 보충되기를 바란다.

그리고, 이 『핵심성경연구』로부터 축복과 도움을 얻기 위해 나의 해석 전체에 동의할 필요는 없다.

하나님의 말씀을 연구하고, 그것을 다른 사람들과 나누게 될 때에 하나님께서 풍성하게 축복하시리라고 믿는 바이다.

유 의 사 항

1. 이 연구서는 『개관』일 뿐, 귀절마다의 주석이 아니다.
2. 구약은 역대상·하를 제외한 전 권을 다루었으나, 전 장을 다룬 것은 아니다.
3. 신약은 마가복음과 누가복음을 제외한 전 권과 각 장을 다루었다.
4. 이 연구서는 학자들에 맞추어 쓴 것이 아니라, 보편적인 성경 연구자들을 위해 마련된 것이다.

—워런 W. 위어스비.

구약성경 개관

□ **이름** : 약(約 / testament)이란 간단히 언약(covenant)이란 뜻이며, 인간들 사이에, 또는 하나님과 인간들 사이에 이루어진 계약이다. 성경과 관련되어 있는 한, 구약(the Old Testament)이라고 하면 이는 시내산(Mt. Sinai)에서 하나님이 유대인과 하신 언약, 옛 언약의 기록을 말한다. 신약(the New Testament)이란 그리스도께서 그의 피로 세우신 새 언약의 기록이다.

문헌적인 관점에서 보면 구약은 창세기에서 시작하여 말라기에서 끝나며, 신약은 마태복음에서 시작하여 요한계시록에서 끝난다. 그러나 교리와 시대 구분의 관점으로 볼 때는 이와 다르다. 왜냐하면 옛 언약은 실제로는 출애굽기 20장에서 시작하여 십자가에서 폐기되기 때문이다(골 2 : 14). 새 언약은 그리스도의 죽음에서 시작하여 영원토록 하나님의 백성들과 함께 할 것이다.

넓은 의미로 보아 구약은 하나님께서 율법 아래 있는 이 땅의 자기 백성을 다루신 기록이고 신약은 은혜 아래 있는 하늘의 자기 백성(교회)을 다루신 기록이라고 해도 좋겠다. 그러므로 신구약의 분깃점은 말라기와 마태복음 사이에 있는 공백기가 아니라 십자가이다!

□ **목적** : 구약에는 오늘날 필요한 멧세지가 없다고 여기거나, 이해하기가 너무 어렵다는 생각으로 구약을 피하는 그리스도인들이 많이 있다. 그러나 알아야 할 것은 구약이 그리스도와 사도들, 그리고 초대 교회가 소유했던 유일한 성경이었다는 사실이다. 바울이 "성경"이라고 말할 때 이것은 구약을 생각하고 한 말이다. 실제적으로도 신약 문서들은 구약의 각 권에서 인용하고 있거나 구약을 지적하고 있다.

구약 문서의 사중의 목적들을 생각해 보자.

[1] **기반**—구약이 없다면 우주의 기원, 인류의 기원, 죄의 시작, 히브리 국가의 탄생, 그리고 세상에 대한 하나님의 목적에 대한 정보를 얻지 못했을 것이다. 신약에 나오는 모든 교리들은 구약 역사로 옛 자취를 더듬어 갈 수 있다. 신약을 정확하게 해석하려면 구약 기록을 이해하는 일이 필수적이다.

[2] **준비**—구약에는 하나님의 아들을 세상에 보내시기 위해서 하나님이 준비하신 과정이 나타나 있다. 창세기에서는 구세주의 필요성을 보게 되며 그가 여인에게서, 유대 민족과 유다 지파를 통해서 오실 것을 보게 된다. 구약의 나머지 부분은 이러한 근본적인 사실들을 확대하여 보충하고 있으며 사탄이 그리스도의 탄생을 막으려고 유대 민족을 어떻게 파멸시키려 했던가를 보여주고 있다. 창세

기 3장 15절은 세상에 "두 가지 씨"가 있음을 시사해 준다. 사탄의 씨와 그리스도의 씨이며, 창세기 4장 이후로부터는 이 두 씨들의 대결을 보게 된다.

3 **예화**—구약은"하나님의 화랑"(God's picture gallery)으로 모형과 상징을 통해 그의 진리를 나타내고 있다. 신약의 매 교리마다 구약에 그 예증(illustration)이 있다. 출애굽기 12장에 나오는 유월절 어린 양은 그리스도의 모습이다(요1:29/고전 5:7). 구약의 장막은 그리스도인 생활의 진리들을 예증한다(히브리서에서 이를 설명하고 있다). 요나는 부활의 예화이고, 기름을 붓는 것은 성령을 상징하는 것 등이다. 구약을 공부하며 명심해야 할 일은 그림자를 밝히기 위해서 신약의 빛을 비추어 보는 일이다. 또한 그리스도의 인격과 사역을 찾아보는 일도 명심해야 할 일이다.

4 **시범교육**—구약은 하나님의 백성의 실패와 성공을 보여주는 실용적인 책이다. 하나님의 백성의 생활을 통해서 하나님께서 자신의 능력을 시범교육(demonstrating)하시고 계심을 보게 된다. 또한 죄와 불신이 어떤 일들을 하는지도 알게 된다. 하나님은 우리의 유익을 위해 이러한 죄들을 기록하셨다(고전10:11). 아브라함, 모세, 다윗 같은 분들이 신앙으로 문제들을 극복하는 것을 보게 될 때 우리는 격려를 받고 희망을 가지게 된다(롬 15:4). 시편의 기도들과 잠언의 실용적인 조언들은 우리의 일상 생활에 도움을 준다.

토마스(Griffith-Thomas)박사는 그의 뛰어난 저서인 『성경연구법』에서 구약성경이 —

1 성취되지 않은 예언들,

2 설명이 없는 예전(禮典)들,

3 만족을 얻지 못한 갈망들을 싣고 있는 책이라고 했다.

신약성경에서 우리는 이 예언들의 성취, 이 예언들의 해설, 이 갈망들의 만족을 찾아 보게 된다. 그리고 이 모든 것이 예수 그리스도의 탄생과 생애, 죽음, 부활을 통해서 된 것임은 물론이다.

□ **분해**: 구약과 신약이 똑같은 전체적인 구조를 가지고 있음에 유의하면 재미있다.

	구　　약	신　　약
역사	창세기—에스더	마태복음—사도행전
체험	욥　기—아가서	로 마 서—유 다 서
예언	이사야—말라기	요한계시록

즉, 성경의 구분은 역사적인 사건들, 개인적인 체험, 예언에 대한 기대들 등

으로 나뉘어져 있음을 보게 된다. 구약은 그리스도의 출생을 예비하는 방편인 이스라엘, 곧 하나님의 지상(地上) 백성의 역사를 말해 주며, 신약은 하나님의 천국 백성들이 그리스도를 위해 살며 그가 다시 오실 것을 바라는 내용의 역사를 전해 준다.

구약의 주요 전언(message)은 다음과 같이 요약될 수 있겠다.
● **기반**/창세기～신명기(성경 여타 부분에 대한 근본적인 기반)
● **시범교육**/여호수아～에스더(개인의 생애와 국가를 통해 일하시는 하나님)
● **열망**/욥～아가서(하나님의 백성의 주께 대한 갈망)
● **기대**/이사야～말라기(오실 그리스도와 왕국에 대한 예언들)

이 내용을 신약 전언(message)과 연관시키면 아래와 같다.
● **준비**/구약
● **명시**/복음서들(그리스도께서 아버지를 계시하시고 아버지의 일을 완성하시다)
● **전용**(**專用**)/사도행전과 서신들(하나님의 백성이 성령을 통한 삶을 살다)
● **극치**/요한계시록(하나님의 모든 계획이 그리스도의 지상 재림으로 절정에 이르다)

□ 연구의 원칙들

1 **점진적 계시**—구약에서는 하나님의 진리가 점진적으로 계시된다. 그래서 신약에 이르기까지는 하나님의 진리에 충분한 빛이 비치지 않는다. 그러므로 구약 구절들만으로, 특히 전도서와 시편에서 뽑아내어 고립적인 교리를 세워서는 안되며 또한 신약의 명백한 교훈들을 모르는 체해서도 안된다. 옛 속담에 "새 것은 옛 것에 감추어져 있고 옛 것은 새 것에 계시된다"는 말이 있다. 하나님의 원리들은 변하지 않지만 그의 뜻을 나타내심은 바뀌는 것이다.

2 **그리스도**—우리 주 예수 그리스도는 성경의 열쇠이다. 그래서 구약을 그와 별도로 이해한다는 것은 불가능한 일이다.

그래함 스크로지(Graham Scroggie)가 적절하게 이를 설명한다.
"그리스도는 구약에서 예언되었고(predicted), 복음서에서 나타나셨고(present), 사도행전에서 선포되었고(proclaimed), 서신서들에 점유되셨고(possessed), 요한계시록에서 지배적(predominant)이 되셨다."

유대 민족의 구약에서의 모든 경험들은 베들레헴에서의 그의 출생으로 이끌어 가는 사슬의 고리들이다. 모형과 상징들은 모두 그의 모습을 그리고 있다. 그리스도를 찾아보라. 그리하면 구약이 당신에게 새로운 책이 될 것이다!

3 **정확성**—우리에게 친근한 개역 성경과 더불어 구약의 현대어 번역판을 사용

하고 싶을 것인데 이는 성경이 바뀌었기 때문이 아니라 언어가 바뀌었기 때문이다. 어떤 개역 성경의 표현들은 오늘날에는 그 뜻이 없어진 것도 있다. 또한 구약의 믿을만한 현대 번역은 최신의 학문에 기초하였을 것이고 최적한 뜻을 전해 줄 것이다.

4 **관주**—구약 관주에 따라서 곧장 신약으로 연결된다. 개역 성경은 이용하기 편리한 관주 체제를 갖추고 있다. 성경의 모든 구절에 대해 50만개 이상의 관주를 첨부한 『성경 지식의 보고(寶庫)』라는 책도 있다. 명심할 일은 구약에 나오는 매 사람, 매 사건, 매 교리를 신약의 빛으로 비추어 공부하는 일이다.

5 **실용성**—구약을 공부하며 그리스도와 그의 구원하심에 대한 깊이 감추어진 진리들을 찾아내는 것만으로는 충분하지 않다. 우리는 실용적인 교훈들을 배워야 하며 우리의 삶에 적용되도록 해야 한다.

"모든 성경은……의로 교육하기에 유익하니"

이 말은 구약도 포함하고 있다! 역사적 진리, 교리적 진리, 시대 구분적 진리를 이해하는 일은 놀라운 일이다. 그러나 이 연구가 실용적인 진리—거룩한 삶—로 이끌어가지 못한다면 공허한 것이 된다.

창 세 기
-서론과 개요-

창세기 서론

□ 이름 : **창세기**는 헬라어로 "기원", 또는 "발생"이란 뜻이다. 사실 신약에서 마태복음 1장 1절 같은 경우는 발생(genesis)이란 단어가 세대(generation)로 번역되었다. 창세기는 세대 내지는 기원의 책이다. 실제로 창세기에는 열 세대가 나오는데, 이는 하늘들과 땅(2 : 4), 아담(5 : 1), 노아(6 : 9), 셈(11:10), 데라(11 : 27), 아브라함(17 : 5), 이스마엘(25 : 12), 이삭(25 : 19), 에서(36 : 1), 야곱(37 : 2) 등이다. 이 책은 전 성경을 위한 못자리이다. 이 책은 우리들에게 우주의 기원, 인간의 역사, 죄, 구원, 희생, 가족, 전쟁, 문명, 결혼 등을 기록해 준다.

□ 저자 : 모세가 "오경(五經 / The Pentateuch)"이라고 불리우는 처음 다섯 권의 책을 썼다고 널리 받아들여지고 있다(헬라어 "penta" 다섯 / "teuchos" 책들). 물론 창세기의 사건들이 발생했을 때 모세는 살고 있지 않았으나 성령께서 모세로 하여금 그것을 기록하도록 지시하셨다(벧후 1 : 20~21). 그리스도는 자신에 대하여 기록한 이 책들을 모세가 기록했다고 믿으셨으며(요 5 : 45~47) 이것이야말로 우리에게 훌륭하고 충분한 권위있는 증명이 된다.

□ 목적 : 창세기를 읽으면 처음 열 한 장은 상세하지 않고 총괄적으로 기록되었고, 12장부터 그 나머지 부분은 네 사람의 생애를 상세하게 다루고 있음에 주목하게 된다. 창세기 개요에서도 다루겠지만 첫 부분(1~11장)은 총괄적으로 인류를 다루며 인간과 죄의 기원을 설명하고 있고, 후반부(12~50장)는 이스라엘을 특징적으로 다룬다. 특히 아브라함, 이삭, 야곱, 요셉의 생애가 다루어진다. 이것으로 미루어 볼 때 이 책의 목적은 인간과 그 죄의 기원, 그리고 하나님과 그의 구원을 설명하는 데 있다.

이 책의 중심 사상은 하나님의 선택(divine election)이다. "천지(天地)"에서 시작되어 하늘이 아닌 **땅**을 택하여 다루고 있으며, 그리하여 이후부터는 계속해서 이 땅에 대한 하나님의 계획이 주제로 등장한다(하늘과 하늘의 백성인 교회에 대한 하나님의 프로그램을 보기 위해서는 신약, 특히 바울을 기다려야 한다). 땅을 택하시고는 천사들(타락한 천사들을 포함하여)을 건너 뛰어 **인간**을 다를 것을 택하신다.

아담의 많은 아들들 중에서 하나님은 셋(4 : 25)을 택하신다. 셋의 많은 자손들 중에서(5장), 하나님은 노아를 택하시고(6 : 8), 노아의 가족 중에서 셈(11 : 10)을, 그리고 데라(11 : 27)를, 마침내는 아브라함을 택하신다(12: 1). 아브라함에게는 많은 아들이 있었으나 이삭이 선택된 씨(21 : 12)였다. 이삭에게는 야곱과 에서 두 아들이 있었는데 하나님은 그의 축복을 받을 자로 야곱을 택하셨다.

이 모든 일이 하나님의 선택이다.

그 누구도 이 선택된 자들의 이런 영광을 누릴 자격은 없었다. 이 모든 것은 하나님의 은혜였으며 오늘날도 마찬가지이다. 하나님의 선택의 은혜와 더불어 창세기는 또한 하나님의 놀라운 능력과 섭리를 예증하고 있다. 인간들은 하나님께 불순종하고 그를 의심하였지만 하나님은 그의 목적을 성취하시기 위해 다스리시며 통치해오셨다. 창세기에서 하나님의 목적이 실패하였다면 수십 세기 후에 베들레헴에서 탄생한 메시야는 없었을 것이다.

□ 창세기와 계시록 : 창세기에서 시작한 것이 계시록에서 완성된다.

창세기	계시록
1 천지창조/1 : 1	1 새 하늘과 새 땅/21 : 1
2 사탄의 첫 인간 공격/3 : 1 이하	2 사탄의 최후 공격/20 : 7~10
3 낮을 다스리는 태양/1 : 16	3 태양이 필요없음/21 : 23
4 어두움과 밤/1 : 5	4 "그 곳에 밤이 없음"/22 : 5
5 바다가 창조됨/1 : 10	5 더는 바다가 없음/21 : 1
6 동산의 강/2 : 10~14	6 천국의 생명강/22 : 1~2
7 인간과 땅의 저주/3 : 14~17	7 저주가 더는 없음/22 : 3
8 낙원에서 추방된 인간/3 : 24	8 낙원으로 회복된 인간/22 : 1이하
9 생명나무 금지/3 : 24	9 생명나무가 인간에게 개방됨/22 : 14
10 니므롯이 반역하고 바벨론을 세움/10 : 8~10	10 적그리스도와 바벨론이 심판받다/17~19장
11 아담의 결혼/2 : 18~23	11 어린 양의 결혼/19 : 6~9
12 뱀의 몰락이 약속되다/3 : 15	12 뱀의 몰락이 성취되다/20 : 10

창세기 개요

1. 총괄적으로 본 인간의 역사 /1～11장

1 천지창조 / 1～2장
2 아담과 그의 가족 / 3～5장
- 인간의 타락 / 3장

3 노아와 그의 가족 / 6～11장
- 홍수 / 6～10장
- 바벨의 반역 / 11장

2. 상세히 본 이스라엘의 역사 /12～50장

1 아브라함 / 12：1～25：18 (아들을 주시는 사랑의 아버지)
2 이삭 / 25：19～26：35 (신부를 취하는 외아들)
3 야곱 / 27：1～36：43 (육과 영의 대결)
4 요셉 / 37：1～50：26 (하나님의 통치의 섭리)

■ 창세기의 그리스도

1 창조의 말씀 – 창 1：3 / 요 1：1～5 / 고후 4：3～7
2 마지막 아담 – 롬 5장 / 고전 15：45
3 여자의 씨 – 창 3：15 / 갈 3：19 / 갈 4：4
4 아벨 – 창 4장 / 히 11：4 / 히 12：24
5 노아와 홍수 – 창 6～10장 / 벧전 3：18～22
6 멜기세덱 – 창 14장 / 히 7～10장
7 언약의 자녀, 이삭 – 창 17장 / 갈 4：21～31

이삭은 기적적인 탄생, 죽으려는 의지, 상징적인 부활 (히 11：19), 신부를 취함에서 그리스도의 모습을 보여 준다.

8 어린 양 – 창 22：7～8 / 요 1：29
9 야곱의 사닥다리 – 창 28：12 이하 / 요 1：51
10 요셉 – 창 37～50장

형제들에게 거부받고, 아버지의 사랑하시는 자요, 온당치 않게 고난을 당하도록 되어 있었고, 나중에 형제들에게 용납되었고, 지배하는 자리에 올려졌다.

창　　조

-창세기 1장-

이 장의 깊이와 풍성함을 간단한 연구 개요로 다 전개할 수는 없으므로 주요 진리들로 제한하기로 한다.

1. 창조주

어떤 과학자나 역사가라도 "**태초에 하나님이**···"라는 구절을 증명할 수는 없다. 이 간단한 서술이 하나님이 없다고 말하는 무신론자(atheist)를 논파하고, 하나님을 알 수 없다는 불가지론자(agnostic)를, 여러 신을 섬기는 다신론자(poly-theist)를, 모든것이 신이라는 범신론자(pantheist)를 논파한다. 이 구절은 물질은 영원하며 창조된 것이 아니라고 주장하는 유물론자(materialist), 그리고 창조와 역사의 배후에 신의 계획이 있는 것은 아니라고 가르치는 운명론자(fatalist)를 논파한다.

이 장에서 하나님의 인격성이 나타난다.
왜냐하면 그가 말씀하시고, 보고, 이름을 지으시고, 축복하시기 때문이다. 진화론자는 물질이 "저절로 존재케" 되었고, 생명도 "우연히" 발생하였으며, 모든 복잡한 형태의 생명체는 낮은 형태로부터 "점진적으로 진화되었다"고 주장하지만 그것을 증명할 수는 없다. 우리는 같은 종(種) 안에서의 변화(이를테면 말이나 집고양이로의 발전)를 인정하지만 한 종류의 피조물에서 다른 종류로의 변화를 받아들이지는 않을 것이다.

하나님은 왜 우주를 창조하셨는가?
자신에 무엇을 덧붙이려는 것은 물론 아니다. 왜냐하면 그에게는 아무 부족한 것이 없기 때문이다. 사실을 말하자면 창조는 하나님을 제한하게 된다. 왜냐하면 영원한 분이 시간과 인간의 역사 속에 자신을 제한해야 하기 때문이다. 그 말씀이 분명히 밝히는 것은 **그리스도**께서 저술가(Author)요, 지탱자(Sustainer)요, 창조의 목적이라는 점이다(골 1 : 15~17 / 계 4 : 11). 살아계신 말씀이신 그리스도는 기록된 말씀을 통해서, 그리고 자연이라는 책을 통해서 하나님을 계시하신다(요 1 : 1~5 / 시 19편 참조).

창조는 하나님에 관해 무엇을 계시하고 있는가?
창조가 계시하는 것은 —
[1] 그의 지혜와 능력(욥 28 : 23~26 / 잠 3 : 19)

[2] 그의 영광(시 8 : 3~9)
[3] 그의 능력과 하나님되심(롬 1 : 18~21)
[4] 대수롭지 않은 존재인 인간에 대한 사랑(시 8 : 3~9)
[5] 그의 섭리로 돌보심(사 40 : 12 이하)이다.
우리 주님은 지상에 계실 때 꽃들과 새들에게서조차도 하나님 아버지의 은혜로운 손길을 보았다.

1장에 나오는 "하나님"이란 이름은 "엘로힘"(Elohim)이다.
창조에 연관된 하나님의 이름이다. 이 이름의 어원은 "엘"(El)로서 "능력, 강함, 탁월성"을 뜻한다. 창세기 2장 4절에 "여호와 하나님"(Lord God)이란 말이 나오는데 원문의 "여호와 엘로힘"(Jehovah Elohim)을 번역한 것이다. "여호와"는 언약과 연관된 하나님의 이름으로 그의 백성과 그를 연결시키는 이름이다. 이것은 모세에게 가르쳐 준 이름으로 "스스로 있는 자"(I AM THAT I AM/출 3 : 14~15)이다. 그는 스스로 존재하시며 변하지 않으시는 하나님이시다.

2. 창조

우주의 원창조(original creation / 1 : 1)는 사탄의 타락(사 14 : 12) 이전의 일이며 하나님의 수제품(인간을 일컬음)이 타락하기 전의 일이라고 주장하는 사람들이 많다. 창세기 1장 1절과 1장 2절 사이에 "간격"이 있음은 가능한 일이다. 그러므로 2절을 "땅이 혼돈하고 공허하게…… 되었고"라고 읽을 수 있겠다. 이사야 45장 18절은 하나님이 땅을 "공허한 중에"(히브리어–"형태가 없이") 창조하시지 않았음을 진술한다. 그러므로 땅의 혼돈된 상황은 심판을 받은 결과임이 분명하다. 에스겔 28장 11~19절은 원창조 시의 가장 높은 피조물인 루시퍼(Lucifer)가 하나님의 자리를 차지하려 했고 이로 말미암아 심판을 초래했음을 암시해 준다. 사탄은 창세기 3장에서 벌써 활동하므로 그의 타락은 그보다 먼저 생겼을 것이 분명하다. 이 말은 곧 창세기 1장의 창조 활동들은 사실상 몰락한 우주의 회복이란 뜻이 된다. 만물이 혼돈하고 공허하며 흑암 가운데 있다. 아래 도표는 창조의 6일 동안 하나님이 어떻게 일하셨나를 설명하고 있다.

"혼돈하고"	"공허하며"
하나님이 필요에 따라 조성하심	**하나님이 조성하신 바를 채우심**
● 첫째날 / 빛의 창조(3~5)	● 네째날 / 광명(비치는광명들,14~19)
● 둘째날 / 궁창과 물(6~8)	● 다섯째날 / 새와 물고기(20~23)
● 세째날 / 땅과 식물(9~13)	● 여섯째날 / 동물과 인간(24~31)
● 일곱째날 / 하나님이 쉬셨다 – 안식일	

하나님은 하늘에 광명들을 두시기 전에 빛이 있게 하셨다. "궁창"이란 단어는 "넓게 펼쳐져 있음" 또는 "팽창"의 뜻으로 **우주 공간**을 가리키는 말이다. 창조에 있어서조차도 분리의 원칙이 적용됨에 유의하자. 즉, 하나님께서는 어두움에서 빛을 **나누시고** 땅에서 물을 나누셨다(고후 6:14~18). 또 한 가지 주목할 일은 각 생물은 "각 종류에 따라" 재생산하도록 되어 있다는 점이다. 따라서 점진적인 진화에 대해서는 아무런 제시가 없다. 우리는 여러 종류의 가축의 새 품종을 개량할 수는 있으나, 소(牛)로 순록(馴鹿/사슴의 일종)을 만들어 낼 수는 없다!

인간은 창조의 면류관이다. 인간이 창조되기 전에 "하나님의 회의"가 있었다. 왜냐하면 이 장면에 인간을 데려오는 것은 "위험을 무릅쓴" 일이기 때문이다. **하나님은 몇몇 천사들이 이미 하나님께 반역하였음과, 인간도 물론 그러하리라는 것을 알고 계셨다.** 그러나 그의 사랑과 은혜 가운데 첫 인간을 "그의 형상을 따라" 빚으셨다(**형상이란** 물론 인간의 인격성 (지, 정, 의, 자유)을 가리키는 말이며 육체적인 모습을 뜻하는 것은 아니다.

에베소서 4장 24절과 골로새서 3장 10절을 보자. 인간은 땅을 다스리는 자리에 있게 되었으며 성경에 나오는 최초의 왕이다. 그러므로 사탄의 공격이란 말이 설명된다. 전에는 사탄(루시퍼)이 이 자리를 차지하고 있었기 때문이다! 루시퍼가 우주에서 하나님의 자리를 차지하지 못했다면 다음으로 그는 인간의 삶 속에서 하나님의 자리를 차지하려고 시도할 것이며, 그는 성공을 거두었다! 인간은 죄로 인해 통치의 자리를 잃었다(시 8편/히 2:5~18). 그러나 이 통치권은 마지막 아담인 그리스도를 통하여 인간에게 다시 주어졌다(롬 5장 참조). 지상에 계실 때 예수는 물고기(눅 5장/마 17:24 이하), 새(마 26:74~75)와 짐승들(마 21:1~7)을 다스리심을 증명하셨다(요한계시록 1장 5~6절을 읽자).

인간의 식성은 본래 채식성이었으나 창세기 9장 3~4절에서 변했다. 사도행전 10장과 복음서 전체의 가르침으로 볼 때 **어떤 식**으로나 식성을 제한하는 것은 폐지된다.

3. 새 창조

고린도후서 4장 3~6절과 5장 17절을 보면 그리스도를 통해서 하나님은 영적인 새 창조를 이루심을 명백히 알 수 있다. 바울은 이 새로운 창조를 예증하기 위해 창세기의 창조 사건을 이용한다.

1 **인간은 완전하게 창조되었다.** 그러나 우주가 그러했듯이 죄로 인해 타락

했다. 인간은 "혼돈과 공허" 속에 죄인으로 태어나며 그의 생애는 목적이 없고 공허하며 흑암 중에 있다.

2 **성령은 죄를 깨닫게 하시는 자신의 일을 시작하신다**(창 1 : 2). 구원은 반드시 주님과 더불어 시작되는 것이며 어떤 인간이 구원을 받는다는 것은 하나님의 은혜로 말미암은 것이다.

3 **성령은 말씀을 사용하신다.** "비취어 깨닫게 하신다"(시 119 : 130). 하나님의 말씀을 떠나서는 구원은 있을 수 없다(요 5 : 24). 히브리서 4장 12절은 말씀하시기를 마치 하나님이 빛과 어두움을, 물과 땅을 나누셨듯이 말씀은 "쪼개는"힘을 가지고 있다고 하셨다.

4 **그리스도를 믿음이 생명을 준다!** 이것은 제3일에 땅이 나타난 것으로 예증된다. 이것은 실제적인 부활이다. 죽음을 벗어난 생명이다. 제3일에 이 일이 발생했음에도 큰 의미가 있으니 곧 부활의 날이다.

5 **이제 믿는 자는 "각기 종류대로 열매를 맺고" 번식할 책임을 가지고 있다(영적인 의미로).** 믿는 자는 생명의 길로 인도하는 천국의 빛을 지니고 있다. 그는 하나님의 지배 아래 있는 왕이다. 그는 그리스도를 통하여 "생명 안에서 다스린다"(롬 5 : 17이하).

아담이 옛 창조의 머리였던 것처럼 그리스도는 새 창조의 머리이시다. 그는 마지막 아담이시다(고전 15 : 45～49). 구약은 "아담의 세대들의 책"이며(창 5 : 1), 저주로 끝난다(말 4 : 6). 신약은 "예수 그리스도의 세대들의 책"(마 1 : 1) 이며, "다시 저주가 없으며"(계 22 : 3) 로 끝맺는다.

생명나무

-창세기 2장-

1. 첫 안식일(2 : 1~3)

"안식" 이란 단어의 뜻은 단순히 "멈추는 것"을 의미한다. 하나님은 지쳐서 쉬지는 않으신다. 왜냐하면 하나님은 지치는 분이 아니시기 때문이다(시 121: 4). 그보다는 그의 창조의 사역을 멈추셨다. 그 임무는 이제 완성되었다. 그는 피조물들을 축복하셨고(1 : 22), 인간을 복주신 다음(1 : 26), 이제 안식일을 축복하셔서 특별한 날로 정해 놓으신다. 여기서는 인간이 안식일을 지켜야 한다는 명령은 없다. 사실 아담이 여섯째 날에 창조되었기 때문에 안식일은 아담에게 첫 날이었다.

안식일은 출애굽기 20장 8~11절에 이르기까지 구약에서 다시 나타나지 않는다. 이 구절에 보면 하나님은 특별한 언약의 표시로서 이스라엘에게 안식일을 주셨다. 이방인들에게 안식일을 주었다는 말은 성경에서 그 증거를 찾아볼 수 없다. 실제로 시편 147편 19~20절은 구약의 모세 율법이 이스라엘에게만 주어진 것임을 명백히 하고 있다. 이스라엘이 유배를 당한 한 가지 이유는 안식일을 범했기 때문이었다(느 13 : 15~22). 그리스도께서 지상에 계실 때는 율법시대였기 때문에 그는 안식일을 지키셨다. 그러나 인간이 만든 바리새인들의 규율을 따르지는 않으셨다(막 2 : 23~28).

초대교회의 신자들은 최종적으로 이스라엘과 결별하고 하나님의 은혜의 복음이 온전해지기까지는 안식일에 모임을 가졌다.

그러나 한 주의첫 날(일요일/主日)은 교제와 예배를 위한 특별한 날이었다(행 20 : 7/고전 16 : 1~3/계 1 : 10). 그 첫 날은 그리스도의 부활을 기념하고(마 28 : 1/요 20 : 1) 새로운 창조를 이룩한 그의 사역의 완성을 기념하는 날인 것이다(고후 5 : 17). 두 개의 특별한 날들, 안식일과 주일(the Lord's Day)은 서로 다른 것을 기념하므로 이를 혼동하지 말아야 하겠다.

안식일	주 일
1 옛 창조의 완성(육적)	1 새 창조의 완성(영적)
2 이스라엘에게만	2 모든 신자에게
3 노력해서 얻는 구원을 말함 : 6일간 일하고 쉼을 얻음	3 은혜로 얻는 구원을 말함 : 먼저 하나님을 만나고 다음으로 그를 위해 수고함

히브리서 4장에 보면 구약의 안식일은 장차 올 안식의 왕국을 모형으로 보여주는 것이며 동시에 우리가 그리스도 안에서 믿음을 통하여 가지는 영적인 안식을 상징함을 알 수 있다.

골로새서 2장 13～17절은 안식일이 율법의 "그림자"에 속한 것이며 은혜의 충만한 빛에 속한 것이 아님을 분명히 밝히고 있다. 만일 누가 안식일에 예배드리려 한다면 그래도 좋다. 그러나 주일(主日)에 예배하는 신자들을 비난해서는 안된다. 갈라디아서 4장 9～11절은 안식일을 지키는 것은 율법주의의 속박으로 되돌아가는 것임을 시사하고 있다. 로마서 14장 4～13절은 안식일을 지키는 것은 연약한 양심과 성숙하지 못한 그리스도인의 생활의 표시임을 암시해 준다. 물론 안식교인이나 재림교인이 토요일에 예배하는 것을 더 좋아하면 그렇게 해도 좋으나 우리가 일요일을 특히 강조한다고 해서 비난해서는 안된다. 이것이 로마서 14장이 다루고 있는 전체의 논점이다.

2. 첫 동산(2：4～14)

성경 역사는 네 개의 동산으로 요약될 수 있다.

1. 에덴 – 죄가 들어온 곳
2. 겟세마네 – 그리스도께서 죽음을 괴로워한 곳
3. 갈보리 – 그가 죽어 장사지낸 곳(요 19：41～42 참조)
4. 천국의 낙원(계 21：1 이하)

이 부분에 이르러서 모세는 하나님이 첫 부부에게 주신 첫 가정을 설명한다. 여기서는 창세기 1장의 창조 사건에 포함시키지 않은 보다 상세한 일들이 나오는데 이 일들은 보충적인 사건들이지 모순된 사건들은 아니다. 5절은 하나님이 땅의 경작을 돕기 위해서 인간이 필요했음을 시사한다. 인간은 마치 토기장이가 진흙을 빚듯 "만들어" 졌다. (formed / 예레미야 18：1이하에 나오는 단어와 같음) 남자는 동산 밖에서 창조되어 동산에 있게 하였던 반면에 여자는 동산에서 창조되었다. 남자는 동산을 아름답게 가꾸고(손질하고), 보호할(지킬 / 이 말은 사탄의 공격을 암시한다) 책임이 있었다. 하나님은 아담과 하와에게 생활과 행복을 위해 필요한 모든 것을 주셨으며 모든 것이 좋고 즐거운 것들이었다. 하나님은 모든 풍성함 가운데 동산의 생활을 즐기도록 허락하셨다.

두 나무는 중요하다.

3장 22절에 보면 생명나무는 인류에게 생명을 유지시켜 준 것으로 되어 있다(계 22：2 참조). 아담이 범죄한 후에 생명나무를 먹었다면 그는 죽지 않았을 것이다. 그리고 죽음이 모든 인류에게 전해지지도 않았을 것이며(롬 5：12 이하), 그리스도가 인간을 구속하려고 죽지 않아도 되었다. 지식의 나무(the tree of knowledge / 선악과)는 하나님의 권위를 상징하며 그 과일을 먹는 것은 하나님께 불순종하는 것을 뜻하고 죽음의 형벌을 초래하는 것이었다. 이 나무가 무는 나무였는지는 모르나 분명한 것은 아담과 하와가 그것의 중요성을 이해하고 있었다는 점이다.

3. 처음 법(2 : 15~17)

아담은 죄를 범한 일이 없는 완전한 피조물이었다. 그러나 범죄할 가능성을 가지고 있었다. 하나님은 아담을 통치권을 가진 왕으로 만드셨다(1 : 26이하). 그러나 인간은 자기 자신을 다스리지 못하면 다른 것을 다스릴 수 없다. 따라서 아담은 시험을 거쳐야 할 필요성이 있었던 것이다. 하나님은 그의 피조물이 강압이 아닌 자신의 자유의지로써 그를 사랑하고 순종하기를 원하신다. 이 법은 완전히 정당하고 의로운 것이었다. 아담과 하와는 동산에서 자유스러움과 풍성한 식량을 누리고 있었으며 선악을 알게 하는 나무의 열매는 먹지 않아도 되었다.

4. 첫 결혼(2 : 18~25)

창조의 모든 일은 "심히 좋았다"(1 : 31). 다만 아담이 독처하는 것이 좋지 않았다. "사람이 독처하는 것이 좋지 못하니…" 이 구절은 결혼의 근거가 된다.

결혼은

1 동반자를 제공하는 것이며
2 종족을 이어가는 것이며
3 서로 도와 최선을 이룩하기 위한 것이다.

"**돕는 배필**(help meet)"이란 성경대로라면 "그를 위한 배필, 곧 그의 필요에 대처하는 배필"이어야 한다. 이 동반자는 동물계에서는 발견되지 않았으며, 이 사실로 보아 이성이 없는 피조물과 하나님의 형상으로 만들어진 인간 사이에 고정된 큰 간격이 있음을 알 수 있다.

하나님은 최초의 여자를 만드실 때 첫 남자의 살과 뼈로 만드셨으며 그 곳을 "살로 대신 채우셨다"(21절). 22절에 나오는 "만드시고"라는 단어는 사실상 성전을 세운다고 할 때의 "세운다"는 뜻이다. 하와가 아담에게서 만들어졌음은 인류 종족의 단일성과 여자의 위엄을 나타내고 있다. 하와가 남자의 발에서 만들어져 짓밟히거나, 남자의 머리에서 만들어져 지배하거나 하지 못하게 남자의 심장 근처에서 만들어짐으로 남자의 사랑을 받도록 되었다는 말은 흔히 지적되는 말이다.

아담은 하나님이 데려오는 모든 동물의 이름을 지었는데(2 : 19), 이는 첫 인간이 지성과 언어와 말을 가졌음을 나타낸다. 그는 자기 신부의 이름을 "여자"

(히브리어로는 "**Ishshah**"이며, "남자"를 뜻하는 "**Ish**"와 관계되어 있다)라고 이름지었다. 이처럼 그 이름이나 본질로 볼 때 남자와 여자는 서로에게 속한다. 모든 결혼식이 하나님에 의해 행해진다면 얼마나 놀라운 일이겠는가. 그러면 모든 가정이 지상의 천국이 될 것이다.

물론 이 사건은 그리스도와 교회를 상징하는 아름다운 그림이다(엡 5 : 21~33).

마지막 아담, 그리스도는 십자가에서 돌아가시고 인간이 그의 옆구리를 열어젖힘으로(요 19 : 31~39) 교회를 탄생시키셨다. 그가 인간의 본성을 입으심으로 인간이 하나님의 본성을 입게 되었다. 하와는 아담의 사랑과 관심의 대상이었던 것처럼 그리스도는 교회를 사랑하시고 만족케 하신다. 디모데전서 2장 11~15절은 아담이 의지적으로 금지된 과일을 먹었으며 하와가 속은 것처럼 속은 것이 아님을 지적한다. 그는 기꺼이 죄인이 되어서 그의 신부와 함께 머물고저 했던 것이다! 이처럼 그리스도는 기꺼이 우리 대신 죄를 입으시어 우리가 그와 함께 영원히 있도록 하셨다. 그 사랑과 은혜가 놀랍기 그지없다! 이 장면에서 하와는 죄가 들어오기 전에 창조되었음도 주목하자. 이처럼 우리는 창세 전에 선택을 받은 것이다 (엡 1 : 4).

자세히 보면, 이 구절들에서 에베소서에 나타나 있는 **교회에 대한 세 가지 모습**을 볼 수 있다.

1 하와는 신부이고(엡 5 : 22~33)
2 아담의 몸의 일부이며(엡 2 : 23 / 4 : 16이하)
3 세움을 입었으니, 곧 하나님의 성전으로서 교회를 암시한다(엡 2 : 19~22).

인간의 타락

–창세기 3 장–

1. 유혹(3 : 1~6)

1 **유혹자**–하나님은 죄를 만드신 분이 아니시며 인간을 범죄하도록 시험하지도 않으신다. 우리는 앞서 사탄이 창세기 1장 3절 이하 이전에 죄에 빠졌음을 보았다. 그는 처음에 아름다운 천사였으며, 하나님의 창조를 기뻐하였으나(욥 38 : 4~7), 그의 죄가 창조 세계를 타락시켰다 (사 14 : 12~17/겔 28 : 11~19). 사탄은 뱀의 모습으로 하와에게 왔으며 자기의 본성을 결코 나타내지 않았음에 유의하자. 창세기 3장에서 사탄은 속이는 뱀이고 4장에서는 살인하는 자이다(요 8 : 44).

2 **표적**–사탄은 하와의 마음을 목표로 삼았고 그녀를 속이는 데 성공했다. 인간의 마음은 하나님의 형상에 따라 창조된 일부분이다(골 3 : 9~10). 그러므로 사탄이 마음을 공격하는 것은 하나님을 공격하는 것이다. 사탄은 거짓말을 사용하는데, 그 자신이 거짓말장이이며 거짓의 아비이다(요 8 : 44).

3 **전술**–마음이 하나님의 진리를 붙잡고 있는 한 사탄이 우리를 이길 수는 없다. 그러나 마음이 한 번 하나님의 말씀을 의심하자 마귀의 거짓말이 통할 여지가 생겼다. 사탄은 하나님의 말씀에 의심을 일으켰으며(3 : 1) 하나님의 말씀을 부인하였고(3 : 4), 다음으로 자기의 거짓말로 대신하였다(3 : 5). 사탄은 하나님의 **선하심**을 손상시키려 하는 것에 유의하자. 사탄은 하나님이 저들에게 선악과를 먹지 못하게 "막고 계신다"고 하였다. 우리가 하나님의 선하심을 의심하고 그의 사랑에 의문을 일으킬 때 우리는 사탄의 손에 놀림을 당하는 것이다. 사탄은 "하나님과 같이 되어!"라는 말을 꺼내 유혹을 상당히 훌륭한 것으로 만든다. 사탄 자신이 "가장 높은 분과 같이" (사 14 : 14) 되고 싶어했다. 수십 세기 후에는 그리스도에게 자기를 하나님으로 섬기면 "세상 모든 왕국들"을 주겠다고 제안했다(마 4 : 8).

4 **비극**–하와는 마귀에게 처소를 제공하지 말았어야 했다. 하나님의 말씀을 붙들고 그(마귀)와 대항해야 했다. 이렇게 대화하는 동안 아담이 어디 있었는지는 알 수 없는 일이다. 어쨌든 하와는 "임의로"(freely)라는 말을 빼고 3장 2절을 말했고 "만지지도"란 말을 첨부하여 3장 3절의 말을 했으며, "정녕 죽으리라"는 하나님의 말씀을 "죽을까 하노라"로 변경시켰다.

6절에서는 육신의 정욕("먹음직도 하고")과, 안목의 정욕("보암직도 하고")

과, 이 생의 자랑("지혜롭게 할만큼 탐스럽기도")을 보게 된다(요일 2 : 15~17참조).

혼자 죄를 짓는 것은 어렵다. 우리 안에 있는 그 무엇이 다른 사람과 죄를 나누어 가지게 한다. 아담은 고의적으로 죄를 지어 세상을 심판 가운데 던져 넣었다.

2. 저주(3 : 7~19)

1 **내적**(7~13절)—즉각적으로 순수함과 영화로움을 상실하고 죄책감을 느낀다. 그들은 자신의 노력으로 벌거벗은 것을 감추려고 하였으나 하나님은 자기 노력이란 옷을 허락지 않으셨다(21절). 이보다 더한 것은 하나님과 교제하고 싶은 욕망을 잃은 것이다. 하나님이 접근하시는 것을 듣고 숨었다! 죄의식, 두려움, 수치심이 불순종하기 전에 그들이 즐겼던 하나님과의 교제를 깨뜨린다. 또 한 가지 주목할 것은 남자가 여자의 핑계를 대고 여자는 뱀의 핑계를 대듯 자기 방어가 커가고 있는 점이다. 우리는 여기서 죄의 비극적인 내적 결과들을 본다.

2 **외적**(14~19절)—뱀이 전에는 오늘날 우리가 알고 있는 기어다니는 짐승이니었던 것같다. 이 단어는 총명과 영화를 암시한다. 그러나 이 피조물이 사탄에게 양보하였고 유혹에 동참했으므로 심판과 저주를 받아 흙 속의 낮은 생활을 하게 되었다. 여인의 심판은 임신과 출산의 고통이 따르는 것이다. 그녀는 남편에게 복종해야 할 것이다(딤전 2 : 8~15). 바울은 구원받지 못한 남자와 결혼한 그리스도인 여자는 아이들을 낳는 데 특별한 위험이 있을지 모른다고 암시하고 있음에 유의하자.

남자에게 내려진 심판은 일하는 것이다.
낙원 대신 황폐가, 동산에서 다스리는 기쁨 대신 밭에서의 땀과 노역을 얻게 되었다. **일**이 하나님의 형벌은 아니다. 일에 죄가 있는 것은 아니기 때문이다(2 : 15). 형벌은 일할 때의 땀과 노고이며 자연의 방해이다. 죄로 말미암아 모든 피조물이 저주를 받고 속박을 받게 되었다(롬 8 : 15~25).

3 **영원히**(15절)—이것이 성경에 나오는 최초의 복음이다. 여인의 씨(그리스도)가 최종적으로 사탄과 그의 씨를 멸망시킬 것이라는 기쁜 소식이다(갈 4 : 4~5 / 3 : 15이하). 이 지점으로부터 흐름이 나뉘어진다. 사탄과 그의 가족(씨)은 하나님과 그의 가족에게 대항한다. 하나님께서 친히 그들 사이에 적개심(대립)을 부으시고 사탄이 지옥에 던져질 때 전쟁이 절정에 이를 것이다(계 20 : 10). 마태복음 13장에 나오는 가라지의 비유를 다시 살펴보고 사탄에게도 하나님처럼 그 자녀들이 있음에 유의하자.

 창세기 4장에서 가인은 아벨을 죽이는데 요한일서 3장 12절에서는 가인이

"악한 자에게 속하였다"고 했다. 즉 마귀의 자녀인 것이다. 구약은 대립하는 두 씨들의 기록이고 신약은 그리스도의 출생과 십자가를 통하여 사탄을 이기신 승리의 기록이다.

3. 구원(3 : 20~24)

아담이 들었던 유일한 복음은 하나님이 3장 15절에서 하신 말씀이었다. 그런데 **그는 그것을 믿었으며 구원을 받았다.** 그가 그 말씀을 믿은 줄을 어떻게 아는가? 그것은 아담이 그 아내의 이름을 "생명" 또는 "생명 수여자"(lifegiver)의 뜻을 가진 "이브(Eve)"라고 지었기 때문이다.

하나님은 그가 죽을 것이라고 하셨고 930년 후에 육신적으로 죽었다. 그러나 그는 죄 때문에 하나님과 분리됨으로 영적으로도 죽었다. 그렇지만 하나님은 여인에게서 구세주가 탄생할 것을 약속했으며, 아담은 이 약속을 믿어 구원을 받았다. 하나님은 죄의 육체적인 결과를 변경시키지는 않으셨으나 영원한 결과인 지옥(hell)은 면제시키셨다.

가죽 옷은 그리스도 안에서 우리가 가지는 구원을 상징한다.
피가 흘려져야 하고 죄인 때문에 죄없는 생명이 희생되어야 한다. 그들은 나뭇잎으로 죄와 수치를 가리려 했다(3 : 7). 그러나 이러한 선한 행위는 하나님께 받아들여지지 않았다. 오늘날도 받지 않으신다!

성경에서 옷은 흔히 구원의 상징이다.
탕자가 집에 돌아오자 깨끗한 옷으로 입혀졌다(눅 15 : 22). 이사야 61장 10절과 스가랴 3장을 보자. 자기의(自己義)와 선한 행위라는 옷은 더러운 옷(사 64 : 6)에 지나지 않는다. 하나님께서 저희들을 가리려 하셨음에 유의하자. 하나님께서는 그들의 수치에 대한 감정을 인준하셨다. 사람들이 이것을 거꾸로 하여 나체로 돌아가는 것은 타락의 징표인 것이 분명하다. 하나님의 표준은 항상 "품위있는 복장"에 있다.

22~24절은 이상한 하나님의 은혜의 행위를 보여준다.
하나님은 그들을 동산에서 몰아내셨다. 그들은 하나님께 불순종함으로 생명나무에 대한 권리를 상실했다. 그들이 먹었다면 하나님이 약속하신 대로 육체가 죽지 않고 영원히 살 것이었다. 이 말은 죄로부터 인간을 구하기 위하여 구세주가 오셔서 죽지 않을 것이라는 뜻이 된다. 이렇게 하여 하나님은 아담과 하와를 낙원에서 쫓아냄으로 그의 은혜와 자비를 나타내고 계신 것이다. 하나님이 그 곳에 두신 검이 그 길을 막았다. 이 말은 "검 같은 불꽃"이라고 번역할 수도 있다. 즉, 하나님의 거룩하심을 말해주는 하나님의 불이다.

이제 우리는 로마서 5장을 펴서 마지막 아담이신 그리스도가 이 모든 것을 역전시켜 하나님 앞으로 가는 "새로운 생명의 길"을 어떻게 우리에게 열어놓으셨나를 알아보아야 한다. 비교한 것을 유의해서 살펴보자.

첫 아담	그리스도-마지막 아담
1 흙으로 만들어짐	1 하늘로부터 오신 주(主)
2 완전한 동산에서 시험받음 - 배부름	2 광야에서 시험받음-배고픔
3 사탄에게 짐	3 사탄을 이김
4 낙원에서 쫓겨남-도둑	4 죽어가는 도둑에게 낙원을 엶
5 죄, 죽음, 심판을 초래	5 의, 생명, 평화를 가져오심
6 아내를 사랑하여 고의로 죄를 지음	6 그의 교회를 사랑하셔서 고의로 죽으시고, 죄를 짊어지심

로마서 5장에는 여러 번의 "더욱"이란 말이 나오는 서술들이 있다(9, 15, 17, 20절). 여기서는 그리스도의 죽음이 우리를 아담이 있던 곳으로 보낼 뿐만이 아님을 시사하고 있다. 보다 더한 것을 우리에게 주셨다! 우리는 하나님께 왕 같은 제사장들이며, 그리스도와 함께 영원히 다스릴 것이다!

가인의 길
-창세기 4장-

이 장에서의 주연은 가인이다. **네 가지 다른 면**으로 그의 성격과 행동이 나타나 있다.

1. 예배자(4 : 1~5)

4장 1절에는 하나님이 3장 15절에서 하신 약속과 3장 20절에 나오는 아담의 믿음이 둘 다 나온다. 하와는 새 생명을 세상에 가져왔고 그가 약속된 씨인줄 알았다. "내가 한 남자-주님을 얻었다"고 번역할 수도 있다. "가인"은 "얻었다"는 뜻이다. 하나님으로부터의 선물을 받은 것으로 생각했다. 아벨은 "헛됨, 부질없음"이란 뜻이다. 이것은 하나님에게서 떠난 생명의 무익함을 암시하며 또는 가인이 그 씨가 아니었음에 대한 하와의 실망을 나타낼 수도 있다. 우리는 처음부터 일의 분할을 보게 된다. 가인은 땅에 헌신했고, 아벨은 양떼에 헌신했다. 하나님은 앞서 땅을 저주하셨는데(3 : 17) 가인은 그 저주와 동일시되고 있다.

예배를 드리는 지정된 장소가 있었던 것이 분명하다.
왜냐하면 둘 다 주께 제물을 가져왔기 때문이다. 하나님의 영광은 천사들이 길을 지키는 생명나무에 머물러 있었을 것이다(3 : 24). 히브리서 11장 4절은 아벨이 믿음으로 제물을 가져왔음을 시사하고 로마서 10장 17절은 "믿음은 들음에서 온다"고 가르친다. 즉, 하나님께서는 아담과 그의 가족이 자신에게 접근하는 방법을 가르친 것이 분명하다. 그 중에는 3장 21절에 나오는 피의 희생도 들어있음을 알 수 있다. 히브리서 9장 22절은 죄를 용서받기 위해서는 피흘림이 있어야만 한다고 진술한다. 그런데 가인은 저주받은 땅에서 피흘림이 없는 제물을 가져왔다. 그의 제물이 진정이었을 수도 있으나 받아들여지지 않았다. 하나님의 말씀을 믿지 않았고 대속의 희생을 의존하지도 않았다.

하나님은 **불로 응답하셔**(레 9 : 24) 아벨의 제물을 태우셨을 것이지만 가인의 제물은 제단 위에 놓여있다. 가인은 경건함과 신앙에 대한 형식을 갖추고는 있었지만 그 능력은 부정했다(딤후 3 : 5). 요한일서 3장 12절은 가인이 마귀의 자녀였음을 보여주는데 이 말은 육에 속한 거짓된 의(義)를 뜻하는 것으로 이는 믿음을 통한 하나님의 의(義)가 아닌 것이다. 예수님은 자기의(自己義)를 내세우는 바리새인들을 "마귀의 자녀들"이라고 불렀으며 아벨의 죽음에 대한 책임을 문책했다(눅 11 : 37~51). 유다서 11절은 "가인의 길"이 피없는 종교의 길이며 의로워지려는 노력과 자기의(self-righteousness)에 근거한 종교임을 말한다.

오늘날 세계에는 두 가지 종교만이 있다.

1 그리스도와 그가 완성하신 일(work)을 의존하는 아벨의 신앙과,

2 선한 행위(works), 그리고 인간을 기쁘게 하는 종교적 행사와 프로그램에 의존하는 가인의 종교이다.

하나는 천국으로, 다른 길은 지옥으로 인도해 간다!

2. 살인자(4：6~8)

야고보서 1장 15절은 죄가 작은 것으로부터 시작하여 점점 커져서 죽음에 이른다고 경고한다. 가인도 그랬다. 실망하고, 화가 나서, 질투하고, 마침내 살인한다. 마음의 증오가 결국 자기 손으로 살인하도록 이끌어 갔다(마 5：21~26). 하나님은 그의 믿음없는 마음과 타락한 안색을 보았다. 하나님은 죄가 들짐승처럼 웅크리고 가인을 멸망시키려고 기다림을 경고했다.

"죄의 소원은 네게 있으나 너는 죄를 다스릴찌니라."

하나님이 경고하고 계시다. 슬프도다, 가인이 유혹의 들짐승을 키우고 문을 열어 주어 들어오게 하였도다! (7절을 "죄의 제물이 문에 엎드리느니라"고 번역하기도 한다. 이것은 하나님께서 가인에게 의로운 제물을 가져올 또다른 기회를 주려 하심을 암시한다).

그러나 가인은 경고를 명심하지 않고 그의 동생을 불러 이야기를 나누고는 냉혈(冷血)의 마음으로 그를 죽였다. 가인은 마귀의 자녀였고(요일 3：12), 그의 아버지와 마찬가지로 살인자였다(요 8：44).

3장에서는 하나님의 말씀에 불순종하여 하나님께 죄를 짓는 인간이, 4장에서는 인간에게 죄를 짓는 인간이 나온다.

3. 방랑자(4：9~16)

"아담아, 네가 어디 있느냐?"

"네 동생이 어디 있느냐?"

이 두 질문은 성경에 나오는 최초의 질문으로 그 의미는 얼마나 중요한지 모른다. 죄는 언제나 드러나기 마련이다(가인처럼). 우리가 지은 죄에 대하여 거짓말을 하려고 해도 결국 드러난다. 아벨의 피는 복수해 줄 것을 호소하지만 그리스도의 피는 평화와 용서를 외친다(히 12：24). 하나님은 앞서 뱀과 땅을 저주하셨는데 이제는 가인을 저주하신다.

"네가 땅에서 저주를 받으리니…"

다른 말로 하면 가인이 밭을 갈아도 땅이 다시는 효력을 주지 않으며, 땅에서 피하여 유리하는 자가 되어야 살 수 있다는 뜻이다. 그는 도망자, 방랑자가 되

어야 했다.

가인은 자기 죄를 회개하지 않았으며, 대신 자책과 실의를 나타냈다. 그의 부모가 그러했듯이 하나님을 비난한다.

"주께서 오늘 이 지면에서 나를 쫓아 내시온즉…"

그는 천국에서 거부를 당하고 땅에게 거절을 당한다! 그는 저주를 받아 안식을 잃었는데 이는 믿음으로만 치유될 수 있다.

가인의 공포와 절망에도 유의하자.

"무릇 나를 만나는 자가 나를 죽이겠나이다!"

은혜로 하나님은 가인을 보호하시겠다고 약속하시고 약속을 증명할 표(mark)를 주셨는데, 문자로 된 표를 주신 것이 아니라 그보다는 가인에게 확신을 가지도록 하신 것같다. 놀라운 은혜이다!

하나님은 왜 가인을 풀어 놓으셨나? 한 가지 이유가 있으니, 가인은 하나님의 은혜와 죄의 비극적인 결과에 대한 "걸어다니는 설교"였던 것이다. 오늘날의 인간과 대단히 유사한 모습이다. 휴식이 없고, 절망하고 그리고 좌절한다!

가인은 그의 남은 생애를 방랑하며 보냈는가?

아니다! 그는 정착하여 도시를 건설했다! 우리는 여기서 "문명의 기원"을 본다. 하나님의 영적인 선물을 대신하여 인간이 만든 대용품이다.

4. 건축가(4 : 17~26)

"놋"이란 "흩어지는 것" "방랑하는 것"의 뜻이다. 가인이 선택한 바로 그 땅이 그가 하나님으로부터 떠나 방랑하고 있음에 대하여 말하고 있다. 그는 하나님의 면전을 떠나갔다(3 : 24). 그에게는 피의 종교가 필요치 않았다. 가인은 그의 누이들 중의 하나와 결혼한 것이 확실하다. 왜냐하면 그 때 쯤에는 아담의 자손이 많았을 것이기 때문이다(5 : 3은 130년이 지났음을 시사한다). 아브라함은 그의 이복 누이와 결혼했는데 가인이 그의 친 누이와 결혼하지 못했을 이유는 없다. 특히 그 때는 죄가 인간의 몸에서 그 댓가를 치루기 전의 시대였다. 그의 아들의 이름인 "에녹"은 "창시"라는 뜻으로 새로운 출발을 나타내고 있으나, 하나님 없는 출발이다.

인간적인 관점으로 평가할 때에 가인의 자손들은 탄복할 만한 사람들이다. 야발("방랑자")은 농업 기술을 발견했고(20절), 유발은 "문화" - 음악을 창시했으며, 두발가인은 금속 산업을 처음으로 개발했다. 외양으로 볼 때, 가인의 "도시"는 큰 성공을 거두었다. 그러나 **하나님은 이 모든 일들을 거절하셨음**을 분명히 밝히고 있다.

25절에 보면 하나님은 아담과 하와에게 또다른 씨-"셋"을 주시는데 이는 약속된 아벨의 씨 대신 주어진 씨이다. 하나님은 가인의 족속을 개조시키려 하지 않고 저들을 거부하신다. 그리고 궁극적으로는 홍수 때에 저들을 폐기처분하실 것이다. 가인의 족속이 하나님을 진정으로 예배하는 자리에서 점점 멀어져 가고 있을 때, 셋의 사람들은 하나님께 돌아와 다시 예배를 시작하고 있다(26절).

오늘날의 문명은 본질상 가인적이다.

오늘날의 문명도 농경, 산업, 예술, 큰 도시, 그리스도의 피를 믿지 않는 종교 등을 지니고 있으며 이 또한 가인의 옛 문명과 같이 멸망을 받을 것이다. 라멕 같이 살인을 자랑으로 여기는 사람들이 오늘날에도 있으며, 결혼의 신성한 약조를 무너뜨리는 사람들도 있다(라멕이 했던 것처럼).

"노아의 때와 같이 인자의 임함도 그러하리라"(마 24 : 37).

인간은 하나님의 계시를 거절하고 인간 자신의 자원을 의지한다. 참된 그리스도인은 지나가버리는 "세상의 제도"에 속하지 않으며(요일 2 : 15~17), 관여하지도 않아야 마땅하다.

*　　*　　*　　*　　*

● **라멕의 전언**(message / 23 ~ 24절) : 이 구절이 좀 더 명확했으면 좋으련만 그렇지 못하다. 따라서 성경을 공부하는 사람이 다 똑같이 해석하지도 않는다.

라멕은 가인 편으로 아담의 칠대 손인데 하나님의 비위를 상하게 했던 반면에, 셋 편으로 아담의 칠대 손인 에녹(5 : 21~27)은 하나님과 동행했고 하나님을 기쁘게 했다(히 11 : 5). 가인의 계통은 셋 계통의 참된 신자들로부터 이름조차 본뜬다(에녹 – 에노스 / 이랏 – 야렛 / 므후야엘 – 마할랄렐 / 라멕 – 라멕)

라멕이 어떤 젊은이에게 상해를 입어 자기 방어로 그 공격자를 죽였다고 보는 사람도 있다. 하나님이 이 엄청난 살인죄를 지은 가인을 위해 보복해 주신다면, 자기 방어를 위해 사람을 죽인 라멕을 위해서 이를 변호해 주실 것은 분명한 일이었다. 두발가인이 놋과 철로 무기를 처음 발명해냈으며, 라멕은 그의 부인들에게 자랑삼아 무기를 시위했을 것으로 보는 사람도 있다. 히브리어의 동사는 미래로 번역할 수도 있다. 즉, "나에게 상해를 입히는 사람은 누구나 목을 벨 것이며 하나님의 보호는 필요없다. 이 무기로 나 혼자서도 칠십 칠배로 보복할 수 있기 때문이다"라고.

이것은 성경에 나오는 첫번째의 오만한 도전이며 전쟁 행위이다.

홍 수

-창세기 5～8장-

이 장들에서는 홍수와 노아의 믿음을 다룬다. 여기 나오는 모든 영적인 보화를 캐낸다는 것은 불가능하다. 성경 역사에 있어 중요한 이 사건에 대해 **네 가지 면으로 제한**하여 공부하기로 하자.

1. 역사로 본 대 홍수

1 **대 홍수의 사실성**은 창세기 기록으로 증명되며 동시에 그리스도와(마 24 37～39 / 눅 17 : 26), 선지자들(사 54 : 9), 그리고 사도들(벧전 3 : 20 이하 / 벧후 2 : 5 / 3 : 6)에 의해서도 입증되고 있다.

고고학자들은 모든 고대 문명은 창세기 사건과 비슷한, 홍수에 대한 상세한 전설을 지니고 있음을 말해 준다. 공상적인 신과 여신들이 개입된 이 이야기들은 세대에서 세대로 전해 내려오며 대 홍수의 본래 역사가 와전(訛傳)된 것인 듯하다.

2 **홍수의 목적**은 6장 5～13절에 언급되어 있다. 인간은 타락하게 되었고 땅은 죄악이 관영했으며, 하나님은 인류를 멸망시킬 수밖에 없었다. 새로운 시작에 앞서 반드시 심판과 죽음이 있게 마련이다. 상세한 것은 후에 공부할 것이다.

3 **홍수의 순서(Schedule)**는 기록에 명백히 나타나 있다. 아담의 창조를 1년으로 계산하면 노아는 1056년에 태어났다. 창세기 6장 3절에 보면 하나님은 노아에게 120년 동안 전도하며 방주를 짓도록 하셨는데(벧전 3 : 20), 그가 이 일을 시작할 때는 480세가 된다(7 : 11). 이 해가 1536년이다. 대 홍수는 노아가 600세 때에 닥쳤으며 1656년이 되는 셈이다. 1657년의 둘째 달, 27일에 노아와 그 가족은 마른 땅을 다시 밟았다(8 : 13 이하). 성경에 기록된 날짜대로 살펴보면 다음과 같다.

- 2월 10일 / 방주로 들어감(7 : 1～9)
- 2월 17일 / 홍수가 닥침(7 : 10～11)
- 3월26일 / 비가 멎음(7 : 12)
- 7월 17일 / 방주가 머무름(8 : 1～4)
- 10월 1일 / 산꼭대기가 보임(8 : 5)
- 11월 11일 / 까마귀와 비둘기를 보냄(8 : 6～9)
- 11월 18일 / 비둘기가 가지를 가져옴(8 : 10～11)

●11월 25일 / 비둘기가 돌아오지 않음(8 : 12)
●다음해 1월 1일 / 노아가 방주를 엶(8 : 13)
●2월27일 / 방주를 떠남(8 : 14 이하)

1656년이란 햇수와 아라랏 산에 방주가 머문 날짜의 중요성을 후에 공부할 것이다.

4 **방주**는 배라기보다는 삼(杉) 나무로 만들어 역청을 발라 물에 뜨게 한 상자였다. 24규빗이라면 600피트 길이에, 100피트 너비, 60피트 높이가 되며, 18규빗이라면 450×75×45 피트가 된다(1피트＝30cm). 어느 경우든지 방주는 모아진 각종 동물들과 식량을 싣고 노아의 가족을 태우는 데에는 충분한 크기였다. 당시에 동물이 몇 종이나 있었는지는 모른다. 6장 20절이 하나님께서 노아에게로 동물들과 인도해 왔음을 시사하는 것에 유의하자. 방주는 삼 층이며, 지붕에 창문 하나가 있었거나 꼭대기 층에 빙 돌아가며 창이 있었고(6 : 16), 문은 하나였다.

5 **홍수가 발생한 것**은 비가 오고 땅 아래서 물이 분출했기 때문이었다(7 : 11). 기후 상으로 큰 비가 오고 땅 표면에서는 물이 터져나오는 무시무시한 상황을 잘 상상할 수 있을 것이다. 거대한 조수의 파도가 일며 이런 분출이 뒤따랐다. 창세기 2장 5～6절은 비가 오는 것이 지구에서는 처음 있었던 일임을 시사함으로써 노아의 믿음을 훨씬 돋보이게 한다.

2. 모형으로 본 홍수

1 **방주**는 그리스도 안에 있는 놀라운 구원의 상징이다. 이것은 인간이 발명한 것이 아니라 하나님께서 설계하신 것이다. 구원에는 **한 길 외에는** 없으며 방주에도 문은 오직 하나 있었다. 방주는 나무로 만들어졌으며 이는 그리스도의 인간성을 말해 준다. 그는 우리를 구원하기 위하여 인간으로 태어나셔야만 했다. 6장 14절에 나오는 "역청으로 칠한다"는 단어는 구약에 나오는 "속죄(또는 보상 : atonement)와 같은 단어이다. 하나님께서는 노아와 그의 가족을 방주(7 : 2)로 초대하셨다. 그들이 들어오자 그들이 안전하도록 문을 닫으셨다(7 : 16). 방주는 인류만 구원했을 뿐 아니라 그 안에 있는 동물들도 구원하였다. 이와 마찬가지로 그리스도의 죽음은 어느 날 죄의 속박으로부터 피조물을 구해내실 것이다. 방주는 심판으로부터 저들을 구원하였으며, 그리스도는 장차 올 진노로부터 우리를 구원하신다. 베드로전서 3장 18～22절은 방주를 그리스도의 부활과 연결짓는다.

물이 옛 세상을 장사지냈으나 노아는 새 생명으로 부활하였다. 홍수의 순서를 조사해 본다면 방주가 7개월 째의 17일에 아라랏 산에 머물렀음을 알게 될 것이다. 히브리인의 달력은 첫 달이 10월이다. 따라서 7개월째라면 4월이 되는데, 4월 17일은 **우리 주님이 죽음에서 부활하신 날**이다(유월절 후 3일, 출 12 : 1~3)! 4월은 유월절이 있어 종교행사의 첫째 달이고, 10월은 공식 달력의 첫 달로 남아 있다.

2 **노아**는 그리스도의 구속 사업을 나타내는 흥미로운 상징이다. 그의 이름은 "안식"(rest)이란 뜻인데(5 : 29) 그리스도는 우리에게 안식을 주시며(마 11 : 28~30), 저주에서 우리를 구속하신다(갈 3 : 13). 하나님은 **한 사람**을 불러 구원을 이루셨으며 그리스도는 세상의 **유일한 구세주**이시다. 노아는 하나님이 명령하신 모든 일에 순종하는 데에 신실하였고, 예수는 "나는 언제나 아버지를 기쁘게 하는 일들을 한다"고 말씀하셨다. 노아는 홍수를 거치면서도 안전하게 인도함을 받았고, 그리스도는 고난의 홍수를 거쳐서(시 42 : 7) 승리를 이룩하셨다. 노아는 방주에서 나와 그의 가족과 함께 새 창조의 머리가 되었으며, 그리스도는 무덤에서 나와 새 창조의 머리요 새 가족의 아버지가 되셨다.

3 **노아와 에녹**은 모두 이스라엘과 교회를 나타낸다. 노아는 심판을 통과하여 안전하게 보호되었고 이와 마찬가지로 144,000명과 유대인의 남은 자들은 환난을 통과하여 이 땅에 왕국을 세울 것이다. 에녹은 심판이 임하기 전에 휴거되었고(5 : 21~24 / 히 11 : 5), 이와 마찬가지로 교회는 하나님의 진노가 세상에 부어지기 전에 휴거될 것이다.

3. 예언으로 본 홍수

그리스도는 휴거가 있기 전의 시대와 환란의 때가 노아의 때와 같을 것이라고 가르치셨다(눅 17 : 26 / 마 24 : 37~39). 우리는 오늘 날 "노아의 때"에 살고 있는 것이다! 우리는 "인구 폭발"을 통해 사람들이 번성하는 것과(6 : 1), 온갖 종류의 도덕적 타락이 관영하며(6 : 5), 강포(폭력/6 : 11,13)가 충만하며, 기술과 산업이 발전하고(4 : 16~22), 살인을 하고도 가책을 받지 않으며(4 : 23~24), 참된 신자는 극소수임을 본다(6 : 8~10). 그러나 명심할 것은 "노아의 날들"이 증거(전도)의 날들도 되었다는 점이다. 사실 하나님은 에녹에게 심판이 임할 것이라고 이미 말씀하셨고 그는 사람들에게 이를 전파했다(유 14~15). 실제로 에녹은 아들의 이름을 므두셀라로 지었는데 그 이름은 "그가 죽으면 오리라"는 뜻이며, 므두셀라가 죽은 후에 심판이 임했다. 그는 687년에 태어나서 969년을 살았다. 그가 죽은 1656년은 홍수가 임한 바로 그 해였다! 달리 설명하자면 하나님께서는 사악한 세상에 969년이란 은혜의 해들을 주시고 마지막 120년 동안에 노아가 전도하며 방주를 준비하게 하셨다(창 6 : 3 / 벧전 3 : 20). 오늘날, 하나님은 심판이 오고 있다고 사람들에게 경고하신다(벧후 3장－물이 아닌 불로). 그러나 듣는 이가 적으며 믿는 이는 더욱 적다.

4. 실용성으로 본 홍수

[1] **하나님은 죄를 반드시 벌하신다.** 그가 새 것을 세우시기 전에 옛 것은 죽어야 한다.

[2] **하나님은 인간들을 경고하신다.** 그러나 결국, 그의 인내는 끝나고 심판이 온다.

[3] **하나님의 구원 방법은 동일하시다.** 하나님은 언제나 은혜를 통해서만 사람들을 구원하신다(6 : 8 / 믿음을 통하여, 히 11 : 7).

[4] **진실한 믿음**이 있는 곳에는 **적극적인 순종**이 있다(6 : 22 / 7 : 5).

[5] **노아와 그의 가족이 이런 사악한 세상에서 분리되어 살기란 어려웠다.** 그러나 하나님이 저들을 도왔고 또한 저들에게 보상하셨다.

[6] **6장 1~4절에 나오는 "하나님의 아들들"**이 천사들을 가리키는 말이거나 또는 셋의 가족을 뜻하거나 간에 얻는 교훈은 같다. 하나님은 타협과 반역을 문책하시며 구별된 성도에게 상을 주신다.

노아의 언약

-창세기 9~11장-

1. 하나님의 노아와의 언약(9 : 1~17)

언약(Covenant)이란 단어는 "자르는 것"의 뜻이다. 왜냐하면 서약의 행위는 곧 제물을 자르는 일로써 성립되어지기 때문이다(창 15 : 9 이하). 노아를 통하여 하나님은 모든 인류에게 약속을 세우시는데, 그 말들은 오늘날에도 유명하다.

언약의 **근거**는 희생제물의 흘린 피에 두었으며(8 : 20~22), 이는 새로운 언약이 그리스도가 흘리신 피에 근거하는 것과 같다.

언약의 **내용**은

1 하나님은 홍수로 인류를 멸망시키지 않을 것.
2 인간은 동물의 고기를 먹어도 좋으나, 피는 먹지 말 것(레 17 : 10 이하 참조).
3 인간과 짐승들 사이에 두려움과 공포가 있을 것과,
4 주요한 형벌의 원리로서의 인간의 정부(롬 13 : 1~5 참조)를 보여 준다.

언약에 대한 맹세로서 하나님은 무지개를 세우셨다. 이 말은 무지개가 그 때 처음 나타났다는 뜻은 아니다. 그러나 하나님께서 이 언약을 세우실 때 특별한 의미를 부여하셨다는 뜻이다. 무지개는 햇빛과 큰 비로 말미암아 생기며 그 색채는 "하나님의 각양(여러 색) 은혜"(벧전 4 : 10)를 생각나게 한다. 무지개는 하늘과 땅을 연결하는 다리가 되며, 이는 그리스도를 통하여 하나님과 인간과의 사이를 갈라놓은 깊은 구멍에 다리를 놓은 것을 상기시킨다. 무지개는 에스겔 1장 28절과 요한계시록 4장 3절에 다시 나온다.

우리가 명심해야 할 것은 이 언약이 노아 후에 오는 노아의 "씨"와 맺어진 것이며, 오늘날 우리도 포함된다는 것이다. 대부분의 그리스도인들이 중한 형벌(9 : 5~6)을 받는 것도 이 때문이다. 하나님은 가인을 보복해 주실 것을 약속하셨지만(4 : 15), 이제는 살인자를 벌할 책임을 인간에게 주신다.

2. 가나안에 대한 노아의 저주(9 : 18~29)

1 **죄** - 600살이 넘은 단련된 성도가 이 죄와 수치에 빠졌다. 그는 젊은 탕아가 아니었다. 히브리 말로는 노아가 고의적으로 옷을 벗어 부끄러운 행동을 했음을 암시하고 있다. 무절제함과 불순전함은 언제나 함께 다닌다. 홍수 이후로

지상에 생긴 새로운 대기(大氣)의 상태가 포도주를 발효시킨 것이며 노아는 자신이 하고 있는 행동을 몰랐다고 그를 변호해 주는 사람도 더러 있다. 그러나, 성경은 성도들의 죄에 변명을 대는 일을 허락지 않는다. 이것은 인간 편에서의 세번째 실패이다. 인간은 에덴에서 불순종하여 추방당했고, 온 땅을 부패시켜 홍수가 임하게 했으며, 이제는 부끄러운 술주정꾼이 되었다. 이는 6장 5절과 8장 21절의 성취가 아니겠는가! 설상가상으로 함(Ham)은 자기 아버지를 존중하지 못하고 도리어 노아가 한 일을 "즐겁게 떠벌였다."

[2] **저주**－노아는 함이 한 일을 알고 그 유명한 저주를 발하였다(이는 창세기에 나오는 세번째 저주이다－3：14～17 / 4：11). 그가 함의 막내 아들 가나안(10：6)을 저주한 사실로 보아 이 죄에 아버지와 함께 이 소년이 관련되었음과, 아버지의 죄를 아들에게 씌우심을 알 수 있다. 가나안과 그의 자손들은 그 형제들의 종의 종이 되어야 했다. 10장 15～20절에는 이 민족의 이름들이 열거되어 있다. 그들이 결국 유대인과 이방인들의 노예가 되었음은 뻔한 일이다. 말할 나위도 없이, 셈족은 유대인들이며, 그 종족이 10장 21～32절에 열거되어 있고, 11장 10～26절에서는 아브라함에게까지 그 혈통을 이어간다. 야벳의 후손들은 이방인들이다(10：1～5). 창세기 15장 13～21절과 10장 15～20절을 연관시켜 읽어보자. 여기서 말하려는 것은 **어떻게** 여러 종족의 구분이 이루어졌는지를 보이려는 것이 아니고 사도행전 17：26이 가르치듯 하나님이 모든 사람들을 "한 혈통"으로 지으셨음을 말하고 있다.

[3] **축복**－노아는 유대인(셈)들을 축복하고 가나안인들을 종으로 준다. 하나님은 이방인들(야벳)에게 널리 퍼지게 하시겠다고 약속하신다. 그러나(영적으로 말하면) 저들은 유대인의 장막에 거하게 될 것이다. 바울은 로마서 9～11장에서 이를 설명한다.

3. 하나님께 대항하는 니므롯의 동맹(11：1～9)

[1] **독재자**(10：6～14)－니므롯은 구스의 아들이며 함의 손자로서, 그의 이름의 뜻은 "반역"이다. 그는 하나님 앞에서 굉장한 폭군이요, 최초의 독재자였다. "사냥꾼"이란 말은 동물을 사냥한다기보다는 **인간**을 사냥한다는 뜻이다. 그는 바벨론 제국의 창시자이며 바벨탑의 건설을 주도했던 계획의 창안자였다. 역사는 니므롯과 그의 아내가 "어머니와 아이"로 둘러싸인 새로운 종교를 창설했음을 알려 준다. 상세한 내용은 히스롭(Hislop)이 지은 『두 바벨탑』이란 책에 나온다. 성경에서의 "바벨론"은 하나님께 대한 반역과 종교적 혼란을 상징한다. 우리는 성경 전체를 통하여 바벨론이 하나님의 백성에게 대항하며 요한계시록 17～18장에 나오는 "큰 바벨론"에서 그 절정을 이루고 있음을 본다.

2 **반역** – 하나님은 땅에 충만하라고 명령하셨다(9 : 1, 7, 9). 그런데 인간은 바벨론 지역인 시날 평지에 정착하기로 결정했다(10 : 8~10). 이것은 하나님의 말씀에 대한 고의적인 반역이었다. 그들은 "동방으로" 이동하였는데 이는 저들이 하나님의 명령에 등지고 있음을 암시한다. 그들은 연합하여 도시와 탑을 건설하기로 결정을 보았다.

그들의 목적은 하나님께 반대하여 연합을 계속 유지해 가는 것이요, 자신들의 이름을 내는 것이었다. 이 모든 움직임은 계시록 17~18장에 나오는 바벨론을 중심한 인간(그리고 사탄)의 그리스도께 대한 최종적 반항을 미리 보여주는 것이다. 인간은 하나의 세계 교회와 세계 조직을 통해 연합되어 적그리스도에게, 곧 최후의 세상 독재자에게 이끌려 가지만, 저들의 계획은 좌절될 것이다. 오늘날의 세계가 "하나의 세계"란 개념으로 급진적인 움직임을 보이는 것을 주목하는 것은 흥미있는 일이다. U. N.이나 세계 교회 연합(W.C.C.) 등의 활동 덕택이다.

3 **심판** – 하나님은 그들이 반역을 계획함을 알고 그들을 심판하셨다. 하나님은 또다른 회의를 열어(1 : 26 / 3 : 22) 일군들의 언어를 혼란시켜 그들이 함께 일할 수 없도록 만들 것을 결정하신다. 이것은 심판인 동시에 사실상 자비의 행위이었다. 만일 그 계획을 계속 진행시켰다면 보다 무서운 심판이 따랐을 것이기 때문이다. "바벨(Babel)"이란 이름은 히브리어의 "바랄(Balal)"이란 단어에서 유래되었는데 "섞다 또는 혼란시킨다"는 뜻이다. 아람어로는 바벨이 "혼란"을 의미한다. 이 장면은 인류의 여러 언어의 기원을 설명한다. 오순절은 바벨 사건을 역전(逆轉)시킨 것이라고 흔히들 지적한다. 즉, 하나님의 백성들 사이에 진정한 영적 연합이 있었으며, 다른 말을 사용했으나 이해했고, 그 일로 인하여 사람이 아니라 하나님을 영화롭게 했다.

4. 하나님이 아브라함을 부르심(11 : 10~32)

10장 21~32절에는 셈의 가계(家系)가 나온다. 그런데 여기서 저자가 이 계보를 뽑은 것은 아브라함이 그 계획에 어떻게 적중되는지를 보여주기 위한 목적에서 아브라함의 아버지 데라에게까지 계보를 끌어 간다(11 : 26). 우리는 여기서 또하나의 신적 선택에 대한 증거를 보게 된다. 하나님은 그의 은혜로 아브라함을 선택하셨다: 함과 야벳을 우회하여 셈을 택하시고, 셈의 다섯 아들들 중에서는 아르박삿(11 : 10)을 택하셨으며, 데라의 세 아들들 중에서는(11 : 26) 아브라함을 택하셨다. 이것이 히브리 민족의 시작이 된다. 이 명단에서 "에벨"이란 이름에 유의하자(10 : 21 / 11 : 14).

창세기 12장 1절을 보면 여호와께서 아브라함에게 "너는 …을 떠나"라고 **이미 말씀하셨음**을 알게 된다. 그러나 11장 31~32절의 기록을 보면 아브라함이 온전히 순종하지 않았음을 보여준다. 아버지를 뒤에 두고 떠나는 대신 그와 더불어 함께 갔으며, 그 순례가 하란에서 지체되었는데, 데라는 거기서 죽었다. 우리의 반(半) 순종이 시간과 보화로 댓가를 치루게 되는 일은 흔히 있는 일이다. 아브라함은 하나님과 동행하며 보냈어야 할 시간을 잃었으며 아버지도 잃었다. 이 여행의 다음 단계에서 아브라함은 롯을 함께 데리고 갔으나, 그도 버리고 갔어야 했다(13：5～14).

히브리서 11장 8～19절은 아브라함의 믿음을 요약한 것이다. 아브라함은 **어디로**(**where**) 가야 하는 것인지 모를 때 믿었고(11：8), **어떻게**(**how**) 해야 하는 것인지 모를 때에 믿었으며(11：11), **왜**(**why**) 그래야 하는지 모를 때 믿었다(11：17～19)고 말하는 사람도 있다.

다시 강조하지 않으면 안될 일은 하나님이 아브라함을 택한 것이 그의 업적(공로)으로 인한 것이 아니라는 점이다. 그는 아무것도 한 일이 없었다. 그는 우상의 도시, 갈대아 우르의 시민이었고 하나님이 자신을 그에게 계시하시지 않았더라면 불신자로 죽었을 것이다. 인간적인 관점에서 볼 때, 자녀들이 없는 아브라함과 사라를 하나님이 선택하신 것은 어리석은 일이었다. 그러나 결국에 이르러 하나님께 큰 영광이 되었고 세상에 큰 축복이 되었다.

아브라함의 소명

창세기 12장~13장 4절

이 장은 성경에서 가장 위대한 모험의 하나인 아브라함의 믿음의 행보(行步, walk)로 시작된다. 그의 본래 이름은 아브람("높으신 아버지")이었는데 아브라함("열국〈대중〉의 아버지")으로 바뀐 것은 잘 알려진 일이다. 편의상 친숙한 이름을 사용하기로 하겠다. 대 홍수가 타락한 문명을 파괴시켰으나 곧 또다른 문명이 그 자리를 차지했다. 하나님은 세상에 구세주를 보낸다는 창세기 3장 15절의 약속을 성취하기 위하여 먼저 한 사람을 부르셨다. 이 사람은 셈의 혈통에 속했고(11 : 10 이하) 유대민족의 아버지(조상)였다. 이 한 사람으로부터 하나님은 온 세상을 축복하려고 계획하셨다!

1. 아브라함이 믿음으로 응하다(12 : 1~9)

1 **언약**(1~3절)—하나님은 갈대아 우르에서 아브라함을 부르셨으나(행 7 : 2~4) 아브라함은 그의 아버지가 죽기까지 하란에서 지체했다(11 : 27~32). 하나님은 완전한 분리를 요구하시며, 죽음이 분리를 성취한다면 죽음조차도 불사하신다. 그의 소명은 전적으로 은혜이며, 주의 선하심에 기인한 전적인 언약의 축복들이다.

하나님이 아브라함에게 주시겠다고 약속하신 것은 땅과 큰 이름과 큰 민족, 온 세상에 끼칠 축복이다. 아브라함이 이 약속들을 받아들이는 데는 대단한 믿음이 필요했다. 왜냐하면 그에게는 자녀가 없었고 그와 아내는 늙어가고 있었기 때문이다(11 : 30). 하나님의 입술에서 "내가 하겠다"(I will)라는 말이 반복됨에 유의하자. 아브라함이 믿기만 하면 하나님이 모든 일을 하실 것이었다. 하나님이 이 약속들을 성취하신 것은 물론이다. 왜냐하면 이스라엘이 땅을 차지하고(더 얻게 될 것이다), 유대인들은 성경과 그리스도를 우리에게 줌으로 모든 민족에게 축복을 끼쳤으며, 아브라함의 이름은 유대인들과 모슬렘(회교도)과 그리스도인들과 불신자들로부터도 존경을 받고 있다. 바벨의 사람들은 스스로 큰 이름을 얻고자 했으나 실패했다(11 : 4). 그러나 아브라함은 하나님을 신뢰했고 하나님이 그에게 큰 이름을 주셨다!

2 **타협**(4~6절)—"롯이 그와 함께 갔다." 이것이 제2의 실수였다. 롯의 아버지 하란은 죽었으며(11 : 28), 아브라함은 자기 보호 아래 그 젊은이를 데리고 갔는데, 이는 기쁘지 않은 문제거리들만 만들어 주었다. 후에 하나님은 족장 생활로 그의 계획을 전진시키기에 앞서 아브라함으로부터 롯을 분리시켜야만 했다. 하란으로부터 가나안까지의 긴 여행에 대해서는 기록된 것이 없다. 그러나 이

여행을 마치기까지는 믿음과 인내가 필요했던 것은 분명한 일이다. 아브라함은 부유한 사람이었으나 그의 부(富)가 하나님과 동행하는 데 장벽이 되지는 않았음을 쉽게 알 수 있다. 그들은 세겜, 즉 "어깨가 있는 곳"에 도착했다. 신자들이 "어깨가 있는 곳"에 산다는 것은 얼마나 놀라운 일인가! "그 아래에 영원한 팔이 있는" 곳이다!

3 **신앙고백**(7~9절)—순종은 언제나 더 큰 축복으로 인도한다. 이제 여호와께서 아브라함에게 나타나셔서 그에게 더욱 확신을 주신다. 아브라함은 그 땅에 사는 이방인들 앞에서 자기 믿음을 고백하는 데 주저하지 않았다. 그는 믿음으로 가는 곳마다 **장막**을 치고 **제단**을 쌓았다(13:3~4/13:18). 장막은 하루에 한 번 언제나 이동할 준비가 되어 있는 하나님을 신뢰하는 순례자임을 말해주며, 제단은 제물을 가져다 하나님께 드리는 예배자를 말해 준다. 아브라함이 거했던 장소에 유의하는 일은 흥미로운 일이다. 벧엘("하나님의 집")은 서편에 있었고 동쪽에는 아이("폐허 더미")가 있었다. 아브라함은 세상("폐허 더미")에 등을 돌리고 "하나님의 집"을 향하여 여행하고 있었다. 13장 11절에 보면 롯은 하나님의 집을 등지고 동쪽으로 여행하여 세상으로 돌아간다. 아브라함이 하나님의 뜻과 어긋나게 한 걸음씩 나아갈 때마다 장막과 제단을 잃는다.

2. 아브라함이 믿음에서 퇴보하다(12:10~20)

1 **실망**(10절)—하나님이 인도하시는 곳에 기근이 들다니! 순례자들에게 이 일은 얼마나 큰 실망이겠는가! 이것은 그들이 하나님을 믿는지 땅을 신뢰하는지를 보시기 위해 하나님께서 행하신 그들의 믿음에 대한 시험이었다. 그들은 그곳에 머물러 하나님을 신뢰하는 대신 애굽으로 내려갔다. 아마도 롯이 제안했을 것이다(13:10). 애굽은 세상을 상징하며 자기를 신뢰하는 생활을 나타내는 반면, 가나안은 믿음과 승리의 생활을 상징한다. 애굽은 탁한 나일강에서 물을 대며 가나안은 하나님께로부터 오는 신선한 비를 받았다(신 11:10~12). 아브라함은 장막과 제단을 버리고 세상을 신뢰했다! (사 31:1참조)

2 **속임**(11~13절)—하나의 죄는 또다른 죄로 이끌어 간다. 첫째로 아브라함은 애굽을 믿었고 이제는 그의 아내로 말미암아 보호받을 것을 믿는다. 창세기 20장 13절은 사라에게 아브라함과 똑같이 죄가 있음을 명백히 밝힌다. 20장 12절은 그 "거짓말"이 사실은 반(半) 진실이었음을 나타낸다. 왜냐하면 그녀는 그의 이복동생이었기 때문이다. 아브라함은 그의 아내, 또는 약속된 씨의 안전보다는 자기 자신의 안전에 더 관심이 있었던 것같다. 만약 사라가 후궁들의 처소에 계속 있었다면 하나님은 그의 약속을 성취하실수 없었을 것이다. 장막과 제단이 없는 아브라함은 세상의 사람들처럼 행동했다(시 1:1~3).

[3] **징계**(14～20절)—믿는 아브라함이 믿지 않는 왕에게 문책을 당해야 하다니 얼마나 수치스러운 일인가! 사라에 대한 진실을 알기 전에 바로는 아브라함에게 호의를 베풀었다. 그러나 하나님의 개입하여 거짓말이 폭로되자, 바로는 그에게 떠날 것을 요청하지 않을 수 없었다. 세상과 혼합하여 타협하려는 그리스도인에게 그것은 얼마나 비참한 선언인가! 어떤 이가 "믿음이란 꾀를 부리지 않고 사는 것이라"고 말했다. 이 얼마나 아브라함에게 필요한 교훈인가! "네 죄가 너를 찾아 낼 것을 명심하라." 롯은 세상과 더불어 삶으로써 그가 보여주어야 할 간증을 잃었다(19：12-14). 베드로도 원수의 불 곁에 앉아 있다가 증언할 수 없게 되었다.

3. 아브라함이 믿음으로 돌아오다(13：1～4)

세상에서 그리스도인은 스스로 행복할 수 없다. 그는 하나님을 저버린 바로 그곳으로 돌아가야만 한다. 죄를 뉘우치고 잘못을 시정하는 것, 이것이 회개요 고백이다. 아브라함이 애굽에 계속 머물렀다면 자기 죄를 회개하지 못했을 것임에 틀림없다. 그는 장막과 제단의 장소로 되돌아가야만 한다. 주님을 부를 수 있는 곳, 그래서 축복을 받는 곳으로 돌아가야 한다. 이것은 그리스도인이 따라야 할 바른 원리이다. 간증을 잃을 수 밖에 없는 세상으로는 가지 말아야 한다. 제단과 장막을 세울 수 없는 곳은 경계 밖에 있는 곳이다!

아브라함의 회복으로 그의 모든 불순종이 원상태로 돌아온 것같이 보일런지 모르나 그렇지 못하다. 물론 하나님은 아브라함을 용서하셨고 그와의 교제를 회복하셨지만 애굽 여행의 슬픈 결과들을 간과하실 수는 없으셨다.

[1] **시간의 낭비**—그들이 주님을 떠난 주간들은 잃어버린 것으로서, 다시 얻을 수 없었다.
"우리에게 우리 날 계수함을 가르치사 지혜의 마음을 얻게 하소서"(시 90：12).

[2] **간증을 잃음**—아브라함이 바로를 속이고서도 그에게 참되신 하나님을 증거할 수 있었을까? 아마도 하지 못했을 것이다. 그리스도의 심판대에서 하나님을 직면했을 때, 육적인 그리스도인들의 보잘 것 없는 간증으로 해서 많은 영혼들이 지옥에 간다는 것을 알게 된다면 얼마나 슬픈 일이겠는가!

[3] **하갈**—사라의 여종이 애굽에서 따라와(16：1이하) 그 가족에게 말할 수 없는 문제를 야기시켰다. 물론 그녀에게 아기를 낳으라는 제안은 사라가 했지만 하갈의 존재가 육적인 꾀를 내도록 도왔다. 우리가 애굽(세상)에서 가져온 것들은 결국 우리를 괴롭히는 원인이 된다. 우리는 세상을 십자가에 못박고, 세상이 십자가 형에 처해졌음을 확신하자.

4 **부(富)**—소유의 증가가 아브라함의 목자와 롯의 목자 사이에 다툼을 일으키는 원인이 되게 했다.

5 **롯**—이 젊은이는 애굽의 맛을 개발하였다(13 : 10). 아브라함이 롯을 애굽에서 빼내 오기는 했지만 롯에게서 애굽을 빼낼 수는 없었다. 성숙한 그리스도인이 젊은 그리스도인을 잘못 인도한다는 것은 비극이 아닐 수 없다! 12장 8절에 보면 롯은 아브라함의 장막과 제단을 함께 나누었는데 롯이 애굽에서 나올 때 그는 장막만 가지고 있었으며 제단은 없었다(13 : 5). 롯이 소돔에 마음이 끌려서 도덕적이고 영적인 난파로 종말을 고한 것은 하나도 이상한 일이 아니다.

롯의 선택

－창세기 13장 5절～14장 24절－

이제 우리는 롯의 타락과 실패라는 비극적인 사건을 다룬다. 베드로후서 2장7～8절이 없었다면 롯이 구원을 받았는지 안받았는지조차 의심했을 것이다. 그는 심판의 불에 모든 것을 잃어버린 세상적인 신자의 예표이다(고전 3：11～15). 구원은 받으나, 불 가운데 받는 것 같다!

1. 대결(13：5～7)

롯은 육으로 행하고 아브라함은 영으로 행했다. 이것은 항상 갈등을 일으킨다. 외적인 원인은 증가된 부(富)에 있었고, 참된 원인은 롯의 불신앙과 육욕에 있었다. 그리스도는 분리하는 분이시다(요 7：43/9：16/10：19). 그가 오심으로 같은 가족 사이에도 다툼이 일어난다(눅 12：49～53). 아브라함과 사라에게 이 일이 얼마나 짐스러웠겠는가! 그 땅에 사는 이방인들에게는 얼마나 보잘 것 없는 간증이었겠는가?

2. 선택(13：8～18)

사람은 그가 선택하는 것으로 자신의 모습을 드러낸다. 롯이 무엇을 나타내는지 유의해 보자.

1 **그의 교만**(8～9절)－젊은이는 손위 사람에게 순종해야 마땅하다(벧전 5：5). 그런데 롯은 자신을 아브라함보다 앞세운다. 아브라함은 얼마나 은혜로운 사람이었던가! 평화롭게 지내려고 얼마나 고심했겠는가(시 133편)! 아브라함의 관심은 좋은 간증을 유지하는 데 있었던 반면에 롯은 자기 자신에게만 관심을 쏟았다. 그러나 "교만은 패망의 선봉이요…," 롯은 모든 것을 잃게 되었다.

2 **그의 불신앙**(10절 상)－"눈을 들어" 그는 믿음으로 살지 않고 보이는 것으로 살았다. 롯이 하나님께 의뢰했다면 소돔이 멸망될 일정표에 들어있음을 알게 되었을 것이었다. 그러나, 그는 자신의 통찰력을 믿고 부유하고 사악한 도시를 택했다.

3 **그의 세속성**(10절 하)－"애굽 땅과 같았더라." 이것이면 모든 문제가 해결되었다! 롯은 육신에 따라 행하며 세상의 것들을 위해 살았다. 소돔 주위의 땅

은 롯에게는 물이 넉넉하고 기름져 보였다. 그러나 하나님의 보시기에는 사악했다(13절). 불신자들은 오늘날 세상에 희망의 닻을 내리고, 어느 날 불로 세상을 멸하실 하나님의 심판을 말하는 그리스도인을 비웃는다(벧후 3장).

4 **그의 이기심**(11절)—롯의 성공은 주로 아브라함의 친절에 기인한 것이었으나, 이 젊은이는 관대한 삼촌을 떠나 자신을 위해 가장 좋은 것을 택하려 한다. 물론 하나님은 롯과 아브라함을 갈라놓으시길 원하셨다(12：1). 그러나 인간적인 관점에서 볼 때 이것은 고통스러운 분리였다.

5 **그의 경솔**(12절)—처음에 롯은 소돔을 바라보았고, 다음으로는 소돔을 향해 이동하였으며, 얼마되지 않아서(14：12/19：1) 소돔에 살고 있었다(시1：1 참조). 11절은 롯이 **동쪽으로** 여행했다고 말한다. 그는 빛과 동행하지 않고 어두움을 향해 갔다(잠 4：18).

롯이 주께로부터 멀어져 가는 동안 아브라함은 **더 가까이** 접근하고 있다. 롯은 세상의 벗이 되어가고(약 4：4), 아브라함은 하나님의 벗이 되고 있다(약 2：23). 하나님은 아브라함에게 그의 눈을 들어(10절, 14절 참조) **온 땅**을 보라고 하신다! 세상에 속한 사람은 자기 눈에 보이는 것을 요청하지만, 하나님의 사람은 하나님의 눈에 보이는 것을 요청한다. 롯은 땅의 일부를 취했으나 아브라함은 땅의 전부를 받는다. 하나님은 그와 같은 것을 선택하는 사람들에게 언제나 최상의 것을 주신다(마 6：33). 하나님은 아브라함의 씨를 축복하시겠다고 약속하시지만 롯의 가족은 소돔에서 멸망되거나 동굴에서 더럽혀진다(19：12~38). 17절은 신자가 하나님의 약속 위에 발걸음을 내딛어 믿음으로 약속들을 요구해야 함을 명백히 밝힌다(수 1：3). 롯은 그의 제단을 잃었으며 머지않아 그의 장막도 잃을 것이었다(19：3). 그러나 아브라함은 그 때도 장막과 제단을 가지고 있다. 이것은 믿음으로 행하고 하나님의 말씀을 신뢰한 보상이다.

3. 포로(14：1~12)

고고학자들은 성경상 최초의 전쟁 기사인 이 사건의 역사적 정확성을 확고히 제시하고 있다. "아므라벨"은 고대에 명성을 떨친 "함무라비"인 듯하다. 롯이 소돔으로 옮겨 갔을 때(12절), 그는 "온 땅의 심판"(18：25)으로부터 면할 수 있는 자리에서 빠져 나갔으며, 그 결과를 감수해야 했다. 그는 첫째로 세상과 짝하고(약 4：4), 세상을 사랑했다(요일 2：15~17). 다음으로는 세상에 순응하고(롬 12：2), 마지막으로는 세상과 함께 심판을 받는다(고전 11：32). 롯은 소돔이 평화롭고 자신을 보존할 수 있는 장소라고 생각했다. 그러나 소돔은 전쟁과 위험이 도사린 장소로 변했다.

성도들이 갑작스럽게 "세상의 포로"가 되는 일은 드물다. 그들은 점차로 위험한 장소에 빠져들게 되는 것이다. 롯에게 있어서는 애굽을 자기의 기준으로 삼았을 때, 믿음으로 행하지 않고 보는 것으로 행할때 시작되었다. 그는 경건한 삼촌보다는 세상 사람들을 더 좋아했고, 하나님의 장막보다 소돔의 집을 더 좋아했다. 그 결과, 그는 포로가 되었다!

4. 정복(14:13~24)

비록 장막에 거하긴 했지만 경건한 아브라함은 안전한 장소에 있다! 롯이 곤경에 처했다는 소식을 듣고 아브라함은 관대한 처분을 내려 그를 구출하러 간다. 타락한 사람을 도울 능력이 있는 사람은 구별된 신자들뿐이며, 타락한 사람이 곤경에 처했을 때 돌아갈 곳은 신실한 성도에게로 뿐이다. 이 장에서 아브라함은 검으로 롯을 구하며 19장 29절에서는 기도로 그를 구한다(18:23~33). 세상적인 그리스도인에게 있어서 그를 위해 기도해 줄 만큼 헌신적으로 사랑하는 사람이 있다는 것은 행운이 아닐 수 없다. 믿음으로 아브라함은 적을 정복했으며 이 일을 위해 193km를 갔다 (요일 5:1~4참조).

승리한 후에 아브라함은 소돔의 왕을 만남으로 보다 더 큰 유혹에 직면한다. 대체적으로, 사탄은 우리가 영적으로 큰 승리를 거두었을 때 즉각적으로 유혹해 온다. 사탄은 그리스도께서 세례(침례) 받으신 후 광야에서 그를 만났다. 엘리야는 갈멜산에서의 믿음의 위대한 사역을 이룬 후 두려움에 차서 도망쳤다(왕상 19장). 소돔 왕은 아브라함과 협정을 맺기를 원했고 소돔의 부(富)를 받아들이라고 타협을 청했으나, 아브라함은 거절하였다. 애굽의 부(富)는 실패의 원인이었음이 밝혀졌으며 소돔의 부(富)는 더 악한 것임이 분명했다. 아브라함이 정신을 차리지 않았다면 하나님이 주신 모든 영광을 빼앗아갈 이 교묘한 유혹에 빠졌을 것이다. 사람들은 이렇게 말할 수도 있을 것이다. "아브라함이 롯을 구출한 것은 자신이 이 일을 모면하기 위해서이지 믿음과 사랑 때문이 아니었다! 아브라함은 소돔에서 롯과 함께 살지는 않았지만 소돔의 상품을 즐기려 했을 것이다." 그러하다면 아브라함은 자기 간증을 잃었을 것이다.

아브라함은 소돔 왕을 무시했으나 살렘 왕은 존중하였다. 히브리서 5~7장에 보면 멜기세덱("의로운 왕")이 하늘의 대제사장이신 그리스도의 모형임을 명확히 밝히고 있다. 살렘("평화")의 왕이신 그리스도는 그의 의(義)를 통하여 우리에게 평화를 주신다. 이 일은 십자가에서의 그의 죽음으로 말미암아 가능하게 되었다. **아브라함이 소돔 왕에게 유혹을 당할 바로 그 때** 멜기세덱을 만난 것은 얼마나 큰 격려가 되겠는가! 왕과 대제사장이신 그리스도는 우리에게 "때를 따라 돕는 은혜"를 주실 수 있으시다(히 4:16). 빵과 포도주는 그리스도의 찢기신 몸과 흘리신 피를 상징한다. 왜냐하면 그리스도께서 하늘의 제사장직을 맡을 수 있게 한 것이 십자가이기 때문이다. 멜기세덱은 아브라함을 만나서, 먹이고, 축복하였다. 놀라운 구세주가 아니신가!

아브라함은 모든 것의 십일조를 멜기세덱에게 바침으로 그를 높였다. 이것은 성경에 나오는 십일조에 대한 첫번째 예증이다. 이는 또한 모세의 율법에 제시된 십일조보다 훨씬 앞서 생긴 일이다. 히브리서 7장 4~10절은 이 십일조가 그리스도(모형으로서)에게 바쳐졌음을 시사하며, 오늘날 신자들이 주님께 십일조를 바치는 것은 아브라함의 본을 따르는 것임을 암시하고 있다. 아브라함은 세상의 부를 거절하였으나 자신의 부를 주님과 나누었으며, 하나님은 아브라함을 풍성하게 축복하셨다!

이 전투와 위험했던 밤이 롯으로 하여금 정신이 들도록 했을까? 슬프게도 그렇지 못했다. 19장 1절에 보면 그는 즉시 소돔으로 돌아갔다. "놓이매 그 동류에게 가서…"(행 4:23). 롯의 마음은 소돔에 있었으므로 그의 몸은 그곳으로 갈 수밖에 없는 것이다.

이삭에 대한 약속

－창세기 15～17장－

이 장들은 신약에, 특히 로마서와 갈라디아서에 도달하는 영적인 진리를 풍성하게 캐어낼 보고(寶庫)이다. 12장 1～3절에서 하나님은 그의 약속들을 요약하셨고, 13장 14～18절에서 이 약속들을 확대하셨다. 그런데 이제는 언약의 약속들을 보다 충분히 밝히신다. 이 언약은 아브라함의 아들과 오게 될 약속된 씨 곧, 그리스도와 관계가 있으며, 또한 가나안 땅과, 하나님이 자기 백성인 이스라엘을 위하여 세우신 놀라운 계획을 다룬다.

1. 언약의 내용(15장)

1 **배경**－아브라함은 이제 막 왕들을 멸하고(14장) 소돔 왕의 큰 유혹을 물리쳤다. 이제는 하나님이 그를 격려하실 차례이다. 그리스도께서 우리가 그를 필요로 할 때 우리에게 오신다는 사실은 얼마나 놀라운 일인가(14：18)! 하나님은 우리의 보호(방패)가 되시며 예비(상급)가 되신다. 두려워할 필요가 없다! 아브라함은 소돔 왕에게 보호를 받거나 그가 제공하는 재화를 받을 필요가 없었다. 아브라함은 그가 필요한 모든 것을 하나님 안에 가지고 있었다.

2 **탄원**－아브라함은 상을 원하지 않고 상속자를 원했다! 그는 이제 85세였고 아들이 태어나기를 10년 간 기다려 왔다. 아들이 없으면 그의 모든 유산은 청지기 엘리에셀에게 돌아갈 것이었다. 12장 2절에서 하나님은 "내가 너로 큰 민족을 이루고"라고 약속하셨다. 그런데 왜 하나님은 그의 약속을 이루지 않으셨을까? 하나님은 아브라함이 자신과 청지기를 바라보던 자리에서 하늘을 우러러 보게 하심으로 그 탄원에 응답하셨다(5절). 6절은 성경의 핵심 구절이다. "아브라함이 하나님을 믿으매 이것이 저에게 의로 여기신 바되었느니라"(And he said AMEN to the Lord, and He put it to his account for righteousness－갈 3：16／롬 4：3／약 2：32). 아브라함은 어떻게 구원을 받았는가? 율법을 지켜서 받은 것은 아니다. 왜냐하면 율법은 아직 주어지지 않았기 때문이다. 할례를 행함으로 받은 것도 아니다. 그가 할례를 받은 것은 99세 때의 일이기 때문이다. 그는 **하나님의 말씀을 믿음으로 구원받았다.**

3 **희생 제물**－구원은 희생 제물에 근거를 두며, 언약은 피흘림을 요구한다. 그 시대의 관습으로는 계약하는 쌍방이 제물로서 죽인 동물들의 쪼개진 지체 사이를 걸어감으로 협정이 이루어졌다. 9절에 나오는 희생 제물 모두는 그리스도와 십자가에 대해서 말하고 있다. 아브라함은 희생 제물을 드리고 사탄(새들,

마 13 : 19) 을 쫓는 수고를 했으나, 아브라함이 잠들기까지는 실제로 아무 일도 생기지 않았다. 아브라함이 제물의 조각들 사이를 걸은 것은 결코 아니었다. 하나님 만이 (17절) 조각들 사이를 걸으셨다. 이 언약은 전적인 은혜이며 주께만 의존하는 것이었다. 아담처럼 (2 : 21) 아브라함은 죽음 같은 깊은 잠에 빠졌고, 하나님을 도와 할 일이란 아무것도 없었다.

[4] **보증** – 아브라함은 확신을 주시기 위해 하나님이 어떻게 하실 것인지 알고 싶어했다 (8절). 그래서 하나님은 그의 필요에 응하신다. 구원은 그리스도의 희생과 하나님의 은혜에 근거한다. 이에 대한 확실한 보장은 하나님의 말씀에서 온다. 하나님은 아브라함에게 앞으로 일어날 사건들의 개요를 말씀해 주셨다. 곧, 이스라엘의 애굽 체류, 애굽에서의 고난, 4대 째에 구출될 것 (출 6 : 16 ~26) 과 약속된 땅을 소유하게 될 것 등이다. "이 땅을… 주노니" (18절)란 하나님의 말씀에 유의하자. 12장 7절에서처럼 "내가 주리라"가 아니다. 하나님의 약속이란 곧 그의 실행이시다.

이 장에서 처음으로 나타나는 최소한 일곱 가지의 단어 내지 문구 즉, "여호와의 말씀", "두려워 말라" (1절), "상급, 후사와 유업" (3, 7절), "믿으니, 의로, 여겼다" (6절) 에 주목하자. 이 장에서는 아들이 아니면 후사가 될 수 없고 (롬 8 : 16~17) 믿음이 없이는 의로워 질 수 없으며 (롬 4 : 3) 약속이 없으면 확신할 수가 없고, 고난이 없이는 축복이 없음을 보여 준다. 아브라함이 하나님의 별들을 보게 되기에 앞서 날이 어두워야만 했다.

2. 언약을 시험하다 (16장)

하나님이 언약을 하셨으니 하나님이 성취하실 것이었다. 아브라함과 사라가 할 수 있었던 모든 것은 다만 믿음으로 기다리는 것뿐이었다 (히 6 : 12). 슬프게도 마음은 원이로되 육신이 약하다! 15장에서 아브라함은 하나님의 말씀을 듣고 믿음을 행사했다. 그러나 여기서는 그의 아내의 말을 듣고 불신앙을 나타냄으로써 성령으로 행하기를 멈추고 육신으로 행하기 시작했다. "믿음이란 꾀를 부리지 않고 살아가는 것이다." 그들 둘은 하나님이 계획을 성취하도록 도와드리려 했다. 이 일은 하나님이 그들에게 자녀를 주기 위해 늙기까지 기다려야만 하셨던 이유를 설명해 준다. 하나님께서 역사하시기 위해서는 먼저 그들 자신이 죽어 있어야 했다 (히 11 : 11~12). 2절에 보면 사라는 그녀의 아기를 못낳는 형편에 대해 하나님을 탓하며 하나님이 그들에게 잘 대해주시지 않음을 넌지시 비친다 (3 : 1~6). 그녀는 세상적인 방법을 취하여 애굽인 하갈에게 도움을 청한다. 그러나 이 모든 꾀는 실패한다. 육체의 일 (갈 5 : 16~26), 곧 질투, 원한, 증오, 교만, 다툼이 나타난다! 사라는 주님께 "책임을 전가" 하려 한다 (5절). 그리고 아브라함은 사라에게 그 책임을 돌린다 (6절). 육신이 지배하도록 허락할 때 그 가정에는 무서운 분위기가 조성된다.

하나님은 그 결합을 인정치 않으셨다. 하나님은 하갈을 "사라의 여종"으로 (8절) 부르신다. 구약에서 주의 천사(여호와의 사자)가 언급된 것은 이것이 첫 번째이다. 이 분은 다른 사람이 아닌 그리스도이시다. 하나님은 하갈을 돌보시며 사라에게 복종하라고 지시하시고, 그녀의 아들이 들사람이 될 것이나 위대한 인물이 될 것을 약속하신다. 이삭이 태어나자 이스마엘을 위하여 양보할 자리는 없었고 쫓겨나게 되었다(21 : 9 이하). 이스마엘은 열 두 아들의 아버지가 되었고(25 : 13～15), 그 자손들은 세기를 내려오며 유대인들의 적이 되었다. "이스마엘"은 "하나님이 들으신다"는 뜻이다(11절).

갈라디아서 4장 21～31절은 사라는 새 언약의 상징이며 하갈은 옛 언약의 상징이라고 가르친다. 하갈은 노예였고, 옛 언약은 인간을 노예로 만들었다(행 15 : 10). 사라는 자유로운 여인이었고 그리스도는 우리를 자유롭게 하신다(갈 5 : 1 이하). 이스마엘은 육신으로 낳았으며 그를 다스릴 수가 없었다. 율법은 육신에 호소하지만 육을 다스리거나 지배할 수는 없다. 이삭은 성령으로 태어났고 약속의 자녀(갈 4 : 23)로서 자유를 즐겼다. 사람들이 율법으로 돌아가 스스로 육신의 노예가 되는 것은 슬픈 일이 아닐 수 없다! 하갈과 이스마엘이 추방당한 반면 이삭은 법적인 상속인이었다. 율법이란 결코 영속될 수는 없는 것이었다.

여기 나오는 실제적인 교훈을 놓치지 말자. 우리가 하나님보다 앞서 갈 때는 반드시 문제거리가 있게 마련이다. 육신은 하나님을 돕기를 매우 좋아하나, 참된 믿음은 인내를 나타낸다(사 28 : 16). 믿음과 육신을, 율법과 은혜를, 약속과 자기 노력을 섞어서는 안된다.

3. 언약의 상징(17장)

이 장에 나오는 사건과 이스마엘의 출생 사이에 13년의 침묵이 흐른다. 하나님은 아브라함과 사라가 자신에 대해 죽음으로 하나님의 부활의 능력이 그들의 삶 가운데 펼쳐지도록 기다리셔야 했다. 하나님은 자신을 "전능한 하나님(엘 샤다이), 모든 것에 넉넉하신 분"(God Almight-El Shaddai/the all-Sufficient One)으로 계시하신다. 이 장에 나오는 "내 언약"이란 말이 반복되는 것에 유의하자. 언약의 성취는 하나님께 달려있지 인간에게 달린 문제가 아니다. "내가 하겠노라"는 문장이 반복되는 것에도 주목하자.

[1] 새 이름들 – "아브람"은 "높으신 아버지"(high father)란 뜻이고 "아브라함"이란 "대중(大衆)의 아버지"(father of multitude)란 뜻이다. "사래"는 "다투기를 좋아하는"의 뜻인 반면에 "사라"는 "공주"를 뜻한다. 그들의 새 이름들은 바야흐로 그들의 집에 입주하게 되는 새로운 축복을 준비하는 것이었다. 하나님의 은혜로만 우상을 섬기는 이방인을 택하여 왕과 여왕이 되게 하신다!

2 **새로운 징표** – 이것은 성경에 나오는 할례에 **대한** 첫 언급이다. 구약의 어느 곳에서도 할례가 인간을 구원한다고 가르친 곳은 없다. 할례는 하나님과 인간 사이에 **이루어진** 언약의 외적인 징표이다. 이것은 마음의 내적인 할례를 받은 사람들을 상기시킨다(신 10 : 16 / 30 : 6 / 렘 4 : 4 / 롬 4 : 10 / 갈 5 : 6). 이 의식(儀式)은 생후 제 8일에 실시되는 것이며(12절), 8은 부활의 수(數)이다. 말하기는 유감스러운 일이지만, 유대인들은 육신의 의식을 의존했고 내적인 실제를 의존하지는 않았다(행 15 : 5). 오늘날 신자들은 새 언약 안에 있으며 참된 할례를 행하는데(빌 3 : 1~3), 이는 그리스도의 죽음을 통한 **영적인** 체험인 것이다(골 2 : 9~15). 죄의 몸(옛 본성)은 제거했으며 이제는 육체로 살지 않고 성령으로 살 수 있게 되었다.

17절에 나오는 아브라함의 웃음은 믿음의 즐거운 웃음이고, 사라(18 : 12)의 웃음은 불신의 웃음이었다. "이삭"은 "웃음"이란 뜻이다. 하나님은 이스마엘을 물리치시고 이삭과 그의 씨로 더불어 언약을 세우신다. 그러나 은혜로써 하나님은 이스마엘을 위한 특별한 축복을 정해 두셨다.

소돔과 죄

-창세기 18~20장-

이 장에는 **세 가지의 방문**이 나오며 각각 영적인 교훈을 전해 준다.

1. 아브라함을 방문한 그리스도(18장)

17~22절에 보면 세 사람의 하늘에서 온 방문객 중의 하나는 주 예수 그리스도였다는 것이 명백히 나타난다. 3절에 나오는 아브라함의 말에도 유의하자. 이 장의 큰 주제는 그리스도와 신자의 사귐이다. 왜냐하면 아브라함은 "하나님의 친구"였기 때문이다(약 2 : 23). 19장에서 우리는 세상의 친구인 롯을 볼 수 있다.

[1] 그리스도와 아브라함의 친교 (1~8절)

이 구절은 그리스도와 신자간의 사랑의 교제를 나타낸다. 아브라함은 마므레에 있었는데 그 말은 "비옥"(肥沃 : fatness)이란 뜻으로, 그는 하나님의 충만한 축복을 즐기고 있었다. 장막은 그의 순례의 생애를 말해주며, "오정 즈음"이란 그가 빛 가운데 행하고 있음을 나타낸다(요일 1장). 그가 서두름은 주님을 기쁘시게 하려는 사랑의 열의를 증명해 준다. 그는 그리스도를 편안히 모시기 위해 아낌없이 제공한다. 바울은 에베소서 3장 17절에서 "그리스도께서 너희 마음에 계시게 하옵시고"라고 기도한다. 직역하면 "그리스도께서 너희 마음에 정착하셔서 집에 계시듯 편하시게 하고"가 된다. 그리스도를 집에 계시듯 편히 모신다는 것이 그리스도인에게 얼마나 중요한 일인가! 그리스도께서 우리와 교제하시기를 얼마나 사모하는지 모른다!

[2] 사라의 불신앙의 고백 (9~15)

이삭의 출생은 웃음과 관계가 있다. 이삭이란 이름의 의미는 "웃음"이다. 하나님이 아들을 주실 것이란 소식을 들었을 때 아브라함은 신앙으로 즐겁게 웃었으나(17 : 15~18), 이 때 사라는 육적인 불신앙으로 웃는다. 우리는 왜 하나님의 약속을 의심해야 하는가? "하나님께서 하시기에 너무 어려운 일이라도 있단 말인가?" 누가복음 1장 34절에 나오는 마리아의 믿음을 주목해 보자. "어떻게 이런 일이 있으리이까?"(How shall this be?). 사라는 "내게 어찌… 있으리요?"(How can it be?")라고 말하고 있다. 이삭이 출생했을 때에야 사라는 영적인 즐거움 가운데 웃었다(21 : 6~7).

3 그리스도께서 아브라함을 신뢰하심(16~22절)

천사들이 소돔으로 떠나갔으나 그리스도는 아브라함을 축복하시기 위해 뒤에 남으셨다. 놀라운 장면이 아니겠는가! 그리스도는 그의 친구에게 아무것도 숨기지 않을 것이다. 요한복음 15장 14~15절을 보면 그의 친구에게 자기의 뜻을 나타내시겠다는 그리스도의 약속들이 있다. 시편 25편 9~14절을 읽고 아브라함이 어떻게 그 곳에 주어진 모든 환경에 대처하는지 보자. 아브라함은 소돔에 살고 있는 롯보다도 소돔에 대하여 더 잘 알고 있었다. 구별되어 성경을 읽고 있는 그리스도인은 무신론적인 교수보다도 세상에 대하여 더 많이 알고 있다!

4 롯을 위한 아브라함의 관심(23~33절)

이 젊은이의 세속성과 불신앙에도 불구하고 아브라함은 롯에 대해 놀라운 사랑을 가지고 있었다. 아브라함이 하나님의 은혜를 변론하고 있는 것이 아니라 하나님의 공의를 변론하고 있음에 유의하자. 즉 하나님이 어떻게 사악한 사람들과 함께 의인을 멸망시킬 수 있으신가?(갈보리에서 하나님은 사악한 사람들 대신에 의로우신 한 분을 벌하셨다.) 아브라함이 소돔을 위해 얼마나 지속적이고 신중하게 중재를 벌이고 있는가! 열 명의 신자만 찾을 수 있어도 하나님은 온 성을 용서하실 것이었다. 19장에서 보면 롯의 가족은 아내와 두 딸을 합하여 네 명이지만, 딸들과 정혼한 사위들까지 해서 여섯이 된다. 그가 사위를 비롯해서 최소한 4명만이라도 더할 수 있었다면 하나님은 그 온 성읍을 남겨두셨을 것이다. 롯이 얼마나 큰 실패를 범하였는가!

2. 롯을 방문한 천사들(19장)

그리스도는 저들과 같이 가지 않았다. 세상으로 타락한 사람의 집에서 그는 "집같은 편안함"을 느끼지 못했을 것이다. 베드로후서 2장 7~8절은 롯이 구원받은 사람이었고 주님과 연합하였으나 교제가 없었고, 아들은 되었지만 친교는 이루어지지 않았다고 시사한다. 그는 "불 가운데서 얻은 것"처럼 구원받았다(고전 3:14~15). 롯이 이제는 장막이 아닌 집에서 살고 있는데(3절) 제단에 대한 언급은 없음에 유의하자. 천사가 도착한 것은 저녁이고 이 장의 대부분은 밤에 발생한 사건을 다룬다. 그것은 롯이 빛 가운데 행하고 있지 않기 때문이다.

세상적인 롯은 그의 장막과 제단과 하나님과의 교제를 잃었을 뿐 아니라 자신의 영적인 기준도 잃었다. 왜냐하면 군중의 육욕을 만족시켜 주기 위하여 결혼하지 않은 자기의 딸들을 거리로 내보내겠다고 감히 제안했기 때문이다. 그리고 자기 가족에게 있어서조차 그의 말은 신뢰받지 못하고 있었다(12~14절).

이 모든 일이 어디서 시작되었겠는가? "롯이 눈을 들어…"(13:10) 믿음으로가 아니라 보이는 것으로 행하기 시작했으며, 세상에 속한 것들을 위하여 살기 시작했다. 그는 세상적인 여인과 결혼한 것이 틀림없다. 왜냐하면 그녀의 마음이 소돔에 있었고 그 도시를 뒤에 두고 떠날 수가 없었기 때문이다.

그 아침, 맑고 아름답게 동이 터오르자 사람들은 일상 업무를 시작하려고 했다. 그 때 **심판이 임했다.** 사악한 도시들이 완전히 멸망했으며 롯과 결혼하지 않은 그의 두 딸만이 살아서 피했다. 이것은 앞으로 임할 진노의 상징이다. 왜냐하면 사람들이 평화롭고 안전하다고 생각할 때 멸망이 닥칠 것이기 때문이다(살전 5장). 여호와께서는 아브라함을 위하여 롯을 구해내셨다(19：29). 그리고 그리스도를 위하여 장차 올 진노에서 그의 교회를 구하실 것이다(살전 1：8/5：9). 롯은 하나님이 진노를 퍼부으시기 전에 그의 교회를 휴거하시는 일의 예증이다.

롯의 말년은 흑암과 음탕으로 가득찬다. 동굴에서 근친상간을 저지른다. 그것은 비극이 아닐 수 없다! 그는 도시의 집을 위해 장막을 잃었다. 그런데 마침내 동굴에 살면서 자기 딸들로 말미암아 술취하게 되었다. 이 끔찍한 사건의 자녀들 곧 모압족속과 암몬족속은 세기를 통해 유대인들의 적이 되어 왔다. 육이 영에 대항하여 싸운다. 어떤 사람이 그의 가족과 함께 어떤 장소에 정착하려할 때 그가 하나님의 뜻 안에 있는지 확신이 있어야 한다. 롯은 그릇된 곳을 택하였고 자신과 사랑하는 사람들을 파멸시켰다.

3. 아브라함의 그랄 방문(20장)

롯은 이제 잊혀졌으나, 아브라함의 이야기는 계속된다. "하나님의 뜻을 행하는 자는 영원히 거하리로다!" 불행히도 이 장은 옛 죄의 반복이다. 아브라함은 또다시 그의 아내에 대해 거짓말을 한다(12：10~20 참조). 가장 신앙적인 성도라 해도 사탄이 그를 넘어지게 하지 못하도록 계속 깨어 있어야만 한다.

이 죄가 반복된 이유는 무엇일까? 그것은 아브라함이 자기 생활에서 이 일을 심판하지 않았기 때문이다. 물론 그가 주님께 그 일을 고백하고 용서를 받았지만 죄를 고백하는 것과 죄를 심판하는 것과는 같지 않다. 우리의 죄를 심판한다는 것은 하나님이 죄를 보시는 것처럼 참된 빛 가운데서 그 죄를 본다는 뜻이다. 죄를 미워하고 우리 생활에서 밀어내는 것이다. 13절에서 아브라함은 이 죄가 갈대아 우르로부터 따라다녔으며 불신앙의 "옛 생활"로부터 왔음을 시인한다.

신자가 비록 죄에 빠졌다 할지라도 신자와 불신자 사이에는 차이가 있다. 하나님은 이방인의 법정(法廷)을 괴롭히셨고 아브라함을 보호하셨다. 하나님은 그 통치자에게 "네가 죽으리니(너는 죽은 사람이라!)"라고 하셨으나(3절) 아브라함을 선지자라고 부르셨다(7절). 이 말은 믿는 사람이 죄를 지어도 좋도록 허용되어 있다는 뜻이 아니라 우리가 비록 신실하지 못할 때라도 하나님은 신실하심을 보여주는 것이다(딤후 2 : 12~13). 물론 아브라함은 그 죄로 인하여 수치와 비난의 괴로움을 당했으나 하나님은 자기 백성을 보호하신다. 실제로 아비멜렉이 사라를 취했더라면 바로 그 다음 해에 이삭을 출생시킬 하나님의 계획이 깨졌을 것이다. 아브라함의 이기심과 불신앙은 자기 자신의 생명과 유대민족의 장래를 거의 파멸시킬 뻔하였다. 불행히도 그들의 아들 이삭은 후에 이와 똑같은 속임수를 사용할 것이고(26 : 6 이하) 똑같은 쓰라린 결과를 당할 것이었다. "믿음이란 꾀를 부리지 않고 사는 것이다."

* * * * *

18장과 19장에 나오는 두 가지 방문을 비교해 보면 흥미있다.

아 브 라 함	롯
1 그리스도께서 친히 방문하심	1 두 천사만 방문함
2 축복의 멧세지 (이삭)	2 죄를 선고하는 멧세지
3 빛 가운데—정오	3 그늘이 질 때—저녁
4 장막 문에서	4 성문에서—소돔
5 아브라함이 하나님으로 더불어 힘을 얻음	5 롯이 하나님께 아무 영향력이 없음
6 소돔이 멸망하는 것을 보나 아무것도 잃지 않음	6 생명은 구했으나 그 밖의 모든 것을 잃음
7 세상에 축복을 끼침	7 슬픔을 가져옴(암몬과 모압)

이삭과 하나님의 시험

-창세기 21~22장-

이 두 장은 아브라함의 생애에 찾아왔던 세 가지 시험에 대한 기록이다. 참된 신앙은 언제나 시험을 받는다. 왜냐하면 시험을 통해서만 우리가 어떤 종류의 믿음을 가지고 있는지 알게 되기 때문이다. 신앙의 시험은 성장과 승리의 기회이다.

1. 가족에게서 온 시험(21:1~21)

가정에서 그리스도를 위해 살기가 가장 힘든 때가 있다. 아브라함은 이미 그의 아버지와(11:27~32), 조카 롯과(12~13장), 그의 아내로 말미암아(16장) 가족에게서 시험을 받았다. 여기서는 그의 두 아들, 즉 십대 후반이었을 이스마엘과(16:16) 겨우 젖을 떼었을 세 살 가량의 이삭 간의 갈등을 보게 된다. 처음에 이삭의 출생은 기쁨과 웃음을 가져왔다(21:6과 17:17/18:12를 비교). "이삭"이란 이름이 바로 "웃음"이라는 뜻이다. 그러나 그 후 오래지 않아 이스마엘이 계속 그의 동생을 핍박함으로 대립이 생겼다. 여기 몇 가지 귀중한 교훈들이 있다.

1 **육(肉) 대 영(灵)** - 이스마엘이 육의 자녀(16장)인 반면에, 이삭은 기적적으로 출생한 약속의 자녀였다. 이삭이 그 가정에 나타난 것은 아브라함에게 힘이 있어서가 아니었다. 이미 그는 죽은 사람과 마찬가지였다(롬 4:19~20). 이는 오직 하나님의 약속과 능력으로 된 것이었다. 육과 영, 옛 본성과 새로운 성품은 언제나 대립되기 마련이다(갈 5:16~24). 구원은 옛 본성을 변화시키지 않으며, 옛 본성이 향상되거나 길들여지지도 않는다(롬 6~7장 참조). 옛 본성을 극복하는 유일한 방법은 하나님의 판단을 받아들여 하나님의 말씀에 순종하는 길이다. 아브라함은 이스마엘을 사랑했고 그를 곁에 붙들어 두고 싶어했다(21:11/17:18 참조). 그러나 하나님은 "내어 쫓으라!"고 말씀하셨다. 로마서 6장은 육신을 이기는 유일한 승리는 육신을 십자가에 못박는 것, 곧 자신이 죽었다고 간주하는 것임을 알려 준다. 옛 본성과 영합하는 그리스도인들은(롬 13:14) 반드시 갈등과 문제를 일으킬 것이다.

2 **옛 언약 대 새 언약**—갈라디아서 4장 21~31절은 이 사건이 하나님의 이스라엘과의 옛 언약과 교회와의 새 언약을 상징하는 비유라고 설명하고 있다. 그 중심 사상을 다음과 같이 요약할 수 있겠다. 하갈은 율법이라는 옛 언약의 상징으로서 바울 시대의 지상적 예루살렘과 동일시되었으며, 사라는 은혜의 새

언약의 상징으로, 천상적 예루살렘과 동일시되었다. 이스마엘은 육으로서 태어났으며 노예의 아들이었다. 이삭은 영으로 태어났으며 자유로운 여인의 아들이었다. 이 두 아들은 율법의 노예로 있는 유대인과 은혜의 자유 아래 있는 참된 그리스도인들을 각각 상징한다. 바울의 논점은 하나님이 아브라함에게 하갈(옛 언약)을 내어쫓으라고 명령하신 데에 있다. 이는 하나님의 축복이 이삭에게 있기 때문이었다. 따라서, 오늘날 그리스도인들이 율법 아래 있지 않다는 갈라디아서 3~4장에 기록된 바울의 논증은 이 모든 사실에 적중한다.

3 인간의 방법 대 하나님의 방법 – 비록 하나님의 말씀이 정확해 보이지 않을지 모르지만 가족의 문제를 해결하는 최선의 길은 하나님의 방법이다. 하갈은 16장 10절에서의 하나님의 약속을 잊었다. 다른 말로 하면, 상한 심령을 갖지 못하고 있었다. 하나님은 그들을 붙드셨으며 그가 하신 말씀을 지키셨다. 우리가 그에게 순종한다면 그는 언제나 길을 열어주실 것이고 문제를 해결해 주실 것이다.

2. 이웃에게서 온 시험(21：22~34)

그리스도인들은 "외인들"(those that are without)과의 관계를 주의해야 한다(골 4：5/살전 4：12/딤전 3：7). 아브라함은 그의 이방인에게 있어서 놀라운 간증적인 인물이었다. 우물을 둘러싼 갈등은 그의 이러한 인상을 파손시킬 만한 것이었으나, 그는 좋은 방향으로 해결지었다. 그가 사무적인 방법으로 이 문제를 분명히 확정지었음을 유의하자. "모든 것을 적당하게 하고 질서대로 하자"(고전 14：40). 아브라함과 그의 이웃들은 적절한 선물을 교환하였고, 언약에 조인하기 위하여 적합한 제사를 드렸다. 이 계약이 이루어진 곳을 브엘세바, 곧 "맹세의 우물"이라 부르게 되었다. 이 우물은 아브라함에게 기도와 친교의 장소가 되었다. 우리가 이웃 간에 또는 사업상 직면하게 되는 시험을 그리스도인의 방법으로 치르는 것은 중요하다(롬 12：18참조).

3. 여호와로부터의 시험(22：1~24)

사탄은 우리에게 있는 가장 나쁜 것을 나타내려고 시험(유혹)하지만 하나님은 가장 좋은 것을 나타내도록 돕기 위해 시험하신다. 야고보서 1장 12~15절을 보자. 가장 극렬한 시험은 사람들로부터 오지 않으며 주께로부터 온다. 그러나 여기에는 언제나 가장 큰 축복이 따른다. 하나님은 결코 이런 방식으로 롯을 시험하지는 않으셨다. 왜냐하면 롯은 소돔과 세상이 그를 시험하는 낮은 수준에서 살았기 때문이다. 주님과 가장 가까이 동행하는 성도를 하나님은 그의 영광을 위하여 시험하신다.

1 모형적 교훈—이 사건은 그리스도에 대한 놀라운 모형을 보여주는데, 그는 아버지를 기쁘게 하기 위해 기꺼이 자기 생명을 내어놓는 독생자이시다. 이삭과 그리스도는 둘 다 약속된 아들들이며, 둘 다 기적적으로 태어났고(물론 그리스도는 처녀의 몸에서 죄없이 나셨다), 둘 다 아버지의 마음에 기쁨을 주었으며, 둘 다 정해진 때에 출생하였다. 또한 둘 다 그의 형제들에게 박해를 받았으며, 둘 다 죽음에 임하여 순종적이었다. 두 젊은이가 이삭과 동행하였으며 그리스도는 두 도둑들 사이에서 십자가에 달리셨다. 이삭은 나무를 지고 갔고 예수께서는 십자가를 지고 가셨다. 이삭은 아버지에게 질문을 했고, 예수께서도 "나의 하나님, 왜 나를 버리셨나이까?"라고 물었다. 이삭이 생명을 구하게 된 반면 그리스도는 죽기까지 순종한 것은 잘 알려진 일이다. 그렇지만 하나님 보시기에 이삭은 "죽은 것"과도 같았으며 히브리서 11장 19절은 "비유로"(즉 상징적으로) 이삭이 죽은 자들 가운데서 부활한 것이라고 말한다. 19절에 보면 아브라함이 돌아왔으나 이삭에 대해서는 아무 말도 하지 않은 것을 알 수 있다. 이것도 역시 하나의 모형이다. 왜냐하면 이 후의 기록에서 이삭은 그의 신부를 맞고 있기 때문이다(24 : 62). 이와 같이 그리스도는 자신을 십자가에서 주시고 천국으로 돌아가셨다가 어느 날, 그의 신부인 교회를 맞이하러 오실 것이다.

2 실천적인 교훈—진실한 신앙은 반드시 시험을 받게 마련이다. 물론 하나님이 이삭의 생명을 원하신 것은 아니었다. 그는 아브라함의 마음을 원하셨다. 이삭은 아브라함에게 귀중한 존재였다. 하나님은 이삭이 하나님과 아브라함 사이에 있는 우상이 아니라는 것을 확실히 하고 싶으셨다. 아브라함은 이삭이 약속을 쟁취할 것을 신뢰하면서도 하나님은 신뢰하지 않을 가능성도 있는 것이다! 아브라함이 이 시험을 어떻게 통과할 수 있었을까? 단 한 가지 방법이 있다. 그것은 그가 하나님의 약속을 의지한 것이다(히 11 : 17~19). 하나님은 아브라함에게 그의 자손이 많아질 것을 약속하셨는데 이삭이 살아있거나, 아니면 하나님이 죽은 자 가운데서 그를 살리시지 않으면 이 약속은 성취되지 않는 것이었다. 아브라함은 하나님이 거짓말하지 않으실 것을 알았으며 변치 않는 그의 말씀을 의지했다. "하나님이 빛 가운데 말씀하신 것을 어두움 가운데서 의심하지 말라!" 그리하여 아브라함은 지체없이 순종했다. 하나님이 우리에게 하라고 말씀하시는 것을 행하면 적절한 때에 다음 단계를 나타내실 것이다. 요한복음 7장 17절을 보자. 하나님의 응답은 단 몇 분이라도 때 늦게 오는 법이 없다! 꼭 필요한 때에 하나님은 수양을 공급하셨다. 이로 인해 아브라함은 이곳을 "여호와 이레, 곧 주께서 틀림없이 하시리라"고 이름지었다.

3 예언적 교훈—이 사건은 모리아산에서 일어났으며(22 : 2), 이 곳은 성전이 세워진 곳이다(대하 3 : 1). 이삭은 "양은 어디에 있읍니까?"라고 물었고 하나님은 수양을 공급하셨다. 그의 질문에 대한 답변이 그리스도라는 인격을 통하여 왔다. "하나님의 어린 양을 보라!"(요 1 : 29) 아브라함은 "여호와의 산에서 볼 것이다"라고 하였고 그리스도는 성전에 모습을 나타내셨는데 그 다음,

갈보리산에서 죽임을 당하셨다. 요한복음 8장 56절을 보자.

[4] **교리적 교훈** – 야고보서 2장 14~26절은 믿음과 행위 사이의 관계를 논한다. 야고보는 그가 주장하는 요점을 설명하기 위하여 이 사건을 실례로 제시한다. 참된 믿음은 반드시 순종으로 입증된다. 야고보서 2장 21절의 정확한 번역에 유의하자. "우리 조상 아브라함이 의로워진 것이 제단에 그의 아들을 바친 행위로 말미암은 것이 아닌가?" 아브라함은 이삭을 바칠 때 구원받은 것이 아니다. 왜냐하면 그가 전에 하나님의 약속을 믿었을 때 이미 구원을 받았기 때문이다(창 15：6). 야고보가 말하려는 것은 우리가 행위로나 희생을 바침으로써 구원을 얻는다는 것이 아니라, 순종하는 생활이 곧 구원받은 믿음을 증거한다는 것이다(롬 4：1~5 / 갈 3：6 이하 참조).

이삭의 신부
-창세기 23~24장-

이 두 장은 서로 대조를 이루고 있는데 한 장에는 장례식이 나오고 다른 장에서는 결혼식이 나오기 때문이다. 가나안 땅은 "산과 골짜기의 땅"이며(신 11:11), 그리스도인의 생활에도 기쁨과 슬픔이 있다. 그러나 아브라함은 어떤 경우에도 믿음으로 행했다(히 11:13~17). 23장에 보면 아브라함은 슬퍼하며 애곡하는 상주이지만 "소망 없는 다른 이"와 같지 않다(살전 4:13이하). 그는 이방인 이웃들 앞에서 훌륭한 간증이 되었다! 사라의 장사지냄은 이방인과는 아주 다른 것이었다. 아브라함이 가나안에서 처음 소유한 땅이 무덤이었다는 사실은 참으로 이상하게 보인다. 창세기 49장 31~32 절은 여섯 사람이 여기 장사되어 있다고 밝히고 있는데, 복음의 멧세지가 빈 무덤을 전하는 것과는 좋은 대조를 이룬다. 또한 아브라함이 그의 사무적인 문제에 있어서 조심성있게 다루고 있으며 모든 일들이 "관대하고도 질서있게" 행해지는 것을 주목하라. 믿는 사람들이 사무 상의 일을 처리함에 있어, 특히 불신자와의 거래에서 탐탁치 않게 의문의 여지를 남기는 것은 부끄러운 일이다.

우리는 영적인 교훈이 풍성한 24장에 중점을 두려 한다. 아브라함과 그의 종과 리브가를 통해서 세 가지 훌륭한 본을 보기로 하자.

1. 아브라함의 헌납의 모범(24:1~9)

아브라함은 이제 140세이다(25:20/21:5). 하나님은 그에게 영적으로, 또한 물질적으로 축복하셨으나, 그는 이삭의 신부를 선택하는 문제에 있어서 확인하고 싶어한다. 물론 우리는 여기서 그의 아들(그리스도)을 위하여 신부(교회)를 선택하시는 하늘 아버지의 모습을 보게 된다. 아브라함은 그 아들을 위해 하나님이 적절한 여인을 제공하실 것을 어떻게 알았는가? 그는 하나님의 약속을 믿었다. 이삭은 하나님의 소유였다. 아브라함은 이전에 그를 제단에 바쳤던 일이 있으므로, 하나님께서 필요한 것을 제공하실 것임을 알고 있었다. 다른 방식으로는 약속된 씨가 결코 태어날 수 없었다.

여인은 하나님의 가족 안에서 선택되어야만 하며 이방 여인들 중의 하나여서는 안되었다. 이삭과 기꺼이 결혼하여 그의 부(富)를 나누어 가지길 원하는 아름답고 재능있는 가나안 여인들이 많았음은 의심할 바 없다. 그러나 이 일은 하나님의 뜻에 어긋나는 것이었다. 6절과 8절에서 아브라함이 이 사실을 강조하는데, 오늘날 우리도 이 점을 강조할 필요가 있다. "주 안에서만," 이 말은 고린도전서 7장 39~40절에 나오는 교훈이다. 또한 고린도후서 6장 14~18 절도 읽어 보자. 부모들이 자녀들을 "사회로 밀어 넣으며" 주의 축복으로부터 밀어내는 것은 비극이다! 아브라함은 이삭이 아내를 구하러 우르(Ur)로 돌아가거나 또는 가나안 민족 중에서 아내를 취하게 하기보다는 아들을 미혼으로 남겨 두었을 것이다.

2. 종의 헌신의 모범(24 : 10~49)

영적인 의미에서 보면, 종은 잃어버린 자들을 그리스도께 인도하여 신부로 삼게 하는 일을 수행하는 성령을 상징한다. 그 종의 이름은 밝혀지지 않았는데 그것은 성령의 사역이 그리스도를 알리고 그를 영화롭게 하는 것이기 때문이다. 이 종이 얼마나 자주 그의 주인과 주인의 아들을 언급하는지 주목해 보자. 그는 주인을 기쁘게 하기 위하여 살았다. 이 장에서만도 주인이란 단어를 22번이나 찾아볼 수 있다. 이처럼 성령은 그리스도를 나타내며, 이 땅에서 구세주의 뜻을 행하기 위하여 보냄을 받았다. 종은 주인의 소유를 한 몫 가지고 갔는데, 이는 마치 성령께서 오늘날 우리 기업의 보증이 되사(엡 1 : 13~14), 우리가 어느 날 영광 중에 누리게 될 거대한 부요의 작은 몫을 우리와 함께 나누시는 것과 같다.

종은 또한 우리가 주님을 섬기려 할 때 우리에게 본보기가 된다. 이미 언급한 대로, 종은 그의 주인과 주인의 뜻만을 생각했다. 사실 그는 그의 임무를 완수하는 데에 너무 신경을 쓴 나머지 식사조차 돌보지 않았다(33절/요 4 : 31~32). 우리는 육체의 일들을 영적인 일보다 앞세우는 경우가 허다하다. 종은 주인으로부터 명령을 받았고 조금도 변경시키지 않았다. 그는 기도함으로 믿었고(사 65 : 24 참조), 무슨 일이 일어나는지 보기 위해 주님을 기다려야 하는 방법을 알고 있었다. 그리스도를 섬김에 있어서 성급하고 참지 못하는 성격은 마땅치 못하다.

종은 여호와의 인도하심을 신뢰하는 방법을 알고 있었다. "여호와께서 (순종하는) 길에서 나를 인도하사"(27절/요 7 : 17). 하나님의 뜻이 무엇인지 알게 되자, 그는 미루지 않았고 자기 임무를 수행하는 일을 서둘렀다(17절). 그 가정의 친절은 호의적이었으나 그는 자기 주인을 위해 해야 할 일이 있었으므로 다른 모든 일들을 사양할 수 밖에 없었다. 종이 집으로 돌아와서 주인에게 보고를 한 일에도 유의하자. 이것은 우리가 후일에 그리스도께로 나아가게 될 때 계산을 해야 하는 것과 같다. 종이 여행을 하면서 신부를 어떻게 가르치며 신랑을 어떻게 알리는지를 보는 것은 흥미로운 일이다. 그리스도는 성령에 대해 "그가 나를 영화롭게 할 것이요"라고 말씀하셨다.

3. 리브가의 결정의 모범(24 : 50~67)

또다시 우리는 그리스도와 그의 교회에 대한 상징을 본다. 천국에서 결혼식이 있을 때 교회가 그러할 것이지만, 리브가는 순전한 처녀였다(계 19 : 7~8). 교회는 그리스도의 신부이며 양떼인데 그녀가 양떼 중의 하나로 간주된 점에 유의하자(요 10 : 7∼18).

리브가는 중요한 결정을 내려야 한다. 가족과 함께 집에 머물 것인가 아니면 종의 말을 믿음으로 받아들여 그녀가 한 번도 본 일이 없는 이삭에게로 갈 것인가? 결정을 내리는 데는 분명히 방해물들이 있었다. 오빠는 한동안 더 머물기를 원했고, 여행은 멀고 어려울 것이었다. 더구나 이삭은 정착된 집을 가지지 않은 순례자였으며, 그녀는 사랑하는 사람들을 떠나야만 했다.

라반이 여동생에게 권한 것처럼 세상은 죄인에게 기다릴 것을 권한다(그러나 물질적인 것들을 얻을 때 라반은 서둘렀을 것이다/28∼31절. 우리는 그가 정중한 예절로 종을 초대했는지 탐욕으로 초대했는지는 알 수 없다). 죄인들은 다른 모든 일들에는 바쁘면서도 영혼의 구원은 등한시한다. 이 시점에 이르러 리브가는 서둘렀으나(18∼20, 28절)그들은 그녀가 늑장부리기를 원한다. "여호와를 찾을 만한 때에 찾으라… 지금이 구원의 날이로다."

우리는 그녀의 결정을 칭찬하지 않을 수 없다. "가겠나이다." 이 믿음의 행동("너희가 보지 못하였으나 사랑하는도다"/벧전 1 : 8)이 그녀의 생애를 변화시켰다. 그녀는 종의 신분에서 신부의 신분으로, 세상의 고독으로부터 사랑과 동반의 기쁨으로, 빈곤에서 이삭의 부(富)로 생애가 전환되었다. 그녀가 이삭의 모든 부요함을 보았는가? 그녀는 그에 대하여 모두 알고 있었겠는가? 아니다. 물론 그렇게는 할 수 없었다. 그러나 그녀가 보고 들은 것들이 그녀에게 가야 한다는 확신을 주었다. 오늘날 잃어버린 죄인들에게도 똑같은 일이 생긴다. 성령은 죄인에게 말씀하시며 그리스도의 일들을 보이시는데, 바른 결정을 내리기에 충분할 만큼 하신다.

(기록상으로) 이삭은 모리아산에 남겨졌었다. 왜냐하면 22장 19절에 아브라함만 홀로 언급되기 때문이다. 이것은 우리 주님의 상징이다. 그는 우리 대신 죽으시려고 갈보리로 가신다. 그리고는 그의 신부를 기다리시기 위해 천국으로 돌아가신다. 창세기 23장에서 사라가 죽는데 이는 육신을 따르는 이스라엘이 제쳐짐을 말해 준다. 24장에서 종(성령)은 신부를 찾으러 간다. 이제 그 신부는 그녀를 영접하려고 나타난 이삭에게로 접근하고 있다. 참으로 아름다운 장면이 아니겠는가! 이 일이 오늘 일어날지도 모른다! 그들이 만났을 때가 저녁 무렵이었던 것처럼 그리스도가 그의 신부를 취하러 돌아오실 때, 이 세상은 어두울 것이다.

리브가의 믿음은 보상을 받았다. 그녀의 이름이 하나님의 말씀에 기록되었고, 이삭의 사랑과 부(富)를 나누었으며, 하나님의 계획에서 중요한 부분을 차지하게 되었다. 떠나기를 거절했다면, 그녀는 알려지지 않은 여인으로 죽었을 것이었다. "하나님의 뜻을 행하는 자는 영원히 거하느니라."

부정한 거래
-창세기 25~27장-

이삭은 유명한 아버지(아브라함)의 아들이었고, 유명한 아들(야곱)의 아버지였다. 그래서 창세기를 공부할 때 "그를 빼놓기"가 쉽다. 이삭은 족장들 중에서 가장 오래 살았던 반면, 그의 생애에서 흥미진진한 면은 다른 족장들보다 적다. 불행하게도 그의 생애의 말년은 초년에서와 같은 강한 믿음을 소유하지 못했던 것 같다.

1. 아버지로서의 이삭(25장)

1 **구별된 가정**(1~11절)-사라가 죽은 후에 아브라함이 결혼한 것은 교회가 들림을 받아 신부가 신랑을 만날 때(24장)의 이스라엘의 "새로운 생활"을 상징한다. 그러나 아브라함의 부가된 아들들은 이삭에게 주어진 신분과 같지 않음에 유의하자. 왜냐하면 이삭은 그리스도처럼 모든 것의 상속자이기 때문이다(히 1:2). 아브라함의 죽음은 믿음이 인간에게 주는 유익을 보여 준다. 그는 평화롭게(15:15), "수가 차서"(자기 생애에 만족하며), 믿음 안에서 죽었다(히 11:13 이하). 세상의 사람 이스마엘의 죽음과 비교해 보자(17절). 아브라함이 그의 아들에게 남긴 유산은 얼마나 놀라운가! 그의 경건한 모범(18:19), 장막과 제단(26:25), 하나님의 놀라운 약속들(26:2~5). 이 영적인 축복들은 아들에게 있어서 물질적인 부(富)보다도 훨씬 중요한 것이다.

2 **낙심한 가정**(12~23절)-하나님의 언약이 성취되기 위해서는 이삭과 리브가에게 아들이 있어야 했다. 그러나 결혼생활의 초반 20년 동안, 리브가는 아이를 낳지 못했다(20, 26절). 이 영적인 심령을 가진 남편과 아내가 주님께 자신의 짐을 가지고 나아가게 됨을 보는 것은 큰 기쁨이 아닐 수 없다. 그들은 확실히 하나님의 약속을 생각했을 것이며, 기도 중에 기뻐했을 것이 확실하다. 아이들은 태중에서 싸움으로써 리브가를 괴롭혔다. 그녀는 하나님께 지혜를 구했다(약 1:5). 하나님은 그녀에게 두 민족이 태어날 것이며, 전례적인 관습과는 달리 큰 자가 작은 자를 섬길 것이라고 말씀하셨다. 이는 하나님께서 선택에 대해 절대권을 가지고 계시다는 명확한 증거이다(롬 9:10~16). 하나님의 선택은 아이들의 행동에 기초한 것은 아니었다. 왜냐하면 그들이 태어나기 전이며 아직 선이나 악을 행한 것이 아니기 때문이다. 성격과 관계된 한에 있어서는 에서가 둘 중에서 보다 만족스러웠다. 그러나 야곱이 선택된 사람이었다(엡 2:8~10).

③ **분열된 가정**(24~34절) – 쌍둥이 형제들의 모습과 기질이 서로 반대였다. 장자는 털이 많이 나서 "에서"(털보)라고 이름지었고 후에는 팥죽과 연관되어 "에돔"(붉다)이라는 별명을 가지게 되었다(30절). 야곱은 에서의 발꿈치를 붙들고 마치 그를 붙들어 걸려 넘어지게 하는 듯 태어나므로써, "야곱– 발꿈치를 잡는 사람"(책략을 써서 대신 들어 앉는 사람, 음모가, 사기꾼)이란 이름이 주어졌다. 야곱은 집에 머무는 조용한 사람이었고, 에서는 정력과 모험으로 가득 찬 세상적인 사람이었다. 불행하게도, 에서는 영적인 인식 능력을 가지고 있지 못했다. 그는 하나님의 약속을 즐거워하기보다는 그의 육체에 음식을 공급하기를 원했다. 물론 야곱이 장자권을 얻기 위해 속임수를 쓴 것은 하나님께서 25장 23절에서 말씀하신 그의 약속을 이행하실 것에 대해 의심했음을 보여 준다. "믿음이란 꾀를 부리지 않고 살아가는 것이다." 에서는 장자로서의 영적인 축복을 업신여겼다(신 21 : 17 / 대상 5 : 1~2). 그는 육신을 택했고 영을 택하지 않았다. 에서가 장막이나 제단을 가지고 있다는 말을 읽지 못했으며, 26장 34~35절은 그가 세상적인 여인들을 사랑했음을 알려 준다. 히브리서 12장 16절은 에서를 "망령된 자"(profane)라고 설명하는데, 이는 "세상의, 보통의" 라는 뜻으로서 "성전 밖에서"라는 의미를 지닌 라틴어 프로파누스(profanus)에서 어원을 찾아볼 수 있다. 오늘날의 많은 사람들이 그러하듯 세상에서는 성공적이었으나, 하나님께는 실패하였다.

2. 순례자로서의 이삭(26장)

① **그는 그의 아버지가 당했던 유혹에 직면했다**(1~5절 / 12 : 10이하 참조) – 이삭은 애굽을 향해 출발했으나 하나님은 은혜로써 그 여행을 중단시켜 멈추게 했다. 인간의 본성은 세대를 거쳐 내려오며 개선되지 않고 있다. 이삭은 그랄에 머물렀는데, 이 곳은 국경에 접한 곳이다(10 : 19). 오늘날에도 많은 "경계선 그리스도인들"이 있다. 이삭은 여기서 물질적인 축복을 받았으나 영적인 축복은 받지 못했으며, 그 후 그곳을 떠났을 때에야 받았다.

② **그는 아버지의 죄를 반복했다**(6~11절) – 12장 10~20절과 20장 1~5절을 보자. 이 "반 거짓말"을 적용하였고 똑같은 결과가 왔다. 축복을 잃고, 간증을 잃고, 이방 왕에게 공식적인 문책을 받는다.

③ **그는 아버지의 우물을 다시 팠다**(12~22절) – 우물이란 영적인 생활을 하기 위한 하나님의 신성한 자원을 말한다(요 4 : 1~14). 아브라함이 이 우물들을 팠는데 대적들이 돌로 막았거나 물이 나오지 않게 했었다. 이 일은 오늘날에도 꼭 맞는 상황이다. 세상은 우리 조상들이 마셨던 영적인 우물들, 즉 기도와

성경과 가정 제단, 교회 등을 우리에게서 빼앗아 갔다! 옛 우물로 돌아가는 것이 우리에게 얼마나 필요한지 모른다. 이삭은 그 우물들을 다시 열었을 뿐만 아니라 같은 이름으로 불렀고(18절) 당시의 필요를 채우기 위해 새 우물들을 몇 개 더 파나갔다.

4 그는 자기 아버지의 하나님을 믿었다(23~35절) – 이삭이 가나안에서 멀어져 가는 한, 충돌을 겪어야 했지만 브엘세바("맹세의 우물")로 돌아갔을 때 하나님이 그를 만나셨고, 적들과도 평화를 이루게 해주셨다(잠 16:7).

3. 축복을 주는 이삭(27장)

말하기는 안되었지만, 전 가족이 영적으로 좋지 않은 길에 들어서 있었다. 25장 28절에서 우리는 가정의 분열을 보았는데 이제 우리는 이 육적인 분열의 죄악된 결과들을 보게 된다.

1 쇠약해지는 아버지—이삭은 이제 137세이며 죽을 사람처럼 행동하지만, 실제로는 180세까지 살았다(35:28). 에서에게 축복을 주는 데에 성급한 것으로 볼 때, 이는 하나님의 뜻이 아니라 자기 자신의 육신적인 계획임을 말해 준다. 25장 23절의 말씀을 잊었단 말인가, 아니면 하나님의 계획을 바꾸려 하고 있는가? 그가 자기 감정에 어떻게 의존하는지 보자. 그는 만져보고, 먹고, 냄새 맡는다. 육체에 음식을 공급하는 일이 하나님의 뜻을 행하는 것보다 우선적임에 유의하자. 이삭은 전에 제단에 놓여졌던 몸이며 기꺼이 여호와를 위하여 죽으려 했었다! 얼마나 큰 변화인가!

2 의심하는 어머니 – 하나님은 리브가에게 야곱이 하나님의 축복을 받을 것이라고 말했었다. 그러나 그녀는 속임수를 쓰고 음모를 짜서 에서를 확실히 제외시키려 했다. 그녀가 오래 전에 한 것처럼 기도 중에 하나님께 나아가지 못하고 자기의 육신적인 계획에 의존한다. 이것이 관례가 되어, 후에 야곱은 이런 성품으로 특징지워진다. 리브가는 자기 죄 값을 크게 치룬다. 그녀는 아들을 다시는 보지 못했고(43~45절 참조), 에서가 고의적으로 그녀의 마음을 상하게 행동했으며, 그녀의 나쁜 본보기는 야곱으로 하여금 20년에 걸친 시련을 겪게 했다.

3 속이는 아들 – 야곱이 자기 생애에 대한 하나님의 약속을 알고 있었던 것은 분명했다. 그러나 그는 하나님께 귀를 기울이는 대신 자기 어머니에게 귀를 기울였다. 그들 둘은 그 계획을 성취하려고 얼마나 서둘렀던가! "믿는 자는 서두르지 않는다!" 염소로 사슴고기의 맛을 내었으니 리브가는 훌륭한 요리사였음이 분명하다. 야곱은 위선의 완전한 모습을 보여 준다. 그의 목소리와 그의 손(말과 행동)은 일치하지 않는다. 19절에서 야곱은 아버지에게 세 가지 거짓말

을 했다. "나는 에서입니다", "내가 하였사오니", "사냥한 고기를 잡수시고"라고 말했지만, 그는 야곱이었고 어머니가 모두 요리했으며, 그것은 염소 고기였다. 27절에서의 그의 입맞춤은 속임수나 마찬가지였다. 야곱은 이 죄값을 치루었는가? 그렇다. 많이 치루어야 했다. 그는 아내를 맞는 일로 라반에게 속임을 당했고, 라반은 그의 품삯을 여러 번 바꾸었다. 또한 야곱의 아들들은 염소를 죽이고(37 : 31) 그 피를 요셉의 옷에 묻혀 그를 속이게 된다. "네 죄가 너를 찾아낼 것을 명심하라!"

[4] **절망하는 형** – 히브리서 12장 17절은 에서가 눈물로 축복을 받으려 했다고 밝힌다. 그러나 자기 죄를 진실로 회개한 곳은 찾아볼 수 없다. 양심의 가책은 있었으나 진지한 회개는 없었다. 그는 자기가 잃은 것에 대해서는 대단히 슬퍼했으나 자기 죄는 슬퍼하지 않았다. 33절에 보면 이삭은 하나님이 다스리고 계심을 깨달았을 때 크게 떨었다. 에서의 눈물이 이삭의 마음을 변화시키거나 축복을 바꾸어 놓지는 못했다. 에서는 그의 동생을 살해할 계획을 짜서 보복하려 한다. 그리고 자기 아내들과의 문제를 일으킴으로 고의로 부모의 마음을 상하게 한다. 하나님의 은혜는 실패하지 않았으나 에서는 하나님의 은혜를 얻는 데 실패했다.

집 안의 죄는 언제나 비탄과 오해를 가져온다. 이삭과 리브가가 아들들을 편애하지 않았고, 결혼 초기에 그러했듯이 문제들을 놓고 계속 기도했다면, 하나님께서 자기 방법을 사용하시도록 했다면, 상황은 달라졌을 것이다. 그들은 모두가 불신앙과 불순종으로 인해 괴로움을 당했다. 우리는 나이가 많아진다고 해서 유혹되지 않거나 실패하지 않는 것은 결코 아니다.

벧엘에서의 야곱

– 창세기 28장 –

1. 모험 (28 : 1~9)

창세기의 나머지 부분은 실제로는 야곱의 생애를 소개하고 있으며, 이 중에는 라반과의 시련(28~31장), 에서와의 시련(32~33장), 자기 아들들과의 시련(34장 이하)이 포함되어 있다. 요셉의 이야기는 사실상 야곱의 역사의 일부이다.

리브가가 야곱에게 집을 떠나라고 종용한 근본 이유는 에서의 진노를 피하기 위해서였다(27 : 41~46). 그러나 그녀는 야곱에게 경건한 아내를 얻게 하기 위함이라고 핑계를 대었다(24 : 1~9). 에서의 세상적인 아내들은 가정에 문제거리였으며, 하나님의 사람들이 하나님의 뜻 밖에서 결혼할 때는 언제나 같은 경우를 당한다. 리브가는 사실상 적당한 때에 야곱을 데리러 보내려고 계획했다(27 : 45). 그러나 그녀의 육적인 모든 획책이 그러했듯, 이 계획도 실패했다. 야곱은 다시는 그의 어머니를 보지 못했다. 다시 말하지만 "믿음이란 꾀를 부리지 않고 사는 것이다."

아들이 아버지의 축복을 받으며 집을 떠날 수 있다는 것은 놀라운 일이다! 그러나 야곱은 아버지의 신앙에 의존할 수는 없었다. 자신이 하나님을 만나야 했고 스스로 결정을 내려야 했다. 불행하게도 야곱이 참된 헌신의 장소에 오게 되기까지는 20년 이상이 걸렸다. 그는 그동안 불신앙과 반역에 대한 비싼 댓가를 치루었다. 6~9절은 육과 영의 대결을 보여주는 예증이다. 에서(육신)는 고의로 여호와께 불순종하여 가정에 훨씬 큰 슬픔을 안겨 준다.

길을 떠날 때 그는 젊은이가 아니라 적어도 77세는 되었다. 창세기 47장 9절은 야곱이 애굽으로 떠날 때가 130세였다고 언급한다. 요셉이 애굽으로 팔려간 때는 17세였으며 바로에게 나타난 것은 30세 때였다(41 : 46). 그렇다면 종으로 13년을 지냈다는 뜻이고, 7년의 풍년이 지나 2년째의 흉년이 들었을 때 야곱이 애굽으로 왔으니 요셉은 39세 가량 되었다. 이 말은 야곱의 나이 91세 때에 요셉이 태어났다는 말이 된다. 창세기 30장 25절에 보면 요셉이 태어났을 때가 야곱이 아내들을 위한 14년의 수고를 끝냈을 때이므로, 야곱이 "자신의 길"을 걷기 시작한 때는 77세 쯤임을 알 수 있다.

2. 벧엘의 꿈(28 : 10~12)

그는 브엘세바에서 벧엘까지 약 70마일(112.6km)을 여행했다. 3일간의 여행이었다. 그 날 밤에 그는 "돌들 중의 하나"를 취하여 기대어 잤다. 하나님은 하늘에서 땅에 이르는 사다리(또는 계단으로 번역하기도 함)를 보여 주셨다. 요한복음 1장 43~51절은 이 구절에 대한 신약의 설명이다. 즉, 사다리는 예수 그리스도를 상징한다. 야곱은 잃어버린 영혼에 대한 완전한 모형이다. 어두움 가운데서 자기 생명을 위해 도망치고 있으며, 아버지의 집을 떠나, 죄로 마음이 무겁고, 하나님이 가까이 계셔서 구원하시기를 원하신다는 사실을 모르고 있다. 사다리는 땅에서 하늘에 이르는 유일한 길이신 그리스도를 상징한다. 그는 우리에게 천국을 열어 놓으셨고, 우리 생활에 하늘의 축복을 가져오시며, 그분만이 우리를 천국으로 데려가실 수 있다. 야곱은 자기가 외롭고 황량한 들판에 있다고 생각했었으나 잠을 깨자 그가 천국 문에 갔었던 것을 알게 되었다. 이 구절을 요한복음 1장 43~51절과 관련지어 보면 야곱은 교활함(속임)으로 가득 찬 이스라엘 사람인 반면에 47절에 기록된 나다나엘은 교활함이 없는 이스라엘 사람임을 알 수 있다.

이 사건은 하나님으로부터 야곱에게로 온 최소한 일곱 개의 기록된 계시들 중에서 첫번째 것이다(31:3/31:11~13/32 : 1~2 / 32 : 24~30 / 35 :1 /35 : 9~13 / 46 : 1~4). 사다리 위의 천사들은 하나님의 돌보심을 나타낸다. 천사들은 야곱이 에서와 상봉할 즈음, 야곱을 보호하기 위해 다시 나타났다(32 : 1~2).

3. 음성(28 : 13~15)

하나님의 말씀을 떠난 환상은 속임수일 수도 있 다. 그러므로 하나님은 야곱에게 확신을 주시기 위하여 친히 음성을 들려 말씀하셨다. 구원은 천사들로 말미암거나, 또는 환상을 보았다고 해서 얻어지는 것이 아니다.

[1] **땅**(13절)－이 약속은 아브라함에게 처음 주셨던 것으로서(13 : 14), 이삭에게 재차 확언되어졌던 것이다(26.: 1~5). 비록 유대인들이 모두 소유하지는 못했지만, 거룩한 땅은 그들의 것이다. 어느 날 이스라엘은 "자기 소유를 차지할 것이다"(옵 17절).

[2] **자손의 번성**(14절)－이 말은 하나님이 야곱에게 아내를 주실 것이라는 확신을 얻게 한다. 다른 방법으로는 자손을 얻지 못할 것이기 때문이다. 13장 16절과 22장 17절을 보자. 오늘날에는 나침반이 가리키는 어느 곳에나 유대인들이 있다.

[3] 하나님의 인격적인 임재(15절) - 이 구절은 야곱이 방랑하게 될 것을 암시해 준다. 그러나 하나님은 그와 함께 계시겠다고 약속한다. 왜? 하나님이 야곱의 생애에 대한 계획을 가지고 계시기 때문이다. 또한 하나님은 틀림없이 그의 계획을 성취하실 것이다(빌 1 : 6 / 롬 8 : 28~29). 야곱이 앞으로 어려운 해들을 보내며 자기 죄의 결과를 거둬들이기는 하지만, 하나님께서 그와 함께 계셔서 보호하시고 축복하셨다.

4. 서약(28 : 16~22)

"이곳은 하나님의 집이다!"라고 야곱은 외친다. "벧엘"(Beth-el)이 "하나님의 집"이란 뜻이기 때문이다. 그 밤의 경험은 그를 변화시켰을 뿐 아니라 그 곳의 이름도 바꾸었다. 그 사건을 기념하기 위하여 기둥을 세워 제단을 삼고 기름을 부어 여호와께 바쳤다. 오랜 후 그가 벧엘로 돌아왔을 때, 야곱은 이 헌신의 행위를 반복했다(35 : 9~15). 이 믿음의 행위(비록 두려움이 동기였다고 해도)는 하나님께 자신을 헌납하는 야곱의 방법이었다. 빌립보서 2장 17절을 보자. "드릴지라도"라는 말은 "쏟아 붓는다"는 말이다. "베개"가 "기둥"으로 바뀔 때 이는 얼마나 놀라운 일인가!

야곱의 서약에 대해서는 두 가지 견해가 있다. 그가 "만일 … 하시면" 이란 말을 함으로 하나님과 거래를 하고 있다는 견해와, 히브리어는 "만일" 이 "왜냐하면…"으로 번역되기도 하므로 하나님에 대한 믿음을 나타내고 있다는 견해이다. 이것은 사실상 성경에 나오는 첫번째 서약이다. 위의 두 가지 해석은 모두 사실인 것 같다. 야곱은 하나님의 말씀을 믿었으나 에서와 이삭에게 거래하던 방식으로 하나님과의 거래를 시도하는 "옛 사람"이 다분히 남아 있었다. 그에게는 "꾀를 부리는 것"이 습관이 되어 하나님의 축복을 받는 일도 자기 방식으로 꾀를 내려고 했다. 이런 습관은 마침내 얍복강 나루에서 노출되어 처리되었다(창 32장). 야곱은 평화롭게 집으로 돌아갔다(창 35 : 27~29).

야곱은 십일조를 실행했다(22절). 그는 자기의 재물이 하나님의 지배 아래 있지 않는 한 하나님께 대한 헌신이란 아무 의미가 없음을 깨달았다. 아브라함도 십일조를 했는데(14 : 20) 두 경우 모두 율법이 주어지기 전이었다. 십일조가 오늘날 은혜 시대에 해당하는 것이 아니고 모세 율법의 일부라고 말하는 사람은 옛 성도들이 십일조를 실천했다는 사실을 놓쳐버리는 것이다. 십일조는 그들을 인도하셨고, 보호하셨고, 필요에 따라 공급하신 여호와께 믿음과 순종을 표하는 것이었다.

야곱이 이후로부터 이 서약에 따라서만 언제나 산 것은 아니었다. 그는 호적수 라반을 만났는데 라반이야말로 음모가였다. 20년 동안 둘은 서로 꾀로 승부를 다투었다. 결국, 야곱은 단련이 되었으며 하나님은 그의 약속을 지키셨다.

사람이 자기 생애 가운데 "벧엘", 곧 하나님을 헌신적으로 만나 어떤 확정된 결정들을 내린 곳을 가지게 됨은 축복된 일이다. 그는 주를 떠날 수도 있겠으나 "벧엘로 돌아와" 언제든지 약속을 되살릴 수 있는 것이다. 야곱은 두 가지 본성 간의 갈등을 보여주는 실례이다. 왜냐하면 그는 언제나 육신과 싸우면서도 자기 자신의 능력과 계획을 의존하려 한다. 하나님이 제멋대로인 자녀들조차 돌보신다는 사실을 아는 것은 얼마나 좋은 일인가!

야곱과 라반
-창세기 29~31장-

야곱은 벧엘이라는 영적인 산상으로부터(28장) 하란에서의 실제적인 일상생활로 내려온다. 여기서 그는 호적수격인 교활한 라반을 만난다. 야곱은 외삼촌 라반과 20년을 보내며 자기가 지은 죄의 슬픈 결과들을 수확하지만 동시에 하나님은 미래 사역을 위해 그를 훈련하고 계셨다.

1. 라반의 딸들을 위한 야곱의 봉사(29:1~30:24)

1 **결정**(29:1~20)-하나님은 섭리로써 야곱을 라반의 집에 인도하신다. 그러나, 중요한 심부름을 수행하던 아브라함의 종과는 달리, 야곱은 먼저 기도하기 위해 멈추지 않았다는 점을 주목하자(24:12). 야곱은 다른 목자들을 목장으로 돌아가게 하고(7절) 라헬과만 인사하려고 했다! 그는 역시 책략가이다. 야곱이 누구인지를 알게 된 라헬과 라반이 달려 가고 달려 오는 것에도 주목하자(12~13절). 야곱은 결정을 내렸다. 아름다운 라헬을 아내로 맞고 싶었다. 라헬은 "암양"이란 뜻이고 레아는 "들소"란 뜻이다. 레아의 눈은 광채가 나지 않았는데 동양 사람에게는 눈의 광채가 아름다움의 상징이다. 야곱은 라반을 위해 7년을 일하기로 했는데, 사랑이 있는 곳에서는 시간과 수고는 빠르게 지나간다. 15절에서 우리는 야곱을 훈련시키는 제 1단계를 보게 된다. 그는 종이 된 것이다. 25장 23절에서 "큰 자가 작은 자를 섬기리라"고 약속하셨는데 이제 작은 자가 스스로 종이 되었다.

2 **기만**(29:21~30)-여기 제 2단계가 있다. 사기꾼이 자기도 속는다. 라반은 큰 딸의 혼기를 놓치지 않으려고 야곱으로 하여금 그녀와 강제로 결혼하게 했다. 야곱은 장자를 속였었는데(27:19), 이제는 장녀로 말미암아 속임을 당한다(29:26). "궤사한 자의 길은 험하니라." 그는 레아를 위한 결혼식 주간을 채운 후 라헬과 결혼하였고 7년간의 두번째 봉사 기간에 접어들게 되었다. 라반은 그 지역의 모든 사람들로 레아와 결혼한 증인을 세워 야곱이 쉽게 빠져나가지 못하게 하는 데에 세심한 주의를 기울였다(22절). 법적으로는 야곱이 레아를 거절할 수도 있었으나 하나님이 자신의 속임수에 대해 징벌하시고 계심을 인식했다.

3 **분열**(29:31~30:24)-결혼이 죄로 시작될 때, 가정에는 대개 분열과 불행이 있기 쉽다. 처음에는 두 아내가 모두 자녀를 낳지 못했다. 그러나 야곱이 라헬을 더 사랑했으며 레아를 "등한히 한"(미워한, 31절) 것이 분명하다. 그

래서 하나님은 르우벤("보라, 아들이로다!"), 시므온("들으심"), 레위("연합되었다"), 유다("찬양함")의 네 아들을 레아에게 주심으로써 그녀를 높였다. 이는 레아의 기도가 응답을 받은 것이었다(29:33/30:6, 17, 22). 라헬은 언니를 질투할 수 밖에 없었고, 질투는 그녀와 야곱 사이에 노여움과 불화를 만든다. 야곱은 침착성을 잃지 말고 이 문제에 대하여 기도했어야 했다. 야곱의 부모들도 이런 문제에 직면하여 기도했던 일이 있다.(25:19~23). 인간이 만든 해결책은 야곱이 빌하와 결혼하는 것이었고 그녀는 단("재판함")과 납달리("경쟁함")를 낳았다. 레아는 야곱에게 실바를 주었고 실바는 갓("군대 또는 큰 무리")과 아셀("행운")을 낳았다. 분명한 것은 야곱이 영적인 분위기의 가정을 이루지는 못했다는 것이다. 아내들의 의견이 일치하지 않았고, 남편을 자기 계획의 저당물로 사용했다(30:14~16). 라헬은 우상에게 관심을 갖기조차 하였다(31:19). 집에는 제단이 없었고 그로 인한 슬픈 결과들을 쉽게 찾아 볼 수 있다. 레아는 잇사갈("상급")과 스불론("거함")의 두 아들을 더 낳았으며, 라헬은 야곱이 사랑했던 요셉("하나님이 더하시기를")을 낳은 후 베냐민("오른손의 아들")을 낳고 죽었다(35:16~20). 이 외에도 야곱에게는 여러 명의 딸이 있었다(30:21/37:35/46:7, 15).

이러한 가운데 고생과 시련과 시험의 14년이 지난다. 하나님은 야곱을 훈련시키고 그 앞에 펼쳐진 일들에 대해 준비시키는 데에 라반과, 어려운 상황들을 사용하셨다.

2. 라반의 가축을 얻기 위한 야곱의 계략(30:25~43)

야곱은 14년간 봉사해 왔는데, 자신의 소유를 위해 그리고 대 가족의 필요를 공급하기 위해 투쟁해야 함을 깨달았다. 야곱은 라반에게 떠나게 해 줄 것을 요청하나, 간사한 수리아 사람은 쓸모있는 사위를 놓치려고 하지 않았다. 야곱은 두 아내들을 얻기 위하여 14년을 일했는데, 이제 가정을 세우려 한다면 그가 필요로 하는 가축을 얻기 위해 일할 수 있는 것이다. 물론 라반은 여호와의 이름을 사용하여 자기의 나쁜 동기를 감추며(27절) 품삯을 정하라고 청한다. "내가 너에게 무엇을 줄까?" 라반이 묻지만 야곱은 선물을 거절한다. 왜냐하면 지난번에 선물을 받았을 때, 그는 속았기 때문이다(29:19). 야곱은 라반이 양떼와 염소떼 중에서 "불합격품"을 그에게 준다면 라반의 목자로서 일하겠다고 제안한다. 동양의 양떼는 흰색이며, 염소는 갈색이거나 검은 색이다. 줄무늬와 점있는 것, 얼룩진 것을 받음으로써 야곱은 라반에게 외관상으로는 더 많은 양(量)을 주는 듯했다. 물론 이것은 믿음의 행위였다!

그러나 모략가는 일을 시작했다. 필요한 것을 해결하기 위해 하나님을 의지하는 대신(31:9/28:15, 20) 야곱은 자기 자신의 계획을 이용했다. 여물통 옆에 세운 특별한 막대기와 지팡이는 양에게 영향력을 미치지 못했을 것이다. 어떤 양, 어떤 염소가 생산될 것을 결정하신 분은 하나님이었다. 그러나 야곱은 "선택적인 품종 개량"을 이용했다(40~43절). 따라서 강한 가축만 새끼를 배게 했다. 우리는 31장 8절을 통해 라반이 야곱의 양떼가 늘어나는 것을 보고 계약 조건을 여러 차례 변경시켰음을 알게 된다. 그러나 하나님께서 라반을 다스리셨고 야곱은 부자가 되었다.

3. 라반의 집으로부터 도주한 야곱(31장)

[1] **회의**(1~16절) – 야곱이 떠나기로 결심한 데는 세 가지 요소가 작용했다. 라반의 변한 태도, 자기 자신의 가정을 일으켜 세울 필요성, 그리고 무엇보다도 여호와의 직접적인 인도하심이 그것이다. 하나님은 야곱에게 벧엘에서의 서약을 생각나게 하셨고, 이 타락한 사람은 이제 돌아가서 그를 축복하신 여호와와 맺은 자기의 약속을 성취해야만 했다. 라헬과 레아는 떠날 것에 동의하지만, 그들의 결정은 주님의 뜻에 기초한 것이 아니라 물질적인 문제를 고려한 것이었다. 그때까지도 그의 아내들이 벧엘에서의 체험에 대해 모르고 있었는지 의아스럽다.

[2] **추적**(17~35절) – 그를 보호하시는 하나님을 신뢰하는 대신 야곱은 라반이 양털을 깎으러 간 사이에 서둘러 도망친다. 신자가 비밀스러운 행동을 해야만 한다는 것은 얼마나 보잘 것 없는 간증인가! 라반은 이미 야곱에게서 3일 거리에 있었으므로 일 주일 동안은 그에게 잡히지 않았다. 라반이 야곱을 만나기 전에 하나님이 미리 라반을 경고하셨으므로 야곱이 무서워할 이유는 없었다(31절/잠 16:7). 라반은 짐짓 감정이 상한 것처럼 행동했다. 아마도 그는 자기를 꾀로 이기려 하며 점점 부자가 되어가던 야곱이 없어진 것을 기뻐했을 것이었다. 그가 사실상 관심을 가졌던 일은 그의 우상을 누군가 훔쳐갔다는 것이다. 죄는 죄를 낳는다. 라헬은 그녀의 아버지와 남편에게 거짓말을 하였고, 성난 라반은 행렬을 모두 조사한다.

[3] **대결**(36~42절) – 20년 동안 쌓인 울분이 이제 모습을 드러내며 야곱은 장인에게 모두 늘어 놓았다. 라반은 우상 숭배자였고 야곱은 타락한 사람이었다. 이들 사이에 무슨 합의점이 있을 수 있겠는가? 야곱의 성난 연설에서 유일한 속죄의 요소가 있다면 자기 성공에 대해 하나님께 영광을 돌린 점이다(42절).

[4] **언약**(43~55절) – 찬송가에 나오는 "미스바의 축복"이란 말은 전혀 성경적이 아니다. 이 두 사람은 서로를 신뢰하지 않았다. 그래서 기둥을 세워 하나님이 보고 계시다는 것을 피차에 상기하도록 했다. 이 돌들은 "미스바의 축복"이 뜻하듯 그들의 우정에 대한 증거가 아니라 상호 불신에 대한 증거였다. 47절을 보면 알 수 있다. 두 사람은 언어도 서로 달리 사용하였다. 두 가지 명칭이 모두 "증거의 무더기" 또는 "간증의 무더기"란 뜻이다. 가족들이 서로를 신뢰할 수 없다는 것은 슬픈 일이다. 그들이 서로 용서하고 모든 일들을 하나님께 의

존했다면 얼마나 좋았겠는가! 52절은 라반이 세운 기둥을 경계석으로 하여 야곱이 감히 넘지 못하도록 했음을 알려준다.

야곱의 20년에 걸친 종살이가 끝났다. 그러나 그는 벧엘로 돌아가 하나님과의 관계를 바로해야 하는 일이 남아 있었다.

야곱과 에서

-창세기 32~36장-

이 장들에서는 야곱이 라반의 집에서 벧엘로 가는 도중에 생긴 생의 중대한 경험들을 기록하고 있으며, 우리에게 육과 영, 옛 생활과 새 생활 사이의 대결을 예증해 주는 세 가지 생생한 모습을 보여 준다.

1. 씨름꾼 야곱(32장)

에서가 오고 있었으므로, 야곱은 그의 잊어버렸던 과거와 만나야 할 처지에 있었다. 에서가 그를 용서할 것인가,아니면 싸울 것인가? 야곱은 속여 취한 모든 것을 잃을 것인가? 과거가 어떤 사람을 붙잡고 있다는 것은 얼마나 비극인가! 지리적으로 떨어져 있다고 해도 지울 수 없으며 20년이란 역사도 지울 수 없다. 그러나 야곱이 에서를 만나기 전에 세 가지 다른 만남을 경험한다.

[1] **하나님의 천사들과의 만남** (32 : 1~20) - 그는 벧엘에서 처음으로 이 천사들을 만났었다(28장). 이들은 하나님이 조정하고 계심을 그에게 상기시키는 역할을 하였다. 야곱은 그곳을 마하나임, 즉 "두 진영"(야곱의 장막과 천사들의 군대)이라고 명명하였다. 그러나 아직도 그에게는 오래 전에 그를 보호하시리라고 약속하셨던 하나님에 대한 신뢰가 없었다. 오늘날 신자들은 하나님의 뜻 안에서 행할 때에 히브리서 1장 14절과 시편 91편 11~13절을 주장할 수 있다. 그러나 야곱은 다시 자기 자신과 꾀를 신뢰하기 시작했다. 그는 선물로 에서를 누그러뜨리려고 하였다. 그는 자기의 식솔을 두 떼로 나누고(7절), 보호하는 천사들의 군대는 무시했다. 육신적인 확신으로 이런 단계를 밟은 후에 그는 하나님의 도움을 청한다. 하나님께서 라반으로부터 그를 보호하셨던 방법을 잊었단 말인가? (31 : 24)

[2] **주님과의 만남** (32 : 21~26) - 사람이 하나님과 홀로 있게 될 때에 일들은 발생하기 시작한다. 그리스도께서 야곱과 씨름하려고 오셨고, 이 전투는 밤새도록 계속되었다. 야곱이 하나님께 축복을 받으려고 씨름을 한 것이 아님을 명심하자. 그는 자신을 방어하며, 양보할 것을 거절하고 있는 것이다. 여호와께서는 야곱이 "내가 아니라, 그리스도"(갈 2 : 20)라고 진정으로 말할 수 있는 데까지 이르게 하시려고 그를 깨뜨리시기를 원하셨다. 밤새도록 야곱은 자기를 방어하였고 항복하기를 거절하였으며, 그가 죄를 지은 것조차 인정하지 않았다. 그러자 하나님이 야곱을 연약케 하셨고 이 씨름꾼은 매달릴 수밖에 없었다. 이제 축복을 받으려고 꾀를 부리거나, 축복을 받으려고 거래를 벌이는

대신 하나님께서 축복해 주실 것을 요청한다. 그리고 축복을 받았다!

3 **자기 자신과의 만남**(32:27~32)—사람은 먼저 주님을 보기까지는 참으로 자기 자신을 볼 수 없다. "네 이름이 무엇이냐?" 이 질문은 야곱으로 하여금 자기의 참된 자아가 "야곱—사기꾼!"이라고 고백하도록 압력을 가했다. 그가 자신을 직면하고 죄를 고백하자 변화된 사람이 되었다. 하나님은 그에게 하나님과 더불어 겨룸" 또는 "하나님이 다스리신다"는 뜻을 지닌 "이스라엘"이라는 새 이름을 주셨다. 하나님과 함께 능력을 소유하는 길은 하나님으로 말미암아 깨어지는 것이다. 하나님은 또한 새로운 출발, 새 이름과 함께, 곧 새로운 능력, 육신으로 행치 않고 성령으로 행하는 능력을 주셨다. 이것은 새로운 걸음걸이로 증거가 되었다. 야곱이 절게 된 것이다. 그는 하나님으로 말미암아 깨어졌다. 그러나 다리를 저는 것은 연약함이 아니라 능력의 표시였다. 31절은 새 날이 밝아옴을 말한다. 해가 솟아 올랐고, 야곱은 하나님의 도우심을 힘입어 에서를 만나려고 절룩거리며 나아갔다.

2. 타락자 야곱(33~34장)

야곱이 그의 새 이름에 따라, 그리고 하나님이 함께하시는 새로운 지위에서 살아갔다면 얼마나 좋았겠는가! 그러나 그렇지 못했다. 이 장은 새 이름 "이스라엘"이 아니라 옛 이름 "야곱"이란 말로 시작된다. 그리고 "눈을 들어" 믿음이 아니라 보이는 것으로 행함을 본다. 야곱이 자기의 영적인 특권을 주장하지 않음으로써 그가 잃어버린 것을 보자.

1 **그의 절룩거림**(3절)—그는 에서 앞에서 걷거나(절룩거림) 정면으로 대면치 않고 절을 한다. 하나님과 더불어 겨루기까지 했던 사람이 세상의 사람 앞에 아첨하는 것은 비극적인 일이다. 믿음으로 말미암아 절룩거리는 것이 자기를 신뢰하여 절하는 것보다 낫다.

2 **그의 능력**(33:1~2, 8~11)—야곱이 적과 거래하며 다시 속임수를 쓴다! 하나님이 그의 능력에 대한 확신을 주지 않았던가? 언제나 그를 보고 있겠다고 하나님께서 약속하지 않으셨던가?

3 **그의 간증**(33:12~17)—그는 양떼에 대하여 에서에게 거짓말을 하고 반대 방향으로 여행한다. 에서와 야곱은 아버지를 장사지낼 때까지 결코 만나지 않았다(35:29). 에서가 야곱에게 무슨 일이 있었느냐고 물었을 것은 의심할 나위 없다.

 4 **그의 장막**(33:17)—그는 숙곳에 집을 짓고 정착했다.

5 그의 소망(33：19)－그는 다시 이동하여 롯과 다를 바 없이(13：12) 세겜성 근처에 장막을 쳤다. 야곱은 하나님의 성(城)에 대한 소망을 잃었다(히 11：13~16).

6 그의 딸(34장)－롯과 같이, 야곱은 유혹의 장소에 가족을 방치해 두었다. 그의 딸이 성을 보러 갔다가 사고를 당하였다. 야곱의 아들들은 그들의 아버지처럼 거짓말장이였다. 사실상 그들은 신성한 할례 의식을 이용하여 사악한 속임수를 쓴다. 30~31절은 야곱이 가족의 죄보다는 자신의 안전과 복지에 더 관심이 있었음을 암시해 준다.

이 모든 일이 언제 시작되었는가? 야곱이 하나님과 함께 세운 새로운 표준에 따라 살지 못했을 때였다. 오늘날 신약 그리스도인들은 왜 속이고 죄를 짓고 실패하는가? 이는 그리스도 안에 있는 하늘의 지위에 합당하게 살지 못하기 때문이다(엡 4：1이하).

3. 여행자 야곱(35~36장)

이 장들에서는 야곱이 매우 자주 "여행했음"에 주목하자(35：5, 16, 21). 하나님은 "벧엘로 돌아가라"고 그에게 말씀하셨다(1절). 꿈과 서약의 장소로. 야곱이 그러했듯이, 타락한 사람이 할 수 있는 일이라고는 헌신의 장소로 돌아가 서약을 새롭게 하는 일 밖에 없다. 그러나 그의 식솔을 제단으로 인도하기에 앞서, 야곱은 "집을 청결케" 해야 했다. 이방인의 종교의식과 연관된 이상한 신들과 보석을 땅에 묻어 버렸다. 죄가 처할 곳은 무덤 속뿐이다. 이 장에는 사실상 네 개의 무덤, 즉 우상의 무덤(4절), 드보라의 무덤(8절), 라헬의 무덤(19절), 이삭의 무덤(29절)이 나온다.

야곱은 벧엘로 돌아와 제단을 쌓았다. 하나님은 새로운 방식으로 그를 만나셨고, 새 이름 이스라엘을 상기시키셨다. 하나님은 아브라함과 이삭에게 하셨던 약속들을 재 확인하셨으며, 야곱은 새 기둥을 세우고 전에 했던 대로 기름을 부음으로써 이에 응답하였다. 야곱이 전에 잃었던 모든 것은 제단에서 하나님을 만남으로 말미암아 이제 다시 얻게 되었다. 타락한 신자는 하나님과의 올바른 관계를 갖는 새 경험을 필요로 하지 않는다. 다만 그에게는 옛 경험을 새로운 방법으로 재차 확인하는 것이 필요할 뿐이다.

야곱이 하나님과의 교제를 회복한 직후에 라헬이 죽은 것은 얼마나 기이한 일인가! 위대한 영적 체험은 삶에 있어서의 슬픔과 시련에 대하여 세속적인 것이라고 판단하지 않는다. 분명히 야곱은 그의 제단을 다시 쌓은 지금, 이 슬픔을 더욱 잘 극복할 수 있었다. 하나님과 제단에서 만남으로써 그가 이전에 잃어버렸던 모든 것을 이제는 다시 소유하게 되었다.

헌신적인 신자의 가족에게는 슬픔뿐만 아니라 죄 또한 있다(22절). 르우벤은 큰 기대 속에서 태어났다(29：32). 말년에 야곱은 르우벤이 많은 것을 성취할 수 있었을 것이었다고 말했다(49 : 3). 그러나 르우벤에게는 참을성이 없었고, 경건한 성품이 결여되어 있었다(49 : 4). 그 결과로 장자에게 속한 장자권(대상 5 : 1~2)을 잃었고 이것은 유다와 요셉에게 돌아가게 되었다. 죄는 결코 축복을 가져오지 않는다.

이 여행은 야곱과 에서가 아버지를 장사지냄으로 끝난다. 야곱은 그의 어머니를 다시 만나려고 계획했었으나 그녀는 야곱이 집에 도착하기 전에 죽었다.

36장은 에서의 역사인데 하나님이 그에게 큰 민족을 이루게 하셨다. 그러나, 불행히도 에돔족속은 세대를 통해 내려오며 하나님의 백성의 원수였다.

고난당하는 요셉

-창세기 37~40장-

우리는 이제 성경에 나오는 가장 흥미 진진한 전기(傳記) 중의 하나, 곧 요셉과 그의 형제들에 대한 공부를 시작한다. 전체 이야기는 하나님의 절대 주권과 그의 백성을 돌보시는 하나님의 섭리를 예증하고 있다. 요셉에게 실수가 없었던 것은 아니지만 그래도 그는 집안의 영적인 거인으로 두드러져 보인다.

1. 사랑받는 아들 요셉(37장)

1 **야곱의 사랑**(1~4절)-라헬은 야곱이 가장 사랑하는 아내였고 요셉은 그녀가 낳은 첫 아들이었다(30:22~24). 야곱이 노년에 왜 그를 총애했는지는 알만한 일이다. 가정에서의 이런 편애는 문제를 일으키기 마련이다. 17세의 요셉은 양치는 일을 도왔으나, 야곱은 곧 그 의무로부터 그를 해방시켜 "마춤옷"을 입힘으로써 감독관을 삼았다. 야곱은 요셉이 실제로 섬기는 법을 배우기도 전에 통치자로 삼고자 했던 것이다. 그 결과로 요셉의 형제들이 그를 미워하며(4절) 시기하였다(11절).

2 **요셉의 꿈**(5~11절)-이 꿈이 하나님께로부터 왔음에 대해서는 전혀 의심할 바 없다. 요셉이 애굽에서 시험을 받은 여러 해 동안 신실하게 살 수 있었던 것은 그가 어느 날 통치자가 될 것이라는 확신때문이었다. 첫 꿈은 그 배경이 땅이고 두번째 꿈은 그 배경이 하늘인 것에 유의하자. 이것은 또다시 아브라함의 지상 자녀들(유대인)과 그의 천국 자손(교회)을 나타낸다. 요셉의 형제들은 어느 날 그에게 엎드려 절했다(42:6/43:26/44:14 참조).

3 **유다의 꾀**(12~28절)-요셉을 없애자고 제일 먼저 제안한 형제가 누구인지는 나와있지 않다. 아마도 시므온이었을 것인데 그는 야곱이 장자권을 불법점유한 것에 원한을 품고 있었다(결국 르우벤은 장자권을 잃었다/49:3~4). 34장에 보면 시므온은 교활하고 잔인했는데, 42장 24절에서 요셉은 시므온에게 가혹하게 굴었다. 어쨌든 형제들이 세겜 지역(전에 문제를 일으켰던 곳/34장)에 들어와 있었고 요셉을 살해할 계획을 세웠다. 비록 좋은 뜻을 성취하기 위해 나쁜 방법을 사용했다고는 하나, 르우벤은 요셉의 생명을 구하려고 하였다. 하나님은 인간의 증오심을 번복시키셨고, 요셉은 살해당하는 대신 노예로 팔리웠다.

4 야곱의 슬픔(29~36절) – 오래 전에 야곱은 그의 아버지를 속이기 위해 염소를 죽였었다(27 : 9 이하). 이제 그의 아들들이 똑같은 방법으로 그를 속인다. 우리는 심는 대로 거둔다! 야곱은 그 후 22년 동안 요셉의 죽음을 생각하며 슬픔 가운데 지냈다. 그는 만사가 자신을 해롭게 하고 있다고 생각했다(창 42 : 36). 그런데 사실은 모든 일이 그를 이롭게 하는 것이었다. 하나님은 요셉을 앞서 보내어 이스라엘을 한 민족으로 보존하기 위한 길을 마련하셨다.

2. 충성된 청지기 요셉(38~39장)

38장은 유다가 육신의 더러운 욕망에 굴복하는 상황을 보여 준다. 이것은 요셉의 순전함과 잘 대조를 이룬다(39 : 7~13). 유다는 그의 동생을 노예로 팔았으나 그 자신이 "죄의 노예"였다(요 8 : 34). "죄가 많은 곳에 은혜가 더한다" 왜냐하면 다말이 그리스도의 가계(家系)에 끼어있음을 볼 수 있기 때문이다(마 1 : 3). 유다는 자신에 대해서보다 다른 사람에 대하여 엄격했음을 주시하자(24절). 다윗이 그러했듯이, 유다는 자신이 죄인임을 발견하기까지 "죄인"이 심판받기를 원했다!

야곱은 요셉을 일해야 하는 책임에서 벗어나게 했으나, 하나님은 요셉이 먼저 종이 되기까지는 통치자가 될 수 없음을 알고 계셨다(마 25 : 21). 하나님은 요셉을 애굽의 통치자가 되게 하기 위해 준비 단계로서 세 가지 훈련을 시키셨다.

1 봉사(섬김)의 훈련(39 : 1~6) – 요셉은 "채색옷"(마춤복) 대신 종의 옷을 입었다. 하나님은 강압적으로 그에게 일하는 법을 배우게 하셨다. 이렇게 하여 그는 겸손(벧전 5 : 5~6)과 명령에 순종하는 일의 중요성을 배웠다. 요셉이 작은 일에 충성하였으므로 보다 큰 일을 그에게 맡기셨다(잠 22 : 29 / 12 : 24 참조).

2 절제의 훈련(39 : 7~18) – 요셉의 어머니는 아름다운 여인이었으므로 아들이 그녀의 용모를 물려받았을 것은 의심할 바 없다. 애굽 여인들이 불경건한 것은 잘 알려져 있었으나 요셉은 굴복하지 않았다. 하나님은 요셉을 시험하고 계셨다. 요셉이 종으로서 자신을 절제하지 못한다면 통치자로서 다른 사람을 다스릴 수는 없는 것이었다. "아무도 모를 텐데!" 또는 "다른 사람들도 다 하는 일인데"라고 생각할 수도 있었다. 그러나 그는 하나님을 기쁘게 하려고 살았으며, 육신의 일을 도모하지 않는 계기로 삼았다(롬 13 : 14). "청년의 정욕을 피하라!"고 바울은 충고했다(딤후 2 : 22). 요셉이 한 일이 바로 이 일이었다! 그는 겉옷을 잃었으나 자기 품성을 지켰다. 이 훈련에서 실패하는 사람들이 너무도 많다. 하나님은 그런 사람들을 쓸 수는 없는 것이다(고전 9 : 24~27 / 잠 16 : 32 / 잠 25 : 28).

③ 고난의 훈련(39 : 19~23) – 요셉은 자기 정욕을 조절할 수 있었을 뿐 아니라 혀도 조절할 수 있었다. 그는 관리들과 다투거나, 보디발의 아내가 요셉을 모함하려 퍼뜨린 거짓말을 폭로하지 않았다. 혀를 잘 조절하는 것은 영적인 성숙의 표시이다(약 3장). 보디발은 죄수를 책임맡은 경비대장이었던 것같다. 수석 사형집행인이었는지도 모른다. 어쨌든 그가 요셉을 왕의 감옥에 넣도록 한 것은 틀림없다(20절). 요셉의 충성과 헌신은 관리들의 호의를 샀다. **"여호와께서 요셉과 함께 하시므로"** 이 말은 요셉의 성공의 열쇠이다(39 : 2, 5, 21).

요셉은 죄수로서 최소한 2년이나 그 이상을 고난받아야 했다. 시편 105편 17~20절은 이 고난이 그의 영혼을 단련하였다고 설명한다. 고난은 자신을 벗어나도록 돕는다! 고난을 피하는 젊은 사람들은 참된 개성을 개발해내지 못한다. 요셉이 고난으로부터 인내를 배웠음은 분명하다(롬 5 : 1~5). 또한 하나님의 말씀을 깊이 신뢰하는 법을 배웠다(히 6 : 12). 이 고난이 즐거운 것은 아니었다. 그러나 고난은 영광으로 그를 인도했다!

3. 잊혀진 종 요셉(40장)

이제 요셉은 왕의 감옥에 있는 종으로서 일하며(41 : 12) 예언의 꿈이 이루어지는 날을 기다리고 있다. 어느 날 두 사람의 죄수가 들어왔는데, 이들은 왕의 술 맡은 사람과 떡 맡은 사람이었다. 그들의 죄명은 언급되어 있지 않으나 통치자를 거스리는 어떤 작은 일이었던 것같다. 그러나 우리는 하나님께서 요셉을 위하여 그들을 갇히도록 배정하셨음을 안다. 요셉은 불의한 자로 취급을 당했으나 하나님께서 어느 날 그의 말씀을 성취하실 것을 알고 있었다.

두 사람의 꿈을 해석할 때에 보여준 요셉의 겸손에 주목하자(8절). 그는 모든 영광을 하나님께 돌린다. "그러므로 하나님의 능하신 손 아래서 겸손하라 때가 되면 너희를 높이시리라."

두 죄수는 그들이 저지른 일로 인해서 갇혀 있으나 요셉은 무죄였다. 그가 해석한 꿈이 이루어져 술 맡은 자는 복직되고, 떡 맡은 자는 처형되었으며, 요셉은 감옥에 남게 되었다! 다른 사람들은 축복을 받는데 우리는 왜 이처럼 핍절한가에 대해 궁금할 것이다. 그러나 하나님은 그의 계획과 그의 시간이 있으신 것이다.

14절에 나오는 요셉의 요구에서는 실망과 불신을 보게 된다. 요셉이 육신의 팔에 기대고 있었는가? 그렇다면 육신의 팔이 그를 실패케 했다. 왜냐하면 술 관리는 2년간 그를 완전히 잊고 있었기 때문이다! 이것은 인간을 결코 의지해서는 안된다는 좋은 교훈이었다. 하나님은 결국 요셉을 구하시는 데 술 관리의 좋지 않은 기억력을 사용하실 것이지만 바른 때가 아직 오지 않았다. 술 관리는 요셉을 잊었다. 그러나 하나님은 요셉을 잊지 않으셨다!

요셉이 애굽에 왔을 때 17세였는데 30세에 감옥에서 구출되어졌다(41: 46).

이 말은 종과 죄수로서 13년을 보냈다는 뜻이다. 그러나 이 해들은 단련과 훈련의 시간들이었고 애굽 제 2의 통치자로서 평생의 사역을 하기 위하여 준비하는 해였다. 하나님은 우리가 그에게 굴복하기만 하면 우리를 준비시켜서 그가 우리를 위해 예비해 놓으신 일에 쓰신다.

그리스도의 모형인 요셉

신약 어느 곳에도 요셉을 예수 그리스도의 모형이라고 밝힌 곳은 없지만 유사점이 너무 분명하고 많아서 의심할 여지가 없다. 많은 분들이 이 제목으로 책을 쓰셨는데, 특히 아더 핑크(Arthur Pink/『창세기 단편록』)와 아다 R. 하버슨(Ada R. Habershon/『모형의 연구』)이 잘 알려져 있다. T.W. 칼러웨이(Callaway) 박사는 그의 양서 『구약에 나타난 그리스도』(Christ in the Old Testament)에서 요셉에 대하여 흥미롭게 다루고 있다. 여기 주어진 비교와 대조 중에는 이 책들에서 발췌한 부분이 첨가되어 있다.

1. 아들

1 **아버지의 사랑을 받음**－37장 3절(마 3：17)
2 **목자**－37장 2절(요 10：11～14)
3 **형제에게 미움받음**－37장 4～5, 8절(요 15：25). 말 때문에 미움받음(마 26：64/요 8：40)
4 **불신당함**－37장 5절(요 7：5). "통치함"－37장 8절(눅 19：14)
5 **참된 증거**－37장 3절(요 7：7)
6 **시기를 받음**－37장 11절(막 15：10/마 27：17～18)
7 **형제에게 보내짐**－37장 13절(눅 20：13/히 10：7). 그들의 평안을 위해－37장 14절(요 3：17)
8 **헤브론(교제)에서**－37장 14절(요 17：5, 24)
9 **모함을 받음**－37장 18절(마 27：1/요 11：53). "우리 손으로 말고"－37장 27절(요 18：28)－이방인
10 **유다가 거래함**－37장 26～27절(유다－막 14：10)
11 **옷을 벗김**－37장 23절(마 27：28/요 19：23)
12 **앉아 지킴**－37장 25절(마 27：36). "꿈이 어찌되나 보자."－37장 19～20절(마 27：39～44)
13 **노예로 팔림**－37장 28절(마 26：15)
14 **애굽으로 데려감**－37장 36절(마 2：14～15)

2. 종(39장 1절/눅 22：27)

1 **하나님이 함께 하심**－39장 2, 21, 23절(요 16：32)
2 **성공함**－39장 2～3절(사 53：10)

3 **모든 것을 그의 손에 맡김** – 39장 4, 8절(요 3 : 35)
4 **보디발을 기쁘게 함** – 39장 4절(요 8 : 29)
5 **유혹을 받음** – 39장 7절 이하(마 4장)
6 **거짓 고소됨** – 39장 16~18절(마 26 : 59~60)
7 **갇힘** – 39장 20절(마 27 : 2)
8 **변명하지 않음** – 39장 20절(사 53 : 7)
9 **다른 두 죄수** – 40장 2~3절(눅 23 : 32) 한 명은 구원받고 다른 사람은 버려짐.
10 **이방인에게 고난당함** – (행 4 : 26~27)
11 **간수에게 존경받음** – 39장 21절(눅 23 : 47)

3. 절대주권자

1 **감옥에서 나옴** – 41장 14절(부활)
2 **석방됨** – 시편 105편 20절(행 2 : 24)
3 **옷을 바꾸어 입음** – 41장 14절(요 20 : 6~7)
4 **신의 감동을 받음** – 41장 38절(행 10 : 38)
5 **하나님의 지혜를 가짐** – 41장 39절(요 5 : 20 / 마 13 : 54)
6 **집을 다스림** – 41장 40절(히 3 : 6)
7 **모든 백성을 다스림** – 41장 40절(행 5 : 31)
8 **바로의 보좌에 함께 함** – (계 3 : 21)
9 **요셉 없이는 바로가 아무 것도 시행치 않음** – 41장 44절(요 15 : 5)
10 **사람들이 절함** – 41장 43절(빌 2 : 10)
11 **새 이름을 가짐** – 41장 45절(빌 2 : 9~10)
요셉 – "더함"(30 : 24)
사브낫바네아 – "비밀을 계시하는 자"(눅 2 : 34~35)
12 **30세** – 41장 46절(눅 3 : 23)
13 **이방인 신부** – 41장 45절(교회)
14 **"그의 말하는 대로 행하라"** – 41장 55절(요 2 : 5)
15 **모든 민족이 나아옴** – 41장 57절(사 49 : 6)
16 **이중의 권한**(마 28 : 19~20)
땅 – 37장 5~7절
하늘 – 37장 9~10절

4. 자기 백성을 구할 자

1 **백성이 그를 모름** – 42장 8절(요 1 : 10~11 / 행 3 : 17)
2 **피값을 치름** – 42장 22절(마 27 : 25)

3 **요셉의 눈물** – 42장 24절(눅 19 : 41)
4 **그들을 벌함** – 42장 7, 17절(호 9 : 17)
5 **죄를 고백함** – 44장 16절(호 5 : 15)
6 **두번째 나타남** – 45장 1절(행 7 : 13 / 슥 12 : 10)
7 **그들이 놀람** – 45장 3절(슥 12 : 10)
8 **하나님의 하신 일** – 45장 8절(행 2 : 23)
9 **"나를 보라"** – 45장 12절(눅 24 : 29)
10 **은혜를 보임** – 45장 4~15절(사 54 : 7~8)
11 **그의 영광이 나타남** – 45장 13절(눅 24 : 26)
12 **형제에게 소식을 전하게 함** – 45장 9~10절(144, 000명)
13 **오도록 초청함** – 45장 18~19절(마 11 : 28~30)
14 **그들을 위로함** – 50장 21절(사 40 : 1~2)
15 **그들의 필요를 충족시킴** – 45장 20절(사 2 : 1~5)

통치하는 요셉

-창세기 41～45장-

이 부분에서는 요셉이 죄수에서 통치자로 승격되며, 새로운 이름 (“비밀을 계시하는 자” / 41 : 45) 을 얻는다. 이 장들에서 우리는 하나님의 종인 요셉이 계시하는 세 가지 비밀을 주목해서 공부할 것이다.

1. 바로가 꾼 꿈의 비밀 (41장)

요셉은 술 관리가 자신을 기억하고 그를 위해 중재해 줄 것을 바랬다 (40 : 13～15). 그러나 그 사람은 바로가 이상한 꿈을 꾸고 그 뜻을 풀지 못하여 마음의 평정을 잃을 때까지 요셉을 기억하지 못하였다. 하나님의 일하시는 방법은 지나고 난 후에 알게 되지만 하나님이 일하시는 시간은 결코 너무 빠르거나 너무 늦는 일이 없다. 이 땅 위에서 가장 강력한 군주 앞에 서있을 때 보여준 요셉의 겸손에 유의하자. “하나님이 바로에게 평안한 대답을 하시리이다” (16절). 그는 바로에게 7년 간의 풍년이 있은 후 다시 7년의 흉년이 이어지리라고 해몽하고는, 식량 공급을 감독할 지혜로운 자를 세울 것을 조언한다. 하나님은 바로에게 명령하여 요셉을 지명케 하신다. 그리하여 이제 요셉은 보좌로 올리워진다 (벧전 5 : 6 참조).

요셉이 이방인 신부를 맞아 결혼하는 것은 그리스도가 교회와 결혼하는 것의 모형인데 그의 육적인 형제들 (유대인) 이 그를 거절하는 동안에 이방인들 (교회) 이 그리스도와 결혼한다. “므낫세”는 “잊어버리는 것”을 뜻하며, 이는 하나님의 뜻 가운데 얻은 요셉의 새 지위가 과거의 모든 시련을 잊게 한다는 뜻임을 암시해 준다. “에브라임”은 “이중 (二重) 의 수확”이란 뜻으로 그의 모든 시련이 결국은 수확과 축복을 가져왔다는 뜻이다. 한 알의 밀알처럼 요셉은 “죽었던” 것이며 그리하여 혼자 거하지 않아도 되었다 (요 12 : 23～26). 하나님은 요셉에게 하신 말씀을 지키셨으며 요셉의 예언이 이루어졌다. 여호와의 말씀은 인간의 지혜가 하지 못할 때 효력을 나타낸다 (41 : 8).

그러나 이 모든 일들은 이스라엘을 이 세상에서 보존하여 그리스도의 출생을 준비한다는 보다 더 큰 계획의 일부에 지나지 않는 것이다.

2. 형제들의 마음에 있는 비밀 (42～44장)

그 계획이 이제 작동한다. 야곱은 애굽에 곡식이 있다는 말을 듣고 먹을 것을 구하러 그의 아들들을 보낸다. 그들의 2차에 걸친 애굽 방문을 자세히 생각해 보자.

1 **첫 방문**(42절) – 열 명의 아들이 애굽으로 내려가는데, 요셉은 이들을 알아 보지만 이들은 그를 알아 보지 못했다. 그의 모습이 20년 동안에 변했을 것이며 그가 사용하는 애굽의 언어와 옷은 형제들로 하여금 그가 애굽 사람인줄로 믿게 했을 것이다. 열 사람이 엎드려 절했음을 눈여겨 보자(42:6). 그런데 요셉의 꿈은 열 한 사람이 절한다고 예언했었다(37:9~10). 이 일은 베냐민이 그들과 동석했을 때 이루어 질 것이었다(43:26). 이것으로 요셉은 이 열 사람이 동생과 함께 다시 돌아오게 됨을 알 수 있었다.

요셉이 그의 형제들에게 그처럼 심하게 굴었던 이유는 무엇이었을까? 그리고 그들에게 자신을 나타내는 데 그처럼 오래 기다려야 했던 이유는 무엇이었을까? 그것은 그들이 죄를 회개하였음을 확인하고 싶었기 때문이다. 진지하게 회개하지 않은 사람을 용서하는 것은 그를 더 나쁜 죄인으로 만드는 것이다(눅17:3~4 참조). 그가 형제들을 어떻게 다루었던가? 거칠게 말했고, 정탐군으로 기소했다(7~14절). 3일 동안 감금해 두었다가(17절) 시므온을 볼모로 잡아 그들이 보는 데서 결박했다(18~24절). 요셉의 마지막 행동은 그들의 돈을 되돌려 주는 것이었다(25~28절). 이 냉혹한 대접이 계획했던 결과를 가져 왔다. "우리가 범죄하였도다!"라고 고백하였기 때문이다(21~23절). 이 언급은 그들의 마음이 부드러워지고 있다는 것을 나타내었다. 집으로 돌아와 야곱에게 보고하고 돈이 자루에 그대로 있음을 발견하자 문제는 더욱 복잡해졌다. 어떻게 하면 좋은가? 집에 그대로 있으면 도둑이 되고 애굽으로 돌아가자면 베냐민을 함께 데리고 가는 모험을 무릅써야만 했다. 36절은 오래 전에 그들이 요셉에게 했던 일을 야곱이 알고 있지 않나 하는 인상을 준다.

2 **두번째 방문**(43~44절) – 하나님은 그들을 다시 배고프게 하셨다. 누가복음 15장에 나오는 탕자처럼 이 사람들은 다시 돌아가거나 굶어 죽을 수 밖에는 없었다. 여기서 우리는 그들의 마음의 변화를 보여주는 또다른 면, 즉 유다가 어린 베냐민을 위해 기꺼이 볼모로 가는 것, 돈을 기꺼이 돌려주는 것, 요셉의 청지기에게 진실을 고백하는 것(43:19~22)을 본다. 그러나 요셉에게 선물을 가져가는 것, 요셉 자신에게가 아니라 종에게 죄를 고백하는 것 등의 실수를 저지른다.

우리는 이 전체의 이야기를 살펴봄으로써 하나님께서 잃어버린 죄인을 다루시는 방법을 발견할 수 있다. 하나님은 죄인을 자신들에게로 인도하기 위하여 환경을 조절하신다. 그러나 슬프게도 죄를 깨달은 사람들 중에는 선물로 구원을 얻으려는 사람, 사람에게 죄를 고백하여 구원을 얻으려는 사람, 큰 희생 (유다가 베냐민을 위해 자기 생명을 볼모로 제공했을 때와 같이) 을 치루어 구원을 얻으려는 사람들이 너무도 많다. 요셉이 그들의 죄를 용서할 수 있는 유일한 길은 그들의 진정한 고백과 회개를 받는 길뿐이었다.

요셉은 그들이 죄를 고백하는 자리에 이르도록 하는 데 두 가지 책략을 썼다. 기쁨의 잔치(43 : 26~34 / 26절과 28절에서 열 한 명 모두가 그에게 절하는 것에 유의하자)와, 베냐민의 자루에서 컵을 발견케 한 일이 그것이다. 44장 14절에서 다시 열 한 명 모두는 진실로 죄를 깊이 뉘우치며 그 앞에 엎드린다. "하나님이 종들의 죄악을 적발하셨으니"라고 고백한다(44 : 16). 이 말이 요셉의 귀에 음악과 같았을 것임이 분명하다. 유다가 44장 18~34절에서 한 연설은 그 겸손과 죄에 대한 고백때문만이 아니라 아버지와 어린 동생에 대해 보여 준 사랑 때문에도 칭찬을 받지 않을 수 없다. 그는 생명을 잃더라도 책임을 지기 위해 기꺼이 볼모가 되고자 했다.

우리는 여기서 얼마나 아름다운 **영적인 교훈**을 가지게 되는가! 유다는 요셉이 참으로 죽었다고 생각했다(44 : 20). 따라서 그에게는 살인했다는 죄의식이 있었다. 그는 요셉이 살아 있을 뿐 아니라 그들의 구세주임을 알지 못했다. 잃어버린 죄인이 하나님의 심판대 앞에 서서 자기 죄를 고백하는데, 이 때 이들은 죄를 고백하면 어떤 진노를 받게 될 것이라고 생각한다. 그러나 예수 그리스도는 살아 계시고, 그가 살아계심으로 인해 가장 극한 자라도 구원하실 수가 있으신 것이다! 그리스도는 우리가 죄값으로 볼모가 되거나 다른 사람의 죄때문에 볼모가 되는 것을 원치 않으신다. 왜냐하면 그 자신이 하나님 앞에서 우리의 볼모가 되시기 때문이다(히 7 : 22). 그리스도가 살아계신 한 하나님은 우리를 정죄하실 수 없으시며 그리고 그는 영원히 사실 것이다

그 형제들에게 구원을 가져다 준 것은 죄의 고백이나, 희생이나, 선물이 아니었다. 그것은 요셉의 은혜로운 용서였으며, 그들로 인해 받은 고난으로 값주고 산 용서였다. 이는 예수 그리스도의 모습이 아니겠는가!

3. 하나님의 목적에 속한 비밀(45장)

이제는 요셉이 자신을 나타내며 하나님이 그를 보내신 목적을 나타낼 차례이다. 사도행전 7장 13절은 요셉이 자신의 모습을 나타낸 것이 "두번째"라고 분명히 밝힌다. 이것은 마치 이스라엘이 처음에는 모세를 거부하고 40년이 지난 두번째에 그를 받아들인 것과 같다(행 7 : 35). 이것은 스데반이 했던 설교의 주제이기도 하다. 이스라엘은 처음에는 언제나 구세주를 거절했고 두번째에야 받아들였다. 예수 그리스도에 대해서도 그러할 것이다!

요셉이 자신을 나타내자 그들은 몹시 두려워했다. 왜냐하면 그들이 지은 죄로 인해 요셉에게 심판을 받게 되리라고 굳게 믿었기 때문이었다. 그러나 요셉은 그들이 회개하는 것을 보았고, 그에게 절했으므로 그들을 용서해도 될 것을

알았다. 그는 앞으로 5년 더 기근이 들 것을 설명하고, 그들과 그 가족들을 위해 애굽에 피난처를 준비해 두었음을 알렸다. 하나님은 그들의 생명을 구하기 위하여 요셉을 앞서 보내셨던 것이다.

그리스도인의 삶에 대한 좋은 예화가 여기 나온다! 요셉은 그들을 봉양하여 식물을 공급하고(11절) 보호할 것을 약속하였고, 그들을 보고 울며 입맞추었을 뿐 아니라, 아버지에게 선물을 보내어 애굽의 풍성함을 확인시켰다. "내게로 오라!" 이 말은 그의 초청의 말이었다(45:18). 요셉이 살아있음을 알게 됨으로써 야곱에게 생긴 변화는 어떠하였을까! 그리스도가 살아나셨음을 발견했을 때 보인 제자들의 변화와 크게 다르지 않다. 전에 야곱은 "이는 다 나를 해롭게 함이로다"(42:36)라고 했었는데 이제는 "모든 것이 합력하여 선을 이룬다"고 말할 수 있었다.

용서하는 요셉
- 창세기 46~50장 -

이 장들에서는 야곱의 말년을 다룬다. 그가 마지막으로 몇 가지 행동을 하는 것을 보게 된다.

1. 야곱의 마지막 여행 (46~47장)

믿음으로 야곱은 헤브론을 떠나 애굽으로 향한다 (37 : 14). 하나님은 또다시 자신을 나타내시며 자기의 약속을 새롭게 하심으로 그의 믿음을 존중하신다. 야곱은 아브라함이 애굽에 가서 범죄하게 되었던 것 (12 : 10 이하)과 이삭이 그 곳에 가지 못하도록 금지를 당했던 일 (26 : 2)을 잘 기억하고 있었으므로 하나님의 말씀으로 확인을 받았던 것이다. 패망의 장소가 되었던 애굽이 축복의 장소가 될 것이었다. 왜냐하면 그 민족이 고난에도 불구하고 수가 증가할 것이기 때문이었다.

전가족이 야곱과 함께 애굽으로 여행하게 되었는데, 레아에게서 낳은 33명(8~15절), 실바의 소생 16명(16~18절), 라헬의 소생 14명(19~22절), 빌하의 소생 7명(23~25절)으로서, 야곱의 자부를 제외한 자손 66명이었다. 여기에 야곱, 요셉과 그의 두 아들을 더하면 모두 70명이 된다.(출 1 : 5 참조). 사도행전 7장 14절은 가족이 75명이라고 했는데, 아마도 에브라임과 므낫세의 다섯 자녀를 포함시킨 듯하다. (대상 7 : 14 이하 참조).

유다는 이제 신뢰받는 사람이 되었으며 그를 지도자로서 앞서 보낸다. 그 사이에 요셉은 바로와 함께 그들의 거처와 업종을 준비하고 있다. 애굽이 오늘날의 세상 체제를 상징하는 것이기 때문에 목자들이 그 구원받지 못한 사람들에게 천대를 받는다는 것은 하나도 이상할 것이 없다. 우리 주께서 선한 목자이시니 세상은 그와 관련이 없을 것이다.✓

야곱은 바로를 만나 그의 긴 생애 동안 함께 하신 하나님의 선하심을 증거하고, 그를 축복하였다. 이 세상의 유일한 축복은 하나님의 백성을 통하여 하나님으로부터 온다.

13절 이하는 요셉이 애굽의 일들을 처리하는 방법을 설명하며 헌납의 본보기를 예(例)로 보여 준다. 백성은 돈과 땅과 소유물과 자신의 몸을 바쳤다(롬 12 : 1~2). 우리는 우리를 구원하셨고 매일 우리를 돌보시는 그리스도께 우리의 모든 것을 바쳐야 마땅하다.

2. 야곱의 마지막 축복(48장)

야곱은 그의 생애 147년 중에서 마지막 17년을 요셉과 함께 애굽에서 보냈다. 따라서 그는 가장 사랑하는 아들과 처음 17년, 그리고 그의 생애의 마지막 17년을 함께 살았다. 그가 죽을 것임을 알자, 고령의 족장은 요셉을 침상으로 불러(47 : 31) 그의 두 아들을 축복하도록 했다(히 11 : 21 참조). 두 소년은 적어도 20대 초반은 되었을 것이다(41 : 50 / 47 : 28 참조). 야곱은 이들을 그의 장자 르우벤과 시므온의 지위에 비교하며 이들이 자기 자신의 소유라고 주장했다(48 : 5 / 49 : 5~7에 보면 시므온과 레위는 분리해 놓은 지파로서 사라질 것이므로 에브라임과 므낫세가 그 자리를 대신할 것이었다). 요셉은 므낫세가 장자임을 알리려고 야곱의 오른쪽에 세우고 에브라임을 왼쪽에 세웠으나, 야곱은 팔을 엇갈리게 얹어 에브라임에게 장자의 축복을 주었다. 이 일로 요셉은 기분이 언짢았으나 야곱은 하나님께서 인도하신 대로 했다. 하나님은 에브라임에게 더 큰 축복을 주고자 하셨다. 이것은 둘째를 세우기 위하여 첫째를 제쳐놓는 하나님의 원리의 또하나의 본보기이다(히 10 : 9). 우리는 전에 셋과 가인에게서, 이삭과 이스마엘에게서, 그리고 야곱과 에서에게서 이 원리를 보았었다. 야곱이 손을 엇갈린 것은 십자가를 상징적으로 보여주는 것이다. 십자가를 통하여 하나님은 옛 본성을 못박았으며 본성의 사람들을 제쳐두고 영적인 사람들을 세우려 하셨다.

야곱은 또한 평생에 그를 지켜 보호하신 하나님의 이름으로 요셉을 축복하였다. 그리고 요셉에게는 특별한 몫의 땅을 주었다(22절 / 요 4 : 5). 이것은 그들이 앞으로 받을 전체 유산(遺産)을 상징하는 것이었다.

3. 야곱의 마지막 멧세지(49장)

이 장은 어려운 장이며 모든 것을 상세히 다룰 수는 없다. 아들들에게 보내는 이 마지막 멧세지에서 야곱은 그들의 성격을 드러내며, 그들의 역사를 예언한다.

르우벤은 장자였고 능력과 영광을 물려받는 것이 마땅했으나, 그의 죄로 인해 그의 장자의 축복을 잃었다(창 35 : 22 / 대상 5 : 1~2). **시므온과 레위**는 둘 다 레아의 아들들로 잔인하고 고집이 세었으며 34장에서 세겜 사람들을 살해할 때 잘 나타난다. 시므온 지파는 후에 유다 지파에게 흡수되었다(수 19 : 1). 레위는 제사직을 맡는 족속이 되었고(놀라운 은혜이다), 그로 인하여 자신 소유의 유산은 없다. 민수기 1장 23절(59, 300명)과 민수기 26장 14절(22, 200명)을 비교하면 시므온이 수적으로 쇠퇴했음을 보게 된다.

유다는 백수(百獸)의 왕 사자로 상징되는데 유다지파로부터 율법의 수여자(그리스도)가 오실 것이기 때문이다. 이스라엘의 모든 의로운 왕들도 유다지파

출신이다. 10절은 유다가 통치권을 잃기 전에는 실로(안식 수여자—그리스도)가 오시지 않을 것을 예언한다. 예수께서 오셨을 때는 물론 이 일이 이루어졌다(로마 통치 아래 있었음—역자 주). 11~12절은 유다에게 큰 물질적인 축복이 있을 것을 예언한다. **스불론**은 갈릴리로부터 지중해에 걸쳐 뻗혀 있으며 이것이 배와 연관된다. **잇사갈**은 항거하거나 자유를 가지기보다는 기꺼이 다른 사람들의 짐을 짐으로써 편히 쉬게 해주는 겸손한 종으로 그려지고 있다. **단**은 뱀과 협잡으로 연결되며, 이스라엘에서의 우상 숭배가 단 지파로부터 출발했음은 이상할 것이 없다. **갓**은 "군대"란 뜻으로 전쟁과 관련되고 **아셀**은 부유함, 특히 왕을 즐겁게 하는 종류의 풍요함과 연관된다. **납달리**는 놓인 아름다운 사슴과 비교되며 능력있는 언어 사용법을 알게 하겠다고 약속하시는데 사사기 4~5장에 나오는 바락의 아들과 드보라가 승리하는 것을 보자(4:6에 유의).

요셉에 대한 축복은 가장 길다. 그는 열매가 풍성한 가지였고 그의 형제에게 공격을 당하나 결국은 승리하였다. 야곱은 요셉에게 물질적으로나 영적으로 다양한 축복을 주며 이스라엘의 하나님을 통하여 궁극적으로 승리하게 될 것을 확신시킨다. 요셉은 "그의 형제들 중의 왕자"였다(46 하반절). **베냐민**은 정해 놓은 사냥감을 잡아 밤에 그 먹이를 즐기는 늑대로 비유된다. 사울 왕이 이 족속에서 나왔는데 그는 정복자였고, 영적인 의미로는 바울이라고 이름붙여진 사울이 있다.

이 놀라운 예언의 모든 세부적인 면을 눌러 짜내기는 어렵다. 역사는 야곱의 말이 성취되었음을 보여주었다. 여기에는 개인적인 책임에 대한 교훈이 들어있는 것은 확실하다. 어떤 족속들은 그 창설자의 죄로 말미암아 축복을 잃었다. 요셉은 가장 많이 고난을 받았으나 가장 큰 축복을 받았다.

4. 야곱의 마지막 요청 (50장)

49장 29~33절에서 이 노인은 막벨라 굴에 그의 가족과 함께 장사지내어 줄 것을 요청했다. 거기에는 이미 아브라함과 사라, 이삭, 리브가, 레아가 있었고 야곱의 시신은 일곱번째로 장사될 것이었다. 야곱이 죽자 그의 아들들이 그를 위해 곡하였으며 영광스런 장례를 치루었다. 온 땅이 70일 간 그를 위해 곡한 것은 분명하며 이 기간 중 40일 동안은 그의 시신을 향료로 처리하여 썩지 않게 하는 데 사용되었다. 이것은 성경에서 향료로 처리된 시신과 정성어린 장례식이 나오는 첫 경우이다. 야곱과 그리고 50장 24~26절의 요셉은 왜 가나안에 장사되기를 원했는가? 그 땅은 하나님이 그에게 주신 땅이었고 또 그는 세상(애굽)에 속하지 않았기 때문이다.

또한 우리는 여기서 **영적인 교훈**을 얻을 수 있겠다. 믿는 자의 영혼만이 사후에 천국에 가는 것이 아니라 부활 때에 몸도 이 세상에서 데려 가실 것이다.

요셉의 형제들이 그가 용서했다고 말했을 때 그 말을 믿지 않은 것은 불행한 일이다. 사실상, 요셉은 그들의 불신앙과 두려워함 때문에 울었다. 그들은 오늘날 하나님의 말씀을 받아들이지 못하여 결과적으로 두려움과 의심 속에서 살아가는 연약한 그리스도인들의 모습이다. "두려워 말라"는 말은 요셉이 형제들에게 한 말과 같이 그리스도께서 우리에게 하시는 말씀이다. 그들은 용서를 받기 위해 일하려고 했다("우리는 당신의 종이니이다!"). 그러나 그는 그의 은혜를 통하여 완전한 용서를 주었던 것이다.

창세기는 동산에서 시작하여 관(棺)으로 끝난다. 죄의 결과에 대한 훌륭한 기록이다.

출애굽기

—서론과 개요—

출애굽기 서론

□ **이름** : 출애굽기는 헬라어로는 "탈출"을 의미한다 ("떠남" / 히 11 : 22 참조). 이 책에서는 애굽에서의 이스라엘의 속박과, 그들에게 베푸신 하나님의 놀라운 구원 (또는 "탈출") 을 설명한다. 출애굽기의 핵심 단어는 **구속**이다. 왜냐하면 "구속한다"는 것은 "석방한다"는 뜻이기 때문이다. 이 책 전체가 그리스도를 통한 우리의 구원을 상징하는 묘사들로 가득 차있다. 이 단어가 신약에서는 두 군데에서 사용되었는데, 십자가 상에서의 그리스도의 구속사역을 주제로 한 부분인 누가복음 9장 31절에서, 또한 베드로후서 1장 15절에서의 "떠남"은 "죽음"을 의미하는 것으로 사용되었다. 달리 말하자면, 성경에는 세 종류의 탈출 경험이 나온다. 이스라엘의 애굽에서의 구원, 십자가를 통한 그리스도의 죄인 구원, 죽음으로써 이 세상의 속박에서 벗어나는 신자들의 구원이다.

□ **저자** : 모세가 이 책을 기록했음에는 의심할 여지가 없다. 이 책의 통일성 (개요 참조) 은 한 저자에 의해 기록되었음을 보여주며, 목격한 사실에 대해 기록했다는 것은 당시에 저자가 살아있었다는 것을 의미한다. 그리스도는 이 책이 모세의 기록임을 확인하셨다 (요 7 : 19 / 5 : 46～ 47).

□ **목적** : 창세기는 시작의 책이요, 출애굽기는 구속의 책이다. 이 책은 애굽으로부터의 이스라엘의 구원을 기록하고 있으며, 이스라엘 민족의 기원과, 그 종교 의식에 대한 역사적인 사실들을 제시한다. 물론, 이 언급들은 그리스도와, 그가 십자가에서 값주고 사신 구속을 상징하고 있다. 출애굽기에, 특히 성막에는 그리스도와 신자에 대한 모형과 상징이 많이 나온다. 이 책에는 율법의 수여 과정도 기록되어 있다. 출애굽기에 나오는 사건들과 상징들을 모르고는 신약을 잘 이해할 수 없다.

□ **모형** : 출애굽기에는 몇 가지의 기본적인 모형이 나온다.

[1] **애굽**은 하나님의 백성을 대적하며 그들을 속박 아래 두려고 하는 세상 제도에 대한 모형이다.

[2] **바로**는 사탄의 모형이며 "이 세상의 신 (神)"으로 자기를 예배하고 하나님

을 거부할 것을 요구하며, 하나님의 백성을 노예화하려고 생각한다.

3 **이스라엘**은 세상의 속박에서 구원받아 순례의 여행길에 오른 교회를 상징하며 하나님의 보호를 받고 있다.

4 **모세**는 구속자이신 그리스도의 모형이다.

5 **홍해를 건넌 일**은 이 현실의 악한 세상에서 신자를 구원하는 부활의 상징이다.

6 **만나**는 그리스도가 생명의 떡이심을 상징한다 (요 6장). **바위를 친 것**은 그리스도를 친 것으로, 그의 죽으심을 통해 성령을 받게 된다.

7 **아말렉**은 순례의 여행에서 신자를 공격하는 육신의 상징이다.

8 출애굽기의 핵심적인 모형은 물론 그리스도의 죽음을 묘사하는 **유월절**이다. 우리의 구원을 위해 그리스도의 피가 흘려졌고, 우리가 매일 강건하도록 어린 양을 먹음으로 그의 생명을 소유한다. 자세한 것은 뒤에서 살펴보자.

□ **모세와 그리스도** : 모세는 예수 그리스도의 놀라운 상징이므로 여러 가지 비교와 대조를 볼 수 있다.

직분상으로 그리스도와 비교해 볼 때 모세는 선지자(행 3 : 22), 제사장 (시 99 : 6 / 히 7 : 24), 종(시 105 : 26 / 딤전 2 : 5), 구원자(행 7 : 35 / 살전 1 : 10 : 였다.

성격상으로 보아 그는 온순하고(민 12 : 3 / 마 11 : 29), 충성되고(히 3 : 2), 순종적이며, 말과 행위에 능력이 있었다. (행 7 : 22 / 막 6 : 2).

생애에 있어 그는 아들로 태어나 죽을 위기에 처했었고 (마 2 : 15 이하), 하나님께서 섭리로 보호하셨으며, 애굽에서 통치하는 것보다 유대인들과 고난당할 것을 택했다 (히 11 : 24~ 26). 그는 처음에는 형제들에게 거절당했으나 두 번째는 영접을 받았다. 그가 거절당했을 때에 이방인 신부를 얻었다 (그리스도와 교회). 모세는 애굽을 책망하였고, 그리스도는 세상을 책망하셨다. 모세는 피로써 하나님의 백성을 구원했고, 그리스도는 십자가에서 피흘리셨다 (눅 9 : 31). 그는 백성을 인도했고, 먹였으며, 그들의 짐을 졌다.

물론 **대조적인 면**도 있다. 모새는 이스라엘을 약속된 땅으로 인도하지 못하여 여호수아로 그 일을 수행하게 하였다. "율법은 모세로 말미암아 주신 것이요 은혜와 진리는 예수 그리스도로 말미암아 온 것이라" (요 1 : 7).

출애굽기 개요

● 주제 : 구속 (눅 9 : 31 / 벧후 1 : 15)

1. 구속 - 하나님의 능력/1~17장

1 죄의 노예 / 1~4장
2 바로의 완악함 / 5~11장
3 하나님의 구원 / 12~17장
(1) 유월절 — 죽임당한 양, 그리스도 / 12~13장
(2) 홍해 횡단 — 부활 / 14~15장
(3) 만나 — 생명의 떡, 그리스도 / 16장
(4) 내려 친 바위 — 성령을 주신 그리스도 / 17장 1~7절
(5) 아말렉 — 육(肉) 대 영(灵) / 17장 8~16절

2. 공의 - 하나님의 거룩함 /18~24장

1 준비된 민족 / 18~19장
2 계시된 율법 / 20~23장
(1) 계명 (하나님 편) / 20장
(2) 심판 (인간 편) / 21~23장
3 체결된 언약 / 24장

3. 회복 - 하나님의 은혜/25~40장

1 성막의 설계 / 25~31장
2 성막의 필요성 — 이스라엘의 죄 / 32~34장
3 성막의 건설 / 35~40장

* * * * *

출애굽기에서 **그리스도인의 삶의 양식**을 찾아보기는 쉬운 일이다. 모든 사람이 죄와 세상에 속박되어 있어 스스로의 힘으로는 구원을 받지 못한다. 하나님은 구속주, 그리스도를 보내셔야 했고 그의 피(유월절)를 통하여 우리를 구원하셨다. 우리는 그의 피로 말미암아 저주로부터 구원받았을 뿐만 아니라, 그의 부활을 통하여 애굽(세상)으로부터 구원을 받았다. 이 사실은 홍해를 건너는 것으로 모형지워졌다. 우리는 우리를 인도하시는 영(구름기둥, 불기둥)으로 우리

순례의 여행을 시작한다. 하나님은 천국의 만나(말씀에 나타나신 그리스도)로 우리의 영양을 공급하시는데 우리는 가끔 세상의 "부추, 양파, 마늘, 고기"를 먹으려는 육적인 식욕을 나타낸다. 그는 성령의 생수를 주셔서 우리의 순례를 새롭게 하신다. 그러나 언제나 육신(아말렉)과의 투쟁이 있고 이 투쟁에서는 말씀과 기도로써만 승리할 수 있다. "애굽에서 가나안까지", 이것은 이 땅에서 천국까지 가는 그리스도인의 여행을 상징하는 것은 아니다. 이것은 오히려 세상과 죄의 속박으로부터 벗어나, 그리스도 안에서 소유할 풍성한 유업에 이르기까지의 영적인 여행을 상징한다. 가나안은 에베소서 1장 3절의 "모든 신령한 복"의 모형으로 나타난다. 많은 성도들이 실패의 광야에서 방황하는 것은 얼마나 비극인가!

"노예가 된 이스라엘"

—출애굽기 1~2장—

1. 하나님의 백성에 대한 박해(1장)

[1] **새로운 세대**(1：1~7)—이스라엘이 애굽에서 노예가 될 것은 창세기 15장 13~16절에서 예언되었다. 아브라함이 이삭을 낳았을 때가 100세였으므로 4세대는 400년과 같다고 하겠다. 오늘날에는 한 세대는 그보다 적을 것이다. 하나님은 또한 큰 민족을 이루게 하리라는 약속도 이루셨다(창 46：3). 야곱의 본래 가족이던 70명이 백만이 넘었기 때문이다. 그들에게 임한 박해에도 불구하고 수가 늘어났다(행 7：15~19 참조).

[2] **새로운 왕**(1：8~14)—사도행전 7장 18절은 (문자대로의 헬라어로는) "다른 종류의 또다른 왕"이라고 말한다. 즉 새로운 왕이 다른 나라에서 왔다는 뜻이다. 역사는 이 시대에 "힉소스"의 침략자들이 애굽을 점령했다고 말하고 있으며, 이들은 아마도 앗시리아에서 온(사 52：4) 셈족인 것 같다. 새 왕은 자기 백성에게 (애굽인이 아님) 유대인이 이처럼 많다는 것은 자신의 통치에 위협이 된다고 경고하여 유대인들을 가혹하게 대하기로 결정했다. 요셉은 애굽의 구원자였으므로 왕이 애굽인이라면 그를 모를 리가 없는 것이다. 물론 애굽에서의 이런 노예생활은 죄인이 이 세상에서 영적인 노예생활을 하는 모습이다. 유대인들은 애굽으로 내려가 가장 좋은 땅에서 살았다(창 47：6). 그러나 이런 호화로움은 후에 고난과 시련으로 바뀌었다. 오늘날 잃어버린 죄인과 얼마나 유사한가! 죄는 기쁨과 자유를 약속하나, 가져다 주는 것은 슬픔과 속박이다.

[3] **새로운 작전**(1：15~22)—남자 아이를 모두 죽이라는 왕의 계획은 큰 성공을 거두는 것 같았으나 하나님의 개입이 있었다. 하나님은 산파들을 사용하여서 왕을 혼란시키고 후에는 아기의 울음소리를 사용하여 바로의 딸의 마음을 감동시킨다. 하나님은 이 세상의 연약한 것들을 사용하여 강한 자들을 패망케 하신다. 물론 이 전략은 살인자 사탄에게서 힘입은 것이다. 이것은 유대인을 멸망시켜 메시야가 태어나지 못하도록 하기 위한 사탄의 노력의 일부였다. 후에 사탄은 아기 예수를 죽이려고 할 때 헤롯을 이용하였다. 여인들이 왕의 명령을 거스린 처사는 옳은 것인가? 그렇다. 정당하다. 왜냐하면 "인간에게보다 하나님께 순종하는 것이 마땅하기 때문이다"(행 5：29). 그 땅의 법이 명백히 하나님의 명령에 반대될 때 신자들은 하나님을 첫자리에 둘 권리와 의무를 가진다. 하나님은 산파가 바로에게 한 변명을 인준하시지는 않았지만(그들의 말이 사실일지도 모르지만) 그들의 믿음을 보고 축복하셨다. 명심할 것은 하나님의

백성을 익사시키려 했던 바로 그 통치자가 자기의 군대가 홍해에 익사하는 것을 보았다는 사실이다(출 15 : 4~5). 우리는 심는 대로 거둔다. 비록 그 추수 시기가 늦어진다 할지라도(전 8 : 11)!

이 장에는 하나님의 백성을 노예로 만들려는 사탄의 시도가 나온다. 1절은 유대인들을 "이스라엘의 아들들"이라고 부르는데, 이스라엘은 "하나님과 겨루어 이긴 자"라는 뜻이다(창 32 : 28). 세상의 전투자(사탄)는 하나님과의 투쟁자에게 도전하고 있다. 그러나 하나님의 백성은 이 세상에 속하지 않으며, 사탄의 속박에서 구원받게 된다.

2. 하나님이 선지자를 예비하심(2장)

마치 하나님은 아무 일도 하지 않고 계신 것처럼 보인다. 유대인들은 기도하고 부르짖으며(2 : 24~25) 하나님의 구원이 어디서 올 것인지 궁금해 했다. 창세기 15장의 말씀을 기억했다면 400년이 경과해야 함을 알았을 것이다. 이러는 동안에 하나님은 그의 백성을 준비하고 계셨으나, 또한 사악한 가나안 민족들에게 회개할 시간을 주시며 기다리고 계셨다(창 15 :16). 하나님은 결코 서두르지 않으신다. 지도자를 선택해 놓고, 그의 능력의 일을 위해 준비시키고 계셨다. 하나님이 모세를 준비할 때 사용하신 방법을 눈여겨 보자.

1 **경건한 가정**(2 : 1~10)—사도행전 7장 20~28절과 히브리서 11장 23절을 읽자. 출애굽기 6장 20절에서 이 경건한 부부가 아므람과 요게벳이었음을 알게 된다. 이런 어려운 시기에 결혼을 해야 했던 일은 위대한 신앙과 사랑의 행위였다. 하나님은 이 일로 인해 그들을 상주셨다. 믿음으로 행동했으므로(히 11 : 23), 그들의 아들 모세를 낳는 일에 관해서도 하나님으로부터 직접적인 의사소통이 있어야 했다. 그는 "준수한 아이"(하나님 보시기에 아름다운)였다. 그러므로 그들은 믿음으로 그를 하나님께 바쳤다. 부모들은 태어나는 각 아이들에게서 하나님이 무엇을 보시는지 알 수가 없다. 부모들이 하나님을 경외하며 자녀를 키우는 것은 중요하다. 이 아이를 강에 띄우는 것은 참된 믿음을 필요로 했다. 이 강은 다른 아이들도 내다버리는 곳이었다. 하나님께서 한 어린 아이의 눈물을 사용하셔서 어떻게 공주의 마음을 감동시키는지 눈여겨 보자. 또한 그를 양육하는 데에 그 아이의 친 어머니를 배정하시는 것을 보라(욥 5 : 13 참조).

2 **특수교육**(행 7 : 22) — 왕의 양자로 궁전에서 양육되며 모세는 애굽의 훌륭한 학교에서 훈련을 받았다. 오늘날조차도 사람들은 애굽인들의 학문에 놀라고 있으며 모세는 반에서도 선두에 있었을 것은 의심할 바 없다. 교육이 나쁘다는 것은 아니다. 모세는 자기가 받은 훈련을 사용했을 것임이 분명하다. 그러나 고난과 시련을 통해 임한 하나님의 지혜를 대신할 만하지는 않았다.

[3] **큰 실패** (2 : 11~15 / 히 11 : 24~26) — 모세가 궁을 떠나 이스라엘의 구원자가 되어야겠다는 위대한 결심을 한 것은 40세 때였다. 우리는 그의 사랑과 용기를 칭송하지만 그의 행동에서 나타난 것처럼 그가 여호와를 앞질러 달렸음을 시인하지 않을 수 없다. 12절은 그가 눈으로 보이는 바 대로 행하고 믿음으로 행치 않았음을 말해 준다. "좌우로 살펴"보았고, 동산에서의 베드로처럼 모세는 손의 검과 팔의 힘을 의지하였다. 후에 그는 칼 대신 지팡이로, 자신의 힘이 아닌 하나님께로서 오는 능력으로 바꾸었다 (6 : 1). 베드로처럼 모세는 적을 잘못 알고 싸웠다 (사탄이 아니라 사람). 그는 잘못된 힘 (영이 아니라 육신) 을 사용했다. 그는 잘못된 무기를 사용했고, 때가 아닌 때에 행동했다. 그는 시체를 묻었으나 이것은 살인자를 아무도 보지 못했다는 증거가 되지는 않았다. 다음 날은 두 유대인들이 싸우고 있었고 모세는 그들을 도우려 했다. 이 때 그는 적들과 친구들에게 사람을 죽인 것이 드러나게 되었다. 그가 취할 방책은 그 땅에서 도망하는 것뿐이었다.

모세의 실수를 비판할 수도 있겠으나 그의 용기와 신념을 칭찬하지 않을 수 없다. 반스 해프너 박사가 (히 11 : 24~26의 주석에서) 이렇게 말했다. "모세는 보이지 않는 것을 보았고, 불멸의 것을 택했고, 불가능한 일을 했다." 믿음에는 단호한 거절이 수반되며, 이러한 거절은 보상받게 된다. 불행하게도 모세는 행동을 너무 서둘렀다. 하나님은 그를 더 깊이 훈련하시기 위해 별도로 제쳐놓으셔야 했다. 우리의 전쟁 무기는 육신적인 것이 아니라 영적인 것이다 (고후 10 : 3~6).

[4] **오랜 지연 기간** (2 : 16~25) — 모세의 생애는 똑같은 세 기간으로 나뉘어진다. 애굽의 왕자로 40년, 미디안의 목자로 40년, 사역의 40년이다. 성경의 많은 중요한 장면들이 우물가에서 일어났다는 사실은 주의를 끌 만하다.

양떼에게 물을 먹이려는 여인들을 돕는 친절한 행동으로 인하여 모세는 이드로를 만나게 되었고, 그의 딸 십보라와 결혼하게 되었다. 소녀들이 모세를 "애굽인"으로 보는 것에 유의하자. 이 말은 그가 유대인을 닮은 것보다 애굽인과 더 닮았음을 암시한다. 하나님의 백성이 세상적이어서 (영적인 의미로) 사람들이 그 참된 유전 형질(形質)을 볼 수 없음은 불행한 일이다! 모세는 미디안에서 충성된 종으로 40년을 보냈으며 여기서 하나님은 앞에 놓인 어려운 직무를 위해 그를 준비시키셨다. 그가 자기 민족에게 거절당하는 동안 이방인 신부를 취했는데, 이는 그리스도와 교회의 모습이다. "게르솜"이란 "이방의 객"을 의미하는데, 이는 모세가 자신의 참된 위치는 애굽으로 돌아가 이스라엘 백성과 함께 있어야 함으로 이해하고 있었다는 것을 암시한다.

하나님은 아무 일도 하시지 않는 것처럼 여겨지나 그는 백성의 신음소리를 듣고 행동할 적절한 시간을 기다리셨다. 하나님이 일하실 때는 적임자와 적절한 계획을 사용하셔서 적확한 시기에 역사하신다. 모세는 얼마 안되는 양을 돌보고 있으나 곧 민족 전체를 인도하게 될 것이다. 목자의 지팡이는 능력의 막대기로 바뀌며, 그는 하나님께 사용되어 능력의 민족을 창조하는 일을 도울 것이다. 그가 그 비천한 일에 충성하였으므로 하나님은 그를 사용하여 위대한 일을 수행하셨다.

모세의 소명

—출애굽기 3~4장—

모세에게 새 날이 동터올랐고 모든 것은 변화되지 않을 수 없었다. 그 날 아침, 그가 양들을 데리고 나갈 때에는 하나님을 만나게 되리라고는 전혀 생각하지 않았다. 준비되어 있다는 것은 큰 유익이 된다. 왜냐하면 하나님이 우리를 위해 무슨 계획을 갖고 계신지 우리는 모르기 때문이다.

1. 하나님이 모세에게 나타나심(3：1~6)

불타는 나무는 세 가지의 복합적인 의미가 있다. 불타는 나무는 **하나님**의 모습이다(신 33：16). 왜냐하면 그것이 하나님의 영광과 능력을 계시한 것이기 때문이다. 그런데 그 나무는 타버리지 않았다. 모세에게는 하나님의 영광과 능력을 상기시킬 필요가 있었다. 왜냐하면 그는 불가능한 임무를 맡도록 되어 있었기 때문이다. 둘째로, 그 나무는 괴로움의 용광로를 통과하면서도 타버리지 않는 **이스라엘**을 상징했다. 인간들은 얼마나 자주 유대인을 근절시키려고 시도했던가! 그러나 실패해왔다.

끝으로, 그 나무는 **모세**의 예표(例表)였다. 비천한 목자이지만 하나님의 도우심으로 말미암아 꺼뜨릴 수 없는 불이 될 것이었다. 모세가 하나님 앞에 경배하고 경이로움 중에 하나님께 영광을 돌린 장소로 인도되었음에 주목하라. 이것은 그리스도인의 예배의 참된 시작이기 때문이다. 겸손하게 신을 벗는 법을 아는 사람만이 하나님을 신뢰하며 능력으로 행할 수 있다. 하나님은 이사야를 부르시기 전에도 그의 영광을 나타내셨다(사 6장). 불타는 나무에 대한 기억은 광야에서의 긴 시련의 여정을 통하여 모세를 격려하고 용기를 주었을 것임이 분명하다.

2. 하나님이 모세를 임명하심(3：7~10)

"내가…고통을 정녕히 보고… 부르짖음을 듣고… 그 우고를 알고… 내가 내려왔노라." 이 얼마나 놀라운 은혜의 소식인가! 모세는 자주 그의 사랑하는 백성의 상황에 대해 이상히 여겼으나 이제 그는 하나님이 내내 그들을 지켜보고 계셨음을 알게 된다. 우리는 이 때의 형편을 그리스도가 태어났을 때의 형편과 쉽게 적용시켜 생각할 수 있다. 속박과 시련과 슬픔의 시대였으나 **하나님**이 아들의 인격을 통해 **강림하셔서** 사람들을 죄에서 구원하셨다. 하나님은 그들을 **불러내어** 약속된 땅으로 **데리고 가실** 분명한 계획을 가지고 계셨으며, 그가 시작하신 일을 그가 끝내신다!

모세는 하나님이 이스라엘을 구하려 하심을 듣고 기뻤다. 그런데 이제 그 자신이 구원자라는 소식을 듣는다. "내가 너를 보내겠노라!" 하나님은 이 땅에 그의 일을 성취하시기 위해 언제나 인간이란 도구를 사용하셨다. 준비하는 데 80년이 걸렸으며 이제 행동할 때였다. 불행하게도 모세는 "내가 여기 있사오니 나를 보내소서"라고 응답하지 못했다.

3. 하나님이 모세에게 응답하심(3 : 11~4 : 17)

모세는 그를 보내겠다는 하나님의 계획에 즉각적으로 동의하지 않는다. 그는 실패자가 아니었던가? 가족이 있지 않은가? 나이가 많지 않은가? 아마도 이런 어떤 논란이 그의 마음 속을 스쳐갔을 것이다. 그러나, 그는 그의 생애에 대한 하나님의 뜻에 관해 논쟁적인 최소한 네 가지의 반대 의견을 제시했다.

1 **나는 누구인가**(3 : 11~12) ― 이전 40년 동안 자신이 어떤 사람이었는지를 하나님께 말씀드리는 모세의 겸손에 우리는 탄복한다. 그는 "배워… 말과 행사에 능한"(행 7 : 22) 사람이었다. 그러나 여러 해에 걸친 사막에서의 교제관계와 훈련은 모세를 겸손하게 만들었다. 육으로 행하는 사람은 충동적이며 장애물을 보지못한다. 그러나 성령 안에서 겸손하게 행하는 사람은 앞에 놓인 전투를 알고 있다. 하나님께서 주신 대답은 그에게 확신을 주는 것이었다. "내가 너와 함께 있으리라." 이 약속은 40년 동안 그를 지탱케 했으며, 여호수아에게도 그러했다(수 1 : 5). 우리가 누구인가는 중요하지 않다. 하나님이 우리와 함께 계시는 것이 중요하다. 왜냐하면 그가 없이는 아무것도 할 수 없기 때문이다(요 15 : 5).

2 **누가 나를 보내는가**? (3 : 13~22) ― 이 질문은 회피하기 위한 질문이 아니었다. 유대인들은 하나님께서 그의 사명을 위해 모세를 보냈다는 신적인 권위를 원할 것이었다. 하나님은 그의 이름을 **여호와**("스스로 있는 자, 전에도 있었고, 이제도 있고, 영원히 있을 자")라고 계시했다. 우리 주 예수께서는 요한복음에서 이 이름에 다른 이름들을 첨가하셨는데, 요한복음에는 "나는 …이다"(I AM)는 언급이 일곱 번 나온다(6 : 35 / 8 : 12 / 10 : 9, 11 / 11 : 35 / 14 : 6 / 15 : 1~5). 하나님이 "있는 자"라면 그는 언제나 동일하시며 그의 목적들은 성취될 것이다! 하나님은 바로의 반대에도 불구하고 일을 성취하실 것을 모세에게 약속하신다.

3 **그들이 나를 믿지 않을 것이다.** (4 : 1~9) ― 하나님은 이스라엘 백성이 그를 믿게 될 것이라고 방금 말씀하셨으므로(3 : 18), 이 언급은 불신앙을 드러낸 것에 지나지 않는다. 하나님은 모세에게 두 가지 기적을 주셨다. 지팡이가 뱀으로 변하였고 손이 문둥병에 걸리는 기적이었는데, 이 기적들이 백성들 앞에서 그의 신임장이 될 것이었다. 하나님은 우리가 믿을 때 우리 손에 가지고 있는

것을 취하여 사용하신다. 하나님은 다윗의 물매, 베드로의 배, 바울의 학식을 사용하셨다. 물론 지팡이는 아무것도 아니지만 하나님의 손 안에 있을 때 능력이 되어졌다. 모세는 손으로 사람을 죽였다. 그러나 하나님은 이 기적을 통하여 육신의 사악함을 고치셔서 그의 영광을 위해 모세를 사용하실 수 있으심을 보여 주셨다. 모세의 손 자체는 별 것이 아니었으나 하나님의 손을 통하여 놀라운 일들을 이루게 되는 것이다. 그리고나서 하나님은 물을 피로 변하게 하는 세 번째 표적을 더하셨다. 이 표적들은 하나님의 백성을 확신시켰다(4 : 29~31). 그러나 믿음없는 애굽인들도 이를 흉내내었다(7 : 10~25).

4 나는 재능이 없다. (4 : 10~17) — 하나님은 "나는 …이다" (I AM) 고 말씀하셨고 모세가 할 수 있었던 말은 "나는 …이 아니다"는 것이 전부였다. 그는 하나님과 그의 능력을 바라보지 않고 자신과 자신의 실패를 바라보고 있었다. 이번에는 자기가 언변이 없다고 주장했다 (바울에게는 이것이 문제가 되지 않았다 / 고전 2 : 1 참조). 그러나 사람의 입을 만드신 바로 그 하나님께 자신을 바칠 때에 그의 입을 사용하실 수 있으신 것이다. 하나님은 달변이나 수사(修辭)의 기술을 필요로 하신 것이 아니라 하나님의 멧세지로 채울 수 있는 깨끗한 그릇이 필요하실 뿐이다. "다른 보낼만한 자를 보내시고 나는 보내지 마소서"라고 모세는 13절에서 외친다. 이런 불신의 태도가 하나님을 노하게 한다.
하나님은 모세에게 협력자로서 아론을 보내시지만, 아론은 도움보다는 오히려 방해가 되었던 것이 드러났다. 그는 그 민족이 우상을 숭배하도록 했고(32 : 15~28), 모세에 대항하여 불평했다(민 12장). 모세가 살아계신 하나님 대신 육에 속한 연약한 인간을 의지하려는 것은 얼마나 비극인가! 14절은 하나님이 자기 백성을 움직이실 때 "줄의 양 끝에서" 일하신다는 것을 가르쳐 준다. 그는 다른 것을 세우기 위해 다른 하나를 내려뜨리지 않으신다.

3. 하나님이 모세에게 확신을 주심(4 : 18~31)

모세는 하나님의 말씀과 기적의 표적과 그의 형 아론이라는 조력자(?)를 가지고 있었으나 이 구절들을 보면 아직 믿음으로 행할 준비가 되어있지 않은 것이 분명하다. 그는 장인에게 애굽으로 여행하는 일에 대해 사실대로 말하지 않았다. 하나님께서는 그들의 형제가 아직 살아있음을 말씀하셨기 때문이다. 모세는 떠나기 전에 신실한 태도로 이 땅의 임무를 돌보려 했으나, 이드로에게 좋은 간증이 되지 못했다고 판단된다. 그가 새로운 봉사의 생활로 한 걸음 내딛자 하나님이 그에게 주신 확신들을 유의해서 보자.

1 그의 말씀 (19~23절) — 모세를 죽이고자 했던 사람들은 죽었다. 하나님은 모세가 그를 신뢰하고 두려워하지 않기를 원했다. 하나님은 자기 백성에 대해 얼마나 오래 참으시는가! 하나님의 약속은 얼마나 큰 도움이 되어 주는가!

2 그의 징계 (24～26절) — 유대인에게 할례는 중요한 것이었으나 모세는 자기 아들에게 그 언약을 시행하는 일을 무시했었다 (창 17장). 하나님은 모세로 하여금 자기의 직무를 생각나게 하도록 징계를 내리셔야 했다 (아마도 병들었던 것 같다). 모세가 영적인 일들에 있어서 자기 집안조차 제대로 이끌지 못한다면 어떻게 이스라엘을 인도할 수가 있겠는가 ? 모세는 아내와 아들을 미디안에 남겨놓고 (18 : 2) 아론과 함께 간 것이 분명하다.

3 그의 인도하심 (27～28절) — 하나님은 아론이 오고 있다고 약속했었고 (14절), 이제 그 약속을 성취하셨다. 비록 모세와 아론이 둘 다 연약함을 지니고 있었고, 하나님을 실망시켰으며, 서로간에도 한 번 이상 실망시켰던 반면, 모세가 형을 옆에 둔 것은 큰 도움이 되었다. 그들은 모세가 불타는 나무를 보았던 "하나님의 산"에서 만났다 (3 : 1). 모세는 하나님이 그에게 계시하셨던 위대한 진리들을 형에게 말했다.

4 백성의 영접 (29～31절) — 이것도 역시 하나님의 말씀이 성취된 것이다 (3 : 18). 그러나 유감스럽게도 모세를 영접하며 머리숙여 절하던 이 유대인들은 그들의 노역이 더 심해지자 그를 미워하고 비판했다 (5 : 19～23). 사람들의 반응에 당신의 희망을 걸지 않는 것이 현명하다. 왜냐하면 사람들은 언제나 당신을 실망시킬 것이기 때문이다.

선행된 아홉 재앙

—출애굽기 5～10장—

1. 명령

이 장들에서 하나님은 바로에게 "내 백성을 보내라!"고 일곱 번 말씀하신다(5：1/7：16/8：1, 20/9：1, 13/10：3). 이 명령은 이스라엘이 노예 생활을 하고 있으며, 하나님은 그들을 해방시켜 그를 섬기게 하려 하심을 나타낸다. 이것은 세상과 육신의 노예가 되어 바로에 의해 보여지는 바 사탄의 지배 아래 있는 모든 잃어버린 죄인들의 상황이다.

바로가 하나님의 명령에 어떻게 반응하는지 눈여겨 보자. "여호와가 누구관대 내가 그의 말에 순종해야 하는가?"(5：2). 세상은 하나님의 말씀을 존중하지 않으며 그들에게는 "헛소리"로 들린다(5：9). 모세와 아론은 하나님의 명령을 바로에게 제시했으며 그 결과로 이스라엘의 노역이 무거워졌다. 죄인은 하나님의 말씀에 굴복하든지, 아니면 말씀에 항거하여 마음을 굳게 한다(3：18～22/4：21～23). 어떤 의미에서는 하나님의 자기 주장을 제시하여 바로의 마음을 강퍅케 한 것이지만, 바로 자신이 하나님이 주장에 대항함으로 자신의 마음을 강퍅케 한 것이 된다. 얼음을 녹이는 그 태양이 진흙도 굳게 한다.

불행하게도 이스라엘 백성은 바로를 보고 도움을 청했으나, 그들은 구하시겠다고 약속하신 여호와께는 청하지 않았다(5：15～19). 유대인들이 모세의 의견을 따를 수가 없었고(5：16～23), 그를 격려하는 대신 오히려 그를 힐난했던 것은 이상할 것이 없다. 하나님과 교제하지 않고 지내는 신자들은 도움이 되기는커녕 지도자들에게 근심을 끼친다. 모세는 물론 실망했으나 그의 문제를 여호와께 가지고 갔다. 6장에서 하나님은 그의 이름(1～3절)과 그의 언약(4절)과 그의 개인적인 관심(5절), 그리고 그의 신실하신 약속들(6～8절)을 모세에게 상기시켜 주심으로 그를 격려하셨다. 하나님의 "나는… 이다" "내가… 하겠다"는 말씀은 적을 정복하기에 충분하다. 바로가 이스라엘을 압제하도록 하나님이 허락하신 것은 그의 능력과 영광이 세상에 알려지도록 하기 위한 것이었다(6：7/7：5, 17/8：10, 22).

무대가 설치되었다. 바로는 하나님의 명령을 거절하였고, 이제 하나님은 애굽에 심판을 내리실 것이다. 하나님은 유대인을 박해하는 나라들을 심판하심으로 창세기 12장 3절에서 하신 약속을 성취하시려는 것이다. 하나님은 그의 능력(9：16), 그의 진노(시 78：43～51), 그의 광대하심을 나타내며, 애굽의 신들이 거짓 신인 것과 여호와만이 참 하나님이심을 보여주실 것이었다(12 : 12 /민 33 : 4).

2. 대결

애굽에 내린 열 재앙은 몇 가지 일을 성취하였다.

[1] 재앙은 하나님의 능력과 돌보심을 이스라엘에게 확신시키는 **표적**이었다(7 : 3).
[2] 이스라엘을 박해하는 애굽 민족을 징벌하며 그들의 신이 거짓됨을 나타내는 **심판의 재앙**이었다(9 : 14).
[3] 요한계시록에 계시된 바와 같은 장차 임할 심판을 **예표**하는 재앙이었다.

재앙의 차례를 유의해서 보자. 이 재앙들은 세 가지씩 세 그룹으로 분류되어지며, 열번째 재앙(장자의 죽음)으로 마무리 된다.

[1] **물이 피로 변함** / 7장 14~23절(경고됨 - 7 : 16 "내 백성을 가게 하라")
[2] **개구리** / 8장 1~15절 (경고됨 - 8 : 1)
[3] **이** / 8장 16~19절(경고되지 않았고 술객들이 흉내내지 못함 - 8 : 18~19)
[4] **파리떼** / 8장 20~24절(경고 - 8 : 20)
[5] **가축의 전염병** / 9장 1~7절(경고 - 9 : 1)
[6] **백성에게 종기가 남** / 9장 8~12절(경고없이 임했으며 술객들도 괴로움을 당함 - 9 : 11~12)
[7] **우박과 불** / 9장 13~35절(경고됨 - 9 : 13)
[8] **메뚜기** / 10장 1~6절(경고됨 - 10 : 3)
[9] **극심한 흑암** / 10장 21~23절(경고가 없었고 바로가 모세를 다시보지 않겠다고 함 - 10 : 27~29)
[10] **장자의 죽음** / 11~12장(마지막 심판)

처음의 세 가지 재앙은 유대인들도 함께 받았으나 그 다음의 일곱 재앙에서는 유대인과 애굽인이 구별되었다는 점에 주목하자(8 : 20~24). 출애굽기는 성경의 두번째 책이고 둘은 분할의 숫자이다.

재앙들은 사실상 **애굽의 신들과 여호와 사이의 대결**이었다(12 : 12 참조). 나일강은 그들에게는 생명(생활)의 근원이었으므로, 신으로서 숭배되었다(신 11 : 10~12). 모세가 이것을 **피**로 변하게 했을 때, 이것은 곧 죽음을 의미했다. 여신 헥트(Hegt)는 **개구리**의 모습을 하고 있었으며, 애굽인에게 있어서 개구리는 부활의 상징이었다. 개구리 재앙은 그 백성들로 하여금 여신에게서 등을 돌리게 했음이 분명하다. **이**와 **파리떼**는 백성들에게 불결을 가져왔는데, 이는 굉장한 타격을 주었다. 왜냐하면 애굽인들은 점 하나 없을 만큼 깨끗하지 않으면 신들에게 예배할 수 없었기 때문이다. **전염병**은 애굽인들이 신성시하는 가축들을 공격한 것이었다. 하토르(Hathor)는 "암소-여신"이었고 아피스(Apis)는 신성한 황소였다. 건강과 안전을 주관하는 신들과 여신들은 **독종**과 **우박**, 그리고 **메뚜기떼**로 말미암아 공격을 받았다. **흑암**의 재앙은 애굽인들에게 있어서 가장 심각한 것이었다. 왜냐하면 애굽은 태양신 라(Ra)를 주신으로 섬겼기 때문이다. 태양이 3일 동안 가리워졌을 때 이것은 여호와가 라(Ra)를 정복했다는 의미였다. 마지막 재앙(**장자의 죽음**)은 출산의 여신 메스케미트(Meskhemit)와 그녀의 동료 하토르(Hathor)를 정복했는데 이들은 장자를 지키도록 되어 있었다. 이 모든 재앙들은 여호와가 참 하나님이심을 명백하게 드러냈다.

물론 이와 같은 재앙들을 요한계시록에서도 찾아볼 수 있다. 하나님은 이 세상의 신, 곧 사탄과의 최후 대결을 물이 변하여 피가 되는 것(계 8:8/16:4~5), 개구리(16:13), 육체의 질병과 고난(16:2), 우박(8:7), 메뚜기(9:1이하), 흑암(16:10) 등의 재앙으로 묘사하셨다.

애굽의 술객들도 지팡이를 뱀으로(7:8~13), 물을 피로 변하게 하고(7:22~25), 개구리를 모으게 하는 것들은 모세를 흉내낼 수 있었다. 그러나 티끌로 이를 만들지는 못하였다(8:18~19). 디모데후서 3장 8절은 마지막 때에 사람들이 하나님의 기적을 흉내내어 그들에게 대적할 것이라고 경고한다(살후 2:9~10 참조).

3. 타협

바로는 사탄의 모형이다. 그는 애굽의 신이었다. 그는 최고의 능력(하나님이 제한한 곳을 제외하고)을 소유하고 있었고, 거짓말장이요 살인자였으며, 사람들을 노예로 삼았고, 하나님의 말씀과 하나님의 백성을 미워했다. 바로는 유대인들을 해방시키고 싶지 않았으므로, 네 개의 교묘한 타협안을 내놓았다.

1 **그 땅에서 하나님을 예배하라**(8:25~27) — 하나님은 세상에서의 완전한 분리를 요구하신다. 세상과 벗됨은 하나님과 원수가 되는 것이다(약 4:4). 애굽인들은 소를 숭배했으므로 유대인들이 소를 잡아 여호와께 제사드리는 것을 보고 적대감을 가질 것이었다. 신자는 "나와서 분리되어야 한다"(고후 6:17).

2 **멀리가지 말라**(8:28) — "광신자가 되지 말라!"고 세상은 말한다. "종교를 가지는 것은 좋지만 너무 진지하게는 되지 말라!" 여기서 "경계선 신자", 즉 세상과도 가깝고 동시에 주님과도 가까운 곳에 머물고자 하는 유혹을 받게 된다.

3 남자만 가라(10 : 7~11) —이것은 여자와 자녀들은 세상에 남겨두라는 뜻이다. 믿음은 전체 가족을 포함하는 것이며 남자에게만 관계된 것은 아니다. 그런데 가정의 머리들은 아내들과 자녀들을 세상에서 떠나 분리된 생활을 하는 축복으로 인도하지 못하는 때가 너무나 많다.

4 재산을 애굽에 남겨 두라(10 : 24~26) —사탄은 우리의 물질적인 부를 붙잡아 두어 주님을 위해 사용하지 못하도록 하기를 몹시 좋아한다. 우리가 가진 모든 것은 그리스도께 속한 것이며, "네 보물이 있는 그 곳에는 네 마음도 있다"(마 6 : 21). 양떼와 소떼를 사탄이 사용하게 하여 하나님의 것을 도적질하는 성도들이 너무나 많다(말 3 : 8~10).

모세는 이 타협안들을 거절하였다. 왜냐하면 사탄과 세상에 타협하면서 동시에 하나님을 기쁘시게 할 수는 없기 때문이다. 우리는 세상과 평화롭게 지냄으로 승리를 얻었다고 생각할지 모르지만 그렇지 않다. 하나님은 전폭적인 순종과 완전한 분리를 요구하신다. 이 일은 양의 피를 흘리고 홍해를 건넘으로 성취되며, 이것은 그리스도의 십자가에서의 죽으심과 우리가 그와 함께 부활하는 것을 상징한다. 그럼으로써 우리는 "이 악한 세상에서 구원을 받는" 것이다(갈 1 : 4).

유 월 절

—출애굽기 11～13장—

이 부분의 문제를 푸는 열쇠는 어린 양이다. 유월절은 이스라엘 국가의 성립과 노예생활로부터의 구원을 나타내었다. 물론, 이 모든 것은 그리스도와 십자가상에서 이루신 그의 사역을 상징한다(요 1：29/고전 5：7～8/벧전 1：18～20).

1. 어린 양이 요구됨(11장)

"한 가지 재앙을 더!" 하나님의 인내가 극에 달하여 그의 마지막 심판인 장자의 죽음을 내릴 차례였다. 어린 양의 피로 보호를 받지 못하면 모두에게 죽음이 임할 것이었다(11：5～6/12：12～13) "모든 사람이 죄를 범하였고… 죄의 삯은 사망이다!" 하나님은 "장자"가 죽을 것이라고 구분지으셨는데, 이는 하나님이 우리의 한 번 태어남을 거절하시는 것을 말하고 있다. "두 번 태어나지" 않은 사람은 모두 "처음 태어난" 사람들, 곧 장자이다. "육으로 난 것은 육이니 너희는 거듭나야 한다." 인간들은 죽음의 형벌에서 자신을 구할 수 없으며 하나님의 어린 양 그리스도를 필요로 한다.

오랫동안 유대인들은 대가없이 애굽인들을 위하여 노예생활을 했으므로 이제 하나님은 그들이 정당한 삯을 요구하도록 허락하신다. 이것은 빌리는 것이 아니며, 하나님의 약속에 따른 것이었다(창 15：14/출 3：21/12：35 참조).

인간의 눈으로 볼 때 애굽의 장자와 이스라엘의 장자는 다를 바 없다. 다른 점은 양의 피를 바른 데에 있었다(7절). 모든 사람들이 죄인이지만 그리스도를 신뢰하는 사람들이 "피 아래 있어" 구원을 받는 사람들이다. 이것은 세상에서 가장 중요한 차이점이다!

2. 어린 양이 선택됨(12：1～5)

유대인들은 두 가지 달력을 사용하는데, 신앙력과 시민력이다. 유월절은 신앙력이 시작되는 첫 달에 지켜진다. 어린 양의 죽음은 새로운 시작을 이룬다. 이는 마치 그리스도의 죽음이 믿는 죄인들에게 새로운 시작이 되는 것과도 같다.

[1] **양은 베임을 받기 전에 선택된다**—열흘째에 선택되어 14일과 15일 사이의 저녁에 죽인다. 어린 양은 죽임을 당하려고 따로 분리된다. 이처럼 그리스도는 창세 전부터 미리 운명지어진 어린 양이었다(벧전 1：20).

2 흠이 없다— 이 양은 상처가 없는 수양이었고 이는 흠과 점이 없으신 완전한 하나님의 어린 양을 상징한다(벧전 1:19).

3 검사를 받는다— 10일부터 14일까지 사람들은 양들을 지켜보고 만족한 것인지를 확인한다. 이처럼 그리스도는 그의 지상 사역 기간 중에, 특히 십자가를 지시기 전 마지막 일주일 동안, 검사를 받으시고 지켜봄을 당하셨다.

다음의 발전 과정을 유의하자. "어린 양"(3절)이 "그 어린양"(4절)으로, 또 "네 어린 양"(5절)으로 변천된다. 이것은 "한 구주(a Saviour)" (눅 2:11), "그 구주(the Saviour)" (요 4:42), "내 구주(my Saviour)" (눅 1:47)와 비슷하다. 그리스도를 "한 구주" (많은 구주 중의 하나)나 "그 구주" (다른 사람에게 구주)라고 불러서는 충분하지 않다. 나는 "그는 나의 구주이시다!" 라고 말할 수 있을 뿐이다.

3. 죽임을 당하는 어린 양(12:6～7)

살아있는 양은 사랑스러운 것이지만 그것으로 구원을 받지는 못했다. 우리는 그리스도의 본이나 그의 생활을 통하여 구원받는 것이 아니다. 그의 죽으심으로 구원을 받는다. 히브리서 9장 22절과 레위기 17장 11절을 읽고 그리스도가 흘리신 피의 중요성을 알아보자. 물론, 양을 죽이는 것은 지혜로운 애굽인들이 보기에 어리석은 일처럼 보였을 것이다. 그러나 그것은 하나님의 유일한 구원의 길이었다(고전 1:18～23).

어린 양의 피는 집의 문에 발라야 되었다(12:21～28). 12장 22절에 나오는 그릇이란 단어가 사실상 문지방일 가능성이 있다. 그래서 문지방의 움푹 들어간 곳에서 어린 양의 피를 묻혔을 것이다. 그리고나서 문 양옆의 기둥과 문위의 인방에 그 피를 뿌렸다. 집에서 밖으로 나가는 사람은 피를 넘어가는 것이며 저주를 받았다(12:22/히 10:29). 물론, 그리스도가 죽임을 당한 날은 그 달의 14일째였고 바로 유월절 어린 양이 드려지는 날이었다. 하나님이 이스라엘에게 그것을 죽이라고 했지 그것들을 죽이라고 말하지 않았음에 주목하자. 하나님께는 한 어린 양(One Lamb)이신 예수 그리스도만이 있기 때문이다. 창세기 22장 7절에서 이삭은 "어린 양은 어디 있읍니까?"라고 물었다. 세례(침례) 요한은 요한복음 1장 29절에서 "보라 하나님의 어린 양이로다!" 라고 대답했다. 하늘의 모든 이들이 "죽임을 당하신 어린 양이 능력과 부와 지혜와 힘과 존귀와 영광과 찬송을 받으시기에 합당하도다!"고 말한다(계 5:12).

4. 양을 먹음(12:8～20)

우리는 유월절, 곧 무교절의 중요 부분을 무시하는 때가 더러 있다. 누룩(효모

: yeast)은 성경에서 죄를 상징한다. 누룩은 잠잠하게 일하면서 부패시키고 부풀게 한다. 그리고 그것은 불로써만 처리된다. 유대인들은 유월절 절기 동안 누룩을 모두 집 밖에 두어야 했고 7일 동안 누룩있는 떡을 먹지 못하도록 되었다. 바울은 고린도전서 5장에서 그리스도인들에게 이것을 적용시킨다. 이 장을 주의 깊게 읽자.

어린 양의 피는 그들을 죽음에서 건져내기에 충분했다. 그러나 순례 여행에 대비하여 힘을 얻도록 그 양을 먹어야 했다. 구원은 다만 시작일 뿐이다! **그리스도를 따라 살기 위한 힘을 얻으려 한다면 그리스도로 배를 채워야 한다.** 그리스도인들은 순례하는 사람들로서(11절) 주의 명령에 따라 이동할 준비가 되어 있다. 양은 불로 구워야 했는데 이는 십자가에서 당하신 그리스도의 고난을 말해 준다. 양을 날것으로나 물에 삶아 먹는 것은 금지되었다. 이것은 복음서에 나타나 있는 그리스도, 곧 그의 십자가에서의 죽으심이 아니라 그의 지상 생활과 모범으로 배불리는 노력을 말해주고 있다. 나중에 먹으려고 남겨두어서는안 되었다. "남은 것"은 신자를 만족시킬 수 없다. 왜냐하면 우리는 그리스도 전체를 필요로 하기 때문이다. 우리는 십자가 위에서의 완성된 일을 필요로 한다. 더구나 남은 것은 부패하게 되며 그 형태를 파괴할 것이다. 그리스도는 썩지 않았다(시 16:10). 유감스러운 것은, 너무도 많은 사람들이 어린 양을 죽음에서 건져준 구원으로 받아드리면서도, 그 양을 매일의 양식으로 삼지 않는 것이다.

43~51절은 이 절기에 관한 보다 깊은 교훈을 준다. 낯선 사람이나 고용된 종이거나 할례를 행치 않은 사람은 참예할 수 없었다. 이런 규례는 구원이 하나님의 가족으로 출생하는 것으로서, 거기에는 여행자가 없으며, 오직 은혜로 말미암으며 일해서 벌 수 있는 것이 아니고, 십자가를 통해서 얻은 것임을 상기시켜 준다. 할례는 골로새서 2장 11~12절에 기록된 바 그리스도 안에서의 참된 영적인 할례를 지적하기 때문이다. 이 절기 중에는 집 밖에서 먹지 않도록 했는데(46절), 이 절기를 피흘린 양과 분리할 수는 없기 때문이다. 그리스도의 흘리신 피와는 별도로 "그리스도를 먹겠다"는 현대주의자들은 스스로 어리석음을 범하는 것이다.

5. 어린 양을 신뢰함(12:21~42)

그 날 밤에 구원을 받는 데는 믿음이 있어야 했다. 애굽인들은 이 모든 일들을 어리석은 짓이라고 생각했다. 그러나 하나님의 말씀이 있었으며, 모세와 그의 백성은 이것으로 충분했다. 반드시 명심할 것은 그 백성이 **피로 구원을 받았고 말씀으로 확인을 받았다**는 것이다(12절). 피 아래 있어 안전하였음에도 불구하고 "안전을 느끼지 못한" 유대인들이 많았음은 의심할 바 없다. 하나님의 말씀을 의심하고 구원을 잃을까봐 근심하는 성도들이 있음은 오늘날도 마찬가지이다. 하나님은 그가 하겠다고 말씀하신 대로 정확히 행하셨다. 애굽인들은 유대인들을 충동하여 그 땅을 떠나게 했으며 하나님께서 말씀하신 그대로였다(11 : 1~3). 하나님은 하루도 늦지 않으셨다. 그는 그의 말씀을 지키셨다!

6. 어린 양이 영광을 받음(13장)

어린 양이 장자를 위해 죽었고 이제 장자는 하나님께 속한다. 유대인들은 우리가 값으로 산 하나님의 백성인 것과 마찬가지로 "값주고 산 바 된 백성"이었다(고전 6 : 18 ~ 20). 이 민족은 그들의 장자, 곧 최선의 것을 여호와께 바쳐서 어린 양을 영원히 영광스럽게 할 것이다. 그를 섬기기 위해 손과 눈과 입을 그에게 바칠 것이다(9절).

하나님은 그의 백성을 가장 가까운 길이 아니라 그들에게 가장 좋은 길로 인도하셨으며 오늘날도 그렇게 하신다(17~18절). 낮에는 구름기둥, 밤에는 불기둥으로 인도하셨으며 하나님의 뜻에 따르기를 원하는 사람에게는 언제나 분명하게 그의 뜻을 밝히신다. 그는 우리를 구원하시고, 먹이시고, 인도하시고, 보호하시는데 우리가 그를 위해 하는 일은 너무 적다!

요셉의 뼈에 대해서는 창세기 50장 24~26절과 여호수아 24장 33절, 히브리서 11장 22절을 읽도록 한다.

홍해 횡단

—출애굽기 14～15장—

유월절은 어린 양의 피를 통한 그리스도인의 구원을 예증하는 것인데, 그리스도인의 삶에는 구원을 받는 것보다 더한 것이 있다. 애굽에서 가나안까지 가는 여행 중에 겪게 되는 이스라엘의 경험들은 그리스도인 생활의 투쟁과 축복을 상징하고 있다. 하나님은 이스라엘이 가나안에 있기를 원했으며 가나안은 승리하는 그리스도인의 생활을 상징한다. 곧, 그리스도 안에 있는 우리의 유업을 주장하는 생활이다(엡 1:3). 슬프게도 많은 그리스도인들이 옛 유대인들처럼 애굽으로부터 구원을 받았으나 광야의 불신앙 가운데 길을 잃고 방황한다. 그렇다. 그들이 피로 구원을 받았으나 믿음으로 그들의 부유한 영적인 유업을 주장하지는 못한다. 우리는 이 장들에서 네 가지 다른 경험들을 살펴본다.

1. 두려움 중에 부르짖는 이스라엘(14：1～12)

하나님은 홍해 근처에 야영하도록 이스라엘에게 특별히 장소를 지시하셨다. 그는 또 모세에게 애굽인들이 추적해 올 것을 말씀하셨다. 하나님께서 그리스도인의 생활이 어떤 것임을 그의 말씀에 설명해 놓으심으로,우리가 무엇을 바라야 하는지 알게 된 것은 참으로 놀라운 축복이다. 사탄은 사람들이 자기의 지배에서 벗어날 때 이를 기뻐하지 않으며, 그리스도인들을 추적하여 다시 노예로 삼으려 한다. 새 그리스도인들에게는 그들의 적이 오고 있음을 경고해 주어야 한다!

유감스럽게도 유대인들은 믿음으로 행하지 않고 보는 것으로 행하였다. 그들은 애굽 군대가 오는 것을 보자 낙담하여 자포자기하였으며, 두려움으로 부르짖었다. 두려움과 믿음이 한 마음 속에 거할 수는 없다. 우리가 하나님을 신뢰한다면 두려워할 것은 없다. 흔히 있는 경우지만 그들은 기도하고 피차에 격려하려고 하는 대신 그들의 영적인 지도자를 비판했다. 그들은 사실상 하나님께 불평하고 있었는데, 모세는 하나님이 지시하시는 곳으로 그들을 인도했을 뿐이었기 때문이다. 그들은 믿음으로 하나님을 바라보는 대신 애굽을 돌아다 보고 "바로의 노예로 있는 편이 더 나았다"고 말한다. 그들은 기억하지 못하는 것이다! 하나님은 애굽을 심판하여 치시고 큰 능력으로 그들을 구원하셨으나, 그가 그들을 내내 보고 계심을 믿지는 않았다. 의심할 바 없이 같이 간 혼합된 군중은(12:38) 이 불평의 합창을 지휘했을 것인데 저들은 후에도 이렇게 했다(민 11:4). 이 "혼합된 군중"은 하나님의 자녀들 중에서 개심치 않은 세상적인 사람들을 나타낸다.

2. 믿음으로 행하는 이스라엘(14 : 13~31)

모세는 승리의 길이 여호와께 대한 신뢰에 있다는 것을 알았다(히 11 : 29). 그의 세 가지 명령에 유의하자. "두려워 말라," 하나님이 우리 편에 계시기 때문이다. "가만히 서서," 우리 자신의 힘으로는 이 싸움에서 이길 수 없기 때문이다. "여호와의 구원하심을 보라," 그가 우리를 대신하여 싸울 것이기 때문이다. "전진하기" 앞서 조용히 서있는 것은 중요한 일이다(15절). 우리가 믿음으로 서있지 않으면 믿음으로 걸어갈 수도 없기 때문이다. 모세는 그의 지팡이를 들었고, 하나님은 일을 시작하셨다.

하나님은 이스라엘과 애굽의 군대 사이에 임하셔서 그들을 보호하셨다(19~20). 주께서 일하시는 것은 세상에는 어두움이요 하나님의 백성에게는 빛이다. 하나님은 그날 밤에 군대가 접근치 못하도록 거리를 유지시켰다. 다음으로는 강한 바람을 보내어 길을 여셨다. 바람이 부는 소리를 듣고 유대인들이 두려워했을 것은 의심할 바 없다. 그러나 그들을 놀라게 했던 바로 그 바람이 그들을 구원하는 도구였다. 모든 백성이 마른 땅을 밟으며 홍해를 걸어서 건넜다! 이스라엘에게는 구원이었던 바로 그 바다가 애굽에게는 정죄(定罪)가 되었으니, 하나님께서 물로 애굽인들을 익사케 하여 이스라엘을 애굽에서 영원히 분리시키셨다. 바로는 그가 뿌린 씨를 거두었다. 그는 유대인의 남자 아이들을 익사시켰었는데 이제 그 자신의 군대가 익사를 당했다.

우리는 이 사건의**영적 의미**를 파악해야 한다(고전 10 : 1~2)). 홍해의 횡단은 부활을 통하여 신자가 그리스도와 연합하는 것이 모형이다. 이스라엘은 물을 통과함으로써 "모세에게, 또는 모세와 함께 세례(침례)를 받았다." 또한 그리스도와 하나가 됨으로써 세상(애굽)으로부터 분리되었다. 애굽인들은 바다를 통과할 수 없었는데, 이는 피로써 보호받지 못했기 때문이다.

유월절과 홍해 횡단을 대조하면 이것을 가장 잘 설명할 수 있을 것이다.

유 월 절	홍 해 횡 단
1 어린 양의 죽음—갈보리	1 그리스도의 부활
2 죄의 형벌에서 구원됨	2 죄의 권세에서 구원됨
3 그리스도가 대신 죽으심—대속	3 그리스도와 함께 죽음—하나됨
4 로마서 3~5장	4 로마서 6~8장
5 구원—죽음을 두려워 할 필요없음	5 성화—적을 극복함

여호수아 3~4장에 나타난 이스라엘의 요단강 횡단은 믿음으로 그 땅을 자신의 것이라고 주장하여 영적인 유업으로 들어가는 신자를 모형으로 나타낸 것이다. 각 경우를 볼 때 그리스도인이 승리를 주장하게 되는 것은 믿음으로 행할 때이다.

3. 승리를 찬양하는 이스라엘(15 : 1 ~21)

이것은 성경에서 처음으로 기록된 노래이며, 속박으로부터 구속된 후에 불리워졌다는 데에 중요한 의미가 있다. 그리스도인만이 노래 부를 권리가 있다(시40 : 1~3). 출애굽기는 탄식으로 시작되었으나(2 : 23) 어린 양으로 인해 노래하는 민족을 보게 된다. 이 노래는 하나님을 높이고 있음에 유의하자. 이 18구절 가운데 적어도 45회나 여호와를 말하고 있다. 사실상, 하나님의 인격과 거룩한 성품, 그의 놀라운 권능의 일들을 높이는 대신 인간을 높이는 노래들이 너무도 많다.

2절에 나타난 후렴을 유의해서 보자. 에스라의 지도 아래 포로생활에서 돌아와 성전을 재건했을 때에도 시편 118편 4절에 이 후렴구가 반복된다. 이사야 12장 2절에서는 하나님이 그의 민족을 다시 회복시키실 미래의 그 날을 가리키며 이 후렴구가 반복된다(사 11 : 15~16). 선지자 모세의 인도로 애굽에서 구원받았던 때, 제사장 에스라의 인도로 바벨론에서 구원되었을 때 이스라엘은 이 노래를 불렀다. 그리고, 그들은 이방 나라들에서 구원받을 때, 왕이신 그리스도께로 돌이킬 때 그 노래를 부를 것이다.

이 노래를 상세하게 다루지는 않을 것이나, 주목할 것은 그들이 하나님의 구속(1~10절)과 인도하심(11~13절)과 승리(14~17절)로 인해 하나님을 찬양하는 점이다. 이 노래는 하나님의 영원하신 통치를 내다보고 그 영광을 주목하는 것으로 끝난다(18절). 미리암은 여성 합창대를 지휘하였다(남성을 지휘한 것은 아님—고전 14 : 34/딤전 2 : 11~12). 물론 여성들이 그리스도를 통해 그들에게 베풀어진 구속을 인하여 주님을 찬양하는 것은 마땅한 일이다.

4. 불신앙으로 불평하는 이스라엘(15 : 22~27)

해변에 남아서 여호와를 찬양하는 것도 훌륭한 일이겠지만 신자는 순례자이며 하나님의 인도하심을 따라야만 한다. 하나님이 그들을 물이 없는 곳으로 인도하셔야 함은 참으로 이상한 일이라 하겠다. 그러나 하나님은 그의 자녀들을 훈련시켜 자신의 마음을 깨닫도록 하셔야 하는 것이다. 물론 성도를 만족시킬 수 있는 물은 세상에 없다. 유대인들이 물을 보자 그것이 쓴 물임을 알았다. 그들은 즉각적으로 모세와 하나님께 불평했다. 인간의 마음이 얼마나 사악한가! 우리는 하나님의 영광스러운 구원을 찬양하나, 다음 순간 쓴 물을 보자마자 불평을 터트린다. 이 경험은 이스라엘에게 몇 가지 중요한 교훈을 가르쳤다.

[1] **생활에 관하여**—삶이란 쓴 것과 단 것, 그리고 승리와 시련의 결합으로 이루어진다. 그러나 우리가 하나님을 따라 살고 있다면 우리의 가는 길에 무엇이 오든지 결코 두려워할 필요가 없다. 시련이 끝날 때마다 반드시 영적인 "엘림"

(Elim : 27절) 이 있어서 그곳에서 우리를 새롭게 하신다. 우리는 단 물과 함께 쓴 물도 받아들여야 한다. 하나님은 우리에게 무엇이 가장 좋은지 알고 계심을 우리가 알아야 한다.

2 자신들에 대하여—생이란 하나의 큰 실험실이다. 매 경험들이 우리 마음을 X-선 촬영을 하여 우리의 참 모습이 무엇인지를 나타낸다. 마라의 물은 유대인들이 세상적이며 육체의 만족만을 생각하는 사람들임을 드러냈다. 그들은 보이는 것으로 행하고 세상으로 만족을 얻고자 했다. 그들은 감사할 줄 모르며 그들이 가는 길에 시련이 오자 하나님께 불평하였다.

3 주님에 관하여—하나님이 길을 계획하셨으므로 필요한 것도 아신다. 하나님은 나무(십자가 / 벧전 2 : 24)를 사용하셔서 쓴 물을 달게 만드실 수 있으시다. 그는 여호와 라파(Jehovah-Rapha), 곧 "치료하시는 여호와"이시다! 우리는 생의 모든 어려운 상황에서도 그를 신뢰할 수 있다.

하늘로부터 내린 떡

—출애굽기 16장—

이 장은 요한복음 6장과 연관지어 읽어야 한다. 왜냐하면 하늘에서 내린 만나는 생명의 떡이신 예수 그리스도의 모형이기 때문이다. 이것은 또한 순례하는 하나님의 백성들이 날마다 공급받는 하나님의 기록된 말씀을 예증하는 것이기도 하다.

1. 만나는 예수가 누구신가를 설명한다

"만나"(manna)라는 이름은 "이것이 무엇인가?"라는 뜻이다(15절). 왜냐하면 유대인들은 이것에 대해 설명할 수가 없었기 때문이다. "크도다 경건의 비밀이여"라고 바울은 디모데전서 3장 16절에서 쓰고 있다. "하나님이 육신으로 나타난 바 되었다." 만나가 어떻게 예수 그리스도를 상징하는지 생각해보자.

[1] **작다**(14절)—그의 겸손을 말한다. 그는 젖먹이와 종이 되었다.

[2] **둥글다**(14절)—그의 영원하심을 뜻한다. 그는 영원하신 하나님이시기 때문이다(요 8:53~59).

[3] **희다**(31절)—그의 순전성과 무죄하심을 말한다. 하나님의 거룩하신 아들이시다.

[4] **달다**(31절)—그의 성품을 뜻한다. "오, 주의 선하심을 맛보고 눈으로 보고 알라!" 그러나 민수기 11장 4~8절을 보면 유대인과 함께 온 신자 중에서 "혼합된 군중"은 만나의 진가를 알지 못하였다. 세상적인 군중은 애굽의 부추, 양파, 마늘을 원했다. 그들은 단순한 만나로 만족하지 않았다. 그들은 "만나를 가루로 만들어 반죽하여 떡을 만들었다." 그러자 만나는 꿀맛이 아니고 "기름"맛이었다. 우리는 단순한 하나님의 말씀이라도 개량하려 해서는 안된다.

[5] **만족케 한다**—이 민족이 거기서 38년 동안을 살았기 때문이다. 하나님께로서 오신 떡인 예수 그리스도는 우리의 영적 양육을 위해 필요한 모든 것이 되신다.

2. 만나는 예수께서 오신 방법을 예시한다

1 **하늘에서**—만나는 애굽에서 들여온 것이 아니고 광야에서 만든 것도 아니며 하늘에서 내려온 것이다. 만나는 하나님의 은혜의 선물이었다. 예수 그리스도는 굶주린 죄인들에게 주는 아버지(하나님)의 선물이 되어 하늘로부터 내려오셨다(요 6 : 33). 그리스도를 "보통 사람"이라고 말하는 것은 그가 하늘로부터 보냄을 받은 하나님의 아들이라는 성경 전체의 가르침을 부정하는 것이다.

2 **밤에**—만나는 밤에 내리는데 이는 이 세상이 죄로 어두움을 암시한다. 예수께서 태어나신 때도 밤이었는데 그것은 세상의 빛이 되시려고 오셨기 때문이다. 그를 거절한 사람들의 마음은 아직도 밤이다(고후 4 : 1~4).

3 **이슬 위에**(13절)—이것은 성령의 모형이다(민 11 : 9). 왜냐하면 예수께서 성령의 역사하심을 통하여 세상에 오셨기 때문이다(눅 1 : 34~35). 예수께서 처녀에게서 나지 않으셨다면 그는 결코 "거룩한 자"로 불리워 질 수 없었을 것이다. 이슬은 만나가 땅으로 말미암아 더러워지는 것을 막아 주었다.

4 **광야에**—이 세상은 낙원이 아니다. 구원받지 못한 사람에게는 이 세상은 놀라운 곳이겠으나, 영광을 향해 순례하는 그리스도인들에게 세상은 광야에 불과하다. 그러나 그리스도는 사랑으로 이 세상에 오셔서 사람들에게 생명을 주셨다. 웬 은혜인가!

5 **반역하는 백성에게**(1~3절)—이스라엘은 얼마나 잘 잊곤 하는가! 그들이 애굽의 노예 생활에서 벗어난 것이 6주 밖에 안되었는데 하나님의 여러 기적들을 벌써 잊어버렸다. 그들은 모세와 하나님께 대항하여 불평하였으며(15:22~27), 옛 생활의 육적인 음식을 갈망하였다. 그러나 하나님은 그의 은혜와 자비로 그들에게 떡을 공급하셨다. 4절을 다음과 같이 읽을 수 있겠다. "감사치 않는 죄인들에게 불과 유황의 비를 내릴 것이라!" 그러나 그렇게 하지 않으시고 하나님은 그들에게 떡의 비를 내리셔서 그들을 향하신 그의 사랑을 증명하셨다(롬 5 : 6~8 참조). 2백만 명에게 6파인츠(한 오멜)씩 공급하려면 60대의 자동차 분량을 싣는 화물열차 네 대분이 매일 필요하다는 계산이 나온다. 하나님은 우리에게 얼마나 관대하신가!

6 **그들이 있는 곳에**—만나는 유대인들이 거두어 들이기 쉬운 곳에 있었다. 산을 오르거나 시내를 건너야 할 필요는 없었다. 만나는 그들이 있는 곳에 내렸다(롬 10 : 6~8). 예수 그리스도는 죄인들에게서 멀리 계시지 않는다. 그들은 언제라도 그에게 올 수 있다.

3. 만나는 예수 그리스도와 함께 해야 할 일을 보여 준다

1 **우리는 필요를 느껴야 한다**—그리스도만이 만족시킬 수 있는 영적인 배고픔이 내면에 있다(요 6：35). 탕자가 아버지께 돌아가 용서를 구하기로 결심했던 것은 "내가 주려 죽는구나"라고 말했을 때였다(눅 15：17～18). 오늘날 세상의 불안과 죄는 대개 영적인 배고픔을 채우지 못한 결과이다.

2 **우리는 몸을 구부려야 한다**—만나는 식탁 위에나 나무에 내리지 않았다. 만나는 땅에 내렸으며 그것을 집으려면 몸을 구부려야만 했다. 스스로 겸손하지 못한 죄인들이 많아서 허리를 굽히지 않으려 한다. 교만은 아마도 다른 어떤 죄보다 사람들을 더 많이 지옥으로 보내는 것 같다.

3 **우리는 자신을 돌보아야 한다**—사람은 만나를 바라보거나, 찬양하거나, 다른 사람이 먹는 것을 보고 있어서는 배부르지 못하다. 스스로 그것을 먹어야만 했다! 죄인이 구원을 받으려면 내적으로 믿고 받아들여야 한다. 이것이 "그의 살을 먹고 그의 피를 마신다"는 요한복음 6장 51～58절을 의미하는 것이다. 요한복음 6장 63절은 그리스도께서 문자 그대로의 살과 피를 의미한 것이 아님을 명백히 밝힌다. 요한복음 6장 68절은 그가 말하려는 것이 **하나님의 말씀**(HIS WORD)이었음을 알려 준다. 우리가 그 말씀을 받을 때, 살아계신 말씀인 그리스도를 먹는 것이 된다.

4 **우리는 일찍 그 일을 해야 한다**(21절)—"여호와를 만날 만한 때에 찾으라!" 이 말은 이사야 55장 6절에 나오는 경고이다. 만나는 태양으로 인해 뜨거워지면 사라졌으며 이것은 심판의 날이 이르면 그리스도께로 돌아서기에 때가 늦음을 암시하고 있다(말 4장). 만일 만나를 줍지 않으면 만나 위를 걸어가게 되었다! 하나님의 아들에 대한 이 얼마나 가혹한 처사인가!

5 **우리는 계속해서 그를 양식으로 삼아야 한다**—물론 한 번 그리스도를 영접한 사람은 영원히 구원을 받는다(요 10：27～29). 그러나 우리의 순례여행에 대비하여 힘을 얻으려면 유대인들이 유월절 양을 먹었던 것처럼(출 12：1이하) 그리스도로 양식을 삼는 일이 중요하다. 신자는 어떻게 그리스도를 양식으로 삼는가? 그의 말씀을 읽고, 연구하고, 묵상한다. 하나님은 우리 각자가 일찍 일어나 말씀으로부터 영혼에 영양을 공급할 귀중한 만나를 모으도록 초청하고 계신다. 우리는 다음 날을 위하여 하나님의 진리를 저장해 두어서는 안된다(16～21절). 우리는 매일 새로운 날에 신선한 음식을 모아와야 한다. 성경에 표시를 하고 노트에 요약하지만 그리스도를 양식으로 먹지 않는 그리스도인들이 너무도 많다. "저장된 만나"는 벌레가 생겨 그들에게 양분이 되기는커녕 독이 된다.

그리스도이신 영적 만나는 하나님이 유대인에게 내렸던 육적인 만나보다도 더 많은 것을 성취함에 유의하자. 구약의 만나는 육체의 생명을 지탱했으나 그리스도는 그를 영접하는 모든 사람에게 영원한 영적인 생명을 주신다. 구약의 만나는 유대인들만을 위한 것이었으나 그리스도는 온 세상에게 자신을 제공하신다(요 6 : 51). 이스라엘을 위해 만나를 확보하는 데 모세는 아무 값을 치루지 않았으나 그리스도는 세상이 자신을 사용하도록 하기 위해 십자가에서 죽으셔야만 했다. 세상의 대부분의 사람들이 그를 영접함으로 살기 위해 몸을 구부리는 대신 그리스도 위를 걸어간다는 것은 얼마나 슬픈 일인가.

매일 만나를 모으는 것은 이스라엘의 순종여부를 보시려는 하나님의 시험이었고(4절) 아직도 그는 자기 백성을 시험하신다. 성경과 함께 하루를 시작하여 영적인 음식을 모으는 그리스도인들은 하나님이 믿고 사용할 수 있는 사람들이다. 슬픈 일은 많은 그리스도인들이 세상의 육적인 식성으로 굶주려 있다는 사실이다(3절). 목회자나 주일학교 교사에게 대신 만나를 모아다가 수저로 떠 먹여 달라는 사람도 많다. 우리가 영적으로 행하고 있는지 알아보는 방법은 "나의 날을 시작하기에 충분할 만큼 그리스도와 그의 말씀을 생각하는가?"를 시험해 보는 것이다.

여호수아 5장 10～12절은 유대인들이 길갈에서 가나안에 들어왔을 때 만나가 그쳤으며 "그 땅의 묵은 곡식"을 먹었다고 되어 있다. 만나는 위에서 내려왔는데 이것은 그리스도의 성육신과 십자가형을 말하고 있다. 곡식은 장사되는 곳, 죽음의 장소를 벗어난 곳에서 자랐는데 이는 그리스도의 부활과 천국에서의 사역을 말하고 있다. 가나안에 들어가는 것은 그리스도를 통하여 천국의 유업에 참여하는 것을 뜻한다(엡 1 : 3). 천국의 유업에 참여한다 함은 그리스도의 부활과 승천, 그리고 천국의 제사장직을 통해서 우리가 가지는 축복들을 붙들고 있다는 뜻이다. 그리스도의 지상 생활과 사역을 중시하여 "육신에 따라 그리스도를 알고"(고후 5 : 16) 있으면서도 그리스도의 천국의 제사장 직분에 참여하지 못하는 성도들이 너무도 많다. 그리스도의 부활과 승천과 제사장 직에 참여할 때 그들은 "그 땅의 묵은 곡식"을 먹게 되며 그리스도의 부활에 동참하는 것이다.

광야에서의 문제들

-출애굽기 17~18장-

이스라엘이 주님의 인도하심을 따라갈 때에 여러 다른 경험들과 시련들에 봉착하게 되며, 이런 체험들은 하나님의 능력과 은혜에 대한 것과 아울러 자신들을 보다 잘 이해하는 데에 도움이 되었다. 이 장들에서는 세 가지 이러한 경험들이 나온다.

1. 바위에서 솟는 물(17 : 1~7)

이 회중은 전에도 목이 말랐었는데(15 : 22) 하나님께서 그들의 필요를 해결해 주셨다. 그러나 오늘날의 사람들이 그러하듯 그 백성은 하나님의 자비하심을 잊은 것이다. 그들이 하나님의 인도하시는 곳에 있다면 결국 그들을 돌볼 책임은 하나님께 있는 것이다. 고린도전서 10장 1~12절에서 우리에게 경고하는 바, 백성은 모세를 비난하며 하나님께 불평하는 죄를 범하였다. 그들은 그들의 태도로써 사실상 "여호와를 시험하고" 있었다. 왜냐하면 그들은 하나님이 돌보시지 않으며 돕지도 아니하신다고 말하고 있었기 때문이다. 그들은 불평을 반복함으로 하나님의 인내를 시험하고 있었다.

모세는 그리스도인들이 시련의 때에 어떻게 하는 것인지를 본으로 보여주고 있다. 그는 주님께 돌이켜 인도해 주실 것을 요청했다(약 1 : 5). 주님은 지팡이를 들어 바위를 치라고 모세에게 지시했으며 물이 나올 것을 약속하셨다. 이 바위는 그리스도이신데(고전 10 : 4 참조), 바위를 친 것은 그리스도께서 십자가에서 죽으신 것을 말한다. 주님은 십자가에서 율법의 저주의 지팡이를 느끼셨다(이 지팡이는 뱀으로 변했던 그 지팡이였고-출 4 : 3, 애굽에 재앙을 내리는데 도움을 준 지팡이인 것을 기억하라).

여기서는 일의 순서가 놀랍다. 16장에서는 만나가 나오는데 이는 그리스도가 지상에 오심을 나타내며, 17장에서는 바위를 치는 사건이 나오는데 이는 그리스도께서 십자가에서 죽으신 것을 나타낸다. 물은 그리스도의 죽으심과 부활이 있은 후에 주신 성령을 상징한다(요 7 : 37~38).

바위와 관계되는 두번째 경험에 대하여는 민수기 20장 1~13절에 기록되어 있다. 하나님은 바위에게 물을 내라고 말하도록 모세에게 지시하셨으나, 그는 자기 뜻대로 바위를 쳤다. 이 일로 인해서 그는 가나안에 들어가는 것이 금지되었다. 모세는 모형을 망쳐 놓았다. 왜냐하면 그리스도는 한 번만 죽을 수 있기 때문이다(롬 6 : 9~10 / 히 9 : 26~28 참조). 성령은 단번에 주어졌다. 그러나 하나님께 구함으로써 부가적으로 충만함을 받을 수 있다. "두번째 축복들"과 성령의 "세례(침례)"를 구하는 사람들은 모세가 범한 것과 같은 죄를 범하고 있는 것이다. 곧 그리스도를 새로 못박는 것이며 이 죄는 모세로 하여금 축복의 장소 밖에 머물게 했다.

고린도전서 10장 4절은 이스라엘이 "저희를 따르는 신령한 반석에서 마셨다"고 말한다. 이것은 내려침을 받은 반석이 광야를 통과할 때 유대인들과 함께 여행을 한 것이라고 해석하는 이도 더러 있으나 이 설명이 바른 것 같지는 않다. "저희"(them)라는 단어는 헬라어 원전에는 없는 것으로, 이 문장은 그들이 바위에서 나오는 물을 마셨는데 이 일은 만나를 주신 다음의 일이라는 뜻이다(10 : 3, 출 16장).

2. 대적과의 싸움 (17 : 8 ~16)

새 그리스도인은 그리스도인의 생활이 축복인 동시에 하나의 전쟁인 것에 놀란다. 이제까지 이스라엘은 싸워야 할 필요가 없었다. 여호와께서 그들 대신 싸워 주셨기 때문이었다(13 : 17). 그러나 이제는 여호와께서 적을 정복하시기 위해 이스라엘을 통하여 싸우신다. 아말렉 족속은 에서의 자손들로서(창 36:12, 16) 육신으로 인한 방해를 보여 준다(창 25 : 29~34). 이스라엘은 홍해를 건너 단번에 세상(애굽)에서 구원되었다. 그러나 하나님의 백성은 그리스도께서 돌아 오실 때까지 언제나 육과 싸울 것이다.

성령을 상징하는 물이 주어진 후에 아말렉족속이 등장하는 것에 주목하라. "육체의 소욕은 성령을 거스린다"(갈 5 : 17). 구원받지 않은 사람은 하나의 본성만을 가지고 있으며 그것은 죄악된 본성이므로 대립이나 대결은 없다. 그러나 그리스도인의 두 가지 본성은 계속 싸우게 된다. 신명기 25장 17~19절은 아말렉이 "비열하게 공격"했고 뒷편에서 왔다고 말한다. 그리스도인이 "깨어 기도해야" 하는 이유가 여기에 있다. 그렇지 않으면 적이 부지중에 다가온다.

이스라엘은 적을 어떻게 이겼는가? 그들에게는 산에 중재자가 있었고 골짜기에 사령관이 있었다! 산 위의 모세는 그리스도의 중재 사역을 보여주며, 검을 가진 여호수아는 하나님의 말씀을 사용하시는 성령을 보여 준다(히 4 : 12 / 엡6 : 17~18). 물론 모세는 그리스도의 중재 사역에 대한 불완전한 모형이다. 왜냐하면 주님께서는 지치지도 않으시며 조력을 필요로 하시지도 않기 때문이다(히 4 : 16 / 9 : 24). 바울은 신자들이 "기도로 서로 도울 수 있다"고 말한다(고후 1 : 11). 아론과 훌이 한 것도 바로 이 일이다. 모세의 손에는 지팡이가 있었는데, 이는 하나님의 전능하신 능력을 말한다. 모세는 애굽의 모든 적을 무찔렀으며 이것은 마치 그리스도께서 큰 승리로 세상을 이기신 것과 같다.

하나님의 백성이 육신을 이기고 승리를 얻는 데 있어 하나님과 협력한다는 것은 중요하다. 로마서 6장은 간주하는 것과 순복하는 것, 그리고 몸의 행실을 죽이는 것을 말해 준다. 모세 혼자서는 전쟁에 이길 수 없으며, 여호수아 역시 혼자서는 전쟁터에서 승전할 수 없었다. 승리는 둘 다를 요구했다. 우리에게 우리를 위하여 중재하시는 하나님의 아들이 계시고(롬 8 : 34), 우리를 위하시는 성령께서 내주하시며(롬 8 : 26), 그리고 손에는 하나님의 영감된 말씀이 있다는 것은 얼마나 놀라운 축복인가!

여호수아가 아말렉 족속을 완전히 섬멸하지 않았음에 유의하자. 그는 그들을 파했을 뿐이다(13절). 이 생애 중에는 육을 멸하거나 "근절시킬" 수는 없다 그리스도께서 돌아오실 때에 우리에게 새 몸을 주실 것이다(빌 3 : 21). 육을 완전히 섬멸시키겠다는 약속은 14절에 나온다. 사무엘상 15장을 조사해 보면 사울의 죄는 아말렉을 끝까지 처치하기를 거절했던 것을 알 수 있다. 사무엘하 1장 6~10절은 그를 죽인 사람이 그가 살려 두었던 아말렉 사람 중의 하나였음을 알려 준다. "육을 위해서는 대비를 하지 말자!"

"**여호와닛시**"(Jehovah-Nissi)는 "여호와는 우리의 깃발"이란 뜻이다. 우리가 승리하는 것은 우리 자신의 노력을 통해서가 아니라 오직 그리스도를 통해서만 얻어지는 것이다(요 16 : 33 / 요일 2 : 13~14 / 5 : 4~5).

3. 세상에서 온 지혜 (18장)

이드로가 모세에게 준 충고가 주께로부터 온 것인가 육신에서 온 것인가에 대하여는 의견이 일치하지 않는다. 어떤 이는 이 장이 미래의 왕국을 상징하며 이 때에 신부가 그리스도와 연합하고 이방인(이드로로 상징됨)이 이스라엘의 축복을 나누어 가지는 것이라고 본다. 우리가 그리스도와 함께 다스리며 그의 통치권을 함께 나누어 가지게 될 것은 분명하며 이것은 마치 부장들이 모세와 함께 통치에 참여하는 것과 같다.

우리는 이드로의 권면이 육신적인 것이며 주께로부터 온 것은 아니라고 믿는다. 그 한 가지 이유는 민수기 11장에 이와 비슷한 상황이 나오는데 하나님이 그의 영을 70장로들에게 부어 그 능력을 나누어 주었다. 이드로는 다분히 이기적으로 문제를 해석했다. "어찌하여 그대는 홀로 앉았고," "그대의 하는 것이 선하지 못하도다." "이 일이 그대에게 너무 중함이라." "그대가 혼자 할 수 없으리라." 이 말은 마치 베드로가 마태복음 16장 21절 이하에서 "주여, 자신을 불쌍히 여기사 십자가를 지지 마소서"라고 말한 것과 같게 여겨진다. 하나님은 3~4장에서 모세에게 그가 단독으로 일을 할 수 있도록 필요한 은혜를 공급하실 것을 말씀하셨다. 그러나 모세는 이드로의 의견에 동의하고 하나님께 불평하였다. 11절에서 이드로는 여호와는 "모든 신들보다 위대하시다"고 시인하지만, 시인이란 진실하신 하나님을 믿는 믿음을 정확히 고백하는 것과는 거리가 멀다. 더구나 27절에서 이드로는 이스라엘과 함께 머물기를 거절하고 자기 백성에게로 돌아가는 것을 보게 된다.

확실히, 하나님은 질서의 하나님이시며 그 조직에 있어 잘못된 것은 결코 없다. 그러나, 이드로에게서 온 "세상적인 지혜"가 하나님께 기쁨이 되었는지는 모를 일이다. 왜냐하면 이드로 자신조차도 확신하지 않았기 때문이다(23절). 그는 여호와께서 하신 모든 일을 기뻐하였으나(9~10절) 하나님께서 모세를 도와 생의 일상적인 짐을 질 수 있게 하심을 믿으려 하지는 않았다. 모세는 이드로의 책략을 채택했고 백성들도 동의했다(신 1:9~18). 그러나 하나님이 이 조직을 인정하셨는지는 확신할 수 없다. 사실상 민수기 11장에서 나타난 하나님의 태도로 볼 때 그렇지 않음을 알 수 있다.

아말렉이 공격해 오듯 공개적이고 분명한 육신의 공격이 있는 반면 또한 이드로의 경우처럼 포착하기 어려운 육신의 생각들도 있다. 모세는 분명히 하나님께서 하라고 부르신 일을 무엇이나 할 수 있었다. 왜냐하면 "하나님의 명령은 곧 하나님의 가능함을 뜻하기 때문이다." 우리 자신을 동정하여 아무도 돌보지 않는다고 느끼고 하나님이 너무 큰 짐을 지게 하셨다고 생각하기가 쉽다. 이사야 40장 31절에서 이 문제에 대한 해답을 읽자.

하나님의 율법

—출애굽기 19~23장—

□ **중요성** : 오늘날의 신약 그리스도인에게 있어 모세의 율법과 그 의미라는 논제보다 더 이해하기 어려운 것은 없다. 하나님의 언약들에 혼동을 일으키는 것은 하나님의 마음을 잘못 해석하는 것이며 하나님의 축복을 놓치는 것이다. 그러므로 신자는 말씀을 검토하여 전체 모세 체제의 위치와 목적을 결정하는 것이 현명하다.

□ **이름** : 출애굽기 19장의 시작과 아울러 그리스도의 십자가에 이르기까지(골 2 : 14) 우리는 모세의 제도 아래 있게 된다. 이것이 "모세의 율법," "율법," 때로는 "하나님의 율법"이라고 불리우는 것이다. 편의상 우리는 흔히 "도덕율"(근본이 되는 십계명을 가리킴), "의식법"(제사 제도에 나타난 모형과 상징에 연관됨), "민법"(백성의 생활을 치리하는 일상의 법을 의미함)이라고 말한다. 사실상 성경은 도덕법과 의식법 사이에 어떤 구분을 두고 있지는 않는 것 같다. 왜냐하면 전자는 후자의 일부인 것이 명확하기 때문이다. 예를 들어, 안식일에 대한 네번째 계명은 "도덕법"에 있는 것이지만 분명히 유대 안식일에 관한 "의식법"의 일부이다.

□ **목적** : 하나님은 이미 그들의 조상 아브라함을 통하여 유대인과 영원한 약속을 하셨다(창 15장). 이 언약은 그들이 순종하거나 불순종하거나 상관이 없는 언약이었다. 하나님은 그들을 축복하실 것을 약속하셨고, 가나안 땅의 소유권을 주셨다. 모세의 법은 아브라함의 언약에 "첨가된" 것이지 그것을 무효화시킨 것은 아니었다(갈 3 : 13~18). 율법은 하나님의 이전 언약 옆에 나란히 끼어든 것이고(롬 5 : 20) 또한 임시적인 방법이기도 했다(갈 3 : 19). 율법은 이스라엘이 하나님의 선택된 백성이며 하나님의 거룩한 나라임을 표시하기 위하여 이스라엘에게만 주어진 것이다(출 19 : 4~6 / 시 147 : 19~20). 하나님은 누구를 구원하려고 율법을 주신 것은 아니었다. 율법을 지켜서 구원을 받는 것은 불가능하기 때문이다(갈 3 : 11 / 롬 3 : 20). 하나님은 다음의 이유들로 이스라엘에게 율법을 주셨다.

1 그의 영광과 거룩함을 나타내기 위함(신 5 : 22~28)
2 인간의 죄성을 나타내기 위함(롬 7 : 7, 13 / 딤전 1 : 9이하 / 약 1 : 22~25)
3 이스라엘이 하나님의 선택된 백성임을 알리고, 이교를 믿는 이방 민족들로부터 분리시키기 위함(시 147 : 19~20 / 엡 2 : 11~17 / 행 15장)

4 이스라엘에게 경건한 삶의 기준을 주셔서 땅을 물려받고 축복을 누리도록 하기 위함(신 4:1이하/ 5:29이하/삿 2:19~21)
5 이스라엘로 그리스도의 오심을 준비하게 하기 위함(갈 3:24)
몽학선생은 아이를 성인의 생활에 대비시키는 직무를 맡은 훈련받은 노예였다. 아이가 성숙하여 성인이 되면 유업을 받게 되며, 몽학선생은 더이상 필요하지 않게 된다. 율법 아래의 이스라엘은 "영적인 아이"였으나, 이것은 그리스도의 오심을 준비하기 위한 것이었다(갈 3:23~4:7).
6 그리스도의 인격과 사역을 모형과 의식으로 나타내기 위함(히 10:1)

율법은 **거울**로 비유된다. 인간의 죄를 나타내기 때문이다(약 1:22~25). **멍에**로 비유되는 것은 율법이 속박을 가져오기 때문이며, 속박이라 함은 육신이 율법에 순종할 수가 없기 때문이다(행 15:10 /갈 5:1/롬 8:3). **가정교사**로 비유됨은 이스라엘에게 그리스도의 오심을 위한 길을 준비하기 때문이며(갈 3:23~4:7), 돌비에 쓴 의문은(고후 3장)성령에 의해 우리의 마음에 기록된 사랑의 율법과 대조된다. 그림자는 그리스도 안에서 우리가 소유한 실현과 성취에 대조된다(히 10:1/골 2:14~17).

율법이 할 수 없는 일들, 즉 무엇을 완전케 하는 일(히7:11~19/10:1~2), 죄로부터 의롭게 하거나(행 13:38~39/롬 3:20~28), 의롭다함을 주는 일(갈 2:21), 마음에 평안을 주며(히 9:9), 생명을 주는 일(갈 3:21) 등을 할 수 없음에 유의하자.

□그리스도와 율법: "율법은 모세로 말미암아 주신 것이요 은혜와 진리는 예수 그리스도로 말미암아 온 것이다"(요 1:17). 이스라엘에게 주신 모세의 율법제도와 그리스도인이 교회에서 가지는 은혜로운 지위 사이에는 분명한 대조를 이룬다. 그리스도는 율법 아래서 나셨고(갈 4:4~6) 모든 면에서 율법을 성취하셨다(마 5:17). 그의 인격과 사역은 율법에 나타나 있다(눅 24:44~47). 그는 율법의 마침이며 그리스도인의 의로움이시다(롬 10:1~13). 그는 율법의 형벌을 받으시고 십자가에서 율법의 저주를 받으셨다(갈 3:10~14/골 2:13~14). 율법은 더이상 유대인과 이방인을 분리시키지 못한다. 그것은 그리스도를 통하여 교회 안에서 하나가 되었기 때문이다(엡 2:11~12).

□그리스도인과 율법: 신약 성경은 그리스도인이 율법 아래 있지 않고(롬 6:14/갈 5:18) 은혜의 영역에서 살고 있음을 아주 명백히 밝힌다. 그는 율법에 대하여 죽었으며(롬 7:1~4) 율법에서 구출되었다(롬 7:5~6). 그리스도인은 율법의 속박에 다시 말려들지 말라고 경고를 받고 있다(갈 5:1~4). 은혜의 영역에서 떨어져 나와, 아들이 아니라 종처럼 살아서는 안된다는 뜻이다.

이 말이 그리스도인은 법없이 살며 하나님의 거룩하신 요구를 무시해도 된다는 뜻인가? 물론 그렇지 않다. 이것은 바울이 신자가 그리스도 안에서 누리는 영광스런 지위를 강조하자 그의 적들이 바울에게 던진 반론이다(롬 6 : 1). 고린도후서 3장은 하나님의 은혜에 속한 복음의 영광이 구약 율법의 임시적인 영광을 훨씬 능가함을 분명히 밝히고 있다. 그리고 그리스도인들이 은혜 안에서 성장함에 따라 영광에서 영광으로 이르게 된다고 하였다(3 : 18). 사실은 신약 그리스도인들이 구약 신자들 보다 생활에서 요구받는 것이 더 많다고 할 수 있다. 왜냐하면 구약 율법은 외적인 행위를 다루지만 신약 율법인 사랑은 내적인 마음가짐을 다루기 때문이다. 율법에서 자유롭게 되는 것이 죄에서 자유롭게 된다는 뜻은 아니다. 자유란 면허증은 아니다. 우리는 자유하도록 부름을 받았으며 그 자유를 다른 사람의 유익을 위하여, 그리고 하나님의 영광을 위하여 사용해야만 한다(갈 5 : 13~26 참조). 우리는 더 높은 법, 사랑의 법, 곧 그리스도의 법 아래에 있다(갈 6 : 2). 우리는 육신의 힘을 좇아 하나님께 순종하려 하지는 않는다. 왜냐하면 그것은 불가능하기 때문이다(롬 7 : 14). 육은 죄악되고 연약하여 법에 순복할 수가 없다. 그러나 우리가 죄에 대하여 죽었다고 여기며(롬 6장), 성령께 굴복할 때, 그 성령이 우리 안에서 그리고 우리를 통하여 율법을 성취하신다(롬 8 : 1~4).

율법으로 돌아가는 것은 실체를 그림자와, 자유를 속박과 바꾸는 것이다. 이것은 우리가 은혜 안에서 가지는 높으신 부르심을 상실하는 것이다. **율법**이란 하나님을 기쁘게 할 무슨 일을 행해야 한다는 뜻이며, **은혜**는 그의 완전하신 뜻을 성취하기 위하여 하나님께서 우리 안에서 일하신다는 뜻이다.

□**오늘날의 십계명** : 구약의 율법은 모두 십계명을 확대하여 적용시킨 것이다. 십계명 중 아홉 가지 계명은 오늘날의 신자를 위해 신약에 반복되어 있다.

1 내 앞에 다른 신을 두지 말라(행 14 : 15 / 요 4 : 21~23 / 딤전 2 : 5 / 약2 : 19 / 고전 8 : 6).
2 우상이나 형상을 만들지 말라(행 17 : 29 / 롬 1 : 22~23 / 요일 5 : 21/고전 10 : 7, 14).
3 하나님의 이름을 헛되이 부르지 말라(약 5 : 12 / 마 5 : 33~37 / 6 : 5~9).
4 안식일을 기억하라 (신약 어디서도 반복되지 않았다)
5 아버지와 어머니를 공경하라(엡 6 : 1~4).
6 살인하지 말라(요일 3 : 15 / 마 5 : 21~22).
7 간음하지 말라(마 5 : 27~28 / 고전 5 : 1~13 / 6 : 9~20 / 히 13 : 4).
8 도둑질하지 말라(엡 4 : 28 / 살후 3 : 10~12 / 약 5 : 1~4).
9 거짓 증거하지 말라(골 3 : 9 / 엡 4 : 25).
10 탐내지 말라(엡 5 : 3 / 눅 12 : 15~21).

신약에 나와 있는 이 율법의 요약을 눈여겨 보자. 안식일에 대하여 언급한 구절은 없다(마 19：16～20 / 막 10：17～20 / 눅 18：18～21 / 롬 13：8～10). 물론 사랑의 "새 계명"이 오늘날 그리스도인을 위한 근본적인 동기이다(요13：34～35 / 롬 13：9～10). 이 사랑은 하나님의 성령으로 말미암아 우리의 마음으로부터 널리 흘러나간다(롬 5：5). 이로 말미암아 우리는 하나님을 사랑하고 다른 사람들을 사랑하게 되는 것이며. 우리 생활을 지배하는 그 외의 법이 필요가 없는 것이다. 옛 본성은 법을 알지 못한다. 그러나 새 본성은 법을 필요로 하지 않는다.

안식일은 유대인들을 위한 옛 언약에서 하나님의 특별한 날이었다. 반면에 **주의 날**은 새 언약 아래 있는 교회를 위한 하나님의 특별한 날이다. 안식일은 행위로 얻는 구원을 상징한다. 6일간 일하고 그리고 쉰다. 반면에 주의 날은 은혜로 받은 구원을 뜻한다. 먼저 쉬고 다음으로 행위가 따른다. 안식일, 희생제사, 음식에 관한 법, 제사장 직분, 성막 예배 등, 이 모든 것은 그리스도 안에서 사라졌다.

성 막

—출애굽기 24~27장—

□ **서론** : 성경에는 하나님께서 인간 가운데 거하시는 다섯 가지 다른 경우를 제시한다. 즉, 성막에(출 25 : 8), 성전에(왕상 8장), 인간되신 예수 그리스도 안에(요 1 : 14 / 골 2 : 9), 교회에(엡 2 : 20~22), 거룩한 성에(계 21 : 3) 임재하신다. 이 중에서 처음 세 가지는 과거와 연관되고, 네번째는 현재에, 그리고 다섯번째는 미래에 연관되어 있다.

이 중의 첫번째는 성막이다. 이 성스러운 건축물은 500년 동안 유대 민족의 생활에서 그 중심을 이루었다. 하나 하나가 깊은 영적인 의미를 지니고 있으므로 몇 가지 뚜렷한 외양을 조사하고 이들이 암시하는 교훈을 지적해 보기로 하자.

1. 인간의 노력 : 하나님의 요구

이스라엘의 자녀들이 구속자의 승리를 찬양하며 홍해 옆 광야에 서 있을 때, 그들은 하나님을 위해 거처를 마련하겠다고 발표했다. 그런데 얼마 후에는 하나님께서 친히 이 의향을 담은 요구를 해오셨다. "내가 그에게 거처를 마련해 드리겠다"고 백성이 말했고, "내가 그들 중에 거할 성소를 그들을 시켜 나를 위해 짓게 하리라"고 여호와께서 말씀하셨다(출 15 : 2 / 출 25 : 8).

그 옛날 솔로몬이 그러했듯이 당신은 몹시 궁금한 중에 물을 것이다. "그러나, 하나님이 참으로 땅에 거하시리이까?"(왕상 8 : 27) 만일 거하신다면 어떤 근거로 죄악된 인간들 중에 머무실 것인가? 확실히 백성의 거룩함으로 인한 것은 아니다. 왜냐하면 모세가 성막 건축에 관한 지시를 받으며 산에 있을 때 백성들은 그 산의 아래에서 황금 송아지를 섬기고 있었다(출 32장). 그 대답은 백성의 도덕적인 탁월성에서 발견되지 않고, 하나님의 절대주권적인 은혜에서 찾을 수 있다.

족장 시대의 초기에는 하나님이 가끔 이 땅을 방문하셨던 것이 사실이다. 날이 선선할 때에 동산을 거니셨고(창 3장), 마므레 평지에서 아브라함을 방문하셨다(창 18 : 1). 하나님은 구원이 완성된 땅에서만 그들 중에 거처를 마련하실 수 있으셨다.

2. 성막

1 **건축에 필요한 재료 설명** (출 25 : 1~9)

2 **세부적인 설명, 크기, 기명과 기물의 크기** (출 25 : 10~27 : 29)

성막은 두 구획으로 나뉜다. 성소와 지성소(Holy of Holies)인데 둘은 두껍고 무거운 휘장으로 분리되어 있었다(출 26 : 31~33). 이 막은 굉장히 무거워서 보통 말이 양쪽에서 잡아당겨도 찢을 수 없다고 한다. 성막의 전체 길이는 대략 45피트(약 13.5m)이고 너비는 15피트(약 4.5m)였다. 이 성막은 좋은 흰색 베실로 짠 막이 둘려쳐진 뜰 안에 있었고 이 뜰은 길이가 약 175피트(약 52.5m), 너비가 약 19피트(약 5.7m)였으며, 높이는 8피트(약 2.4m)는 족히 되었다. 행렬을 멈추고 진을 칠 때는 떠오르는 해를 마주보며 이스라엘 각 지파의 중앙에 세워져 있었다. 뜰에는 보통 사람들도 들어갔으나 성소에는 제사장들만 들어갔고, 지성소에는 대제사장만 일년에 단 한 번 들어갈 수 있었다.

3. 기꺼운 마음과 지혜로운 마음

[1] **거룩한 명령**(출 35 : 4~19)
[2] **백성의 반응**(출 35 : 20~29)
이 일들은 우리에게 교훈을 주기 위해서 기록된 것이다. 남자와 여자, 부자와 가난뱅이, 통치자와 보통 사람들 모두가 참여했다. 가난한 사람은 바치지 않아도 된다는 성경구절은 아무데도 없다. 예수께서는 가난한 과부의 적으나마 정성껏 바치는 헌금을 받으셨다(막 12 : 42~43). 예수 그리스도는 바치는 문제에 있어서 아무도 제외시키지 않으셨다. 오늘날 하나님은 영적인 성전, 19세기 동안 조용히 커 온 성전을 건축하고 계시다. 성막이 건설되고 있는 과정에서 망치나 도끼나 어떤 쇠 연장의 소리도 들리지 않는다(왕상 6 : 7 / 엡 2 : 19~22 참조). 하나님의 일이나 일군들을 위하여 바치는 것은 모든 신자의 특권이다. 우리가 바칠 수 있는 양이 적은 것일지 모르나 첫째 기꺼이 드리려는 마음이 있다면, 그가 가지고 있는 것에 따라서 받으시며, 없는 것은 받지 않으신다(고후 8 : 12). "각각 그 마음에 정한 대로 할 것이요 인색함으로나 억지로 하지 말지니 하나님은 즐겨 내는 자를 사랑하시느니라"(고후 9 : 7).

"우리는 자신을 위해 쓰기를 좋아하고,
끝없이 보물을 쌓아두지만
주님을 위해서는 다만 빌려드릴 뿐,
주여, 당신은 모든 것을 주신 분이건만."

이 세계에서 드리는 사람들은 영원 세계에서 백만장자들이다.

4. 접근 방법(25~27장)

[1] **하나님이 인간에게 접근하심**—25장에서 27장까지는 하나님이 인간에게 접근하심을 설명하고 있는데 이는 로마서에서 자세히 설명된 진리와도 상응한다. 이 부분에서 첫째로 된 진리와도 상응한다. 이 부분에서 첫째로 언급되고 있는 특별한 제구(祭具)는 법궤이며, 피로 얼룩진 시은소가 덮여 있다. "거기서 내가 너와 만나고 속죄소 위에서 · · · 모든 일을 네게 이르리라". 로마서 3장은 이 진

리를 설명하며, 이 표현의 본체적인(모형이 아닌) 의미의 중요성을 나타낸다.
[2] **인간이 하나님께 접근함**—28장에서 30장까지는 인간이 하나님께 접근하는 것을 설명한다. 이 부분은 히브리서의 가르침과 상응된다. 법궤가 첫 부분(하나님이 인간에게 접근하심)에서 뛰어난 것이듯, 인간이 하나님께 접근하는 두번째 부분에서는 대제사장의 역할이 특출하다.

5. 성막의 기구들

우리는 성막의 기명과 기구들에 대한 설명이 안에서 밖으로, 즉 지성소에 있는 법궤로부터 뜰 문 안에 있는 놋단으로 진행되는 것을 보았다(출 25～27 : 16). 그러나 문에서 함께 따라가며 가까이 가면 이 순서와는 거꾸로 이 기구들을 만나게 된다.

1. 문	6. 금촛대
2. 놋단	7. 향단
3. 대야	8. 휘장
4. 문	9. 지성소
5. 떡상	10. 법궤

이 자료의 대부분은 죠지 헨더슨의 「출애굽기 연구」 (George Henderson, "Studies in the Book of Exodus")에서 발췌하였다.

제사장 직분

—출애굽기 28~31장—

1. 제사장 직분에 대한 서론

제사장 직분에 대한 연구의 서론으로서, 이스라엘 국가의 구분을 먼저 알아야 하겠다. 이 부분은 삼중의 성격을 띠고 있다.
[1] 아론과 그의 자손은 제사장으로 선택되었다(출 28장).
[2] 레위 지파는 성막의 예배를 거행하도록 선택되었다(민 3장).
[3] 그 남은 자들은 이스라엘의 군대이다(민 1~2장). "이렇게 하여 제사장 가족, 일군들의 지파, 그리고 무장한 군인들의 민족으로 구성되었다(민 3). 달리 말해서 예배자(Worshippers), 일군(Workers), 군인(Worriors)이 있었다." 거의 500년 동안, 모세로부터 시작하여 다윗에 이르기까지 성막은 이 민족에게 단결을 가져다 주었고 하나님이 그들 가운데 임재해 계심을 증거했다(왕상 6 : 1). 솔로몬의 출현과 성전의 건축으로 성막의 사용과 봉사가 끝났다(대하 5 : 1~10). 지상에서의 하나님의 거처가 그 형태는 바뀌었지만 그가 신실한 자기 백성들 중에 임재해 계시다는 사실은 그대로 남아 있다.

2. 접근 방법

이것은 앞 부분을 복습하는 것이다. 이 부분을 바르게 이해할 수 있기 위해서는 복습이 꼭 필요하다. 접근의 방법은 출애굽기 25~30장에 설명되어 있다. 25~27장은 **하나님께서 인간에게 접근해 오시는 방법**을 설명하며, 로마서에서 자세히 설명된 진리와 상응한다. 이 부분에서 처음에 언급된 특별한 기구는 법궤이며 피로 얼룩진 시은소(속죄소)가 덮여 있는데, 하나님께서는 "거기서 내가 너와 만나고 속죄소 위에서 ··· 모든 일을 네게 이르리라" 고 말씀하셨다. 로마서 3장은 이 진리를 설명하며 이 표현의 원형적인(모형이 아닌) 의미의 중요성을 나타낸다.

두번째 부분은 28장에서 30장까지 계속되며 **인간이 하나님께 접근하는 방법**을 설명하는 것으로, 히브리서의 가르침과 상응한다. 법궤가 첫부분에서 뛰어난 것이듯 두번째 부분에서는 대제사장이 탁월하다.

3. 이 부분을 푸는 열쇠

이 열쇠는 히브리서 7,8,9,10장에서 찾게 된다. 출애굽기 28장에서 30장까지를 충분히 이해하기 위해서는 이 장들을 반드시 읽어야 한다. 히브리서가 기록될 때에는 아직 성전이 서있었고 의식이 행해지고 있을 때였지만(히 10~11장 참조), 기자는 그의 풍성한 교훈을 성전에서 이끌어내지 않고 옛 성막에서 이끌어낸다. **여기에는 적어도 한 가지 분명한 이유가 있다.** 성막이 사용된 시기 동안의 이스라엘의 역사는 가나안에 입성하기까지 순례자였으며, 그 후에는 군인이었던 사람들의 역사이다. 법궤가 고정된 건축물인 성전으로 이동될 때 궤를 나를 수 있도록 옆의 고리에 끼는 채가 빠져나왔다(대하 5 : 9). 즉 순례의 날들이 끝난 것이다. 이 땅에서 나그네요 순례자인 우리들에게, 이 땅에 영구한 도성이 없고 오직 장차 올 것을 찾는 이들에게(히 13장), 이 곳이 우리의 쉴 곳이 아님을 아는 사람들에게(마 2 : 10) 이 고대 구조물이 주는 가르침은 교훈과 위로로 가득 차 있다. 이것은 하나님의 교회의 황량한 환경을 상징으로 보여 준다. 곧, 이 세상에 있으나 세상에 속하지는 않은 교회를 가리킨다.

위에서 말한 히브리서의 각 장(7, 8, 9, 10장)에서 이 주제와 관련있는 네 가지 언급을 뽑아보자. 각 경우에 있어서 교훈이 대조를 이루고 있음을 알게 된다.

출애굽기와 레위기에 나오는 제사장 직분과 그리스도인의 시대 구분 사이에는 다음과 같은 몇 가지 차이점이 있다.

[1] **제사장 직분**—"저희(아론의 자손들) 제사장된 자의 수효가 많은 것은 죽음을 인하여 항상 있지 못함이로되 예수는 영원히 계시므로 그 제사 직분도 갈리지 아니하나니"(히 7 : 23~24). 이 서신에서는 예수님이 변함이 없으신 분이라고 두 번 언급되었다(히 1 : 12 / 13 : 8). "그가 항상 살아서 저희를 위하여 간구하신다." 그러므로 십자가에서 완성하신 그리스도의 사역은 보좌에서의 미완성된 사역이라는 대조적인 짝을 찾게 된다(요 19 : 30 / 히 7 : 25). 죄의 형벌로부터 우리를 구하려고 죽으신 분이 이제는 사셔서 죄의 권세로부터 우리를 지키신다.

[2] **제물**—"염소와 송아지의 피로 아니하고 오직 자기 피로 영원한 속죄를 이루사 단번에 성소에 들어가셨느니라"(히 9 : 12). 유대인의 제단에서 죽임을 당한 제물들의 피로써는 죄악된 양심에 평화를 줄 수 없으며, 죄의 얼룩을 씻어버릴 수도 없다. 그러나 하늘의 어린 양이신 그리스도는 우리의 모든 죄를 담당하신다. 이는 다른 어떤 희생 제물보다도 고상한 이름과 풍성한 피를 가진 제물이다.

[3] **지성소**—성막은 하늘의 일들의 양식을 보여주는 것이며(히 9 : 23), 하나님이 모세에게 주신 신성한 명령이 바로 이 사실이다(출 25 : 40). 그러나 이제 "그리스도께서는 참 것의 그림자인 손으로 만든 성소에 들어가지 아니하시고 오직 참 하늘에 들어가사 이제 우리를 위하여 하나님 앞에 나타나신다"(히9 : 24). 이 성구를 주의깊게 살펴보면 세 가지 중요한 질문에 대한 해답을 제시하고 있

음을 알 수 있다.

- 그는 어디에 나타나시는가? 하늘에, 하나님 앞에 나타나신다.
- 언제 나타나시는가? 지금이다.
- 누구를 위함인가? 우리를 위한 것이다.

4 **결과**—성막의 지성소에는 대제사장이 앉을 의자가 없다. 이 단순한 이유로 보아 그의 일은 끝나지 않았다. "오직 그리스도는 죄를 위하여 한 영원한 제사를 드리시고 하나님 우편에 앉으사"(히 10：12). 다시 말해서 그리스도의 희생은 모두를 위하여 홀로, 그리고 모두를 위하여 단 번에 된 것이다. 그러므로 레위인들의 예물과 제사가 "예배하는 자를 그 양심상으로 온전케 할 수 없음을"을 고백하지 않을 수 없었고, 이제는 "저가 한 제물로 거룩하게 된 자들을 영원히 온전케 하셨느니라"고 강력히 확신시킨다(히 9：9 / 히 10：14). 예배하는 자의 양심은 희생제물의 가치로 나타난다.

4. 몇 구절에 대한 주석

1 출애굽기 30장 7절의 **불**과 출애굽기 30장 10절의 **피**는 대속물 없이는 받을 만한 예배가 없음을 가르쳐 준다. 달리 말해서 구원받지 못한 사람의 유일한 기도는 "주여, 죄인을 불쌍히 여기소서"이다.

2 **속전**(**구속의 값**)은 부하거나 가난하거나 모두에게 동일하다(출 30：15). 이 말은 부자가 구원을 받은 후에 남보다 많이 헌금을 해서는 안된다는 뜻이 아니다. 구원을 위하여 일하는 것과 구원을 받았기 때문에 일하는 것은 전혀 다르다.

3 말씀으로 매일 **씻는 일**에 태만해서는 안된다. 그렇지 않으면 효력을 잃게 된다(출 30：21).

이 내용의 대부분은 죠지 헨더슨의 「출애굽기 연구」에서 발췌한 것이다.

두번째 십계명 판

—출애굽기 32～34장—

서론적으로, 명심해야 할 두 가지 사실이 있다.

1 **율법을 세 번 주심**—"율법이 삼중(三重)으로 수여된다". 첫번째는 출애굽기 20장 1～17절에서 구두로 주셨다. 이것은 순전한 법령으로서, 범죄함을 위한 희생제물이나 제사장 직분에 관한 조항은 없다. 여기에는 히브리인들 사이의 관계와 연관된 재판에 대한 내용(출 21 : 1～23 : 13)과, 세 가지의 연례적 절기를 지키라는 지시가 첨가되어 있으며, 23장 20～33절에는 가나안 정복에 따른 교훈이 나온다. 모세는 이 모든 말들을 백성에게 고했다(출 24 : 3～8). 그리고 백성의 장로들은 직접적으로 하나님과 교제하는 것이 허락되었다(출 24 : 9～11). 두번째로, 모세는 돌판을 받으러 올라오라는 부름을 받았다(출 24 : 12～18). 그리고나서는 이야기가 나뉘어진다. 산에 있는 모세는 성막과 제사장 직분과 희생제사에 관한 은혜로운 교훈들을 받았다(출 25～31장). 그동안에(출 32장) 아론이 이끈 백성들은 제1계명을 깨뜨린다. 모세가 돌아와 '하나님의 손으로 쓰여진' (출 31 : 18 / 32 : 16～19) 판을 깨뜨렸다.

이상의 사건을 분명하게 마음에 새기면 이 부분을 이해하는 데 매우 도움이 될 것이다.

2 **이중(二重)으로 율법을 깨뜨림**—32장 1～6절에는 아론과 백성들이 십계명을 깨뜨리는 기록이 나온다. 특별히 제1, 제2계명을 범했다. 그런데 하나님의 책은 우리가 계명 하나를 범하면 모두를 범한 것이라고 말한다(약 2 : 10～11). 아론은 율법의 의미, 정신, 본질을 깨뜨린 것이다. 19절에는 모세가 문자 그대로 율법을 깨뜨리는 기록이 나온다. 이 두 경우는 아무도 십계명을 지킬 수도 없고 지키려고도 하지 않을 것임을 증명해 준다. 한 사람만 십계명을 지켰는데 세상이 그를 십자가에 못박았다. 이 사람은 누구인가? "인간 예수 그리스도"이시다.

이제 각 장을 요약해 볼 차례이다.

1. 32장

1 **골짜기의 장면**(1～6절)—모세는 산정에 있었고 사탄은 산 아래에 있었다. 모세가 변화산 상에 있었을 때도 그러하였다(마 17 : 1～16). 이스라엘은 "그들을 구원해 주신 하나님을 잊었다"(시 106 : 10). "그들의 마음은 애굽으로 다시 돌아섰다". 이것이 죄의 뿌리였다.

[2] **산의 장면**(7～14절)—사탄은 하나님을 매장시키려 하지 않고 눈에 보이는 어떤 것으로 그를 나타내려 한다. 모세가 없어지자 백성들은 매우 편안했다. 그래서 그가 전혀 필요치 않다고 생각했다(고전 10：7).

(1) 여호와께서 그들을 벌하셨다(7～10절). 하나님은 죄를 벌하셨고, 지금도 벌하고 계시며, 언제나 벌하실 것이다. 죄는 경시해도 되도록 만들어지지 않았다. 성경은 죄를 가볍게 여기는 자는 어리석다고 했다. "미련한 자는 죄를 심상히 여긴다"(잠언 14：9).

(2) 그리스도의 모형인(요일 2：1) 모세는 이스라엘을 위해 중재한다(11～14절).

[3] **심판**(15～24절).

(1) 모세는 돌판을 깨뜨린다(15～21절).

(2) 아론의 거짓말(22～24절).

[4] **분리시키는 부르심**(25～35절)—산 위에서 모세는 백성을 위해 하나님께 변호한다. 반면에 산 아래에서는 백성들에게 하나님을 변호한다. 그는 제사장이요 선지자였다. 이러한 의미에서 그는 다시 우리 주님의 형상이다.

이 장을 끝내기 앞서 몇 가지 **실천적인 교훈**들을 지적해 두는 것이 좋겠다.

(1) 모세는 불신앙의 뿌린 씨를 추수하고 있었다. 그는 아론을 우선 순위의 위치에 두지 말았어야 했다. 아브라함이 그의 아버지와 조카를 데려감으로 인하여 받은 고난을 되살려보자. 우리는 인간적인 끈을 생각지 말고 주님께 귀를 기울이는 것이 더 낫다.

(2) 여기서 교회의 모형을 볼 수 있다.

- 지도자가 높은 곳에 있었다. 그리스도께서 오늘날 높은 곳에 계신다.
- 그들은 신앙을 버렸고 다만 종교적이었다. 그들은 애굽과 같은 종교, 즉 눈에 보이는 것을 원했다. 오늘날의 교인들은 어떠한가? 우리의 생활에서 어떤 것들이 우상이 되어지는 것은 이상하지 않은가?
- 그들은 인내하지 못하였다.
- 지도자가 돌아왔을 때, 그는 백성들이 죄에 빠져 있음을 발견했다. 주께서 오늘 돌아오신다면 그분은 우리가 어떤 상태에 있음을 발견하실 것인가? 성경은 뭐라고 말하고 있는가?
- 하나님의 백성이 그 때 한 일을 우리는 오늘 해야 한다. 진문(陣門) 밖으로 나와 우리의 지도자께로 나아가자(출 32：26 / 히 13：13).
- 모세가 심판했다. 그는 전과 같이 아론에게 입맞추지 않았다(출 4：27).
- 하나님이 죄를 멸하셨다(19, 20절).
- 아론은 거짓말을 하고(22～24절), 백성의 말에 귀를 기울여(1～2절), 우상 숭배를 하게 하는(21절) 죄를 범하였다. 죄는 꼬리를 물고 일어나는 법이다.

2. 33장

[1] **계속된 여행**(1~6절)

[2] **영문 밖**(7~11절/히 13:13 참조)

[3] **하나님의 은혜**(12~17절)—이 부분에, 특히 14절에는 하나님의 임재에 관한 대단히 중요한 교훈이 나온다. 하나님의 약속에 특히 주의하자.

(1) 모세의 생애에서의 이 약속의 배경
- ●모세의 기도(32:30~32)
- ●낙망한 자에게 주신 약속(32절)
- ●용기를 잃은 자에게 주신 것(33:12,13)

(2) 이 약속의 어법:하나님께로서 온 것이다. "내 얼굴이 너와 함께 할 것이며".

(3) 체험에 있어서의 이 약속의 증거:하나님은 그의 말씀을 지키신다. 그는 언제나 그처럼 행하신다.

[4] **모세와 하나님**(18~23절)

3. 34장

[1] **두번째 율법판**(1~4절)

[2] **이스라엘을 위한 모세의 기도**(5~9절)

[3] **약속들과 권고**(10~17절)

[4] **절기들과 안식일**(18~35절)—24절을 특히 유의하자. 이들이 하나님을 예배하고 섬기는 한 그 재산을 보호하시겠다고 약속하신다. 우리에게도 그렇게 하실 것을 믿을 수 있다. 아멘!

성막 건립

—출애굽기 35～40장—

이 장에서는 이전 부분들과 같은 내용을 다루지는 않는다. 다만 성막에 대해 간단히 주석을 달고, 이스라엘 사람들이 단순하나 값비싼 건축물을 설립하기 위하여 어떤 계획을 세우는지를 하나님께서 비용을 충당하신 방법을 강조하여 살피게 된다.

1. 성막에 대한 주석

이 장들에서 성막의 건립에 사용된 재료와 예배 장소에 쓰이는 기구와 용기에 대해 상세하게 설명하고 있는 것이 평범한 독자들에게는 지루할지 모르나, 영적인 눈을 가진 사람에게는 귀중한 것이다. 왜 자세하게 반복되어 있는가? 이는 성막과 관계된 것들, 즉 휘장과 널판, 갈고리, 기둥과 순가락 등 모든 것이 하나님의 마음에 그 사랑하시는 아들의 무한한 완전성과 영광들을 보이시기 때문이다. 속죄소에서 놋단까지 사중으로 거쳐가게 되는 것은(언제나 이런 순서인데) 네 복음서를 갖기 때문이다(37：1 / 39：35 / 40：3 / 40：20).

이 부분(35～40장)은 하나님의 휴식(안식일)으로 시작되어 그의 휴식처(성막)로 끝난다. 그의 그 크신 사랑으로 자기의 안식에 인간을 초대하시고 이들에게 오셔서 함께 거하신다(히 4장). 성막이 건축되는 동안에라도 안식일은 지켜져야 했었다(35：2). 또한 만나를 먹을 때에 끓이거나 빵을 만들기 위해서 불을 피워서도 안되었다. 안식일의 주님께서 준비하신 그대로 먹어야 했다(35：3). 모든 것이 여호와께서 모세에게 명하신 대로 성취되었다！ 이 말이 자주 반복되는 것에 유의하자. 인간의 재간이나 기호에 맞춘 것은 아무것도 없었다(39：42, 43).

성막은 하나님의 설계도에 따라서 건축되었기 때문에 하나님의 영광이 충만했다. 그러나 그것은 보배로운 피가 뿌려지고 거룩한 기름부음을 받게 되기까지만이었다. 십자가에 달려 기름부음을 받은 구세주만이 인간과 함께 거하실 수 있기 때문이다.

광채(Splendour-37：1 / 38：21), 섬김(Service－39：32～43), 희생(Sacrifice－40：1～16), 아들됨(Sonship－40：17～38) 이란 단어들은 **메시야 복음의 네 가지 영광**을 나타내며, 영광스런 황금 보좌에서 고난의 놋제단까지 네 번 이동하는 것에도 나타난다. 첫번째 통과할 때의 특징이라면 비싼 값을 치루는 것으로서(38：24～31), 왕의 광채(마태복음)를 나타낸다. 두번째의 통과시에는 (39：32～43, 여기 기록된 열 번의 '모든') 봉사, 즉 종의 겸손(마가복음)을 나타낸다. 세번째는 희생과 기름부음(40 : 2,9, 유월절)에서 하나님의 기름부음을 받은 어린 양의 희생(누가복음)을 나타낸다. 네번째는 영광 중에 거하는 메시야의 하나님되심(요한복음)을 보여 준다. 이 통과를 표시해 주는 귀중한 물건들은 일련의 연관성을 가지는데, 황금보좌와 황금제단, 등대와 상, 놋단과 놋대야는 왕이시며 제사장이신 그리스도, 빛과 생명되시고, 구세주와 성결자이신 그리스도로 설명된다.

성령이란 말은 누가복음에 12회, 마태복음에 6회, 마가복음에는 4회, 요한복음에는 7회 언급된다.

이제 우리는 이스라엘이 하나님의 집을 건설하고 그 재정을 충당하는데 어떤 계획을 세웠나에 대하여 알아볼 것이다. 건축은 하나님이 모세에게 주신 설계도에 따라 이루어졌다(출 25 : 9).

1 **요청**(출 25 : 1~9)
"마음에 원하는 자"(25 : 2 / 35 : 5, 21, 29)
마음이 "지혜로운 자"(35 : 10)

2 **반응**(출 35 : 5~10 / 36 : 4~7).

3 **이유**

- 그들의 소유가 아니고 하나님의 것이다(대상 29 : 14 / 고전 4 : 7 / 약 1 : 17).
- 성경에 그에 대한 예가 있다(고후 8 : 1~2). 마음이 하나님과 바른 관계에 있으면 손은 하나님을 위해 헌금으로 채우는 데에 신속하다.
- 그리스도께서는 우리를 위해 모든 것을 주셨다(고후 8 : 9). 하나님은 아들조차도 아끼지 아니하셨다(롬 8 : 32). "나를 사랑하사 나를 위하여 자기 몸을 버리셨다"(갈 2 : 20).

레위기
—서론과 개요—

레위기 서론

☐ **이름** : 레위기(Leviticus)는 "레위인들에게 해당되는"의 뜻이다. 레위인들은 성막의 봉사를 책임진 사람들이었다(민 3 : 1~13). 이 책에는 여러 가지 제사와 절기들, 정결한 것과 정결치 못한 것의 분별법에 관하여 제사장들에게 주시는 하나님의 지시사항이 기록되어 있다.

☐ **주제** : 창세기가 인간의 죄와 벌을 설명하고, 출애굽기가 구속을 설명하는 책인데 대하여, 레위기는 주로 분리와 교통하심(separation and communion)을 다룬다. 이 민족은 출애굽기를 통하여 애굽에서 인도되어 시내광야로 왔다. 이제 레위기에서는 여호와께서 성막으로부터 말씀하시며(레 1 : 1), 죄 많은 인간이 어떻게 하나님과 교통하며 그 안에서 행할 것인가에 대하여 설명한다. 이 책에는 "거룩한" 또는 "거룩함"이란 단어들이 80회 이상이나 발견된다.

첫 부분에서는 희생제사를 다루고 있는데 피흘림이 없이는 인간이 하나님께로 나아가지 못하기 때문이다. 사실상 "피"라는 말이 레위기에서 87회나 찾을 수 있다는 사실로서, 명실공히 희생제사의 책이라고 할 수 있겠다. 이 책의 두 번째 부분은 백성들이 그들의 주님을 기쁘시게 하기 위해 분리된(성별된) 생활을 어떻게 살아야만 하는가를 자세히 풀이해 주는 순결법(the laws of purity)을 다룬다. 하나님은 노예생활에서 그 민족을 구하셨고 이제는 그 민족이 그의 영광을 위하여 거룩함과 순결함으로 행하는 것을 보고 싶어하신다. 이 원리는 오늘날의 신약 그리스도인에게도 적용된다. 만일 우리가 어린 양의 피로써 구원을 받고 세상의 속박에서 구원을 받았다면 우리 주님과의 교제 안에서 행해야만 한다(요일 1 : 5~10). 우리는 그리스도의 피, 즉 죄로부터 우리를 깨끗케 하시는 완전한 희생제물이 필요하다. 그리고는 말씀에 순종하여 오늘날 이 악한 세상에서 순전함과 거룩함으로 행해야 한다. 이 모든 일들은 레위기에서 모형과 상징으로 나타나 있다.

☐ **희생제사** : 레위기는 희생제사와 피의 책으로 현대인의 마음에는 들지 않는 주제이다. 오늘날의 인류는 "피 없는 종교", 희생제물이 없는 도덕을 원하지만 이것은 불가능하다. 레위기 16장이 이 책의 중심장이 된다. 17장은 피 흘림이 죄를 처리한다고 명백히 밝힌다(17 : 11). "속죄"란 "가리운다"는 의미를 갖는

다. 레위기에서 이 속죄라는 말은 45회 사용된다. 구약 희생제사의 피로는 죄를 결코 없애지 못한다(히 10 : 1～18). 이 일은 십자가에서 이루신 그리스도의 희생제사로 단번에 모두 성취되었다. 구약 희생제사의 피는 죄를 가리울 수만 있었고, 구속의 사업을 완성하실 구세주의 죽음을 앞서 지적할 수 있었을 뿐이다. 희생제사를 드린다고 하여 영혼이 구원받는 것은 결코 아니다. 하나님의 말씀을 믿는 믿음이 있어야만 한다. 왜냐하면 영혼을 구하는 것은 믿음이기 때문이다. 다윗은 희생제사만으로는 자기 죄를 없앨 수 없음을 알았다(시 51 : 16～17). 선지자들도 조심성 없는 백성들에게 이 점을 명백히 밝혔다(사 1 : 11～24). 그러나 죄인이 하나님의 말씀을 믿고 죄를 깊이 뉘우치는 마음으로 나아왔을 때, 그의 희생제사는 하나님께서 받으실 만한 것이 될 수 있었다(창 4 : 1～5 참조).

□ **모형** : 레위기는 그리스도와 그가 십자가 위에서 이룩하신 구속의 사역을 나타내는 상징들로 가득 차 있다. 다섯 가지 희생제사는 그리스도의 인격과 사역을 여러 면으로 예증하는 것이며, 속죄일은 십자가 위에서 그가 죽으신 것을 아름답게 상징하고 있다. 모형의 세부적인 면을 억지로 해석할 필요는 없다. 예를 들어 희생제사에 따른 몇 가지 지시 사항들은 그 배경에 실제적인 목적이 있는 것이므로, 특별한 영적인 교훈을 갖다붙일 필요는 없다고 하겠다.

□ **실천적인 교훈들** : 오늘날 우리는 레위의 제사를 실행하지 않지만 이 책은 아직도 몇몇 무게있는 실제적 교훈들을 주고 있으므로 깊이 숙고하는 것이 좋겠다.

1 **죄의 무서움** — 죄를 속하기 위해서는 피가 흘려져야 한다. 죄는 가볍고, 중요치 않은 하찮은 것이 아니다. 하나님이 보시기에 미워하시는 것이다. 죄는 값을 치룬다. 유대의 예배자들에게 있어 모든 희생제사는 값이 드는 것이었다.

2 **하나님의 거룩성** — 이 책에서 하나님은 정결한 것과 정결치 않은 것 사이에 구별을 지으시고 "내가 거룩한 것처럼 너희도 거룩하라"고 자기 백성에게 경고하신다.

3 **하나님의 은혜로우심** — 그는 용서와 회복의 길을 마련하신다. 물론 이 "길"은 그리스도이시며 새로운 삶의 길이다(히 10 : 19이하).

레위기 개요

1. 죄에 대한 하나님의 규정/1～10장

[1] 희생제사/1～7장
- 번제/1장, 6장 8～13절
- 소제/2장, 6장 14～23절
- 화목제/3장, 7장 11～34절
- 속죄제/4장, 6장 24～30절
- 속건제/5장 1절～6장 7절, 7장 1～7절

[2] 제사장 직분/8～10장

2. 성별에 대한 하나님의 지침/11～24장

[1] 거룩한 백성/11～20장
- 정한 것과 부정한 것—순결법/11～15장
- 속죄일/16～17장
- 성별에 관한 여러 조항/18～20장

[2] 거룩한 제사장 직분/21～22장

[3] 거룩한 날—여호와의 절기/23～24장

3. 성공에 대한 하나님의 약속/25～27장

[1] 땅의 안식년/25장

[2] 순종의 중요성/26장

[3] 맹세의 가치/27장

제 사 법

—레위기 1~7장—

히브리서 10장 1~14절은 구약의 각종 제사들이 그리스도 안에서 완전히 성취되었음을 명백히 밝힌다. 다섯 가지 이 특별한 제사는 구세주의 인격과 사역에 관한 여러 가지 면들을 예증하는 것이다.

1. 번제—그리스도의 완전한 헌신(1 장)

이 제물은 떼 중에서 가장 좋은 것으로 일 년된 흠없는 수컷이어야 했다. 제물을 성막 문으로 데리고 가는데, 이는 하나님께서 받으실 만한 제사는 한 장소에서만 드려지기 때문이었다(레 17장 참조). 예배자는 제물의 머리에 손을 얹어 짐승과 자신을 동일시하여, 자기의 죄와 죄책을 짐승에게 전가시키는 것이다. 예배자는 성막의 문에서 짐승을 죽이고 제사장은 그 피를 받아서 놋단의 주위에 뿌렸다. 다음으로 제물은 가죽이 벗겨지고(가죽은 제사장에게 드림), 각을 떠서 제단에서 완전히 불살랐다. "그 전부를 단 위에"가 여기서 중심 구절이다. 제물 전체를 불로 태워서 하나님께 드리는 것이다.

이것은 우리 주님이 자신을 하나님께 완전히 헌납하는 것을 상징한다. "오 주님, 제가 당신의 뜻을 행하러 왔나이다"(히 10 : 10/ 요 10 : 17/ 롬 5 : 19 참조). 레위기 6장 8~13절에 보면 제사장은 매일 아침 제일 먼저 번제를 드려서 그 날의 다른 제사들이 번제의 기반 위에 드려지도록 했음을 지적하고 있다. 로마서 12장 1~2절은 그리스도인이 살아 있는 제물로 자신을 드리라고 교훈한다. 이 말은 곧 살아 있는 번제, 하나님께 전체를 드리는 것을 말한다. 제사장들이 "계속 번제"를 드리게 되는 것같이(6 : 12~13) 우리는 하나님의 영광을 위하여 주님께 계속 헌신된 상태로 지내야 할 것이다.

2. 소제—그리스도의 완전하심(2 장)

"고기"란 단어는 "식사"를 뜻하므로 이 제사에는 피가 관여되지 않는다. 좋은 가루, 가루로 구운 과자 또는 말린 옥수수 열매인 것 같다.

좋은 가루는 그리스도의 완전한 성품과 생애를 말해 준다. 그에게는 거칠거나 변덕스러운 점은 없었다. 기름은 성령을 상징하고 있는데, 그 사용이 이중적이었던 점에 유의하자. 4절의 "섞다"는 것은 그리스도가 영으로 나셨음을 상기시키며, 6절의 "붓다"는 것은 그의 사역을 위해 성령으로 기름부음 받으심을 말한다. 향료는 이 제사에 놀라운 향기를 더해 주었으며 그리스도의 완전하신 지상 사역의 아름다움과 향기를 예증하는 것이다. 제사는 불을 거쳐야 했는데 그리스도께서 갈보리의 고난을 견디셨던 것과 같다. 언제나 소금이있어야 했는데(13절) 이는 순전성과 썩지 않음을 상징한다. 그리스도에게는 어떠한 죄악도 없었다. 그리고 여기에는 죄를 상징하는 누룩이 사용되지 않았다(고전 5 : 6~8/막 8 : 15). 왜냐하면 그리스도에게는 죄가 없었기 때문이다. 거기에는 꿀도 없었는데 꿀은 자연이 제공하는 가장 달콤한 것이다. 그리스도에게는 "인간적인 본성의 달콤함"은 없었다. 그는 육신을 입으신 하나님의 사랑이셨다.

그리스도의 완전하심이 얼마나 놀라운 축복인가! 하나님의 영이 우리 안에서 역사하시므로 우리는 균형있고 향기로우며 순전하신 그를 더욱더 닮아갈 것이다.

3. 화목제－우리의 평화이신 그리스도(3 장)

제사의 절차는 대략 비슷하나 다만 예배자가 제물의 몇몇 부분을 되돌려 받아 먹는다. 가장 좋은 부분은 하나님께 드리고(3~5절), 나머지는 7장 11~21절에 기록된 규정대로 예배자가 먹는다. 이것은 즐거운 잔치가 되어야 하는데 예배자와 여호와 사이에 평화가 이루어졌다는 사실을 보여주는 것이며, 또는 죄의 짐이 옮겨졌다는 뜻이기도 하다(엡 2 : 14, 17/골 1 : 20 참조). 또한 레위기 7장 28~34절에서 제사장은 가슴 부분을 취하고, 예배자는 어깨 부분을 가지는 것을 볼 때 하나님의 백성이 강건해지려면 그리스도를 먹어야 한다는 것을 생각하게 된다. 레위기 17장 1~9절은 이스라엘 사람이 짐승을 도살했을 때는 언제나 화목제처럼 되어야 했음을 보여 준다. 우리가 식사를 할 때마다 화목제로 여기며 하나님과 또한 서로 간에 교통하는 시간을 가진다는 것은 놀라운 축복이 아니겠는가!

그리스도를 떠나서는 평화가 있을 수 없다. 죄 문제가 단번에 모두 해결되기 위해서는 십자가의 피가 요구되었다.

4. 속죄제－우리 죄를 담당하신 그리스도(4 장)

고의적인 "훼방"죄에 대한 제사는 없었지만 부지중에 지은 죄를 위해서는 대책이 있었다. 피가 휘장 앞에 뿌려지고 향단 뿔에 칠해지는 것을 유의해서 보자(6, 7절). 이것은 죄의 심각함을 보여주는 것이다. 3~12절에는 제사장의 죄에 대한 규정이 나오고 13~21절에는 온 회중의 죄에 대한 내용이 나온다. 이 두 경우에 대해 똑같은 제물을 요구하고 있음에 유의하자. 하나님께 기름부음을 받은 제사장의 죄는 곧 전체 국가의 죄와도 같은 것이었다. 22~26절에 보면 통치자들에 대한 규율이 나오고, 27~35절에는 보통 사람들에 대한 규율이 나온다. 결국 제물은 그 나라 사람들의 신분과 책임에 따라 달랐다.

제물이 놋단에서 불살라지지 않고 진 밖으로 옮겨져 깨끗한 장소에서 불살라졌음을 눈여겨 보자. 이것은 히브리서 13장 1~13절을 상기시키며, 여기에 보면 그리스도는 "영문 밖에서" 십자가에 달리셨고 그가 구원하려고 오신 그 민족에게 거절을 당하셨다. 속죄제에 해당되는 신약의 구절인 고린도후서 5장 21절은 그리스도께서 우리의 죄를 대신 담당하셨음을 말해 준다(벧전 2 : 24참조).

아무리 가난한 범법자라도 속죄제를 드릴 수 있었음을 알게 되는 것은 놀라운 축복이다. 5장 7절에 보면 하나님께서 산비둘기나 집비둘기도 받으실 것이라고 되어 있다. 마리아와 요셉이 가져온 제물도 비둘기였으며(눅 2 : 24) 우리 주님의 가족이 가난했음을 보여 준다.

5. 속건죄－죄의 빚을 갚으신 그리스도(5 : 1～6 : 7)

속죄제와 속건제는 매우 밀접하게 관련되어 있으며 사실상 이 둘은 죄인들을 대신하여 죽으신 그리스도의 죽음의 양면성을 보여 준다. 속죄제는 인간의 본성에 입각하여 죄를 보는 것이며 자신이 죄인이라는 사실을 보는 것이다. 반면에, 속건죄는 개개의 죄악된 행위들에 강조를 두고 있다. 속건제에서는 범법자가 한 행동에 대해 손해배상을 해야 한다는 데 주목하자(5 : 16 / 6 : 4～5). 따라서 이 제사는 죄에는 값이 지불되며, 진실한 회개가 있는 곳에는 손해배상과 상환이 따른다는 사실을 상기시킨다. 5장 14～19절은 하나님에 대한 죄악을 강조했고 6장 1～7절에는 인간에 대한 죄악을 강조했다. 두 가지 경우 모두 죄는 값을 지불해야 할 빚이라고 보았는데 이 빚이 그리스도로 말미암아 충분히, 그리고 최종적으로 지불된 것은 물론이다.

한 가지 재미있는 일은 성경에 기록된 제사의 순서이다. 하나님은 번제로부터 시작하시는데, 이것은 구속사업에 자신의 아들의 완전히 헌신함을 뜻하며 여기로부터 구원의 계획이 시작된다. 그러나, 인간의 관점에서 볼 때는 순서가 반대이다. 첫째로 우리는 여러 가지 죄악을 범한 자신을 보고 하나님과 인간에게 빚이 있음을 인정한다. 이것이 **속건제**이다. 그러나 계속 죄를 깨닫게 됨에 따라 우리는 본성적으로 죄성을 지닌 죄인임을 인정한다. 이것이 **속죄제**이다. 그 다음으로 성령은 우리에게 그리스도를 나타내시는데, 이는 십자가의 피로써 평화를 이룩하신 분이시다. 이것이 **화목제**이다. 우리가 은혜 안에서 자랄 때에 우리는 주님의 완전하심을 이해하는 자리에 이르며 "사랑받는 사람들로 영접받는데," 이것이 **소제**이다. 이 모든 일들이 일어난 결과로써 우리는 주님께 완전히 헌신하게 되는데 이것이 **번제**이다.

우리는 오늘날 여러 가지 제사를 지낼 필요는 없다. "저가 한 제물로 거룩하게 된 자들을 영원히 온전케 하셨느니라"(히 10 : 14). 할렐루야, 우리 구세주!

문둥병과 죄

—레위기 13~14장—

지상사역을 하시는 동안 우리 주님은 문둥병자들을 고치셨다(마 10 : 8 / 11 : 5 / 막 1 : 40~45 / 눅 17 : 11~19). 이 일은 "깨끗케 하는 일"로 불리워졌는데 문둥병은 병일 뿐만아니라 불결죄로 여겨졌기 때문이다. 문둥병자들은 보통 사회에서 제외되었고 성전에 들어가는 일도 금지되었다. 이 두 장에서는 죄의 상징으로 문둥병을 다루며, 죄인들을 깨끗케 하기 위하여 그리스도께서 하신 일을 예증한다.

1. 죄의 성질(13장)

어떤 사람이 문둥병에 걸렸다고 생각이 들면 그는 검사를 받으러 제사장에게 가도록 되었다. 문둥병의 특성을 유의해서 보고 죄를 어떻게 상징하는지 알아 보자.

[1] **피부보다 우묵하다**(3절)—문둥병은 피부에 발진하는 단순한 것이 아니라 피부보다 깊은 것이다. 얼마나 죄와 유사한가! 문제는 표면에 있는 것이 아니라 피부보다 깊숙한 곳에 있다. 문제는 인간의 죄악된 본성에 있다. 성경은 육신(옛 본성)에 대하여 말하기를 아무런 선한 것이 없다고 했는데 우리의 죄악된 본성이 모든 문제거리들의 근본이기 때문이다. 인간은 얄팍한 표면적인 치료로는 고칠 수 없다. 마음이 변화되어야 한다(렘 17 : 9 / 롬 7 : 18 / 시 51 : 5 / 욥 14 : 4 참조).

[2] **퍼진다**(7절)—문둥병은 몸의 일부분에 제한된 종기가 아니라 퍼져서 그 사람 전체를 파멸시킨다. 죄도 역시 퍼진다. 생각에서 시작되어 욕망으로, 행동으로, 그리고는 심각한 결과들을 초래한다(약 1 : 13~15 참조). 다윗은 나가 싸워야 할 때 군대를 떠나 자기 이웃의 아내에게 시선을 던졌다. 그는 갈망했고, 간음죄를 저질렀으며, 거짓말하였고, 우리아를 술취하게 했으며, 결국은 그를 죽였다.

[3] **더럽힌다**(44~46절)—물론 이것은 의식을 더럽힌다는 뜻이며, 문둥병자는 성전 예배에 참석할 수 없었다. 스스로 병자임을 표시하도록 강요되었고 "부정하다! 부정하다!"고 소리질러 주위 사람들에게 경고했다. 문둥병자를 만지기만 하는 사람도 역시 부정하게 되었다. 이것이 죄의 비극이다. 죄는 마음과 정신과 몸과 죄가 닿는 모든 것을 더럽힌다. 죄인 하나가 집안 전체를 더럽힌다.

아간을 생각하자(수 7장). 죄는 대단한 우주적인 오염물이므로 아무도 깨끗한 사람은 없다.

4 **격리된다**(46절) — "혼자 살 것이며"란 얼마나 비참한 말인가! "진 밖"의 거절의 장소가 문둥병자가 살 유일한 곳이었다. 죄는 언제나 사람을 고립시킨다. 죄는 가족들로부터 떨어지게 하고, 친구들로부터도, 결국은 그의 하나님으로부터도 떨어지게 한다. 그리스도가 우리 대신 죄를 지실 때 그는 외쳤다. "어찌하여 나를 버리셨나이까?" 죄는 사람을 하나님에게서 분리시킨다. 바로 이것이 지옥이다.

5 **소각된다**(52절) — 문둥병으로 더럽혀졌다고 알려진 것은 어떤 의복이든지 불살라졌다. 죄를 위해 준비된 곳은 한 군데, 곧 심판의 불이다. 예수님은 지옥을 불이 꺼지지 않는 곳이라고 설명하셨다. 수백만의 영적인 문둥병자들이 그리스도를 구세주로 믿지 않아 영원한 불의 심판에 처해진다는 것은 슬픈 일이 아닐 수 없다. 그들에게 복음의 좋은 소식을 전하는 것은 얼마나 중요한 일인가!

이렇듯 문둥병은 하나님이 죄를 어떻게 생각하시나를 예로 보여 주신다. 인간은 죄를 경시하고, 핑계를 대거나 발뺌할지 모르나, 하나님께는 죄가 심각하다. 이사야 1장 4절 이하에서 선지자가 문둥병을 죄의 상징으로 사용하고 있음을 눈여겨 보자.

2. 죄인을 깨끗케 하는 과정(14장)

이 장은 문둥병자를 정결케 하여 일반 사회에 돌아갈 수 있게 하는 의식을 설명한다.

1 **제사장이 문둥병자에게 간다**(3절) — 물론, 문둥병자는 진 안에 들어오지 못하게 금지되었으므로 제사장이 "영문 밖으로" 나와 그에게 가야 했다. 우리가 구원받도록 하기 위해 "영문 밖에서" 죽으신 그리스도를 잘 상징하고 있다(히 13：10~13). 우리가 그를 구한 것이 아니었다. 그가 우리를 찾아 오셨고 잃은 자를 구하셨다(눅 19：10).

2 **제사장이 제물을 바친다**(4~7절) — 이 의식은 그리스도의 사역을 아름답게 상징한다. 제사장은 새 한 마리를 붙잡아 흙으로 만든 그릇(토기)에 놓고 죽인다. 물론 새들은 도자기에서 살도록 만들어지지 않았다. 하늘을 날도록 되었다. 그리스도는 기꺼이 하늘을 떠나 몸을 입으시고, 즉 흙으로 된 그릇에 자기를 담고 우리 대신 죽으셨다. 새를 죽일 때 성령을 상징하는 흐르는 물 위에서 죽인 것에 유의하자. 그 다음에는 제사장이 살아 있는 새를 취하여 죽은 새의 피에 적신 다음 다시 놓아 주었다. 그리스도의 부활에 관한 얼마나 생생한 예화인가!

그 다음에 제사장은 약간의 피를 문둥병자에게 뿌렸다. 왜냐하면 "피흘림이 없이는 죄사함이 없기 때문이다"(히 9 : 22).

3 **문둥병자는 몸을 씻고 기다린다**(8~9절) — 제사장은 이미 그가 깨끗하다고 선언했으므로 말씀에 관계되어 있는 한 그는 용납되는 것이지만 이제 그는 자신이 받아들여지도록 해야 했다. 몸을 씻는 것은 육신과 영의 불결함에서 자신을 깨끗케 하는 신자를 나타낸다(고후 7 : 1). 우리가 구원을 받은 후에, 우리의 생활에 흠이 없이 거룩하게 살아야 하는 것이 우리의 책임이다. 제 8일이 되기까지(8은 부활의 수이며, 새로운 시작을 뜻함) 기다려야 한다는 데에 유의하자.

4 **문둥병자가 희생제물을 드린다**(10~13절) —이제 그는 진 안으로 돌아와 성막 문에 있다. 그는 속건제, 속죄제, 번제를 드린다. 속죄제는 그의 불결을 처리하고 번제는 하나님께 대한 그의 새로운 헌신을 나타낸다. 속건죄를 드리는 이유는 그가 불결했던 동안 마땅히 했어야 할 하나님께 대한 봉사를 하지 못했기 때문에 하나님께 큰 빚을 지고 있는 것이다. 속건죄는 그가 낭비했던 생애로 인한 손해를 복구하는 유일한 방법이었다. 모든 잃어버린 죄인은 마땅히 하나님께 돌려야 할 영광을 훔치고 있는 것이며, 그리스도를 거절하는 날 만큼 빚은 더 커지는 것이다.

5 **제사장은 피와 기름을 바른다**(14~20절) — 이것은 이 의식에서 감동적인 부분이다. 제사장은 피를 취하여 오른쪽 귀, 오른쪽 엄지 손가락, 오른쪽 엄지 발가락에 바르며, 이것은 그의 전체 몸이 값으로 산 바 되어 하나님께 속한다는 것을 의미한다. 그는 하나님의 말씀을 듣고, 하나님의 영광을 위하여 일하며, 하나님의 길로 행하게 된다. 다음에 제사장은 피에 기름을 붓는데 이것은 하나님의 뜻을 행함에 있어 하나님의 영의 능력을 상징한다. 우리는 피를 기름에 붓지는 않는다. 기름을 피에 부어야 한다. 왜냐하면 피가 칠해진 곳에서 하나님의 영이 일하실 수 있기 때문이다. 남은 기름은 그 사람의 머리에 부으며 이렇게 함으로 새로운 생활을 위해 기름부음을 받게 된다. 레위기 8장 22~24절에 보면 제사장의 헌신 때에도 비슷한 예식이 거행됨을 알 수 있다. 다른 말로 하면 하나님은 문둥병자를 제사장처럼 취급하신다는 것이다! 얼마나 놀라운 은혜인가!

이 모든 일은 오늘날 예수 그리스도를 믿는 믿음을 통하여 성취된다. 그가 우리를 찾아 "영문 밖으로" 나오셨다. 그는 우리를 구하시려고 죽으셨다가 다시 부활하셨다. 우리가 그를 신뢰할 때 그는 우리의 생활에 피를 바르시고 기름을 부으신다. 그리고 하나님과 교제하도록 회복시키신다. 어느 날 한 문둥병자가 그리스도께 말했다. "당신이 원하시면 나를 깨끗케 할 수 있나이다." 그는 "내가 원하노니 깨끗함을 받으라"고 응답하셨다. **그리스도는 구원하시기를 원하시며 그렇게 할 능력이 있는 분이시다!**

속 죄

—레위기 16～17장—

이 두 장들은 피흘림이란 주제로 함께 묶여 있다. 속죄일은 이스라엘의 가장 큰 축제일이었다. 왜냐하면 그 해에 처리되지 못한 모든 죄들을 다루신 날이기 때문이다. 히브리서 10장 1절 이하는 이 장에 대한 주석에 해당한다.

1. 제사장의 준비(16：1～14)

[1] **혼자 있어야 했다**(1～2, 17절) —이 중요한 의식에 있어서 레위인들은 조력하지 않으며 대제사장이 홀로 직무를 수행한다. 우리 주님도 그러하시다. 그리스도만이 홀로 죄의 값을 치를 수 있으셨다. 그의 민족은 그를 거절하였다. 그의 제자들은 그를 버리고 도망하였다. 아버지는 그가 십자가에서 죽으실 때 그에게 등을 돌리셨다. 우리 주님만이 죄 문제를 단번에 모두 해결하셨다.

[2] **영광스러운 옷을 벗어두어야 했다**(4절) —우리 주께서 인간으로 세상에 오신 것을 잘 상징해 준다. 그리스도는 그의 영광의 옷을 벗어버리고 종의 형상을 입으셨다(빌 2장 참조).

[3] **몸을 씻어야 했다**(4절) —제사장이 몸을 씻는다는 것은 의식의 불결함을 제거한다는 의미였다. 그리스도를 상징할 때는 우리를 위하여 자신을 성결케 하심을 나타낸다(요 17：19). 그는 많은 사람을 위하여 자기 생명을 대속물로 주실 직무에 기꺼이 자신을 헌납하셨다. 웬 사랑인가!

[4] **자신을 위해 속죄제를 드려야 했다**(6～11절) —물론 여기서도 그리스도의 탁월성을 보게 된다. 왜냐하면 그는 자신을 위하여 무슨 희생을 드릴 필요가 없었기 때문이다. 히브리서 7장 23～28절을 주의깊게 읽자.

[5] **향을 지성소에 가지고 가야 했다**(12～13절) —대제사장은 그날 세 번 지성소에 들어갔다. 첫째로는 향을 태우기 위하여, 다음으로는 자신의 속죄제의 피를 가지고, 마지막으로는 백성들을 위한 속죄제의 피를 가지고 들어갔다. 그런데 피를 가지고 지성소에 들어가기 전에 향을 먼저 가지고 들어갔다. 왜 그랬는가? 속죄소(또는 시은좌)에서 향을 태우는 것은 하나님을 찬양하고 영광돌림을 상징했다. 우리가 명심해야 할 일은 그리스도께서 단순히 죄인들을 구원하시려고, 또는 잃어버린 우주를 하나님께 회복시키려고 죽으셨던 것만은 아니며 하나님의 영광을 위하여 죽으셨던 것이다! "모든 사람이 죄를 범하였으매 하나

님의 영광에 이르지 못하더니." 에베소서 1장을 읽고 "하나님의 영광을 찬송한다"는 말을 자주 사용하는 것에 유의하자.

6 자기 제물의 피를 속죄소로 가져가야 했다(14절) ―피를 흘린 것으로 충분하지 않았다. 그 피가 속죄소에 뿌려져야 했다. 이것은 대제사장과 그의 가족을 속죄하는 것이고 이렇게 하여 그는 백성을 위한 속죄제를 드리기에 적합한 사람이 되는 것이다.

이 모든 일들은 그 날의 주된 직무를 수행하기 위한 준비였다. 민족을 위해서 드리는 속죄제가 그 날의 주된 직무였다.

2. 염소를 바침(16：15~34)

속죄제 한 번에 두 마리의 염소가 바쳐짐을 눈여겨 보자(5절). 이것은 십자가 사역의 양면성을 예로 보여 주는 것이다. 대제사장이 자기의 속죄제 피를 뿌리고 돌아와 죽이기로 지정한 염소를 취하여 전 민족을 위한 속죄제로 그 염소를 죽였다. 그런 다음 세번째로 지성소에 들어가는데, 그 염소의 피를 가지고 들어갔다. 그는 속죄소 위에, 그리고 속죄소 앞에 그 피를 뿌렸고, 이렇게 하여 백성의 죄들이 가리워졌다. 20절에서 속죄제의 피가 백성과 성막을 정결케 하여 하나님과의 화해를 이루게 함에 유의하자(히 9：23~24 참조).

피를 뿌리고나서 대제사장은 산 염소를 취하여 손을 그 염소 위에 올려놓고 백성의 죄들을 고백했다. 이렇게 하여 상징적으로 그들의 죄를 죄없는 동물에게 전가시키게 된다. "속죄 염소"라는 단어는 "옮기는 것"을 뜻하는 히브리어에서 왔다. 이 염소는 광야로 보내어져 다시는 볼 수 없게 되는데, 이는 백성의 죄가 제거된 것을 예증했다. 물론 이 의식이 죄를 옮겨가지는 못했다. 왜냐하면 해마다 반복해야 했기 때문이다. 그러나 이 일은 그리스도께서 세상의 모든 죄를 위하여 단번에 죽으셔서 하신 일을 예증했다. 믿는 이스라엘 사람들은 믿음으로 말미암아 구원을 받았으며 이 방법으로만 사람들은 구원을 받아 왔다.

속죄제가 완전히 끝나 민족의 죄가 제거된 후에(상징적으로), 대제사장은 겸손한 세마포 옷을 벗어놓고 영광의 옷을 입었다. 이것은 그리스도의 부활과 승천을 상징한다. 그는 십자가에서의 일을 끝내고 영광 중에 아버지께로 돌아갔으며, 오늘도 거기 앉아 계신다.

속죄일은 유대인들에게는 진지한 날이었으며 어떤 일도 해서는 안되었다. 구원은 일을 해서 얻는 것이 아니다. 전적으로 하나님의 은혜로 말미암는 것이다.

3. 피에 관계된 금지령(17장)

레위기 17장 11절은 성경의 핵심 구절이다. 왜냐하면 속죄의 유일한 길은 피를 통하는 길이라고 강력히 진술하기 때문이다. 과학이 피의 경이로움을 발견하기 오래 전에 성경은 생명이 피에 있다고 가르쳤다. 의사들은 피를 뽑아냄으로 사람들을 치료하려 했으나 오늘날에는 수혈을 한다.

이 장은 유대인들이 그의 가축을 조심성없이 살육하는 것을 금지했다. 짐승을 성막 문으로 가져와 제사장이 여호와께 화목제를 드리도록 되었다. 물론 그들이 우상이나 마귀에게 제사드리는 유혹을 받을 위험이 있었기 때문이었다(7절/애굽에서 배운 습관). 또한 동물에게서 피를 취하여 그것을 먹음으로 죄를 짓지 않게 하기 위한 것이기도 했다. 피는 특별한 것이었고, 보통 음식처럼 취급해서는 안되었다.

이 장 전체를 통하여 강조하고 있는 것은 제사드리는 한 장소에 관한 것이다. 하나님이 받으시는 한 가지 값은 피이며, 하나님이 받으실 유일한 장소는 성막 문인 것이다. 오늘날도 마찬가지이다. 하나님은 죄값으로 다만 그의 아들의 피를 받으시며, 그리고 그 피는 하나님이 지정하신 장소, 즉 갈보리의 십자가에서 흘려졌다. 다른 희생물과 다른 장소에 의존하는 것은 하나님께 거절을 당하는 것이다.

육체적으로나 영적으로 생명은 피에 있다. 우리의 영적인 생명은 그리스도의 흘리신 피에 종속되어 있다(요일 1:7/엡 1:7/골 1:14/히 9:22 참조).

우리는 "현대주의자들"이 그리스도의 피의 교리를 거부하는 시대에 살고있다. 그들은 이것을 "도살장 종교"라고 부른다. 성경은 피에 관한 책임을 분명히 해둘 필요가 있다. 창세기에서 하나님은 아담과 하와를 위하여 동물을 죽여 옷을 해 입히셨으며, 요한계시록에서는 그리스도를 가리켜 죽임당한 어린 양이라고 기록되어 있다. 우리를 구원하는 것은 모범이신 그리스도나 선생이신 그리스도가 아니라, 세상 죄를 위하여 십자가를 지신 하나님의 어린 양으로서의 그리스도이시다.

여호와의 절기

—레위기 23～27장—

여호와의 일곱 절기들은 풍성한 영적인 양식으로 가득 차 있어 조심성있게 공부하기에 알맞다. 이 절기들 중에서 몇 가지는 이미 공부했으므로 이들을 상세히 다루지 않을 것이지만, 다른 절기들은 이 연구에서 새로운 것이다. 이 일곱 절기들의 순서와 날짜에 유의하는 것이 중요하다.

절 기	날 짜	의 미
유월절	1월 14일	십자가상에서 우리를 위해 그리스도께서 죽으심
무교절	1월 15～21일	그리스도인들이 생활에서 죄를 버리고 예수 그리스도로 양식을 삼음
초실절	1월 17일	그리스도의 부활(고전 15：20～21)
오순절	50일 후	성령의 강림(행 2장)
나팔절	7월 1일	교회의 휴거/이스라엘을 다시 모으심
속죄일	7월 10일	이스라엘이 메시야를 보며, 정결케 됨(슥 12장)
초막절	7월 15～21일	천년왕국

절기의 순서가 이스라엘과 교회를 상징적으로 예언하고 있음을 볼 수 있다. 첫 달(11월)의 세 절기들은 그리스도의 죽음과 부활을 상징한다. 오순절(50일 후)은 성령의 강림을 상징한다. 오순절과 다음 절기 사이의 오랜 간격이 있음에 유의하자. 이 시기는 현재의 교회 시대를 보여 주며, 이스라엘은 이 시기 동안은 제쳐진다. 물론 교회는 모형과 상징으로는 나타나지만 구약에 언급되어 있지는 않다. 다음으로 7월에 세 개의 절기가 모두 들어있다. 나팔절은 교회의 휴거와 이스라엘을 다시 모으시는 것을 상징한다. 속죄일은 이스라엘이 메시야를 볼 때 정결케 될 것임을 예증한다. 초막절은 그 민족이 약속된 왕국에서 쉬게 됨을 상징한다.

1. 유월절(23：4～5)

이 절기에 대해서는 이미 상세하게 살펴보았으므로(출 11～13장) 앞 부분을 참고하시기 바란다. 모든 것이 어린 양의 피에 달려 있다. 유월절을 떠나서는 다른 절기들이 생겨날 수 없었다. 오늘날 피를 폐지하려 하는 사람들은 전 시대를 통한 하나님의 계획을 근본적으로 해치고 있는 것이다.

2. 무교절(23：6～8)

이 절기에 대해서도 이미 생각해 보았다. 이 절기는 그리스도인이 생활에서 죄를 제거하고 여정을 위해 힘을 얻도록 어린 양을 먹는 것을 상징한다(고후 7：1). 이 두 절기들을 혼동하지 말자. 누룩(죄)을 저버림으로 구원받는 사람들은 아무도 없다. 또한 먼저 피로 구원받기 전에는 아무도 죄를 버리려 하지 않을 것이다. 이것은 종교적인 개선과 하나님의 성령에 의한 영적인 거듭남 간의 차이이다.

3. 초실절(23：9～14)

이것은 백성이 가나안 땅에 도착하여 농사를 짓고 추수를 하게 되기까지 보류되었다. 광야에서 이 절기를 지키기는 불가능했을 것이다. "유월절의 안식일" 다음 날(그 달의 16일째) 제사장은 곡물의 첫 이삭 한 단을 취하여 제단 앞에서 흔들어 전체 추수가 여호와께 속한 것임을 상징했다. 이것은 물론 우리 주님의 부활을 상징하며, 고린도전서 15장 20～21절은 그를 "첫 열매"라고 정확히 지칭했다. 우리 주님이 죽으신 해, 그 달 17일은 주간의 첫날 곧 주일(主日)이며, 그가 죽음에서 부활하신 날이었다. 그러므로 주일은 인간이 창안해 낸 것이 아니며, 수십 세기 전에 하나님의 달력에 씌어있었다. 첫 열매이신 그리스도가 살아계시므로 모든 "부활의 추수"가 하나님께 속하고 한 사람도 잊혀지지 않을 것이다. "내가 살았고 너희도 살겠음이라."

4. 오순절(23：15～21)

"오순절"은 "50"을 뜻하며 그리스도가 부활하신 후 50일째 되는 날, 성령께서 다락방에 모여 있는 신자들에게임했다(행2장). 40일 동안은 그리스도가 제자들에게 사역하셨고(행 1：3), 남은 10일 동안은 제자들이 기도하며 성령의 강림을 기다렸다. "새로운 소제"는 두 조각의 떡으로 이루어지는데 이는 유대인과 이방인이 성령으로 말미암아 한 몸, 교회로 연합되는 것을 상징한다(고전12：13). 누룩을 넣도록 한 것은 오늘날 교회 안에 죄가 있다는 사실을 예증한다. 누룩이나 오점이나 구김살이 없는 때가 올 것을 인해 하나님께 감사드리자! 제사장이 떡을 드렸지 곡식의 이삭을 드린 것이 아님에 주목하자. 이것은 신자들이 성령으로 그리스도 안에 연합되었음을 뜻한다.

유월절 후로는 절기가 없는 긴 공백기가 있게 된다. 1월에 세 절기가 있고 7월에 또 세 절기가 있으며, 그 사이에 오순절이 있다. 이 긴 간격은 오늘날 우리가 살고 있는 교회 시대를 말한다. 이스라엘은 어린 양을 거절하였으므로 메시야를 받아들이기까지는 성령을 받지 못하며, 세상에 흩어진다. 이스라엘은 현재 성전도 없고, 제사장 직분도 없고, 희생제사나 왕도 없다. 이스라엘의 장래는 어떠할 것인가? 그것은 다음의 세 가지 절기에서 나타난다.

5. 나팔절(23：23～25)

이스라엘 국가는 나팔로 인도를 받았다(민 10：12). 이 절기는 세상 끝날에 하나님의 나팔이 그들을 부를 때, 이스라엘이 다시 모이게 될 것임을 상징으로 보여 준다. 이사야 27장 12～13절과 마태복음 24장 29～31절에 있는 그리스도의 말씀을 읽어 보자.

물론 이 절기가 교회에도 적용된다. 우리는 나팔소리와 주님이 공중에 재림하시기를 기다리기 때문이다. 유대인들은 언제나 나팔을 불어 총회를 소집했으며 그리스도께서 그의 자녀들을 모으실 때에도 이렇게 하실 것이다. 유대인들은 전쟁을 위해서도 나팔을 불었다. 그리스도께서 자녀들을 세상에서 데려가신 후에, 이 땅의 나라들에게 전쟁을 선포하는 나팔을 불 것이다.

6. 속죄일(23：26～32)

이 절기는 레위기 16～17장에서 다루었다. 하나님께서 유대인들을 함께 모으실 때 그리스도를 그들에게 나타내실 것이고 "그들은 저희가 찌른 자를 보게 될 것이다." 이스라엘의 미래의 속죄일에 대해서는 스가랴 12장 10절～13장 1절에 설명되어 있다. 이 구절들을 조심스럽게 읽자. 그 날은 죄를 탄식하는 날일 것이며, 어린 양의 피로써 정결케 하는 날이다. 하나님의 성도들의 육신에 거하는 동안 행했던 일들을 회계할 때 그리스도의 심판대에서 속죄일을 맞을 사람들도 있다. 그러나 속죄일의 기본적인 적용은 이스라엘 나라에 관계된 것이다.

7. 초막절(23：33～44)

유대인들은 7일 동안 초막에 거하며, 그들이 광야에 있을 때 하나님께서 보호하시고 예비하신 일을 되새겼다. 그러나 이스라엘을 위한 미래의 초막절이 있으니, 곧 왕이 영접을 받고 나라가 회복될 때이다. 스가랴 14장 16～21절을 읽자. 이 절기는 하나님이 유대인들에게 약속하신 미래의 천년 왕국을 말한다. 이 절기는 추수 후에 지키는데(39절), 이것은 그리스도께서 그의 지상 왕국을 건설하시기 전에 자기의 추수한 모든 것을 모으신다는 사실을 가르쳐 준다. 이 절기는 슬픔의 절기가 아니고 기쁨의 절기가 될 것이다. 그리스도께서 예루살렘에서 다스리실 때 모든 하늘과 땅이 기뻐할 것이다!

이것은 하나님의 "예언적인 시간표"이며 우리는 나팔이 언제 울릴런지 알 수 없다. 우리가 나팔소리와 우리 주님의 오심을 준비하는 것은 얼마나 중요한 일인가!

민수기

—서론과 개요—

민수기 서론

□ **이름** : 이 책의 이름은 1~4장과 26~27장에서 두 차례에 걸쳐 전쟁을 목적으로 남자들의 수를 세었던 일에서 비롯되었다. 처음에 계수한 것은 그 민족이 애굽을 떠난 지 2년이 지난 후의 일이었고, 두번째 계수는 38년 후, 새로운 세대가 가나안에 들어가기 직전에 이루어졌다. 이 계수는 전민족에 대한 것이 아니라 싸울 수 있는 남자들만을 센 것이다. 처음 인구 조사에서는 싸울 수 있는 남자가 603, 550명이었고, 두번째는 601, 730명인 것으로 나타났다.

□ **주제** : 민수기는 구약에서 광야의 책이다. 이 책에서는 그 민족이 가데스 바네아에서 실패한 일과, 불신적인 구세대가 죽기까지 광야에서 방황하는 것을 설명하고 있다. 이스라엘이 광야에서 방황한 것을 "역사상 가장 긴 장례 행렬"이라고 묘사하는 사람도 있다. 구 세대 중에서는 갈렙과 여호수아만 가나안에 들어가도록 허락되었는데, 이들은 가데스 바네아에 있을 때 하나님을 신뢰하여, 돌아가자는 그 민족의 결정에 반대하였다. 모세조차도 약속의 땅에 들어가는 것이 금지되었는데, 바위에게 말하는 대신 바위를 쳤을 때 범한 죄 때문이었다.

□ **영적인 교훈** : 민수기는 히브리서 3~4장과 고린도전서 10장 1~15절에서 설명된 대로 오늘날의 그리스도인들을 위한 굉장한 영적인 교훈을 지니고 있다. 하나님은 믿음을 영예롭게 하시며 불신앙을 벌하신다. 광야에서 범한 이스라엘의 모든 죄의 뿌리에는 불신앙이 있었다. 즉, 그들은 하나님의 말씀을 신뢰하지 않았다. 가데스 바네아에서 이스라엘은 하나님의 말씀을 의심하여 그들이 받을 유업에 들어가지 못했다. 믿음으로 가나안을 주장하지 못하고 불신앙 가운데서 광야를 방황했다.

오늘날에도 많은 그리스도인들이 그들의 영적인 삶에 있어서 "중간지대"에 머물러 있다. 어린 양의 피로써 애굽에서 구원을 받았으나, 그리스도 안에 있는 그들의 유업에 들어가지는 못한다. 가나안은 천국의 모형이 아니다. 가나안은 그리스도 안에 있는 우리의 영적인 유업(엡 1 : 3), 곧 믿음으로 주장되어야 할 유업을 모형으로 보여 준다. 오늘날 그리스도인의 삶이 그러하듯이 가나안은 전쟁과 축복의 땅이었다. 유감스럽게도 많은 그리스도인들이 결정의 장소(그들 자신의 가데스 바네아)에 이르러, 믿음으로 얻게 될 그들의 유업에 들어가는 데에 실패한다. 여호수아서에 기록된 바와 같은 정복자가 되는 대신 민수기에서 설명된 방황자가 된다. 그렇다. 그들은 구원을 받았으나 자기 삶에 대한 하나님의 목적을 성취하지는 못한다! 그들은 하나님께서 거인들을 정복하시고 성벽을 무너뜨리시며, 그가 약속하신 유업을 그들에게 주실 것임을 믿으려 하지 않았다. 그들은 자아의 죽음을 상징하는 요단강을 건너려 하지 않으며, 그리스도께서 그들에게 약속하신 것을 주장하기 위해 믿음으로 전진하려 하지도 않는다.

민족이 광야에서 방황하는 동안 수가 증가하지 않은 것에 유의하는 일은 흥미있다. 사실상, 두번째 인구 조사는 전쟁에 참여할 수 있는 남자의 수가 1,820명이 줄어들었음을 보여 주었다. 그 민족은 불필요한 고난을 견디며 38년을 낭비했으면서도 수가 늘어나지 않았으며 "죽음의 행진"을 하는 동안 내내 하나님을 높이지 않았다. 이것은 바로 불신앙이 그리스도인들에게 하는 일이다. 시간도, 노력도 낭비하게 하며, 축복도 잃게 한다. 교회가 믿음으로 전진하지 못하고, 그 결과로서 영적으로나 수적으로, 물질적으로 퇴보하기 시작한다는 것은 얼마나 슬픈 일인가! 하나님께서 그의 말씀을 신뢰하도록 우리를 도우시기를 기도하자.

민수기 개요

1. 제외된 구 세대 / 1~20장

[1] 계수됨 / 1~4장
[2] 권고됨 / 5~10장
[3] 징벌됨 / 11~12장
[4] 정죄됨 / 13~20장

2. 분리된 새 세대 / 21~36장

[1] 여행 / 21~25, 33장
[2] 계수 / 26~27장
[3] 제사 / 28~30장
[4] 유업의 분배 / 31~36장

광야 생활

—민수기 9~12장—

이 장들은 이스라엘 민족이 광야에서 겪는 경험들을 설명하며, 이 경험들을 통하여 오늘날 그리스도인들이 겪는 경험들을 보게 된다.

1. 자기 백성을 인도하시는 하나님(9~10장)

[1] 문제가 있을때 지혜를 주신다(9：1~14).

이스라엘이 애굽으로부터 놀라운 구원을 얻은 2년째 되는 해에, 그들은 유월절을 맞고 있었다. 이 절기는 어린 양의 피로 구원되었음을 기억하게 하였다. 그들이 받은 축복마다 피를 통하여 받지 않은 것이 없으며, 오늘날 교회도 그러하다(엡 1：3이하). 그러나 어떤 사람들은 시체를 만져서 의식상(儀式上) 더럽혀졌으며, 그들이 이 절기에 참여할 수 있는지 없는지에 대해 하나님의 생각을 알고자 하였다. 모세가 그 답을 알지 못한다고 대답하고 하나님께로 물으러 나아가는 태도는 참으로 호의적이다(약 1：5 참조). 여호와는 이들이 둘째 달에 이 절기를 지키도록 허락하셨는데, 이것은 모세의 굳은 율법 아래서 조차도 환경이 요구했을 때는 자유로움이 있었음을 보여 준다(대하 30：13~15 참조). 니고데모와 요셉이 예수의 시체를 내릴 때는 유월절의 금요일이었으며 자신을 더럽혔으므로 그 절기에 참여할 수 없었음을 유의하자(요 19：38~42). 그러나 그들은 그리스도 안에서 참되신 하나님의 어린 양을 보았다!

[2] 우리의 일상 행위를 지시하신다(9：15~23).

우리는 전에 출애굽기 13장 21~22절에서 길을 안내하는 구름을 보았다. 우리를 구원하시고 지켜 주시는 그 하나님이 순례의 여정에서 우리의 길을 안내하심을 알게 되는 일은 큰 격려가 아닐 수 없다. 물론, 하나님은 그 민족을 그의 축복의 장소로 인도하기를 원하셨다. 그러나 그들의 불신앙이 그를 방해하였다. 구름기둥과 불기둥은 이 현재의 생활에서 교사와 안내자이신 성령을 보여 준다. 그는 "낮이나 밤이나 언제든지" 인도하신다(16절). 사실 하나님으로부터의 지시없이 진이나 그 일부가 이동하는 것은 어리석은 일이요 위험했을 것이다. 유대인들은 순례의 백성들이어서 천막에서 살며 어떤 순간에도 지시가 있으면 이동할 준비가 되어 있어야 했다. 22절은 하나님의 인도하심은 사람의 계산을 초월하는 것임을 명백히 밝힌다. 어떤 때는 그 구름이 며칠, 또는 몇 달씩 지체했을 것이고 일년 내내 기다렸을 수도 있었다. 하나님은 때로는 낮에, 또 어떤 때는 밤에 인도하셨을 것이다(21절). 그러나 하나님께서 인도하시고 계신 한, 낮이나 밤이나 다를 것이 무엇이 있겠는가?

[3] 필요한 경우에는 경고하신다(10 : 1~10).
이 두 개의 나팔은 구속을 의미하는 금속인 은으로 만들어져 진을 이동시키기 위하여 총회를 소집할 때 사용하였다. 제사장들과 레위인들은 성막 바로 옆에 살았으며 구름이 움직이는 것을 처음 보는 사람들이었을 것이다. 진을 깨워 알리는 것이 그들의 책임이었을 것이다. 이 구절들을 읽어 보면 나팔이 여러 가지 목적으로 사용되었음을 보게 된다. 즉, 성막 문에 진을 모을 때(3, 7절)와, 지파들이 수령들을 함께 모을 때(4절), 전쟁이나 진의 이동을 알리는 경계신호로(6~9절), 특별한 날이나 새로운 달이 되었을 때(10절) 등의 경우에 사용되었다. 나팔이 이스라엘과 교회를 연합시킨다는 것은 흥미롭다. 하나님께서 그의 총회를 소집하실 때, 곧 교회가 휴거할 때 나팔소리가 울려날 것이다(고전 15 : 51~53 / 살전 4 : 16~17 / 계 4 : 1 참조). 그가 흩어진 이스라엘을 불러 모으실 때도 나팔이 울려날 것이다(마 24 : 31 / 레 23 : 23~25에서 나팔절 참조).

[4] 그의 백성을 질서있게 인도하신다(10 : 11~28).
각 지파는 성막 주위의 특정한 장소에 진을 쳤다. 그리고 각 진은 나팔의 명령에 따라서 이동했다. "모든 것을 적당하게 하고 질서대로 하라."

[5] 세상의 지혜를 필요로 하지 않으신다(10 : 29~36).
호밥은 모세의 처남이었고 르우엘은 모세의 장인인데 이드로라고도 했다(출 2 : 18~21 / 3 : 1 참조). 하나님은 자기 백성을 인도하겠다고 약속하셨는데, 모세는 육신의 팔에 매달리려고 한다! 구름과 법궤가 그 민족의 선두에서 이것은 그들이 필요로 한 모든 것이었다.

2. 자기 백성을 벌하시는 하나님(11~12장)

9~10장에서 하나님의 사랑에 대한 탁월한 증거들이 나온 후에 백성의 불평을 읽게 되는 것은 놀라운 일이다. 그러나, 이것이 인간의 본성이다. 우리는 하나님이 우리를 위해서 하신 일에 대하여 감사하지 못한다.

[1] 백성이 불평했다(11 : 1~3) —그래서 하나님은 불을 보내어 그들을 벌하셨다. 불평했던 바로 그 백성이 모세에게 도움을 청한다. 모세는 친절하게도 그들을 위하여 기도했다. 다베라는 "불사름"이란 뜻이다. 하나님께 불평한다는 것은 심각한 일이다.

[2] 백성이 탐욕을 품었다(11 : 4~35) —그래서 하나님은 그들에게 고기를 공급해 주셨다. "혼합된 군중들"이 이스라엘과 함께 여행하고 있었으며 그들의 마음은 애굽에 있었다. 오늘날의 많은 세상적인 그리스도인들도 그러하다. 하나님의 선하심을 기억하는 대신 애굽의 육신적인 일들을 기억했다! 그들은 하나님

이 매일 공급해 주시는 하늘의 만나에 대해서 불평하였다. 8절은 그들이 만나를 바꾸어 보려고 온갖 힘을 다했음을 나타낸다. 왜냐하면 그것을 맷돌에 갈기도 하고, 절구에 찧기도 하며 과자를 만들기도 하였기 때문이다. 하나님의 말씀을 애굽의 음식과 같은 맛을 내려고 모든 방법을 다 사용하였다. 출애굽기 16장 31절은 만나의 맛이 꿀과 같았다고 했는데 8절은 유대인들이 만나를 "개량"하려고 했을 때 맛이 기름같았다고 언급하고 있다.

하나님의 백성들에게 내재하는 육성(肉性)은 불행한 결과들을 초래한다. 그 중의 하나는 지도자들을 낙담시키는 일이다(10절 이하). 모세 자신도 하나님께 불평한다! 그의 기도 중에 "내가," "나의," "나에게"가 자주 나오는 것에 주목하자. 그의 관심사는 하나님의 영광이 아니라 자기 자신이다. 모세가 알아야만 했던 일은 그들을 구원하신 하나님이 그들을 인도하셨고, 먹이셨으며, 광야에서 고기를 먹이실 것이라는 사실이다. 그러나 자기 중심적인 기도는 믿음을 소멸하는 길로 인도한다. 마침내 모세는 포기하려 한다. "나는 할 수 없나이다." 출애굽기 18장 18절에서 그의 장인이 한 말을 찾아 보자. 물론, 혼자서는 이스라엘을 인도할 수 없었다. 그러나 하나님이 그를 이끄시므로 불가능한 일을 할 수 있었다. 그는 크게 실망한 나머지 죽여달라고 청하기도 한다.!

하나님은 두 가지 필요를 다 채워주셨다. 하나님은 모세의 일을 돕도록 70장로들을 주셨고 갈망하는 유대인들에게는 그들이 요청한 고기를 주셨다. 그러나 두 경우에 있어 하나님의 응답은 값비싼 대가를 치루는 것이었다. 하나님은 모세에게 권능을 주게 한 똑같은 영을 70장로들에게 주셔서 그들을 돕게 하셨다. 그러나 그 영을 모세에게만 주심으로 그의 사역을 위해 필요한 모든 것을 모세에게 주실 수도 있으셨다. 그리고 고기를 먹은 사람들은 비록 먹기는 했을지언정 큰 재앙으로 인해 죽었다(시 79 : 25～32 / 106 : 13～15). 하나님은 때때로 우리의 기도에 응답하시지만 그 응답이 우리에게 전혀 축복이 되지않음을 알게 되는 경우도 있는 것이다.!

26～30절에서 모세는 다른 두 사람이 성령의 감동하심을 입어 예언을 하는 데에도 아무런 질투 감정을 나타내지 않는다. 이것은 위대한 사람의 표시이다. 그렇듯이 모세에게도 우리 모두가 실망한 날들이 있었으나 그의 실패들에도 불구하고 그는 하나님의 위대한 사람이었다.

31절에 보면 메추라기떼가 바다에서부터 몰려와 땅 표면에서 두 규빗 위에 내렸으며 유대인들이 잡기에 충분할 만큼 가까운 곳에 있었다. 백성은 그 고기를 모으는 데 하루 종일과 이틀 밤을 보냈다. 이들 중에서 하늘의 만나를 모으는 데 충실했던 사람은 몇 명이나 되었을까? "기브롯 핫다아와"라는 이름은 "탐욕의 무덤"이란 뜻이다. "육신의 생각은 사망이다"(롬 8 : 6).

3 지도자들이 비판했다(12장) ―하나님은 그들을 벌하셨다. 아론은 대제사장이었고 미리암은 여선지자로서(출 15 : 20～21) 둘은 그의 동생 모세와 함께 이

스라엘의 지도자들이었다. 논란의 표면적인 이유는 모세의 아내 때문이었는데 그녀는 구스사람(이디오피아인, 즉 이방인)이었다. 그러나 참된 이유는 모세의 지도력에 대한 질투였다(2절). 모세는 그들과 싸우기를 거절함으로 그의 온유함(겸손)을 증명했다. 하나님은 자기 종을 보호하시겠다고 약속하셨다(사 54:17). "원수갚는 것이 내게 있으니 내가 갚으리라." 분명히 미리암이 주모자였다. 왜냐하면 그녀는 문둥병에 걸렸고 그녀의 죄는 7일 동안 진의 행렬을 지연시켰기 때문이다. 아론은 자신의 죄를 고백했고 모세는 그의 누이를 위해 기도하였다. 이는 참된 사랑과 겸손의 증거이다. 영적인 지도자들이 서로 시기할 때 이는 심각한 일이다. 왜냐하면 그들의 죄가 온 회중에게 영향을 미치기 때문이다.

이 여인이 새 아내인지 아니면 오래 전에 얻은 십보라인지는 알 수 없다. 어떤 사람들이 제안하듯이 그녀가 흑인이었다는 증거는 없다. 아마도 두번째 결혼일 수도 있겠으나 십보라가 죽었다는 내용은 어느 곳에도 없다. 8절에 나오는 "명백히"란 말은 "솔직히"란 뜻이다. 하나님은 모세와 대면하여 말씀하셨다.

열 두 명의 정탐군

—민수기 13～14장—

히브리서 3～4장은 이 장들에 대한 신약적인 주해이다. 이 부분의 핵심 사상은 불신앙이다. 이 사건들에 나타난 불신앙의 증거들에 대해 유의하자.

1. 정탐군의 파견(13：1～27)

신명기 1장 20～23절을 읽어보면, 정탐군들을 보내는 것은 여호와의 명령이 아니라 백성들의 욕망이었던 점이 명백하게 드러난다. 하나님께서 이 계획을 허용하신 이유는 백성들에게 그들의 마음이 진실로 어떠한가를 나타내 보이는 데에 사용하기 위함이었다. 하나님은 이미 가나안이 어떠하며, 어떤 민족들이 살고 있으며 그가 그들의 적을 어떻게 멸하셔서 약속된 유업을 그들에게 주실 것임을 여러 번 말씀했었다. 그러므로 정탐군들을 보낼 필요는 없었다. 슬픈 일이지만 인간의 본성은 믿음으로가 아니라 눈에 보이는 대로 행하기를 더 좋아했고, 하나님의 말씀이 아니라 인간의 말에 의존하기를 좋아한다.

그들은 그 땅을 정탐하였고 놀라운 과일을 가져오기도 했다. 그러나 이들은 또한 나쁜 보고를 가져와 백성들의 마음을 실망시켰다. 모세와 여호수아와 갈렙을 제외하고는 그 민족 중 아무도 하나님께서 그의 약속을 지키실 것을 믿지 않았다! 이 열 명의 정탐군들은 오늘날의 여러 그리스도인들을 상징으로 보여 준다. 이들은 그리스도 안에 있는 유업을 "정탐하였고" 하나님의 축복이란 열매를 맛보기도 했으나, 그들의 불신앙은 믿음으로 들어가 그리스도 안에서 그들이 가지게 된 것들을 누리지 못하게 한다.

여호수아의 "진급"을 주목해보면 흥미롭다. 민수기 11장 28절에서 그는 "모세의 종"으로 불리워졌으나 결국은 모세의 후계자가 되었다(수 1장). 출애굽기 17장 8～16절에서는 그가 군인이었고, 출애굽기 24장 13절에서는 모세와 함께 시내산에 있었고, 출애굽기 33장 11절에서는 성막의 임무를 수행했으며, 민수기 13장은 그가 정탐군 중의 한 사람임을 보여 준다. 여호수아는 하나님이 그에게 어떤 임무를 맡기든지 성실했기 때문에 여호수아는 맡은 책임이 하나 하나 진보되어 갔다(마 25：21참조).

2. 그 땅에 가기를 거절함(13 : 28~33)

열 명의 정탐군들은 그 땅의 영화로움을 자세히 설명하고는 "그러나…"라는 말을 덧붙였다. 이 단어는 대개 불신앙을 표시하는 말이다. 그 땅 거민은 강하고 성읍은 견고하고 거인들이 있었다. 그들은 거인들을 보았고, 자신들을 메뚜기같이 보았으나 하나님을 보지는 못했다. 그들의 눈은 장애물들을 보았으나, 그들을 거기까지 인도한 하나님을 보지는 못했다! 갈렙은 "우리가 능히 할 수 있다"고 말하여 참된 믿음을 보여 준다. 반면에 백성들은 "우리는 할 수 없다"고 말하며 불신앙을 나타낸다. 그 땅의 축복을 보고하는 대신 열 명의 정탐군들은 어려움을 강조하였고 하나님의 거룩한 땅에 대하여 "나쁘게" 보고하였다. 불신앙은 언제나 문제거리를 보지만 신앙은 언제나 하나님의 해답을 바라본다.

들어가기를 거절한 것은 그리스도 안에서 그의 유업을 누리기를 거절하는 신자의 모형이다(히 3~4장). 그리스도 안에 있는 충만한 안식과 축복에 들어가 모든 필요에 대하여 그를 신뢰하는 대신, 많은 그리스도인들이 문제거리와 장애물들을 보고 안식을 얻지 못한 채 방황하며 그들의 축복들을 누리지 못한다.

3. 지도자에 대항하여 반역함(14 : 1~39)

출애굽기 15장에서 우리는 큰 승리를 얻어 노래부르는 이스라엘을 본다. 그러나 여기서는 실망 중에 울고 있다! 그들은 노래를 잊었던가?(출 15 : 14~18 참조). 그들은 하나님의 능력과 영광을 보았다. 그러나 이제는 반역과 불신앙의 태도로 그를 시험하고 있다(22~23절).

하나님은 백성들이 모세를 교체시키고 애굽으로 돌아가겠다는 욕망을 표현할 때까지 기다리셨으며, 이제 행동을 개시하셨다. 갈렙과 여호수아는 이것이 반역일 뿐임을 인식하고 있었다(9절). 하나님의 영광이 갑자기 나타났고 모세에게 말씀이 임하였다.

[1] **하나님의 제의**(11~12절) ―하나님은 전 민족을 멸망시키시고 모세의 가족으로 새 민족을 만들려 하셨다. 그러나 모세는 이 제안을 거절하였다. 그 겸손과 사랑이 놀랍다! 모세는 자기 자손들이 지금 인도하고 있는 민족들과 다를 바 없음을 깨닫고 있었다. 왜냐하면 "모든 육체는 풀과 같기" 때문이다.

[2] **모세의 중재**(13~19절) ―이 일이 있기 바로 전에 모세는 그의 백성이 그토록 짐스러워서 불평하고 있었다. 이제 그는 그들의 행위를 변호하고 있다! 그는 참된 목자의 마음을 가졌다. 그는 자기 백성을 사랑했고 그들을 위해 기도했다. 모세는 하나님께 그의 약속과 그의 성취하신 일을 상기시킨다. 위태로운 것은 하나님의 영광이었다! 그는 여호와의 자비하심과 용서를 상기시킨다(출 33 : 18~23 / 34 : 5~9 참조). 이 장면에서 모세는 우리를 구하시기 위하여 자기 자신의 유업을 기꺼이 포기하시는 그리스도의 모습을 보여 주고 있다.

3 **하나님의 심판**(20~39절)—하나님의 은혜 가운데 그는 그들의 죄를 용서하신다. 그러나 그의 통치에 있어서는 죄의 쓴 결실을 거두게 하셔야 했다(삼하 12 : 13~15 참조). 먼저 하나님은 백성들이 요구한 것을 주시어 그들이 광야에서 죽게 될 것임을 알린다(2, 28~30절). 갈렙과 여호수아만이 그들의 믿음과 충성으로 인해 이 심판에서 제외되었다. 백성들은 자녀들의 일로 인하여 안달을 했으나 그들이야말로 그 땅에 살며, 그 땅에 들어갈 사람이었다. 사람들이 40일간 그 땅을 정탐했으므로 40년 간 그 민족을 심판할 것이며, 그들이 하나씩 죽어가는 동안 광야를 방황하도록 하실 것이다. 오늘날의 교회와는 참으로 대조적이다. 불신앙의 마지막 유대인이 죽어야 그 민족은 가나안에 들어갈 준비가 되는 것이다! 결국 나쁜 보고를 한 열 명의 정탐군들은 재앙이 내려 즉시 죽임을 당했다(37절).

하나님께서 믿음을 높이시고 불신앙을 심판하신다는 사실은 아무리 강조해도 지나치지 않는다. 믿음은 순종으로 인도하고 불신앙은 반역과 죽음으로 인도한다. 우리는 약속들과 확신으로 가득 찬 하나님의 말씀을 가지고 있다. 승리 가운데 행할 수 있을 때에 불신앙으로 방황해야 할 하등의 이유가 없다.

4. 하나님없이 싸우려고 함(14 : 40~45)

인간의 본성은 얼마나 변덕스러운 것인지! 한 순간 그 민족은 그들이 처한 곤경 때문에 불평하며, 다음 순간에는 무모하게도 하나님의 뜻과 하나님의 축복을 떠난 채 하나님의 일을 성취하려고 시도하고 있다. 그들은 생각하기를 죄를 고백했으므로 하나님이 마음을 바꾸어 승리를 주실 것이라고 생각했다. 모세가 그들에게 경고했으나 그들이 그의 경고를 무시했다는 사실은 그들이 하나님의 성령 안에서 믿음으로 행하고 있지 않음을 증명한다. 육은 언제나 자기를 신뢰하고 자신에게 만족한다. 이러한 예를 베드로에게서 볼 수 있다(눅 22 : 31~54).

남자들이 산 꼭대기에 진을 쳤고, 적들은 이들을 패배시켰다! 이 모든 모험은 분수를 모르는 주제넘은 일이었다. 그들은 믿음으로 살지 않고 기회로 살고 있었다. 그들의 외관적인 회개와 열심에도 불구하고 여호와께서 그들과 함께 하시지 않았다. 우리는 하나님의 말씀과 모순되는 믿음으로는 어떠한 일도 결코 할 수 없다. 그 백성 앞에 기다리고 있는 것은 하나님의 심판을 받는 것과 그의 뜻에 굴복하는 것뿐이었다. 하나님의 뜻 가운데 광야를 방황하는 것이 하나님의 뜻 밖에서 패배의 전투를 벌이는 것보다 훨씬 낫다.

이 두 장은 믿음의 중요성을 재차 강조하고 있다. 믿음은 맹목적인 것이 아니다. 믿음은 모든 약속들을 지니고 있으며, 하나님의 말씀의 확실성에 근거하고 있다. "오늘 너희가 그의 음성을 듣거든 마음을 강퍅케 하지 말라.'

고라의 반역

—민수기 16~17장—

“고라의 반박”(대항하여 말함)은 마지막 때의 거짓 선생들을 나타내는 것으로서 유다서 11절에 언급되어 있다. 이 부분에서는 모세의 권위와 아론의 제사장 직분(피로 말미암는 하나님의 속죄제도)에 대항하는 연합된 반역에 대해 다루고 있다. 고라는 모세의 사촌임이 분명한데(출 6：21), 이로 말미암아 반역이 보다 심각한 것으로 대두된다.

1. 모세와 아론에 대한 고라의 반역(16：1~18)

고라는 성막에서 수종드는 일만으로는 만족하지 않는 레위인이었다. 그는 또한 제사장으로 섬기기를 원했다(10절). 물론 이런 태도는 모세에게 주신 하나님의 말씀에 대항하는 직접적인 반역이었다. 왜냐하면 성막 임무들을 맡기신 분이 하나님이셨기 때문이다. 고라는 혼자서만 반역하는 데에 만족하지 않았으며 이스라엘의 잘 알려진 자들, 아마도 대부분이 레위인이었을 것인데 250명의 족장들을 모았고, 야곱의 장자 르우벤의 지파에서도 세 사람이 합세하였다. 이름이나 수나, 단결이나 태도에 있어 이 반역은 아론과 모세에 대항하는 강력한 경우였던 것 같다. 고라와 그의 추종자들이 아론을 거부했던 반면 다단과 아비람과 온(장자 르우벤의 자손들)은 모세의 권위에 의심을 품었다. 그러나 이 음모에 함께 단결하여 가담했다.

반역은 공격의 참된 이유를 말하지 않는다. 3절에서 그들은 민족 전체가 “제사장의 나라”(출 19：6)이므로 모세와 아론은 지도자의 지위를 차지할 권리가 없다고 논란을 벌인다. 물론 이 반역은 자기 추구와 시기심에 근거한 것이며, 이 사람들은 회중 앞에서 “자신을 높이기를” 원했다! 분명히 전 민족이 하나님께 거룩하였지만 하나님은 자기 뜻에 따라서 몇몇 사람들을 지도자의 지위에 두셨다. 오늘날 교회도 이와 같다. 모든 성도들이 하나님의 사랑하시는 사람들이지만 어떤 사람들에게는 치리하는 사역을 위하여 영적인 은사들과 영적인 직분들을 주셨다(엡 4：15~16 / 고전 12：14~18). 성경은 “영적인 은사들을 사모하라고” 격려를 하지만(고전 14：1) 다른 사람의 영적인 직분을 사모하라고는 하지 않았다. 어떤 사람이 영적인 지도자의 지위를 원하면 그의 성품과 행위로 말미암아 자신이 거기에 합당함을 증명케 할 일이다(딤전 3：1 이하).

모세와 아론은 스스로 방어하지 않았고 하나님께서 방어하시게 했다. 모세는 고라와 그의 추종자 250명에게 향로들(향을 태우는 항아리)을 성막으로 가져오게 했으며, 여기서 누가 옳은지를 하나님이 나타내시도록 했다. 모세는 다단과 아비람을 오라고 불렀으나 그들은 모세의 권위를 부정하였으며 복종할 것을 거부하였다! 25절에서 모세가 그들에게로 가는데 그의 방문은 축복이 아니라 징벌을 뜻한다. 약속의 땅에 들어가지 못한 실패에 대하여 그 사람들이 모세를 어떻게 비난하는지 유의하자(13～14절). 그 길을 가로막은 것은 그들 자신의 불신앙이었다.

오늘날 말세의 징표 중에 하나는 권위에 대한 반역으로, 모든 면에서 제멋대로인 점이다. 모세에 대항하여 반역하는 것은 하나님의 말씀을 거절한다는 뜻이었다. 왜냐하면 그는 하나님의 선지자였기 때문이다. 아론에 대항하여 반역하는 것은 제단, 곧 피로 말미암는 구원에 대한 하나님의 사역을 거절한다는 뜻이었다.

2. 모세의 권위에 대한 하나님의 옹호(16：18～35)

다음 날 하나님께서 개입하셔서 반역자들을 심판하셨다. 여호와께로서 온 불이 250인(35절)을 죽였고 땅이 입을 열어 고라와 다단과 아비람, 그리고 그들에 속한 모든 소속과 소유물들을 삼켰다. 26장 11절에서 고라의 가족은 멸망받지 않았음을 알 수 있다. 이것은 성경에 "고라 자손의 시"(시 84, 85, 88편)가 수록될 수 있었던 이유를 설명해 준다. 고라의 자손들은 분명히 제사장이 아닌 겸손한 사역자들로 만족하였다. 그들은 시편 84편 10절에서 "악인의 장막에 거함보다 내 하나님 문지기로 있는 것이 좋사오니"라고 기록하고 있다("악인의 장막"에 대해서는 민 16：26 참조). 몇 사람들이 범죄함으로 인하여 다른 많은 사람들이 함께 죽게 되는 것은 참혹한 일이다. 이 반역이 끝나기 전에 14,950명이 죽었다(49절). 베드로후서 2장 10～22절을 읽고 "권위를 훼방하고" 하나님의 진리에 대항하는 반역을 하나님이 어떻게 평가하시는지 알아보자.

3. 아론의 권위에 대한 하나님의 옹호(16：36～17：13)

1 **반역자들의 향로를 아론에게 주심**(16：36～40)—모세는 아론의 아들 엘르아살에게 250개의 향로들을 모아서 놋단을 싸는 편철을 만들라고 말하였다. 누구든지 제단에 오는 사람은 언제나 놋단을 싼 판철을 볼 것이며 반역의 죄가 그토록 참혹한 심판을 받는 것임을 상기하게 될 것이다. 이 향로들은 왜 거룩한(성별된) 것이었는가? 이는 하나님이 이스라엘에게 교훈을 가르치는 특정한 방법으로 그 향로를 사용하셨기 때문이다. 향로를 "고물"이나 보통 용구(用具)로 취급하도록 버려두는 것은 심판의 충격을 감소시키는 것이었다.

2 **아론이 백성을 중재하도록 허락하심**(16：41～49)—당신은 아마도 250명 이상의 죽음이 공포를 일으켰으며 백성들의 마음에 두려움을 주었을 것이라고 생

각할 것이다. 그러나 그렇지 않았다. 그 바로 다음 날 그들은 다시 반역하였다! 하나님의 은혜만이 인간을 변화시킬 수 있다. 법이나 심판이 아무리 많더라도 인간의 마음을 결코 변화시킬 수는 없다. 대중은 모세와 아론에게 대항하여 운집해서 "살인자들"로 고발했다. 그러나 하나님이 개입해서 그의 종들을 방어하셨다.

모세가 편협한 마음을 지닌 사람이었다면 그 재앙이 백성을 멸망시키도록 버려두었을 것이지만 그렇게 하는 대신 그의 형으로 하여금 자기 향로를 가지고 재앙 복판에 들어가게 함으로 심판을 멈추게 했다. 그 백성은 그들을 향한 모세의 사랑과 희생을 올바로 깨닫지 못하였다. 아론은 문자 그대로 그들의 구세주가 되었다. 그는 생사의 갈림길에 서서 그 재앙을 막았다. 그의 향로 하나가 반역자들의 250개 향로들보다도 더 많은 일을 성취하였다! 어떤 의미에서 아론은 우리 구세주의 사역을 상징으로 보여 준다고 할 수 있다. 그리스도는 안전한 곳을 떠나 산 자와 죽은 자 사이에 서셨으며 죄의 삯에서 우리를 구하셨다. 이 무대에서는 모세가 그 민족을 구원할 수는 없었다. 왜냐하면 제사장만이 죄있는 백성을 위해 중재할 수 있기 때문이다.

3 아론의 지팡이에 싹이 나게 하심(17:1~13)—하나님은 이제 아론의 제사장 직분에 대한 권위를 단번에 모두 확정지으려 하신다. 백성들은 아직도 가르침을 받지 않았으므로 모세는 각 지파마다 지팡이 곧 죽은 막대기를 가져다가 성막 안의 법궤 앞에 두라고 지시했다. 꽃 핀 지팡이가 하나님이 제사장 직분을 위해 선택한 사람임을 나타내 줄 것이었다. 8절은 아론의 지팡이가 싹이 났을 뿐 아니라 꽃이 피고 열매를 맺었다고 말해 준다. 다른 지팡이들은 그대로 죽어 있었으며, 족장들은 죽은 지팡이를 도로 가져갔고, 아론의 지팡이는 하나님이 아론을 제사장으로 임명한 증거로, 그리고 민족의 반역을 증거하기 위해 성막에 남겨졌다.

지팡이에 순이 돋은 것은 **그리스도의 부활**을 아름답게 상징하고 있다. 부활을 사용하여 하나님은 그리스도가 그의 아들이시며 하나님이 받으시는 **유일한 제사장**이심을 선포하셨다. 모든 다른 제사장 직분은 하나님께서 거절하시며, 하나님의 말씀을 반역하고 거부하는 것이다. 아무리 많은 사람들이 관여되어 있으며, 명성이 높고, 진지하게 일한다 해도 **모든 다른 제사장 직분은 거부되었다**. 지극히 높은 한 제사장, 한 제사, 그리고 하늘을 향한 유일한 길만이 있을 뿐이다. 히브리서 10장을 읽자. 오늘날에도 제사장 직분을 넘겨받으려고 감히 대드는 고라와 같은 사람들이 많다. 그러나 그들은 하늘로서의 권위를 가지고 있지 않다.

12~13절에서 백성들이 하나님의 능력이 나타난 것을 보고 두려워함을 주목해서 보자. 15,000명 이상의 죽은 자들이 하지 못한 일을 죽은 지팡이에서 난 조용한 순이 성취할 수 있었다! "능으로 되지 아니하며 힘으로 되지 아니하고 오직 나의 신으로 되느니라."

몇 가지 실생활에 적용시킬 점이 있다.

1 **하나님의 종은 자신을 스스로 방어할 필요가 없다.** 백성이 마땅히 해야 하는 일을 시킬 때는 하나님이 개입하실 것이며 종을 방어하실 것이다(시 37 참조). 고린도서에서 바울이 자신을 스스로 변호한 것은 교회를 영적으로 돕기 위한 것이었다. 자신을 위한 것이 아니라, 그들을 위함이었다.

2 **권위에 대항하는 반역은 위험한 죄이다.** 오늘날은 사방에서 이런 일이 생긴다. 얼마나 오래 있어야 하나님이 개입하셔서 심판하실 것인지 궁금해진다. 악한 사람들이 영적인 권위의 자리에 앉고 싶어한다. 지교회들에서도 이런 면을 본다. 영으로 행하며 열매맺는 생활을 통하여 자신이 하나님의 사람임을 증명하지 않고 영적인 지도자의 지위에 오르려고 하는 사람(또는 여자)을 조심해야 한다.

3 **그리스도 안에 우리에게 필요한 모든 권위가 있다.** 그는 살아 있는 말씀이시며 살아 있는 제사장이시다. 더이상 필요한 것은 없다.!

놋 뱀

—민수기 20~21장—

이 두 장에서 우리는 그리스도의 놀라운 두 가지의 모형을 보게 된다.

1. 얻어맞은 반석이신 그리스도(20：1~13)

출애굽기 17장 1~7절에서 이미 모형에 대해 소개를 받았다. 성경 전체를 통하여 하나님은 반석으로 상징되고 있으며, 고린도전서 10장 4절은 출애굽기와 민수기에 나오는 반석이 그리스도의 모형임을 명백히 밝히고 있다. 백성은 물 없이는 살 수가 없었으며 오늘날 우리는 생명수 없이 살 수 없다(요 4：13~14 / 7：37~39). 성경에서 마실 물은 성령의 모형인데 이는 우리 안에 오셔서 우리의 영적인 갈증을 만족시켜 주신다. 씻는 물은 하나님의 말씀을 상징하며, 이 말씀은 깨끗케 하는 능력을 가지고 있다(요 15：3 / 엡 5：26).

두 장면을 대조해서 보는 것이 유익이 될 것이다.

출애굽기 17장	민수기 20장
1 반석을 치라고 하셨다.	1 반석에게 말하라고 하셨다.
2 모세의 지팡이로 쳤다.	2 아론의 지팡이로 쳤다(9절).
3 물이 나왔다.	3 물이 나왔으나, 모세가 심판을 받았다.

그리스도는 한 번만 죽으실 수 있으시다. 모세가 반석을 두번째 쳤을 때 그는 하나님께 불순종하는 것이었고 모형을 깨뜨리는 것이었다. 더구나 모세가 첫번째 쳤을 때는 하나님의 권위를 상징하는 자신의 지팡이를 사용하였는데 이는 **율법의 저주로써 얻어 맞은 그리스도**를 상징했다. 그러나 모세는 아론의 지팡이를 사용하라는 말씀을 들었으며(17장) 이 지팡이는 제사장의 손에 들린 생명의 지팡이였다. 바위를 치지 말고 말로 하라고 하신 데에도 이유가 있다. 그리스도는 죽음에서 부활하신, **살아계신 우리의 대제사장**이시다. 그는 우리가 필요해서 간구하는 바 영적인 축복들을 주신다. 한 사람이 구원을 여러 번 받는 것이 아닌 것처럼 성령의 은사도 반복해서 받는 것이 아니다. 그리스도를 믿고 신뢰할 때 성령을 한 번에 받는다. 그리스도께 나아와 간구할 때 성령의 충만함은 여러 차례 받을 수 있다.

그러나 하나님이 모세를 심판하시고 약속의 땅에 들어가지 못하게 하신 주된 이유는 그가 자신을 높였고 하나님을 영화롭게 하지 않은 것이다. 백성을 "패역한 너희여"라고 부르며 "우리(아론과 모세)가 너희를 위하여 이 반석에서 물을 내랴"라고 말함으로써, 하나님의 이름으로 하나님께 영광을 돌리지 않았던 것이다. 이것은 교만과 불신앙의 증거이기도 했다(12절). 모세의 온유함은 최강의 장점이었지만(12：3) 바로 이 점이 죄의 공격을 받는 부분이기도 하다. 베드로가 용감한 사람이었다는 점은 의심할 바 없으나, 그가 주님을 부인했을 때 바로 이 점에서 실패했다. 우리가 하는 모든 일에서 하나님께 영광을 돌리지 않으면 하나님은 우리를 처리하실 것이며 우리는 그가 우리를 위해 계획하신 축복들을 잃을 것이다.

2. 들려진 놋뱀이신 그리스도(21：1～9)

놋뱀이 그리스도의 모형임은 요한복음 3장 14절에서 분명히 나타나 있다. 이것이 그리스도 안에서의 구원을 어떻게 상징하는지 주목해서 보자.

1 **필요성**—백성이 두 가지 방법으로 죄를 범했다. 하나님께 대항하는 말을 했으며 모세에 대항하는 말을 했다. 이 일로 인하여 그들은 죽어가고 있었다. "죄의 삯은 사망이다." 우리는 여기서 하나님의 법의 이중성을 발견한다. 인간은 하나님께 죄를 범했으며 서로간에도 죄를 범하였다. 인간의 이러한 죄들로 인해 죽음이 세상에 왔으며 모든 사람이 정죄를 받는다(요 3：16～18). 이 세상에 태어난 모든 사람은 죄의 불뱀에게 물린 상태에 있는 것이며 죽을 운명에 처해 있다.

2 **하나님의 은혜**—하나님은 그들의 재앙을 모르는 체할 수도 있으셨다. 그들은 죽을 만했기 때문이다. 그러나 그의 사랑과 은혜로 하나의 해결책을 제공하셨다. 7절에 나오는 모세의 중재는 그리스도께서 하신 기도를 생각나게 한다. "아버지여 저들을 사하여 주옵소서 자기의 하는 것을 알지 못함이니이다."

3 **다른 뱀**—모세가 또다른 뱀을 만들어야 했던 것은 이상한 일이기도 하다! 전에 있던 뱀으로는 충분하지 않았던 것일까? 그런데 놋뱀은 그리스도를 상징하며, 그는 우리를 대신하여 죄를 입으신 분이다(고후 5：21). 놋은 심판을 의미하는 금속이며, 그리스도는 십자가 위에서 우리를 대신하여 심판을 받으셨다. 모세의 손에 들린 뱀이나 선반 위에 둔 뱀은 효력이 없었다. 그 뱀은 들어올려져야 했다. 그리스도는 십자가에 달려야 했다(요 3：14/8：28/12：30～33).

4 **믿음으로**—백성들은 "이 뱀들을 우리에게서 떠나게 하소서!" 라고 기도했다. 그러나 하나님의 방법은 믿음으로 말미암아 죽음의 쏘는 것을 이기는 것이었다. "쳐다본즉 살리라." 이것이 기도의 응답이었다. 고통을 받는 백성이 구원을 받은 것은 물린 것을 모르는 체 해서나, 뱀을 때려서나, 약을 바르거나, 도망했기 때문은 아니다. 진 중앙에 높이 세워진 뱀을 믿음으로 바라보았기 때문이다(사 45：22). 놋뱀은 어떤 형식으로든지 성막과 관련되지는 않았음을 눈여겨 보자. 제사를 아무리 많이 드려도 사람들을 죽음에서 건질 수는 없었을 것이다.

5 **유용성**－뱀은 구석에 숨겨져 있지 않았다. 모든 사람이 보고 생명을 얻을 수 있도록 진영 한복판에 세워졌다. 그리스도는 멀리 계신 분이 아니라 오늘날 가까이 계시며, 그를 통하여 치료함을 얻는다(롬 10：6～13). 이 치료법은 모든 사람에게 해당된다. "원하는 사람은 누구나 오게 하자."

6 **무료**－쳐다봄으로써 살게 되므로 죽어가는 사람이 값을 치를 일은 없었다. 그는 이 모든 일이 어떻게, 왜 생기는지 이해할 수 없을 것이다. 누가 구원을 이해할 수 있겠는가! 그러나 믿음으로 살 수는 있었다.

7 **충분함**－그 하나의 들려진 뱀은 온 진을 구하기에 충분한 것이었다. 우리가 구원을 받는 것은 그리스도만으로 충분하다. 더이상 아무것도 필요치 않다. 뱀을 쳐다보고 그 다음 율법을 지켜서 구원을 받은 것은 아니었다. 제물을 가져오거나 더 잘 하겠다고 약속을 하여 구원받은 것도 아니다. 믿음으로써만 구원을 받았다! 그리스도는 현 세대와 그리고 영원에서 우리의 모든 필요를 돌보시기에 넉넉하신 분이시다.

8 **즉각적인 치료**－구원이란 발전의 과정이 아니다. 구원은 죄인이 믿음으로 그리스도를 바라볼 때 일어나는 즉각적인 기적이다. 그리스도의 죽음과 부활이 "한 번에 조금씩" 우리를 구하는 것은 아니다. 그는 미루지 않고 즉시로 구원하신다.

9 **모두를 위한 한 가지 해결책**－"천국가는 길은 많아. 구원받는 길은 여러 가지야!"라는 말을 우리는 흔히 듣는다. 이스라엘 진 중에는 한 가지 방법이 있었으며 오늘날도 한 가지 방법만이 있다(요 14：6／행 4：12 참조). 믿음으로 그리스도를 바라보지 않으면 죄 중에서 버림을 당한다.

10 **이중(二重)의 확신**－그 치료법이 효과가 있으리라는 것을 죽어가는 사람들이 어떻게 알 수 있었을까? 한 가지는 하나님의 말씀에 대한 확신을 가진 것이다. 쳐다보면 구원을 받는다고 하나님이 약속하셨다. 둘째로는 다른 사람의 생애에 일어난 일을 볼 수 있었다. 그들에게 무슨 특별한 계시가 내렸거나 특별한 감동을 받은 것이 아니라 하나님이 하신 약속을 의지해야만 했다.

이 모든 일이 세상 사람에게는 어리석게 보일런지도 모른다(고전 1：18～31). 죽음에서 구원받기 위해 들리운 뱀을 쳐다보는 것을 상상해 보라! 오늘날 많은 사람들이 십자가를 비웃는 반면에 뱀을 죽이거나, 뱀이 아닌 다른 새로운 처방을 만든다. 그러나 인간이 만든 모든 치료법, 즉 개혁, 교육, 보다 훌륭한 주택, 휴식등은 실패해왔다. 모든 사람들이 그들의 전성시대를 가지지만, 그래도 인간들은 여전히 죄 중에서 죽어간다. 유일한 해답은 **예수 그리스도의 십자가이다.**

열왕기하 18장4절을 읽으면 유대인들이 이 놋뱀을 보존했다가 우상으로 바꾸어 만든 기록을 볼 수 있다. 이것이 인간의 본성이다. 물질적인 것을 바라보고 우리가 마땅히 신뢰해야 할 하나님은 무시한다. 그 백성을 고쳐준 것은 뱀이 아니라 뱀을 만들라고 명령하신 하나님이시다. 뱀을 보는 것, 곧 "창조주보다 피조물을 예배하고 섬기는 것"은 우상숭배이다(롬 1 : 25). 히스기야는 뱀을 조각 조각 깨뜨리고 "느후스단—구리 조각"이라고 명명하였다. 이 세상에 흩어져 있는 수백만의 우상들을 하나님이 어떻게 생각하실까 궁금하다. 이들은 신뢰와 찬양을 받으시기에 합당하신 하나님으로부터 그 신뢰와 찬양을 훔쳐낸다.

발람이 이스라엘을 유혹하다

—민수기 22~25장—

발람처럼 의문을 일으키는 사람은 성경에서 몇 안된다. 그는 분명히 이방나라 출신이었으나 참되신 하나님을 알고 있었다. 그는 예언자였으며, 이스라엘의 장래를 예언할 수 있었다. 그는 하나님의 말씀에 귀를 기울였으며 신실하게 그 말씀을 선포했으나, 변절하여 이스라엘을 죄와 심판 가운데로 인도했다.

1. 발락이 발람을 방문함(22장)

[1] **첫번째 방문**(22：1~14)—발락은 모압의 왕으로 미디안과는 어떤 방식인지는 모르나 동맹을 맺고 있었던 것이 분명하다. 그는 이스라엘의 정복을 보았고(민 20~21장) 자기 백성이 정복되는 것을 두려워했다. 그는 육체의 힘으로는 유대인을 멸할 수가 없을 것을 깨닫고 이스라엘을 저주하도록 발람을 고용하여 영적인 현혹에 의지하려 했다. 그는 이 일을 하도록 발람에게 많은 값을 지불하였다. 그러나 여호와께 상의한 예언자는 이에 동의하지 않았다. 발락의 사신들은 본국으로 돌아가 실패했음을 보고하였다.

[2] **두번째 방문**(22：15~41)—발락은 쉽게 포기하는 사람이 아니었다. 그는 첫번째 때보다 지체가 높은 왕자들을 파송했고, 발람에게 부귀와 영예를 약속했으며, 이 문제를 재고해 줄 것을 부탁했다. 이것은 우리가 하나님의 말씀에 순종하기로 일단 명확히 결심했을 때 사탄이 언제나 하는 일이다. 그의 마음 깊은 곳에서는 소득을 탐하였으므로 발람은 사신들과 같이 가고 싶었다. 이것이 "발람의 길"(벧후 2：15~16)이며 부를 얻는 방법으로 종교를 사용하는 것을 말한다. 하나님은 발람이 왕자들과 함께 가는 것을 허락했는데 이것은 하나님이 그를 시험하기 위해서 허락하신 것 뿐이었다(20~22절).

여기에 잘 알려진 당나귀와 천사의 이야기가 나온다. 발람은 그의 길에 천사가 선 것을 보지 못했다. 당나귀가 천사를 보고 이상하게 행동했으므로 발람은 그 당나귀를 때렸다. 이것으로 발람이 경고를 받았어야 했는데 그는 자신의 이기적인 일에 몰두하여 하나님의 뜻에 민감하지 못했다. 그의 눈이 뜨이자 천사를 보았고 자기의 실수를 인정하였다. 하나님이 명백히 말씀하시기를 "네 길이 내 앞에 패역하다"고 하셨으므로(32절), 발람은 "당신이 이를 기뻐하지 아니하시면 나는 돌아가겠나이다"라고 말할 이유가 없었다. 발람은 하나님의 뜻을 가지고 장난하고 있었고 그 뜻에서 얼마나 멀어질 수 있는지 보려고 했다. 하나님은 발람이 발락을 만나도록 허락하셨으며, 발락은 발람에게 큰 잔치를 베풀어 주었다(40절의 "대접하였다"는 말은 "잔치를 위해 잡다"는 뜻이다). 그리고는 그를 데리고 나가 이스라엘을 보여 주었다.

여기서의 **주된 교훈**은 하나님의 뜻을 찾아 거기 순종하고 개인적인 욕망이나 부수적인 환경을 고려하지 말라는 것이다. "하나님의 뜻을 가지고 장난하는"것은 위험하다!

2. 이스라엘에 대한 발람의 예언(23～24장)

발락은 발람이 이스라엘에게 저주하기를 원했으며 이런 방식으로 미디안과 모압을 방어하려고 했다. 그러나 발람은 입을 열 때마다 이스라엘을 축복했다.

1 첫번째 예언—이스라엘에 대한 특별한 소명(23：1～12)
발람은 하나님께서 이스라엘을 축복하셨으므로 그들을 저주할 수 없음을 분명히 밝힌다. 그는 이스라엘 민족이 특별한 백성으로 하나님께 부름을 받아 다른 나라들로부터 구별되었음을 본다(신 26：18～19 / 32：8～9 / 레 20：26). 그는 이스라엘의 티끌처럼 많은 수적 증가를 보며 하나님의 축복과 호의 가운데 죽는 의로운 유대인들처럼 죽고 싶다는 욕망을 나타낸다. 물론 이 예언은 발락을 기쁘게할 리가 없었다. 그는 "다른 관점"에서 보도록 "다른 곳으로" 발람을 데리고 갔다.

2 두번째 예언—이스라엘이 하나님께 용납됨(23：13～30)
발람은 하나님이 말씀하신 후 그 하신 말씀을 지키시는 분이라고 명백히 밝힌다. 하나님은 마음을 바꾸거나, 약속을 지키지 못하는 사람들과 같지 않으신 분이다. 그는 이스라엘 중에서 아무 허물을 보지 않으신다는 놀라운 사실을 알린다! 물론 유대인들은 자주 죄를 범했으나 하나님 앞에 서 있는 일에 관계된 한에 있어서는 하나님께 용납을 받았다. 그들은 어린 양의 피로써 애굽으로부터 구원을 받았으며, 하나님께서 친히 값주고 사신 그의 소유인 것이다(출 19：1～6). 인간적으로 말하면 그들은 실패자들이었다. 그러나 하나님의 관점에서 볼 때 그들은 영원히 하나님의 백성이었다. 물론 이때 발락은 격노하지만 그에게 또다시 새로운 장소에서 이스라엘을 보게 한다.

3 세번째 예언—이스라엘이 가나안을 누림(24：1～9)
이번에는 발람이 자기의 마법을 사용하지 않으며 하나님의 영이 그에게 임하여 그의 눈을 여신다. 이 예언은 다른 나라들이 멸망하며 이스라엘은 약속된 땅에서 축복을 누리게 됨을 묘사한다. 이 예언에서 "물"에 강조를 두고 있음에 유의하자. 물은 광야에서는 귀중한 품목이다. 이 예언은 발락이 참을 수 있는 한도를 넘는 것이었고, "여호와"께서 부와 영예를 얻지 못하도록 막으신다고 암시를 줌으로 발람에게 위협을 가한다(10～11절). 그러나 예언자는 네번째 예언에 임한다.

④ 네번째 예언—이스라엘의 장래 영광(24 : 10~25)
이 상징적인 멧세지를 두 가지 관점에서 볼 수 있다. 다윗 왕이 이 묘사에 적중하는 인물인 것은 분명하다. 왜냐하면 그가 모압, 에돔 등을 멸망시켰기 때문이다(삼하 8 : 2, 14 참조). 그러나 보다 더 위대하게 이 예언을 성취하신 분은 "야곱의 별이요 이스라엘의 홀"이신 메시야, 그리스도이시다. 이스라엘은 그리스도가 돌아오실 때 완전한 통치권을 소유할 것이며 천년왕국을 건설할 것이다. 또한 이스라엘의 많은 적들은 멸망될 것이다(눅 1 : 68~79 참조).

발람은 이 네 번의 예언을 통하여 한 민족으로 선택되어 왕국으로 승격되는 이스라엘의 놀라운 역사를 보여 주고 있다. 우리는 물론 이 진리를 신약 신자들에게 적용할 수 있다. 우리는 하나님의 선택을 받아 의로워지고(사랑하는 분께 영접을 받도록), 그리스도 안에서 풍성한 유업을 받으며 미래의 영광을 약속받았다.

3. 발람이 이스라엘을 이김(25장)

발람이 하나님께 받은 예언들로 끝을 냈으면 안전했을지 모른다. 그러나 그는 발락이 약속한 돈과 영예를 원했다. 그래서 이스라엘을 패배시킬 방법을 왕에게 말했다. 그의 계획은 간단했다. 유대인들을 초청하여 이방의 희생제사 잔치에 참여케 함으로 그들을 타락시킨다는 것이었다. 바알의 축제는 극히 사악한 것이었으며, 발람은 유대인들이 모압 여인들과 어울리려는 유혹을 받게 될 것임을 알고 있었다. 일이 꼭 그대로 진행되었다. 사실상 어떤 이스라엘 사람은 모세가 보는 앞에서 미디안 여인을 집으로 데려올 정도로 대담하였다. 다른 나라 군인들이 할 수 없는 일을 모압과 미디안 여인들이 하고 있었다. 사탄이 사자처럼 백성을 정복하지 못할 경우에는(벧전 5 : 8) 다음으로 뱀처럼 다가온다. 하나님의 적들이 베푸는 친절을 조심하자! 그들의 미소는 올가미이다.

아론의 손자 비느하스는 여호와를 위하는 분명한 입장을 취했으며 하나님의 백성이 이방사람들과 섞이는 것을 반대하였다(고후 6 : 14~18). 여호와께로부터 재앙이 이미 임하였다. 비느하스가 그 남자와 여자를 죽이자 재앙은 멈추었으나 이미 24,000명이 죽은 후였다(민 31 : 16 참조). 오늘날 어떤 사람들은 그들의 영적인 적들에게 친절하라고 말하지만 비느하스와 같이 용감한 사람이 더욱 필요하다.

물론 발람은 이스라엘의 죄가 그 나라를 멸망시킬 것으로 생각했다. 이것이 유다서 11절에 언급된 "발람의 실수"이다. 사람들은 오늘날의 교회를 볼 때 그 "얼룩과 주름과 흠"을 보고 비난하지만 하나님은 다른 관점에서 교회를 보신다. 진실로 그는 우리가 불순종할 때 우리의 죄를 벌하시며 우리를 징계하신다. 그러나 그는 결코 우리를 떠나시거나 버리시지 않는다. 발람은 이 축복된 은혜의 사실을 이해하지 못하였다.

요한계시록 2장 14절은 발람의 교훈에 대하여 말하고 있다. 유대인들을 초대하여 그들과 혼합시켜 모압여인들과 결혼케 하며 축제에 동참케 하자고 건의한 사람이 발람이었다. 이것은 분명히 타협이었다. 이에 대한 경고가 버가모 교회에게 보내는 편지에 실려있는 것은 흥미있는 일이다. 왜냐하면 "버가모"는 "결혼하다"라는 뜻으로, 이른바 콘스탄틴의 "개종"과 더불어 교회가 로마제국과 연합되어 세상과 결혼했던 교회 역사의 한 시대를 상징으로 보여 주고 있기때문이다. 이것은 오늘날의 큰 위험이다. 그리스도인들은 개인적으로, 그리고 교회적으로(교파적으로) 세상과 구분되라는 소명을 잊은 채 세상에 스스로 뛰어들고 있다. 이것은 타락과 심판을 의미할 뿐이다(발람에 대한 참고 구절-신 23 : 4~5 / 수 24 : 10 / 느 13 : 2 / 미 6 : 5 / 벧후 2 : 15~16 / 유 11절 / 계 2 : 4).

도 피 성

—민수기 33～36장—

이 장들에서서는 이 민족이 가나안을 소유했을 때를 내다보며 유업을 분배하는 내용을 다룬다. 각 지파들은 자신의 지역을 할당받고 레위인들은 특별한 성들을 지정받으나, 가장 중요한 것은 도피성들이 명시되는 점이다(35장). 여기서는 세 가지 관점에서 이 여섯 도피성들을 생각해 보고자 한다(신명기 19장, 여호수아 20장에 첨부된 사실들에 대한 설명이 나온다).

1. 실제적인 의미

그 민족에게는 경찰력이 없었으며 각 성의 장로들이 경우에 따라 법정을 구성했다. 어떤 사람이 사고로 다른 사람을 죽였으면 그는 자신을 보호할 어떤 대책이 필요했다. 왜냐하면 살해당한 사람의 가족 중 하나가 그 살해당한 친척의 피를 복수하려고 하는 것이 율법적이었기 때문이다. 창세기 9장 6절에서 사형의 원리가 세워졌는데 출애굽기 21장 12～14절에서 모세가 확정짓고 있다(13절에 도피성의 암시가 있음을 유의하자). 달리 말해서 다른 사람을 죽인 사람은 자기 생명이 위험했다. 왜냐하면 "피의 복수자"(혈족)가 살인자의 무죄함을 증명하기 전에 그를 죽일 수 있기 때문이다.

민수기 35장 16～23절은 고의적인 살인자와 사고로 인한 과실치사범을 하나님이 다르게 여기신다는 사실을 명백히 밝힌다. 현대법에서도 이 구별을 따르고 있다. 살인자에게는 고의적인 의향이 있으며, 거기에는 증오하며 불화하게 된 원인적인 내용이 있다. 그러나 사고로 타인을 살해한 사람에게는 살해의 의향이 없는 것이다. 그에게는 자기의 경우를 설명하고 생명을 구원할 권리가 주어질 만하다. 이것이 **도피성을 두는 목적**이었다. 살인자는 장로들이 있어 자신의 경우를 듣고 재판을 열 수 있는 가장 가까운 성으로 도망해야만 했다. 그들이 살인의 죄가 있다고 결정하면 적절한 책임자에게 넘겨져 처형된다(신 19 : 11～13). 그것이 사고였음이 분명하면 그는 그들의 보호 아래 그 성에서 살 수 있으며 피의 복수자는 그를 어찌할 수 없었다. 그러나 만일 그가 그 성을 떠나면 그는 살해될 수가 있는 것이다. 대제사장이 죽으면 그 사람은 자유롭게 되어 자기 성에 안전하게 돌아갈 수 있게 된다.

이 **법의 목적**은 그 땅을 더럽히지 않기 위한 것이었다(민 35 : 29～34). 살인자는 그 땅을 더럽히며, 살인자가 정죄를 받지 않으면 그 땅을 보다 더 큰 죄에 빠뜨린다. 이 법은 무죄한 자를 보호하며 정죄를 받지 않게 하기 위한 것이었다. 이것은 정당한 법이었다. 오늘날 우리의 법은 범죄자가 자유롭게 풀려나기 쉬운 경향이 있다. 현대 세계가 피로 더러워지고 법과 질서에 대한 존경심이 거의 없는 것은 이상할 것이 없다.!

2. 모형적 의미

이 여섯 도피성은 그리스도의 아름다운 모형이다. "앞에 있는 소망을 얻으려고 피하여 가는 우리로 큰 안위를 받게 하려 하심이라"(히 6 : 18).

1 도피성들은 하나님께서 지정하셨다.
이것은 은혜의 행위였다. 왜냐하면 모든 사람은 죄인이며 죽어야 마땅하기 때문이다. 모세가 성들을 선택하지 않았는데, 이는 율법으로는 사람을 구원하지 못하기 때문이다. 이 성들은 제사장들이 거하는 곳이었으나, 그들이 성을 지정하지는 않았다. 하나님이 그 사랑하는 마음으로 지정하셨다. "하나님이 세상을 이처럼 사랑하사 독생자를 주셨으니…"

2 도피성은 하나님의 말씀 안에 언급되어 있다.
여섯 성은 여호수아 20장 7~8절에 그 이름이 나와 있으며, 결코 변경될 수 없었다. 하나님의 말씀의 권위로 살인자는 그 성에 들어갈 수 있었고 아무도 그를 금지시킬 수 없었다. 우리의 구원도 이와 같다. 구원은 말씀에 약속되어 있고, 구원은 결코 변경되지 않는다. 이스라엘에는 이들보다 크고 뛰어난 성들이 있었지만 이들 중에서 죄인을 숨겨줄 수 있는 성은 하나도 없었다. 오늘날 많은 종교들이 있으나, 하나님의 말씀에 알려진 바와 같이 구원을 얻는 데에는 유일한 길, 즉 예수 그리스도를 믿는 믿음외에는 없다(행 4 : 12).

3 도피성들은 누구나 접근하기 쉬웠다.
만일 지도를 펴서 점검해 보면 여섯 성들이 잘 배정되어 있어서 어떤 지파에게도 이 안전한 성들이 멀지 않다는 것을 발견하게 된다. 요단강 서편으로는 북쪽에 **가데스**, 중앙에 **세겜** 남쪽에 **헤브론**이 있다. 강을 건너 동쪽 (르우벤, 갓, 므낫세가 정착하기로 됨)에는 북쪽에**골란**, 중앙에 **라못**, 남쪽에 **베셀**이 있다. 이 성들은 접근하기가 쉬운 곳에 있었다. 이 성들 중에는 산에 위치한 곳도 있어서 훨씬 눈에 잘 띄기도 했다. 전언에 의하면 이 여섯 성으로 가는 길이 잘 보수되어 있는지 제사장들이 확인했다고 하며, 도망하는 사람을 안내하는 경계 표시가 규칙적으로 세워졌다고 한다. 이 성문들은 절대로 닫는 법이 없었다고 랍비들은 전한다.

도피성은 그리스도에 대한 모형으로서 참으로 훌륭하다. 물론 "성으로 가는 길"은 명확하다. 누가 구세주인지, 또는 어떻게 그에게 가는 것인지 의문을 품을 필요는 없다. 믿음으로 그에게 가는 것이기 때문이다. 그는 죄인을 돌려보내는 일이 없으시다(요 6 : 37). 한 가지 대조되는 점은 살인자가 성에 와서 영접을 받으며 또한 재판도 받게 되지만 우리는 재판을 받지 않는 점이다.

우리는 이미 심판을 받았기 때문이다(요 3 : 18 참조). 그 성의 장로들은 살인의 죄가 없는 사람만을 인정했으나 그리스도는 유죄한 죄인들을 영접하신다. 큰 은혜가 아닌가!

4 성들은 필요에 대처하기가 적절했다.
그 사람이 성에 머무르는 한 그는 안전했으며, 대제사장이 죽으면 자유의 몸이 될 수 있었다. 이 말은 우리가 "그리스도를 떠나" 구원을 잃게 될 수도 있다는 뜻은 아니며, "그리스도 안에 거하지" 않으면 그가 영적인, 그리고 육신적인 위험에 자신을 노출시키게 된다는 뜻이다(당신은 모형에다 교리를 맞추지 않고, 교리에 근거하여 모형을 해석한다). 참된 그리스도인은 절대 멸망하지 않는다. 우리의 대제사장은 결코 죽지 않는다. 그가 살아계시므로 우리도 또한 살아 있다!

예수 그리스도가 우리의 일상적인 필요에 대처하기에 충분하신 분이라는 사실은 성들의 이름을 생각해보면 알 수 있다. **게데스**는 "의(義)"라는 뜻으로 우리에게는 제일 먼저 필요한 것이다. 우리가 그리스도에게 나아가면 자기의 의를 우리에게 주시며 우리의 모든 죄를 용서하신다(고후 5 : 21 / 골 2 : 13). **세겜**은 "어깨"라는 뜻이며, 우리의 짐을 져주시는 친구이신 그리스도 안에서 쉴 장소를 발견하게 됨을 암시해 준다. 새신자들은 늘 "내가 붙잡을 수 있을까요?" 라고 물어온다. 그 질문은 "그가 당신을 붙드실 것입니다"로 대답된다. **헤브론**은 "교제"란 뜻으로 그리스도 안에서 가지는 하나님과의 교제를 암시하며, 또한 우리가 다른 신자들과 가지는 교제를 시사한다. 신실한 그리스도인은 결코 외로울 수가 없다. **베셀**은 "요새"란 뜻이며, 우리가 그리스도 안에서 가지는 보호와 승리를 나타낸다. 이 세상에서 가장 안전한 곳은 하나님의 뜻 안에 있는 것이다. **라못**은 "높음"이란 뜻이며, 신자들이 "하늘에서 그리스도와 함께 앉아 있게 되는 것"을 상기시켜 준다(엡 2 : 4~10). 죄는 언제나 인간을 끌어내리나, 그리스도는 인간을 높이신다. 어느 날 우리는 구름을 타고 함께 올리워져 공중에서 주를 만나게 될 것이다. 끝으로, **골란**은 "원(圓)" 또는 "완성"을 뜻하며 이는 그리스도 안에서 우리가 완전함을 나타낸다(골 2 : 9~10). 어떤 사람은 골란이 "행복"을 뜻한다고도 하는데 생의 시련과 문제거리들에도 불구하고 그리스도인들이 행복한 사람들인 것은 분명하다.

살인자들은 그 성으로 도망하도록 되어 있는 것에 유의하자. 꾸물거릴 여유가 없었다! 오늘날 잃어버린 죄인들도 역시 유일한 피난처이신 예수 그리스도에게로 도망하는 일을 꾸물거릴 수는 없다.

3. 세대주의적 의미

어떤 이들은 이 성들이 이스라엘과, 이스라엘이 그리스도를 거절한 것을 상징한다고 본다. 이스라엘은 무지하고 눈이 멀어, 예수 그리스도를 죽였다(행 3：14 ~17 / 고전 2：8). 예수님은 "아버지여 저희를 사하여 주옵소서 자기의 하는 것을 알지 못함이니이다"라고 기도하셨다. 이 말은 이스라엘이 살인자가 아니라 과실치사자이며, 따라서 이스라엘에게는 용서와 안전이 보장된다는 뜻이다. 그러나 이스라엘은 도피성의 과실치사자처럼 지금 "유배된" 상태에 있다. 다른 말로 하면, 하나님은 이스라엘을 보호하고 계시며, 어느 날 용서와 축복을 주실 것이라는 뜻이다. 그 날은 이스라엘이 메시야를 보게 될 때이다(슥 12：11~13：1).

이와 똑같은 원리가 다른 사람을 죽인 죄를 지은 바울에게도 적용될 수 있겠다(딤전 1：12~16 참조). 그는 장차 구원을 받게 될 유대인들의 "본보기"이다. 왜냐하면 그들은 바울이 그러하였듯이 영광 중에 그리스도를 보게 될 것이기 때문이다(행 9장).

당신은 도피성으로 도망하였는가? 당신은 자신이 그리스도 안에서 안전하다는 것을 알고 있는가?

신명기
—서론과 개요—

신명기 서론

☐ 이름 : "신명기"는 헬라어로 "두번째 법"이란 뜻이다. 이는 신명기 17장 18절에서 온 말이며, 이 책에서 모세가 이 민족에게 율법을 다시 진술한 사실에서 온 말이기도 하다. 이 책에 새로운 법이 나오지는 않으며, 이미 주어진 율법에 무엇을 보충하고 있지도 않다. 다만 율법을 두번째로 진술하고 있다.

☐ 목적 : 가나안의 경계 지역에서 모세가 율법을 다시 진술한 데에는 몇 가지 이유가 있다.

1 **새로운 세대**—갈렙과 여호수아를 제외한 구 세대는 광야에서 멸망하였으므로 새 세대에게 법을 다시 들려줄 필요가 있었다. 우리는 기억력이 좋지 못하지만 이 민족이 가데스 바네아에서 실패했던 때를 기준하여 20 세쯤 되었을 사람들이다. 그들에게 하나님의 말씀을 새롭게 들려 주는 것은 중요한 일이었다.

2 **새로운 도전**(격려) —이제까지 그들의 생애는 정착하지 못했고 순례자들이었다. 그러나 이제는 약속의 땅으로 들어가게 되며 정착된 국가가 되는 것이었다. 싸워야 할 전쟁이 있을 것이므로 준비를 갖추어야 했다. 미래를 준비하는 최선의 방법은 과거를 이해하는 것이다. "과거를 기억할 수 없는 사람은 그 과거를 되풀이 할 운명에 처한다"라는 유명한 철학자의 말이 있다. 그리고 모세는 그 민족이 하나님께서 하신 일들을 기억하게 되기를 바랬던 것이다.

3 **새로운 지도자**—모세는 죽을 것이고 여호수아가 그 민족의 지도권을 이양받게 될 것이었다. 모세는 민족의 성공이 하나님께 순종하는 백성에게 달려있음을 알았다. 그들의 인간적인 지도자가 누구여야 하는가는 별문제가 아니었다. 말씀에 기초하고 있다면, 여호와를 사랑한다면 그들은 여호수아를 따를 것이며 승리를 얻을 것이다.

4 **새로운 유혹**—그 땅에서 정착하게 되는 사람들은 광야에서 순례하는 사람들과는 다른 문제들에 직면할 것이었다. 모세는 그들이 그 땅을 소유하고 그 소유를 빼앗기지 않기를 원했으므로, 그는 위험을 경고하며 성공의 길을 제시한다.

영적인 의미에서 볼 때 많은 그리스도인들이 신명기 1장 1~3절에 나오는 이스라엘과 같은 입장에 있다. 그들은 애굽에서 구속되었으나 그들의 영적인 유업에는 들어가지 못한 상태였다. 그들은 약속된 축복의 땅에 있지 못하고 "요단 이편에" 서 있다. 그들은 하나님의 말씀에 다시 귀를 기울이고 믿음으로 한 걸음 내딛어 그리스도 안에 있는 그들의 유업을 누릴 필요가 있다.

□ **핵심 단어들** : 이 책의 열쇠가 되는 핵심 단어들과, 그 단어들이 이 책에서 몇 번이나 사용되고 있는지 보자. 땅(153회), 유업(36회), 소유(65회), 듣다(44회), 경청하다(27회), 마음(46회), 사랑(12회)이 사용되었다. 이렇게 반복된 단어들을 함께 정리해보면 이 책의 강조점을 쉽게 알아볼 수 있다. 우리는 그 땅에 들어가 그 땅을 소유할 것인데 하나님의 말씀을 듣고, 그를 사랑하고, 그를 경청(순종)해야 한다. 만일 우리가 하나님을 사랑한다면 그에게 순종할 것이며, 그에게 순종하면 그가 축복하실 것이다.

□ **보다 깊은 멧세지** : 신명기를 읽으면 자기 백성의 영적인 생활에 관하여 모세가 주고있는 보다 깊은 멧세지로 인해 감명을 받지 않을 수 없을 것이다. 우리는 이 책에서 "사랑"이란 단어가 여러 번 반복되고 있음을 보게 되지만, 창세기부터 민수기까지는 이 단어를 찾아 볼 수 없다. **"하나님을 향한 사랑, 그리고 백성을 위한 하나님의사랑"**은 신명기에서 새로운 주제가 된다(4 : 37 / 6 : 4~6 / 7 : 6~13 / 10 : 12 / 11 : 1 / 30 : 6, 16, 20). 이전의 책들도 사랑에 관하여 말하고, 이스라엘을 향한 하나님의 사랑을 증명하고 있는 것은 분명하지만 신명기는 이전과는 전혀 다르게 이 주제를 강조한다. "마음"이란 단어가(신명기에서 46회 발견된다) 중요시되고 있다. 말씀이 그들의 마음에 있어야 한다(5 : 29 / 6 : 6). 죄는 마음에서 시작된다(7 : 17이하 / 8 : 11~20). 마음에서 하나님을 사랑해야 한다(10 : 12). 달리 말해서, 모세는 마음이 바를 때 축복이 온다는 사실을 분명히 밝히고 있다. 그들이 땅을 소유하고 누리려면 그들의 마음은 하나님과 그의 말씀을 향한 사랑으로 가득 차야 한다.

□ **모든 사람을 위한 책** : 출애굽기, 레위기, 민수기는 특별히 제사장들과 레위인들에게 속한 "전문적인 책들"이다. 그러나 신명기는 모든 사람을 위하여 씌어진 책이다. 신명기는 이전의 책들에서 볼 수 있는 율법들을 반복하는 곳이 많지만, 이 율법들이 새롭고 깊은 의미를 부여하고 있으며, 백성들의 일상생활에 어떤 의미가 있는지를 보여 주고 있다. 오늘날 우리 모두는 신명기에서 많은 것을 배울 수 있다.

신명기 개요

1. 역사적 : 뒤를 돌아보는 모세 / 1 ~ 4장

1 불신앙의 비극 / 1 장
2 여행과 승리 / 2~3 장
3 순종하라는 마지막 호소 / 4 장

2. 실제적 : 현재를 보는 모세 / 5~26장

1 간증들 / 5~11 장
- 율법의 선포 / 5 장
- 율법의 실천 / 6 장
- 율법의 보존 / 7~11 장
  —외부로부터 온 위험 / 7 장
  —내부로부터 온 위험 / 8 ~10 장
- 마지막 호소 / 11 장

2 신분 / 12~18 장
3 재판 / 19~26 장

3. 예언적 : 앞을 내다보는 모세 / 27~30장

1 축복과 저주 / 27~28 장
2 회개와 전환 / 29~30 장

4. 개인적 : 위를 올려보는 모세 / 31~34장

1 새로운 지도자 / 31 장
2 새로운 노래 / 32 장
3 새로운 축복 / 33 장
4 새로운 땅 / 34 장

과거로부터의 교훈

—신명기 1～6장—

모세는 이스라엘의 새 세대들에게 이 연속된 연설을 시작함에 있어 민족의 과거 역사를 성찰한다. 과거에 사는 것은 죄이다. 그러나 과거를 무시하고서는 절대로 현재를 이해할 수도, 미래를 준비할 수도 없다. "과거를 기억지 못하는 사람은 과거를 되풀이할 운명에 처하게 된다."

1. 그는 하나님의 인도하심을 상기시킨다(1～3장)

이 민족은 "요단 이편" 모압 평지에 모여 있었다. 거기까지 오는 데에 40년이 걸렸는데, 2절은 11일이면 올 수 있는 여행이었다고 언급한다. 이것이 불신앙의 비극이다. 불신앙은 시간과 힘과 인력을 낭비하고, 하나님의 이름에 돌려야 할 영광을 도적질한다. 모세는 하나님의 율법을 선포하려고 하는데 이 "선포하다"는 단어는 문자 그대로 "새긴다"는 뜻이다. 그는 하나님의 법이 그들의 마음에 새겨져야 함을 분명히 밝히고 싶었다.

[1] **시내에서 가데스 바네아까지**(1장)—이 민족은 애굽에서 나온 첫, 해 세 번째 달부터 둘째 해 두번째 달까지 호렙에 진을 치고 있었다(출 19：1 / 민 10：11). 이 기간에 모세는 율법을 받았으며 성막이 조립되어 세워졌다. 모세가 민족의 실수와 아울러 자신의 실수(9～18절)를 성찰하는 것은 흥미있다. 새로운 세대는 왜 그 민족이 이처럼 조직되었으며 왜 더 빨리 유업에 들어가지 못했었는지를 알아야 했다. 그는 가데스 바네아에서 지은 그들의 죄가 불신앙에 근거한 반역이었음을 명백히 하고 있다(민 9～14장 참조).

[2] **그들이 피한 나라들**(2：1～23)—모세는 한 문장(1：46)으로 "방황"의 기간을 건너뛰고 이제 가나안 경계에 이르는 그들의 여행을 다룬다. 그들은 세 민족 즉 에돔(야곱의 형, 에서의 자손)과 모압과 암몬(아브라함의 조카, 롯의 자손들)을 피하였다. 이 민족들은 이스라엘과 혈연관계가 있었으므로 하나님은 이들과의 싸움을 허락지 않으셨다. 이스라엘이 이 큰 나라들의 경계선을 통과할 때 하나님께서 그들을 지켜 보호하셨다.

[3] **그들이 멸망시킨 나라들**(2：24～3：29)—하나님께서 이스라엘에게 이 민족들과 싸워 정복하도록 허락하신 데에는 두 가지 이유가 있었다. 곧, 가나안에 있는 민족들에 대한 경고이며(25절), 요단 동편에 정착할 2½ 지파(르우벤, 갓, 므낫세 지파)가 그 땅을 이용할 수 있도록 하기 위함이었다 (3：12～17). 유대

인들이 이 나라들에 도착했을 때, 평화롭게 통과할 것을 건의하며 이 나라들을 친절히 대하였으나 그들이 유대인들을 공격하였으므로 하나님이 그들을 정복하셨다. 구 세대를 놀라게 했던, 큰 성벽으로 방어하는 성읍들이 새 세대로 말미암아 사로잡히게 되었다(3:5)! 이 일은 가나안에 들어가려고 준비하는 이스라엘에게 격려가 되었을 것이다. 이 때 여호수아가 특별한 사명을 받는 것과, 모세가 그 땅에 들어갈 수 있기를 기도했으나 하나님께서 허락하지 않으신 것을 유의해서 보자.

하나님은 과거에도 이스라엘을 인도하셨고 보호하셨으며 장래에도 그들과 함께 하실 것이 분명하다. 에벤에셀—"지금까지 여호와께서 우리를 도우셨다!"

2. 그는 하나님의 영광과 위대함을 상기시킨다 (4~5장/ 5:24 참조)

이 부분에서 모세는 하나님의 영광과 위대함이 나타났던 곳이며 율법에 전율하던 곳인 시내로 이 민족을 이끌어 간다. 그들은 하나님의 영광과 위대하심을 잊어버릴 위험에 처해 있었다(4:9, 23, 31 참조). 모세는 세 가지 위험을 지적한다.

[1] **말씀을 잊음**(4:1~13)—이스라엘 외에 하나님의 말씀으로 축복을 받았던 나라가 또 있었겠는가! 하나님의 말씀이 그들의 지혜요 능력이었다. 그들이 하나님의 말씀을 순종하면 그가 그들을 축복하고 그들은 땅을 소유하게 될 것이다. 만일 그의 말씀을 바꾸거나(2절) 불순종하면 그가 그들을 벌하시고 그들은 그 땅을 잃을 것이다. 하나님의 말씀이 하나님의 자녀에게 평범한 것이 되어 그들이 더이상 말씀을 존중하지 않을 때, 그는 심각한 문제로 향하게 된다.

[2] **우상을 향함**(4:14~49)—"삼가라!" 이것이 4장 9, 15, 23절에 반복된 모세의 경고이다. 모세는 그들이 시내에 있을 때 하나님의 형상을 보지 못하였음을 상기시키며 어떤 형상이든지 만들지 말라고 경고한다(15~19/롬 1:21~23 참조). 하나님은 애굽의 모든 신들보다도 위대하심을 스스로 입증하셨는데 왜 애굽의 신들을 섬기는가? 하나님은 사랑 가운데 그 민족을 자기에게로 부르셨다. 그러나 그들이 우상에게로 향한다면 이는 영적인 음행이 될 것이다. 25~31절에서 모세는 사실상 이스라엘의 역사를 요약하고 있다. 그들이 우상을 향할 것이고 그 땅 밖에 버려져서 흩어질 것이며 유배되어 다른 신들을 섬길 것이다. 이스라엘이 이 교훈을 배운 것은 유배되었을 때였다.

[3] **하나님의 율법을 무시함**(5장)—여기서 모세는 하나님의 도덕률의 기본인 십계명을 다시 반복한다. 사실상 신명기의 나머지 부분은 십계명을 확대하여 적용시킨 것이다. 이스라엘은 이 율법을 듣고, 배우고, 지키며, 행하도록 되었는데(1절), 그것은 율법을 지킴으로 하나님을 높이며, 승리와 축복의 길을 열어

놓는 것이기 때문이다. "이스라엘이여, 들으라!" 이 구절은 이 책에서 매우 중요하다(5 : 1 / 6 : 3~4 / 9 : 1 / 20 : 3 참조). 하나님은 죄를 드러내고(롬 3 : 20), 그리스도의 오심을 대비하여 이 민족을 준비시키며(갈 3 : 19~24), 이 땅에서 분별된 민족이 되게 하려고(신 4 : 5~8) 이 법을 주셨다. 모세는 그들에게 주어진 책임이 하나님의 구속하심에 근거하고 있음을 상기시킨다. 즉, 하나님께서 그들을 애굽에서 구속하셨다(6, 15절 / 6 : 12 / 8 : 14 / 13 : 5, 10 참조). "너희는 너희의 것이 아니라 값으로 산 것이 되었으니 그런즉…", 10절이 하나님은 사랑이시라는 사실을 소개하고 있음에 유의하자(4 : 37과 비교). 29절은 율법을 마음에 두어야 하며 그렇지 않고는 참된 순종이 있을 수 없다고 분명히 밝힌다(히 8 : 8~12 / 렘 32 : 39~40 / 31 : 31~34 참조). 고린도전서 3장에서 신약 신자들은 하나님의 영으로 마음에 씌어진 법을 가지고 있다고 가르친다. 로마서 8장 1~4절은 우리가 성령의 힘으로 율법에 순종한다고 설명하고 있다.

3. 그는 하나님의 선하심을 상기시킨다(6장)

10~12절은 인간 본성의 근본적인 연약함을 보여 주고 있다. 우리는 하나님의 축복을 당연한 것으로 여긴다. "너는 조심하여 …여호와를 잊지 말고." 우리가 가진 모든 것을 우리에게 가져다 준 것이 우리의 지혜와 우리의 힘이라고 생각하기가 쉽다(8 : 17~18 참조). 하나님은 그의 사랑으로 그들을 선택하셨고, 은혜 중에 그들의 죄를 참으셨고, 그들을 인도하시고 지켜 보호하셨으며, 놀라운 땅을 주셨다. 만일 이스라엘이 고의적으로(또는 부주의하게) 하나님을 무시하고 그에게 순종하지 못한다면 얼마나 배은망덕한 일이겠는가. 우리는 축복을 누리기를 원하면서도 그 축복을 주신 분에게 순종하기를 싫어하는 때가 너무나 많다!

"하나님은 질투하시는 하나님이시다!" 이 말은 하나님이 이스라엘과 언약관계로 들어가신 시내(출 20 : 5)로 우리를 데려간다. 남편이 그 아내에 대해 질투할 권리를 가진 것처럼 하나님은 자기 백성에 대해 질투할 권리를 가지신다(수 24 : 19 / 약 4 : 5 참조). 우상숭배는 영적인 간음인데 이스라엘은 자주 이 죄를 범했다. 이것은 호세아서의 주제이다.

모세가 그 날 이스라엘에게 하나님의 돌보심을 상기시켰던 것처럼, 부모들은 이스라엘의 자녀들에게 하나님께서 그 민족을 위하여 하신 일을 상기시키도록 위임되었다(20~25절). 6~9절은 이 말씀이 가정의 일부가 되어, 대화의 중심이 되고, 자녀들에게 여호와를 사랑하고 그에게 순종하도록 가르치는 방법이 되어야 함을 명백히 밝힌다. 불행하게도 유대인들은 이 율법을 문자로 취했고 영(정신)을 취하지는 못했으며 부적을 만드는 것으로 끝나게 되었는데, 율법에서 몇 구절을 뽑아 작은 상자에 넣어두는 일이었다. 이 경문(마 23 : 5)을 팔과 머리에 달고 다녔지만 그들은 그들의 마음에 이 말씀을 간직하지는 않았다!

신약 그리스도인들에게도 이러한 경고는 필요하다. 우리는 하나님의 인도하심을 잊고 환경이 불만스러울 때 불평하게 되기가 너무도 쉽다. 그는 지나간 날들 동안 우리를 도와주셨고 지금도 우리를 저버리지 않을 것이다! 우리는 하나님의 선하심과 위대하심을 기억할 필요가 있다. 왜냐하면 우상이 우리 생활에 소리없이 끼어들기가 쉽기 때문이다. 그러므로 우리는 하나님의 선하심을 우리 스스로 상기시켜야 할 필요가 있다. 하나님은 얼마나 놀랍게 우리를 돌보아 주셨는가! 우리가 하나님을 사랑하고 그 말씀을 마음에 지니면, 그는 우리를 축복하실 것이며, 우리는 다른 사람들에게 축복을 끼칠 수 있을 것이다.

하나님의 백성에게 닥칠 위험

—신명기 7～11장—

모세는 이 백성에게 과거의 사건들을 상기시키고(1～6절), 미래에 닥칠 위험을 경고한다. 수 세기간 이스라엘은 노예 민족이었고 40년 동안은 순례하는 민족이었다. 이제 그들은 자신의 땅에 정착하려 하며 이 새로운 경험에 따를 위험을 조심해야 할 필요가 있었다. 최소한 다섯 가지 위험들을 살펴보자.

1. 적과의 타협(7 : 1～16)

이방 민족들을 몰아내고 가나안에 이스라엘을 건설하는 것이 하나님의 목적이었다. 그러나 그는 이스라엘에게 어떤 방식으로든 타협하지 말고 철저하게 파괴시킬 것을 경고하셨다. **완전하게 파괴시키는 데는 이중의 이유가 있었다.** 즉, 그 민족은 사악했으며 심판받을 때가 되었던 것이 그 첫째 이유이며(창 15 : 16 / 신 9 : 4～5), 그 땅에 남겨 두면 그 민족들이 이스라엘을 죄 가운데 빠뜨릴 위험이 있던 것이 두번째 이유였다. 하나님의 심판이나 죄의 무서움을 이해하지 못하는 사람들은 이 민족들을 멸망시킨 것은 하나님이 "심하셨다"고 논쟁을 벌인다. 만일 그 민족들이 그들 종교의 죄악성과 어떤 방식으로 하나님께 대항하였는지를 알게 된다면 이 성읍들은 이스라엘이 이들 이방 민족들을 쓸어버리지 않은 것에 감사했을 것이다!

모세가 주장하는 바는 간단하다. 이스라엘은 하나님이 모든 민족들에게서 분리해낸 선택된 특별한 백성이다. 하나님은 그들을 사랑하셨기 때문에 그들을 선택했고 그들을 애굽에서 데리고 나와 광야에서 신실하게 돌봄으로 그의 사랑을 입증하였다. 이 **분리의 원리**는 성경 전체를 통하여 흐른다. 하나님은 어두움에서 빛을 분리하셨고(창 1 : 4), 물에서 궁창을 분리하셨으며(창 1 : 7), 다른 민족들로부터 이스라엘이 구별되게 하셨다(출 23 : 20～23 / 34 : 11～16). 하나님은 교회에게 분리될 것을 명령하셨다(고후 6 : 14～7 : 1 / 계 18 : 4). 유대민족을 창설하라고 아브라함을 부르셨을 때, 하나님은 아브라함 주위의 이방인들로부터 그를 분리시키셨다. 하나님은 자기 백성이 죄에서 분리될 때 축복하실 것을 약속하신다(신 7 : 12～16).

우리는 교회와 세상이 서로 섞여져서 누가 진실로 그리스도께 속해 있는지 말하기가 어려운 때에 살고 있다. 우리는 세상에서 불러냄을 받아 세상에 간증이 되도록 하셨다(요 15 : 16～27). 세상적인 그리스도인들은 하나님의 일을 방해한다.

2. 적을 두려워함(7 : 17~26)

대개는 두려움이 타협을 유발하며, 자신을 보호하기 위하여 "양보하게" 된다. 모세는 하나님께서 그들에게 승리를 주시려고 함께 계시니 적을 무서워하지 말라고 백성들에게 경고한다. 그가 그들을 애굽에서 구해내셨고 광야의 왕들에게서 지켜 주지 않으셨던가? 그렇다면 가나안에서도 그들에게 승리를 주실 것이다! 승리는 단계별로 주어질 것인데(22절/삿 2 : 20~23) 이는 그 땅을 안전하게 소유할 수 있기 위함이다. 하나님은 구원하시는 일을 하실 것이며, 그들은 파괴하는 일, 즉 이방 왕들, 우상들, 제단들을 파괴해야 했다(23~26절). 남겨져 있는 것은 그들에게 함정이 되어 그들을 죄에 빠지게 할 것이다(고후 7 : 1/롬 13 : 14).

3. 번영과 자기 만족(8장)

악마의 "책략"은 악마의 군대보다 더욱 위험하다! 이 부분에서 모세는 그의 백성에게 번영의 위험을 경고한다. 먹을 음식이 있고 입은 옷이 헤어지지 않을 때 그들은 하나님이 40년간 돌보아 주신 것을 잊을 것이며, 그들이 범죄했을 때 하나님이 징계하셨던 일조차 잊을 것이다. 그리고 이 잊어버림으로 인해서 죄에 빠지게 될 수도 있었다. "젖과 꿀의 땅"에서 이루게 될 번영과 축복 가운데서 스스로 만족하고, 자신의 힘으로 이 모든 일들을 성취했다고 생각할 수도 있는 것이다!

오늘날 우리는 이러한 죄를 범하고 있지는 않은가? 때가 어려워 우리의 일상적인 필요를 위해 하나님을 의존해야만 할 때, 우리는 그를 기억하고 그에게 순종한다. 그러나 "일들이 잘 풀릴 때," 곧 우리가 필요한 것 이상을 가지고 있을 때, 우리는 자부심이 강해져서 하나님을 잊게 된다. "그가 네게 재물 얻을 능을 주셨음이라"(18절). 이 구절은 우리 모두가 기억해야 할 말이다. 때때로 하나님은 이 세상의 부를 조정하시는 분이 누구인지 상기시키기 위해 우리를 징계하지 않을 수 없으시다.

4. 교만(9 : 1~10 : 11)

그들이 가나안의 이방 민족들을 정복하고난 후에 하나님이 승리를 주신 것이 그들 자신의 의(義) 때문이었다고 생각하는 교만의 유혹을 받을 수도 있었다. 모세는 그들이 얻은 모든 **승리는 하나님의 은혜로 말미암은 것**임을 상기시키고 있다. 처음에 하나님은 그의 조상들과 맺은 약속(창 15장), 곧 그의 은혜로 말미암아 이루어진 약속들을 이루시기 위해 그 땅을 그들에게 주실 것이다. 유대인들은 그 땅을 받을 만하지 못하다. 하나님이 그들을 사랑하시기 때문에 그들에게 주시는 것이다. 좀 더 나아가서 그는 이방 민족을 몰아내시려고 하는데 이것은 이스라엘이 의롭기 때문이 아니라 그들의 죄 때문인 것이다. 모세는 그들의 전체 역사가 의(義)가 아니라 반역으로 일관되어 왔음을 상기시킨다. 그들은 광야에서 하나님을 노하시게 하였다. 시내산에서는 우상을 만들었고, 가데스 바네아에서는 불신앙으로 인하여 반역하였다. 모세가 중재하지 않았다면 전 민족이 멸망을 받았을 것이다!

오늘날 그리스도인들에게도 이 진리가 적용된다. 우리는 감히 하나님의 은혜를 잊을 수 없다! 우리는 은혜로 구원을 받았으며(엡 2：8~10), 우리가 그를 위해 일하게 되는 것도 은혜를 통해서이다(고전 15：10 / 롬 12：6). 우리에게 물질적인, 영적인 축복들이 있다면 이는 우리의 선함 때문이 아니라 하나님의 은혜 때문인 것이다. 우리는 이러한 축복들을 받았을 때 겸손해야지 교만해서는 안된다. 또한 영혼을 인도하여 하나님을 영화롭게 하는 데에 우리가 가진 것들을 사용하려는 소원을 가져야 한다. 모세가 그의 민족을 위해 중재하여 그 민족을 구원한 것과 꼭같이 그는 우리를 대신하여 죽으셨으며, 우리를 위해 중재하시기 위해 살아계시다. 우리가 오늘날 무엇이든 소유하게 된 것은 그분 때문이다.

아마도 최악의 종류의 교만은 "영적인 교만"일 것이며, 바리새인들에게서 이를 찾아볼 수 있다. "영적인" 사람은 교만할 수 없다. 영적인 은사나 은혜를 자랑하는 것은 하나님의 징계의 손길을 부르는 것이다.

5. 고의적인 불순종(10：12~11：32)

이 부분은 이스라엘이 약속된 땅에 살면서 지켜야 할 여러 가지 법들을 재 고찰하고 적용하기에 앞서 모세가 마지막으로 호소하고 있는 장면이다(12：1 이하). 모세가 하는 말은 "나는 여러 가지 법을 줄 것이나 여호와께서는 진실로 이 한 가지 것을 요구하신다. 그를 경외하고 그를 사랑하고 그를 섬기라 그러면 그가 너를 축복하실 것이다"(12절). 할례는 언약의 표시였다(창 17장). 이 의식은 그들이 방황하는 동안 무시되었었다(수 5장). 그러나 중요한 것은 육체의 할례가 아니라 영적인 할례, 곧 하나님께 우리의 마음을 양도하는 것이다(16절). 사람들이 육체의 의식을 행하고는 영적인 결과를 이루었다고 생각하는 때가 얼마나 흔한가!

모세는 정말 문제시되는 것은 마음이라고 11장에서 밝힌다. 그들이 진실로 하나님은 사랑한다면 하나님의 말씀에 순종할 것이다(요 14：21). 물론 그들은 하나님의 기적들과 심판들을 보았으므로 하나님을 두려워하는 것은 당연하다. 그러나 이러한 두려움은 다른 모든 나라들 중에서 그들을 선택하신 하나님께 대한 사랑과 존경으로 바뀌어야 한다. 그들이 그의 말씀에 순종하기를 거절한다면 하나님은 그들을 축복하실 수가 없으시다.

어떤 사람들은 "그 땅에 일단 들어가면 우리가 좋은 대로 살 수 있으며, 그곳의 부를 누릴 수 있다"고 말했을런지도 모른다. 그러나 모세는 그렇지 않음을 그들에게 알린다. 약속의 땅은 애굽과 같지 않다(10~17절). 애굽에서는 사람들이 농작물에 물을 대기 위해 더러운 나일강에 의존했으나, 가나안에서는 하늘로부터 일년에 두 번 비가 와서 백성들이 추수할 수 있었다. 그 땅의 열매맺는 일이 하늘로부터의 비에 의존하였듯이, 오늘날 우리의 삶이 하나님을 위한 열매맺기를 원한다면 "축복의 소나기"에 의존해야 한다. 만일 그들이 순종하지 않는다면 하나님은 비를 내리지 않을 것인데 이스라엘의 역사 중에 이런 일들이 여러 번 발생했다.

결정의 시간은 왔다(26~32절). 그들은 축복과 저주 가운데서 선택해야만 했다. 이 근본 원리는 결코 변하지 않는다. 만약 우리가 마음으로부터 하나님의 말씀에 순종한다면, 그는 우리와 우리의 수고한 것을 축복하실 것이나, 만약 우리가 순종하지 않는다면 그는 우리에게 저주를 내리시고 징계하실 것이다. 순종은 행복에 이르는 열쇠이다.

이스라엘의 장래
—신명기 27~30장—

이 부분은 예언적인 부분으로 땅과 연관된 이스라엘의 네 가지 모습을 보여 준다.

1. 그 땅에 들어가는 이스라엘(27장)

이 예언은 여호수아 8장 30~35절에서 성취됨을 보여 준다. 신명기 27장 3절은 이 민족이 땅을 정복하는 것이 이 지시에 순종하는 데에 달려있음을 암시하고 있다. 에발산과 그리심산 사이의 골짜기는 세겜성이 있는 아름다운 곳이다. 이 전 지역은 너비가 2마일(약 3.2㎞) 가량 되는 천연적인 원형극장을 이루고 있어서, 백성들이 율법을 읽는 소리를 듣는 데에 어려움이 없었을 것이다.

각 지파의 장로들은 에발산에 "큰 돌"을 세우고 거기에 십계명을 기록할 것과, 산 발치에 번제와 화목제를 드릴 제단을 세우라는 지시를 받았다. 율법이 있는 곳에는 정죄함이 있으나(고후 3：7~9), 제단은 정죄받은 죄인의 필요에 대처하는 곳이었다. 번제는 우리를 위하여 그리스도께서 이루신 완전한 희생을 말해 주며, 화목제는 율법을 어겼음에도 불구하고 그가 우리로 하여금 하나님과 화평을 이루게 하셨음을 상기시킨다(롬 5：1).

여섯 지파(시므온, 레위, 유다, 잇사갈, 요셉, 베냐민)가 그리심산, 곧 축복의 산에 서 있는데 이들이 모두 레아와 라헬에게서 난 지파들임에 주목하자. 르우벤과 스불론은 레아의 아들이지만 저주의 산에 있는 사람들과 함께 서 있다(13절). 아마도 르우벤은 그의 아버지에게 범죄하였을 때 장자권을 잃었기 때문이며(창 49：4), 스불론은 레아의 막내 아들이었기 때문일 것이다. 레위인들은 법궤를 가지고 두 산 사이의 골짜기에 서서 율법을 큰소리로 부르게 되었다. 축복들은 하나도 주어지지 않았음에 주목하자! 율법은 축복이 아니라 저주를 가져온다(갈 3：10).

이 전체 의식은 이스라엘로 하여금 자신이 언약의 민족이며(9절) 하나님의 율법에 순종할 의무가 있음을 강하게 일깨웠을 것이다. 고린도후서 3장을 읽고 율법의 사역과 오늘날 우리의 특권인 은혜의 영광스러운 사역 사이의 대조점들을 알아보자.

2. 그 땅을 소유하고 누리는 이스라엘(28： 1 ~ 14)

"순종은 축복을 가져온다"(1~2절). 이것은 하나님의 말씀의 주제이다. 신약성도들은 이미 그리스도 안에서 "모든 영적인 축복들"을 소유하고 있으며 하나님을 신뢰하고 그에게 순종할 때 이 축복들을 누리게 된다(엡 1 : 3). 이 순종의 원리가 모든 시대에서 발견되는 것은 물론이다. 왜냐하면 하나님은 그에게 대항하는 자를 축복할 수는 없기 때문이다.

하나님께서는 모든 면, 즉 성읍, 농토, 열매, 가축, 들고 나는 모든 일에 물질적인 축복을 주시겠다고 이스라엘에게 약속하신다. 그는 그들의 적들을 꺾으시고 그 땅에서 그들을 거룩한 백성으로 세우실 것을 약속하신다. 10절은 이 민족이 하나님의 은혜를 온 세상에 증거하게 될 것임을 시사하고 있다. 그러나 슬프게도 그들은 하나님의 심판에 대한 세계적인 증인이 되어왔던 것이다(46절). 하나님은 시절에 따라 비를 내리실 것을 약속하신다. 그는 그가 이스라엘을 으뜸가는 민족으로 만드실 것이며, 세계에 축복을 주는 그의 도구로 사용하시겠다고 말씀하신다.

한 가지 명심할 것은 이스라엘은 아브라함과 맺은 하나님의 언약으로 인하여 그 땅을 얻었지만, 거룩한 민족으로서의 하나님의 언약에 순종해야만 그 땅을 차지하고 누릴 수 있다는 점이다. 오늘날 우리는 하나님의 은혜로 그리스도 안에서 우리에게 필요한 모든 축복을 소유하고 있다. 그러나 이 축복들은 우리가 그를 신뢰하고 순종할 때에만 누릴 수 있는 것이다.

3. 그 땅을 빼앗기는 이스라엘(28 : 15～29 : 29)

이스라엘이 징계를 받고 유배되어, 흩어졌다가 축복 가운데 돌아오게 될 미래의 예언이 여기에 나온다. 여기 나오는 축복과 저주를 "영적으로" 해석하여 "교회에 이것을 적용시키는 것"은 성경을 곡해하는 것이며 "진리의 말씀을 옳게 분변하지 못하는 것"이다. 이것은 문자 그대로의 저주이며, 그들이 우상을 숭배하고 하나님의 율법을 불순종하여 하나님과의 언약을 깨뜨렸기 때문에 이스라엘에게 내리게 된다.

13～19절에 나오는 이 저주는 3～6절에 나오는 축복들과 비슷하다. 하나님이 애굽에 내렸던 재앙들을 포함하여 적들이 당했던 질병과 전염병들을 그들이 받을 것이라고 경고하신다(27절). 하나님이 진노하셨다는 증거의 일례는 이른 비와 늦은 비를 보류하시는 것이었다(23～24 / 11 : 10～17 / 대하 7 : 14 / 왕상 17 : 1이하 / 렘 14 : 1이하). 대적들이 그들을 대패시키며 그들은 맹목적인 노예들처럼 온 땅의 지면에 흩어질 것이다. 36절에는 이스라엘이 왕을 요구하게 될 것에 대한 암시가 있다(삼상 8장 참조). 젖과 꿀이 흐르는 기름진 땅은 황폐케 될 것이며, 이 땅에서 으뜸가는 나라가 되는 대신 이스라엘은 "꼬리"가 될 것이다(44절).

45절에 나오는 "멸하리니"라는 단어는 완전히 쓸어버린다는 뜻이 아니다. 왜냐하면 하나님은 그의 언약을 스스로 위반하고 이스라엘 민족을 멸하실 수는 없기 때문이다. 이 단어는 불순종 때문에 이스라엘에 내릴 무서운 시련과 징계를 가리키는 "짓밟다"는 뜻이다. 이 민족은 세계에 "표지와 경이"가 될 것이며 이것은 오늘날도 여전하다.

48~68절에서는 이 민족이 유배되어 약속의 땅을 떠나게 될 것을 예언한다. 49절은 즉각적으로는 바벨론을, 멀리는 로마를 가리킨다(철 멍에와 독수리에 주목하자 / 렘 5:15 이하 참조). 예루살렘에 대한 무시무시한 포위 공격이 여기 묘사되어 있다(렘애 2:20~22 / 4:10 / 마 24:19 참조). 63절은 계속적인 불순종으로 이스라엘이 그 땅을 빼앗기고 세계 만방에 흩어질 것이며 거기서 "평안함을 얻지 못할 것"이라고 분명히 밝히고 있으며, 이는 오늘날 세계의 유대인들을 잘 묘사해 주고 있다. 어떤 나라가 이스라엘보다 더한 고난을 당하였겠는가? 68절에는 이스라엘 중 더러는 애굽으로 데려감을 당한다고 했는데, 이는 티투스가 주후 70년에 이스라엘을 정복하여 수 많은 유대인을 애굽으로 이주시킴으로써 이루어졌다.

29장은 언약의 기본적인 사실들을 다시 요약한다. 하나님께서 그들을 구속하셨고 그들은 그에게 순종해야 할 책임이 있다. 순종하면 복을 받고, 불순종하면 심판을 받을 것이다. 모세는 한 사람이 온 민족을 더럽힐 수 있다고 경고한다(18~19절). 하나님이 계시하지 않으신 비밀한 일들이 있다. 그러나 그가 계시하신 것에 대해 우리는 순종해야 할 의무가 있다(29절).

4. 그 땅을 회복한 이스라엘(30장)

이스라엘은 약 1,000년간 축복을 누렸다. 그들이 가나안에 들어간 해가 주전 1,400년이고, 바벨론이 이스라엘을 정복한 때는 주전 587년 경이다. 이 기간 동안 이스라엘은 수없이 하나님께 불순종하여 징계를 받았다.

이 장에서 하나님은 "이스라엘을 유배에서 돌아오게 하실 것"과 그 땅을 도로 찾게 해주실 것을 약속하시는데 이스라엘이 여호와께 돌아와 그의 음성에 순종해야 한다는 조건이 따른다. 물론 남은 자들이 536년에 돌아왔으나, 민족적인 대귀환은 아니었다. 모세가 여기서 예언하는 것은 유대인들이 그 땅에 마지막으로 돌아오는 때를 가리키고 있다(사 11:10~12:6 참조). 물론 그들이 하나님의 율법으로 돌이키기는 했지만 불신앙 가운데서 그 땅으로 돌아왔다. 오늘날도 유대인들이 팔레스틴으로 돌아가고 있는 것을 보지만 그들 조상들의 "옛 길"로 돌아가고 있다. 하나님은 이른 비와 늦은 비로 다시 그 땅을 축복하시기 시작하며 사막은 백합화처럼 피어나기 시작한다. 나라들이 찔림을 받은 메시야를 볼 때, 회개가 일어나고 모든 죄에서 정결케 될 것이다(슥 12:9~13:1).

바울은 로마서 10장 6~8절에서 신명기 30장 11~14절을 인용하여 그리스도께 적용시킨다. 그리스도는 그의 백성이 그에게서 멀리 떠났다 할지라도 그 백성에게서 멀리 계신 분이 아니시다. 그들이 부르면 그가 구원하실 것이다.✓

모세가 한 연설의 일대 결론이 15~20절에 나온다. 이 민족은 생명과 사망, 축복과 저주 사이에서 선택해야 한다. 문제는 마음에 있다(17절). 이 단어는 신명기에서 44회 쓰여졌다. 단순히 외면적인 순종이 아니라 내부로부터 우러나오는 순종이어야 한다.

모세의 죽음

—신명기 31~34장—

갈렙과 여호수아와 모세를 제외한 구세대는 모두 죽어갔으며, 이제는 모세가 무대를 떠날 차례이다. 이 장들은 그가 사랑했고 40년 동안 인도했던 백성들에게 마지막 말을 하고 있는 "과도기의 장"이다. 모세가 이 백성에게 이처럼 충성스러울 수 있었다는 것은 놀라운 일이 아닐 수 없다. 왜냐하면 그들은 모세를 비판하고, 반역하고, 거짓말을 하였기 때문이다. 모세는 자기가 가나안에 들어가지 못할 것을 알고 있었으나, 이스라엘이 들어갈 수 있도록 하기 위해 가능한 모든 일들을 하였다. 물론 모세는 여호와께 신실하였으며(히 3：1~6), 그렇기 때문에 이스라엘에게도 충성될 수가 있었다.

1. 새 지도자(31장)

첫째로, 모세는 백성에게 새로운 지도자를 소개하며(1~6절) 자신은 하나님의 심판으로 인하여 더이상 그들을 인도할 수 없음을 설명하였다. 모세는 하나님의 승리의 임재를 6절에서 백성들에게 약속하며, 이 놀라운 약속은 여호수아 1장 6, 8절에 반복되어 있다. 이것은 히브리서 13장 5절에서 우리에게 주는 약속이기도 하다.

그런 다음 모세는 여호수아를 불러 사명을 맡기고(7~13절) 이 위대한 임무를 수행하는 데 필요한 영적인 능력을 부여한다는 뜻으로 손을 그에게 얹었다(34：9). **"하나님은 그의 일군들을 바꾸시지만 그의 일은 계속된다."** 모세는 제사장에 의해 필사된 신명기 사본을 법궤 안에 넣게 하고 초막절에 그것을 읽게 하였다. 모세는 하나님의 말씀만이 그 민족으로 하여금 하나님이 원하시는 민족이 되게 할 수 있음을 알고 있었다.

마침내 하나님은 모세와 여호수아를 성막에 호출하여(14~30절) 이 민족이 반역하고 율법에서 떠날 것임을 말씀하셨다. 하나님은 그들 두 명에게 "노래"를 써서(32：44 참조) 백성에게 가르치도록 임무를 주셨다. 이 노래는 법궤 안에 있는 율법책이 그러하듯(26절) 그들에게 불리한 증거가 될 것이다(19절). 다시 한 번 모세는 여호수아를 격려한 다음(23절) 장로들을 모아 이 노래를 가르쳤는데 이 노래는 32장에 기록되어 있다.

물론 모세가 이스라엘을 인도하여 가나안에 들어가지 못한 것은 두 가지 이유 때문이었다.

(1) 므리바에서 그가 하나님께 범죄하였다(민 20：7~13 / 신 3：21~29).

(2) 가나안은 우리가 그리스도 안에서 가지는 "안식"의 모형이다. 율법을 준 모세가 안식을 가져다 줄 수는 결코 없는 것이며, 정복자이신 그리스도의 모형인

여호수아만이 그 일을 할 수가 있었다(히 4장/히 4:8에서 여호수아를 예수로 부르는데 '예수'는 '여호수아'를 헬라어로 표기한 이름이다).

2. 새 노래(32장)

이스라엘은 홍해에서 "모세의 노래"를 불렀으며(출 15장) 그들의 승리와 하나님의 능력을 찬양했다. 그러나 이 새로운 노래는 이스라엘의 변절함을 한탄하고, 하나님께서 자기 백성을 징벌하심을 탄식한다. 31장 19~30절에서 하나님은 이 노래가 그들의 죄를 상기시키는 증거가 될 것임을 명백히 하셨다. 이 노래에 나오는 하나님의 주된 이름은 "반석"(4, 5, 18, 30~31절)이다. 이로써 모세는 그 민족에게 물이 나온 것과 하나님이 그 민족에게 선하게 대하셨음을 상기시키려 한다. 6절에서는 하나님을 아버지로 묘사하며 그 민족을 값으로 사신 구속자로 묘사하는 반면에, 5~6절에서는 이 민족이 타락하고, 비뚤어지고, 고집센 백성으로 표현된다. 하나님의 은혜만이 인간의 죄를 폭로한다.

7~14절에서 모세는 백성들에게 하나님의 축복을 상기시킨다. 그분은 사막에서 그들을 창설하셨고, 그들을 사랑하셨으며, 보호하여 숨기셨고, 승리의 "높은 자리"로 올리시며, 그 땅의 가장 부유한 축복을 주셨다. 그러나 이스라엘은 무엇을 하였는가? 그들은 반역을 일삼았다! 15~18절에서는 이스라엘이 그들의 반석을 저버리고 그의 사랑을 잊으며, 변절하여 우상을 섬긴 것을 묘사한다. 그들의 죄에 대하여 하나님은 어떻게 응답하셨는가? 19~25절에는 하나님의 심판이 나온다. 그의 얼굴을 가리우시고, 이방인을 향하심으로 이스라엘을 격발시키시며(21절/롬 10:19 참조), 세계 만방에 그들을 흩으심으로 그의 진노를 쏟으신다. 하나님은 그의 심판으로 인해 이득을 보는 이스라엘의 적들로 하여금 유대인들을 향한 그들의 진노를 쏟게 하여 이스라엘을 끊어버리실 것이었다. 과거에 하나님은 이스라엘을 징벌하시려고 이방나라들을 사용하셨으나, 이 나라들이 하나님의 명령을 넘어서 이스라엘에게 그들 자신의 진노를 쏟아부을 때는 하나님께서 개입하셔서 그 나라들을 심판하셨다. 35~43절에서 모세는 하나님이 복수하심으로 열방이 이스라엘과 더불어 즐거워하게 될 지위로 이스라엘을 회복시키실 때가 올 것을 가르친다.

3. 새 축복(34장)

우리는 이 구절들을 상세하게 연구할 수는 없겠으나, 야곱이 축복할 때처럼 모세가 각 지파들의 죄목을 들추지는 않았음에 유의할 필요가 있다(창 49장). 모세의 마음은 자기 백성을 향한 사랑으로 가득 차 있으며, 이 장에서는 하나님께서 여러 지파들 위에 축복해 주실 것을 구하여 고별의 축복 기도를 드린다. 그가 레아의 아들들로부터 기도를 시작하지만 시몬을 남겨두는 것에 유의하자. 이

지파는 결국 유다지파에 병합됨으로 유다의 축복은 시몬과 나누어 가지게 되었다.

르우벤은 민수기 16장에 기록된 반역에 가담했었으나, 모세는 그 지파가 생존하여 숫적으로 증가되기를 기도한다. **유다**는 왕의 지파였다. 모세가 "그의 백성에게로 인도하시며"라고 구할 때(7절), 이는 율법수여자가 창세기 49장 10절에서 약속한 메시야를 지칭하는 것같다. **레위**는 모세 자신의 지파로서, 하나님께서 그들의 민족에 대한 영적인 사역을 축복하실 것을 기도한다. **요셉**을 위한 특별한 축복에 유의하자(13~17절). 이는 에브라임과 므낫세의 부(富)를 통해 성취되었다.

하나님의 백성의 영적인 위치에 주목하는 일은 흥미로울 것이다. 그의 수중에, 발 아래에(3절), 양 어깨 사이에(12절), 그의 영원한 팔로 받쳐져 있다(27절). "네 사는 날까지 능력이 있으리로다." 이 말씀은 오늘날 우리를 위한 좋은 약속이다(25절). "오, 여호와로 말미암아 구원받은 백성이여, 누가 너희와 같겠는가!" 하나님의 자녀가 된다는 것은 얼마나 큰 특권인가!

4. 새 가정(34장)

모세는 하나님이 돌이키사 그로 하여금 약속의 땅에 들어가도록 허락해달라고 기도했었으나 하나님은 거절하셨다(신 3:21~29). 하나님은 여호수아("여호와는 구원이시다")가 이 백성을 지상의 안식으로 인도하실 것을 아셨으며 이와 마찬가지로 하늘의 여호수아, 곧 예수 그리스도는 그의 백성을 영적인 안식으로 인도하실 것이다. 이것은 율법(모세)이 결코 할 수 없는 일이었다. 그러나 모세는 변화산에서 엘리야와 함께 그 언약의 땅을 방문했으며 그리스도와 함께 예루살렘에서 성취할 "출애굽"(죽으심)에 대하여 논의했다(눅 9:27~31).

하나님은 모세에게 그 영광을 볼 것만을 허락하셨는데, 이것은 거룩한 생활에 이르렀을 때 율법이 할 수 있는 모든 것으로서 율법은 하나님의 표준을 설정해 주지만 우리가 그 표준에 도달하도록 도울 수는 없음을 보여 준다. 그리스도의 죽음과 성령의 은사를 떠나서는(롬 8:1~4) 우리 생활에 성취된 율법의 의(義)를 소유할 수는 없다. 우리는 그 땅을 볼 수 있으나 결코 들어갈 수는 없다. 모세(율법주의)를 따르는 사람들은 축복의 땅에 결코 들어갈 수 없다.

모세가 죽을 때 하나님만이 임재해 계셨으며 하나님이 그를 장사지냈다. 그의 무덤의 위치를 알았다면 의심할 바 없이 우상 숭배의 성역이 되었을 것이다. 유다서 9절에는 사탄이 모세의 시체를 요구했다고 기록되어 있다. 아마도 모세가 살인자였으며(출 2:11), 므리바에서의 불순종으로 말미암아 하나님께 심판을 받은 사실이 논란된 것같다.

백성들은 모세를 위하여 30일간 울었다. 사람이 살아 있을 때보다 죽은 후에 더욱 감사를 받는 때가 흔하다. 이 책은 하나님과 대면하여 대화하였던 모세의 사역의 특수성을 상기시키며 끝맺고 있다. 이제 백성들은 그 땅에 들어가 소유권을 주장할 준비가 되었다. 이것은 여호수아서에서 다루게 된다.

여호수아

—서론과 개요—

여호수아 서론

□ **주제**: 가나안은 그리스도인들이 그리스도 안에서 받을 유업을 모형으로 보여 주는 것임에 대해서는 앞서 지적했었다. 가나안이 천국을 상징하는 것은 아니다. 왜냐하면 신자들은 천국의 집을 얻기 위하여 전쟁을 해야하는 것은 아니기 때문이다. 가나안은 신자들에게 주어지며 믿음으로 주장하게 되는 하나님의 유업을 나타낸다. 승리하는 그리스도인의 생활은 전쟁과 축복의 생활이며 또한 안식의 생활이기도 하다. 히브리서에 보면 이 민족이 가나안으로 들어간 것은 신자들이 그리스도를 믿는 믿음을 통하여 안식과 승리의 생활로 들어가는 것의 상징임을 분명히 밝히고 있다. 다음의 표는 영적인 생활의 단계들을 보여 준다.

애 굽	광 야	가나안
세상, 죄의 속박을 상징	좌절한 그리스도인의 생활을 상징—방황	승리의 상징－유업을 주장
자연인－구원받지 못한 자	육적인 사람	영적인 사람
죄의 짐, 슬픔	불신앙에서 오는 좌절	믿음의 승리

너무도 많은 그리스도인들이 영적인 생활에 있어서 "중간"(애굽과 가나안 사이)에 위치해 있다. 이들은 죄의 속박으로부터 벗어났지만 믿음으로 안식과 승리의 유업에 들어가지는 못했다. 이 유업에 들어가며 주장하는 방법이 여호수아서의 주제로서 다루어진다.

□ **여호수아의 생애**: 그는 애굽에서 노예로 태어났다. 그의 아버지의 이름은 눈(**Nun**)이며 에브라임 지파에 속했다(대상 7:20～27). 그의 어머니에 대해서는 알려진 바가 없다. 그의 이름은 원래 "구원"을 의미하는 오세아 또는 호세아였는데, 모세가 여호수아(또는 여수아)라고 바꾸었으며 그 뜻은 "여호와는 구원이시다"(민 13:16)이다. 애굽에서는 노예였다가 민족의 대 이동시에 모세의 사역자로 있었다(출 24:13). 아멜렉과의 전투에서는 군대를 지휘하기도 했으며(출 17장), 이 민족이 불신앙으로 반역을 했을 때에도 가나안에 들어갈 믿음을 가졌던 두 정탐군 중의 하나였다(민 14:6 이하). 이 믿음의 결과로 그는

(갈렙과 함께) 약속한 땅에 들어가도록 허락을 받았다. 유대의 전설에 의하면 그가 모세의 자리에 앉아 민족의 우두머리가 된 것은 85세 때였다고 한다. 여호수아 1～12장(땅의 정복)은 7년간을 다루고 있으며 그의 생애의 남은 부분은 유업을 나누며 민족을 통치하는 일로 보낸다. 그는 110세에 죽었다(수 24 : 29).

신약에서는 여호수아가 **그리스도의 모형**임을 분명히 밝힌다(히 4 : 8, 여기서 "예수"란 "여호수아"로 번역되어야 한다). 헬라어로 "예수"란 이름은 "여호수아"와 같으며, 둘 다 "하나님은 구원" 또는 "여호수아는 구세주"라는 뜻이다. 여호수아가 지상의 원수들을 정복한 것처럼 그리스도는 그의 죽음과 부활을 통하여 모든 원수를 무찔렀다. 이스라엘을 가나안으로 데리고 온 사람은 모세가 아니고 여호수아였다(모세는 율법을 대표한다). 그리고 예수께서는 우리를 영적인 안식과 승리로 인도하시는 분이시다. 여호수아가 각 지파들에게 유업을 지정해 주었듯이 그리스도는 우리에게 유업을 주신다(엡 1 : 3 이하). 여호수아의 진언은 가데스 바네아에서 백성들에게 거절을 당하였다(민 13～14장). 그리고 그리스도께서 "자기 백성에게로 오매 그의 백성이 영접지 않았다."

□ **멸망한 민족들** : 성경의 영감설을 반대하는 사람들은 전쟁과 학살에 대해서 기록된 여호수아서의 구절들(예를 들면 6 : 21)을 즐겨 공격한다. 이들은 "사랑의 하나님이 이와 같은 피흘림을 어떻게 명령할 수가 있겠는가?"라고 묻는다. 하나님은 이 백성들이 회개할 날을 수백 년간 기다려 오셨으나(창 15 : 16～21), 이들은 부정한 길에서 돌아서기를 거절하였다. 만일 "가나안의 행실"을 알고싶다면 레위기 18장을 읽고 이러한 부도덕적인 행동은 종교적인 예배의 일부였음을 명심하라! 이 나라의 어떠한 죄인이라도(라합, 수 2장/6 : 22～27) 믿음으로 구원을 받을 수 있었다. 그리고 이러한 멸망에 앞서 적절한 경고를 보냈었다.(수 2 : 8～13). 하나님을 잊는 나라를 징계하시며 멸망시키는 데에 하나님은 전쟁을 사용하신다. 이스라엘과 협정을 맺은 이방 나라들은 나중에 유대인들에게 올무가 되었으며 이들을 죄 가운데로 인도해 갔다. 하나님은 이들의 죄를 벌하시기 위해서, 그리고 자기 백성을 그들의 악한 길에서 보호하시기 위해 사악한 민족들을 멸망시키셨다. 균을 죽이기 위해서 자신의 의료 도구들을 소독하는 의사는 매우 사소한 때라도 똑같이 한다.

여호수아 개요

1. 강 건너기 / 1～5장

1 여호수아에게 맡겨진 사명 / 1장
2 라합과의 언약 / 2장
3 요단강 횡단 / 3～4장
4 길갈의 할례 / 5장

2. 적의 정복 / 6～12장

1 중앙의 전투 / 6～9장
(여리고－아이－기브온)
2 남쪽의 전투 / 10장
3 북쪽의 전투 / 11장
4 패전한 왕들 / 12장

3. 유업을 주장하기 / 13～24장

1 지파의 분할 / 13～19장
(1) 가나안 동편 / 13～14장
(2) 가나안 서편 / 15～19장
2 지정된 특별한 성읍들 / 20～21장
(1) 도피성 / 20장
(2) 제사장의 성읍들 / 21장
3 변방 지파의 분할 / 22장
4 전체 민족에 대한 훈계 / 23～24장

지도자 여호수아

—여호수아 1~2장—

"하나님은 그의 일군들을 묻으신다. 그러나 그의 일은 계속된다." 이스라엘은 모세를 위한 애곡을 끝냈다. 이제 하나님은 민족의 새로운 지도자로서의 책임에 대해서 여호수아에게 말씀하신다.

1. 여호수아에게 위탁하심(1장)

1 **하나님이 여호수아에게 말씀하심**(1~9절) —하나님은 오래 전 아멜렉과의 전쟁 당시 모세의 후계자가 되도록 여호수아를 선택해 놓으셨다(출 17:8~16/14절에 유의하자). 모세는 이 일을 책에 기록하고 아멜렉이 근절될 것임을 여호수아에게 상기시키라는 명령을 받았다. 민수기 27장 15절 이하에서 하나님은 모세에게 명하여 여호수아에게 "기름을 붓게" 하셨으며 신명기 31장 7절 이하에서는 모세가 그의 친구 여호수아에게 마지막으로 축복과 격려의 말씀을 한다. 하나님께 부름받았음을 안 것은 여호수아에게 큰 격려가 되었을 것이다. 왜냐하면 그는 앞으로 감당해야할 막중한 임무를 부여받았기 때문이다.

하나님께서는 여호수아에게 모든 방면으로 격려하고 계심에 유의하자. 즉, 땅을 주실 것(2~4절)과, 그가 함께 하실 것(5절)을 약속하며, 또한 하나님께서 그 약속들을 지키신다는 확신을 주신다(6~9절). 하나님께서 사용하신 동사들, "내가 **주는** 땅"(2절), "내가 **준** 땅"(3절), "내가 **주리라 한** 땅"(6절)을 주목해 보자. 하나님은 이미 그들에게 땅을 주셨으며 그들이 해야 할 일이란 믿음으로 한 걸음 내딛어 그것을 주장하는 것이다! 하나님은 이미 그리스도 안에서 "모든 영적인 축복"을 주셨다(엡 1:3). 우리가 할 일이란 믿음으로 한 걸음 내딛어 우리의 소유를 취하면 된다.

하나님께서 모세와 함께 계셨던 것처럼 하나님은 여호수아와 함께 계실 것이다. "내가 너를 떠나지 아니하며 버리지 아니하리라"(5절). 이 약속은 솔로몬에게도 반복되었으며(대상 28:20), 히브리서 13장 5~6절에서 우리에게 주어진 말이기도 하다. 인간은 변하며 시대도 변한다. 그러나 하나님은 변하지 않는다. 그리스도인의 생활에 있어서 용기가 요구됨을 주목하자(6~7, 9절). 그러나 이 용기는 하나님의 말씀으로 말미암아 공급된다(8절). 모세는 율법책을 쓰고 있었는데 그 책이 이제 여호수아에게 주어진다(출 17:14/24:4~7/민 33:2/신 31:9~13). 여호수아는 이 율법책을 읽어야 하고 밤낮 묵상해야 하며 그 명령에 순종해야 한다(시 1:1~3/119:15). 만일 여호수아가 성경의 첫 다섯 권만 가지고서 가나안을 정복할 수 있었다면 **완전한 성경**을 가지고 있는 지금의 우리는 얼마나 많이 정복해야 하는 것인가! 그 바쁜 중에서도 그는 하나님의 말씀을 묵상할 시간을 가져야만 했는데 왜냐하면 이것이 그의 성공의 비결이었기 때문이다.

[2] 여호수아가 백성에게 말함(10～15절) ─ 우리는 여기서 "영적인 명령의 사슬(고리)"을 본다. 하나님이 여호수아에게 명령하고(9절), 여호수아는 지도자들에게 명령했으며(10절), 지도자들은 백성들에게 명해야 했다(11절). 이것은 하나님의 명령 아래 있는 영적인 지도 체제이다. 이와 똑같은 형식이 신약에서도 널리 보급되어 있다. 여호수아는 하나님께서 자신에게 말씀하신 바를 지도자들에게 말했다. 그리고 그들은 재빨리 이 멧세지를 그들의 백성들에게 전하였다. 삼일이 지나면 이들은 요단강을 건널 것이며 약속의 땅에 들어갈 것이므로, 이러한 큰 일을 위해 준비를 갖추어야 했다. "삼일"이란 부활을 암시한다. 이 민족은 새로운 땅에서 새로운 시작을 해야만 하는 것이다. 세 지파는 요단강 저편에서 살도록 선정되었다(민 32：16～24). 그러나 자신의 유업을 주장하기에 앞서 땅을 정복하는 일에 협력할 것을 약속했었다. 여호수아는 이들의 의무를 상기시킨다.

[3] 백성들이 여호수아에게 말함(16～18절) ─ 하나님의 백성들이 그들의 영적인 지도자를 존경하고 따름으로 하나님께 존경을 표하는 것은(신 34：9 참조) 얼마나 놀라운 일인가! 고린도 교회의 육적인 그리스도인들과는 달리(고전 1：11～17) 이들은 죽은 모세의 추종자들, 여호수아의 추종자들 등의 방식으로 분열을 일으키지는 않았다. 이들은 모두 여호와를 따랐다! 17절에서 여호수아를 위하여 이들이 기도하는 것과, 18절에서 그를 격려하고 있는 것을 눈여겨 보자. 여호수아는 오래 전에 분열이 생긴 것과 불평이 일어났던 일을 보았었다. 그가 이와 같은 조화의 정신을 얼마나 감사히 여겼을까!

2. 라합과의 언약(2장)

고고학자들이 여리고에서 많은 연구 조사활동을 벌여오고 있다. 이 성은 8에이커에 달했으며 내벽과 외벽으로 둘러 싸여져 있었다. 내벽은 두께가 12피트(약 3.6미터)였고 외벽은 6피트(1.8미터)였다. 그리고 성벽 위에는 집들이 있었다(2：15). 성벽의 높이는 30피트(약 9미터)였고, 무너져 내려앉음으로써 파괴되었음이 발굴에 의하여 밝혀졌다. 여리고에 살았던 수 많은 사람들 중에서 우리가 아는 사람은 한 사람, 기생 라합뿐이다(히 11：31／약 2：25). 그녀는 예수 그리스도를 믿는 신자들의 영적인 역사를 상징으로 보여 준다.

[1] 그녀는 죄인이었다 ─ 이 경우는 도덕적인 불순전에 해당한다. 하지만 "모든 사람이 죄를 범하였으매 하나님의 영광에 이르지 못한다"(롬 3：23). 그 시대에 있어서 창녀가 여관을 경영한다는 것은 흔한 일이 아니었다. 그녀의 집은 성

문 가까이에 있었던 것 같다(5절).

2 **그녀는 정죄 아래 있었다**—그 성은 저주를 받을 것이라고 하나님께서 이미 선포하셨다. 사형 선고가 집행되기까지는 시간이 문제이다. 그 성의 모든 것이 멸망될 것이었다(6 : 21). 그 백성들이 정죄를 받았다는 사실을 알고 있거나 모르고 있거나 상관이 없었다. 여리고는 오늘날 정죄된 세상을 상징하고 있다. 이들은 신념을 가지고 있었고 평화를 믿고 있었다. 그러나 죽음이 다가오고 있었다.

3 **그녀에게는 은혜의 기간이 주어졌다**—이 성은 여러 해 동안 심판을 위해 제쳐져 있었다(신 7 : 1~5, 22~24 / 12 : 2~3). 창세기 15장 13~16절은 이 땅에 임하기로 된 심판을 내리시기 앞서 400년을 기다리셨음을 기억하게 한다. 여리고 성은 38년 전에 일어났던 출애굽에 대하여 듣고 있었다(수 2 : 10). 여호수아 4장 19절과 5장 10절은 기다림의 날들이 첨부되었음을 보여 주며, 더우기 이스라엘이 성 주변을 행진했던 일 주일도 있었다(6 : 14). 하나님은 얼마나 오래 참으시는가!

4 **그녀는 하나님의 말씀을 들었다**(8~11절)—그녀가 들은 말씀은 심판의 멧세지였지만, 그 말씀을 통하여 참된 하나님을 알게 되었다. 그녀의 대화 중에서 "여호와"라고 하나님을 부르는 것에 유의하자.

5 **그녀는 말씀을 믿었다**—"믿음은 들음에서 나며 들음은 그리스도의 말씀으로 말미암았느니라"(롬 10 : 17). 가장 불경건한 죄인이라 할지라도 믿음은 그들을 구원한다(롬 4 : 5). 히브리서 11장 31절에는 라합이 믿음으로 구원받았음이 기록되어 있다. 그녀가 다음과 같은 말을 하였을 때 하나님의 말씀에 대한 확신을 가지고 있었음에 유의하자. "여호와께서 이 땅을 너희에게 주신 줄 내가 아노라"(9절).

6 **그녀는 행위로써 그녀의 믿음을 입증하였다**(1~7절 / 약 2 : 25)—그녀가 생명을 무릅쓰고 정탐군들을 영접하고, 숨겨주고, 보호하였다는 것은 그녀가 하나님을 신뢰했다는 것을 입증한다. 그녀는 이들이 오기 전부터 하나님을 신뢰하고 있었던 것 같다. 왜냐하면 6절에서 그녀는 베를 짜고 있었는데 이것은 이전의 죄악된 거래를 버렸음을 암시하는 말이기 때문이다. 그녀는 자신을 하나님의 백성과 동일시하였으며 주위의 이방인들과 같이 여기지 않았다.

7 **그녀는 다른 사람들을 구원하려고 추구하였다**(12~13절)—그녀의 가족과 함께 말씀을 나누는 위험에 대하여 생각해 보자! 사람이 그리스도를 신뢰하게 되면 그의 첫 욕망은 다른 사람들과, 특히 가족들과 그 믿음을 나누게 되기를

원한다(요 1 : 35~42 / 막 5 : 18~20).

8 **그녀는 심판에서 구원을 받았다**(6 : 22~25) —그 성에 이중의 심판이 있었다. 첫째는 그 성을 파괴한 뒤흔듦이었고, 다음으로는 그 내부에 있는 것들을 태우는 불이었다. 라합의 집은 성벽 위에 있었는데(2 : 15), 성벽의 그 부분은 무너지지 않은 것이 분명하다. 여호수아는 라합과 그녀의 집에 모인 그녀의 사랑하는 이들을 이끌어낸 후 불로 파괴시킬 것을 명령했다. 그녀와 가족들은 성이 온통 흔들리기 시작하자 불안했을 것이다. 그러나 이들은 하나님의 장중에 있어 완전히 안전하였다. 오늘날 그리스도인들은 그들을 향해 언제나 흔들거리는 세상을 본다. 그러나 이 세상에 불심판을 보내기 앞서 그들을 구하실 것임을 믿을 수 있다(살전 1 : 10 / 5 : 9).

9 **그녀는 결혼을 하였다**—마태복음 1장 5절에 보면 라합이 유대인과 결혼하여 메시야의 조상이 된 것을 알 수 있다. 여리고 사람들이 죽음의 고난을 당하는 동안 라합과 그녀의 가족은 결혼 축하연을 즐기고 있었다(계 19 : 7~9, 17~19 참조).

라합은 믿음으로 구원을 받았다. 좋은 성품이나 종교적인 행위들로 구원을 받을 수는 없다. **하나님이 백성을 구원하시는 유일한 길은 믿음 뿐이다**(엡 2 :8~9). 라합이 여호수아를 신뢰하였듯이 당신은 예수를 신뢰하고 있는가?

요단강 횡단

—여호수아 3~5장—

1. 횡단의 기적(3 장)

[1] **성별된 백성**(1~5절) — 우리의 신약 여호수아처럼(막 1 : 35), 여호수아는 말씀을 묵상하기 위하여 아침 일찍 일어났고(1 : 8), 그날의 임무를 위하여 자신을 준비하였다(6 : 12 / 7 : 16 / 8 : 20 참조). 범람하는 요단강을 횡단할 방도를 고안하는 것은 여호수아의 일이 아니었다. 왜냐하면 하나님께서 필요한 모든 지시를 그에게 하셨기 때문이다. 본 장에서 핵심이 되는 단어는 법궤이며 열 번 사용되었다. 물론 법궤는 하나님의 임재를 나타낸다. 법궤는 백성을 인도하기 위하여 그들보다 앞서 갔으며 민족 전체가 건너갈 때까지 강 한가운데 있었다. 그리스도는 언제나 자기 백성들보다 앞서 가시며 길을 열어 놓으신다. 하지만 백성들은 자신을 성결케 해야 했으며 하나님의 인도하심을 위한 준비를 갖추어야 했다. 하나님은 새로운 방식으로(4절) 그들을 인도하려 하셨고 백성들은 준비를 갖추어야 했다.

[2] **위엄을 갖춘 여호수아**(6~8절)—물론 하나님께서 모든 영광을 받으신다. 그러나 하나님은 자기의 종들에게 알맞는 위엄을 갖추게 하심으로 백성들이 그들을 존중하도록 하신다(대상 29 : 25 / 대하 1 : 1 / 수 4 : 14). 제사장들에게 명령을 하고 백성의 지도자들에게 지시를 내린 사람은 여호수아였다. 하나님의 백성은 그리스도를 영화롭게 해야 한다(빌 1 : 20~21). 그러나 하나님은 그의 백성이 자기에게 순종할 때에 자기 백성을 영화롭게 하기를 기뻐하신다(행 5 : 13).

[3] **영광을 받으신 여호와**(9~13절)—출애굽할 때에 하나님은 자신이 여호와이시며 참 하나님이시고 애굽의 신들은 해로운 우상들임을 입증하셨다. 이제 하나님은 온 땅의 여호와이심을 증명하려 하신다(11, 13절 / 시 97 : 5 / 미 4 : 13). 모든 이방민족들의 신들은 그 앞에 엎드러질 것이다. 하나님은 범람하는 요단강 물을 붙들어 두어 자기 백성이 마른 땅 위를 횡단하도록 하심으로써 그의 능력을 입증하신다.

[4] **확증된 말씀**(14~17절) —하나님께서 되리라고 말씀하신 대로 일들이 진행되었다. 제사장들이 법궤를 메고 앞서 갔고 물에 그들의 발을 담그자 하나님은 그들 앞에 강을 열어놓으셨다. 때때로 하나님의 백성은 하나님이 일을 하시기 전에 믿음으로 발을 적셔야 할 때가 있다(수 1 : 2~3 참조). 다음으로 제사장들은 강 한복판으로 걸어갔으며 이스라엘 전체가 저 편으로 건너갈 동안 거기

서 있었다. 그리고나서 그들도 반대편으로 따라 건넜다.

이 얼마나 완연한 **그리스도의 상징**인가! 그는 우리보다 앞서 가시며 길을 열어 놓으신다. 그는 우리가 건너가기까지 우리와 함께 계신다. 그리고 우리를 보호하시기 위하여 우리 뒤를 따라오신다. 하나님은 자기 백성들이 그를 믿고 그에게 순종하였기 때문에 그의 말씀을 지키셨다.

우리는 홍해의 횡단과 요단강의 횡단을 대조해 볼 필요가 있다.

홍해	요단강
[1] 애굽의 속박에서 이들을 구원하심	[1] 가나안의 축복으로 이들을 인도하심
[2] 애굽으로부터의 분리(세상)	[2] 하나님께로의 헌신(골 3 : 1이하)
[3] 우리를 위하여 그리스도께서 죽으심 —어린 양의 피	[3] 그리스도와 함께 우리가 죽음(갈 2 : 20 / 롬 6장)
[4] 적들이 단번에 모두 멸망함	[4] 그를 믿음으로 매일 승리함

신자들은 그리스도를 구세주로 믿을 때에 "홍해를 횡단"한다. 그리고 믿음으로 로마서 6~8장에 나오는 승리의 경험을 체험할 때에 "요단강을 횡단"한다.

2. 횡단 기념비(4 장)

두 개의 돌기둥이 세워졌다. 하나는 열 두 명의 선발된 사람들에 의해 강둑에 세워졌고(3 : 12 / 4 : 1~8). 다른 하나는 여호수아가 강 한복판에 세웠다(4 : 9~10). 이들은 횡단의 기념비였고, 우리에게는 놀라운 영적인 진리들을 전해 준다.

요단강 둑의 돌 열 두 개는 하나님께서 물을 가르고 자기 백성을 안전하게 횡단시키신 증거로 강의 한복판에서 가져온 것이다(8절). 강 한가운데 숨겨진 열 두 개의 돌은 하나님만이 보실 수 있는 것이지만 이것 역시 이스라엘의 기적적인 횡단에 대해서 말해 준다. 이 두 개의 돌 기둥들은 **그리스도의 죽음, 장사, 부활**을 상징하며, **신자와 그리스도가 가지는 영적인 연합**을 예증하는 것이기도 하다. 그가 죽을 때 우리는 그와 함께 죽었다. 우리는 그와 함께 장사지낸 바 되었으며 그와 함께 승리 가운데 부활하였다(엡 2 : 1~10 / 갈 2 : 20 / 골 3 : 13/ 롬 6 : 4~5 참조). 오늘날 교회는 위대한 영적 진리를 내포한 두 가지를 기념한다. 곧 세례(침례)와 성찬이다. **세례**(침례)는 하나님의 영이 그리스도 안에서 우리에게 세례(침례)를 행하셨음을 상기시키며, **성찬**은 그리스도의 죽으심과 장차 다시 오실 것을 시사한다.

유대인들은 요단강을 먼저 건너지 않으면 가나안에서의 승리를 얻을 수 없었다. 오늘날 그리스도인들은 자아에 대해서 죽고, 그리스도와 함께 못박혔다고 간주하며, 성령께서 부활의 능력을 주시도록 하지 않는 한 영적인 원수들을 정복할 수가 없다. 이 진리에 대해서 신약은 어떻게 설명하는지 로마서 5~8장을 복습하라.

3. 언약의 표시(5 장)

유대인들은 강 저편에 도착하여 안전해지자마자 곧 언약의 징표로서의 할례를 받았다(창 17장). 하나의 민족으로서 집합적으로는 강을 횡단하여 **"죽음의 경험"**을 통과하였지만 이제 이들은 개인적으로 **"자아에 대하여 죽는 것"**을 경험하여야 했다.

성경 전체를 통하여 육체의 **할례**는 언제나 영적인 진리를 상징한다. 불행하게도 유대인들은 영적인 진리를 배우는 것보다 육신적인 의식(義式)을 더욱 중요하게 여겼다(롬 2：25~29). 할례는 죄된 것을 제거한다는 상징이다. 신약에서의 할례는 육에 속한 "옛 사람"을 벗어버림을 예증한다(골 3：1~5 / 롬 8：13). "나는 그리스도와 함께 죽었다." 이 말로는 충분하지 않다. 이 진리를 일상생활에서 실천하여 육에 속한 행위들을 "죽음에 내어주어야"한다. 구약의 유대인은 자기 육체의 작은 부분을 베어냈지만 신약의 그리스도인은 그리스도를 통하여 "육신의 죄악된 몸"을 제거한 것이다(골 2：9~13). 길갈에서의 이 수술은 각 신자가 "그리스도와 함께 못박힌" 것으로 알고 살아가야 함을 설명하고 있다(갈 2：20).

유대인 남성들은 광야에서 방황하는 동안에 이 언약의 표시를 받지 못했었다. 한 가지 적당한 핑계를 댄다면 그들의 불신앙으로 인해 하나님과의 언약 관계를 임시적으로 중단했었다(민 14：32~34). 그들의 불신앙으로 인하여 가나안으로 들어가기를 거절하였을 때, 하나님은 구 세대가 죽을 때까지 수십 년을 광야에서 방황하도록 "그들을 방치해" 두셨다. 이제 새로운 세대는 언약의 표시를 받아야 하는 것이다. "애굽의 멸시"란 아마도 그들이 광야에서 방황하는 동안 애굽인들(그리고 다른 민족들)이 유대인을 모욕했던 것을 뜻할 것이다(출 32：12 이하 / 신 9：24~29). 이들의 불신앙은 하나님께 영광을 돌리지 못했으며 이방 민족들은 "너희 하나님은 너희를 가나안으로 데리고 갈 만큼 강하지 못하다"고 말했던 것이다. 이제 하나님은 그들을 약속의 땅으로 데리고 가셨으며 멸시가 사라졌다.

새 세대는 요단강을 건넜지만 즉각적으로 여리고를 공격하지는 않았다. 오늘날의 그리스도인들은 전쟁터로 곧장 달려가려 한다! 그러나 하나님은 자기 백성이 전쟁에 대비하여 영적으로 준비를 갖추어야 할 것을 아셨다. 그래서 그들로 하여금 기다리며 쉬게 하셨다. 기다리는 동안 이들은 유월절을 지켰다. 이 민족의 최초의 유월절이 있던 날 밤이 애굽에서 구원을 받은 지 꼭 40년되는 날이었다.

하나님은 이들에게 새 음식(그 땅의 소산인 묵은 곡식)을 주셨다. 이 민족이 순례자들이었을 때 만나를 먹었는데 이제는 이 땅에 정착하게 된 것이다(신 6 : 10～11 / 8 : 3 참조). 곡식은 복된 부활의 주, 그리스도를 말한다. 왜냐하면 씨는 열매를 맺기 전에 먼저 땅에 묻혀야 하기 때문이다(요 12 : 24). 사건의 순서는 그리스도의 죽음, 장사, 부활을 다시금 기억케 한다. 이들은 유월절을 지키고(그의 죽으심), 그 땅의 곡식을 먹었다(부활).

본 장의 중심 교훈은 명백하다. 자아에 대해서 죽고(요단강 횡단), 그리스도의 부활을 나의 부활로 동일시하지 않고는(두 개의 돌 기념비) 정복할 수 없다. 유대인들은 적을 정복할 수 있기 전에 죄와 자아를 극복하고 승리한 경험을 가져야만 했다.

여리고 정복

—여호수아 6장—

이스라엘이 이 거대한 도성을 정복했다는 것은 몇 가지 실천적이고 영적인 진리들을 예증한다. 즉 장애를 극복하는 것은 믿음이며(히11：30／요일 5：4), 우리의 사용할 무기는 영적인 것이다(고후 10：4). 또한 그리스도는 승리자이시며, 우리는 그를 온전히 의지할 수 있다는 사실이다(요 16：33). 그리스도인들은 그들의 일상생활 속에서 많은 "여리고인들"과 부딪친다. 그리고 이들은 자주 가데스의 정탐군들처럼 포기할 것을 유혹한다(민 13：28 이하). 그러나 주님 앞에서는 너무나 높거나 너무나 강한 벽이란 없다. 우리는 믿음으로 승리하며 믿음으로 유업을 주장한다!

1. 우리의 대장(5：13~6：5)

여리고성은 닫혀져 있었다. 여호수아는 성 곁에 서 있었는데 칼을 뽑아 든 한 사람을 보았다. 여호수아는 신분을 밝히라고 요청하였는데 그 분이 만군의 여호와이신 것을 알게 되었다. 이 이름은 여호와 하나님께 대한 "전쟁상의 칭호"로서, 그가 천군(天軍)의 최고사령관이심을 가리킨다(시 24：10／46：7, 11／왕상 18：15／사 8：11~14／학 2：4／약 5：4 참조). 예수 그리스도는 전쟁을 지휘하시려고 내려오셨고 여호수아는 그 분의 지휘권을 재빨리 인정하였다. 여호수아는 명령에 있어 제 2위였다.

우리가 개인적으로 여호와를 예배한 경험이 없이는 공적인 일에서 주님을 위해 승리할 수 없다. 여호수아는 얼굴을 땅에 대고 경배하였고, 겸손한 중에 신을 벗었다. "주여, 종에게 무슨 말씀을 하려 하시나이까?"라고 그가 말할 때 자기의 계획을 모두 사령관에게 넘겨드렸다. 그리스도의 군병으로서(딤후 2：3／엡 6：10 이하). 우리는 그리스도에게 복종하여야 하며 말씀(성경)에 나타나 있는 주의 말씀에 순종해야 한다. 그리스도는 그 성을 어떻게 정복하라는 정확한 명령을 여호수아에게 내리셨으며(6：2~5) 따라서 여호수아가 해야 하는 일이란 믿음으로 순종하는 것뿐이었다. "내가 여리고를 네게 주겠다"고 그가 약속하셨다. 그런데 백성들 편에서는 믿음의 발걸음을 한 발 내딛어야 하며 승리를 주장해야만 한다.

무장한 사람들이 앞서 대열을 인도해 가고(3, 7절), 일곱 제사장들이 나팔을 불며 법궤 앞에서 행하고, 그 뒤에 나머지 백성들이 따랐다(9절). 이 대열은 나팔 소리만 울릴 뿐 철저한 침묵 가운데 6일 동안 하루에 한 번씩 여리고 성 주위를 돌며 행진하였다(10절). 7일째 되는 날에는 일곱 번을 돌았으며(모두 합하면 13회 돌았다). 일곱번째 돌 때 나팔을 불고 함성을 질렀다. 전쟁을 수행하는 데 있어 참으로 이상한 작전이었다. 그러나 하나님의 방법은 우리의 방법과는 다르다. 그리고 그는 강한 자를 쳐부수는 데 있어 세상이 "어리석다"고 부르는 것을 사용하신다(고전 1 : 26~31).

하나님은 복음을 전파하고 적을 정복하는 일에 있어 우리가 알아야 할 모든 것을 그의 말씀 가운데 요약해 놓으셨다. 매우 유감스럽게도 너무도 많은 그리스도인들(교회들)이 인간이 만든 선전용 계략을 빌려 자신의 계획을 고안해 낸다. 그러나 그들의 노력은 최종적으로는 실패한다. 만일 우리가 우리 대장의 명령에 귀를 기울이며 그 명령에 순종한다면 그가 승리를 주실 것이다.

2. 성의 함락(6 : 6~25)

이스라엘이 승리할 수 있었던 이유를 알아내는 것은 어렵지 않다.

1 **그들은 지도자에게 순종하였다**(6~9절) — 우리는 1장에서 "하나님의 영적인 명령의 사슬"을 눈여겨 보았다. 여기서는 그 명령의 사슬이 작용하고 있는 것을 본다. 백성들은 존경하는 마음으로 그들의 지도자가 전해 주는 하나님의 말씀에 귀를 기울였으며 하나님이 명령하신 대로 순종하였다. 단합과 협동이 잘 이루어졌으며 상, 하 간에 마음이 하나로 통일되어 있었다. 하나님은 이들에게 승리를 주셨다.

2 **이들은 인내와 믿음이 있었다**(10~14절) — 하나님은 첫날에 그 성을 여호수아에게 주실 수 있었겠는가? 물론이다! 그러나, 백성들에게 있어서 아무 말도 하지 못하게 했던 6일은 이 민족을 훈련시키는 매우 훌륭한 방법이었다. 믿음과 인내는 동행한다(히 6 : 11~15). 또한 이들은 침묵을 지키며 하나님의 약속된 시간을 기다리는 훈련이 필요하였다. 야고보서 3장 1~2절은 자기의 혀를 조절하는 사람은 성숙한 사람이라고 가르친다(잠 16 : 32 참조).

3 **이들은 불가능한 일에 대해서도 하나님을 신뢰하였다**(15~16절) — 고함과 나팔 소리로 성을 점령했다는 말을 들어본 일이 있는가? 그러나, 하나님의 임재를 나타내는 법궤가 그들에게 있었으며, 이는 하나님께서 역사하실 것이라는 뜻이었다. "하나님과 함께 하는 한, 모든 일이 가능하다"(렘 33 : 3 참조).

4 **이들은 사소한 일까지도 모두 하나님께 순종하였다**(17~25절) — 이 성의 전리품은 "하나님께 헌납(저주를 받아서, 또는 성별되어서)되도록 되어 있었다. 동물들과 성읍 사람들은 살육을 당해야 했다. 라합과 그녀의 가족들은 구원을 받아 살아났다. 우리는 흔히 승리하기 전에는 하나님께 순종한다. 그러나 아간처럼(7장) 승리한 후에는 주님께 불순종한다. 하나님은 유대인들에게 여리고를 쳐서 완전히 승리하도록 하셨는데 그것은 하나님의 말씀을 믿고 의지하였기 때

문이었다. 라합과 그녀의 가족은 성이 불타기 전에 빠져 나왔다. 이것은 교회가 하나님의 심판이 있기 전에 세상에서 데려감을 당할 것임을 상징한다.

사도행전을 읽으면 하나님의 영적인 군대가 믿음으로 도시들을 하나씩 하나씩 점령하는 것을 보게 된다. 거대한 로마제국도 복음의 능력 앞에 엎드러졌다. 오늘날 하나님의 백성은 다시금 도시들을 점령하는 방법을 배울 필요가 있다. 본 장에서는 그 방법을 우리에게 말해 준다.

3. 여호와의 저주(6 : 26~27)

26절의 "그들"이란 아마도 구원을 받아 생명을 부지한 사람들일 것이다. 왜냐하면 이들은 그들의 성을 재건하려는 유혹을 받을 것이기 때문이다. 유대인들 중에서 더러는 애굽으로 돌아가기를 원했던 것처럼 라합의 가족 중에서 더러는 여리고로 돌아가기를 원할지도 모를 일이었다. 이러한 이유로해서 하나님은 이 성에, 그리고 이 성을 재건하려는 어떤 사람이라도 특별한 저주를 받게 하셨다(신 13 : 15~18 참조).

이 저주는 열왕기상 16장 34절에서 성취되었다. 사악한 왕 아합이 통치하는 동안에 벧엘 출신의 히엘이라는 사람이 여리고를 재건하였다. 기초를 놓을 때에 그의 장자를 잃었고 문을 세울 때에 그의 막내를 잃었다. 성을 위해서 이러한 희생을 치러야 하다니! 하나님의 말씀을 무시하고 그의 뜻에 대항하여 반역하는 인간이 얼마나 어리석은가!

여리고는 신약의 여러 곳에서 설명되고 있다. "선한 사마리아인의 비유" 에 나오는 사람은 예루살렘에서 여리고로 가고 있었다(눅 10장). 여기서 암시하고 있는 것은 그 사람이 하나님의 성(예루살렘)에서 저주의 성(여리고)으로 여행하고 있었다는 것이며, 선한 사마리아인인 그리스도로 말미암아서만 구원을 받을 수 있다는 것이다. 삭개오는 여리고 사람이었으며(눅 19 : 1~10), 그리스도께서 소경을 고치신 곳도 이 성이었다(눅 10 : 46~52). 신약의 여리고는 구약의 여리고 자리에 위치해 있지 않고 완전히 새로운 성으로서 아름답기로 알려져 있다.

□ 몇 가지 실천적인 강조점들

1 가장 잘 싸우는 군인은 전투에 임하기 전에 가장 낮게 자신을 낮춘다(5 : 13~15). 우리는 주님 앞에 우리의 무릎과 얼굴을 향함으로써 전투에서 이길 수 있다.

2 어떠한 사람도 혼자서 성을 취할 수는 없다. 여호수아는 제사장들과 백성들의 충성된 협력을 얻었다. 이들은 모두 함께 적을 정복하였다.

3 우리가 하나님의 방법을 따를 때에 그는 전쟁을 승리로 이끄시며 영광을 받

으신다. 주께서 이처럼 "어리석은 방법"을 사용하신 이유도 여기에 있다! 우리가 우리 자신의 속임수와 제도들을 사용할 때에 인간이 영광을 받으나, 승리가 지속되는 일은 결코 없다.

4 불신앙은 성벽과 거인을 보지만(민 13 : 28 이하) 믿음은 주님을 바라본다. "장애물이란 우리가 목표에서 눈을 뗄 때에 보게 되는 성가신 작은 일들이다." 주님께로부터 눈을 뗄 때는 장애물들이 더 첨부될 것이다. 하나님이 명령하신 일들은 하나님께서 하실 수 있는 일들이다.

5 우리는 심판이 진행되는 중에서도 하나님의 은혜를 볼 수 있다. 왜냐하면 라합과 그녀의 가족은 믿음으로 구원을 받았기 때문이다. 이 세상에 하나님의 심판이 최종적으로 임할 때 "구원을 받을 사람이 매우 적을 것"을 암시하는 것이 아닌가!

죄로부터 오는 패전

—여호수아 7~9장—

여호수아의 군사적인 전략은 여리고에서 시작하여 아이, 벧엘, 기브온으로 연결되는 가나안 땅을 가로질러 분할하는 것이었다. 다음으로 그는 남쪽의 성들을 정복하였고, 그 다음 북쪽 성들을 멸망시킴으로써 정복을 완성하였다. 그러나 아이에서는 패전을 경험하였고 기브온의 지도자들에게서는 속임을 당하였다.

1. 아간의 불순종(7 장)

[1] **패전**(1~5절) — 하나님은 여리고의 전리품을 그에게 "헌납"하여 그의 창고에 들이라고 분명히 말씀하셨다(6 : 18~19). 그러나 아간은 이 법에 불순종하였다. 여호수아가 아이성을 공격하는 데 있어서 너무나 서둘렀고 주님의 인도하심을 기다리지 않았던 것이 분명하다. 더구나 정탐군들의 제안에 따라 행동했으며 하나님의 말씀에 따르지 않았다. 나중에 하나님은 정탐군들이 제시한 계획을 거절하셨다(7 : 3과 8 : 1을 비교하라). 이 구절들을 보면 지나친 자신감에 차 있었다는 암시가 나온다. 여리고는 이스라엘에게 패망하였으므로 아이(Ai)와 같은 작은 성은 "밀어 부치면" 될 것으로 확신했다. 자기 신뢰, 인간의 지혜를 의식함, 인내심의 결여, 기도의 부족, 은밀한 죄 등등, 이스라엘이 아이성에서 패전한 데는 이러한 것들이 배후에서 작용하고 있다.

[2] **실의**(6~9절) — 적의 마음을 녹이는 대신 유대인들의 마음이 "녹았다"(5절/수 2 : 11). 여호수아와 그의 지도자들은 하루 종일을 법궤 앞에서 보냈으며 여호수아조차도 "후퇴하여" 요단강 저편에 유업을 얻어 정착하기를 원했다. 민수기 14장 2절을 보면 온 길을 다시 가 애굽으로 돌아가기를 원했다. 그러나 여호수아는 패전으로 좌절되어 있지만은 않았으며 이방 민족들 앞에서 이스라엘이 간증을 잃을 것과 여호와의 영광에 대하여 더욱 관심을 가졌다. 하나님의 영광이 인간의 삶에 동기를 부여하는 것일 때 이것은 참된 영성(靈性)의 표시이다.

[3] **발견**(10~18절) — 하나님은 그의 종에게 단호히 말씀하신다. "일어나라! 이스라엘이 범죄하였도다!" 물론 오직 한 사람이 죄를 범하였으나 이 일은 전체 국가에 영향을 미쳤다(1절/고전 12 : 12 이하). 한 사람의 불순종이 전체 민족, 가족, 교회에게 비애와 실패의 원인이 될 수 있다는 것은 숙연한 진리이다. 아간은 그의 죄를 숨길 수 있다고 생각했으나 하나님은 그가 한 일을 보셨다. 진중에 "저주받은 일"이 생겼기 때문에 하나님은 그의 백성과 함께 거하실 수가

없으셨으며, 이것이 그들로 하여금 아이성에서 패전한 원인이 되었다. 여호수아와 대제사장은 아마도 범죄자를 결정하는 데 우림과 둠밈을 사용했거나(출 28：30) 또는 제비를 뽑았을 수도 있다. "당신의 죄가 당신을 찾아낼 것임을 명심하라!" 아간이 발견되었고 그의 죄가 폭로되었다.

④ 파괴(19~26절) ―아간은 "내가 범죄하였나이다"라고 고백하였으며 그가 어떻게 여리고의 전리품을 "보았고… 탐욕을 품었고… 취하였는지" 설명하였다(창 3：6 참조). 그 집의 식구들이 전리품에 대하여 알고 있었으며 그의 죄에 참여했음을 의심할 바 없다. 이들 모두는 불순종으로 인하여 심판을 받아야만 했으며 백성은 그들을 골짜기로 데려가 돌로 쳐 죽였다. 이곳은 "아골의 골짜기"(괴로움)라고 불리워졌는데 아간이 이 백성에게 가져다 준 괴로움을 기억하게 하기 위함이다. 호세아 2장 15절은 하나님께서 "괴로움의 골짜기"를 유대인들을 위한 소망의 문이 되게 할 것이라고 약속하신다. 이스라엘이 "괴로움의 골짜기"에 있었던 것은 물론 그리스도를 거절하였기 때문이다. 그러나 어느 날 이 민족이 주께로 향함으로 소망을 되찾게 될 것이다.

2. 아이성의 멸망(8 장)

이제 이 민족이 성결케 되었고(7：13), 죄가 심판을 받았으므로 하나님은 다시금 그의 백성을 승리로 인도하실 수 있으셨다. 하나님이 이 전투를 매우 유리하게 사용하셨음에 유의하자. 아이성의 백성들은 그들이 이스라엘을 다시 이길 수 있다고 확신하고 있었던 것이다. 이제 하나님은 아이성에서의 전리품을 허락하신다. 아간이 며칠만 기다렸더라면 그가 가져갈 수 있는 만큼 부자가 되었을 것이다(마 6：33 참조).

계획은 간단하였다. 여호수아는 30,000명을 밤에 벧엘로 보냈다(3절). 그리고 3,000명을 벧엘과 아이 사이에 두었다. 군인들 중의 일부가 아이성을 공격하여 사람들을 성 밖으로 끌어내었다. 그 순간에 여호수아는 복병에게 신호를 하여 성에 들어가 점령하였다. 완전한 승리였다! 26절에서 여호수아가 창을 들고 서 있는 것은 과거 자신이 골짜기에서 싸우고 있을 때에 모세가 손을 들고 있었던 일을 기억하게 한다(출 17：8 이하). 아이성은 폐허가 되어서 고고학자들은 오늘날도 그 위치를 확인할 수가 없다.

3. 율법의 선포(8：30~35)

여호수아는 군사적인 싸움을 일시 중단하고 세겜으로 30마일(약 48km)쯤 백성을 데리고 가서 신명기 27장 4~6절에 나오는 명령을 준행하였다. 이 골짜기는 놀라운 음향효과를 지닌 천연의 원형극장이라고 알려져 있다. 그는 에발산(저주의 산)에 르우벤, 갓, 아셀, 스불론, 단, 납달리 지파를 배치하고, 그리심산(축복의 산)에는 시몬, 레위, 유다, 잇사갈, 에브라임, 므낫세, 베냐민 지파를 배치했다. 여호수아는 이스라엘이 승리하며 그 땅을 소유하게 된 것은 하나님의 말씀에 순종한 데에 있음을 잘 알고 있었다. 전투를 더 하는 것보다도 말씀을 듣는 것이 더욱 중요하였다. 그는 또 제단을 쌓았음에도 주목하자(31절). 그리스도의 피를 떠나서는 하나님 앞에 의로울 수가 없기 때문이다. 만일 이들이 희생 제사를 소홀히 한다면 율법은 이들을 저주하고 죽일 것이다. 우리는 여호수아가 하나님의 말씀을 존중한 것을 칭송해야 하며 그를 본받아야 한다(1 : 8 / 24 : 26~27 / 23 : 14 참조).

4. 기브온의 속임수(9장)

가나안 이방 족속들은 각기 중심 도시에 본거지를 이루고 있는 여러 작은 "나라들"로 나뉘어져 있었다. 이들은 대개 서로 싸웠으나 하나님의 백성들이 도착하자 보잘 것 없는 왕들은 이스라엘에 대적하기 위하여 연합하였다. 적들이 하나님께 대항하여 연합한다는 것은 놀랄 만하다. 그러나 기브온 사람들은(다음에 빼앗을 차례의 성) 힘대신 속임수를 쓰기로 결정하였다. **사단은 사자임과 동시에 뱀이다.**

이들의 계획은 적중하였다. 그들은 오랜 여행을 한 사람들처럼 보이기 위하여 낡은 자루를 메고 헝겊을 대어 기운 신발, 케케묵은 음식을 지녔다. 하나님은 이스라엘에게 가나안의 민족들과는 아무런 언약을 맺지 말도록 명령하셨었다(신 7장). 그러나 기브온 사람들은 언약을 맺기만 하면 이스라엘은 그 언약을 지킨다는 것을 알고 있었다. 그들은 먼 나라에서 왔다고 거짓말을 하였으며 여리고와 아이성에서 이룩한 이스라엘의 승리에 대하여는 아무 말도 하지 않았음에 유의하자.

여호수아와 그의 지도자들은 이 문제에 있어서 하나님의 마음을 구하지 못하고 그들의 감각에 따라 판단하였다. 여행자들의 말은 그럴 듯했다. 음식과 옷은 오래되어 낡아 보였으며 모든 것이 이치에 맞아 보였다. 결국 여호수아는 이 사람들과 평화조약을 맺었으며 그리고나서야 이들이 기브온에서 온 사람들임을 알게 되었다. 삼 일 후에 이스라엘은 기브온과 그 동맹한 성읍들에 이르렀으나(17절) 약속한 바가 있었기 때문에 그들을 공격할 수가 없었다. 이러한 사실은 아마도 전리품을 더 얻기를 원했을 백성들에게 불평을 불러일으키는 원인이 되었을 것이다. 그러나 하나님의 백성들은 말한 바를 어길 수가 없었다. 이스라엘이 할 수 있었던 모든 일은 기브온 사람들을 종으로 삼는 것뿐이었다. 이스라엘 사람들은 이들에게 성막의 예배를 위하여 나무를 자르고 물을 긷는 일을 시켰다.

여리고가 성벽을 가지고 할 수 없었던 일이며 아이성이 무기를 가지고도 할 수 없었던 일을, 기브온 사람들은 속임수로 성취하였다. 사단은 하나님의 백성들을 멸망시키기 위하여 하나씩 하나씩 속임수를 써나간다. 그러므로 우리는 계속해서 경계를 해야만 한다. 사단이 교묘한 공격을 가해 오는 것은 대개는 큰 승리를 얻은 후인 것에 유의하라. 이스라엘이 아이성에게 패전한 것은 여리고에서 큰 승리를 거둔 후였다. 그리고 아이성을 멸망시킨 후에는 기브온 사람들에게 속았다. 우리는 "육신에 따라 판단하는" 일을 삼가야 한다(요 8 : 15). 그리고 우리 자신의 감각에 의존해서도 안된다. 이사야 11 장 1~5 절의 말씀은 우리가 그를 신뢰할 때에 하나님의 영이 우리에게 지혜를 주실 것이라고 약속하신다. 그리스도께서 앞으로 올 왕국을 다스리실 때에 하나님께서 그에게 지혜를 주시는 것과 같다. 그리스도인의 삶에 있어서 야고보서 1 장 5 절은 기본적인 구절이 되어야 한다.

그리스도인들은 세상과 동맹하는 것을 삼가야 한다(고후 6 : 11~18). 우리는 10 장에서 여호수아가 성급하게 언약을 하였기 때문에 적을 보호하지 않을 수 없게 되었음을 본다. 모세는 신명기 7 장에서 이러한 이방 민족들과의 우정은 그들을 죄로 인도해 갈 뿐이라고 이스라엘을 경고하였는데, 마침내는 그렇게 되었다.

정복자 갈렙

—여호수아 14～15장—

갈렙은 성경에서 믿음의 위대한 영웅이며 뛰어난 사람이다. 그가 "온전히 여호와를 따랐더라"는 말이 여섯 번 나온다(민 14：24 / 32：12 / 신 1：36 / 수 14：8～9, 14). 갈렙은 "정복자"였으며(요일 2：13～14 / 5：4), 주님께 온전히 순복한 사람으로서 하나님의 말씀에 온전히 순종하였다. 우리는 그의 영적인 역사를 네 단계로 추적해 볼 것이다.

1. 고민하는 갈렙

갈렙이 가데스 바네아에 있을 때 40세였으므로(수 14：7), 그가 태어난 것은 유대인들이 애굽에서 고난당하고 있었던 때인 것이 분명하다(출 1～2장). 그는 노예로 태어나서 영웅으로 죽었다! 그의 부모에 관해서는 여호수아 14장 13～14절에 나와 있다. 어떤 이들은 갈렙("개"라는 뜻)의 부모가 잡혼을 했으며 아버지는 그니스 사람이고 어머니는 유다지파 여인이었다고 생각한다(수 15：13). 만일 그렇다면 그가 믿음을 가질 수 있었다는 것은 훨씬 놀라운 일이다. 그러나 역대상 2장 18절은 갈렙이 베레스의 자손인 헤스론의 아들이라고 말한다(대상 2：5). 이 말은 그가 그리스도의 조상에 들어간다는 뜻이다(마 1：3).

어쨌든 갈렙은 유월절 어린 양의 피로써 구속을 받았고, 애굽에서 구출되어 빈곤에서 큰 유업을 받을 전망을 지니고 있었다. 그가 만일 모세 아래 있으면서 먼저 구속을 경험하지 못하였다면 여호수아에게서 아무 유업을 얻지 못했을 것이다.

2. 수호자 갈렙(민 13～14장)

가데스 바네아에서 있었던 이스라엘의 반역은 앞부분에서 이미 논의했었다.

이 민족이 가나안의 입구에 도착한 것은 애굽을 벗어난지 약 2년쯤 되었을 때였다. 하나님의 말씀을 믿고 즉각적으로 그들의 유업을 주장하는 대신 이들은 열 두 정탐군의 보고를 듣고자 했다(신 1：21 이하). 갈렙과 여호수아는 정탐군들 중의 일원이었으며 그 민족에게 자신들이 가진 확신적인 입장을 보여 주었다. "보고"가 있자, 갈렙과 여호수아는 모세를 옹호하고 그 민족이 가나안으로 들어가도록 격려하였다. 갈렙과 여호수아가 그 땅을 기뻐했던 반면 열 명의 정탐군은 그 땅을 경멸하였다(14：36). 다수의 민족은 돌아가기를 원하였으며, 소수만이 믿음으로 행하였다. 반역하는 민족은 장애물만을 보았고, 문제거리들만 보았다. 그러나 믿는 지도자들은 기회와 전망을 보았다. 결과는 어떠하였는가?

열 명의 정탐군들과 불신하는 세대는 광야에서 죽었으나, 갈렙과 여호수아는 살아서 약속의 땅에 들어갔으며 그 축복을 누렸다. "육신의 생각은 사망이요"(롬 8:6). 갈렙이 전체 민족을 대항하여 서 있기 위해서는 용기가 필요하였다. 그런데 하나님은 그 용기를 영광되게 하셨다.

3. 방황하는 갈렙

갈렙은 광야에서 죽지 않았으나 거의 40 년간을 방황하는 동안 불신하는 민족으로 인하여 괴로움을 당해야 했다.

이 경건한 믿음의 사람이 얼마나 인내를 해야만 했던가를 생각해보자! 매일 매일 그는 사람들이 죽어가며 유업을 잃는 것을 보았다. 또한 그들의 불만과 불평을 들어야만 했다. 이 믿음의 사람은 동료 이스라엘 사람들의 불신앙을 참아내야만 했다. 그는 모세를 사랑했는데 유대인들이 그들의 지도자를 비판하고 대적하는 말들을 들어야만 하였다.

이처럼 육신적이고 불신하는 사람들 틈에서 갈렙은 어떻게 영적인 생활을 유지할 수 있었는가? 그의 마음은 가나안에 있었다. 하나님께서는 그에게 놀라운 유업을 주셨으며(수 14:9~12), 비록 그의 몸은 광야에 있었지만 그의 마음은 그 곳에 있었다. 갈렙은 골로새서 3장 1~4절에 기록된 "위엣 것을 찾으라 위엣 것을 생각하고 땅엣 것을 생각지 말라"에 대한 완벽한 예증이다. 로마서 8장 6절에서의 "영의 생각" 이란 이를 두고 하는 말이다. 갈렙은 죽음을 두려워할 필요가 없었으며, 받을 유업이 있다는 것과 하나님께서 그가 실패하지 않게 하실 것임을 알았기 때문에 광야의 시련들을 견딜 수가 있었다. 우리는 그리스도 안에서 훨씬 더한 유업을 가지고 있다. 그러나 우리는 매우 쉽게 순례의 여행을 포기하며 실패한다.

4. 정복자 갈렙

이 내용은 여호수아 14~15장으로 우리를 인도해 간다. 여호수아는 각 지파에게 특별한 유업을 분배하고 있으며 갈렙은 자기의 몫을 주장한다. 그는 여호수아에게 하나님의 약속을 상기시킨다(6~9절). 우리가 우리의 축복을 주장할 수 있는 것은 하나님의 말씀에 근거할 때 뿐이기 때문이다. 갈렙의 강건함에 대한 영광스러운 증언에 주목하자(10~11절). 믿음의 사람은 언제나 강건한 사람이다. 이 민족이 가데스 바네아에서 실패한 지 45년이 되었으며 갈렙은 85세가 되었으나 하나님의 영광을 위하여 그의 유업을 주장하는 데 열성이다. 신자들이 (갈렙처럼) 정복자가 되어야 할 나이에 "나이가 많은 것"을 불평하는 것은 대단히 나쁜 일이다.

"이 산을 나에게 주소서!"(12절) 갈렙은 영적인 생명력의 사람이었던 것같이 영적인 시각을 지닌 사람이었다. 이 두 가지 자질이 영적인 승리로 인도해 갔다. 하나님께서는 유업을 주시기로 그에게 약속을 하셨으며 갈렙은 하나님께서 그 약속하신 바를 성취하실 수 있다는 믿음을 가지고 있었다(롬 4 : 20~21 참조). 갈렙은 자기가 유업으로 받을 땅의 주민들을 몰아낼 능력이 있었다(수 15 : 13~14). 이 주민들은 바로 열 명의 정탐군들이 두려워했던 "거인들"이었다(민 13 : 28, 33). 불신앙은 거인들을 본다. 그러나 믿음은 하나님을 본다. 불신앙이 일반적인 감각에 의지하는 반면, 믿음은 온전히 하나님의 말씀을 의지한다.

갈렙의 조카 옷니엘은 정복하는 일 중의 하나를 도와주었으며(수 15 : 15~17). 갈렙의 딸을 아내로 얻었다. 이 사람은 나중에 이스라엘의 첫 사사가 되었으며, 그리하여 그 가족의 지도적 위치는 계속되었다. 믿음의 사람이 다른 사람들에게 영향을 끼칠 수 있으며 유업을 나누는 일에 도움을 줄 수 있다는 것은 참으로 놀라운 일이다.

갈렙의 딸은 15장 18~19절에 나오는 놀라운 영적인 진리를 보여 준다. 갈렙이 그녀에게 들을 준 후에 그녀는 그 들판을 기름지게 할 우물을 원했다. 자녀로서 그리스도인이 구하는 것은 놀라운 일이다. 더구나 열매맺는 생활에 물이 될 "영적인 샘물"을 갈망한다는 것은 특히 축복된 일이다. 하나님께서 우리에게 주시는 들은 샘물이 없이는 결코 열매를 생산하지 못할 것이다(요 7 : 37~39).

사람이 "전심으로 주님을 따르며" 말씀을 믿는 믿음을 행사할 때에 얼마나 큰 차이를 가져오는가! 갈렙의 헌신과 신앙은 그의 생명을 구원하였고, 유업을 얻게 했으며, 적을 무찔렀고, 앞으로 올 수십 년 동안 그의 가족을 풍성케 할 수 있었다. 주님은 분명히 오늘날 그리스도인들에게 정복자들이 되기를 기대하신다. 사실상 바울은 우리가 "정복자보다 나은" 사람들이라고 주장한다(롬 8 : 37). 여호수아와 갈렙은 육신적인 무기로 정복하였으며 물질적인 유업을 주장하였다. 그러나 우리는 영적인 무기로 정복하며(고후 10 : 3~5), 그리스도 안에서 영적인 유업을 주장한다(엡 1 : 3). 그리스도인들은 그리스도를 믿는 믿음으로 말미암아 정복자들이 되도록 예정되어 있다(요일 5 : 4). 우리는 세계를 정복해야 하며(요일 5 : 5), 거짓 교리들을 정복해야 하고(요일 4 : 1~4), 그 뿐만 아니라 사악한 자를 이겨야 한다(요일 2 : 13~14). 그리스도는 이미 우리의 적인 사단과(눅 11 : 21~22) 세상(요 16 : 33)을 정복하셨으므로 우리는 다만 믿음으로 주님의 승리를 주장하기만 하면 된다. 일곱 교회들에게 보내는 편지들에서(계 2~3장) 이긴 사람에게는 많은 상을 주시겠다고 약속하신 것에 유의하자. "이기는 자는 이것들을 유업으로 얻으리라"(계 21 : 7).

우리는 갈렙과 같은 방식으로 적을 이기며 유업을 주장한다.

(1) 우리는 하나님께 모든 것을 넘겨 드려야만 한다.
(2) 우리는 그의 약속들을 알아야만 하며 믿어야 한다.
(3) 우리는 마음과 뜻을 유업에 고정시켜야 한다.

(4) 우리는 승리하기 위하여 하나님을 의존해야만 한다. "우리 주 예수 그리스도로 말미암아 우리에게 이김을 주시는 하나님께 감사하노니"(고전 15 : 57).

여호수아의 마지막 권고

—여호수아 23～24장—

우리는 일반적으로 여호수아를 위대한 군인으로 생각하지만 여기서는 자기 백성에 대해 사랑의 관심을 가진 위대한 목자로서의 그를 보게 된다. 그는 주님과 백성을 충성스럽게 섬겨왔다. 이제 그는 백성이 주님을 떠나 유업을 잃게 될 것을 염려한다. 이것은 베드로와 사도 바울이 죽기 앞서 가졌던 염려와 같은 것이다(벧후 1：12～15 / 행 20：13 이하 참조). 한 세대가 하나님의 축복을 받기 위하여 희생을 했는데 그 다음에 오는 새로운 세대가 그것을 파괴한다는 것은 얼마나 비극인가!

1. 지도자들에 대한 여호수아의 교훈(23장)

여호수아는 각 지파의 지도자들을 불러 모았는데 아마도 그 장소는 실로였던 것 같다(18：1). 그는 지도자들에게 여호와께 진정으로 헌신하는 것을 가르치고 싶어한다. 그는 죽지만 그들은 남아서 계속 일을 수행할 것이다.

1 **과거를 살펴봄**(3～4절)—이 사람들은 요단강의 횡단으로부터 오늘날에 이르기까지 여호와의 기적을 보았다. 성취된 모든 일들에 대해 하나님께 영광을 돌리는 여호수아를 주목하자. 주께서 싸우셨으며 여호수아가 한 일은 땅을 나눈 것 뿐이었다. 우리가 하나님께서 우리를 위하여 행하신 일들을 기억한다는 것은 좋은 일이다.

2 **미래에 대한 약속**(5절)—하나님의 일군들은 바뀐다. 그러나 그의 말씀은 그대로 남아 있다. 여호수아는 하나님께서 그들을 위해 계속 싸우실 것이며 적들을 이기고 승리하게 하실 것임을 확신시킨다.

3 **현재의 책임**(6～16절)—하나님이 자기 백성을 위하여 행하시는 일은 백성이 하나님을 위하여 하는 일에 달려 있다. 하나님의 백성으로서의 그들의 책임을 상기시켜 주는 여호수아의 교훈은 신명기 7～11장에 나오는 모세의 경고를 돌아 보게 한다. 여기서 핵심 단어는 민족들이며 3～13절에서 일곱 번 사용되었다. 이스라엘 사람들은 이 땅의 이방 민족들을 삼가고 조심해야만 했다. 이 민족이 그 땅을 얻을 희망을 가지며 그들의 유업을 주장하게 되는 것은 오직 하나님의 율법에 순종함으로써만이었다(수 1：7～8 참조). 이를 위해서는 말씀을 신뢰하고 적을 반대할 용기가 필요할 것이지만 하나님께서 이러한 용기를 가지게 하신다.

여호수아의 주된 관심은 이스라엘이 **성별된 백성**이 되며 이방 민족들과 혼합하지 않게 되는 것이었다. 7절은 부정문으로 되어 있고("너희 중에 남아 있는 이 나라들 중에 가지 말라"), 8절은 긍정문으로 되어 있다("오직 너희 하나님 여호와를 친근히 하라"). 패망한 적의 신들을 예배한다는 것이 얼마나 어리석은가! 만일 이스라엘이 여호와께로 성별되어 있기만 하다면 한 사람이 천 사람의 일을 하게 하실 수 있으시다(10절). 이들은 여호와를 가까이 하거나 이방 민족들을 가까이 하거나 해야만 했다(12절). 만일 이방 민족들과 섞인다면 하나님은 그의 축복을 옮겨 가실 것이다. 우리의 생활에 남아 있는 어떤 죄라도 우리에게는 함정과 가시가 된다(13절). 사악한 민족들을 변화시키기보다는 이 민족들이 이스라엘에게 영향을 주어, 이스라엘로 하여금 그 유업을 잃게 하는 원인이 된다.

우리는 여호수아가 하나님 말씀에 대해서 강조한 것에 유의하지 않을 수 없다(6, 14절). "무릇 허하신 그 선한 말씀이 하나도 이루지 않음이 없도다…"(왕상 8：56). 하나님의 말씀에 순종하는 것은 승리와 축복을 의미하며 말씀에 불순종하는 것은 패배와 시련을 뜻한다(수 1：8 참조).

2. 백성들에게 보내는 여호수아의 호소(24：1～28)

지도자들을 권고한 후에 여호수아는 모든 백성을 세겜에 불러 모았다. 이 장소는 이스라엘 사람들의 마음에 친숙한 곳이었는데 하나님께서 아브라함에게 최초로 이 땅을 주시겠다고 약속하신 곳이기 때문이다(창 12：6～7). 야곱이 제단을 쌓은 곳이 바로 이곳이며(창 33：20), 여기서 그는 자기 가족에게 우상을 버리라고 권했었다(창 35：1～4). 이 땅에는 "성소"가 없지만 신자들에게 거룩한 기억을 일으키는 곳들이 있다.

여호수아는 그들 주위에 있는 이방 민족들의 영향을 받아 백성들이 우상숭배에 빠져 들어가는 것을 염려하였다. 이스라엘은 우상을 숭배하는 경향이 있었으므로 우상숭배가 그들의 유업을 상실하게 하는 원인이 될 것을 알고 있었다. 그래서 그는 그들을 격려하여 여호와께 모든 것을 헌신하도록 몇 가지 논점을 들어 지적한다.

1 **하나님은 과거에 선하셨다**(2～13절)—여호수아는 민족이 출생하던 당시, 즉 아브라함이 소명을 받은 때로 돌아간다. 아브라함과 그의 아버지는 하나님께서 그의 은혜로 그를 부르시기까지 우상숭배자들이었다("강 저편"이란 뜻은 "유브라데스 강 건너편"이란 뜻이다/ 14～15절 참조). 하나님께서 아브라함을 택하신 것은 그가 선하기 때문에 부르신 것은 아니었다. 왜냐하면 그는 이교도였기 때문이다. 그는 하나님의 은혜와 사랑으로 부르심을 받았다. 하나님은 아브라함과 이삭과 야곱에게 그 땅을 주셨다. 하나님은 애굽에서 유대인들을 보호하셨고 그의 능력의 손으로 그들을 구원해 내셨다. 그는 백성을 인도하셨고 광야

에서 그들의 쓸 것을 공급하셨다. 하나님은 그들을 위하여 민족들을 멸망시키셨고 요단강을 건너 약속의 땅으로 인도하셨으며, 그들 앞에서 적들을 몰아내셨다. 하나님께서 자기 백성을 위하여 이보다 더 할 수 있는 일이 무엇인가! 이제 그들은 유업을 주장하였고 그 땅의 축복을 누리고 있었다. 그들이 주님을 사랑하고 봉사해야 할 책임이 있지 않는가!

2 **여호수아 자신의 본보기**(14~15절) — 이들은 이방인의 신이거나 또는 참된 하나님 여호와이거나 어떤 신이든 섬겨야 했다. 여호수아는 "오직 나와 내 집은 여호와를 섬기겠노라"고 말하였다. 경건한 지도자들이 자신의 가정에서 좋은 본을 보인다는 것은 참으로 훌륭한 일이다. 백성들이 지도자들보다 훨씬 높아지는 일은 없을 것이기 때문이다.

3 **징계의 위험**(16~21절) — 백성들은 여호와를 섬기겠노라고 세 번 여호수아에게 확언한다(16, 21, 24절). 그는 입술로 한 말이 반드시 마음의 진실은 아님을 알고 있었으므로 "만일 너희가 이방 신들을 섬기면 너희가 여호와를 능히 섬기지 못하리라 그는 질투하시는 하나님이시니 너희가 다른 신을 결코 섬기지 못하리라"고 경고한다. 여호수아는 우상숭배가 징벌과 징계를 초래하고 그들의 땅을 잃게 할 것이라고 경고한다.

4 **하나님과의 언약**(22~28절) — 하나님은 시내산에서 이스라엘과 언약을 하셨다(출 20장). 그리고 신명기에서는 모세의 지도 아래 이 언약을 새롭게 하였다. 그러나 각 세대는 그 언약에 대해 충실할 것을 하나님께 재확인할 필요가 있었다. 그래서 여호수아는 백성들과 언약을 새롭게 한다. 그는 율법책에 이 말들을 기록하며 다음으로 백성들이 이 맹세를 기억하도록 돌을 세운다. 이 일은 요단강을 건넜을 때 세운 돌비를 기억나게 한다(4장). 하나님께서 자기의 백성이 순종하는 좁은 길로 계속 가게 하기 위하여 기념들(주의 만찬과 같은)을 사용하신다는 것을 잊어버리기가 쉽다. 그 다음의 여러 해를 거치며 유대인들이 하나님과의 이 약속을 지키지 못했다는 것은 매우 유감스러운 일이었다. 사사기 21장 25절을 보면 그러한 슬픈 보고가 나온다.

3. 여호와를 위한 여호수아의 업적(24 : 29~33)

31절은 이 하나님의 사람에 대한 위대한 간증이다. 그의 지도력이 있었기에 이 민족은 하나님을 섬겼으며 그가 죽은 후에도 여호와를 섬기기를 계속했다. 여호수아는 하나님께서 이스라엘을 위하여 여러 가지 일들을 성취하는 데 쓰임을 받았다. 백성들을 인도하여 요단강을 건넜으며 승리에서 승리로 백성들을 인도해 갔다. 그리고 백성들에게 유업을 나누어 주었다. 확실히 여호수아의 무덤은 이스라엘이 여호와의 능력과 자비를 기억하게 하는 또하나의 기념비이다. 하나님의 백성들이 거룩한 지도자들을 기억하며 그들의 신앙을 본받는 것은 좋은 일이다(히 13：7~8).

세 가지 장례식이 이 구절들에 기록되어 있다. 즉, 여호수아, 요셉, 엘르아살의 장례식이다. 요셉의 형제들은 요셉의 해골을 가나안에 장사지내기로 약속했었다(창 50：25). 그러므로 유대인들은 그의 관을 애굽에서 가지고 나왔다(출 13：19). 이것은 우리가 미래에 부활할 것을 상징하며, 요셉의 시체가 애굽에서 구속을 받은 것같이 우리의 시체도 어느 날 하늘로 데려감을 당할 것이다. 요셉의 무덤이 하나님의 신실하심을 백성들에게 기억하게 했음을 믿기는 어렵지 않다. 요셉은 기근 중에서 그 민족을 살리는 데 사용되었으며 애굽이라는 이교도의 땅에 있으면서도 여호와께 충성을 다했다.

이 책을 끝마치면서 그리스도는 우리의 여호수아(구세주)이며 우리를 대신해서 싸워주시고 유업을 얻도록 우리를 도와 주심을 기억하자. 만일 우리가 하나님께 신실하고 그의 말씀에 순종한다면 우리는 믿음으로 발을 내디딜 수가 있으며 하나님의 축복을 주장할 수 있다!

사 사 기

—서론과 개요—

사사기 서론

□ **주제** : 사사기는 여호수아가 죽은 후의(삿 1 : 1) 이스라엘의 역사를 뽑아놓은 책이며, 이는 마치 모세 사후의 역사를 여호수아서에서 계속 기록하고 있는 것과 같다(수 1 : 1). 이 책은 실패와 치욕의 책이며, 핵심 구절은 17장 6절이다. "사람마다 자기 소견에 옳은 대로 행하였더라." 여호와께서는 더이상 "이스라엘의 왕"이 아니었다. 지파들이 나뉘어졌으며 백성들은 이방 민족들과 혼혈을 이루게 되었다. 따라서 하나님은 그의 백성을 징계할 필요가 있었다. 2장 10～19절은 이 책 전체를 축복과 불순종, 징계와 회개, 구원으로 요약하고 있다. 사사기는 불완전한 승리의 책으로, 하나님의 백성의 입장에서 그의 말씀을 신뢰하고 그의 능력을 주장하지 못한 데에 대한 실패를 기록한 책이다.

□ **영적인 교훈** : 여호수아서를 삼분하라면 강 횡단, 적의 점령, 유업의 주장이라는 제목을 각기 붙일 수 있을 것이다. 여호수아서는 그들이 어떻게 강을 건넜으며 적을 정복하기 시작하였나를 기록한 책이지만 "소유해야 할 땅이 아직 많을 때"에 끝이 난다(수 13 : 1 / 23 : 1～11). "강의 횡단"은 죄로부터의 분리, 자아에 대해서 죽는 것을 의미하며 또한 믿음으로 영적인 유업에 들어감을 뜻한다(엡 1 : 3). 그러나 우리가 믿음의 발걸음을 내디딘 후에 속임을 당하거나 적과 타협하기가 쉽다. 이스라엘은 그 땅에 들어갔으나 전체의 유업을 소유하는 데에는 실패하였다. 이스라엘은 첫째로 적에게 관용하였고, 적으로부터 조공을 받았으며, 적들과 혼혈이 되었고 결국에는 적에게 항복하고 말았다! 이들이 승리를 발견한 것은 오직 하나님의 구원자(사사)들을 통해서 뿐이었다. 그리스도인이 "죄에 정착하여" 완전한 헌신과 완전한 승리의 축복을 잃게 되기란 얼마나 쉬운 일인가!

□ **땅** : 약속의 땅은 많은 민족들로 채워져 있었으며 작은 영역들을 치리하는 "하찮은 왕들"이 많았다. 여호수아는 중요한 적들을 무찔러 이 민족을 집합적으로 큰 승리를 얻게 하였다. 각 지파들이 믿음으로 들어가서 제비뽑은 유업을 주장하도록 길을 닦아 놓았던 것이다. 여호수아서가 연합된 노력을 기록한 책이라면 사사기는 여호와께 더이상 헌신하지 않은 채 시내산에서 맺은 언약을 잊고 있는 분열된 민족을 기록한다.

□ **사사들** : 이 책에는 열 세 명의 사사들의 이름이 나온다. 이들은 특정한 적을 무찔러 백성에게 안식을 주기 위하여 하나님께서 일으킨 사람들이다. 사람들은 국가의 지도자들이 아니었으며, 오히려 여러 압제자들로부터 백성을 구원해 낸 지역적인 지도자들이었다. 한 쪽이 박해를 받는 동안 다른 한 쪽은 안식을 얻었을 수도 있다. 각 전쟁마다 모든 지파들이 참여한 것은 아니었으며, 지파들 간에 경쟁도 흔히 있었다. 하나님께서 이러한 "평범한 사람들"(이들 중의 한 사람은 여자이다)을 부르셔서 그처럼 위대하게 사용하셨다는 것은 하나님의 은혜와 능력의 또다른 증거이다(고전 1 : 26～31). 하나님의 영은 특정한 일을 위하여 이 지도자들에게 임하였으며(6 : 34 / 11 : 29 / 13 : 25), 사사들 자신의 개인적인 생활에서는 면밀한 부분에 이르기까지 본이 된 것은 아니었다(예를 들면 삼손). 사사들의 치리 아래 수백 년이 지나는 동안 이스라엘은 그들의 왕을 요청할 준비를 갖추었다(삼상 8장).

□ **남겨진 민족들** : 하나님은 다음의 몇 가지 이유로해서 이방 민족들이 그 땅에 남도록 허락하셨다.

1 **이스라엘을 벌하시기 위함**(2 : 3, 20～21)
2 **이스라엘을 시험하여 확인하기 위함**(2 : 22 / 3 : 4)
3 **이스라엘에게 전쟁 경험을 갖게 하기 위함**(3 : 2)
4 **땅의 황폐화를 방지하기 위함**(신 7 : 20～24)

만일 이스라엘이 이러한 "이류급" 상황에서 살기를 원했더라면 하나님은 그들이 바라는 것을 주셨을 것이며 하나님은 자신의 목적을 위하여 이 민족들을 사용하셨을 것이고, 유대인들은 타협적인 정착이 아니라 완전한 승리를 누렸을 것이다. 오늘날 많은 그리스도인들(그리고 많은 교회들)이 얼마나 이와 비슷한가!

3～16장은 많은 하나님의 백성들의 "올라가고 내려오는" 경험을 설명한다. 이 민족이 하나님께 항복하지 못하고 순종하지 못하는 것이 매우 유감스럽다. 이들은 하나님이 보내신 인간 구원자를 바라보았다. 많은 그리스도인들이 "올라가고 내려가는" 기간을 맞아 하나님께서 그들의 마음을 시험하시고 승리를 주시도록 하나님과 홀로 있지 못하고 목회자나 성경학교 교사에게로 달려가 도움을 청한다.

사사기 개요

● 핵심 구절 : 17장 6절 / 21장 25절

1. 냉담 / 1～2장

1 초기의 승리 / 1장 1～26절
2 반복되는 패전 / 1장 27～36절
3 하나님의 꾸짖음 / 2장 1～5절
4 다른 신들을 섬김 / 2장 6～23절(책 전체의 요약)

2. 변절 / 3～16장

1 옷니엘 / 3장 1～11절
—8 년간 메소보다미아에 의해 압제받음.
2 에훗과 삼갈 / 3장 12～31절
—18 년간 모압에게 압제받음.
3 드보라와 바락 / 4～5장
—20 년간 가나안에게 압제받음.
4 기드온 / 6～8장
—7 년간 미디안에게 압제받음.
5 돌라와 야일 / 9장 1절～10장 5절
—세겜에게 압제받음(정확한 시기는 명시되어 있지 않음).
6 입다 / 10장 6절～12장 15절
—18 년간 암몬에게 압제받음.
7 삼손 / 13～16장
—40 년간 블레셋에게 압제받음.

3. 무정부 상태 / 17～21장

1 우상 숭배 / 17～18장
2 부도덕 / 19장
3 내전 / 20～21장

이 민족의 하락은 냉담으로 시작되었다. 이들은 무관심해지고 대수롭지 않게 여기게 되어 땅을 점령하는 일을 하지 않게 되었다. 이 일은 이방 민족들이 그들의 곁에서 가시노릇을 하는 결과를 초래하게 되었으며 여호수아가 예언한 대로 되었다(수 23：11～13). 이 일은 참되신 하나님을 예배하는 데서 떠나 바알을 섬기는 변절로 이끌어 갔다. 하나님은 이스라엘을 벌주시기 위해서 다른 민족들을 보내셔야 했다. 최종적인 결과는 무정부 상태였다. "그 때에 이스라엘에 왕이 없으므로 사람이 각각 그 소견에 옳은 대로 행하였더라"(21：25). 무법함이란 반드시 하나님의 말씀에서 떠나는 일로 시작되는 법이다.

초기의 사사들

—사사기 1～5장—

1. 민족의 실패(1～2장)

[1] **이들은 땅을 정복하지 않았다**(1장)—1～18절에서는 유다와 시므온 지파의 초기 승리를 기록하고 있는 반면 본 장의 나머지 부분에서는 반복되는 패전을 기록하고 있다. 이 두 지파는 베섹(4절)과 예루살렘(8절)과 헤브론(10절)과 드빌(11절)과 스밧(17절)과 가사, 아스글론, 에그론(18절)을 점령할 수 있었으며, 요셉의 집안은 벧엘을 점령하였다(22절). 그러나 나머지 지파들은 적을 몰아낼 수가 없었다. 여호와의 인도함을 받은 연속된 승리로 시작해서 타협의 연속으로 끝을 맺게 된 것이다. 유다는 골짜기의 주민들을 몰아낼 수가 없었다(19절/4：13이하). 베냐민은 여부스 사람들을 정복할 수 없었으며(21절), 다른 지파들도 이처럼 이방 민족들과 더불어 "정착했다"(27～36절). 물론 이들은 이방 민족들을 노예로 삼아 자신의 실패를 정당화할 수가 있었다. 그러나 이러한 일은 더 큰 문제들을 야기시키는 방향으로 이끌어 갔다. 여호수아 23～24장에서 여호수아는 적들과 타협하지 말라고 경계하였으나 이제 이들은 바로 그 함정에 빠져들고 있었다.

[2] **이들은 율법을 상고하지 않았다**(2：1～10)—이것이 반복된 실패와 패전의 이유가 되었던 것은 물론이다. 하나님은 말씀을 존중하고 순종한다면 지속적인 승리를 주겠다고 여호수아에게 약속하셨고(수 1：7～8), 여호수아는 이 말씀을 지도자들에게 반복해서 말했다(수 24：5～11). 길갈은 이스라엘에게 있어 위대한 승리의 장소였으나 여호와께서는 길갈에서 보김, 곧 "울음의 장소"로 이동하신다. 이스라엘이 승리에서 우는 것으로 쇠퇴하였으니 얼마나 비극인가! (길갈의 중요성에 대해서는 여호수아 5：1～9/9：6/10：6 참조) 길갈은 이스라엘의 군사 작전 상의 중심지였으며 여호수아의 진이 있던 곳이다. 이제 이 곳은 버림을 받게 되었다.

하나님은 이스라엘 백성들이 이방 민족들과 언약을 맺으며 그들의 신들과 연합함으로써 율법에 불순종하였음을 상기시키셨다. 신명기 7장을 주의깊게 읽고 분리의 문제에 관해서 하나님께서 교육하신 바를 알아보자. 여호수아가 살아있고 지도자들이 그를 따랐을 동안에는 율법을 지켰지만 그들이 죽자 민족은 타락하게 되었다. "여호와를 알지 못하는 또다른 세대가 일어났다"(10절). 그들은 그들의 자녀들을 여호와께 인도하지도 않았다! 이들은 하나님께서 신명기 6장 1～15절에서 지시하신 대로 그들에게 율법을 가르치지 못했다. 이러한 일들이 민족들과 교회들과 가족들에게 얼마나 자주 일어나는가. "나이 많은 세대"가 "젊은 세대들"을 가르치는 데 충성되지 못하고 훌륭한 순종의 본을 보이지 못할 때 "젊은 세대들"이 여호와로부터 떨어져 나가기가 얼마나 쉬운가.

3 **이들은 여호와께 붙어있지 못하였다**(2 : 11～23) — 그들은 여호와를 버렸으며 다른 신들을 따랐다! 가나안의 종교는 무서울 정도로 사악한 것이었으며, 그 행위들을 논의하기에는 너무도 음란한 것들이었다. "바알과 아스다롯"은 남성과 여성 신이었다. 그들의 역사 전체를 통하여 이스라엘은 바알 숭배로 말미암아 재앙을 입었다. 이것이 한 번 그들의 생활에 끼어들게 되면 근절하기는 어려운 일이었다. 이들이 하나님을 버렸으므로 하나님께서 그들을 버리셨다! 하나님은 몇 번이고 거듭 적들의 손에 "이들을 파셨다." 이들은 하나님께서 약속하신 "안식"을 즐기는 대신 수백 년간 노예의 굴레를 썼으며 다만 이따금씩 여호와께로부터 "안식"을 얻었다. 심판이 대단히 극렬해지면 이들은 최종적으로 하나님께 울부짖었으며 하나님께서 구원자들을 보내시곤 하였다. 그러나 하나님은 사람들과 개인적으로 함께 하셨으며, 그 민족에게 집합적으로 함께 계셨던 것이 아님을 유의하자. 말하기는 슬프지만 백성들은 괴로움이 닥칠 때만 여호와께로 돌아왔으며 사사가 사라지면 민족은 다시 죄 가운데로 빠져들어갔다. 이야말로 인간 본성의 전형이 아닐 수 없다!

이러한 실패들은 오늘날 신앙을 고백한 그리스도인들에게서도 볼 수 있다. 적을 정복하기보다는 타협을 하여 적들이 우리를 끌어 내리게 한다. 우리는 흔히 고의적으로 하나님의 말씀에 불순종한다. 그리고 여호와를 사랑하지 못하고 믿음으로 그에게 연결되지 못하는 때가 많다. 이런 일로 하나님께서 우리를 징계하실 때, 우리에게 있어 유일한 치료책은 회개하고 돌이키는 것이다.

2. 사사들의 승리 (3 ～ 5 장)

여호수아서에서는 지도자가 한 사람뿐이었으며 하나님께서 전체 민족과 함께 계셨다. 그러나 사사기에서는 지도자들이 많이 나오며 하나님은 오직 그 지도자들과만 함께 계셨다. 민족과 함께 계신 것은 아니었다(2 : 18). 몇 명의 사사들만 여기 기록했으며 그들의 사역을 간단히 공부하기도 한다.

1 **옷니엘**(3 : 1～11) — 메소보다미아 백성들이 8 년간 이스라엘을 노예로 삼고 있었다. 이때 하나님은 갈렙의 사위인 옷니엘을 일으켜 그 민족을 구원하게 하셨다. 그의 이름은 "하나님은 능력이시다"는 뜻인데 그는 자기의 이름에 맞게 살았다. 사사기 1장 9～15절과 여호수아 15장 16～19절을 보라. 이런 용기 있는 사람을 자기의 부류에 가진다는 것으로 갈렙의 가족은 기뻐했을 것이다. 그는 민족을 구원해 냈으며 그들은 40 년 이상을 안식했다.

② **에훗**(3 : 12～30)—이번에는 하나님께서 이스라엘을 징계하시는 데에 암몬과 아말렉에 이어 모압을 사용하셨다. 이들은 모두 오래된 유대인의 적들이었다. 이스라엘은 에훗이 구원해내어 40 년간 안식을 주기까지 18년 동안 노예로 있었다. 하나님은 그가 왼손잡이라는 것을 이용하여 적을 속이게 하셨는데, 모압의 왕은 에훗이 왼손잡이이며 오른편 옷에서 칼을 꺼낼 줄은 몰랐다(3:21). 베냐민 지파는 왼손잡이의 소질을 타고난 것 같다(삿 20 : 16 / 대상 12 : 2). 적의 왕은 살해되고 에훗은 그의 군대를 소집하여 침략자들을 몰아 내었다.

③ **삼갈**(3 : 31)—삼갈은 블레셋에 대항하여 지역적인 승리를 거둔 것 같다. 그는 사사로 불리워지지는 않지만 그들의 명단에 올라 있다. 하나님은 소몰이 막대기라는 가장 보잘 것 없는 무기를 사용하실 수도 있다!

④ **드보라와 바락**(4～5장)—한 여자에게 관할을 받을 만큼 이 민족은 낮아져 있었던가(사 3 : 12)! 20년 동안 가나안 사람들이 이스라엘을 압제했으며, 하나님은 여선지자를 일으키셔서 승리의 길로 이끌어 가게 하셨다. 그녀는 우선 민족을 구원하기 위하여 바락을 불렀다(4 : 1～7). 그리고 하나님께서 그녀에게 주신 전략을 설명하여 주었다. 기손강은 대개 메말라 있었으나 하나님은 강이 범람하도록 큰 폭풍을 보내어 철병거들을 함정에 몰아 넣으셨다(4 : 3/5 : 20～22 참조). 비록 바락이 믿음의 사람으로 명단에 올라있지만(히 11 : 32), 여기서는 승리를 위하여 여자를 의지해야만 했던 사람임을 보게 된다! 사실 하나님은 유대인을 구원하시는 데에 여선지자 드보라와 야엘이라는 두 여인을 사용하셨다(18～24절). 바락과 삼손을 비교한다는 것은 흥미있는 일이다. 이들은 둘 다 여자와 연관되어 있는데 한 사람은 승리를 얻었지만 또 한 사람은 패배로 이끌려 갔다!

바락은 하나님의 종 드보라에게 주신 주의 약속을 믿고 다볼산에서 10,000명을 통솔하였다. 그에게 약점들이 있었지만 그의 믿음을 인하여 하나님은 바락을 영예롭게 하셨다. 드보라는 승리의 노래를 부르며(5장), 백성이 기꺼이 전쟁에 나아가 싸우게 하신 여호와를 찬양하였다(2, 9절). 그러나 그녀는 또한 싸움에 비겁했던 몇몇 지파들의 이름을 대기도 한다(5 : 16～17). 전투는 "므깃도의 물가에서" 벌어졌으며 이곳에 다볼산에서 흘러오는 기손강이 있었다. 시스라와 그의 군대는 그들의 철병거들이 승리를 가져다 줄 것이라고 생각했었으나 이 병거들로 인하여 패배하게 되었다! 하나님께서 큰 폭풍을 보내셨으며(5 : 4～5, 20～22) 그 평지를 수렁으로 만들어 놓으셨다. 적들은 공격할 수가 없었다. 이스라엘은 바락의 통솔을 받아 그 날 큰 승리를 거두었다. 하지만 시스라 대장을 죽이는 일은 바락에게 맡겨지지 않았다. 이 일은 야엘이라는 여자에게 맡겨졌다. 겐족속은 모세와 이스라엘에게는 연관이 있기 때문에 우호적인 백성이었다(삿 1 : 16 / 4 : 11). 그러나 이들은 왕인 야빈에게도 우호적이었다. 대개 동양 남자는 여자의 천막에 들어가지 않지만 그녀가 그를 설복하여 편안하게 만든 다음 그를 죽였다. "못"이란 나무로 만든 천막 말뚝인 듯하다. 드보라의 노래에서는 그녀의 행동을 찬양하고 있으나(5：24～27) 어떤 사람들은 이러한 행위를 이해하는 데 어려움을 느낀다. 시스라는 발락의 군대들이 사로잡아서 죽였을 수도 있었다. 그는 야엘의 개인적인 원수가 아니라 여호와의 적이었다(5：31). 그녀는 이스라엘이 여호와의 전쟁을 수행하는 일에 도움을 주고 있었다. 두 여인은 승리를 기뻐하였으며(드보라와 야엘) 한 여인(시스라의 어머니)은 슬픔 중에 울고 있었다(5：28～30).

5장 6～8절에서는 이 시대의 혹독한 이스라엘의 사회상을 묘사하고 있음에 주목하자. 백성들은 마을에서 나와 성벽이 있는 읍으로 이사할 정도로 두려움에 사로잡혀 있었고 여행자들이 길로 나가는 것도 안전하지 못하였다. 한 민족이 영적으로 퇴보할 때의 영향은 백성들의 사회적, 도덕적 생활에까지 미친다.

기 드 온

—사사기 6~8장—

히브리서 11장 32절에 보면 기드온이 사사들의 명단에서 제일 앞에 나온다. 비록 그가 자주 의심에 사로잡혀 흔들렸지만 그는 여전히 "믿음의 사람"이었으며 하나님의 말씀을 담대하게 믿었던 사람이었다. 그가 훈련받은 군인이 아니라 농부였음을 볼 때 그의 믿음이 얼마나 놀라운 것인가를 알 수 있다! 우리는 여기에서 기드온의 역량을 추적해 나갈 것이다.

1. 비겁자 기드온(6 : 1~24)

미디안 사람들에게 속박을 당한지 7년째가 되자 이스라엘은 가장 낮은 수준에 내려가 있었다. "저 높은 곳을 향하여 달음질하기"보다(신 32 : 13), 동굴에 숨었고, 이스라엘은 그들의 곡물을 추수할 수조차 없었다. 기드온이 포도주틀에 숨어있었던 이유도 이 때문이었다. 하나님의 선지자(7~10절)는 백성들에게 그들의 불신앙과 죄에 대하여 지적하였고, 하나님의 사자(그리스도 자신)가 기드온을 방문하여 그의 승리를 준비시키셨다. 하나님께서 일시적으로 그의 백성을 버리셨던 것을 기억하자. 하나님은 이제 선택된 사람들을 통하여 일하고 계신다(2 : 18).

하나님의 사자가 기드온을 "큰 용사"라고 불렀을 때(12절), 놀림을 받는 것 같지만 그리스도는 기드온이 믿음으로 어떻게 될 것을 예상하고 계신 것이다. 그리스도가 베드로에게 하신 말씀을 생각하자. "너는… 인데 장차… 라 하리라" (요 1 : 42). 하지만 기드온은 믿지 않았으며 그것은 비겁에 기인한 것이었다. "만일… 어찌하여… 어디 있나이까… 무엇으로… 만일… 표징을 내게 보이사!" 이 말은 모두가 믿음의 말은 물론 아니다! 기드온은 하나님께서 그의 백성을 공정히 징계하셨음을 고백하였으나(13절), 자기와 같은 농부를 사용하여 어떻게 그 민족을 구원해내실 것인지는 알지 못했다.

하나님은 연속된 약속들로 그의 불신앙에 대처하신다. "여호와께서 너와 함께 계시도다"(12절). "너는… 이스라엘을 구원하라… 내가 너를 보낸 것이 아니냐"(14절). "내가 반드시 너와 함께 하리니"(16절). 믿음은 하나님의 말씀을 들음에서 온다(롬 10 : 17). 기드온은 표적을 구했고(19~24절), 하나님은 은혜로 표적을 허락하셨다. "여호와-살롬"이란 "여호와는 우리의 평화"란 뜻이다(23~24절).

2. 도전자 기드온(6：25~32)

포도즙 틀에서 은밀하게 하나님을 만나는 것이 한 가지라면 여호와를 위하여 대중 앞에 선다는 것은 또다른 일이었다. 그 날 밤에 하나님은 기드온에게 아버지의 바알 제단을 헐어버리고 여호와를 위한 제단을 세우라고 요청하심으로써 그의 헌신을 시험하셨다. 기드온은 아버지의 특별한 황소(아마도 바알에게 드리려던)를 제사로 드림으로 하나님의 요구보다 더한 일을 하였다! 그리스도인의 간증은 집에서부터 시작해야 한다. 기드온은 여호와께 순종하였으나 밤에 행동하였고(27절), 그를 도울 열 사람을 요청함으로 불신앙을 나타내었다. 다음 날 아침 사람들이 그 일어난 일을 발견했을 때 이웃들이 얼마나 크게 소동을 하였을지는 능히 상상할 만하다. 그들은 기드온을 죽였는가? 아니다! 오히려 그를 지도자로 삼았으며 그 일로 인하여 군대를 모아 싸움을 준비할 수가 있었다. 하나님은 큰 승리를 거두기 위해 "은밀한 성도"를 사용하시는 일은 결코 없으실 것이다. 우리는 어떤 값을 지불하더라도 공개적으로 드러내어 우리의 입장을 취해야 한다.

3. 정복자 기드온(6：33~8：3)

1 **그는 자기의 두려움을 정복하였다**(6：33~7：14) —32,000명의 군인들이 그의 편에 가담하였으나 그는 여전히 승리를 의심하였다. 하나님께서는 그의 연약한 성도를 치리하시는 데 얼마나 은혜로우신가! 기드온은 두 번이나 "양털을 내다 놓았다." 그리고 하나님은 두 번 다 응답하셨다. 하나님의 백성이 하나님의 분명한 말씀에 의존하는 대신 그들을 인도해 가는 환경을 신뢰한다는 것은 참으로 유감스러운 일이다. 그러나 기드온만 두려워한 것은 아니었다. 32,000명 중에서 22,000명의 군인들도 역시 두려워 하였다(7：1~3/신20：8 참조). 그러나 하나님께는 10,000명의 사람들이 필요치 않았다. 그래서 사람들을 시험하여 9,700명을 집으로 돌려 보냈다. 손으로 물을 떠 마신 300명은 갑작스럽게 적을 만나 싸울 때에 보다 좋은 위치에 있을 수 있는 것이다(6절). 전쟁을 치르는 그 밤에 하나님은 기드온의 마음에 여전히 두려움이 남아 있는 것을 보셨다(9~14절). 그래서 하나님은 은혜롭게도 기드온에게 그 전쟁에서 이긴다는 특별한 징조를 보이셨다. 보리떡은 기드온을 상징하는 것이며 음식 중에서는 가장 보잘 것 없는 것이었다. 그러나 하나님은 이 "흙투성이 농부"를 위대한 승리에 사용하시고자 하는 것이다.

2 **그는 자기의 적을 정복하였다**(7：15~25) —승리를 주시겠다고 하나님께서 약속하신 것을 기드온이 사람들에게 어떻게 인용하는지 주목하자(15절, 9절에 유의). 그는 하나님의 말씀에 온전히 의지하고 있다. 이 승리는 하나님의 능력으로 말미암아 얻은 것이다. 왜냐하면 그들의 무기는 전쟁에서 아무 쓸모가 없었기 때문이다. 하나님의 영이 이제는 기드온을 사용하고 계셨다(6：34/슥4：

6 / 고전 1 : 26~31 참조).

항아리들이 횃불의 불빛을 숨겼을 것이며 깨어질 때의 소리는 굉장했을 것이다. 더우기 고함을 지르며 나팔을 불어대는 일들이 겹쳤기 때문에 적들은 패주했을 것이 분명하다. 항아리, 횃불, 나팔은 영적인 의미가 있다. 우리는 정결하여야 하고, 하나님께서 우리를 사용하시기 위해서 깨어진 그릇이 되어야 하며, 우리의 빛이 비춰지도록 해야 한다(마 5 : 16). 또한 그리스도를 위하여 명확한 증거의 "나팔을 불어야" 한다(살전 1 : 8). 바울이 고린도후서 4장 1~7절을 쓸 때에 마음으로 기드온을 생각했을 것이다. 기드온이 승리한 단계들을 추적해 가는 일은 그리 어렵지 않다. 그는 믿을 수 있는 약속을 가지고 있었다(6 : 12, 14, 16 / 7 : 7~9). 제단을 세웠으며(6 : 25~26), 그릇을 깨뜨렸고, 타오르는 불빛을 가지고 있었고 불어야 할 나팔을 가지고 있었다. 그리고 하나님이 승리를 주셨다!

[3] **그는 자기의 감정을 극복하였다**(8 : 1~3) — 에브라임 지파는 원래 군대에 포함되지 않았으나(6 : 35), 므낫세 지파는 전쟁에 참여하였다. 그러나 기드온은 에브라임에게 유명한 두 왕족을 사로잡아 오라고 했으며 그들은 이 일을 해냈다. 하지만 이들은 감정이 상했다! 하나님께서 위대한 승리를 주셨을 때조차도 육신이 발동하기란 너무도 쉬운 일이다. 기드온은 그들을 꾸짖을 수도 있었으나 "유순한 대답은 분노를 쉬게 한다"는 잠언 15장 1절의 교훈을 실행하였다. "성을 정복하는 것보다도 감정을 다스리는 것이 더 낫다"(잠 16 : 32). 만일 기드온이 그의 형제들을 적대시했다면 다시는 그들을 되돌릴 수가 없었을 것이다(잠 18 : 19).

4. 타협자 기드온 (8 : 4~35)

기드온과 그의 300명은 미디안의 두 왕들을 추적했으나 숙곳과 브니엘 사람들은 그를 지지하지 않았다. 이들의 태도는 기드온의 감정을 자극했으며 그는 친히 복수를 하리라고 맹세하였다. 이것이 아마도 그의 타락의 시작이었던 것같다. 왜냐하면 하나님께서는 이 반역하는 사람들을 자신의 방법으로 처리하실 것이 분명하였기 때문이다(롬 12 : 19). 왕들이 자신감에 차 있었을 때(8 : 11), 군대가 미디안의 무리들을 급습하였다. 그리고 돌아오는 길에 기드온은 숙곳과 브니엘 사람들에게 벌을 주었다(8 : 16~17). 그리고나서 그는 기드온의 형제들을 직접 죽인 두 왕을 죽였다.

큰 승리를 거둔 후에는 유혹을 조심해야 한다. 왜냐하면 사단은 우리가 기대하지 않고 있을 때에 미묘하게 우리를 공격하기 때문이다. 이 민족은 기드온에게 왕이 되어줄 것과 왕족을 설립하라고 요구하였으나 그는 이 요청을 거절하였다. "여호와께서 너를 통치하시리라!" 그러나 기드온은 이 기회를 "이보다 못한 것"을 구하는 데에 사용하였다. 그는 그들의 모든 귀거리들과 장식품들을 달라고 하였다. 이 위대한 구원자에게는 이러한 선물이 어울릴 것이다. 그러나 이러한 황금 장신구들이 우상 숭배와 관련이 있었던 것을 잊어서는 안된다. 21절에 나오는 장신구는 실제로 "반달"이었다. 이 품목은 달 숭배와 연관이 있다. 창세기 35장 1~4절을 읽고 귀거리와 우상 숭배 사이의 연관을 알아보자.

모아들인 금으로 그는 약 70파운드(약 26kg) 되는 우상의 "에봇"(또는 형상)을 만들었다! 미디안인들이 검으로도 할 수 없던 일을 사단은 귀거리들로 성취하였다. 바알의 제단을 헐었던 사람이 이제는 자기 자신의 우상을 세운다! 불행하게도 전 민족이 하나님을 저버리고 새로운 신을 숭배하였다(27절). 기드온이 죽자 이 민족은 곧장 바알에게로 돌아갔다(33절).

기드온의 가족이 계승해간 그 후의 역사는 고무적이지 못하다. 그는 많은 아내들에게서 많은 자녀를 낳았으나(30절), 요담을 제외한 모든 자녀들은 기드온의 첩의 아들인 아비멜렉에 의하여 살해되었다 (31절/삿 8 : 1~6). 더구나 기드온의 가족은 살해되기 전에도 민족에게서 친절한 대우를 받지는 못하였다(35절). 인간의 죄악된 마음은 여호와(34절)와 자신들을 충실하게 섬겼던 사람들을 얼마나 빨리 잊어버리는가.

삼 손

—사사기 13~16장—

이처럼 비극적인 사건은 성경에서 그리 많지 않다. 하나님께서 이 사람을 통해 적을 정복하기 시작한 지 20년이 걸리게 하시고 최후에는 혼자서 정복하게 하신 사람이 여기 나온다. 삼손의 역사는 고린도전서 9장 27절에 나오는 바울의 경고에 대한 좋은 예증이다. 왜냐하면 삼손은 버림을 받았기 때문이다. 히브리서 11장 32절에는 하나님의 말씀에 대한 믿음을 인하여 그의 이름이 기록되어 있다. 하지만 그가 행한 일들에 대해서는 거의 언급되어 있지 않다. "그런즉 선 줄로 생각하는 자는 넘어질까 조심하라"(고전 10：12). 삼손이 죄에 빠지는 단계들과 최후의 비극으로 빠져들어가는 단계들을 주목하자.

1. 자신의 유업을 경멸하였다(13장)

삼손은 믿는 부모를 둔 경건한 가정에서 태어났다. 그는 그의 부모에게, 또한 그 민족에게 있어서 특별한 선물이었다. 그의 아버지는 "아이에게 어떻게 해야 할 것을 우리에게 가르치소서"(13：8, 12)라고 기도하였으며, 그의 부모는 하나님을 경외하여, 아들에게도 똑같은 경외감을 심어 주려 하였다. 이들은 하나님께 예물을 가지고 나아갔으며, 주의 놀라운 약속들을 담대히 믿었다.

하나님은 그에게 훌륭한 몸을 주셨으며 재치와(여우를 가지고 술책을 쓴 것을 주목하라, 15：4~5), 그리고 무엇보다도 그를 강하게 하신 성령의 부여하심을 받았다. 하나님은 삼손을 나실인("성별된 사람")이 되도록 부르셨는데, 이는 여호와께 온전히 바쳐졌다는 뜻이다. 민수기 6장에 의하면 나실인은 독주를 마시거나, 죽은 자의 몸에 손을 대어서는 절대로 안되며, 헌신의 표시로서 머리를 깎지 않아야 했다.

삼손은 이러한 놀라운 모든 유산을 경멸하였다. 자신을 하나님께 맡겨 하나님이 그에게 주신 임무를 성취하는 대신 자기를 즐기는 삶을 택했다. 하나님께서 젊은이에게 놀라운 유산과 위대한 기회를 주시는데 그가 그것을 가볍게 여기는 것은 얼마나 비극인가!

2. 그는 부모를 무시하였다 (14：1~4)

영적인 쇠퇴를 알아보기 위한 한 가지 방법은 우리의 사랑하는 사람들과 함께 하는 것을 보면 알 수 있다. "삼손이…내려가서"(14：1)라는 말은 영적으로나 지리적으로 보아 맞는 말이다. 이스라엘의 경계 안에 머물러 있지 않고 적의 지경으로 들어가 이방 여인과 사랑에 빠졌다. 그는 하나님께서 그 백성에게 주신 구별의 법칙을 알고 있었다. 그러나 이 법칙들을 무시하는 편을 택했던 것이다(출 34 : 16 / 신 7 : 3 / 고후 6 : 14~18 / 창 24 : 1~4 참조). 그가 아버지에게 부탁하는 것이 아니라 명령하는 태도임을 주목하자. 아버지가 하나님의 법을 상기시켰으나 삼손은 그것을 무시하고 "내가 그 여자를 좋아하오니 나를 위하여 그를 데려오소서"라고 말했다. 삼손은 비록 하나님이 그의 죄를 지배하시고 그것을 블레셋을 약화시키는 데에 사용하신다 할지라도, 자기의 욕망이 부모를 기쁘게 하지 못한다는 사실을 개의치 않았다(4절). 그리스도인 청년들은 하나님의 말씀을 아는 경건한 부모들을 무시하고 있다는 생각이 들면 멈추어서 조심스럽게 숙고할 필요가 있다.

3. 그는 자기의 몸을 무시하였다 (14 : 5~20)

그 시대에는 부모가 결혼을 주관하였다. 그리고 약혼과 결혼 사이에는 몇 개월의 기간이 있었다. 삼손이 사자를 만나자 하나님은 그가 비록 문제를 일으키러 가는 중이었지만 사자를 이길 힘을 주셨다. 결혼을 위하여 몇 달 후에 돌아왔을 때 그는 사자의 시체에서 꿀을 발견하였다. 민수기 6장 6~9절은 나실인은 절대로 시체에는 손을 대지 않기로 되어있음을 알려 준다. 그러나 삼손은 그 꿀을 얻기 위하여 고의적으로 자신을 더럽혔다! 아마도 우리에게는 유행하는 서적, 영화, 세상적인 기관들일 수도 있다. 말하기는 유감스럽지만 삼손은 그 죄를 부모들에게 전가했으며, 이 일에 관하여 친구들과 잔치하는 자리에서 수수께끼를 만들었다! 나실인으로서 또는 유대인으로서 그는 세속적인 블레셋 결혼식에는 참여할 권리가 없었다. 이 결혼은 이루어지지 않았으나, 죄의 씨는 그의 마음에 이미 심겨졌다.

4. 그는 하나님의 경고를 경시하였다(15장)

본 장은 승리처럼 보이지만 이 "강한 자"가 물이 없어 극도로 갈증을 느끼는 가운데 끝난다. 삼손은 블레셋의 들을 불태웠는데 블레셋 사람들이 보복을 하여 그가 사랑했던 여인의 식구들을 불태웠다(15 : 6 / 14 : 15). 그러자 삼손은 그들의 죽음을 복수하였고 이 일로 인해 자기 백성이 삼손에게 등을 돌리게 되어 그를 적에게 넘겨 주었다(1~13절). 하나님께서 그를 구해 주셨지만 자신이 얼마나 약한 가를 보여 주심으로써 삼손을 경고하셨다. 우리는 삼손의 기도를 두 번 보게 된다. 여기서 물을 구하였고(18~20절), 16장 28절에서는 블레셋을 멸망시킬 힘을 구한다. 그의 부모들은 기도하는 사람들이었으나 삼손은 그들의 본을 따르지 않았다. 하나님은 여기서 그를 경고하셨으나 삼손은 그 경고를 마음에 두지 않았다.

5. 그는 고의적으로 죄와 더불어 장난을 하였다(16장)

그는 이미 한 여자로 인하여 문제를 일으켰었는데 이제 또다시 일을 벌이며 적의 지경 깊숙이 가사(Gaza)에까지 여행을 하였다. 하나님은 또다시 적에게 거의 잡힐 뻔하게 하심으로 그를 경고하셨으나 삼손은 회개하기를 거절하였다. 들릴라가 그의 생활에 개입한 것도 이 때이며 그의 운명으로 그를 인도해 갔다. 소렉의 골짜기는 그의 집 근처에 있었으나 삼손의 마음은 이미 하나님에게서 멀리 떠나 있었다.

이 나실인이 사악한 여인의 무릎에서 잠자고 있는 것은 우리에게 충격을 주지만 이것이 바로 사랑하는 사람들과 주님의 권고를 거절하고 자기의 길로 갈 것을 선택할 때 생기는 일이다. 들릴라는 세 번 삼손을 묶었는데 세 번 그는 거짓말을 하였다. 그 때마다 적들이 그를 공격하였으며 따라서 그는 위험에 처해 있다는 것을 깨달아야 했다. 잠언 7장 21~27절을 읽어보면 삼손이 여기서 왜 항복하게 되는지 알 수 있다. 달아나야 할 때에 그는 자고 있었다. 마태복음 26장 20~41절에서 그리스도가 베드로에게 주신 경고를 기억하자. 삼손이 거짓말을 할 때마다 진실에 가까와 진 것을 주목하자! 죄를 가지고 장난을 하는 것이 얼마나 위험한가!

이 이야기의 남은 부분은 하나님께 그의 생애의 길을 맡기지 않으려는 신자의 비극적인 종말을 보여 준다. 삼손은 이제부터 잃기만 한다. 나실인으로 헌신한 표시였던 그의 **머리카락**을 잃고(이 헌신을 포기한 지 오래되었으므로), **힘**을 잃었다. 그러나 그는 기운이 다할 때까지도 이것을 알지 못하였다. 하나님의 종이 주님의 뜻을 벗어나서 주님을 섬기려 하는 것은 얼마나 헛된 일인가! 그는 아마도 이전처럼 하나님의 뜻을 행하고 있다고 생각할지 모른다. 그러나 비참하게 실패하게 된다. 다음으로 그는 **빛**을 잃었다. 그들이 눈을 뽑아버렸기 때문이다. 또한 그는 **자유**를 잃었다. 그들이 족쇄로 그를 채웠기 때문이다. 그는 **여호와께 유용함**을 잃었다. 이전처럼 하나님의 싸움을 싸우지 못하고 곡식을 갈게 되었기 때문이다. 어떤 이는 21절이 눈멀고, 묶이고, 곡식을 가는 죄의 결과를 상징한다고 말한다. 이 모든 일들은 삼손이 자기의 축복을 경홀히 여기고 그의 부모를 무시했을 때 시작되었다!

삼손은 또한 **간증**을 잃었다. 그는 블레셋 사람들의 웃음거리였기 때문이다. 그들의 어신(魚神)인 다곤에게 모든 영광이 돌아가고 이스라엘의 하나님께는 영광을 돌리지 못했다. 삼손은 회개한 것이 분명하다. 왜냐하면 하나님께서 그에게 믿음으로 행할 수 있는 기회를 한 번 더 주셨기 때문이다. 그의 머리카락은 다시 자라기 시작했으며 삼손은 한 번 더 적에게서 승리를 얻을 힘을 달라고 구했다. 하나님은 그의 기도에 응답하셨으나, 다른 사람들을 멸망시키는 중에 그의 생명도 빼앗겼다. 사울이 그러했듯이 삼손은 내던져졌다. 그는 죽을 죄를 범하였으며, 결국 무대에서 끌어 내려질 수밖에 없었다(고전 11:30~31/요일

5：16~17). 주의 사랑하는 사람들은 그의 시체를 구하여 "소라와 에스다올" 사이에 묻었는데, 이곳은 그가 자기의 사역을 시작한 곳이었다(13：25).

삼손은 다른 사람들을 정복할 힘을 가졌으나 자기를 정복할 수 없는 사람의 본보기이다. 그는 블레셋의 들을 불태웠으나 자신의 육욕의 불을 조절할 수는 없었다. 그는 사자를 죽였으나 육신의 정욕을 죽일 수는 없었다. 그는 인간이 그에게 씌운 굴레를 쉽게 벗어날 수는 있었으나 그의 영혼에서 더욱 강력해지며 점점 자라는 죄의 쇠사슬을 부수지는 못했다. 그는 민족을 이끌어 가기보다는 개인적으로 일하기를 더 좋아하였다. 그 결과로써 영원한 승리를 뒤에 남겨놓지는 못하였다. 그는 자신이 파괴한 것으로 인해 기념이 되고 있으며 자신이 세운 일로 기념이 되지는 않았다. 그에게는 훈련과 방향 감각이 부족했으며 이러한 것이 없으면 그의 힘으로 성취할 수 있는 일은 극히 적을 뿐이다. 그는 자신의 역량 속에서 초기에 뛰기 시작한 맥박을 점검하지 못했으며, 20년 후에는 그 맥박이 그를 죽게 하였다.

블레셋 사람들을 최종적으로 멸망시키는 일은 후에 사무엘과 다윗에게 남겨졌다. 사무엘은 한 번의 기도로 삼손이 20년을 싸우면서 한 일보다 더 많은 일을 성취하였다(삼상 7：9~14).

룻과 보아스

—룻기 1～ 4장—

이 책은 구약 중에서 여덟번째의 책이며, 여덟이란 수는 새로운 시작의 수이다. 룻기에 나오는 사건은 사사기 시대에 발생했으나 사사기와는 큰 차이가 있다. 폭력과 불법 대신 부드러움과 사랑과 희생을 본다. 악한 시대에도 여전히 선한 사람이 남아 있음을 아는 것은 좋은 일이다. 비록 폭력이 난무할지라도 "땅의 한 구석"에서는 하나님이 일하고 계신 것이다. 룻과 에스더는 여자의 이름을 딴 책으로 구약에만 있다. 룻은 유대인과 결혼한 이방 여인이었으며 에스더는 이방인과 결혼한 유대인이었다. 그러나 하나님은 민족을 구원하시는 일에 이들을 둘 다 사용하셨다. 룻기가 사사기와 사무엘 사이에 끼이게 된 것은 분명한 이유가 있다. 사사기는 유대 민족의 쇠퇴를 보여 주며, 사무엘서는 유대 왕국의 건립을 보여 준다. 룻기는 그리스도와 그의 신부를 상징한다. 왜냐하면 현 시대 동안에 (이스라엘이 제쳐진 때) 그리스도는 이방인들과 유대인들 중에서 그의 신부를 부르고 계시기 때문이다. 이제 살펴볼 것이지만 이 간단한 책은 놀라운 모형적인 의미를 가지고 있다.

1. 룻의 슬픔(1 장)

1 **잘못된 결정**(1～5절)—우리는 베들레헴("떡집")에 왜 기근이 닥쳤는지는 알 수가 없다. 아마도 백성들의 죄 때문일 것이다. 그 땅에서 하나님을 신뢰하는 대신, 엘리멜렉("하나님은 나의 왕")과 나오미("기쁨, 희락")는 두 아들을 데리고 모압땅으로 갔다. 아브라함도 비슷한 실수를 했다(창 12：10 이하). 원수의 빵을 먹는 것보다도 하나님의 뜻 안에서 굶는 것이 낫다! 이들은 얼마 동안만 "여행할"생각이었으나 아버지와 두 아들이 죽을 때까지 "계속 되었다". 두 아들들의 이름은 이 여행의 슬픔을 반영하고 있는 듯하다. 말론은 "병약한"이란 뜻이고 기룐은 "고정시킨다"란 뜻이다. "육신의 생각은 사망이다"(롬 8：6). 유대인들은 모압인들과 혼혈을 이루지 않게 되어 있었으므로(신 23：3), 이들의 그릇된 결정은 하나님의 징계를 가져왔다.

2 **잘못된 방향**(6～18절)—타락한 나오미는 본국으로 돌아가기를 갈망하지만 며느리들을 같이 가자고 초청할 만큼 지혜롭지는 못했다. 육적인 그리스도인의 충고를 삼가라. 이 두 여인을 이방 우상에게로 돌려 보내는 나오미를 상상해보라. 그녀는 그들의 유일한 관심이(자신도 마찬가지이지만) 육신적인 것이라고 생각했으나 룻은 단순히 빵과 집만이 아닌 보다 높은 소망을 가지고 있었다. 오르바는 옛 생활로 돌아갔으나 룻은 "그녀에게 달라 붙었다." 그녀는 참 하나님

이신 여호와를 원하고 옛 이교도의 생활을 버리고자 하였다. "나는 가겠나이다!" 라는 단호한 결정은 나오미의 방향이 영적인 것이 아님에도 불구하고 변함이 없었다.

3 **잘못된 의향**(19~22절) — 그들의 귀환은 그 성에 동요를 일으켰다. 왜냐하면 나오미에게 큰 변화가 일어났기 때문이었다. 우리는 여기서 여호와께 대한 씁쓸한 심령을 찾아볼 수 있다. 그녀의 슬픔으로 인해 하나님에 대해 하나님의 탓으로 돌리고 있다! 이 구절들은 하나님의 뜻에서 벗어날 때 치러야 하는 큰 댓가에 대해서 타락한 사람들을 경고하고 있는 것이 분명하다. "나를 마라("괴로움")라고 부르라". 하나님은 룻을 사용하셔서 시어머니의 삶과 하나님에 대한 태도를 바꾸게 하셨다.

2. 룻의 봉사(2 장)

보리 추수는 4월에 있었으며, 룻은 가난한 이삭줍는 여인으로 추수에 참여하게 된다(신 24:19~22/레 19:9 이하 참조). 그녀의 헌신과 결단에 주목하자. "나로 밭에 가게 하소서"(2절). "나로 이삭을 줍게 하소서"(7절). "당신께 은혜입기를 원하나이다"(13절). 하나님께서는 그녀가 그 밭을 선택하도록 인도하셨으므로 자기를 구속하여 결혼하도록 하나님이 선택해두신 한 사람과 대면하게 된다. "내가 길에 있을 때에 주께서 나를 인도하셨도다"(창 24:17). 하나님은 게으른 백성들을 축복하거나 인도하지 않으신다. 손에 쥐어진 임무를 수행하는 사람들이 자기의 방향을 발견하게 될 것이다. 보아스는 룻을 보호하여 결혼하기 전에 오랜 기간 동안 그녀가 쓸 것을 공급한다. 이는 우리 주님에 대한 완전한 본보기이다. 이 모든 일들은 은혜요(2절), 호의이며(13절), 친절이다(20절). 나오미가 그녀의 괴로움을 잃게 된 것은 얼마나 좋은 일인가. 하나님은 축복을 다시 회복시키고 계신다. 이것은 마치 하나님께서 오늘날 이방인들을 구하시며 어느 날 이스라엘을 본연의 축복의 위치로 회복시키시는 것과 같다.

3. 룻의 헌신(3 장)

모압에 있을 때에 나오미는 룻에게 말하기를 룻의 본국 사람들 중에서라야 평안함을 얻을 것이라고 했었다(1:9). 그러나 그녀는 이제 하나님의 백성들과 함께 있을 때만 쉼이 있음을 깨닫는다. 때가 되자 룻은 보아스에게 자기의 권리를 제시하며 그에게 자기의 친족 구속자가 될 수 있는 기회를 준다. 구약 율법은 친족이 가난으로 인해 잃은 부동산을 도로 살 수 있다고 정하고 있다(레 25:23~55). 이렇게 하여 각 지파는 자기 소유인 땅을 유지해 갈 수 있었다. 물론 그 친족은 구속하고자 하는 의지와 능력이 있어야 한다. 룻은 그 시대의 관습에 따랐으며 자기의 경우를 보아스에게 설명하였다. 그가 만일 사망한 남편의 부동산을 구속하여 도로 찾는다면 그는 그 과부 룻과 결혼해야만 되었다. 사람들은 흔히 곡식을 지키기 위하여 탈곡장에서 잠을 잤다. "당신의 옷자락으로 시녀를 덮으소서"(9절)라는 말은 보아스에 대한 룻의 합법적인 주장이며 또한 그녀를 자기의 아내로 주장해 줄 것에 대한 요청이기도 했다. 물론 그녀가 이처럼 한 걸음 내딛는 데는 믿음과 용기가 필요하였다. 보아스는 이 젊은 여인이 나이 때문에 그를 거절하지 않은 것을 기뻐하고, 다음 날 자기 친족의 의무를 다하기로 약속한다. 그녀를 빈 손으로 돌려 보내지 않은 것에 유의하자!

우리는 룻의 행위에서 신자가 그리스도와 가지는 관계의 아름다운 모습을 보게 된다. 만일 우리가 그와 교제하기를 원한다면 정결하게 씻고 기름을 바르며(성령), 옷을 입어야 한다(3절). 우리의 적절한 지위는 그의 발 아래일 것이다. 지금은 "밤"이며 아침이 올 때까지 우리는 그와 교제를 하며(13절), 주님은 친히 자기의 신부를 공인한다! 우리가 교제를 하는 결과로 우리는 다른 사람들과 나눌 음식을 가지게 된다(15～17절).

4. 룻의 만족(4장)

베들레헴에 있는 또다른 사람이 그 부동산에 대해서 더 우선적인 권리를 주장했으므로 보아스는 그 다음 날 그와 접촉하였다. 그 사람은 땅에 대해서는 관심이 있었으나 룻을 원하지는 않았다. "나는 내 기업에 손해가 있을까 하여 결혼할 수가 없다!" 그리스도께서 자기의 신부를 얻기 위하여 "자기 기업의 손해를" 기꺼이 무릅쓴 것은 얼마나 놀라운 일인가! 우리를 위한 사랑이 얼마나 이타적인가! 이름이 밝혀지지 않은 그 친족은 룻이 그에게 낳는 아들은 자기의 성이 아니라 전 남편의 성을 따른다는 것을 알고 있었다(5절). 그래서 그 아들이 물려받는 부동산을 잃게 되는 것이다. 이것은 룻을 사랑하지 않는 그의 입장에서 볼 때는 확실히 "좋지 못한 거래"였다. 보아스는 그 여인과 부동산을 구속하기 위해서 어떤 값이라도 기꺼이 지불하려고 했으며 이는 단순히 그녀를 사랑하기 때문이었다. 그리스도와 그가 교회를 사랑하시는 것에 대한 놀라운 상징이다.

이제 우리는 **이 책의 중요성**을 발견하게 된다. 룻은 다윗의 조상이 되었다! 신명기 23장 3절에 보면 이스라엘 회중 가운데서 모압 사람은 "10대까지" 제외된다. 그러나 하나님의 은혜는 모압여인 룻으로 하여금 그리스도를 세상에 보내는 지상가족의 한 구성원이 되게 한다(마 4:3～6 / 다말과 밧세바는 하나님의 은혜에 대한 보다 깊은 증거의 이름들이다).

이 책은 장례식으로 시작되어 결혼식으로 끝난다. 기근으로 시작되며 충만함으로 끝난다. 시어머니에 대한 룻의 사랑과 말씀에 순종하려는 의지가 그녀를 기쁨과 축복으로 인도해 갔다. 1장에서 그녀가 한 결심은 그녀의 미래를 결정지었다. 올바른 결정을 한다는 것이 얼마나 중요한가! 그녀가 이방인의 생활 방식을 따라갔다면 그 이름이 더이상 알려지지 않았을 것이다. 종결을 지으면서 몇 가지 교훈을 배우도록 하자.

1 **예언적인 교훈**—1장에서 이스라엘은 하나님의 뜻에서 벗어나 있는 것을 보여주며 하나님의 징계로 괴로움을 당하고 있다. 이 때 하나님은 이방인(룻)을 다루기 시작했으며 이것은 마치 오늘날 하나님께서 이방인들 중에서 주의 이름을 위하여 한 백성을 불러내는 것과 같다(행 15 : 14). 나오미의 축복은 룻이 결혼한 후에 찾아왔다. 이와 마찬가지로 이스라엘은 그리스도와 그의 교회가 연합한 후에 회복될 것이며 축복을 받게 될 것이다.

2 **모형적인 교훈**—보아스는 물론 그리스도, 즉 우리의 친족 구속자의 상징이다. 그리스도는 우리를 구하시려고 친히 우리의 몸(물론 죄가 없으신 몸)을 입으셨으며 값을 지불하셨는데 이는 우리를 사랑하셨기 때문이다. 보아스처럼 주님은 추수의 주인이시며 우리의 필요한 것들을 공급하신다. 주님은 우리를 위하여 유업을 구속하시고 안식을 주신다.

3 **실천적인 교훈**—타락이란 심각한 일이다. 나오미는 남편과 아들들을 잃었다. 환경이 아무리 어려울지라도 하나님의 백성이 있을 유일한 곳은 하나님의 뜻 안에 있다. 우리가 세상에서 만족을 구할 때 우리는 대단한 값을 지불한다. 그러나 하나님은 타락한 자를 기꺼이 용서하시며 호의를 베풀어 회복시키신다. 나오미는 하나님의 뜻 밖에 있던 잃어버린 시간들을 다시 얻을 수 없었으나, 기쁨과 간증을 다시 얻을 수는 있었다.

사무엘서, 열왕기, 역대기

—서론과 개요—

서론

□ **주제** : 이 역사서들은 왕국의 건립과, 승리와 패전을 거듭하던 기간과, 분열 왕국의 최후에 대해 기록한다. 이 책들을 읽을 때에 분명하게 나타나는 한 가지 교훈이 있다. "의는 나라로 영화롭게 하고 죄는 백성을 욕되게 하느니라"(잠 14 : 34). 나라가 하나님을 높일 때에 하나님께서는 그 민족을 높이셨으며, 지도자들과 선지자들과 백성들이 율법에 등을 돌리면 하나님은 그의 축복을 옮기셨다. 이러한 진리는 민족의 역사에서 집합적으로만 나타나는 것이 아니라 지도자들의 생활 가운데서 개인적으로 나타나고 있다. 다윗과 솔로몬은 하나님께 불순종하여 자신의 가정과 개인적인 생활에서 비싼 값을 치루었다.

□ **유사성** : 당신은 이 책을 읽을 때에 관주를 따라 읽고 싶을 것이다. 왜냐하면 이들은 서로 비슷하기 때문이다. 복음서 상호간에 조화가 있듯이 이스라엘과 유다의 역사를 나란히 비교하여 연구할 수 있도록 윌리엄 크로켓의 『사무엘, 열왕기, 역대기의 조화』(William Crokett, 『A Harmony of Samuel, Kings & Chronicles』, Baker Book House)를 참조하라.

□ **선지자들** : 영적 쇠퇴의 시대에는 하나님께서 그의 선지자들을 보내어 백성을 일깨우셨다. 이 책들에는 이름이 알려지지 않은 몇몇 선지자들이 나오며 또한 엘리야, 엘리사, 이사야, 요엘, 아모스, 요나, 미가 등과 같은 잘 알려진 하나님의 종들도 나온다. 각 선지자들과 역사서들 간의 유사성을 알아보려면 성경사전이나 성경핸드북을 조사해 보는 것이 좋다.

□ **역사의 하나님**—"여호와로 자기 하나님을 삼은 나라는 복이 있도다"(시 33 : 12). 이스라엘은 참 하나님을 알았으며 그의 말씀을 소유하고 있었으나 고의적으로 하나님께 죄를 범하였으며 심판을 자초하였다. 선지자들의 사역에도 불구하고 통치자들과 백성들은 진리에 등을 돌리고 거짓 선지자들의 거짓말을 믿었다. 여호와를 믿는 믿음에서 의뢰하는 대신 이스라엘은 적들로부터 자신을 보호하기 위하여 다른 나라들을 의지하였고, 결국 이들은 패망하였다. 만일 우리가 주님을 따르며 그의 말씀에 순종한다면 하나님께서 우리를 보호하시고 축복하실 것이나, 만일 우리가 주님께로부터 돌아선다면 그는 우리를 격렬하게 다

루실 것이다. 어떤 나라가 하나님의 말씀을 소유한다는 것은 특전이지만, 우리의 개인 생활에서나 국가생활에 있어서 주님의 말씀을 높이고 순종한다는 것은 중요한 일이다.

개요

□ 사무엘상 · 하

사무엘상 · 하는 사사시대로 부터 왕국시대에 이르는 이스라엘의 정치적 변화를 기록하고 있다. 사무엘은 최후의 사사이며 또한 최초의 선지자이다. 초대 왕 사울에게 기름을 부은 사람이 사무엘이며 그의 후계자 다윗에게 기름부은 사람도 그이다. 이 책들을 다음과 같이 요약할 수 있겠다.

1. 사무엘 / 사무엘상 1～7장

1 출생과 어린 시절 / 1～3장
2 초기 사역 / 4～7장

2. 사울 / 사무엘상 8～15

1 왕이 됨 / 8～10장
2 초기의 승리 / 11～12장
3 죄와 반항 / 13～16장

3. 다윗 / 사무엘상 16장～사무엘하 24장

1 목자 / 사무엘상 16～17장
2 종 / 사무엘상 18～19장
3 추방됨 / 사무엘상 20～31장
4 왕 / 사무엘하 1～24장
(1) 그의 승리 / 사무엘하 1～12장
(2) 그의 시련 / 사무엘하 13～24장
●개인적인 죄(밧세바) / 11～12장
●암논의 죄 / 13장
●가족의 반역(압살롬) / 14～18장
●민족적 불안 / 19～24장

□ 열왕기상·하

제목이 시사하고 있듯이 열왕기상·하는 솔로몬의 영광스러운 통치로 시작하여 바벨론에게 유다가 비극적으로 끝날 때까지 이 민족의 열왕들을 다루고 있다. 이 책들을 다음과 같이 요약할 수 있겠다.

1. 연합 왕국 / 열왕기상 1~11장

1 솔로몬의 부와 지혜 / 1~4장
2 솔로몬의 성전 / 5~9장
3 솔로몬의 죄 / 10~11장

2. 분열 왕국 / 열왕기상 12~22장

1 르호보암과 여로보암 / 12~14장
2 선한 왕들과 악한 왕들 / 15~16장
3 엘리야와 아합왕 / 17~22장

3. 포로된 왕국 / 열왕기하 1~25장

1 앗수르에 포로된 이스라엘 (주전 722) / 1~17장
2 바벨론에 포로된 유다 (주전 606~586) / 18~25장

□ 역대상·하

이 이전의 책인 열왕기상·하는 포로 이전에 씌어졌으며 선지자의 견해를 강조한 것 같다. 반면에 역대상·하는 포로 후에 씌어졌으며 (대상 6:15) 제사장의 관점에서 본 듯하다. 이 두 책에 나오는 사건들은 사무엘서와 열왕기상·하에 나오는 사건들과 비슷하며 보충적이다. 이러한 이유로해서 우리는 이 책들은 요약하지 않고 넘어갈 것이다.

사무엘의 소명

—사무엘상 1～3장—

여기에 나오는 사건들은 세 사람에 중점을 두고 있다.

1. 한나—경건한 어머니(1 : 1～2 : 11)

1 **그녀의 슬픔**(1 : 1～10)—태초로부터 하나님께서 주신 가족에 대한 완전한 형태는 한 남편과 한 아내이지만 "인간의 마음의 완악함"(마 19 : 8)을 인해 일부다처(또는 일처다부)를 허락하셨다(신 21 : 15～17 참조). 엘가나는 경건한 사람이었으나 가정이 분열되어 있었다. 그가 가장 좋아하는 아내 한나("은혜")는 아이를 못낳는 것과 다른 아내의 박해로 인해 슬픔의 짐을 계속 지고 있었다.

2 **그녀의 탄원**(1 : 11～19)—한나는 기도하는 여자였으므로 사무엘이 위대한 기도의 사람이 된 것을 볼 때 별로 놀랄 일은 아니다. 그녀의 마음이 심히 번민하였으므로 절기 동안 먹지도 않고 기도하러 성막에 갔다(1 : 9에 나오는 "성전"이란 단어는 "큰 공공 건축물"이란 뜻이며 솔로몬의 성전을 가리키는 것은 물론 아니다. 그 성전이 아직 건설되지 않았던 때이다). 한나가 주님과 "거래"를 한 것은 아니다. 그보다는 그녀의 최선의 것, 즉 첫 아들을 하나님께 기꺼이 바침으로 그녀의 영성을 입증하였다. 21절은 그녀의 남편이 그 서약에 합의했음을 시사한다(민 30 : 6～16 참조). 나실인의 규약은 민수기 6장에서 찾아 볼 수 있다. 대제사장 엘리가 자기 아들들이 "벨리알(사단)"의 아들들이었는데도 오히려 한나를 그처럼 심하게 비판한 것은 참으로 나쁜 일이었다(마 7 : 1～5 / 2 : 12).

3 **그녀의 양도**(1 : 20～28)—하나님은 한나의 기도에 응답하셔서 한 아들을 보내셨으며, 그녀는 그를 사무엘("여호와께 구하였다")이라고 이름지었다. 유대의 여자들은 아이가 세 살 가량 되면 젖을 뗀다. 그 때가 되자 한나는 사무엘을 엘리에게 데려감으로써 하나님께 대한 서원을 이루었다. 세 마리의 수소는 속죄제, 번제, 나실인의 서약을 위한 특별한 제사를 위해 준비하였을 것이다(민 15 : 8). "이 아이를 위하여 내가 기도하였더니…"라는 말은 어머니로서의 얼마나 놀라운 간증인가(딤후 1 : 5 참조)! 만일 우리 가운데 엘가나와 한나 같은 부모가 더 있다면 사무엘 같은 경건한 사람들이 더 많아질 것이다. "빌려드리다"(lent)는 것은 "드린다"(given)는 뜻이다. 사무엘은 그의 남은 생애 동안 여호와께 속하게 되었다.

4 그녀의 노래(2 : 1~11)—엘가나가 예배를 드리고 있는 동안(1 : 28) 그의 아내는 하나님께 기도하며 찬양드리고 있었다. 이 구절을 누가복음 1장 46~55절에 나오는 마리아의 노래와 비교해보라. 두 경우 모두 여인들은 하나님의 승리와, 겸손한 자의 간구를 높이신 것을 인하여 하나님을 찬양하고 있다. 2장 10절에 나오는 그리스도의 두 이름, 즉 "자기의 왕" 그리고 "자기의 기름부음을 받은 자(메시야, 그리스도)"에 주목하자. 한나가 지닌 부담감은 주의 백성들 가운데서 여호와의 영광을 위하는 것이었다. 한나는 물론 경건한 어머니의 훌륭한 본보기이다. 왜냐하면 그녀는 하나님을 첫 자리에 두었으며 기도하는 가운데 믿었고 서약을 지켰으며, 하나님께 모든 영광을 돌렸기 때문이다.

2. 엘리—부주의한 아버지(2 : 12~36)

1 그의 죄악된 아들들(2 : 12~21)—여호와의 종(그 당시는 대제사장)이 자기의 아들들을 여호와께로 인도하지 못한다는 것은 얼마나 비극인가! 엘리의 아들들은 이기적이었는데, 하나님의 말씀과 백성들의 필요보다도 자기들의 욕구를 앞세웠다. 그들은 건방지고 육욕에 사로잡혀 있었다(2 : 22). 빌립보서 3장 17~18절은 이 위선적인 제사장들을 정확히 묘사한 말이다. 육신이란 말이 반복되는 것에 유의하자. 18절에서는 "그러나 사무엘은"이라고 기록함으로써 엘리의 아들들과 어린 사무엘을 대조하고 있다. 엘리의 아들들이 어린 사무엘을 비웃으며 그의 충성된 사역에 대해 놀려 대었을 것은 뻔한 일이다. 그러나 하나님께서 개입하고 계셨으며 오래지 않아 청산하실 것이었다.

2 그의 이기적인 불순종(2 : 22~26)—엘리는 사실들을 정직하게 대하는 것과 하나님의 말씀에 순종하기를 거절하였다(신 21 : 18~21 / 17 : 12 참조). 3장 12절에서 하나님은 엘리가 그의 아들들의 방종함을 금하지 않고 내버려 두었음을 분명하게 말씀하신다. 2장 23~25절에 나오는 그의 연약한 경고는 명확한 징계를 결코 대신할 수 없었다(2 : 26 과 눅 2 : 52 비교).

3 그의 통렬한 심판(2 : 27~36)—하나님은 그의 은혜로써 알려지지 않은 하나님의 사람의 입을 통해 엘리가 아들들의 죄로 인하여, 그리고 자신의 부주의로 인하여 가족이 괴로움을 당하게 될 것이라는 통렬한 멧세지를 보내셨다. 그는 주님보다도 그의 아들들을 높였다. 따라서 하나님은 그를 제거하셔야만 했다. 나중에 사울은 엘리의 후손들을 많이 죽였으며(삼상 22 : 17~20), 또한 솔로몬은 사독의 자손으로 엘리의 가족을 대치하였다(왕상 2 : 26~27, 35). 35절에 나오는 "충실한 제사장"이란 그 당대에는 사무엘을 가리키는 것이나 궁극적으로 그리스도를 가리키고 있음은 물론이다. 34절은 엘리의 두 아들의 죽음을 예언하고 있으며, 4장 17~18절에서 그 예언이 성취된 것을 본다.

3. 사무엘—헌납된 아들(3 장)

[1] **여호와께 받은 그의 소명**(3 : 1~10)—전설에 의하면 사무엘은 이 때 열 두 살쯤 되었다고 한다. 그는 여호와 앞에서 성장하였고 성막에서 봉사하는 법을 배웠으나, 주님과의 개인적인 체험을 가지고 있지는 못하였다(7절). 그리스도의 가정에서 길러져 그리스도를 위해 살기로 자신이 스스로 결정하는 것은 얼마나 중요한 일인가! 사무엘은 등잔에 기름을 채워 두었는데, 새벽이 가까워질 즈음 등잔의 불이 꺼지려 하고 있었다. 사무엘이 자고 있을 때 주께서 그를 부르셨다. 처음에 그는 앞을 못보는 엘리가 도움을 청하는 줄 알고 그에게로 달려 갔다. 부르는 소리를 들은 이 소년이 순종하는 데에 얼마나 신속하였는지 보라. 사무엘은 "말씀하옵소서 주의 종이 듣겠나이다"라고 대답하였다. 후에 하나님은 사무엘에게 이렇게 말씀하셨을 것이다. "말하라, 종아, 너의 주가 듣겠노라!" 왜냐하면 사무엘은 위대한 기도의 사람이 되었기 때문이다.

[2] **여호와께 받은 그의 멧세지**(3 : 11~14)—여호와께 순복하고 그에게 즐겨 귀를 기울이는 자는 반드시 하나님의 뜻을 깨닫게 될 것이다. 엘리는 여호와께 불순종하였으며 그의 가족을 먼저 생각하였으므로 하나님은 그에게 직접 말씀하실 수가 없었다. 그것은 엘리의 집을 심판한다는 멧세지였던 것이다. 이 멧세지가 사무엘의 마음에 중요한 역할을 했을 것임이 분명하다. 사무엘은 엘리를 사랑하였으며 그에게서 많은 것을 배웠다. 그러나 사무엘은 자신의 개인적인 욕구가 어떠하든지 여호와께 진실해야 함을 알고 있었다.

[3] **엘리에게 전한 그의 멧세지**(3 : 15~21)—이러한 굉장한 영적인 경험이 다음 날 아침 그가 일상의 임무를 수행하는 일에 방해가 되지는 않았다. 그는 백성들 앞에 자신을 "자랑해 보이지" 않았다. 그는 여호와의 집을 지고 큰 겸손으로 행하였으며, "내가 여기 있나이다"라고 여호와께 말했던 것처럼 엘리가 불렀을 때에도 "내가 여기 있나이다"라고 대답하였다. 여호와를 높이는 사람들은 자신들의 윗사람들도 존중할 것이다. 사무엘은 그 슬픈 멧세지를 마음에 간직하였으나 엘리는 모든 것을 말하라고 그에게 요청하였으므로, 그에게 모두 전했다. 우리는 자신의 가족에 대해서 실패한 엘리를 인정하지만 한편 자기와 아들들의 죽음을 의미할 때조차도 하나님의 뜻에 복종함을 찬양한다.

이 사건은 역사에 있어 하나의 전환점을 이룬다. 이제까지는 하나님이 백성들에게 자주 또는 공개적으로 뜻을 말씀하신 일이 없었으나(1절), 이제는 사무엘이 하나님의 선지자이며 여호와께서 그와 함께 계심을 모든 사람들이 알게 되었다. 주님은 그가 신뢰하는 사람이 있음으로해서 다시 한 번 자신을 나타내실 수가 있었다. 하나님은 기꺼이 그의 종이 되기로 헌신하는 사람을 찾을 수만 있다면 자기 백성을 위하여 더 많은 일을 하실 것이 분명하다.

여기 나타나 있는 몇 가지 **실천적인 교훈**들을 살펴보자.

(1) **가족 중에 있는 죄의 권세를 과소평가하지 말자.** 엘리의 아들들은 징계가 필요하였으나 오히려 그는 제멋대로 하도록 버려 두었다. 이로 인해 자기의 생명을 빼앗기는 값을 치루었으며 결국에는 제사장직도 잃었다.

(2) **가정에서의 기도의 능력을 과소평가하지 말자.** 한나와 엘가나는 기도의 사람들이었으며 하나님께서 그들의 기도에 응답하셨다. 우리는 오늘날 한나의 헌신으로 인해 축복을 받고 있다. 그녀를 통하여 하나님은 세상에 마지막 사사요 최초의 선지자인 사무엘을 주셨기 때문이다.

(3) **하나님은 어린이들과 젊은이들에게 말씀하신다.** 어른들은 그들이 하나님의 음성을 잘 듣고 믿음으로 응답하도록 해주어야 한다. 하나님께서 어린 사무엘을 부르고 계심을 안 엘리는 참으로 지혜롭다. 영적인 일들에 자녀들을 훈련하는 것은 세상에서 가장 위대한 책임이다.

영광이 떠나다

—사무엘상 4～7장—

이 부분은 이스라엘의 역사에 있어서 세 가지 큰 사건들과 관계가 있다.

1. 하나님의 영광이 떠나다(4장)

[1] **큰 죄**(1～5절)—이스라엘은 예비적인 전쟁에서 4,000명을 잃었으며, 이것은 하나님이 그들을 기뻐하지 않는다는 증거로 받아들여졌을 것이 틀림없다. 이들이 회개하고 기도와 고백을 통하여 하나님께 돌아왔던가? 아니다! 오히려 미신으로 돌아가 법궤를 전쟁터로 가져갔다. 이들은 믿음으로 법궤를 가지고 간 것이 아니다. 왜냐하면 하나님께서 말씀으로 그들을 명령하셨던 것은 아니기 때문이다. 이들의 행위는 단순한 미신이었다. 법궤가 광야에서 백성들 앞에서 진행하였으며 여리고 주위를 승리 중에 행진했었기 때문에, 이들은 법궤가 있음으로해서 블레셋을 분명히 이길 수 있다고 생각했던 것이다. 법궤를 하나님의 임재에 대한 상징으로서 존중하는 대신 이들은 종교적인 유품으로 바꾸어버렸다(민 10：35 이하 참조).

[2] **대 학살**(6～10절)—블레셋 사람들은 처음에는 두려워 했으나, 하나님께서 이스라엘의 진 중에 계신다 해도 용감한 군인으로 행동하기로 결심을 했다! 하나님께서 그의 백성을 버리셨기 때문에 블레셋 사람들은 쉽게 승리를 거둘 수 있었다. 시편 75편 56절 이하에서는 이 비극을 생생하게 설명하고 있다. 이스라엘은 하나님이 그들과 함께 계시는 것은 그들이 하나님의 말씀에 순종하는 데 달려있음을 알았어야 했다. 홉니와 비느하스는 거룩하지 못한 제사장이었으며 이들이 전쟁에 참여한 것은 축복이 아니라 심판을 초래했다.

[3] **큰 슬픔**(11～22절)—98세된 눈먼 제사장 엘리는 전령이 슬픈 소식을 가지고 실로에 도착했을 때 길가에 나와 앉아 있었다. 그러나 전령은 그를 지나쳐 성읍에 그 소식을 전하였다. 성읍의 소란은 엘리의 호기심을 일으켰으며 사무엘의 예언이 성취될 것을 생각하고 있었던 것은 의심할 여지가 없다(3：11～14/2：34～35). 전령이 나쁜 소식을 그 중요성에 따라서 네 가지로 질서있게 전하는 것에 주목하자. 이스라엘은 도망하였고 많은 사람들이 도륙을 당했다. 엘리의 두 아들이 죽었으며, 법궤는 빼앗겼다! 13절을 보면 엘리의 가장 큰 관심이 법궤의 안전에 있었던 것을 말해 준다. 이제 우리는 슬픔이 겹친 것을 본다. 엘리는 충격을 받은 상태에서 넘어져 목이 부러져 죽었으며, 그의 며느리도 아들을 낳다가 이러한 충격을 받고 생명을 잃었다. "이가봇"이란 이름은 "영광이

없다" 또는 "영광이 어디 있는가?"라는 뜻이다(출 40:34 이하 참조). "떠났다"라는 말은 "추방되었다"라고 번역되어도 된다. 이스라엘의 역사는 하나님이 영광을 받고 다음으로 그 영광을 잃는 줄거리로 이어져 왔다.

2. 여호와의 이름이 방어되다(5～6장)

1 **이방인들 앞에서**(5장)—하나님은 그의 죄악된 백성들로 인해 그의 능력을 나타내지는 않으실 것이지만 그의 영광이 조롱을 당하거나 무시당하는 것을 허락하지는 않으실 것이다. 블레셋의 지배자들은 법궤를 그들의 이교 신당에 두고 여호와를 그들의 어신(魚神) 다곤과 같은 수준에 두었다. 물론 하나님은 다른 모든 신들 위에 높이 계신다. 이교 우상들이 법궤 앞에 그 얼굴을 떨어뜨린 것은 하나도 이상할 것이 없다(사 19:1 참조)! 사람들이 다곤을 제자리에 갖다 놓았으나(다곤은 자기를 구할 힘도 없었다!) 다음 날 그들이 사랑하는 우상은 손과 목이 없는 채 발견되었다. 여호와는 다곤이 거짓 신임을 입증하셨던 것이다. 하나님은 그의 이름을 옹호하셨다. 다곤은 그의 손을 잃었지만 여호와의 손은 아스돗을 심판하시는 데 엄중하였다(6절). 하나님은 독종(종기)과 쥐(6:4)를 보내어 백성들에게 재앙을 내리셨다. 쥐들이 농사를 망쳤으며 백성들에게 전염병을 옮겼을 가능성이 있다. 그리고나서 법궤는 아스돗에서 에그론으로 옮겨졌으나 그곳의 주민들은 옮겨갈 것을 간청하였다. 다시 한 번 하나님은 자기의 이름을 방어하셨다.

2 **이스라엘 사람들 앞에서**(6장)—법궤를 이스라엘에게 돌려주기로 결정되었다. 그러나 아무도 감히 그 임무를 맡으려 하지 않았다. 마침내 새 수레에 법궤를 실어서 암소들이 다른 도움을 받지 않고 길을 가도록 결정되었다. 암소들이 송아지들을 그리워할 것은 극히 당연한 일이다(10절). 그러나 이 암소들이 벧세메스로 향한다면 이것은 하나님께서 소들을 인도해 가신다는 증거이며, 또한 이 모든 재앙들을 보내셨다는 증거가 될 것이었다. 그들은 속건제물로서 수레에 다섯 개의 독종 형상과 다섯 개의 쥐의 형상을 함께 실었다. 하나님은 그 소들을 인도하셨고 소들은 수레를 벧세메스 사람 여호수아의 밭으로 끌고 갔다. 밭에서 추수하고 있던 이스라엘 사람들은 법궤가 돌아오는 것을 보고 기뻐하였으나, 호기심이 생겨 법궤 안을 들여다 보았는데(19～20절), 하나님은 이들을 심판하실 수 밖에 없었다. 19절에 나오는 숫자는 문제를 야기시킨다. 그 작은 마을의 주민은 50,000명이 안되기 때문이다. 히브리어에서는 문자로 숫자를 나타냈는데 글자 하나를 잘못 쓰거나 잘못 읽는다는 것은 어려운 일이 아닌 것이다. 아마도 즉각적으로 70인이 심판을 받은 것 같으며 작은 마을에서는 "대 살육"이었던 것은 분명하다. 문제는 그 잔혹성에 있는 것이 아니다. 하나님께서 그들의 죄를 심판하셨다는 사실을 우리가 아는 것이 중요한 것이다. 얼마나 많이 죽었는가 하는 것은 절대적으로 중요한 문제가 되지 않는다.

 홉니와 비느하스는 법궤를 믿음으로써 승리할 수 있다고 생각하였다. 그들의 생활이 악해졌기 때문에 하나님은 그들을 죽이셨고, 엘리는 여호와를 욕되게 하는 자기 아들들을 징계하지 않았으므로 죽었다. 블레셋 사람들은 여호와를 그들의 신들 중의 하나처럼 취급함으로 인하여 죽었으며, 벧세메스 사람들은 여호와와 너무 친근하게 되어 부주의하게 법궤를 들여다 보았기 때문에 죽었다. 하나님을 가볍게 여겨서는 안된다.

3. 하나님의 백성들이 구원을 받다(7 장)

법궤는 실로로 돌아오지 않았다. 20년 동안 아비나답의 집에 머물러 있었다. 이 기간 동안에 하나님은 무슨 일을 하고 계셨는가? 그의 종 사무엘이 적을 무찌르고 왕국을 재건하기를 기다리고 계셨다. 사무엘은 가는 곳마다 하나님의 말씀을 전하며 백성들을 치리하였을 것은 의심할 여지가 없다. 3절은 사무엘이 백성들에게 회개하고 여호와께 돌아오라고 부르고 있음을 시사한다. 이것은 이방 신들을 버리고 여호와를 섬길 마음의 준비를 갖추는 것을 의미한다. 위대한 민족 이스라엘이 그들의 죄로 말미암아 패배하여 평판이 나빠진다는 것은 얼마나 비극인가! 엘리가 만일 충실한 아버지였다면 그의 아들들도 충성된 제사장들이 되었을 것이며 이러한 패배는 생기지 않았을 것이다. "바알들과 아스다롯"은 남성 및 여성 신들을 대표하였다. 그들의 예배는 언어도단의 음란한 의식들을 행하였다.

사무엘은 기도 모임을 열기 위하여 미스바로 이 민족을 불러 모았다! 사무엘은 언제나 기도와 연관되어 있다(12 : 23 참조). 그는 어머니의 기도의 응답으로 태어났다(1장). 그는 그 민족을 위하여, 적을 무찌르기 위하여 기도하였으며(7 : 13), 이스라엘이 여호와를 무시하고 왕을 요청하였을 때 기도하였다(8 : 6). 그는 하나님께서 불순종한 사울을 거절하셨던 후에도 왕을 위하여 기도하였다(15 : 11). 어떤 이들은 사무엘을 "하나님의 보결 선수"라고 부르는데 이 말은 확실히 적합하다! 사무엘은 제사장직이 부패하고 민족이 실의에 빠져있고 하나님의 영광이 떠났을 때에 무대에 들어섰다. 한나는 하나님께서 그의 아들을 얼마나 놀랍게 사용하실 것인지를 깨닫고 있었던 것이 확실하다. 2장 9~10절에 나오는 그녀의 노래(예언)를 보라.

미스바의 사건들은 이러하였다.

(1) 사무엘은 이 민족의 회개를 상징하는 뜻으로 여호와 앞에 물을 쏟아 부었다.

(2) 그는 이스라엘이 하나님께 완전히 헌신함을 시사하는 번제를 드렸다.

(3) 백성들이 블레셋의 공격을 우려하여 두려워하고 있는 가운데 사무엘은 그 민족을 위하여 기도하였으며, 하나님은 이스라엘 군대에 큰 승리를 주셨다. 그 날이 얼마나 축복된 날이었겠는가! 사무엘은 삼손이 지도력을 행사한 20년 동안 누릴 수 없었던 승리를 한 번의 기도로써 성취하였다! 그 날 이후로는(다윗이 블레셋을 크게 이길 때까지) 적들은 멀리 떨어져 지내게 되었다. 이것이야말

로 헌신한 삶의 능력이며 기도의 능력이다(약 5 : 16).

사무엘은 선지자와 사사로서의 사역을 확고히 해 나갔다. 각 성읍들을 여행하며 백성들을 치리하고 분쟁을 해결해 주었다. 그는 마지막 사사였고 최초의 선지자였다(모세의 선지자 직분은 약간 다른 성격을 띠고 있다). 사무엘의 아들들이 아버지의 경건한 행실을 따르지 않는 것을 보게 됨은 슬픈 일이다(8 : 5). 아마도 그 민족의 일을 돌보는 데에 너무 바빠서 그들을 훈련시키지 못한 것 같다. 엘리도 이와 유사한 실수를 했었다.

이 사건들은 경건한 가정의 중요성을 우리에게 보여 준다. 민족이 죄에 빠져 패전한 것은 엘리가 자기의 가정을 소홀히 했기 때문이다. 그러나 하나님은 경건한 어머니(한나)의 기도와 하나님이 주신 그녀의 아들로 인하여 그 민족을 구원하셨다. 가정이 어떠한가에 따라서 나라의 어떠함이 결정된다.

실패자 사울

—사무엘상 8 ~15장—

이 부분에서는 사울의 초기 생애와 여호와께 거절당하도록 이끌어간 죄들을 다룬다.

1. 왕을 요구함(8 ~10장)

여호와 하나님이 이스라엘의 왕이었으며, 그 시작으로부터 이 민족을 보살펴 오셨다. 그러나, 이제 이 나라의 장로들은 그들을 인도해 줄 왕을 원하였다.

1 **왕을 요청하게 된 요인**—사무엘의 아들들은 사무엘처럼 거룩하지 못하였으므로, 장로들은 사무엘이 죽은 후에 그의 아들들이 백성을 그릇된 길로 인도할 것을 염려하였다. 또한 이 민족은 사사들의 시대를 거쳐 오며 계속해서 임시적인 지도자들을 보아 왔는데 이제 그들은 보다 영속적인 통치자를 원하였고, 이스라엘이 다른 나라처럼 되어서 존경하며 따를 왕을 원하였다. 그들의 요청에 대한 사무엘의 반응은 그들의 불신앙과 반역을 충분히 이해하고 있음을 보여 준다. 그들은 왕을 원함에 있어 여호와를 거절하고 있는 것이다. 사울을 선택한 것은 아버지 하나님을 거절한 것이다. 바라바를 선택하여 성자 하나님을 거절하였으며, 이들이 사도들의 증거 대신 자기들의 지도자들을 선택했을 때 이들은 성령을 거절하였다(행 7 : 51).

2 **하나님의 허용적인 뜻**—하나님은 그들의 요청을 허락하셨으나, 그에 대하여 그들이 대가를 치러야 할 것을 경고하셨다. 신명기 17장 14~20절에서 이 사건이 있을 것에 대한 모세의 예언을 보자. 민족은 사무엘의 말에 귀를 기울였으나 그 후에도 여전히 왕을 요청하였다! 하나님께서 다른 민족들과 구별되도록 이들을 부르셨을 때인데 이들은 다른 민족들처럼 되기를 원했다. 9장은 사울이 어떻게 하여 사무엘에게 인도되어졌으며, 개인적으로 왕으로서 기름 부음을 받게 되었는지를 설명해 준다. 9장 21절에서 나타난 겸손과, 10장 22절에서 백성들 앞에 서기를 주저하는 데에서 나타나는 겸손을 보자. 하나님께서는 사울이 자신감을 가질 수 있도록 세 가지 특별한 표적을 주신다(10 : 1~7). 그리고 이 표적들은 그대로 나타났다. 또한 사무엘은 길갈에 머물러 있어 그가 오기를 기다리라고 지시하였다(10 : 8). 8절은 "네가 나보다 앞서 길갈에 갈 때"로 번역되어야 마땅하다. 즉, 사울왕이 전쟁을 위하여 군인들을 준비시킬 미래 어느 날을 가리킨다. 이 사건은 몇 년 후에 발생하였다(13장).

[3] 사울의 유리한 조건—그는 강건한 몸과(10：23) 겸손한 정신(9：21)을 가지고 있었으며, 새로운 마음(10：9)과 영적인 능력(10：10), 충성된 동료들(10：26)을 지녔다. 그리고 무엇보다도 그에게는 사무엘의 인도와 기도가 있었다. 그러나 이러한 이점들에도 불구하고 그는 비참하게 실패하였다. 여호와께서 그의 삶의 주인이 되게 하지 못했기 때문이다.

2. 왕국의 부흥(11~12장)

사울은 집으로 돌아왔으나, 이 위대한 체험을 말하지 못하고 주저하였다. 이 일이 모든 것이 새로울 때, 왕국이 시작될 때 있었음을 기억하자. 사무엘은 여전히 영적인 지도자였으며 그와 사울은 민족의 미래에 대한 하나님의 인도를 기다리고 있었다. 그 민족은 교통이나 통신의 근대적인 수단을 가지고 있지 않았으므로, 사울과 사무엘이 연합하여 백성을 재규합하는 데는 몇 달이 걸렸을 것이다. 사울의 첫번째 기회는 나하스가 그 민족을 위협했을 때 왔다. 하나님의 영이 그에게 능력있게 임하였으며(11：6) 그는 철저하게 적을 진멸하였다. 이와 같은 민족적 승리는 백성들 앞에 사울을 내세우게 했음은 물론이며 그의 권력을 세우게 했다. 그의 협력자들 중의 더러는 그의 통치를 반대한 이스라엘 사람들을 죽이고 싶어하였다(10：27). 그러나 사울은 여호와께 영광을 돌리며 다른 사람들에 대한 복수를 거절함으로 겸손과 자제를 보여 주었다.

이 승리는 왕국의 부흥과 재헌신의 계기가 되었다. 사무엘은 자신의 사역을 재고찰해 보며 그가 백성과 하나님께 충실했음을 상기시킨다. 다음으로 그는 민족의 역사를 회고하여, 왕을 요청함으로써 여호와께 큰 죄를 범하였음을 알도록 하였다. 그는 자기의 믿음과 하나님의 능력을 보이기 위하여 비를 내려 달라고 기도하였다. 추수 때의 갑작스러운 폭풍은(이때는 대개는 없는 일이다) 백성들에게 두려움을 일으켰다. 그들은 죄를 인정하였으며, 사무엘은 하나님의 은혜를 재확인시켰다. 그들은 왕이 그들을 구원하고 있는 것이 아님을 알 필요가 있었다. 그들에게 하나님의 축복을 확신케 하는 것은 여호와께 대한 그들의 충성과 순종에 있는 것이다. 그들은 실수를 범하였으나 그들이 순종한다면 이들을 용서하시고 파기하실 것이다.

3. 거절당한 왕(13~15장)

이 세 장에서는 사울의 세 가지 죄를 기록하고 있으며 이 죄들로 인하여 결국은 왕국을 내놓는 댓가를 치른다.

[1] 인내하지 못함(13장)—사무엘과 사울이 몇 달 전에 합의했던 대로(10：8) 이스라엘이 길갈에서 모일 때가 되었다. 사울은 그의 아들이 게바에서 승리한 것을 자기의 공로로 돌리며 백성들에게 강한 인상을 주고 그를 따르게 하려고 하였음을 주목하자. 막강한 블레셋 무리들이 모여들기 시작하여 사울이 기다리면

기다릴수록 그의 위치는 더욱 위태로웠다. 만일 그가 즉각적으로 공격했다면 적을 멸망시킬 수가 있었다. 하지만 그가 지연시키는 것은 단지 블레셋의 힘이 더 강해질 기회를 만들어 주고 있을 뿐이었다. 인내심이 없는 사울은(불신앙을 의미) 사무엘 없이 진행했으며 제사가 끝나갈 때 선지자가 나타났다. 11～12절에는 사울의 핑계가 기록되어 있다. 그는 사무엘과 백성의 탓으로 돌리려고 하였다. "내가 부득이하여 번제를 드렸나이다!" 그는 사무엘에게 거짓말을 하였으나 선지자는 진실을 알고 있었다. 이것이 종말의 시작이 되었다. 하나님께서 이런 사소한 일에서조차 그를 신뢰할 수 없다면 왕국에 대해서 어떻게 그를 신뢰할 수가 있겠는가? 사울의 불순종은 왕국을 잃게 하는 값을 치르게 하였다.

[2] **교만**(14장)—사울의 아들 요나단은 분명히 경건한 사람이었다. 왜냐하면 주께서는 그와 그의 병기든 자에게 블레셋을 이기고 승리하도록 하셨기 때문이다. 사울은 다만 관망하고 있다가(16～18절) 그의 군대를 풀어서 승리에 참여케 하였다. 그러나 사울은 그 날 자기 군인들에게 어떤 음식도 먹지 말라는 어리석은 서약을 했다. 여호와 하나님과 바른 관계에 있지 못한데 희생의 서약을 함으로 승리를 주실 것이라고 생각하는 것은 얼마나 어리석은 일인가! 그는 "순종이 제사보다 낫다"는 것을 배우는 데 늦은 것이다. 요나단은 이 저주에 대해서 아무것도 알지 못했으므로 꿀을 먹었으며 힘을 얻었다(27절). 그의 실천적인 지혜의 본을 받아 군인들은 전진하는 데에 격려를 받고 승리를 거둔 후에는 먹었다(31～32절). 유감스럽게도 유대인들은 너무도 배가 고파서 피있는 채로 고기를 먹었다(레 17：10～14). 이것은 그 서약을 깨는 것보다 더 나쁜 것이었다.

사울은 전리품을 희생제물로 하나님께 바침으로써, 이 서약을 수정하려 하였다. 군대가 그 다음의 전투에 임하려 할 때에 그는 하나님의 인도하심을 구하였으나 응답을 받지는 못했다. 이 일로 인하여 사울은 요나단이 불순종한 것을 알게 되었고 어리석은 왕은 자기의 아들을 죽이려고 하였다. 다른 사람의 죄에 대하여 가책을 느끼게 되기는 참으로 쉬운 일이다. 백성들은 요나단을 구해냈으나 사울의 행위는 마음이 어둡다는 것을 드러내었다. 문제가 곧 닥칠 것이었다. 그의 교만이 그를 낮추었던 것이다.

[3] **불순종**(15장)—하나님은 사울이 자신을 증명해 보일 기회를 한 번 더 주셨는데 이번에는 이스라엘의 옛 원수인 아말렉을 철저하게 진멸하는 일이었다(신 25：17～19 / 출 17：16 이하). 그러나 사울은 여호와께 순종하지 않았다. 자신을 위해 전리품 중에서 가장 좋은 것들을 보관해 두었으며, 아각 왕을 죽이지 못했다. 하나님은 사울이 한 일을 사무엘에게 알렸고, 마음에 근심이 된 선지자는 밤새 기도하였다. 사무엘이 사울에게로 나아갔을 때 왕은 그에게 거짓말을 했으며 하나님의 말씀에 순종하였다고 말했다. 바로 그 때 사울의 죄가 그를 드러내었다. 동물들이 소란을 피웠기 때문이다. 사울은 한 번 더 핑계를 대었다. "그들(백성)이 동물들을 남겨 두었으며 우리(그와 지도자들)는 남은 자들을 진

멸했다"고 하였다. 그러자 사무엘은 거절당한 왕에게 하나님의 멧세지를 전하였다. 사울은 초기의 겸손을 잃었다(9 : 21). 그리고 교만해지고 불순종하게 되었다. 그는 여호와의 말씀에 반역하였으며 제사를 드림으로 자신의 불순종을 변상하려고 하였다(21~23절). 그는 행동과는 다른 말을 했으며(15 : 13), 자백하는 대신 핑계를 대었고(15 : 15, 21), 순종하는 대신 제사를 드렸다(22절). 그는 다른 사람들을 비판하고 문책하는 데 빨랐으나 자기 자신의 죄를 직면하여 판단하기는 꺼려했다.

사무엘이 사울을 떠나려 할 때에 왕은 그의 죄를 고백하였으나 그 고백이 선지자에게 감명을 주지는 못하였다(24~27절). 참된 고백은 "내가 잘못했읍니다"라고 말하는 이상의 것이 포함되어 있다. 고백이란 죄를 뉘우치고 참으로 슬퍼하는 것을 뜻한다. 사무엘이 돌아서자 사울은 그의 옷을 붙잡았으므로 찢어졌다. 그러자 사무엘은 이것을 왕국이 찢겨져 다른 사람에게(다윗) 주실 것에 대한 예언으로 삼았다. 30절은 사울이 하나님보다도 사람들이 어떻게 생각할 것인가에 더 관심이 있었음을 나타낸다. 그는 좋은 평판을 원하였으나 참된 성품을 원하지는 않았다. 사무엘은 사울과 함께 제사를 드리고 여호와께서 명령하신대로 아각을 죽였다. 그러나 이것이 사무엘과 함께 행한 마지막 일이 되었다. 사울은 그의 가장 좋은 친구를 잃었으며 하나님의 축복을 잃었고, 왕국을 잃었다. 그 후부터는 어두움의 나날이었고 버림을 받은 험난한 길이었으며 그가 죽이기를 거부하였던 그 아말렉에 의해 죽임을 당했다(삼하 1 : 13).

다윗과 골리앗

—사무엘상 16~17장—

이제 우리는 "하나님의 마음에 합한 사람" 다윗의 생애를 공부하는 데 들어섰다. 사울이 육신적인 생활의 상징이라면 다윗은 하나님을 믿는 신자의 영적인 생활을 상징한다. 모든 사람이 그러하듯이 다윗도 죄를 범한 것이 사실이지만 사울과는 달리 자기의 죄를 자백하고 하나님과의 교제를 회복시켜 주실 것을 구하였다. 이 부분에서는 다윗의 초기 생활을 그린 세 장면을 볼 수 있다.

1. 순종하는 아들(16：1~13)

"내가 사울을 버렸노라." 이 얼마나 숙연한 선언인가! 이러한 거절은 아직 백성들에게 알려지지 않았으며 여전히 그 땅의 왕으로서 "앞자리를 차지하고" 있었다. 사람이 하나님께 거절을 당하고도 여전히 사람들에게 영접을 받을 수 있으나, 결국에 가서는 하나님의 심판이 임할 것이다. 사울이 너무도 위험한 인물이었으므로 사무엘은 베들레헴을 방문하였을 때 그의 진노를 피하기 위하여 한 계획을 궁리해 내야만 했다. 사울의 맹렬한 시기심에 대해서는 22장 18~19절에 한 예가 나와 있다.

사무엘이 이새의 집에 도착하여 잔치에 그들을 초대했을 때 다윗은 그곳에 있지 않았고, 양을 돌보며 들에 있었다. 우리는 다윗의 순종과 겸손에 감명을 받지 않을 수 없다. 그는 "그 가족의 막내"로서 미미한 위치에 있었으나, 그의 아버지와 여호와께 충실하였다. 다윗의 생애는 마태복음 25장 21절을 예증한다. 그는 종으로 시작하여 왕이 되었다. 몇 마리 양에 충성을 다하자 전체 나라를 물려 받았다. 그는 어떻게 일해야 하는지 알았으며 하나님은 그에게 기쁨을 주셨다. 이 사람과 누가복음 15장에 나오는 탕자와 비교해 보라. 그는 지도자로 출발하여 종이 되었고, 많은 것으로 출발하여 가난하게 끝내었으며 기쁨으로 출발하여 노예로 끝을 맺었다. 마태복음 25장 21절은 성공을 위한 하나님의 비결을 요약해 주고 있으며 이것이 다윗의 생애를 통하여 증명되는 것을 본다.

하나님께서 마음이 중요한 것이라고 상기시켰을 때는 사무엘이 육신의 재능으로 인간을 평가하는 실수를 범하려는 순간이었다(잠 4：23 참조). 들에서 호출을 받고 다윗이 나타나자 하나님은 사무엘에게 "이 사람이라"고 말씀하셨다. 그는 당시의 대부분의 유대인들처럼 검지 않았으며 피부가 희었고 머리칼은 붉었다. 그의 잘생긴 외모와 헌신적인 마음은 놀랍도록 조화를 이루었다. 그는 여덟번째 아들이었으며 여덟이란 수는 새로운 출발의 수이다. 기름이 그에게 부어지자 하나님의 영의 특별한 감동을 받게 되었다. 그리고 그 시간으로부터 그는 하나님의 사람이었다. 다윗이나 그의 가족은 그 날 있었던 기름부음의 중요성을 이해하고 있었던 것 같지는 않다. 사무엘은 물론 적절한 때에 다윗에게 그것을 설명했을 것이다.

2. 겸손한 종(16：14～23)

참으로 비극적인 대조이다. 성령이 다윗에게 임하였고 사울에게서는 떠났다. 하나님은 악령이 사울을 괴롭히도록 허락하셨고 그는 때때로 미친 사람 같았다(18：10/19：9 참조). 그의 이상한 행동 때문에 그의 종은 능숙한 악사를 초청하여 마음을 부드럽게 하는 것이 어떻겠느냐고 제안하였다. 사울의 종들이 원인을 치료하려고 하지 않고 증세를 치료하려는 것은 참으로 슬픈 일이다. 왜냐하면 음악은 사울의 죄악된 마음을 변화시킬 수가 없었기 때문이다. 왕은 그후에 "기분이 좋아졌을"수도 있다. 그러나 그것은 거짓 평화였을 것이다. 종들은 사울이 하나님과 바른 관계를 맺도록 권고했어야 마땅하다.

다윗은 바로 사울이 필요로 하는 사람이었다. 그래서 종들 중의 하나가 그를 추천하였다. 우리는 이미 다윗이 능력을 인정받고 있는 것을 볼 수 있었다. 그러나 다윗은 자신을 선전하고 있지는 않았다. 하나님께서 그 일을 행하고 계셨다(잠 22：29/잠18：16/벧전 5：6 참조). 너무도 많은 젊은이들이 오늘날 자신의 가정에서 사소한 일들로 자신을 먼저 입증해 보이지 못하고 영원한 곳으로 자신을 밀어 넣으려 한다. 다윗은 궁전으로 왔으며 즉각적으로 인기있는 사람이 되었다. 만일 사울이 하나님께서 다윗을 왕으로 택하셨음을 알았다면 그 젊은이를 즉각 살해했을 것은 물론이다. 사울이 이러한 사실을 알게 되자 다윗을 박해하기 시작했으며 이스라엘의 광야에서 그를 추격하였다.

다윗은 계속적으로 궁정에 머물러 있지는 않았다. 17장 15절은 "그러나 다윗은 아버지의 양을 먹이기 위하여 사울을 떠나 돌아갔다"고 읽어야 할 것이다. 그는 필요할 때 궁정에 초청을 받았으나 가정에서의 자기의 책임을 소홀히 하지 않았다. 얼마나 겸손한가! 재능있는 젊은이이며, 왕이 되도록 선택된 사람으로서 하나님께 기름부음을 받은 사람이 여전히 양을 돌보며 종으로서 일하고 있다! 하나님이 다윗을 사용하실 수 있었던 것은 전혀 이상한 일이 아니다.

3. 승리의 군사(17장)

다윗과 골리앗의 이야기는 친숙한 것이며 그리스도인의 생활을 위한 많은 실천적인 교훈을 주고 있다. 우리 모두는 여러 종류의 거인들을 직면하지만 하나님의 능력을 통하여 이러한 거인들을 정복할 수가 있다. 골리앗은 150파운드(약 68kg)의 무장을 한 10피트(약 3미터)는 되는 거인이었을 것이다. 그는 "블레셋 사람"이었으며 더구나 그들의 위대한 참피온이었다. 그는 무시무시하여 유대 군인들을 공포로 몰아넣었다(11절). 사울이 경건한 지도자였다면 신명기 20장을 주장하여 그의 군대를 승리로 이끌었을 것이다. 사람이 하나님과의 교제를 떠나면 다른 사람들을 패망으로 인도해 갈 뿐이다.

다윗은 형제들의 양식을 가지고 도착하였으며 즉각적으로 그 거인의 도전에 관심을 가지게 되었다. 자기의 형제들이 그를 꾸짖었으며 용기를 꺾으려 했음에 주목하자. 사단은 누구를 통해서나 "그것은 안될 일이야"라고 우리에게 말한다. 사울조차도 "네가 능치 못하리라"(33절)고 하여 그를 단념시키려 하였다.

다윗 자신의 힘으로는 할 수 없었으나 여호와의 힘으로는 어떤 적이라도 정복할 수가 있다(빌 4：13/엡 3：20～21 참조). 사울은 다윗에게 몇 가지 무기를 주려고 하였으나 다윗은 그것을 착용해 본 일이 없기 때문에 이를 거절하였다. 사울이 누군가에게 승리하는 법을 말하고 있다고 상상해 보라! 다윗은 자기 양들과 함께 목장에 있을 때 개인적으로 하나님의 능력을 입증했었다. 그는 이제 그 능력을 하나님의 영광을 위하여 공식적으로 전시하려는 것이다. 이 전체 이야기를 통하여 다윗이 어떻게 하나님께 영광을 돌리고 있는지 주목해서 보자.

여기에서 하나님은 우리의 믿음에 대한 응답으로 승리를 주신다는 **실제적인 교훈**을 얻는다. 하나님은 사자와 곰으로 은밀히 다윗을 시험하셨으며 이제 거인을 가지고 공개적으로 시험을 치루는 것이다. 만일 우리가 개인적인 전쟁에서 충실하다면 하나님은 공식적인 시험들을 통하여 우리를 알게 되실 것이다. 하나님의 백성들은 그들의 길에 닥치는 "작은 시험들"이 앞으로 반드시 닥쳐올 보다 큰 전쟁을 위한 준비임을 깨닫지 못하고 넘기는 경우가 너무도 많다.

다윗은 간단하고 하찮은 무기로서 물매와 다섯 개의 돌을 사용하였다(고전 1：27～28/고후 10：3～5 참조). 다윗은 기드온이 미약한 무기로써 어떻게 승리를 얻었는지 알고 있었으며, 기드온의 하나님이 죽지 않았음을 알고 있었다. 그의 형제들의 비판이나 사울의 불신앙도 하나님이 승리를 주실 것을 믿는 다윗의 믿음을 막지는 못했다. 돌은 목표에 적중했다. 거인은 쓰러졌고, 다윗은 그 거인의 칼로 목을 베었다. 이 한 번의 승리는 이스라엘로 하여금 블레셋을 공격하여 그들의 진을 약탈하는 길을 열어 놓았다. "세상을 이긴 이김은 이것이니 우리의 믿음이니라"(요일 5：4). 우리는 "정복자 이상의" 사람들이다.

여기에는 **모형적인 교훈**도 있다. 다윗은 예수 그리스도에 대한 훌륭한 모형이기 때문이다. 다윗이란 이름은 "사랑받는"이란 뜻인데 그리스도는 하나님의 사랑받는 아들이다. 둘 다 베들레헴에서 태어났으며 둘 다 형제들에게 거절을 당하였다. 물론 다윗이 왕이 된 후에는 형제들이 그를 영접하였으며 이것은 마치 그리스도께서 통치하시기 위해 다시 돌아오실 때에 유대인들이 그리스도를 영접하게 될 것과 같다. 다윗은 통치하도록 허락받기 오래 전에 왕으로 기름부음을 받았다. 이것은 마치 그리스도께서 지금 하나님의 왕이지만 사단이 멸망하기까지는 통치하시지 않는 것과 같다. 사울 왕은 오늘날 현 시대의 사단을 모형으로 보여 준다. 왜냐하면 사울은 거절을 당하고 패전하였으나, 다윗이 보좌에 오를 때까지는 통치하도록 허락을 받았기 때문이다. 사단은 하나님의 백성들을 박해하도록 허락을 받았으나 어느 날 멸망할 것이다.

다윗이 아버지로 말미암아 전쟁터로 보냄을 받은 것과 같이 그리스도께서도 하나님 아버지로 말미암아 이 세상에 보내심을 받았다. 골리앗은 그 교만함과 능력에 있어서 사단을 예증한다(눅 11：14～23 참조). 사단은 자기의 소유(그의 지배 아래 있는 영혼들)를 지키는 강한 자이다. 그리고 그리스도는 그를 이기는 보다 강한 자이다. 그리스도는 사단의 왕국을 침략하여 사단의 권세를 이기고 그의 무기를 빼앗으셨고 잃어버린 영혼들을 구하여 하나님의 자녀가 되게 하여 전리품을 나누고 계시다. 이것은 그 날 다윗이 한 일이다. 그는 강한 자를 이기고 이스라엘로 하여금 전리품을 나누도록 하였다(52～54절). 이것은 그리스도인이 **승리를 위하여** 싸우는 것이 아니라 **승리로부터** 싸움을 시작한다는 뜻이다. "담대하라 내가 세상을 이기었노라"고 예수께서 말씀하셨다.

사울은 왜 자기 무기 관리인인 다윗을 알아보지 못했는지는 분명히 밝혀져 있지 않다. 아마도 그가 악령의 영향 아래 있었을 때, 다윗을 보았기 때문인 듯하다. 또다른 원인은 다윗이 궁정에 있는 여러 종들 중의 하나였으므로 사울이 그들을 혼동하는 일은 그리 이상한 일이 아닐 것이다. 사울은 승리자에게 딸을 주기로 약속했기 때문에 그는 소년의 가족에 대해서 물어 보았을 것이 분명하다.

다윗과 요나단

—사무엘상 18～21장—

이 부분에서는 다윗이 사울의 궁정에서 봉사하다가 망명자로서 유랑하는 그 중간의 변화를 다루며, 다윗이 어떻게 사울의 총애를 받던 자리에서 그의 원수가 되었는지를 설명한다. 중심 내용은 다윗의 믿음이며, 우리는 이 장들을 통하여 하나님의 사람이 그의 생애에 닥치는 시련들로 인하여 하나님께 대한 신뢰를 끝까지 잃지 않은 비결을 알게 된다.

1. 여호와를 신뢰하는 다윗(18장)

다윗이 가장 큰 신앙의 시험에 봉착했던 것은 골리앗을 직면했을 때가 아니라 그가 매일 사울의 궁정에서 봉사를 해야 하는 일이었다. 그의 신앙이 시험을 받는 여러 가지 방법들에 주목하자.

1 **인기에 대한 시험**(18：1～11)—다윗은 사울의 아들 요나단에게 사랑을 받았는데 이것 자체가 시험의 기회였다. 다윗은 다음 왕이 될 것이었으나 권리상으로는 요나단이 왕관을 물려 받게 되어 있었다. 이 두 하나님의 사람 사이의 우정은 우리에게 위대한 본이 된다. 다윗이 받은 영광에 대하여 요나단은 시기하거나 증오하지 않았다. 그러나 사울에게는 문제가 달랐다. 다윗이 백성들에게 인기가 높았던 때문이다. 여자들이 다윗을 찬양했으며 다윗의 하나님을 찬양하지 않았음은 의미심장하다. 그러나 다윗은 지혜로와서 그들의 말을 지나치게 신용하지 않았다. 그러나 사울은 자신보다 다윗이 더욱 찬양을 받는 소리를 들었을 때에 시기심으로 가득 찼다. "도가니로 은을, 풀무로 금을, 칭찬으로 사람을 시련하느니라"(잠 27：21). 칭찬은 뜨거운 도가니와 같으며 그 사람이 무엇으로 만들어졌는지를 나타낸다. 다윗을 겸손케 한 그 칭찬은 사울의 마음에 불순물이 꼭대기까지 차게 만들었으며 영광을 받으려는 교만과 욕망을 드러내었다.

2 **강등(降等)에 대한 시험**(18：12～16)—5절에 보면 다윗이 사울의 개인 경호 책임자였음을 암시한다. 그러나 이제는 강등되어 단지 1,000명만을 거느리는 대장이 되었다. 이러한 일이 다윗을 변화시켰는가? 아니다! 그의 신앙은 여호와께 있었으며 그는 계속해서 왕을 섬기고 존중하였다. 이 일은 사울을 무엇보다도 더욱 두렵게 만들었다. 왕은 하나님께서 자기를 떠나셨음과 다윗에게 축복이 주어졌음을 알았다. 백성들 앞에서 강등을 당하고도 여전히 겸손과 봉사를 유지할 수 있다는 것은 참된 믿음의 사람만이 할 수 있는 일이다.

3 실의에 대한 시험(18 : 17～30)—사울은 골리앗을 물리치는 사람에게 그의 딸들 중의 하나를 주기로 약속했었다(17 : 25). 그리고 이제 그 약속을 지키려고 하였다. 왕 앞에서 다윗이 겸손한 것을 보자(18절). 그러나 사울이 그의 약속을 지켰는가? 아니다. 그 여인은 다른 사람에게 주어졌다. 그리고는 그의 딸 미갈을 이용하여 다윗을 죽이는 도구로 삼고자 하였다. 즉, 왕은 불가능한 지참금을 요구했으며 그것을 얻으려고 노력하다가 다윗이 죽기를 바랐기 때문이다. 그러나 여호와께서 다윗과 함께 계셨고, 그 사명을 성공적으로 마쳤다. 그가 미갈과 결혼한 것은 불행한 일이었다. 왜냐하면 그 결합이 결코 행복하지 못하였기 때문이다. 추방을 당하고 있던 동안 다윗은 미갈을 다른 사람에게 빼앗겼다가(25 : 44) 헤브론에서 통치를 시작했을 때 도로 얻었다(삼하 3 : 13～16). 그러나 다윗에 대한 그녀의 태도 때문에 나중에는 완전히 갈라서게 되었다(삼하 6 : 20～23).

2. 인간을 신뢰하는 다윗(19장)

사울이 다윗을 죽일 계획을 세웠다는 것은 이제 더이상 비밀이 아니었다. 그의 종들은 다윗을 죽이라는 명령을 받았던 것이다. 사울은 전에 여러 번 시도를 해 보았지만 다윗을 죽일 수가 없었다(18 : 11, 25). 이제는 그의 분노가 소모되어서 다윗은 다시 궁정으로 돌아 올 수 있었던 것 같다. 여기서 우리는 흔들리는 다윗의 믿음을 본다. 그는 하나님을 신뢰하여 그의 뜻을 추구하는 대신 사람을 신뢰하고 있었다.

1 요나단을 신뢰함(19 : 1～10)—왕의 아들이 다윗을 위해 중재할 수 있었던 것이 분명하다. 사울은 다윗을 보호해 주겠다고 맹세조차 하였으나, 이 약속은 결코 지켜질 수가 없는 것이었다. 다윗이 전쟁에서 큰 승리를 거두자마자 되살아난 사울의 옛 시기심은 또다시 다윗을 향해 창을 던지게 하였다. 요나단이 그를 "무마시킬"것이라고 믿은 것은 다윗의 실수였다. 사울의 말이 신빙성이 있으려면 먼저 그의 마음이 변화되어야 할 필요가 있었다.

2 미갈을 신뢰함(19 : 11～17)—그의 아내가 다윗을 사랑하기는 했지만 두 사람 사이의 영적인 결속은 결코 찾아 볼 수 없었는데, 그녀의 나중 행동들이 이를 입증한다. 그녀는 사울이 감시하고 있다고 다윗을 경고하였으며 이에 따라 함께 거짓말을 꾸며 내었다.

이 일은 다윗에게는 연속된 곤고의 시작이었다. 왜냐하면 선을 이루고자 악을 행하는 것은 결코 옳은 일이 아니기 때문이다(롬 3 : 8). 미갈은 다윗이 침상에서 아프다는 인상을 주려고 우상을 사용한다. 그녀는 이제 자신의 아버지조차 속이고 있으며 일을 더 나쁘게 만들고 있을 뿐이었다(시 59편 참조).

③ **사무엘을 신뢰함**(19 : 18～24) — 이 일은 다윗이 할 수 있었던 가장 지혜로운 선택이었을 것이다. 사실상, 이 하나님의 사람은 그를 위하여 기도할 수 있고 권면할 수 있을 것이었다. 사무엘이 사울을 패배시킨 것은 거짓말이나 무기로써가 아니라 하나님의 영으로였던 것을 주목하자! 영적인 무기를 사용함으로써 사무엘은 사울을 지연시키고 다윗에게 도망칠 기회를 주었다.

3. 자신을 신뢰하는 다윗(20～21장)

이 장들에서는 아름다운 모습을 기록하고 있지 못하다. 왜냐하면 여기서 우리는 믿음의 사람이 비틀거리며 믿음에 실패하는 모습을 보기 때문이다. 하나님의 뜻을 구하며 기다리지 못하고 다윗은 두려움 가운데 도망하며 자기의 문제를 해결하려고 "계책"을 쓰고 있다. 그가 한 거짓말을 주목해 보자.

① **사울에게 거짓말함**(20장) — 1절에서 요나단에게 한 다윗의 말은 자기 중심적이며 인내심이 없음을 암시해 준다. 만일 이 두 친구가 계책을 꾸미는 대신 함께 기도했다면 얼마나 더 좋았을까? 요나단은 다윗이 어디쯤 있을 것이라고 그의 아버지에게 거짓말을 하였다(6, 28절). 그는 이 문제가 어떻게 끝나는지 보려고 며칠을 더 기다려야 했다. 한편 요나단과 다윗은 다윗이 왕이 된 후에 그의 가족을 보호해 줄 것을 언약하였으며, 다윗은 이 약속을 지켰다(삼하 9장). 사울은 요나단의 이야기를 믿지 않았으며(24～33절), 거의 요나단의 생명을 잃을 뻔하였다. 하나님이 그 사람을 포기하시고 마귀가 넘겨 받았을 때, 그 사람이 할 수 있는 사악함에는 끝이 없다. 요나단은 식탁을 떠나서 다음 날 아침 다윗을 만나 함께 울며 작별하였다.

② **아히멜렉에게 거짓말함**(21 : 1～9) — 다윗은 다시 도망하였다. 이번에는 전에 성막을 쳤던 놉땅으로 갔다. 다윗은 언제나 하나님의 집에 대한 큰 사랑을 가지고 있었으므로 아마도 숨으러 가기 전에 성막을 방문하고 싶었을 것이다. 다윗은 사울의 일로 왔다고 주장함으로써 제사장에게 거짓말을 하였다(2절). 제사장은 다윗과 그의 사람들에게 거룩한 떡을 먹도록 주었으며, 그를 방어하도록 골리앗의 칼을 내주었다. 모든 일들이 성공적으로 진행되는 것 같았지만 사울의 첩자인 도엑이 이 사건들을 목격하였으며 이 일은 결국 변절과 피흘림으로 이끌어 갔다(22 : 9 이하 / 시 52편의 제목 참조).

③ **아기스에게 거짓말함**(21 : 10～15) — 일이 더욱 악화되었다. 사람이 하나님의 지혜를 의지하지 않고 자기 자신의 지혜를 신뢰할 때는 반드시 이렇게 되는 것이다. 다윗은 이제 적의 수중으로 도망한다. "인간을 두려워하면 함정에 빠진다." 그런데 다윗은 이제 적의 지경에서 스스로 함정에 빠져들게 되었다. 물론, 왕은 유대의 영웅을 자기 지경에 두고 관용을 베풀려 하지는 않았으므로 다

윗은 도망하기 전에 미친 짓을 해야만 했다. "아, 우리가 속임수를 쓰기 시작하면 얼마나 엉크러진 천을 짜게 되는 것일까" 이 일은 다윗의 생애의 종말이 될 뻔하였다. 그러나 여호와께서 개입하셔서 왕의 마음을 바꾸어 다윗을 쫓아내도록 하셨다. 그러자 그는 아둘람동굴로 도망하였으며, "무법자들의 일당"을 조직하였다(시 34, 56편 참조).

믿음의 사람이 점점 두려움과 불신앙의 사람이 되어가는 것은 놀라운 일이다. 우리가 만일 성급하여 인간을 신뢰하고 우리 자신의 계획을 믿는다면, 오래지 않아서 모든 것은 산산조각이 나고 우리 자신은 하나님의 축복의 장소에서 벗어나 있음을 발견하게 될 것이다. 우리는 다윗이 여호와를 기다리며 여호와의 뜻을 구하는 법을 배우게 된 것을 뒷 부분에서 보게 된다.

다윗과 요나단 사이의 우정은 놀라운 것이었으나 사실상 서로에게 아무런 유익을 주지 못하였다. 요나단은 왕관을 잃었고 다윗은 그의 삶을 낭비하였다. 그들이 시련에도 불구하고 이타적이며 지조가 있었다는 것은 그리스도인의 사랑과 우정의 아름다운 본보기이다.

망명 중의 다윗

—사무엘상 22~24장—

다윗은 이제 사울의 궁정에서는 완전히 분리되었으며 무법자요 반역자로 몰리게 되었다. 시편 34편은 아기스로부터 포위망이 좁혀지고 있을 때 쓴 것으로, 아마도 다윗의 시련과 추방 기간 동안의 승리를 가장 잘 표현했을 것이다. "의인은 고난이 많으나 여호와께서 그 모든 고난에서 건지시는도다"(19절). 하나님은 다윗과 함께 계셨다.

1. 하나님이 다윗의 발걸음을 인도하심(22장)

다윗은 아둘람동굴에서 충성된 추종자들의 무리를 소집하였는데 400명 쯤 되었으며 나중에는 600명이 되었다(23 : 13). 동굴에서의 경험은 시편 57과 142편에서 발견된다. 사울은 다윗을 죽이려 하듯 형제들도 죽이고 싶어할 것이었으므로 다윗은 그의 형제들을 보호하고자 하였다. "이 잡다한 사람들"은 도피처를 구하여 그리스도께 도망온 환란당한 사람들, 죄로 인해 빚진 자들, 생활에 불만이 있는 사람들을 예증한다. 다윗의 무리는 적었고 업신여김을 받았다. 그러나 왕국은 그들의 것이었다. 다윗은 부모들을 모압땅에서 보호할 수가 있었다. 왜냐하면 그의 가족(룻의 후손들)은 그곳 출신이기 때문이었다. 다윗이 그의 사랑하는 자들을 돌보는 데 얼마나 사려깊었던가(요 19 : 26~27 참조)!

다윗의 생애에 있어서 이 박해의 기간은 왕좌를 위한 준비 기간이 되었다. 그는 위대한 군인이었으나 인간을 의지하지 않는 법과 여호와를 의지하는 법을 배우기 위하여 광야에서 고난을 당할 필요가 있었다. 우리들 모두에게는 우리를 여호와께 더욱 가까이 인도하며 그를 섬기기에 더욱 적합하게 되기 위하여 광야의 시험이 필요하다. 사울이 다윗을 박해한 것은 육신과 영 사이의 대결을 예증하는 것이다. 이것은 또한 사단이 오늘날 교회를 박해하는 것을 상징한다. 사울은 왕이 아니었으나 다스리고 있었고, 다윗은 왕이었으나 아직 보좌에 오르지 못하였다. 오늘날도 사단이 "다스리는 것" 같다. 그러나 그리스도가 왕이며, 어느 날 그는 그의 정당한 보좌를 차지하실 것이다.

사울이 놉땅에서 죄없는 제사장을 죽인 것은 사람이 한 번 여호와께 거절을 당하면 어느 정도까지 갈 수 있는지를 보여 준다. 사울은 사단이 그러하듯 거짓말장이며 살인자였다(요 8 : 44). 도엑은 에서의 후손인 에돔사람이었다(창 25 : 30). 그래서 다윗과 제사장들에 대한 그의 증오는 에서와 야곱 사이의 전투의 또다른 국면이다. 다윗이 놉에 있었다는 사실은 그 제사장들의 죽음을 초래했다. 그처럼 다윗의 계략은 비극을 초래했을 뿐이었다. 사울은 죄가 있는 아말렉(15장)을 죽이기는 꺼려했으면서도 무죄한 제사장을 죽이는 일은 문제로 삼지도 않았다. 이 살육은 엘리의 가족이 심판을 받을 것이라는 하나님의 예언이 성취된 것이다(2 : 30~36 참조).

사울은 제사장들을 죽일 수는 있었으나 아비아달이 하나님의 뜻을 결정하는 도구인 에봇을 가지고 다윗에게로 도망하는 것을 막을 수는 없었다. 자기의 뜻대로 결정했던 사울에게 에봇이 무슨 소용이 있었겠는가! 아비아달은 나중에 다윗에게 도움을 주었다(23 : 9 / 30 : 7 참조).

2. 하나님이 다윗의 생애를 인도하심(23장)

다윗이 살아있다는 것은 중요한 일이었다. 왜냐하면 그는 이스라엘을 구원하여 영광된 왕국을 세울 사람이며 그리스도의 육신의 조상이 될 것이기 때문이다(롬 1 : 3). 사단은 사울을 사용하여 다윗을 죽이려고 하였는데 하나님은 그에게 너무도 강한 상대였다. 다윗은 할 수 있는 한 하나님의 뜻을 구하였고, 하나님은 그를 보호하며 승리하게 하셨다.

1 **그일라에서의 승리**(1~13절) ― 블레셋은 다윗의 적이며 이스라엘의 적이었으므로 그가 블레셋과 싸우는 것은 정당한 일이었다. 하나님의 자녀가 하나님의 뜻 안에 있을 때에 그는 하나님의 도움을 기대할 수가 있다. 사울의 증오가 너무도 강렬하였으므로 그는 다윗이 승전한 것에 대해 하나님께 감사치도 않았고 오히려 승리자와 직접 싸우겠다고 왔다! 그리고 그일라 사람들은 그들을 구원해 준 사람을 보호하지 않았을 뿐아니라 다윗을 사울에게 넘겨주려고 하였다! 하나님의 은혜가 와닿지 않는 인간의 마음은 얼마나 사악한가!

2 **광야에서의 승리**(14~18절)―매일의 위험과 박해를 견디어야 하는 다윗은 얼마나 인내를 해야 했던가! 그는 능통한 전략가였으므로 사울을 패전으로 몰아넣을 수도 있었다. 그러나 그는 하나님께서 승리를 주시기를 기다리는 것을 더 좋아하였다. 요나단이 광야에서 다윗을 만나(자기의 생명이 위험에 처해 있으면서도) 그에게 확신을 주고 격려한다는 것은 얼마나 놀라운 일인가. 말하기는 슬프지만 요나단은 다윗과 더불어 통치하도록 허락을 받지 못하였다. 왜냐하면 아버지와 함께 전쟁에서 죽었기 때문이다. 의로운 사람들이 다른 사람들의 죄로 인하여 고난을 받는 일이 흔히 있다.

3 **십 사람들(Ziphites)에 대한 승리**(19~29절)―십은 유다에 있었으며 그 주민들은 다윗에게 충성을 하는 것이 도리였으나 그들의 정당한 왕을 배반하고 사울에게 향하였다. 시편 54편을 읽고 하나님께 구원해 주실 것을 청하는 다윗의 기도를 보자. 다윗과 사울 사이에 돌이 놓여 있었으며(23 : 26), 이것은 마치 이스라엘과 애굽인들 사이에 구름이 끼어있는 것과 같다. 사울이 찾던 사람은 마침내 잡힐 것 같았다. 그러나 블레셋의 침략이 그를 집으로 돌아가도록 했

다. 물론 하나님께서 상황을 조절하고 계셨으며, 정확한 때에 자기의 사람을 구원하셨다.

3. 하나님이 다윗에게 은혜를 주심 (24장)

"노하기를 더디하는 자는 용사보다 낫고 자기의 마음을 다스리는 자는 성을 빼앗는 자보다 나으니라"(잠 16:32). 하나님은 다윗이 적에게 호의를 베풀도록 필요한 은혜를 주셨는데 이것은 거인 골리앗을 물리친 것보다 훨씬 위대한 일이었다! 사울의 신하들은 다윗에 대하여 거짓말을 하였으며 사울에게 다윗이 그를 죽이려 한다고 말하였다(24:9). 만일 시편 7편이 이 사건에 적합한 것이라면(그렇게 믿는 성경 학자들이 많다), 베냐민 사람 구시는 거짓말장이의 우두머리였다. 이 사건은 다윗이 사울을 죽이려고 하지 않는다는 사실을 사울과 지도자들에게 입증할 기회가 되었다. 비록 왕이 하나님의 뜻에 벗어나 있었지만 다윗은 그의 왕을 존중하였다.

1 **유혹**(1~7절)—사울은 휴식을 취하려고 동굴로 갔으며 긴장을 풀었다. 그리고 그는 들어올 때 겉옷을 벗어 놓은 듯하다. 그 동굴은 크고 매우 어두웠으므로 사울은 다윗과 그의 신하들이 바위에 숨어있는 것을 보지 못했다. 다윗은 발각되지 않고 사울의 옷자락을 베어낼 수가 있었다. 물론 이 일은 적을 죽일 놀라운 기회였던 것이 분명하다! 다윗의 추종자들 중에는 이러한 환경이 하나님께서 배정하신 기회임을 주장하는 사람들도 있었다(4절). 우리가 언제나 하나님의 말씀으로 환경을 시험하는 것은 중요한 일이다. 다윗의 마음(하나님의 마음에 합한 사람")은 대단히 온유하였으므로 사울의 옷을 벤 경솔한 행위에 대해 공개적으로 회개하였다. 왜냐하면 하나님이 기름 부으신 사람에 대하여 적절한 존경을 표하지 않았기 때문이다. 다윗은 하나님께서 사울을 돌보시는 것을 기꺼워하였다(롬 12:19~21).

2 **해명**(8~15절)—다윗과 그의 신하들은 동굴 속에서 안전하였으며 사울의 신하들은 감히 그들에게 공격을 하지 못했다. 그래서 다윗은 걸어나왔으며, 왕과 어느 만큼 거리가 생기자 그에게 말했다. 사위의 목소리를 듣는 것이 사울에게는 충격이 아닐 수 없었을 것이다! 다윗은 사울이 들은 말이 거짓말임을 설명하였고(9절), 다윗이 호의를 베풀지 않았더라면 동굴에서 그의 생명을 잃었을 것이라고 말했다(10~11절). 옷조각은 다윗이 진실을 말한다는 충분한 증거가 되었다. "나는 벼룩이요, 죽은 개입니다. 나를 추적하는 것이 무슨 유익이 됩니까? 그러나 나는 당신을 죽이거나 해하지 않겠읍니다. 왜냐하면 여호와께서 내 싸움을 싸우시며 나의 사정을 살펴 신원하실 것이기 때문입니다." 하나님께서 다윗에게 참으로 은혜로운 영을 주셨다! 오늘날 우리도 우리의 적들을 향해 이와 같은 태도를 가져야 할 것이다.

③ **탄원**(16～22절) ─자기보다 나은 사람 앞에 서 있을 때 사울이 얼마나 가련하였겠는가! 사울이 울며 자기의 죄를 시인하는 것은 순간적인 얄팍한 감정일 뿐이다. 이 같은 일들은 마음에서 우러나온 것이 아니었다. 그는 너무나 기뻐서 다윗의 친절을 인정한 것이다. 어찌 되었든지 다윗은 자기의 생명을 살려준 것이다. 그리고 사울은 자기의 가족에 대하여 우선적으로 관심이 있었으며 다윗이 왕이 되었을 때 자기 가족을 죽이지 않을 것으로 추측했다. 20절은 사울의 마음이 사악함을 시사한다. 그는 다윗이 정당한 왕임을 시인하였다. 그러나 지속적으로 그를 반대하였다. 하나님께서 그의 은혜를 거두어 가실 때 인간의 마음은 얼마나 사악해지는가!

다윗은 사울에게 한 그의 약속을 지켰으며, 사울이 죽은 후에는 사울의 명예조차 지켜 주었다. 이것은 마태복음 5장 10～12절에 나오는 그리스도의 말씀에 대한 아름다운 실증이다. 다윗이 사울에게 친절을 보이고 그를 위하여 기도하는 것은 블레셋을 정복하는 것보다도 더 큰 승리였다. 만일 우리가 여호와께 순종한다면 그가 보시기에 좋은 때에 적으로부터 우리를 돌보실 것을 확신할 수 있다.

사울의 최후의 죄

—사무엘상 26~31장—

우리는 이제 사울의 생애의 비극적인 종말에 이르게 된다. "다른 사람들보다 더 높이 서 있던" 사람이(10 : 23) 무당의 동굴에서 땅에 엎드러지며(28 : 20) 그 후에는 전쟁터에서 엎드러져(삼하 1 : 19) 죽는다. 이 슬픈 사건을 연구하는 가장 좋은 방법은 다윗과 사울 사이의 명백한 대조점들을 눈여겨 보는 것이다.

1. 사랑과 증오(26장)

다윗이 전에 문제를 당한 경험이 있는 십광야로 돌아간 이유는 이해하기가 어렵다(23 : 19 이하). 흙으로 지음받은 모든 인간들처럼 그도 역시 실수한 것이라고 밖에는 생각되지 않는다. 다윗의 일부다처적인 결혼(25 : 42~44)이 여호와와 밀접한 관계를 가지지 못하도록 방해했을 것이라는 암시로 받아들일 수도 있다. 왜냐하면 이러한 결혼은 하나님의 뜻이 아니기 때문이다. 물론 사울은 그를 끈질기게 괴롭혔다! 24장 17~21절에 나오는 사울의 눈물어린 고백은 오래가지 못했는데 그것은 마음으로부터 나온 것이 아니기 때문이다.

아비새는 다윗의 조카였으며(대상 2 : 15~16) 용감한 전사였다(삼하 10 : 10). 후에 아비새는 거인에게서 다윗의 생명을 구하였다(삼하 21 : 17). 그러나 아비새는 아브넬을 죽인 일에 연관이 되어 있었으며(삼하 3 : 30), 이것은 다윗을 근심케 한 범죄였다. 하나님께서는 그 진이 깊은 잠에 빠지게 하셨으므로(12) 다윗과 그의 조카는 위험하지 않았다. 7절의 "진"(참호)이라는 단어는 짐이나 마차들로 방책을 둘렀음을 시사한다. 또다시 사단은 다른 사람들을 사용하여 다윗에게 사울을 죽이도록 유혹한다(8절/24 : 4 참조). 그러나 다윗은 이 유혹에 저항하였다. 복수는 여호와의 손에 있었다.

다윗이 사울에게 준 멧세지는 사실상 여호와께로 돌이키라는 간청이었다. "만일 하나님께서 내 생애의 어떤 죄로 인하여 당신으로 하여금 나를 괴롭게 하는 것이라면 나는 당신과 함께 제사를 드림으로 이 문제를 해결할 것이며, 만일 사람들이 저주하는 것이면 하나님께서 나를 위해 이 문제를 해결하실 것이다"라고 그는 말하였다. 사울의 공허한 고백을 21절에서 들어보자. "내가 범죄하였도다 … 내가 어리석은 일을 하였으니…" 사실상 그는 범죄하였으나 여전히 회개하고 있지 않다! 인간은 주님보다 앞서 달릴 때에(13 : 8 이하), 완전히 순종하는 데 실패할 때(15장), 자기의 가장 훌륭한 친구(다윗과 사무엘)에게 등을 돌릴 때, 마귀에게 안내를 구할 때(28장), 잘못한 것을 알면서도 회개하기를 거절할 때, 어리석음을 연출한다. "당신의 죄가 당신을 찾아낼 것임"을 명심하라!

2. 빛과 어두움(27~30장)

27장과 29~30장은 다윗이 하나님의 뜻을 구할 때 얻은 승리를 다룬다. 28장은 사울이 무당의 동굴에서 도움을 받고자 할 때의 무서운 실패를 묘사하고 있다. 물론 다윗이 언제나 여호와의 뜻 안에서 행한 것은 아니다. 왜냐하면 적의 보호 아래 살기 위해 가드(Gath)로 돌아갔을 때 그의 믿음은 실패한 것으로 보이기 때문이다(27장). 그는 전에 그곳에서 어려움을 당했으나(21:10~15), 이제 그는 600명의 강력한 무리의 지도자로서 훨씬 나은 접대를 받았다. 그러나 다윗이 적의 영역을 여행하는 때이므로 왕에게 거짓말을 할 수밖에 없었고(27:10~12) 블레셋이 모였을 때에는(29:1) 다윗은 거의 자기 백성과 전쟁을 할 뻔하였다! 육신의 지혜에 의존할 때에는 반드시 괴로움으로 끝나게 된다. 다윗이 자기의 본심을 드러내는 일과 그의 백성을 죽이는 일을 막게 한 것은 오직 하나님의 은혜였다.

28장과 30장 사이의 대조점은 현저하다. 사울은 여호와를 떠났으므로 하나님의 인도하심을 받지 못하였다(28:6). 반면에 다윗은 용기를 주시며 방향을 제시해 달라고 하나님을 바라보았다(30:6~9). "너희는 여호와를 만날 만한 때에 찾으라"(사 55:6)는 말씀을 사울은 마음에 새기지 못했다. 하나님은 다윗이 자기의 소유와 백성을 되찾게 해 주셨을 뿐 아니라 적들에게서 탈취한 전리품을 모을 수 있게도 하셨다! 우리는 소유물 곁에 머물렀던 사람들에게 전리품을 나누어 주는 그의 은혜로운 정신과 유다의 장로들에게 선물을 보낸 그의 친절을 높이 평가한다. 이러한 선물은 정치적인 의미도 있었을 것이다!

사울이 밤중에 무당의 동굴을 찾아간 것을 살펴볼 때 색다른 분위기를 느끼게 된다(28장). 사무엘은 죽었고 그가 살았을 때도 사울은 그의 사역을 진실로 존경하지 않고 있었다. 인간이 가진 참된 친구를 늦게야 깨닫게 된다는 것은 얼마나 슬픈 일인가! 사울이 의지할 유일한 방도는 무당을 방문하는 일이었으며 이 일은 율법에 금지된 것이었다(레 20:6). 사람이 여호와께 등을 돌릴 때에 그 종말이 어디까지 가는 것인지 놀랄 일이다. 무당의 부름을 받아 사무엘이 나타난 것에 대해서는 끝없는 논란이 일어 왔다. 사실은 다음과 같았을 것이다.

(1) 사무엘이 나타난 것은 여호와께서 하신 일이며 무당의 기능 탓이 아니었다.
(2) 무당은 사무엘이 나타나자 놀랐다.
(3) 사무엘은 여호와께로부터 왕에게 줄 특별한 멧세지가 있었기 때문에 왔다.

무당이 다른 사람과 짜고 사무엘로 분장했을 수는 없다. 왜냐하면 그녀는 사울이 온다는 것을 알지 못했기 때문이다. 또한 사단이 이러한 업적을 성취할 수도 없는 일이다. 왜냐하면 하나님께서는 이처럼 무게있는 멧세지를 사단이 전하도록 하실 리가 없으며, 또한 그의 말씀이 정죄하고 있는 일을 실행하는 데 인준을 하실 리가 없기 때문이다. 무당은 사무엘이 나타난 것을 본 유일한 사람인 듯하다. 사울은 사무엘의 음성만 듣고(20절) 사무엘의 형태는 보지 못한 것 같다(12～14절). 사무엘상 15장 35절과 16장 1절에서 사무엘과 사울의 분리가 이루어졌고, 왕은 더이상 그를 보지 못할 것이었다.

하나님에 의해 선택된 사울왕이 이같은 사악한 행동에 참여할 수 있었다는 것은 믿어지지 않는다. 그러나 "선 줄로 생각하는 자는 넘어질까 조심하라"는 말씀이 기록되어 있다. 그는 빛 가운데 행하지 않고 어두울 때 행했다. 그는 자신을 변장하였고(그러나 사실상 그의 본래의 성품이 드러났다), 한 여인이 율법을 어기는 것을 허용하였으며, 자기 민족과 가족과 군대와 자신에게 수치와 패배를 안겨 주었다.

3. 삶과 죽음(31장)

다윗이 그의 친구들에게 선물을 보내고 있는 동안에 사울과 그의 가족은 전쟁터에서 옷을 벗김을 당하고 있었다! "육의 생각은 사망이다"(롬 8:6)! 길보아는 드보라(삿 4～5장)와 기드온(삿 7장) 시대에 큰 승리를 안겨준 곳이었다. 그러나 이 날에는 비극적인 패전의 장소가 되었다. 하나님은 사울을 버렸고 반역한 왕에게 남은 일이란 죽음뿐이었다. 무죄한 아들 요나단이 아버지의 죄로 인하여 고난을 받아야 했던 것은 참으로 슬픈 일이다.

사무엘하 1장 1～10절에는 사울의 죽음에 대한 또다른 설명이 나와 있다. 이 두 기사를 조화있게 정리하는 것은 어렵지 않다. 사울은 그가 패전한 것을 알았다. 그는 산 채로 잡혀서 적에게 엎드러지기를 원치 않았다. 왜냐하면 그들은 그를 모욕할 뿐이기 때문이다. 그러므로 그는 자기의 칼 위에 엎드러짐으로 자기의 생명을 끊으려 하였다. 그러나 이 일로 그는 죽지 않았으며 그의 창에 기댄 채 살아 있었는데(삼하 1:6), 아말렉 사람들이 따라와서 그 일을 끝냈다(그러나 사무엘하 1장에 나오는 아말렉 사람이 진실을 말하지 않고 다만 그가 왜 사울의 왕관과 팔찌를 가지고 있는지 그 이유를 다윗에게 설명하기 위하여 이런 이야기를 말한 것으로 믿는 사람들이 있음에 유의해야 할 것이다. 그는 아마도 사울을 죽여서 "호의를 베풀었기 때문에" 다윗에게 상을 받을 것으로 생각한 듯하다). 사울의 죽음에는 중요한 교훈이 있다. 사울이 아말렉을 죽이기를 거절했으므로(15장) 반대로 그들 중의 하나가 그를 죽였다. 우리가 처리하지 않음으로써 범한 죄들은 결국 우리를 패망시키는 원인이 된다. 사울은 그의 왕관을 잃었다. "내가 속히 임하리니 네가 가진 것을 굳게 잡아 아무나 네 면류관을 빼앗지 못하게 하라"(계 3:11).

적은 사울의 죽음을 얼마나 기뻐하였을 것인가! 이 승리가 그들의 거짓 신들의 산당에 어떠한 영광을 가져다 주었을 것인가! 사울은 살아 있을 때나 죽어서나 자기의 하나님을 영화롭게 하지 못했다(빌 1:20～21). 길르앗 야베스의 영웅적인 사람들이 왕족의 신성함을 더럽힌 시신들을 구해내 적절한 장사를 지냈던 일은 칭찬할 만하다. 그들은 시체들이 앞으로 더욱 모욕을 당하지 않도록 보호하기 위하여 불태웠다. 한 때는 사울이 이 백성들을 구해냈는데(11장), 이 장사가 그에게 갚을 수 있는 유일한 길이 되었다. 다윗은 후에 그 뼈들을 가져다 무덤에 묻었다(삼하 21:12~14). 헤브론에서 왕이 되었을 때 다윗은 그들이 전왕을 존중한 것을 인하여 이 용감한 사람들에게 감사를 표했다(삼하 2:5~7).

사울의 비극적인 생애와 죽음은 우리에게 많은 **실천적인 교훈**을 준다.
(1) 큰 죄들은 인내하지 못하거나 불완전한 순종, 변명하는 등의 작은 일들에서부터 비롯되는 경우가 많다.
(2) 어떤 죄에 사로잡히게 되면 점점 더 나쁜 죄에 빠진다.
(3) 하나님과 바른 관계에 있지 않으면 하나님의 백성들과도 동행하지 못한다.
(4) 핑계들은 고백을 대신할 수 없다.
(5) 타고난 재능이나 능력도 하나님의 능력이 함께 하지 않으면 아무런 의미가 없다.
(6) 순종을 대신할 만한 것은 없다.

왕이 된 다윗

—사무엘하 1～5장—

이 장들에서는 다윗이 이스라엘 왕으로서 왕관을 쓰게 되기까지의 사건들을 설명한다. 역대상 10장 1～14절, 11장 1～19절, 14장 1～8절에 이와 유사한 설명이 나온다.

1. 사울의 죽음을 슬퍼하는 다윗(1장)

소심한 성도라면 그의 원수가 죽은 것을 기뻐했을 것이다. 그러나 다윗은 하나님의 마음에 합한 사람이었으며, 사울의 죄로 인한 비극을 예민하게 느꼈다. 물론 다윗의 신실한 친구 요나단도 죽었다. 불순종하는 아버지의 죄가 무죄한 사람들에게 심판을 초래하는 것은 참으로 유감스러운 일이다. 우리는 사무엘상을 공부할 때 사울의 죽음이 주는 교훈들을 이미 살펴보았다. 그러나 몇 가지 다른 세부적인 사항들을 생각해 보는 것이 유익할 것이다.

한 아말렉 사람이 소식을 전해 주고는 사울을 최종적으로 죽인 사람이 자기라고 주장하였음에 유의하자. 만일 사울이 사무엘상 15장에서 여호와께 순종하여 아말렉 사람들을 모두 죽였다면 이런 일은 일어나지 않았을 것이다. 우리가 죽이지 못한 죄는 우리를 죽이게 된다(신 25 : 17～19 참조).

다윗이 슬퍼하는 것은 감동적이다(잠 24 : 17 참조). 이 "활의 노래"는 요나단이 활을 사용한 것과 관련이 있다(삼상 20 : 20 이하). 이 노래에는 사울에 대해 불손한 말이 없다! 다윗의 주된 관심은 여호와께서 기름 부으신 종이 죽임을 당하면 주님의 영광이 흐려진다는 것이었다. 그는 구원받지 못한 대적이 이 승리를 기뻐하지 못하게 하는 데 관심이 있었다. "용사가 엎드러졌도다!" 이것이 그가 노래하는 주제였다(19, 25, 27절). 사무엘상 10장 23절에서 사울은 다른 어떤 사람보다도 높이 있는 자였으나 적보다도 낮게 "엎드러졌다!" "선 줄로 생각하는 자는 넘어질까 조심하라"(고전 10 : 12).

2. 사울의 가족과 대적하여 싸우는 다윗(2～4장)

이제 우리는 그의 전 생애를 통하여 재난이 된 "정치적인 음모들"을 공부하기 시작한다. 다윗이 하나님의 뜻을 구하기는 했지만 자기 조력자들의 음모와 계획을 피할 수는 없었다. 다윗은 이 사람들에게 빚이 있었기 때문에 그들을 다루기가 힘들었다. 왕좌를 향한 행진은 피에 젖은 것이었다.

1 아사헬의 죽음(2장)—요압, 아비새, 아사헬은 모두 다윗의 이복 누이 스루야의 아들들이었다(대상 2：16/삼하 17：25). 이들은 군대에서 중요한 사람들일 뿐아니라 다윗의 조카들이었다. 다윗은 우선 자신이 속한 지파인 유다를 통치하였는데 헤브론에 그 사령부를 두고 있었다. 그러나 사울의 군대장관 아브넬은 사울의 아들 이스보셋을 다른 지파들의 왕으로 삼았고, 수도를 요단강 건너편 마하나임에 정하였다. 이것은 자신과 새 왕을 다윗의 사람들에게서 지키기 위함이었다. 물론 아브넬은 사울의 사촌이었기 때문에 사울의 집에 대한 관심도 가지고 있었다(삼상 14：50). 이스보셋이 통치하는 것을 보게 됨으로 그에게 유익이 되었지만 그가 이스보셋에게 왕관을 씌운 것은 하나님의 말씀에 고의적으로 반역한 것이었다. 하나님께서는 다윗 홀로 이스라엘을 통치하게 될 것을 분명히 밝히셨었다. 어쩌면 오늘날 그리스도인들이 그 당시의 유대인 같았을 것이다. 우리는 왕이 우리의 생활을 다스리도록 허락하지만 일부만을 허락한다. 그 결과는 갈등과 슬픔이다. 아브넬이 아사헬을 죽인 것은 두 왕 사이의 긴 전쟁의 서막이었다(3：1). 우리가 보게 될 것이지만 남은 두 동생이 이 죽음을 복수했으며 다윗에게 근심을 더해 주었다.

2 아브넬의 죽음(3장)—다윗이 많은 아내를 둔 것은 신명기 17장 15~17절의 직접적인 위반이었다. 어떤 이들은 다윗의 이러한 육욕의 표현이 결과적으로 말년에 재앙을 일으킨 여러 가지 가정 문제로 이끌어 갔다고 생각한다. 암논은 그의 이복 누이 다말을 강간하였고(13장), 압살롬은 다윗에 반역하여 왕관을 노획하려 하였으며(13~18장), 아도니야는 솔로몬에게서 왕국을 빼앗으려고 하였다(왕상 1：5 이하). 그러나 아브넬도 육욕의 문제를 일으켰는데 사울의 첩을 취하여 이스보셋의 노여움을 샀다. 이 일은 아브넬과 이스보셋 사이에 분열을 초래했다. 아브넬은 다윗과 평화 조약을 맺으려 하였으나 "스루야의 아들들"은 음모를 꾸며 그를 죽였다(26~30절). 살인을 행한 것은 사실상 요압이었으나 그의 형제도 음모에 가담했던 것같다. 요압의 손은 자신의 죽음을 맞이하기 전에 피로 물들여졌다. 왜냐하면 그는 아브넬을 죽였을 뿐아니라 압살롬(삼하 18：14)과 아마사(삼하 20장)도 죽였다. 다윗은 그의 아들 솔로몬에게 요압을 처치할 것을 요청했으며 솔로몬은 그 요구대로 행하였다(왕상 2：5~6, 28~34). 아브넬이 살았더라면 역사가 어떻게 달라졌을지 말하기는 어려운 일이다. 요압이 다윗에 대하여 비범한 권력을 행사한 것은 분명하며, 특히 죄없는 우리아에 대한 그의 살인 계획으로 왕을 도운 이후부터는 더욱 그러하였다(12：14 이하). 하지만 아브넬의 죽음에 관해서 다윗이 취한 경건한 행위를 주목해 보자.

3 이스보셋의 죽음(4장)—이것은 하나의 전환점이 되었다. 이스보셋이 죽었을 때 다윗이 전 국가를 통치하도록 길이 활짝 열렸다. 그러나 다윗은 림몬의 아들들이 사용한 방법을 인준하지 않았으며, 그들의 범죄를 인하여 살인자들을 죽여야만 했다. 다윗은 하나님께서 그를 보좌로 올리실 줄을 알고 있었으며, 선

을 이루기 위하여 악을 행하려고 하지는 않았다(롬 3 : 8).

이 세 가지 살인은 왕좌를 향한 다윗의 길이 피로 얼룩졌다는 증거이다. 보좌를 얻기 위하여 다른 사람들의 피가 아닌 자신의 피를 흘리신 우리의 구세주와는 얼마나 대조적인가! 역대상 22장 8절에서 다윗의 피로 물든 경력을 하나님께서 어떻게 평가하셨는지 보자.

3. 사울의 보좌를 계승하는 다윗(5장)

다윗은 헤브론에서 유다 지파를 7년 반 동안 다스렸다. 이제 그는 33년 동안 전체 민족을 다스리게 되었으며, 총 40년 이상을 통치한다. 다윗은 세 번 기름부음을 받았다. 사무엘이 베들레헴 집에서 그에게 기름을 부어 주었고, 유다 사람들이 헤브론에서 기름을 부었었다(2 : 4). 하나님께서 다윗의 모든 원수들을 물리치시고 그에게 평화를 주신 후에 다윗이 부른 승리의 노래를 시편 18편에서 찾아 보자. 이 시는 괴로움 가운데 있을 때 읽으면 좋을 것이다. 왜냐하면 이 시는 여호와께서 우리를 이끌어내어 더욱 큰 축복으로 어떻게 인도하시는지를 보여 주기 때문이다. 물론 다윗은 시련이 많은 것을 즐거워하지는 않았으나 뒤를 돌아보며 그것들로 인하여 하나님께 감사할 수 있었다.

왕은 이제 예루살렘을 수도로 택하였다. 이 요새는 이전에 점령당한 일이 없었고(수 15 : 63 / 삿 1 : 21), 여부스 사람들은 오만하여 다윗이 공격하는 것을 무시하였다. "소경과 절뚝발이라도 너를 물리치리라"고 그들은 조롱하였다. 그러나, 다윗과 신하들은 이 조롱을 패전의 외침으로 갚아 주었다. 역대상 11장 5~8절은 하나님께서 성문을 여는 데에 충성된 요압을 사용하셨음을 말해 준다. 어떤 이들은 다윗의 신하들이 수로를 통하여 알아차리지 못하도록 성에 기어들어갔다고 생각한다. 그러나 다른 고고학자들은 그 당시에는 수로가 설치되지 않았었다고 주장한다. 본문에서 볼 때는 입성하는 방법으로 수로를 사용한 것이 분명하며, 요압이 왕의 능숙한 계획을 수행한 듯하다.

다윗이 자신의 성을 건설하자마자 옛 원수 블레셋이 돌아왔다! 우리의 개인 생활에 있어서도 이것은 진리이다. 사단은 "승리 후의 소강 상태"를 이용하여 다시 우리를 공격하려고 기다리고 있다. 다윗은 여호와의 뜻이 승리를 위한 유일한 길이라는 것을 알고 있었다. 그래서 그는 즉각적으로 하나님과 상의하였다. 두번째 공격은 첫번째 공격과 다른 것에 유의하자(22~25절). 다윗은 또다시 하나님의 뜻을 구할 만큼 충분히 지혜로웠음에 대해서도 주목하자. 하나님께서는 새로운 방법으로 그를 인도하셨다! 우리는 하나님의 뜻을 "복사"하지 않도록 돌보아야 한다. 새로운 결정을 주시도록 새롭게 구해야 한다.

물론 다윗이 **나라 전체**를 다스리는 것이 하나님의 뜻이었으며 이것은 마치 그리스도께서 **우리의 생활 전체**를 다스리는 것이 하나님의 뜻인 것과 같다. 하나님의 뜻 밖에 남겨진 부분들은 반역을 일으키며 문제를 야기시킨다. 우리는 그의 "뼈 중의 뼈요 살 중의 살"이므로(5 : 1 / 엡 5 : 30), 하나님께서 우리를 다스리도록 초청해야 한다. 그럴 때에만 완전한 평화와 승리를 소유하게 된다.

왕좌를 향한 다윗의 길은 여러 해가 걸렸으며 많은 시련이 따랐다. 그러나 이 모든 일에 있어서 그는 하나님을 첫 자리에 두었으며 대적에게 복수하거나 앙갚음하려 하지 않았다. 하나님은 그 일에 있어서 다윗이 하나님의 때와 계획에 의해 보호를 받으며 격려를 받는다는 것을 아셨다. 하나님은 만일 우리가 그를 신뢰하기만 하면 우리에게도 똑같이 행하실 것이다.

본향으로 옮겨진 법궤

—사무엘하 6장—

본 장을 연구하려면 역대상 13, 15, 16장을 읽어야 할 필요가 있는데, 이 장들이 다윗의 생애에 일어났던 중요한 사건들에 대하여 추가로 자료를 제공해 주기 때문이다. 시편 132편 1~6절은 법궤가 제자리로 돌아옴으로 말미암아 여호와를 찬양하고 싶은 강렬한 그의 소망을 대변해 준다. 약 80년 동안 법궤는 기럇여아림에 있었으며(유다의 바알 / 삼상 6 : 21~7 : 2), 다윗은 예루살렘에 법궤를 둘 특별한 장막을 준비하여(대상 15 : 1) 이 성스러운 궤를 본향으로 되돌려 올 준비를 하였다. 그가 이 임무를 끝마치는 데는 3개월 이상이나 걸렸다(6 : 11).

1. 하나님을 노하게 한 다윗(6 : 1~11)

물론 다윗의 편에서는 법궤를 예루살렘으로 가져오는 것이 온당한 욕심이었다. 그러나 "지식이 없는 열성"을 가지거나 또는 선한 일을 행함에 있어 고의적으로 그릇된 형식을 취할 수도 있었다. 일을 시작함에 있어서 다윗은 **여호와와 상의하지 않았다**. 대신 그는 정치적인 지도자들과 의논하였다(대상 13 : 1~4 / 삼하 5 : 19, 23). 그의 주된 동기는 여호와를 영화롭게 하는 것보다는 그의 통치 하에 있는 민족을 단합시키려는 데에 있는 것같다. 13장 3절에서 다윗은 사울이 법궤를 소홀히 하였던 것을 비난한다. 아마도 이러한 발언은 6장 20절 이하에 기록된 대로 사울의 딸, 미갈의 행동과 관련이 있는 듯하다. 모든 지도자들과 회중들은 다윗의 계획에 동의했으나 그렇다고 해서 그 후의 일들이 정당화되는 것은 아니었다.

다윗의 그 다음 실수는 **하나님의 말씀을 무시한 것**이다. 법궤를 레위인들이 그들의 어깨에 메도록 요청하는 대신(민 3 : 27~31 / 4 : 15 / 7 : 9 / 10 : 21), 블레셋이 하던 대로 세상의 본을 따라 법궤를 새 수레에 실었다(삼상 6장). 하나님이 블레셋이 이 방법을 사용하는 것을 허락하셨던 것은 그들이 말씀을 교육받은 언약의 백성이 아니었기 때문이었다. 그러나 유대인들이 거룩한 명령을 무시하고 이방 민족을 흉내낸다는 것은 재난을 초래하는 것이었다. 오늘날 얼마나 많은 그리스도인들(또는 교회들)이 하늘에 계신"아버지께서 주신 형식"을 따르는 대신 "세상"을 따르는가 (롬 12 : 2 / 출 25 : 40)! 모든 백성들은 열정적으로 기뻐하였으나 그렇다고 하여 그들의 방법이 하나님의 눈에 합당하게 되는 것은 아니었다. 이스라엘은 언제나 "다른 나라들처럼" 되기를 원했다(삼상 8 : 5). 그리고 그 일은 언제나 그들을 비극으로 인도해 갔다.

하나님의 일을 하는 데에 인간의 방법을 동원하는 것은 결과적으로는 실패하는 것이 당연하다. 황소들은 비틀거렸고 법궤는 떨어질 위험에 처해 있었다!

이로 인해 세번째 실수를 범하게 되었다. **레위인이 아닌 사람이 법궤를 만졌다**(민 4 : 15). 하나님은 그 사람을 즉각적으로 심판하실 수 밖에 없었으며, 그렇게 하지 않으면 하나님의 영광이 손상을 입고 주님의 말씀을 위반해도 된다고 허용하는 일이 된다. 이같이 갑작스런 심판에 대한 다윗의 반응은 일을 처리함에 있어 그의 마음이 하나님과 완전히 바른 관계에 있지 않았음을 나타낸다. 왜냐하면 처음에 그는 화를 내었으며 다음에 그는 두려워하였다. 잠시 중단하고 심판에 대한 이유를 발견하기 위해 하나님의 뜻을 구하지는 않고 다윗은 대열을 정지시키고 재빨리 법궤를 배치하였다. 역대상 26장 1~4절은 오벧에돔의 가족이 레위지파에 속하였으며 법궤를 안전하게 돌볼 수 있었음을 시사한다.

하나의 실수가 다른 실수로 이끌어 간다! 하나님의 뜻을 따르기로 결심하는 일과 그 뜻을 성취함에 있어서 하나님의 방법을 따르는 것은 얼마나 중요한 일인가!

2. 자기의 열성을 과시하는 다윗(6 : 11~19)

석달이란 기간 동안에 다윗이 자기의 마음을 성찰하고 자신의 죄를 고백한 것은 의심할 나위 없다. 그는 법궤를 운반하기 위하여, 또한 하나님의 지시를 발견하기 위하여 율법을 들추었을 것이 분명하다(대상 15 : 1~2, 12~13). 하나님은 오벧에돔의 집을 축복하고 계셨으며 다윗은 그 축복이 전체 민족에게 있기를 원했다. 이번에는 장막을 준비하였고 레위인들도 자신들의 임무를 적절히 준비했던 것을 볼 수 있었다. "여호와의 기구를 메는 자여 스스로 정결케 할찌어다"!

시편 24편은 이 사건을 축하하기 위하여 지었을 것으로 생각된다. 역대상 16장 7절 이하를 보면 시편 105편이 이 행복한 사건에서 나온 것임을 알게 된다. 하나님은 다윗이 자신의 마음의 기쁨을 표현하도록 하는 데 사용하셨으며 그의 노래는 여호와를 영화롭게 하였다. 왕은 자신의 용의를 제쳐놓고 제사장의 겸손한 옷을 입은 채 대열을 인도해 갔다. 레위인들은 여섯 발걸음을 내딛고 잠깐 멈추어서 하나님께서 그들을 받으시는지 보려고 기다렸다. 아무 심판이 없자 그들은 제사를 드리고 예루살렘으로 향하는 남은 길을 진행해 갔다.

여호와 앞에서 다윗이 "춤을 춘 것"은 하나님의 법궤가 백성들에게 회복된 것을 기뻐하여 자연발생적으로 그 기쁨을 표현한 것이 분명하다. 다윗이 이렇게 행동한 것은 위엄이 없는 일이었을까? 물론 그렇지 않았다! 그의 행동이 우리가 따라야 할 모범으로 주어진 것은 아니지만, 정반대로 나아가 하나님을 예배하는 중에 기쁨과 찬양을 외적으로 표현하는 것을 모두 제어해서는 안된다. 어떤 신자들은 이와 같은 행동들을 극단적인 육의 일로 규정하는 반면 다른 이들은 거짓된 근엄성으로 성령을 근심되게 하는 죄를 범한다. 끝으로, 다윗의 "춤"은 근대적인 "춤"을 찬성하는 핑계가 되어서는 안된다. 왜냐하면 그의 행동은 여호와 앞에서 그를 찬양하기 위하여 한 것이기 때문이다.

다윗은 백성들을 축복하고 법궤가 돌아온 것을 축하하기 위하여 선물을 주었다. 오래 전에 "영광이 떠났었다." 이제 만군의 여호와("군대들의 하나님")께서 자기 백성 가운데 다시 돌아오셨다! 다윗이 기뻐하는 것도 무리가 아니다!

3. 아내를 징계하는 다윗(6 : 20~23)

우리는 앞서 사울의 딸 미갈이 다윗에게 적합한 아내가 결코 아니었음을 살펴보았다. 그녀는 사울의 가족에 속하였으며 이스라엘의 하나님을 믿는 신앙을 진실로 나타내 본 일은 한 번도 없다. 사무엘상 19장 13절은 그녀가 우상을 섬겼음을 시사한다! 다윗은 여호와의 인도하심을 인하여 그녀를 아내로 취하지 않았으며, 골리앗을 죽임으로, 또한 사울의 살인적인 요구를 성취함으로 "그녀를 얻었다." (삼상 17 : 25 / 18 : 17~27). 사울의 가족과의 평생 동맹은 그 시작으로부터 문제거리였으며 모든 신성하지 못한 동맹들이 다 이러하다(고후 6 : 14~18). 다윗과 사울 사이의 대결은 육신과 영 사이의 전쟁을 예증하는 것이다. 그래서 다윗이 미갈과 연합한 것은 육신에 양보한다는 의미가 있었다.

미갈이 왜 그의 남편을 경멸하였는지를 아는 데는 많은 상상력이 동원되는 일은 아니다. 물론 그녀의 죄악된 태도가 여러 해를 두고 내적으로 자라갔던 것이 분명하다. 그녀는 아버지의 무기 책임자에게 승리의 "상"으로 결혼을 하게 된 것을 원망하였다. 그녀는 다윗이 다른 아내들을 취한 것을 원망하였는데(5 : 13~16 / 3 : 2~5), 이들은 모두 그녀가 다윗과 결혼한 후에 선택된 여인들이었다. 그녀의 아버지는 부끄럽게 죽임을 당하였으며 그의 적이 이제는 승리 가운데 전 이스라엘을 다스린다. 물론 이러한 모든 이유들을 넘어 근본적인 이유가 있었다. 그녀는 여호와의 일들에 대해서는 이해하지 못했던 불신자였다(고전 2 : 14 16). 그녀는 이런 화려한 의식을 통해서 다윗이 그의 왕권을 표현하기를 원하였으나, 다윗은 자기의 지위를 보통 사람들과 함께 하여 여호와를 영화롭게 하기를 더 좋아하였다.

찬양의 위대한 시간이 지난 후 미갈이 다윗에게 한 심한 말은 그에게 깊은 상처를 입힌 것이 틀림없다. 우리가 주 안에서 기뻐하고 하나님을 영화롭게 하기를 추구할 때는 반드시 사단은 "미갈"을 우리에게 보낸다는 것은 대체로 맞는 말이다. 그리스도께서 기적을 행하실 때마다 한 편 구석에는 바리새인들이 있어서 그를 비판하는 일이 비일비재하였다. 그녀의 사악한 말은 사악한 마음을 나타낸다. 다윗은 그녀가 처결되어야 할 것을 알고 있었다. "네 손이 너로 범죄케 하거든 찍어 내어 버리라!" 그는 미갈이 여호와의 일에 있어서 그에게 도움이 되지 않을 것을 깨달았다. 이에 따라 그녀를 내어 쫓고 결혼의 특권을 주지 못하게 하였다. 유대 여인에게 있어서 자녀들이 없이 죽는다는 것은 그녀에게 큰 수치였다. 다윗은 그녀의 어리석음에 따라 그녀에게 응대하였다(잠 26 : 5).

다른 사람들이 우리를 비판할 때, 그리고 우리가 우리의 마음과 동기가 정당하다는 것을 알 때, 낙심해서는 안된다. 다윗이 다른 성도들 같았더라면 그는 이렇게 말했을 것이다. "좋아, 나는 더이상 여호와를 섬기지 않겠어! 내 아내 조차도 그 진가를 인정해 주지 않는군!" 그러나, 이와는 반대로 다윗은 훨씬 많은 일들을 계획하였으며 여호와를 위하여 성전을 건설하려는 것을 본다. 사단이 길에 어떠한 장애를 두더라도 상관하지 않고 여호와를 높이는 것이야말로 그리스도인들이 지녀야 할 합당한 정신이다.

다윗 언약
—사무엘하 7장—

본 장의 12, 16절은 주된 교훈을 요약하고 있다("당신의 보좌…그리고 당신의 씨"). 다윗과의 언약은 하나님의 계획에 있어서 대단히 중요하다. 이 언약은 역대상 17장에도 기록되어 있는데, 이 언약을 통하여 하나님은 유대 민족에 대한 영원한 축복을 약속하셨다. 아브라함과의 언약에서 하나님은 자손과 땅과 전 민족에 대한 축복을 약속하셨으나(창 15장), 다윗과의 언약에서는 약속된 메시야가 다윗의 혈통을 통하여(롬 1：4) 다윗의 보좌로부터 이스라엘의 왕국을 통치하게 될 것을 계시하셨다.

1. 고귀한 목적(7：1～3)

망명의 날들과 위험은 끝났다. 다윗은 자기의 집에서 안식과 축복을 누리고 있었다. 왕은 선지자 나단과 교제하고 있었으며 이들은 여호와의 일들을 논의하였다. 이 장면을 다니엘 4장 30절과 비교하라. 여기서 느부갓네살은 하나님 앞에서 자신을 겸손히 낮추는 대신 자기의 행한 일을 자랑하고 있다.

다윗은 항상 개인적으로 하나님의 집에 대한 사랑을 지니고 있었다(시132편). 그리고 그의 소망은 법궤를 위하여 아름다운 집을 건설하는 것이었다. 하나님은 이것을 허락하지 않았으나(대상 22：8), 다윗의 사랑은 인정하셨다. 왜냐하면 이 소원이 그의 마음에 있었기 때문이다(왕상 8：18). 나단은 이 문제에 있어서 하나님이 밝히신 뜻을 알지 못했으며 다윗에게 권하여 그의 마음 속에 있는 일을 행하라고 하였다. 다윗과 나단은 둘 다 하나님의 인도하심을 위하여 마음을 열어 놓고 있었으며 주께서 말씀하실 때는 듣고 순종하였다. 우리는 영적인 문제에 있어서 언제나 서로를 격려해야 마땅하며 서로 선한 일을 하도록 자극을 주어야 한다(히 10：24～25).

다윗은 진실로 "하나님의 마음에 합한 사람"이었다. 왜냐하면 그는 그의 마음에 하나님의 말씀과 하나님의 집을 가장 귀한 것으로 지니고 있었기 때문이다. 하나님의 백성들은 더욱더 그를 닮아가야 하겠다!

2. 놀라운 약속(7：8～17)

나단은 "밤에" 말씀을 묵상했던 것이 분명하다. 왜냐하면 하나님은 그에게 밤에 말씀하셨기 때문이다. 하나님은 어두울 때에 우리에게 말씀하실 때가 종종 있다!(창 15장, 하나님의 아브라함과의 언약) "주께서 밤에 나를 권고(방문)하시며"(시 17：3). 하나님은 나단에게 특별한 멧세지를 주셔서 왕에게 전하게 하셨으며, 이 멧세지에는 다음의 사항들이 들어있다.

[1] **하나님의 은혜**(5～10절)—하나님은 이 민족이 애굽에서 나온 이후로 "천막집"에 거하셨으니 얼마나 은혜스러우신가! 그는 애굽의 신들이 즐기는 정교한 성전을 요구하시지 않으셨다. 그는 "자신을 겸손케 하셨으며" 장막에 거하시어 백성들과 함께 여행하셨고 그들보다 앞서 가시며 길을 열어 놓으셨다. 요한복음 1장 14절은 "말씀(그리스도)이 육신이 되어 우리 가운데 거하시매(tabernacled)…"라고 기록되어 있다. 하나님의 은혜에 대한 또다른 증거는 다윗을 대우하심에 있었다. 하나님은 목장으로부터 그를 부르셔서 보좌에 두셨다! 하나님은 그의 모든 적들을 물리쳐 승리를 거두게 하셨다. 하나님께서는 이스라엘을 축복의 장소로 인도하셨으며 다시는 이동치 않을 것이었다(10절 / 동사가 과거로 되어야 한다—"내가 약속했었던…").

[2] **하나님의 목적**(11～16절)—"집"이란 단어가 이 구절에서는 두 가지 의미를 지니고 있는데, 즉 물질적인 집, 성전(13절)의 의미와 인간의 집안, 다윗의 가족(11, 16, 19, 25, 27, 29절)의 의미이다. 왕의 가족을 "집"이라고 부르는 것은 관습이었으며, 마치 영국에서 "윈저 가(家)"라고 부르는 것과 같다. 다윗은 돌로 하나님의 집을 건축하기를 원하였으나, 하나님은 왕족, 곧 그의 보좌에서 다스릴 가족으로서 다윗의 집을 창설하려고 하셨다.

이 언약의 개념들에는 예수 그리스도를 세상에 보내시는 하나님의 목적이 포함되어 있으므로 중요하다. 우리는 우선 이 언약들 중의 일부가 다윗의 보좌를 계승한 솔로몬에게서 성취되었음을 주목해야 한다(대상 22 : 6～16 참조). 하나님은 그 가족 중의 다른 사람들이 사악한 음모들을 꾸몄음에도 불구하고 솔로몬을 보좌에 앉혔다. 그리고 하나님은 솔로몬에게 아름다운 성전을 건설하도록 허락하셨다. 솔로몬과 그의 후손들이 죄를 범하였을 때 하나님은 그의 약속을 지켜 그들을 징계하셨다(시 89 : 20～37 참조). 그러나 이 언약에 있는 어떤 사항은 예수 그리스도에게만 적용할 수 있음을 유의해야 할 것이다. 하나님은 그 보좌가 영원하리라고 말씀하신다(13절). 그리고 다윗의 집과 왕국이 영원할 것 또한 말씀하신다(16절). 우리는 오늘날 다윗의 후손들이 보좌에 앉아있지 않음을 안다. 하나님은 그의 약속을 지키시지 않으셨는가? 하나님은 시편 89편 33～37절에서 다윗의 후손들을 징계할지라도 다윗과의 약속을 깨뜨리지는 않을 것이라고 언급하셨다.

이 약속의 궁극적인 성취는 예수 그리스도 안에서 이루어졌다. 누가복음 1장 28～33절에서 천사가 마리아에게 보낸 멧세지를 주의깊게 읽어보자. 그리고 하나님께서 다윗의 보좌와 왕국을 그리스도께 약속하신 것을 주목해 보자. 어떤 이들은 이 구절을 "영적으로 해석하여" 오늘날의 교회에 적용시킨다. 그러나 만일 이 천사의 멧세지의 남은 부분을 문자 그대로 적용시킨다면 보좌와 왕국을 어떻게 영적으로 해석할 수 있는가? 성령의 인도하심을 받아 스가랴는 그리스도께서 조상들의 언약을 성취하실 것이라고 분명히 언급하였다(눅 1 : 68~75). 우리가 확신하기는 그리스도께서 천년왕국 동안에 다윗의 보좌에 앉아 통치하실 때 다윗의 언약을 성취하실 것이다(계 20 : 1~6). 구약 예언서들에 나오는 모든 위대한 왕국 약속들이 성취될 때도 그 때이다. 사도행전 15장 13~18절에서 사도들은 하나님께서 이방인들을 권고하시기를 마치고 자기 이름으로 한 백성을 불러내신(교회) 후에 다윗의 집(장막)을 다시 세우실 것으로 이해했다.

3. 겸손한 기도(7 : 18~29)

다윗은 나단으로부터 멧세지를 받고 기도하러 갔으며 여호와의 말씀을 성취하시도록 하나님께 구한다(28~29절). 만일 우리가 교훈이나 설교를 들은 후에 "그 멧세지를 가지고" 기도한다면 우리는 얼마나 더 많이 얻을 수 있는 것일까!

하나님은 "우리가 구하고 생각하는 것을 넘어서 풍성하게" 주시기를 즐겨하신다. 다윗은 지상적인 성전을 건설하도록 허락을 받고자 기도했으나, 하나님은 영원한 왕국을 그에게 약속하심으로 응답하셨다! 이러한 놀라운 은혜의 행위는 다윗으로 하여금 여호와 앞에 겸손하게 하였다. 그리고 기도 중에 왕은 여호와의 위대하심을 찬양한다. 그는 이스라엘의 특권적인 지위를 깨닫고 있었다(22~24절). 오늘날 하나님의 백성들은 하나님이 얼마나 위대하시며 얼마나 위대한 일들을 이루셨던가 이해하고 있다! 그러나 다윗의 관심은 자기의 이름이 칭송을 받는 것이 아니었으며 여호와의 이름이 영화롭게 되는 것이었다(26절/빌 1 : 20~21). "주께서 말씀하셨으니 이제 그 약속들을 이루소서!" 라고 다윗은 기도하였다. 아브라함처럼 다윗도 "약속하신 그 일을 능히 이루실 줄을 확신하였다" (롬 4 : 21).

다윗은 하나님께서 그에게 집을 짓도록 허락지 않으신 것을 인하여 실망하였는가? 아니다! 누가 건설하느냐 하는 것은 그에게 중요하지 않았다. 문제가 되는 것은 하나님의 뜻이 성취되는 것이며 하나님께서 영광을 받으시는 것이다.

* * * *

구약의 약속들과 하나님이 유대인과 맺으신 언약들을 해석함에 있어 복음적인 그리스도인들 사이에 두 가지 근본적인 부류의 견해가 있다.

(1) **전천년설**—그리스도께서 지상에서 1,000년간 통치하실 때에 구약 언약들이 문자 그대로 성취될 것이라고 믿는다.

(2) **후천년설**—이 예언들과 언약들을 오늘날 교회에 영적으로 적용시킨다.

전천년설을 믿는 연구자들이 이 구절들을 문자 그대로 보는 반면, 후천년설을 믿는 학자들은 "영적으로" 보기를 더 좋아한다. 이 두 가지 설은 모두 성경의 영감을 믿는다. 다만 차이점은 영감의 문제에 있는 것이 아니라 해석에 있다.

우리는 주 안에서 후천년설의 주장자들을 영접하며 비록 성경의 진리에 대한 견해가 다르다 해도 그들과 교제한다. 우리는 어떤 한 가지 해석을 교제의 시금석으로 삼아서는 안된다. 그러나 우리는 전천년설의 관점을 더 좋아하며, 구약 예언들과 언약들을 문자 그대로 해석하여 이들이 교회가 아닌 이스라엘 민족에 적용되는 것을 더 지지한다. 그리스도의 초림에 대한 구약의 모든 약속들은 문자 그대로 성취되었다. 따라서, 그의 미래 왕국에 대한 약속들 또한 문자적으로 성취되지 않으리라는 근거가 없다. 우리가 성경을 "영적으로 해석하기" 시작하면 모든 사람들은 자기 눈에 좋은 대로 해석할 것이며, 결국에는 해석의 다양성으로 말미암아 대립을 가져오게 될 것이다. 이 문제에 관해서는 찰스 라이리, 『오늘날의 세대주의』를 참조하라(Charles Ryrie, Dispensationalism Today, Moody Press, 1965).

절름발이 왕자

—사무엘하 9장—

이 장은 우리가 그리스도 안에서 가지는 구원에 관한 놀라운 예증을 제시한다. 다윗이 므비보셋을 대하는 태도는 확실히 "하나님의 마음에 합한 사람"임을 보여 준다.

1. 므비보셋—잃어버린 죄인

① **그는 거절당한 가정에서 태어났다**—요나단의 아들인 므비보셋은 거절당한 가족의 일원이었다. 그는 왕자의 아들이었으나 예루살렘성 밖에서 다른 사람에게 의존하여 살고 있었다. 오늘날 모든 잃어버린 죄인은 아담의 가족으로 죄 아래에서 태어나며 저주 아래 있게 된다(롬 5：12 이하 / 엡 2：1～3).

② **그는 떨어진 경험이 있어 걷지 못했다**—그는 양 발을 쓰지 못하는 절름발이여서(3,13절) 걸을 수가 없었다. 오늘날 사람들은 아담의 타락으로 인하여 죄인들이므로(롬 5：12) 하나님을 기쁘시게 하는 행실을 하지 못하며, 순종함으로 행하지 않고 "이 세상의 풍속을 좇아 행한다"(엡 2：2). 인간들이 하나님을 기쁘시게 하려고 노력할 수는 있으나 자기 노력이나 선한 행실로서는 구원을 받을 수가 없다.

③ **그는 가장 좋은 것을 잃고 있었다**—그는 "로드발"에 살고 있었는데, 이 말은 "목초가 없는"이란 뜻으로서 이 세상을 잘 나타내는 말이다. 목장이 없고 영혼이 만족할 만한 장소가 없다. 인간들은 목이 마르고 배가 고프지만 이 세상과 그 즐거움은 만족을 주지 못한다.

④ **그는 다윗의 도움이 없었다면 멸망했을 것이다**—다윗이 그를 구원하기 위하여 은혜로운 발걸음을 내딛지 않았더라면 우리는 므비보셋이란 이름도 듣지 못했을 것이다. 다윗이 그에게 가서 그를 도왔으므로 그의 이름이 하나님의 말씀에 기록되어졌다.

잃어버린 죄인은 얼마나 비극적인 환경에 있는가! 그는 떨어져서 (타락하여) 하나님을 기쁘게 할 수가(걸을 수가) 없다. 가정에서 분리되어 저주 아래 있으며 스스로 도움을 줄 수가 없다.

2. 다윗―은혜로운 구원자

□1 **다윗이 먼저 움직였다**―구원이란 주님께 속한 것이다! 그가 먼저 첫발을 내딛어야 한다. 왜냐하면 잃어버린 죄인들은 본질상 하나님을 찾지 않을 것이기 때문이다(롬 3:10~12). 다윗은 불쌍한 므비보셋을 데리러 사람을 보냈다. 마치 하나님께서 그리스도를 세상에 보내어 "잃어버린 자를 찾아 구원하게 하신 것"과 같다(눅 19:10).

□2 **다윗은 요나단을 위하여 행동했다**―이 일은 몇 년 전에 다윗이 요나단과 맺은 사랑에서부터 비롯되었다(삼상 20:11~23). 다윗은 므비보셋을 본 적이 없었으나 요나단을 위하여 그를 사랑하였다. 우리는 우리 자신이나 또는 사회의 공로로 구원을 받는 것은 아니다. 우리는 그리스도의 덕택으로 구원을 받는다! 우리는 그분 덕에 용서를 받는다! 우리는 우리를 "사랑하시는 자 안에서" 영접을 받는다(엡 1:6). 아버지 하나님께서 구주를 믿고 의지하는 모든 사람들을 예수로 인하여 구원하실 것은 "영원한 언약"의 일부이다(히 13:20~21).

□3 **친절에서 나온 행위했다**―3절에서 다윗은 "여호와의 친절"이라고 말한다! 그리스도는 우리를 구원하시는 일을 통하여 그의 친절을 나타내 보이셨다(엡 2:7/딛 3:4~7). 다윗의 보좌는 공의의 보좌가 아니라 은혜의 보좌였다. 므비보셋은 다윗에게 무엇을 주장할 만한 근거가 없었으며, 선물을 받을 아무런 이유가 없었다. 만일 그가 정의를 요구하며 보좌 앞에 나타난다면 그는 저주를 받았을 것이다!

□4 **다윗은 개인적으로 초청하였으며 그가 왔다**―다윗은 종을 보내어 그를 데려오게 했다(5절). 그러나 종은 왕에게 여유를 주기 위하여 물러나 있었다. 목사나 부흥강사로 말미암아 구원받는 사람은 아무도 없다. 종이 할 수 있는 모든 일이란 죄인으로 하여금 그리스도 앞에 서도록 안내하는 것뿐이다. 므비보셋이 다윗 앞에 겸손하게 엎드리는 것에 유의하자. 왜냐하면 그는 저주받은 사람으로서 자기의 위치를 알고 있었기 때문이다. 다윗은 "므비보셋"을 부를 때 얼마나 부드럽게 말했던가! "그는 자기의 양의 이름을 불러 인도한다"(요10:3).

□5 **다윗은 그들 자신의 가족으로 삼는다**―오늘날 많은 죄인들처럼 므비보셋은 종이 되기를 원하였다(6, 8절). 그러나 다윗은 그를 아들로 삼았다(11절). 탕자도 역시 종이 되기를 원하였다. 그러나 아무도 일함으로써 구원을 벌 수는 없다. "보라 우리는 이제 하나님의 아들들이다"(요일 3:1/요 1:11~13)!

□6 **다윗은 그에게 평화의 말을 한다**―"두려워 말라!" 이것이 두려워 떠는 절름발이에게 다윗이 한 은혜의 말이었다. "두려워 말라"는 말은 그리스도께서

모든 믿는 죄인들에게 하시는 말씀이다. "그러므로 … 정죄함이 없나니"(롬 8:1). 하나님의 말씀을 통하여 우리는 하나님의 평화를 누린다.

7 다윗은 그의 모든 필요를 공급하였다(9～10절)—므비보셋은 더이상 "목장이 없는" 곳에 살지 않는다. 왜냐하면 그는 매일 왕의 식탁에서 먹을 것이기 때문이다. 더구나 종 시바와 그의 아들들은 므비보셋의 종들이 되었다! 다윗은 므비보셋에게 그가 받을 모든 유업을 주었다. 이처럼 그리스도께서도 자기 가족에게 영적이고 물질적인 모든 필요를 만족시켜 주신다. 그는 우리에게 영원한 유업을 주신다(엡 1:11, 18 / 벧전 1:4 이하 / 골 1:12). 만일 하나님께서 우리에게 우리가 받을 정당한 유업을 주셨다면 우리는 지옥으로 가게 될 것이다! 그러나 그의 은혜 가운데서 하나님은 우리를 택하여 그와 더불어 우리의 유업을 나누게 하셨는데, 우리는 "그리스도와 함께한 후사"이기 때문이다(롬 8:17).

8 다윗은 심판으로부터 그를 보호하였다—사무엘하 21장 1～11절에서 하나님은 자기 백성을 징계하시기 위하여 그 땅에 기근을 보내셨다. 다윗이 하나님의 뜻을 구했을 때에, 이 기근은 사울이 기브온 사람들을 처리했던 사악한 방법 때문인 것이 밝혀졌다. 성경에는 이 사건에 대한 기록은 없다. 그러나 이스라엘은 이 사람들과 조약을 맺었으므로(수 9장), 사울의 행동은 진리에 대한 직접적인 위반이었으며 하나님께 대항하는 죄였다. 하나님은 이 죄를 밝혀 심판하시기까지 여러 해를 기다리셨다. "당신의 죄가 당신을 찾아낼 것을 명심하라". 사

사울의 자손들을 희생시켜 제물로 바침으로 이 백성을 심판하는 것은 오늘날 은혜 시대에 사는 우리에게 해당되는 것은 아니다. 하나님께서 과거에 이런 일이 일어나도록 허락하셨던 것으로 충분하다. 다윗이 므비보셋을 따로 분리시켜 희생되지 않게 한 것에 유의하자. 사울의 자손 가운데 또다른 므비보셋이 있다. 그러나 다윗은 그 차이를 알고 있었다. 오늘날 하나님의 자녀라고 고백하는 사람들이 많다. 아마도 우리는 진짜를 구별해낼 수는 없을 것이나, 심판의 날이 이르면 하나님은 진실로 자기에게 속한 사람들을 드러내실 것이다.

이 실례를 통하여 우리는 그리스도 안에서 가지는 구원이 "훨씬 많은 것"을 제공함을 명심해야 할 것은 물론이다. 다윗은 므비보셋을 육체의 위험에서 건져 육신의 필요로 하는 것을 공급하였다. 그러나 그리스도는 영원한 지옥으로부터 우리를 구원하셨으며 우리가 영적으로 그리고 육신적으로 필요한 매일의 필요에 대처하신다. 우리는 어떤 지상의 왕의 아들들이 아니다. 우리는 하나님의 자녀들이다.

사무엘하 16장1～4절은 그 차이를 설명해 준다. 다윗이 그의 아들 압살롬의 반역이 있는 동안 예루살렘에서 도망하였을 때, 종 시바가 그를 만나 므비보셋에 관하여 고발을 하였다. 다윗은 그 고발을 믿고 성급히 므비보셋의 땅을 모두 그 시종에게 주었다. 그러나 나중에 다윗이 예루살렘으로 돌아왔을 때 그는 므비보셋을 만나 진실을 알게 되었다(삼하 19:24～30). 시바가 그 절름발이에 대

해 거짓말을 한 것이다! 그는 므비보셋이 다윗과 함께 도망할 때 사용하도록 동물을 제공하겠다고 약속하고는 그 약속을 지키지 않았다. 시바는 무죄한 사람을 중상했으며, 다윗은 이 중상자의 말을 믿었던 것이다! 물론 이와 같은 일은 예수 그리스도와 신자 사이에는 생기지 않을 것이다. "누가 능히 하나님의 택하신 자들을 송사하리요"(롬 8:33~39). 사단은 우리를 고발하고 중상할지도 모른다. 그러나 그리스도는 우리를 위한 그의 사랑에 있어서 또는 우리를 대하신 그의 약속에 있어 결코 변하지 않을 것이다.

우리는 "왕의 돌아오심"에 대하여 신자들이 마땅히 가져야 할 태도를 므비보셋을 통하여 볼 수가 있다. 이 추방된 절름발이는 그의 왕이 돌아올 날을 기다리며 살았다. 그는 자신의 편안함과 위안을 생각한 것이 아니라 그를 사랑하고 죽음에서 그를 건져준 한 분의 귀환만을 기다리며 기도하였다. 비록 자기 소유의 땅을 박탈당하였지만 므비보셋은 다윗이 돌아오는 것을 한없이 기뻐하였다!

다윗의 죄와 회개

-사무엘하 11~12장-

성경은 하나님의 백성의 죄들을 분명히 드러내었다. 그러나 죄가 용납을 받은 일은 결코 없다. 오늘날 이른바 "생명의 진실"이란 책들과는 달리 성경은 사실을 언급하고 교훈을 그려내지만 상상에 머물러 있도록 허락하지는 않는다. "말하기도 부끄러운 일들도 있으며"(엡 5:12), 본 장에 나오는 사건들은 성령의 지시를 받는 마음과 정신으로 연구해야만 한다. "자신을 돌아보아 우리도 시험을 받을까 조심하라"(갈 6:1).

1. 다윗과 밧세바(11 : 1 ~ 4)

고의적으로 이러한 죄를 범했던 다윗은 정열적인 청년이 아니라 중년에 들어선 하나님의 사람이었다. 그가 범죄하게 된 이유는 자명하다. 그는 승리와 번영을 누린 후에 **자신감**을 얻었고, 전쟁터에 있어야 할 때 집에 머물러 있음으로써 **불순종**하였을 뿐아니라 저녁 시간에 침상에 누워 **게으름**을 피우고 있었다. 또한 자신을 제어해야 할 때에 자기의 욕망을 자유롭게 풀어놓음으로써 **자기관대**에 빠지고, 눈이 "육신의 정욕과 안목의 정욕"에 굴복하도록 **부주의**하였다(요일 2 : 16).

야고보서 1장 13~15절은 다윗의 경우를 완벽하게 묘사한다. 그의 욕망은 눈으로 봄으로써 활성화되었고 이를 제어하는 데에 실패하였으며, 욕망은 그의 마음에 상상력을 일으켰다. 그럼으로써, 그의 의지는 굴복되어 죄로 인도되어졌으며 그의 죄는 죽음으로 이끌어 갔다. 그는 마태복음 26장 41절에서 명령하신 대로 "깨어있어 기도하지 않았으며" 그의 "방황하는 눈"을 결정적으로 처리하지 못하였다(마 5 : 29 / 18 : 9 이하).

다윗은 하나님의 말씀을 상고하거나(출 20 : 14), 또는 밧세바가 누구의 딸이며 아내라는 점(3절)을 고려하여 유혹을 물리칠 수도 있었다(시험을 받는 것은 죄가 아니다). 사실, 그녀는 다윗의 가장 용맹한 장군 중의 한 사람의 아내였고(23 : 39), 또한 아히도벨의 손녀였다. 아히도벨은 후에 다윗에게 반역하고 압살롬의 수하에 가담하였다(23 : 34 / 16~17장). 다윗에게는 이미 많은 아내들이 있었고, 하나님은 더 주실 수도 있었다(12 : 8). 이 경건한 사람에 대한 기록이 헷사람 우리아의 문제로 인해 영원히 망쳐졌다(왕상 15 : 5). 물론, 그 여인이 이 죄에 동참했다는 것은 인정해야 할 것이나, 다윗은 왕이요 거룩한 종으로서 더욱 문책을 받아야 한다.

2. 다윗과 우리아(11 : 5 ~27)

"욕심이 잉태한즉 죄를 낳는다"고 야고보서 1장 15절은 경고한다. 그리고 이 말씀은 다윗의 경험에 있어서 얼마나 참된 말인가! 여호와를 불러 자신의 죄를 고백하는 대신 왕은 그 남편을 불러오게 했으며 집으로 보내어 술수를 쓰려고 하였다. 이렇게 하면 죄를 감출 수 있을 것이었다. 그러나 우리아는 그의 왕보다도 더 나은 사람이었으며 집으로 가기를 거절하였다! 1~2절에 나오는 다윗의 방종과 11절에 나오는 우리아의 훈련된 생활을 비교해 보라. 그의 계획이 실패하자 다윗은 새로운 속임수를 시도하였으며 그 사람을 술 취하게 하였다! 술의 영향 아래 있으면서도 우리아는 술 취하지 않은 다윗보다 더욱 훈련된 면을 보여 주었다!

죄는 여전히 자라고 있었다. 다윗은 이 사람을 죽이고 그의 아내를 취하기로 결심하였다. 요압은 협력하는 정도가 아니라 적극적이었다. 왜냐하면 이 일은 나중에 왕의 이점을 취할 수 있는 기회를 주기 때문이다. 우리아는 그 날에 자기의 죽음을 보장하는 편지를 가지고 갔다. 이 계획은 성공했으며 용감한 군인은 죽었다. 다윗은 "겉으로는 슬픈 척 꾸미다가" 곡하는 주간이 끝나기를 기다려 과부와 결혼하였다. 궁중에 있는 어떤 이들은 다윗이 밧세바를 이처럼 위로하는 것을 보고 높이 평가했을 것이다. 그러나 주께서는 달리 생각하셨다. "자기의 죄를 숨기는 자는 형통치 못한다"(잠 28 : 13).

3. 다윗과 여호와(12장)

1 **다윗의 고백**(1~14절)—적어도 일년은 지났으며 이 기간 동안 다윗은 죄를 숨기고 있었다. 시편 32편과 51편을 읽고 이 어려운 기간 동안에 다윗의 생활에 대한 설명을 알아보자. 그는 육체적으로 연약해지고 병이 들었다. 그는 기쁨을 잃었고 간증을 잃었으며, 그의 능력을 잃었다. 하나님은 다윗에게 일을 바르게 처리할 시간을 많이 주셨으나 자기의 죄를 숨기기를 고집하였다. 만일 그가 참된 회개로써 자신의 문제를 여호와께 가지고 나아갔다면 그 후의 일들은 달라졌을 것이다. 마침내 하나님은 선지자 나단을 보내셨는데 축복의 말은 한 마디도 없고(7장) 다만 죄를 깨닫게 하는 멧세지였다. 다른 사람의 죄를 깨우친다는 것은 얼마나 쉬운가! 나단은 두려움 없이 다윗에게 "당신이 그 사람이라"고 말했다.

우리는 다윗에게 하나님의 말씀 아래 엎드리고 자신의 죄를 시인하라고 권고해야만 한다. 그는 나단을 죽일 수도 있었다! 나중에 다윗은 아들의 이름을 나단이라고 붙이기도 하였다(대상 3 : 5 / 눅 3 : 31). 하나님은 다윗의 죄를 용서할 준비가 되어 있었다. 그러나 하나님은 죄가 "죽음을 낳는"(약 1 : 15) 일을 막을 수는 없으셨다. 하나님의 은혜는 용서한다. 그러나 하나님의 통치는 그 사람이 뿌린 씨를 거두게 하실 수 밖에 없다(시 99 : 8 참조). "네 배로 갚아야 한다"

고 다윗은 선언하였다. 하나님은 이 선언을 받아들이셨다. 검이 다윗의 집에서 떠나지 않을 것이었다. 어린 젖먹이가 죽었고 압살롬은 다말을 범한 암논을 죽였으며(13장), 요압은 압살롬을 죽였고(18 : 9~17), 아도니야는 브나야에게 죽임을 당하였다(왕상 2 : 25). 네 배였다! 이런 시련들에다 첨부하여 다말은 무섭게 무너져버렸고, 다윗의 아내들은 압살롬에게 부끄러운 취급을 당했다(12 : 11 / 16 : 20~23). 이에 압살롬의 반역이 더하여진다. 다윗은 한 순간의 육욕으로 말미암아 엄청난 값을 치르게 되었음을 볼 수 있다. 그는 육욕을 심고 똑같은 것을 거두었으며, 살인으로 심고 살인을 거두었다. "사람이 무엇으로 심든지 그대로 거두리라"(갈 6 : 7).

[2] **다윗의 통회**(15~25절)—즉각적으로 하나님의 징계의 손길이 움직였으며 아이가 아프게 되고 나단은 그 아이가 죽을 것이라고 말했다(14절). 그러나 다윗은 그 아이의 생명을 위하여 금식하며 기도하였다. 그는 그의 종들의 말을 듣지 않았으며, 그 주말에는 아이가 죽었다. 다윗의 금식과 기도는 하나님의 결정을 바꿀 수가 없었다. 그는 죽음에 이르는 죄를 범했으며 이에 대하여 기도하는 것은 잘못이었다(요일 5 : 14~16). 그러나 우리는 아이와 어머니에 대한 다윗의 관심, 그리고 하나님의 선하심에 대한 그의 믿음을 높이 평가한다. 우리는 또한 그가 하나님의 말씀을 신뢰한 것을 인정한다. 왜냐하면 그는 그 아이가 천국에 간 것을 알았기 때문이다(23절). 우리가 다윗의 죄와 이에 따른 모든 문제거리들을 소름이 끼치도록 싫어하지만 슬퍼하는 부모들에게 주는 놀라운 확신의 구절들을 인하여 하나님께 감사를 드린다. "죄가 많은 곳에 은혜가 더욱 넘친다." 죽은 자를 위하여 기도하는 것이 잘못임을 주목하라.

[3] **다윗의 정복**(26~31절)—이 비극적인 이야기는 다윗이 집에 있으며 제멋대로 행한 데에서 시작되었다. 그런데 이야기가 끝날 때 쯤에 다윗은 그가 있어야 할 바른 위치인 전쟁터에 있으며, 그 민족을 승리로 인도하고 있었다. 하나님께서는 다윗의 죄에도 불구하고 다윗을 기꺼이 사용하시는 것을 볼 때 격려가 된다. 그는 죄를 고백하였고 하나님은 그를 용서하셨다. 이제 그는 주님을 위하여 다시금 싸울 수가 있었다. 신자들이 죄를 범하는 것은 나쁜 일이다. 그런데 이들이 과거에 살면서 죄를 고백한 후에도 자신을 쓸모없다고 생각하는 것도 나쁘다. 사단은 하나님께서 이미 용서하시고 잊으신 죄들에 대한 기억들로 하나님의 백성을 흔들어 놓기를 좋아한다!

24~25절에는 하나님의 은혜가 정말로 놀랍게 빛난다. 왜냐하면 하나님은 밧세바를 택하여 다음 왕의 어머니가 되게 하셨기 때문이다! "솔로몬"이란 "평화"를 뜻하며, 여디디야란 뜻은 "하나님께 사랑을 받은 자"란 뜻이다. 하나님은 저주를 축복으로 바꾸셨다. 왜냐하면 솔로몬은 22장 9절에서 다윗에게 주신 약속을 성취하였기 때문이다.

이 내용은 우리 모두에게 "넘어질까 조심하라"는 경고가 되어야 마땅하다(고전 10：12). 고린도전서 10장 13절은 우리가 시험을 당할 때에 피할 길을 주신다고 약속한다. 그러나 다윗의 경우에서와 같이 우리의 욕망이 일하도록 버려두면 유혹을 정복할 수가 없다. 우리는 죄의 시작을 조심해서 알아차리고 우리의 상상력을 정결하도록 지켜야 한다. 바울은 우리를 죄악으로 이끌어가는 몸의 지체를 "죽음에 내어 주라"(억제하라)고 우리에게 명령하였다(골 3장 / 롬 6장). 우리는 모두 "깨어 기도해야" 하며 결국 육신의 일을 도모하지 말아야 한다(롬 13：14).

압살롬의 반역

—사무엘하 15~19장—

다윗은 이제 자기 죄에 대한 슬픈 추수를 하고 있다(삼하 12 : 10~12참조). 우리가 우리의 죄를 고백할 때에 하나님은 은혜로우셔서 용서하신다. 하나님이 우리의 죄에 대한 비극적인 결과에 개입하셔도 그의 거룩함에 위배되지는 않으신다.

1. 왕자의 반역(15 : 1~12)

완전한 줄거리를 알려면 13, 14장을 읽으라. 압살롬의 아름다운 동생 다말은 이복 오빠인 암논에게 욕을 당했는데, 그는 다윗의 장남이었다(3 : 2). 다윗은 밧세바와 더불어 간음죄를 범하였는데 그와 같은 죄가 자기의 집안에서 저질러졌다.

압살롬은 암논이 행한 일을 알게 되었을 때 마음에 두 가지 목적을 지녔다. 암논을 죽임으로써 다말에게 복수하고 싶었고 동시에 보좌에 대한 분명한 상속자가 되어 지는 것이다. 다윗이 자기의 가족에 대해 훈계할 만한 영향력을 가지고 있지 못한 것은 너무도 나쁜 일이었다. 13장 21절에서 우리는 다윗이 화를 낸 것을 읽는다. 그러나 일들을 교정하기 위하여 그가 어떤 행동을 취했다는 말은 없다. 아마도 자기 자신의 죄에 대한 기억이 이를 저지시켰을 것이다. 압살롬은 자기 손으로 일을 꾸미어 암논을 죽였다. 그리고는 이방 영역으로 도망하여 어머니의 친척에게 가서 숨었다(13 : 37 / 3 : 3 참조). 14장에서 요압은 압살롬을 위하여 중재하였으며 다윗에게 술수를 써서 그 고집센 아들을 집으로 돌아오게 하도록 하였다.

압살롬은 단시일 내에 자기를 추종하는 충성된 무리들을 모으는 데에 성공하였다. 그는 공개적으로 그의 아버지의 행정을 비난하였으며 은밀하게 백성들의 마음을 훔쳤다(15 : 7). 얼마간 지난 후에 압살롬은 그의 움직임이 공개적인 반란을 감행할 만큼 충분히 강해졌음을 발견하였다. 다윗의 고문인 아히도벨이 반역자의 편에 선 것은 놀랄 일이 아니다. 왜냐하면 다윗이 취한 밧세바는 그의 손녀이기 때문이다(11 : 3 / 23 : 34). 일은 압살롬이 성공하여 아버지의 왕관을 빼앗을 것처럼 보였다.

2. 백성들의 반응(15 : 13~16 : 23)

다윗이 힘으로 다스리고 있을 때 그의 실제 적들은 감히 그에게 반대하지 못하였다. 그러나 압살롬의 반역은 왕에게 저항하여 그를 해치울 놀라운 기회가 될 것으로 생각케 했다. 이 때는 거짓된 자들로부터 참된 자들을 걸러내는 기간이었다.

[1] **다윗의 친구들**(15：13~37)—다윗에게는 예루살렘을 떠나는 것이 현명한 이동이었다. 왜냐하면 자기의 궁에서 죄수가 된다면 압살롬이 그를 지키기가 용이해지기 때문이다. 가드 사람 잇대의 지휘 하에 있는 이방인 군사들이 왕에게 충성하였음을 주목하자. 이 사람들은 그의 망명의 시련 기간 동안에 다윗의 편에 서 있었던 사람들이었다. 두 제사장 사독과 아비아달이 왕을 따르기 위해서 길을 떠났으나, 다윗은 그들에게 성으로 돌아가라고 말했다. 이것은 신앙의 발걸음을 내딛은 것이었다. 다윗은 하나님께서 그에게 승리를 주시어 보좌로 돌아가게 하실 것을 믿고 있었다. 다윗은 엘리의 아들들이 성급하게 법궤를 전쟁터로 가져가는 것 같은 실수를 범하지는 않았다(삼상 4~5장). 그는 제사장들을 보내어 법궤를 예루살렘으로 가져가게 했다. 물론 제사장들은 그를 위하여 정탐할 수 있었으며 그들의 아들들에게 정보를 주어 보냈다. 또한 압살롬의 동맹자로 가장하여 성으로 돌아간 후새의 모략은 아히도벨의 모략을 변경시킬 수 있었다.

다윗과 그의 보잘것 없는 작은 군대가 성에서 도망하여 기드론 강을 건너는 모습은 슬픈 광경이다. 이것은 예수께서 예루살렘에서 거절당하여 성을 떠나 기도하러 기드론을 건너가신 일을 생각나게 한다(요 18：1). 다윗의 상황에 있어서 "유다"란 그의 이전 친구인 아히도벨을 말한다. 아마도 시편 55편 12~15절은 이 때에 씌어졌을 것이다. 우리는 시편 3편이 이 반역의 기간 동안에 씌어졌음을 안다. 이 시를 읽고 다윗이 어디에 믿음을 두고 있는지 알아보자.

[2] **다윗의 적**(16장)—반역의 기간은 모든 것이 드러나던 기간이었다. 우리는 이 때 사람이 진실로 무엇을 믿으며 어디에 서 있는지 보게 된다. 시바가 다윗에게 므비보셋에 대하여 거짓말을 하였을 때(19：24~30), 그는 성급한 판단을 내렸었다. 사울 집안의 친척인 시므이는 공개적으로 다윗에 대한 증오를 나타내었다. 시련 중에서의 다윗의 인내는 놀랄 만하다. 그는 여호와께서 적절한 때에 그에게 보복하실 것임을 알고 있었다. 아비새는 그 사람의 머리를 자르고 싶어했으나(눅 9：54 / 벧전 2：23) 다윗은 그를 멈추게 했다. 다윗은 광야에서 뿐 아니라 자기 궁에서도 수치를 당하고 있었다. 왜냐하면 아히도벨은 압살롬에게 권하여 다윗의 첩들을 취하도록 하였으며 그럼으로써 공개적으로 그의 아버지와 관계를 끊는 것이었다. 이것은 12장 11~12절에 있는 하나님의 예언의 성취였다.

오늘날 우리 주 예수께서 인간들에게 업신여김을 받으시고 거절을 당하신다. 마치 다윗이 반역의 기간 동안에 당했던 일과 같다. 오늘날 사람들이 왕에게 충성스럽게 남아 있기 위해서는 용기가 필요하다. 하지만 예수께서 돌아오실 때는 하나님께서 이러한 충성에 보상해 주실 것임을 확신할 수 있다.

3. 여호와의 응보(17~19장)

하나님은 이 반역을 다윗이 우리아와 밧세바와 연관된 죄에 대해 치러야 할 댓가의 일부로 허락하셨다. 하나님은 이 기회를 선용하여 다윗의 왕국을 정화하셨으며, 불충성한 자들과 충성된 자들을 분리해 놓으셨다. 마침내 응보의 날이 임했던 것이다. 하나님의 심판이 내릴 때는 즉각적으로 정확하게 닥칠 것이다.

1 **아히도벨의 죽음**(17장)—아히도벨의 계획이 둘 중에서 더욱 좋은 것이었음은 의심할 나위가 없다. 그러나 하나님은 압살롬이 이를 거절하도록 하셨다. 압살롬 자신이 군대를 인도하도록 제안함으로써 심리학적으로 접근하는 후새에 주목하자(17：11). 이것은 남자의 공명심에 호소하는 것이었으며, 그 허영은 그를 죽음으로 인도해 갔을 뿐이다! 아히도벨은 그의 작전이 거절당한 것을 알게 되자 자기의 생명을 끊었다. 이것은 신약에서 그리스도의 경험과 유사한 또한 가지의 일이다. 왜냐하면 유다가 밖에 나가서 목매어 죽었기 때문이다.

2 **압살롬의 죽음**(18：1~19：15)—허황된 왕자는 후새의 충고를 따랐으며 그의 군대를 에브라임의 숲으로 인도해 갔다. 물론 그는 전쟁을 치를 준비가 되어 있지 않았다. "교만은 패망의 선봉이요 거만한 마음은 넘어짐의 앞잡이이다"(잠 16：18). 그의 머리와 긴 머리카락이 가지에 걸려(14：25~26) 내려올 수가 없었다(욥 20：1~7). 요압은 다윗의 명령을 불순종하고(18：5) 이 반역자를 죽였다. 그리고는 이 사실을 왕에게 전하였는데, 이 소식을 들은 다윗은 비통하게 울었다. 다윗이 자신에게 그같은 죄를 범한 사람을 향해 어떻게 그처럼 애곡을 할 수 있었는지 우리는 설명할 수가 없다. 그러나 그는 "하나님의 마음에 합한 사람"이었고 자기 아들에 대한 풍성한 사랑 가운데서 어떠한 잘못도 보지 못할 수 있는 것이다. 사실상 다윗의 비정상적인 슬픔은 그로 하여금 거의 왕국을 잃게 했다!

3 **시므이가 용서를 받음**(19：16~23)—반역자들은 왕이 돌아올 때 "태도를 바꾸려" 할 것이다! 다윗왕은 자기 왕국의 조각들을 모으려 하고 있었다. 그래서 그는 지파들 간의 불화를 피하지 않으면 안되었다. 그러나 후에 솔로몬은 시므이에게 마땅히 받을 것을 받게 하였다(왕상 2：36~46).

4 **시바와 므비보셋이 화해함**(19：24~30)—시바가 시므이의 무리와 함께 도착하였는지는 기록되어 있지 않다(16~17절). 물론 그는 자기의 주인에게 거짓말을 하였으며 다윗은 정당한 재판을 내리고 싶었다. 말하기는 슬프지만 이전의 경솔한 재판은 문제를 완전히 해결하는 데 어려움을 두었다. 그러나 우리는 다윗의 태도의 진가를 인정한다. 도성에 왕이 없을 때에 므비보셋이 보인 관심 있는 태도는 우리에게 좋은 본보기이다.

5 **바르실래가 보상받음**(19：31~43)—그는 다윗의 일행이 도움을 필요로 할 때에 이에 대처하였다(17：27~29). 이 친절한 행위로 말미암아 그가 친구들을 잃었을 것은 의심의 여지가 없다. 그러나 왕이 돌아왔을 때 그는 놀랍게 상을 받게 되었다! 바르실래는 그의 집을 떠나고 싶지 않았으며 사랑하는 사람들과 헤어져 죽게 되기를 원치 않았다. 그래서 그는 김함(아들이나 손자에게)에게 그 축복을 주도록 제안하였다. 예레미야 41장 17절은 다윗이 김함에게 베들레헴 근처의 땅을 주었으며 그의 가족이 오랫동안 거기서 살았음을 전해 준다.

다윗이 거절을 당했다가 다시 돌아온 이 전체의 이야기는 물론 오늘날 그리스도를 향하여 인간이 가지는 태도를 예증한다. 떠나있는 왕의 편에 남은 충성된 사람들은 몇 안된다. 그리고 반역하기를 좋아하는 이기적인 대다수가 있다. 그러나 왕이 돌아올 때 무슨 일이 생길 것인가? 그의 추종자들인 우리는 왕에게 무엇을 돌려드릴 수 있는가?

다윗의 큰죄

—사무엘하 24장—

역대상 21장에는 다윗의 생애에 있어서 범한 큰 죄에 대하여 다루고 있다. 여기에 하나님의 목적을 성취하기 위해서 사단이 일할 수 있도록 허용되어졌던 또다른 실례가 있다(눅 22：31～34).

1. 죄(24：1～9)

백성의 인구조사 배후에는 다윗의 어떤 욕망이 놓여 있었겠는가? 아마도 교만이었을 것이다. 그는 많은 위대한 승리들을 경험했으며(대상 18～20장) 성공에 대한 영광을 받고 싶었던 것같다. 인구조사 자체에는 물론 아무 잘못이 없었다. 왜냐하면 그들의 민족 역사에 있어서 가끔 있었던 일이기 때문이다. 그러나 우리는 인간을 높인 인구조사가 결코 하나님께 영광을 돌리지 못할 것임을 명심해야만 한다.

출애굽기 30장 11～16절에는 고려해 보아야 할 또다른 요소가 있다. 인구조사에는 각 사람이 지불해야 하는 "속전"(구속의 돈)과 연관이 있으며 이 은 한 세겔은 그들이 여호와께서 값주고 사신 소유인 것을 생각나게 하는 것이었다. 출애굽기 30장 12절은 만일 백성이 그들의 속전을 소홀히 하면 나라에 재앙을 내릴 것이며 숫적으로 감소하게 될 것이라고 경고한다. 그런데 바로 이런 일이 발생하였다. 하나님은 다윗에게 거의 10개월을 주셔서 마음을 바꾸어 징계를 피하도록 하셨다(8절). 또한 하나님은 단념시키려고 요압의 지혜로운 권고를 사용하기조차 하셨으나 다윗은 들으려 하지 않았다. 하나님의 자녀들이 때때로 마음에 고집하여 자기의 길을 주장하는 것은 참으로 안된 일이다! 다윗의 죄는 경솔해서 범한 것이 아니었다. 그는 냉철하게 이 일을 수행하였으며 정확하게 계산하였다. 그는 하나님께 대항하여 반항하고 있었다.

이 죄와 밧세바와의 죄 사이에는 흥미로운 대조점이 있다.

(1) 하나는 **영적인 죄**(교만)였고 다른 하나는 **육적인 죄**였다.
(2) 여기서는 **고의적인 고집**으로 행하였고 밧세바와의 죄는 육신의 넘치는 **욕망의 결과**로 온 것이다.
(3) 이 죄는 **민족**이 연관되었으며 70,000명이 죽었고, 다른 하나는 **가족**의 문제였으며 몇 명이 개입되었을 뿐이다.
(4) 이 두 가지 죄에서 하나님은 다윗에게 **회개할 시간**을 주셨으나 그는 너무 오랫동안 기다렸다.

우리는 그 교만과 하나님의 말씀에 대한 반역이 무서운 죄라고 생각하지 않을지도 모른다. 그러나 다윗의 생애에 있어서는 그가 간음을 범하였을 때보다도 더 큰 슬픔과 비극을 산출하였다! 우리는 "육과 영의" 죄들을 삼가야만 한다(고후 7 : 1).

2. 고난(24 : 10~17)

"죄의 삯은 사망이다." 다윗은 심판이 임하기 전에 마음에 죄를 깨닫고 있었다. 그는 물론 자신과 여호와께 정직하였으나 그의 깨우침과 회개는 너무 늦었다. 12장 13절에서 다윗은 "내가 죄를 범하였노라"고 말하였다. 그런데 여기서는 "내가 큰 죄를 범하였나이다"라고 말한다. 인간의 관점에서 볼 때는 민족의 수를 센다는 것은 간음이나 살인보다 더 큰 죄로 보이지 않는다. 그러나 하나님의 관점으로 볼 때는 그 불순종과 그 결과에 있어서 더 큰 죄였다. 이 세상에 계실 때 예수께서는 세리들과 죄인들은 용서하셨으나 교만하고 반역한 사람들에 대해서는 신랄하셨다. 물론 영적인 것이나 육적인 것이나 둘 다 죄인 것은 마찬가지이며, 인간이 둘 중에 하나에만 개입될 수는 없는 일이지만, 우리는 교만과 고집센 불순종을 과소평가해서는 안되겠다.

하나님은 다윗에게 자신의 징계를 선택하게 하셨다. 그의 선택은 마음의 믿음과 사랑을 보여 주었다(13절의 "7년 기근"은 다른 두 형벌의 3년, 3개월과 비슷해지도록 3년으로 보아야 한다). 다윗은 인간들의 손보다는 자비로운 여호와의 손에 맞기를 원하였다. 그리하여, 오전 6시에 천사가 와서 백성들에게 재앙을 내리기 시작하였다. 저녁 제사를 드릴 즈음에(오후 3시) 천사는 70,000명의 유대인을 죽였다! 다윗과 그의 장관들은 심판하는 천사를 보았으며 다윗은 즉각적으로 백성을 위하여 중재에 나섰다. "이 양무리는 무엇을 행하였나이까? 주의 손으로 나를 치소서!" 그러나 하나님은 전체 민족에 대해 분명한 원인을 가지고 계셨으며(24 : 1), 다윗의 죄를 이용하여 백성들을 심판하신 것임을 기억해야 할 것이다. 아마도 백성들 중의 많은 사람들이 압살롬을 따랐을 때에 다윗에 대항하여 반역한 죄를 벌하고 계신 것일 수도 있다.

권위자의 위치에 있는 사람들을 위한 실천적인 경고가 여기 나온다. 직분이 높으면 높을수록 선악 간에 그 영향력이란 더 크기 마련이다. 레위기 4장에서 만일 대제사장이 죄를 범하면 제물로 황소를 드려야 했으며, 전 회중이 범죄하였을 경우에도 하나님은 똑같은 제사를 요구하셨다(13~14절)! 다윗의 죄가 이번에는 전민족과 연관이 되었으며, 이것은 그의 "가족의 죄"가 전체 집안에 연관된 것과 같다.

3. 희생 제사(24 : 18~25)

서로 다른 두 가지 요소가 심판을 멈추는 데에 개입되어 있었는데 곧 여호와의 자비(16절)와, 죄인들의 고백과 희생(17절)이다. 하나님은 그의 종에게 멧세지를 보내어 그가 천사를 보았던 아라우나(또는 오르난)의 타작마당에 제단을 세우게 하셨다. 다윗과 그의 장관들은 그곳으로 가서 값을 치르고 샀다. 그는 그 "장소"를 위해서는 금 600세겔(전체 지역 / 대상 21 : 25)을 주었으며 황소와 타작곡식을 위해서는 은 50세겔을 주었다. 오르난은 전체 소유를 왕에게 드리려 했으나 다윗은 받지 않았다. 다윗은 다른 사람의 희생을 여호와께 드리고 싶지 않았던 것이다. 값싼 희생은 전혀 희생이 없는 것보다 더 나쁘다. 이것은 우리가 그리스도인의 행보(行步) 가운데서 본받아야 할 좋은 원리이다.

다윗은 즉각적으로 여호와께 황소를 번제로 드렸으며, 피흘림은 죄를 처리하였다. 역대하 3장 1절은 바로 이 자리에 솔로몬의 성전이 들어섰음을 알려 준다. 하나님은 저주를 축복으로 바꾸실 수가 있으시다! 다윗의 간음 사건에 관련되었던 밧세바에게서 솔로몬이 태어났다는 것은 흥미로운 일이다. 더구나 솔로몬은 다음 왕이 되었을 뿐아니라, 백성을 계수한 다윗의 큰 죄와 연관된 지점에 성전을 세웠다! 하나님의 놀라운 은혜의 사역은 이와 같다. 물론 "선을 이루기 위하여 악을 행해서는" 안된다(롬 3 : 8). 그러나 "하나님을 사랑하는 자 곧 그 뜻대로 부르심을 입은 자들에게는 모든 것이 합력하여 선을 이룸"(롬 8 : 28)을 확신하는 가운데 쉼을 얻을 수 있어야 한다.

본 장에서 몇 가지 교훈에 주목하자.

(1) **사람은 시험에서 결코 벗어나 있지 못한다.** 다윗이 이 죄를 범하였을 때는 경험이 없는 젊은이가 아니었다! 만일 그가 "깨어 기도했더라면" 시험에 들지 않았을 것이며 죄에 그렇게 쉽게 빠지지 않았을 것이다.

(2) **하나님은 은혜롭게도 회개할 시간을 주셨다.** 그는 다윗에게 이 죄를 처리하고 일들을 바로잡도록 9개월 이상의 시간을 주셨다. "여호와를 만날 만한 때에 찾으라."

(3) **영적인 죄들은 큰 해를 끼친다.** 모든 죄들이 사악하며 피해야 할 것이지만, 확실히 우리가 깨달아야만 할 것은 성경에서는 거듭 반복해서 고집센 교만을 정죄한다는 것이다. 일단 다윗이 자신의 사악한 길에 들어서자 그는 너무 교만해져서 돌이킬 수가 없었다! 사울왕도 같은 죄를 범하였었다. 우리는 간음과 살인을 범하지는 않았을지 모른다. 그러나 굳은 마음과 교만한 눈은 더 큰 죄악으로 이끌어 갈 것이다.

(4) **우리의 죄들에 다른 사람들이 관여된다.** 다윗이 불순종하였기 때문에 70,000이 죽었다.

(5) **참된 고백은 값진 것이다.** 우리는 "죄의 비싼 값"을 깨닫고 있는가? 참된 고백은 재빠른 기도나 요한일서 1장 9절을 인용하는 것 이상이다. 참된 고백이

란 죄를 정직하게 직면하여 그 값을 고려하지 않고 하나님의 말씀에 순종하는 것이다.

(6) **하나님께서 용서하시고 축복하실 것이다.** 우리 자신을 여호와의 손에 맡기자. 우리를 향한 그의 자비가 크기 때문이다.

왕이 된 솔로몬

—열왕기상 1～4장—

우리는 이제 이스라엘의 보좌를 계승한 다윗의 아들 솔로몬의 생애와 통치에 대하여 연구하기 시작한다. 우리는 다윗을 통하여 겸손히 낮아지고, 망명 생활을 하며, 거절을 당한 그리스도의 모형을 본다. 그러나 솔로몬에게서는 "평화의 왕" (솔로몬이란 이름은 "평화를 좋아하는"이란 뜻이다)이 영광과 광채 가운데서 자기의 백성을 통치하는 모형을 본다. 솔로몬이 평화와 대단한 번영 가운데 살며 통치할 수 있었던 기반은 다윗의 정복 활동에 있었다.

1. 하나님의 말씀을 성취하는 솔로몬(1장)

다윗은 이제 자신의 왕의 소임을 수행할 수가 없게 되었다. 그러자 그의 아들 아도니야가 이런 상황의 이점을 틈타서 자신이 이스라엘의 왕이라고 주장하였다. 그는 하나님이 다윗을 계승할 자로 솔로몬을 지목하셨고, 그 일이 실현되어가고 있는 동안 내내 "내가 왕이 될 것이라"고 광고하였다(1:17/2:13～15). 아도니야는 고의적으로 하나님의 뜻에 반역하고 있었다! 말하기는 슬프지만, 다윗의 믿음직한 고문들 가운데 얼마가 이 사악한 음모에 가담하였으며, 그 중에는 이전에도 한 번 이러한 일을 행했던 요압(삼하 15:1 이하)과 제사장 아비아달도 끼어 있었다. 배반한 왕자는 마차를 준비하고 백성들의 인심을 구함으로써 압살롬의 전철을 밟았다(삼하 15:1 이하).

그러나, 세 사람의 충성된 신하들이 이 일을 알고 밧세바에게 알렸다. 그러자, 밧세바는 이 소식을 다윗에게 전하였는데, 그녀는 다윗이 다음 대 왕으로서 그녀의 아들 솔로몬에게 계승하리라던 그의 맹세를 파기하지 않을 것을 알고 있었다. 전 계획은 순조롭게 진행되었으며, 다윗은 솔로몬이 즉시 보좌를 차지하기를 원한다고 분명히 밝혔다. 사독과 나단, 밧세바는 지체하지 않고 솔로몬을 왕의 노새에 앉히어 그가 이스라엘의 새로운 왕임을 선포하였다. 40절은 그 소식이 그 땅 백성들에게 큰 기쁨으로 받아들여졌음을 암시해 준다. 그러나 아도니야와, 의심없이 그를 찬양한 군중은 이 소식을 듣고 대경실색하게 되었다. 왜냐하면 이제 그들은 반역자들이 되었기 때문이다. 반역한 왕자는 보호받기 위하여 하나님의 제단으로 달려갔으며, 솔로몬은 그를 죽이지 않겠다고 약속하였다. 이 사악한 사람들이 마음으로부터의 진정한 회개도 하지 않고 다만 도움을 받고자 하나님께로 도망하는 것은 참으로 나쁜 일이다. 제단은 아도니야에게 있어서 교제의 장소가 아니라 도피의 장소였다.

2. 하나님의 진노를 시행하는 솔로몬(2장)

1 **다윗의 마지막 권고**(1~11절/대상 22~29장)—다윗은 정치가들에게 영적인 것에 대해 강조하였다. 이는 그의 아들이 여호와의 길로 행하기를 원했기 때문이다. 그는 솔로몬에게 율법을 배우고 순종하라고 권하였다(신 17:14~20/수 1:8). 하나님은 솔로몬에게 놀라운 약속들을 주셨지만(삼하 7:8~17), 그 약속들은 솔로몬의 믿음과 순종이 없이는 성취될 수 없었다. 또한 다윗은 그를 대적했던 원수들과, 그를 보좌한 친구들에 대해 상기시켰다.

2 **아도니야에게 임한 심판**(12~25절)—만약 아도니야가 그의 적절한 위치에 머물러 있었다면 그는 살 수 있었을 터이나, 고집스럽게 굴복하기를 거부하였다. 그는 다윗의 마지막 아내인 아비삭(1:1~4)을 요구하는 성급한 주장을 하였는데, 이는 다윗의 모든 것이 솔로몬에게로 돌아갔기 때문이었다. 밧세바는 이 전체의 이야기에서 무죄한 중재자인 것으로 보인다. 솔로몬은 자기의 형제의 요구 속에 담긴 배반의 뜻을 깨달았으며, 아비아달과 요압의 배반도 알고 있음을 분명히 밝히었다(22절). 아도니야는 너무 지쳐 있었고, 이제 죽어야만 했다.

3 **아비아달과 요압에게 임한 심판**(26~35절)—솔로몬은 아비아달의 직분을 존중하여 죽이지는 않았으나, 그를 제사장의 사역에서 제외시켰는데, 이로써 사무엘상 2장 30~36절의 내용이 성취되었다. 요압은 그의 친구가 추방되었다는 소식을 듣고 심판이 곧 그에게 임할 것임을 알았다. 그도 아도니야처럼 보호를 받기 위하여 제단으로 도망하였다. 요압은 여러 사람을 죽인 죄가 있었으며 그 죄값을 치러야만 했다. 브나야가 군대의 새 장관이 되었으며, 사독은 대제사장이 되었다.

4 **시므이에게 임한 심판**(36~46절)—이 사람은 다윗이 압살롬을 피하여 달아날 때 다윗을 지독하게 저주했던 사람이다(삼하 16:5 이하). 솔로몬은 그가 지켜볼 수 있는 예루살렘에 머물러 있으라고 시므이에게 명령했으며, 이는 그가 마땅히 받아야 할 것에 비해 훨씬 자비로운 처사였다. 그러나 시므이는 왕의 명령에 불순종함으로 "허세를 부려 도전하려" 하였으며 이는 결국 그의 생명을 값으로 지불하게 하였다. 솔로몬의 이러한 심판들이 잔인한 것 같으나, 이러한 사람들은 왕의 적들이었으며 곧 여호와의 적들이었음을 명심하자.

3. 하나님의 지혜를 받은 솔로몬(3장)

그는 순전히 정략적인 목적으로 애굽의 공주와 결혼하였고, 후에는 이방 여인들과 결혼함으로써(11:1 이하) 여호와를 향한 참된 예배에서 돌아서게 된다.

그러나, 그의 통치의 초기에는 여호와에 대한 진지한 사랑을 가지고 있어서 그를 삶의 첫자리에 두기를 원하였다. 솔로몬에게 무엇이나 구할 수 있는 특권이 주어졌을 때 그는 지혜와 이해의 마음을 원하였으며, 하나님께서는 그 기도에 응답하셨다. 더군다나 하나님은 다른 모든 축복들도 주셨다(마 6 : 33)! 그러나 만일 솔로몬이 이 축복들을 누리기 원하였다면 말씀에 순종하여 행했어야 하는 것이다(13～14절).

두 어머니에 대한 이야기는 솔로몬의 지혜에 대한 한 가지의 실례에 불과하다. 이 두 여인이 왕의 보좌에 나갈 수 있었다는 사실은 젊은 솔로몬이 얼마나 그의 백성들을 사랑하고 섬기고자 원하였는지를 보여 준다. 모든 그리스도인이 각자 "솔로몬보다 크신"(마 12 : 42) 주님의 보좌 앞으로 나아갈 수 있다는 것이 얼마나 놀라운 일인가! 그는 지혜를 주시며, 모든 필요에 대처하시겠다고 약속하신다! 물론 우리는 모두 하나님의 지혜에 의존할 필요가 있으며 이 세상의 지혜를 의존해서는 안된다(고전 1 : 18～31 / 약 3 : 13～18).

하나님께서는 우리를 부르심에 있어서 그에 합당한 준비를 갖추게 하신다는 것은 그리스도인에게 있어서 귀중한 진리이다. 하나님은 솔로몬으로 하여금 왕이 되게 하셨고 그가 만족스럽게 섬기는 데 필요한 모든 것을 제공하셨다. "구하라 그리하면 주실 것이다."

4. 하나님의 부를 누리는 솔로몬(4 장)

1～6절에는 솔로몬의 "각료"들의 이름이 기록되어 있고 7～19절에는 이스라엘의 각 분할구를 감독하는 사람들의 이름이 나온다. 왕에 대한 사무엘의 경고가 현실로 나타났다(삼상 8 : 10～18 / 신 17 : 14～20 참조). 그 민족의 물질적인 번영은 영적인 번영과 균형을 유지한 것 같지는 않다. 왜냐하면 몇 년 내에 왕국이 분열되어 솔로몬의 광채가 무너질 것이기 때문이다. 백성들은 "먹고, 마시고, 즐거워하였으나"(4 : 20) 그들이 하나님의 율법에 관심을 가졌다는 말은 볼 수가 없다. 물질적인 번영을 누리면서도 여전히 영적일 수도 있는데, 아브라함의 경우가 그러했다. 그러나 대부분의 사람들이 많은 부를 잘 다루지 못한다.

그의 왕국은 이스라엘의 역사에 있어서 가장 큰 왕국이었고(21절 / 창 15 : 18 참조) 평화와 번영의 날들이었다(25절). 그러나 죄와 배반의 씨가 뿌려지고 있었다. 솔로몬은 애굽에서 말들을 가져왔는데 이것은 율법에 직접적으로 불순종하는 일이었다(신 17 : 16). 그는 또한 많은 아내를 거느렸는데(11 : 1 / 신 17 : 17), 이러한 죄들은 결국 왕국의 몰락을 초래했다.

솔로몬은 자연에 대한 위대한 학자였다. 잠언, 전도서와 솔로몬의 아가서를 읽을 때에 이에 주목하지 않을 수 없을 것이다. 오늘날 3,000개의 잠언이 모두 남겨져 있지는 않으며, 또한 우리가 가지고 있는 유일한 "노래집"은 솔로몬의 아가서이다. 자연을 지켜봄으로 하나님의 방법들에 대해서 많은 것을 배울 수 있는 것은 분명하다. 예수께서는 백합, 씨, 참새, 그리고 자연의 다른 형태들을 들어 하나님에 대하여 사람들에게 가르치셨다.

그러나 예수 그리스도는 "솔로몬보다 크신 분"이다! 그는 하나님의 아들이시므로 인격에 있어서 크시며, 지혜와 부요하심에 있어서 크신 분이다(골 1 : 19 / 2 : 3, 9). 솔로몬은 이방 여인들과 결혼하였으나, 예수 그리스도는 자기의 신부로서 교회, 즉 피로 값주고 사신 그를 믿는 죄인들과 결혼하실 것이다. 그리스도는 능력과 영광에 있어서 더욱 위대하시며, 어느 날 그는 위대한 왕국을 영원히 통치하실 것이다!

성전 건축

—열왕기상 5～8장—

이 장들에서는 솔로몬이 하나님의 영광을 위하여 성전을 건축하리라는 하나님의 약속이 성취된 것을 기록한다(삼하 7：12～16 / 왕상 8：15～21). 젊은 왕에게 있어서 이 일이 거대한 사업임을 상상하기는 그리 어렵지 않다. 그러나 여호와께서 그에게 확신을 주셨으며 솔로몬은 여호와를 신뢰하였다(6：11～14). 이와 병행하는 구절은 역대상 22장～역대하 7장에서 찾아볼 수 있다.

1. 준비(5장)

[1] **다윗**—그는 전체의 계획을 시작한 사람이었다. 하나님은 그 계획은 승인하셨으나 솔로몬이 실제적인 일을 할 것임을 분명히 하였다. 다윗은 계획을 가지고 있었으므로(대상 28：11～21) 값비싼 재료들을 이미 모두 준비해 놓았었다(대상 22：5, 14～16). 그는 아들에게 이 일을 장려하였고 하나님께서 신실하게 지원하실 것이라고 확신을 주었다(대상 28：1～21).

[2] **두로의 이방왕 히람**—그는 이 일을 하는 데에 필요한 목재와 기술자들을 공급할 것에 동의하였다. 솔로몬은 곡식 이만 석(약 260,000말)과 순전한 올리브기름 이십 석(약 30말)을 해마다 지불했다(왕상 9：10～14).

[3] **이스라엘**—인력은 시간제로 등록하거나 징발되는 것으로 동원되었고 무거운 "노예 노동"은 가나안 사람들이 맡아서 했다. 이들은 약 150,000명이 동원되었으며(5：15 / 9：20～22), 유대인 30,000명은 "정규적인" 일을 하였다. 10,000명이 한달은 일하고 두 달은 집을 돌보았다. 이러한 동원은 이 땅의 일할 수 있는 인구의 1/40에 해당되는 수였으므로 그다지 압박을 가하는 것은 아니었다. 그리고 이러한 봉사는 일시적인 것이었다.

성전 건축은 유대인과 이방인이 서로 협력한 결과임을 나타내었다. 준비된 자료들, 즉 버틸 수 있는 크고 귀한 돌들과, 건물을 영광스럽게 할 귀금속들은 모두 최고품이었다. 이것은 "나무나 짚이나 풀"이 아니라 "금, 은, 보석"으로 건축하라는 교회에 대한 사도 바울의 권고를 상기시킨다(고전 3：10～23). 오늘날 하나님은 물질로 된 성전에 거하시지는 않지만(행 17：24), 그렇다고 해서 우리가 하나님을 위한 일에 값싸고 초라한 것으로 해야 한다고 말할 수는 없다.

2. 건축(6 ~ 7 장)

성전에 대한 전체적인 계획에 대해서는 성경 사전을 참고하자. 아마도 "성전 전지역"이 성전 이외의 건축물들을 포함한다는 것을 발견하게 될 것이다(7:1~12). 솔로몬은 먼저 성전을 건축하였는데, 여기에는 7년이 소요되었다(6:38). 다음으로 그는 왕궁을 건축하고, 다른 건축물들과 궁정을 지었는데 모두 성전 구역을 이루고 있었다(9:10). 이 모든 것의 건축 기간은 20년이었다.

성전 건축에 대해 모든 세밀한 점까지 공부할 필요는 없다. 성전 본당은 성막의 두 배로 지어졌으므로, 성전 자체는 거대한 크기의 건물이 아니었다. 성전은 다듬은 돌로 짓고 나무로 덮었다. 그 위에 다시 금으로 덮었으며, 보석으로 장식하였다. 6장 7절에서 돌은 채석장에서 미리 다듬어져서 조용히 제자리에 갖다 맞추어졌다고 기록되어 있다. 돌을 다듬는 사람들은 하나님의 계획에 따라 다듬고 있었으며, 따라서 모든 것들이 서로 잘 맞추어졌다. 이것은 오늘날 그리스도인 사역자들이 주님의 성전인 교회를 세우는 일을 보조할 때에 따라야 할 좋은 본이다(엡 2:19~22 / 벧전 2:5~8).

성전은 성막보다 더 크고 정교하였다. 이것은 가죽으로 덮은 임시적인 천막이 아니었으며 그보다는 이동할 수 없는 장엄한 석조 건물이었다. 창문도 있었으며 마루도 있었는데(6:4 / 6:15), 이들은 둘 다 성막에는 없던 것이었다. 솔로몬은 지성소에 감람목으로 두 그룹을 만들어 두었는데(6:23~30), 이 아래에 법궤를 두었다. 바깥 뜰이 무미건조한 반면에 성전에는 야긴("그가 세우실 것이다")과 보아스("주 안에 힘이 있다")라고 불리우는 두 개의 기둥(13~21 절)을 세운 아름다운 현관이 있었다(7:1~12). 힘(강함)과 견고함(안정됨)은 여호와께 속한 것이며, 이제 자기 백성에게 속하게 되어 이 땅에 정착시키게 되었다. 작은 놋대야 대신에 열 두 마리의 황소가 받치고 서 있는 "주조한 바다" (7:23~26)를 만들었다. 이들은 또한 열 개의 옮길 수 있는 놋대야(7:27~39)를 만들어 성전 전역에서 사용하게 하였다. 역대하 4장 1절에서는 놋단이 지성소의 크기와 같다고 말하고 있다. 하나가 아닌 열 개의 촛대가 있었고(대하 4:7~8), 열 개의 떡상이 있었다.

신약에서는 성전의 의미에 대해서 성막에 대한 교훈 만큼 많이 언급하고 있지는 않다. 어떤 이들은 성막이 겸손함으로 이 땅에 계신 그리스도를 상징하며, 성전은 살아있는 돌들로 이루어진 "거룩한 성전"을 세우시는 영광 중에서의 현재 그의 사역을 상징한다고 본다. 또는 성막은 오늘날 우리의 순례 생활을 모형으로 보여주는 것이며, 성전(영속적인 건물)은 주께서 다시오실 때 우리가 영광 중에 통치할 것을 모형으로 보여 준다. 유대인들이 여호와의 약속들을 믿지 않고 성전의 현존함을 믿었던 것은 너무도 잘못된 일이었다. 건립된 후 500년도 안되어 이 성전은 파괴되었으며 유대인들은 그들의 죄로 말미암아 유배를 당하게 되었다. 6장 11~13절에서 하나님은 솔로몬에게 중요한 것은 큰 성전을 짓는 것이 아니라 하나님의 말씀에 순종하는 것임을 상기시키셨다.

3. 봉헌(8장)

법궤가 들어왔을 때 하나님은 그의 영광으로 성전을 채우셨다(1~11절). 후에 에스겔은 그 영광이 떠나는 것을 보게 된다(겔 8~11장). 솔로몬은 백성에게 약속을 지키신 하나님의 진실하심을 상기시켰다(12~21절). 그리고나서 그는 자기의 가족을 위하여(22~30절), 죄를 범한 사람들을 위하여(31~40절), 이방인 나그네들을 위하여(41~43절), 그리고 추방된 민족을 위하여(44~53절) 기도했다. 기도의 핵심 사상은 하나님께서 그들의 부르짖는 소리를 들으시며 그들의 죄에도 불구하고 그들에게 자비를 베풀어 주실 것을 구하는 내용이다. 솔로몬은 그의 기도를 통하여 이스라엘의 마음의 상태가 성전의 존재보다 더 중요하다는 것을 분명히 밝혔다. 그는 죄가 징계를 가져오며 회개는 용서와 축복을 가져온다는 것을 알고 있었다. 헌당보다는 사람들을 헌신시키는 것이 더욱 중요하다!

44~53절의 내용은 사실로 성취되었다. 이스라엘은 그들의 죄로 말미암아 포로가 되었고, 하나님은 그들을 본토로 회복시켜 성전을 재건하고 그를 섬기게 하셨다. 또한 이 기도와 약속은 불신앙 가운데 이스라엘이 그들의 땅으로 돌아가는 것으로서도 이 말세의 날에 성취되고 있다. 기도를 마친 후, 솔로몬은 그 백성을 축복하고(54~61절) 그들의 마음이 하나님과 바른 관계를 갖도록 권고하였다. 왕이 다른 민족들도 여호와의 진리를 알고 있음에 대해 관심을 표명한 것에 유의하자.

축제는 14일간 계속되었다(65절). 첫 주간에는 희생제사를 드리고 금식을 하며 공식적인 봉헌 의식을 행하였으며, 두번째 주에 백성들은 자기의 장막으로 가서 여호와 안에서 즐거워하였다. 9장 1~9절에 보면, 하나님께서 솔로몬에게 나타나셔서 그의 특권에는 큰 책임이 따른다는 것을 상기시켰으며, 만일 백성이 순종하는 중에 여호와를 따른다면 그의 보좌를 영원히 세우시겠으나 만일 그들이 죄를 범하면 하나님은 그 민족을 제해 버리시겠다고 하셨다. 불행하게도 이 민족은 죄와 불신앙에 빠졌으며, 9장 6~9절의 예언은 현실이 되었다. 아름답고 값비싼 성전은 주후 586년 바빌로니아 사람들이 백성들을 포로로 잡아 갔을 때 약탈당하고 파괴되었다.

하나님은 처음에는 성막에 거하셨으며(출 40:34), 다음으로는 솔로몬의 성전에 계셨고, 또한 하나님의 영광이 그리스도의 인격을 통하여 이 땅에 임하였다(요 1:12~14). 오늘날 모든 참된 그리스도인들은 하나님의 성전이며(고전 6:19~29), 집합적으로는 교회가 하나님의 전이다(엡 2:21). 적그리스도가 예배를 요구하는 환란 기간 동안에는 미래의 유대 성전이 세워질 것이며(살후 2:

1~12), 그리스도의 천년 왕국 기간 중에도 영광스러운 성전이 있을 것이다(겔 40~48장).

솔로몬의 죄

—열왕기상 9～11장—

역대하 7～9장은 이 부분과 병행을 이루고 있다. 여기서는 위대한 건축 계획을 완성한 후의 솔로몬의 생애를 다룸으로써, 이 지혜롭고 경건한 왕이 어떻게 점차 영적으로 쇠퇴해갔으며 간접적으로 왕국의 분열을 초래했는가를 보여 준다.

1. 하나님의 훈계(9 : 1～9)

하나님은 솔로몬이 보좌에 오른 지 얼마 안되어 그에게 나타나셨으며(3 : 5～15), 그 때 젊은 왕은 자기의 임무를 수행할 거룩한 지혜를 구하였었다. 하나님은 또한 성전을 건축하는 어려운 시기에 왕을 격려하기 위한 멧세지를 보내셨다(6 : 11～13). 이제 그의 위대한 계획이 완성되었을 때 솔로몬은 여호와께로부터 또 다른 멧세지를 받았는데, 이번에는 솔로몬에게 하나님의 말씀에 순종할 것을 권하고 있다. 우리는 대개 대단히 성공적인 성취를 이룬 후에는 가장 큰 시험에 직면한다.

하나님은 다윗과의 언약을 재확인하고 "온 힘을 다해 마음을 지켜야 할"(잠 4 : 23) 책임과, 말씀에 순종하여 행할 것을 솔로몬에게 상기시키셨다. 만일 솔로몬이 하나님의 말씀에 순종한다면 그의 보좌는 굳게 설 것이며 하나님은 이스라엘을 축복하실 수 있다. 그러나 만일 솔로몬이 불순종하며 그를 따르는 자녀들이 불순종한다면 하나님은 그의 축복을 회수하시고 그 백성을 그들의 좋은 땅에서 내어쫓으실 것이다. 그리고 그가 세운 큰 집들을 파괴되어 이스라엘의 불순종을 기념하는 상징으로 남겨질 것이다. 성경의 어디를 펴 보아도 이러한 원리들이 진실임을 발견한다. 순종은 축복으로 인도하고 불순종은 징계로 인도한다. 유감스럽게도 본 장에서 솔로몬 왕이 이 경고를 마음에 간직하지 못하고 점점 여호와께로부터 멀어지다가 결국 생애의 종말에 가서는 무죄한 사람을 죽이려고까지 한 것을 보게 된다(11 : 40).

2. 위험한 동맹들(9 : 10～10 : 13)

1 **히람과의 동맹**(9 : 10～14)—우리는 이미 솔로몬이 성전을 짓기 위하여 목재와 기술자를 히람에게 의존하고 있었던 것을 살펴보았다(5 : 1～12). 나중에는 돈이 필요하여 히람에게서 "빌렸으며" 담보로 갈릴리의 20개 성읍을 주었던 것이 분명하다. 이것이 마태복음 4장 15절에 나오는 "이방인의 갈릴리"이다. 히람은 그 성읍들을 보았을 때 "무가치한 것"("Cabul")으로 여겼으며, 역대하 8

장 1~2장은 히람이 몇 개의 성읍을 거래상 솔로몬에게 주었음을 알려 준다. 어떤 사건이 있든지 이방 민족들과의 동맹은 율법에 금지되어 있었으며, 이 동맹들은 다만 솔로몬을 더욱 깊은 문제로 빠지게 하였다(대하 6：14~7：1).

2 **애굽과의 동맹**(9：15~24)—솔로몬은 애굽으로부터 말들과 다른 사치품을 들여오기 위해 정책적으로 애굽의 공주와 결혼하였다(10：28~29). 유대인에게 있어서 "애굽으로 돌아가는 것"은 하나님의 뜻에 반대되는 것이었다. 이사야는 "도움을 구하러 애굽으로 내려가는 자는 화 있을진저"라고 말했다(사 31：1). 이방 여인들과 결혼함으로써 솔로몬은 그의 백성에게 좋지 않은 본이 되었으며, 그들로 하여금 불필요한 이방인들의 일에 개입하게 만들었다.

3 **다른 민족들과의 동맹**(9：25~10：13)—솔로몬의 해군은 왕국에서 요구하는 사치품들을 구하러 인도에까지 항해하였을 것이 틀림없다. 스바 여왕의 방문 역시 개인적인 방문 이상의 일이었으며, 이 일로 인하여 그들 간에는 무역 협정 및 다른 동맹들이 체결되었다. 솔로몬과 여왕은 값비싼 선물을 교환하였으며, 그녀는 솔로몬의 지혜와 부에 완전히 압도당한 채 돌아갔다. 예수께서는 마태복음 12장 42절에서 그녀에 대해 언급하셨으며, 그 시대의 유대인들은 경고하는 데에 그녀의 방문을 사용하셨다. 만일 스바 여왕이 솔로몬의 지혜를 들으려고 모든 노력을 기울였다면, 이방인도 그러하였을진대 "솔로몬보다 크신 분"을 그들 가운데 두고도 그를 거절한 유대인들이 당할 심판은 얼마나 크겠는가!

이 사건을 통하여 명성과 행운의 위험을 읽을 수 있다. 10장 7절에는 "지혜와 복"이라고 되어 있으나, 10장 23절에는 "재산과 지혜"로 기록되어 재산이 먼저 오는 것을 본다. 솔로몬이 물질적인 것에 점점 더 중요성을 둠에 따라 영적인 일에 쇠퇴하는 것은 의심할 여지가 없다.

3. 파괴적인 야망(10：24~49)

디모데전서 6장 9절은 "부하려 하는 자들은 시험과 올무에 떨어진다"고 경고한다. 그런데 이와 같은 일이 솔로몬의 생애에 일어났다. 솔로몬은 하나님께서 그에게 주신 축복의 풍성함에는 아무 관련이 없었고, 자기의 마음을 만족시켜 줄 훨씬 더 훌륭한 사치품들을 구하러 사람들을 멀리 보냈어야 했다. 솔로몬의 말년의 모습이 회의주의와 세상적인 개념들로 가득 찬 전도서에 나타나 있음은 의심할 여지가 없다. 그가 일년에 금 666달란트를 받은 일은 중요한 의미가 없지 않을 것이다(계 13：8). 그는 **성별된 그릇**이면 어떤 것이라도 사용하시는 주님(딤후 2：20~21)과는 달리 금그릇만을 사용하였고(21절), 참으로 영광과 호화로움 속에서 살았다. 그러나, 예수께서는 모든 영화로움 속의 솔로몬조차도 하나님의 단순한 백합화 한 송이의 아름다움만 못하다고 말씀하셨다(마 6：29).

신명기 17장 16~20절에 기록된 왕에 대한 하나님의 교훈을 솔로몬이 어떻게 불순종하였는지 유의해 보자. 그는 말들과 병거, 돈, 아내들을 늘려갔다. 아마도 솔로몬은 성전 건축만으로도 그의 영적인 삶에 있어서 충분하며, 이제는 과거의 축복들 위에서 빈둥거릴 여유가 있다고 생각했을 것이었다. 전도서 2장에서는 재물을 얻는 데에 대한 그의 관심을 보여 준다.

4. 고의적인 배교(11장)

잠언 5장 20~23절과 6장 20~24절을 쓴 사람이 이방 민족으로부터 많은 아내와 첩들을 취했다는 것은 믿기 어려운 일이다. 그의 아버지 다윗에게 끊임없이 문제를 일으키는 요인이었던 일부다처 제도만으로도 충분히 나쁜 것이었지만, 그가 이방 여인들을 택한 처사는 하나님께 대한 고의적인 배교 행위였다(신 7 : 1~14). 이같은 반복된 죄의 원인은 무엇이었는가? 솔로몬의 마음은 하나님과 바른 관계에 있지 않았다(11 : 4). 하나님은 "마음의 순전함"을 원하셨으며(9 : 4), 이것은 하나님의 영광을 향한 하나로 규합된 마음을 의미한다. 그러나 솔로몬의 마음은 하나님을 섬기려는 것과 마찬가지로 세상을 사랑하는 것으로 나뉘어져 있었다. 유일하신 참 하나님의 성전을 건축한 사람이 이교의 제단을 섬기기 시작하는 것은 비극이 아닐 수 없다! 하나님은 이 일에 진노하셨으며 오류를 범하는 왕을 믿음으로 돌이키기 위하여 몇 가지 징계를 내리셨다.

1 **경고의 멧세지**(9~13절)—하나님은 솔로몬에게서 왕국을 빼앗아 다른 사람에게 주시겠다고 하셨다. 이 말이 솔로몬에게 충격을 주어 마음을 돌이키게 했을 것이라고 생각할 것이다. 그러나 일은 그렇게 되지 않은 것이 분명하다. 만일 사람이 하나님의 말씀을 듣지 않는다면 하나님은 더욱 맹렬한 방법을 사용하신다.

2 **에돔의 침략**(14~22절)—솔로몬의 "안식의 왕국"은 이제 전쟁으로 실의에 빠졌다! 야고보서 4장에는 이 사건에 대한 영적인 해설이 나와있다. 바로를 포함한 솔로몬의 동맹국들은 별로 한 일이 없었다. 왜냐하면 애굽은 에돔과 결탁하게 되었기 때문이다.

3 **르손의 적대행위**(23~25절)—수 년 동안 이 전사의 무리들은 솔로몬의 국경을 괴롭혔다. 배교한 왕은 급속히 땅을 잃어가고 있었다.

4 **여로보암과의 경쟁**(26~43절)—솔로몬 자신이 여로보암의 용감성과 근면성 때문에 그를 승진시켰었다. 그러나 하나님은 이 눈에 띄지 않는 청년을 열 지파의 왕이 되도록 선택하셨다! 한 지파는 유다인데 여기에는 "작은 베냐민"(12 : 21)이 포함되었다. 솔로몬은 자기에게 경쟁자가 있음을 알았을 때 그를 죽이려 하였다. 왕은 백성들이 무거운 세금과 강제 노동 계획으로 신음하고 있음

을 알았어야만 했다(12 : 6~11). 사실, "공공 임무를 맡고 있던 아도니람은 백성들에게 돌에 맞아 죽었다(12 : 18).

솔로몬이 죽자, 그의 아들 르호보암이 대신하여 통치하게 되었다 만일 솔로몬이 여호와께 성실하게 머물러 있었다면 그의 말년은 징계와 패전 대신에 축복과 승리로 채워졌을 것이다. 그는 백성들의 마음을 얻어야 할 과제를 아들에게 물려 주었으며, 르호보암은 솔로몬을 부유하게 하는 데 도움을 준 무거운 부담들을 어떻게 하든 덜어주어야 했다. 사실상 이스라엘은 위대한 영광과 광채의 은택을 입는 것 같았으나 모든 일들이 잘 되어나간 것은 아니었다. 이것은 지속될 수 없는 덧없는 영광이었다. 요한계시록 3장 17~18절의 설명은 이 상황에 잘 어울린다.

분열된 왕국

—열왕기상 12~16장—

이 부분에서는 "종말의 시작"을 기록한다. 솔로몬의 죽음과 더불어 이 민족의 영광은 시들기 시작했다. 열왕기상은 솔로몬 통치 40년, 이스라엘과 유다로 분열된 85년의 125년 간의 역사를 다루고 있다. 이 기간 동안 유다는 다섯 왕이 통치했으나 이스라엘은 여덟 명의 왕이 통치했다. 그런데 이들은 모두 사악한 왕이었다. 이어서 열왕기하는 이스라엘(북지파)이 앗수르에 포로로 잡혀간 것과 유다(남지파)가 바벨론에 포로로 잡혀간 사건을 다룬다.

1. 왕국의 분열(12 : 1 ~14 : 20)

1 **르호보암의 어리석음**(12 : 1~15)—솔로몬의 광대한 건축 및 확장 계획은 그 민족에게 명성과 영광을 가져다 주었으나, 백성들에게 돌아가는 세금은 무거운 것이었으며 이들은 이러한 부담들에서 어느 정도 구제받기를 원하고 있었다. 솔로몬은 그의 말년에 가치관을 바꾸었으며 영적인 축복보다도 물질적인 부를 더욱 중요하게 생각하게 되었다(전 1 : 12~2 : 26 참조). 만일 아들 르호보암이 나이 많은 지도자들의 지혜에 귀를 기울였다면 그는 백성들의 마음을 얻었을 것이지만, 그는 백성들의 종이 되기를 원하지 않았다. 그는 경험이 부족한 젊은 사람들의 조언을 따라, 결과적으로 그릇된 결정을 내렸다. 지도자가 되는 길은 종이 되는 길이다(막 10 : 42~45).

2 **여로보암의 반역**(12 : 16~13 : 34)—하나님은 솔로몬의 죄로 인하여(11 : 9~13) 여로보암이 열 지파의 왕이 되도록 택해 놓으셨다(11 : 26~40). **죄는 굉장한 분리자요 파괴자이다.** 유다와 베냐민만이 르호보암에게 남겨졌다. 이것도 하나님께서 다윗을 생각하셨기 때문이다. 슬프게도 르호보암은 이 기회를 선용하지 못했다. 왜냐하면 그는 열 지파를 우상 숭배로 몰아갔기 때문이다. 그는 자기의 백성들이 매년 절기에 예루살렘으로 올라가 거기서 반역을 도모할 것을 염려하였다. 그리하여 그는 그의 영역 안에서 예배하도록 "편의"를 제공하였다.

그는 아론의 죄를 반복하여(출 32 : 1~6) 금송아지를 만들어 하나는 단(Dan)에 다른 하나는 벧엘에 두었다. 그는 또한 예배의 장소를 성역화하였으며, 자신의 제사장 제도를 조직하였다. 이것은 인간의 편의를 위해 고안된 인간이 만든 종교였다. 따라서 하나님의 능력이나 하나님의 축복 같은 것은 없었다. 물론 하나님은 이러한 배교가 지속되게 하실 수 없으셨으므로 왕에게 경고와 심판의 멧세지를 보내셨다(13장). 왕이 제단에 향을 태우며 제사장처럼 행동하는 것에 유의하자.! 알려지지 않은 한 하나님의 사람이 미래의 왕 요시야의 출생을 알렸으며(13 : 2, 왕하 23 : 15～18), 인간이 만든 종교는 심판을 받아 멸망할 것을 경고하였다. 여로보암이 그 선지자를 체포하려고 했을 때 그의 손이 말라버렸고 제단은 공개적으로 부숴짐으로써 그 선지자가 예언한 대로 되었다.! 왕은 치료해 줄 것을 간청했으며, 그 사람은 그를 위하여 기도하였다. 그러자 왕은 그를 왕궁으로 초대하여 함정에 빠뜨리려 하였다. 그러나 하나님의 사람은 거절하여 속임수에 빠지지 않았다. 그 하나님의 사람이 동료 선지자의 거짓말에 귀를 기울여 생명을 잃은 것은 참으로 불행한 일이었다. 13장 11～34절에서 한 가지 교훈을 얻을 수 있다. 다른 사람으로 하여금 당신의 생애에 대한 하나님의 뜻을 결정하도록 하지 말라. 어떠한 댓가를 치르게 되더라도 하나님이 당신에게 하신 말씀을 순종하라.

[3] **하나님의 심판**(14 : 1～20)—아비야가 죽을 병에 걸렸을 때는 젊은 나이였다(그의 아버지는 22년을 통치하였다). 물론 왕은 그의 보좌를 계승할 아들이 없을 것을 염려하였다. 오늘날의 다른 타락한 사람들처럼 여로보암은 도움이 필요하자 그의 거짓 신들에게서 돌아서야만 했다. 그는 자기가 새로운 왕이 될 것을 처음 알려 주었던 아히야 선지자에게로 돌이킬 수 밖에 없었다. 여로보암은 감히 직접 갈 수가 없었으므로 그의 아내를 변장시켜 선지자에게 보내었다. 그러나 이 눈먼 선지자는 여로보암이 육신의 눈으로 볼 수 있는 것보다 더 많은 것을 영의 눈으로 볼 수 있었다.! 아히야는 변장을 폭로하고 사악한 왕에게 심판의 멧세지를 보냈다. 그 멧세지는 실현되었다. 왕비가 집으로 돌아왔을 때 그녀의 아들이 죽었다. 여로보암이 하나님을 등지고 간 것은 참으로 나쁜 일이었다. 왜냐하면 그는 열 지파를 놀라운 축복과 승리로 인도할 수 있었을 것이기 때문이다. 그러나 이와는 반대로 그는 다른 왕들이 따를 나쁜 본을 남겼다.

2. 유다의 쇠퇴(14 : 21～15 : 24)

[1] **르호보암**(14 : 21～31)—17년 동안 솔로몬의 악한 이 아들은 백성들을 무서운 죄로 이끌어갔다. 그는 여호와의 율법 안에서 행하지 않고 이스라엘을 패망시킨 사악한 왕의 본을 따랐다. 하나님은 애굽이 올라와서 그 민족을 치도록 하여 징벌을 가하셨다. 백성은 그들의 영적인 가치관을 잃었다. 값비싼 황금 방패는 이제 값싼 놋 방패로 대치되었다. 물건들은 똑같아 보였으나 하나님은 똑같지 않다는 것을 알고 계셨다.!

[2] **아비얌**(15 : 1～8)—"그 아버지에 그 아들이다." 하나님은 그에게 단 3년만 통치하도록 허락하셨다. 그의 어머니가 압살롬과 인척관계가 됨을 주목하자(2절의 "아비살롬"). 그는 여로보암에게 전쟁을 선포하였다(대하 13장). 하나님께서는 다윗을 위하여 그에게 승리를 주셨다. 그 승리는 순전한 군사적인 승리였

으며 그 민족에게 영적인 부흥 운동은 없었다.

3 **아사**(15 : 9~24 / 대하 14~16장)—그는 선한 왕이었으며, 악한 통치자들의 치세 이후에 온 환영할 만한 변화였다. 그는 르호보암이 세운 무서운 죄들을 없애버리려 하였다(14 : 24). 그의 통치 아래서 짧지만 안식과 부흥의 기간을 보냈다(대하 14~15장 참조). 그는 자기 어머니조차 우상 숭배를 하였다는 이유로 폐위시켰다(대하 15~16). 그러나 불행하게도, 그의 통치는 시작한 것처럼 끝나지는 않았다. 그는 보호받기 위해 인간을 의존함으로써 하나님을 의존하는 데 실패하였다. 그는 수리아로 하여금 자신을 위하여 싸우도록 고용하는 데에 성전의 재산을 사용하였다. 이 경건하지 못한 동맹은 사람으로 값을 치루었다.

4 **여호사밧**(15 : 24 / 22 : 41~50 / 대하 17~21 : 3)—여기서 저자는 하나님의 말씀을 백성들에게 가르치려 하였고 우상을 타파한 이 선한 왕의 역사에 대해 말하고 있지는 않다. 하나님은 그에게 많은 승리를 주셨는데, 이는 그가 "전심으로 여호와를 구하였기" 때문이다(대하 22 : 9).

3. 이스라엘의 멸망(15 : 25~16 : 34)

여기서는 나답으로 시작하여 아합으로 끝나는 여섯 왕이 열거되어 있다. 이들 모두는 악한 왕이었다. **나답**은 그의 아버지의 사악한 우상 숭배를 계속하였다. 그는 블레셋과의 전쟁에서 바아사에게 죽임을 당하였다. **바아사**는 24년 간 통치하였으며, 그로써 여로보암의 모든 씨가 멸망될 것이라는 14장 14~15절의 예언이 성취되었다. 그러나 선지자 예후는 바아사에게 그의 집이 멸망할 것을 통보하였다. 바아사의 아들 **엘라**는 2년도 안되는 기간을 통치하였으며 그의 군대 장관의 하나인 시므리에게 술취해 있는 동안 죽임을 당하였다. **시므리**는 일주일 동안만(16 : 15) 민족을 이끌었는데 이 기간 동안에 바아사의 집을 쓸어버림으로써 예후의 예언을 성취하였다(16 : 1~4). 그러나 군대가 반기를 들어 **오므리**를 왕으로 임명하였다. 이번에는 시므리를 향해 오므리가 행진해 왔으며 이에 시므리는 왕궁에 불을 지르고 화염 속에서 자살하였다. 오므리는 열 두 해를 통치하였으며(소규모의 민중 반란을 진압한 후) 백성들을 더욱 악한 죄로 몰아갔다. 그의 아들 아합은 이세벨과 결혼하였으며 이로 인해 바알 숭배가 왕국에 들어오게 되었다. 오므리가 명성을 얻을 만한 유일한 일이 있다면 북 왕국의 수도로 사마리아를 개설한 일이다. 그가 죽자 그의 아들 **아합이** 보좌에 올랐으며 그의 지도 아래 지파들은 우상 숭배와 사악함으로 더욱 쇠퇴하여 갔다.

이 민족이 우상 숭배에 빠지게 된 시기가 하나님께서 그의 선지자들을 보내어 백성들에게 전파하도록 했던 때인 것을 주목하자. 13장에서는 이름이 알려지지 않는 선지자를 보았는데 엘리야와 엘리사도 나온다. 물론 예후와 아히야도 언급되어야 할 것이다. 하나님의 백성이 죄를 범하였을 때 그들을 다시 불러 구원할 수 있었던 것은 오직 하나님의 사람들이 선포한 하나님의 말씀뿐 이었다.
"의는 나라로 영화롭게 하고 죄는 백성을 욕되게 하느니라"(잠 14 : 34). 거룩한 왕이 통치하고 있을 때는 하나님께서 그의 백성을 축복하셨다. 거룩하지 못한 사람들이 통치했을 때는 하나님께서 심판과 패전을 보내셨다. 여호와의 부름을 받은 민족이 이제 진리에 등을 돌리며 영적인 일들에 쇠퇴해가고 있는 것을 보는 것은 얼마나 비극인가! 그렇다. 그들은 때때로 물질적인 번영을 누렸지만 이것이 하나님께서 그들의 행위를 기뻐하신다는 표시는 되지 못했다. 사실 물질적인 것들에 대한 욕심은 백성들을 하나님으로부터 더 멀리 인도해 갔다! 거룩한 나라를 세우는 최선의 길은 거룩한 교회 안에 거룩한 시민들을 소유하는 일이다(딤전 3장).

엘리야의 승리

—열왕기상 17~18장—

민족이 죄와 우상 숭배에 빠졌을 때마다 하나님은 선지자들을 보내어 민족이 참된 신앙으로 돌아오도록 초청하셨다. 선지자란 "예언자"만을 의미하지는 않는다. 그는 또한 "정면에서 말하는" 사람인 것이며, 하나님의 심판을 알리고 백성들의 죄를 폭로하였다. 디셉 사람 엘리야가 이와 같은 선지자였는데 그는 "우리와 성정이 같은 사람이다"(약 5 : 17). 그러나 큰 용기와 믿음을 가진 사람이었다. 이 두 장에서는 여호와께로부터 온 두 가지 명령, 즉 "가서 숨으라!", "가서 보이라"는 말씀에 순종하는 엘리야를 보게 된다.

1. 사적인 사역—"가서 숨으라" (17장)

누가복음 4장 25절은 가뭄이 삼 년 반 동안 계속되었다고 말한다. 그러나 열왕기상 18장 1절에서 우리는 "3년째에" 갈멜산의 대결이 발생했음을 발견한다. 따라서 가뭄은 엘리야가 갑자기 아합의 궁정에 나타나 "가뭄이 3년 간 계속될 것이라"고 선포하기 6개월 전에 시작된 것이 분명하다. 비가 없다는 것은 백성의 죄에 대한 형벌이었다(신 11 : 13~17 / 대하 7 : 12~15). 아합과 그의 사악한 이방인 아내 이세벨은 그 백성을 바알 숭배로 이끌어 갔는데 이 종교는 우리가 가히 설명할 수 없는 부도덕한 것이었다. 3년 간의 가뭄이 지속된 것은 엘리야의 기도에 대한 응답이었다(약 5 : 17). 그는 멧세지를 전달하고는 그의 공식적인 사역에서 3년 간 은퇴했었다. 이 기간 동안에 여호와께서는 은혜스럽게 그를 돌보셨다. 순종하는 종은 자기 주인의 신실한 돌보심에 언제나 의지할 수 있다. 엘리야가 경험했던 세 가지 훈련을 살펴보자.

[1] **마른 시내**(2~7절)—하나님은 엘리야에게 정확히 어디로 가라는 것과, 무엇을 하라는 것까지 말씀하셨다(잠 3 : 5~6 / 시 37 : 3~6 참조). 하나님이 이스라엘에 대한 엘리야의 사역을 철회하신 사실은 그들의 죄에 대한 또다른 심판이었다(시 74 : 7~9). 여호와는 엘리야에게 시냇물을 마시도록 허락하셨고 매일 먹을 떡과 고기를 공급하셨는데 이것들을 엘리아에게 전해 준것은 까마귀였다. 까마귀는 성경에서 첫번째로 그 이름이 나오는 새이다(창 8 : 7). 이 새는 부정한 새였으나 놀라운 목적으로 이 새를 사용하셨다. 엘리야가 하나님이 약속하신 땅에서 떡과 물과 고기를 즐기는 동안 100명의 선지자들은 동굴에 숨어서(18 : 4) 떡과 물만으로 지내야 했다. 그런데 시내물이 마르는 날이 왔다. 이것은 엘리야가 죄를 범했다는 뜻인가, 아니면 그가 하나님의 뜻에서 벗어났다

는 말인가? 아니다! 이것은 하나님께서 그를 위하여 다른 장소를 예비하셨다는 뜻이었으며, 이것은 엘리야가 여호와를 신뢰하였고 시냇물을 신뢰한 것이 아님을 상기시킨다.

2 **텅빈 통**(8~16절)—하나님의 말씀은 시련의 때에 하나님의 종을 인도한다. 그러나 "이방인의 땅으로 가라 과부가 너를 먹일 것이다"는 것은 얼마나 이상한 명령인가(눅 4 : 22~26)! "사르밧"이란 "정련"이란 뜻이다. 하나님께서 그의 종을 용광로에 넣고 연단하고 계심이 분명하다. 엘리야가 과부의 가난함을 알고 기분이 어떠했을지 상상해보라. 그녀는 마지막 음식을 준비하고 있는 중이었다. 그러나, 하나님의 명령이 잘못된 일은 결코 없다. 과부가 엘리야의 명령에 순종하여 하나님을 첫자리에 두었을 때 하나님은 그녀와 아들과 손님에게 공급해 주셨다. 14절에서 엘리야가 이방 여인 앞에서 이스라엘의 하나님 여호와를 높였음을 주목하자. 하나님이 요구하시는 것은 우리가 가진 것을 그분께 드리는 일이다. 남은 일은 하나님께서 돌보실 것이다. 주님은 몇 개의 보리떡과 물고기로 오천 명을 먹이시지 않으셨는가!

3 **죽은 소년**(17~24절)—마른 시냇물은 엘리야의 시련이었고 죽은 아이는 과부의 시련이었다. 큰 축복 다음에는 대개 큰 시험이 오기 마련이다. 그 과부의 믿음이 18절이 시사하듯이 실패해야 했다는 것은 불행한 일이다. 시편 119편 75절과 사무엘상 3장 18절을 보고 실망과 시련 중에서 취할 올바른 대처 방법을 알아보자. "그 소년을 내게 달라"는 것이 엘리야의 대답이었다. 왜냐하면 그는 하나님께서 죽은 소년에게 다시 생명을 주실 수 있음을 알았기 때문이다. 이것은 성경에 나오는 첫번째 부활의 사건이다. 선지자는 시체를 그의 개인용 객실(지붕 위에 있는 다락)로 데리고 가 그 소년의 생명을 위하여 하나님께 기도하였다. 그가 그 아이의 죽은 몸 위에 자기의 몸을 대고 뻗쳐있을 만큼 그 소년을 위하여 고민하였음을 눈여겨 보자! "죽은 자를 영적으로 살리는 것"은 오늘날 우리들이 따라야 할 본보기이다. 기적은 여인으로 하여금 믿음의 간증을 하게 했다. 그녀가 말씀을 전혀 믿지 않았던 것은 참으로 나쁜 일이다.

2. 공적인 사역—"가서 너를 보이라"(18장)

개인적으로 훈련을 받고 시험을 거친 다음에 이제는 공적인 일을 위해서도 신임을 받게 되었다. 그래서 하나님은 그에게 사악한 아합왕과 대면하라고 명령하신다(18 : 1). 우리는 한 번의 설교를 위하여 3년을 기다린 엘리야의 인내를 칭찬하지 않을 수 없다!

1 **엘리야와 오바댜**(1~16절)—오바댜는 타협적인 그리스도인을 상징한다. 그리고 그의 생애는 엘리야의 생애와는 직접적인 대조를 이룬다. 엘리야는 주님

을 공개적으로 섬기며 두려움이 없는 반면에 오바댜는 아합을 섬기며(7~8절), 여호와를 은밀히 섬기려 한다(3~4절). 엘리야는 "영문 밖"에 있었으며(히 13:13) 오바댜는 궁정 안에 있었다. 엘리야는 하나님의 뜻을 알았으나 오바댜는 어떤 일이 일어나고 있는지 모르고 있었다. 엘리야가 그 나라를 구하기 위하여 애쓰고 있는 동안에 오바댜는 말들과 노새를 구하기 위하여 풀을 찾고 있었다! 엘리야가 오바댜를 대면하자 깜짝 놀란 종은 선지자를 신뢰하려 들지 않았다. 그리고 그는 엘리야에게 좋은 인상을 주기 위해 그가 은밀하게 행했던 헌신적인 일들에 대해 "자랑"해야만 했다(13절). 오늘날 너무도 많은 사람들이 엘리야가 아닌 오바댜의 길을 걷는 것은 유감스러운 일이다.

2 **엘리야와 바알**(17~29절)—선지자는 아합왕을 만나는 것을 두려워하지 않았으며, 왕에게 진실을 말하는 것 또한 두려워하지 않았다. 사악한 사람은 언제나 세상에 생기는 문제거리들을 신자들의 탓으로 돌린다. 그들 자신의 죄 탓으로 돌리는 일은 결코 없다. 경쟁은 엘리야와 아합 사이에 있었던 것이 아니라 하나님과 바알 사이에 있었다. 이 민족은 두 길 사이에서 절름거리며 흔들리고 있었으나, 이제 결정을 내려야 할 때가 온 것이다(출 32:26 / 수 24:15 / 마 12:30). 그들의 죄에 직면하여서도 백성은 아무 응답이 없었다(21절). 엘리야는 참 하나님이 불로써 응답하시리라는 불가능한 상황을 요구하였다. 물론 그는 하나님께서 "불로 응답하시는 일"이 과거에 가끔 있었던 일임을 알고 있었다(레 9:24 / 대상 21:26). 하나님의 종이 하나님의 말씀에 순종하여 신뢰할 때 그는 두려움이나 실패를 느끼지 않았다. 물론 바알은 존재하지 않기 때문에 응답할 리가 없었다! 사단은 백성들을 속이기 위하여 불을 보낼 수도 있었다(욥 1:16 / 계 13:13). 그러나 하나님은 이 일을 허락지 않으셨다. 엘리야는 바알의 선지자를 조롱하였다. "하늘에 계신 자가 웃으심이여"(시 2:4). 이교도들은 거짓 하나님이 응답해 주기를 바라서 어느 정도의 극단에까지 이르고 있는지 깜짝 놀랄 일이다(시 115편 참조). 저녁 제사를 행할 즈음(오후 3시)에는 바알이 거짓 신임이 모두에게 분명해졌다.

3 **엘리야와 이스라엘**(30~46절)—바알을 섬기는 것이 어리석은 일이며 죄임을 폭로하는 것은 엘리야가 그 날 해야 할 임무의 반이었다. 그러나 보다 중요한 일은 민족이 여호와를 예배하도록 되돌리는 일이었다. 엘리야가 백성들을 개혁하기 위해서 나선 것은 아니었다. 그는 그들을 다시 살리기를 원했다. 우선 그는 백성들이 무너뜨려지도록 버려 두었던 제단을 수리하였다. 이것은 축복을 받기 위한 첫단계이다. 개인적인 헌신의 제단을 수리하며, 가족제단, 희생의 제단, 하나님과의 교제의 제단을 보수하라. 열 두 개의 돌을 사용함으로써 엘리야는 그들이 한 마음으로 단합하였음을 백성들에게 상기시켰다. 왜냐하면 여러 해 동안 이 민족은 죄로 말미암아 분열되어 있었다. 사람이 불을 붙이기에 불가능함을 나타내기 위하여 엘리야는 나무와 희생제물에 네 통의 물을 세 번씩이나

부었다. 이것은 물 열 두 통을 뜻한다. 선지자는 믿음으로 간단한 기도를 드렸으며, 하나님의 불은 나무와 희생제물과, 물과 제단까지 모두 태웠다.

그러나 엘리야는 여전히 할 일이 있었다. 먼저 거짓 선지자들이 죽임을 당해야 했다(19절—그들 중 850명 / 신 13 : 1~5 참조). "여호와 그는 하나님이시로다"(39절) 라는 지식을 가지는 것만으로는 충분하지 못하다. 우리는 악을 미워해야 하며 우리의 생활 가운데서 제거해야만 한다. 심판은 언제나 축복을 위한 길을 준비한다.

그리고는 선지자가 왕에게 집으로 돌아가라고 말했다. 왜냐하면 길에 있을 때에 비가 올 것이기 때문이다! 왕이 출발하여 길을 갈 때에 엘리야는 기도하기 시작하였다. 3년 반 전에 그는 가뭄을 위하여 기도했었다(약 5 : 17). 그는 깨어 기도하는 법을 알고 있었으며(골 4 : 2) 또한 하나님께서 응답을 하시기까지 기도로 버티는 법을 알고 있었다. 하나님은 죄가 심판을 받기 전에는 축복의 소나기를 보내지 않으실 것이다. 오래지 않아 하늘에 검은 구름이 덮이고 바람이 불기 시작하며 비가 왔다. 하나님은 엘리야에게 초인적인 힘을 주셔서 왕의 마차보다 앞서 달리게 하셨으므로 그와 마차는 이스르엘까지 경주해 갔다.

우리가 개인적으로 하나님과 함께 일한다는 것은 그가 우리를 위하여 공적으로 행하시는 일보다 훨씬 더 중요하다. 우리의 감추어진 생활은 우리의 공적인 생활을 위하여 준비시키는 것이다. 마른 시내의 훈련, 텅빈 통, 죽은 소년의 훈련들을 받지 않는다면 우리는 갈멜산의 승리를 결코 얻지 못할 것이다. "여호와를 앙망하는 자는 새 힘을 얻으리니…" (사 40 : 31).

엘리야의 패배

—열왕기상 19장—

18장에서의 승리의 장면과는 대조적인 장면을 본 장에서 보게 된다. 우리의 가장 큰 시련은 가장 큰 축복들 다음에 오는 경우가 많다! 믿음의 사람이 그의 눈을 주께로부터 옮김으로써 두려움의 사람이 된다. 그러나 그의 실패에도 불구하고 하나님은 자기의 종을 부드럽게 다루신다.

1. 하나님이 엘리야를 새롭게 하심(19 : 1～8)

야고보서 5장 17절은 엘리야가 "성정이 같은 사람," 즉 모든 신자들처럼 똑같은 시련과 실패를 당하는 진흙으로 빚어진 인간임을 상기시킨다. 850명의 성난 선지자들을 대면해서도 두려워 하지 않았던 엘리야가 한 여인의 위협으로부터 달아나는 것은 참으로 이상하다! 그의 실패에도 육체적인 원인도 있었을 것은 분명하다. 갈멜산에서의 대결은 그를 지치게 했으며 정서적으로 메마르게 했을것은 의심할 여지가 없다. 그리스도인들은 자신들의 몸을 잘 보살펴야 하며 특히 열띤 사역과 희생을 한 후에는 더욱 잘 보살펴야 한다. 그러나, 엘리야의 실패의 주된 원인은 영적인 것이었다. 그는 이세벨을 보았으며 여호와를 보는 데 실패하였다. 그는 이세벨의 위협을 들었으며 하나님의 약속을 기다리는 것을 잊었다. 그가 취했던 매 단계들마다 엘리야는 하나님의 명령을 기다렸었다(17 : 2, 8 / 18 : 2, 36). 그러나 이제 두려움은 인내하지 못함으로 이어졌으며, 인내치 못함은 불순종으로 인도해 갔다(사 28 : 16). 그는 더이상 하나님의 영광을 위하여 자기의 생명의 위험을 무릅쓰려고 하지 않는다. 오히려 자기 자신을 위하여 자기의 생명을 보존하려고 한다.

선한 사람의 발걸음은 여호와께로부터 명령을 받는다(시 37 : 23). 그러나 불신하고 불순종하는 선지자의 발걸음은 그를 보다 나쁜 곤경으로 이끌어 갈 뿐이다. 엘리야는 유다로 도망하였는데, 그는 아합의 딸이 여호사밧과 더불어 그 곳에서 통치하고 있는 것을 잊고 있었다(왕하 8 : 16～18)! 그는 80마일(약 128km)을 여행하여 보다 큰 위험 속으로 들어갔다! 낙심하여 혼자 있기를 원한 엘리야는 시종을 남겨두고 황무지로 여행했다. 여행할 때는 다른 사람과 같이 행하는 것이 좋다. 왜냐하면 "사람이 독처하는 것은 좋지 않기 때문이다"(창2:18). 외로움과 의기소침은 대개 편승하기 마련이다. 육체적으로, 그리고 정서적으로 지쳐서 엘리야는 자려고 누웠다. 그의 취침 기도는 이러했다. "내 생명을 거두어 가소서!" 모세가 큰 실망의 때를 당하여 이런 기도를 했었으며 요나도 그러하였다(민 11 : 15 / 욘 4 : 3). 하나님을 바라보는 대신 엘리야는 그의 시선을 자기에게 두고 그가 행한 일, 그리고 그가 하지 않은 일을 바라보고 있었다. 하나님은 은혜로 그의 종을 새롭게 하신다. 하나님은 엘리야에게 음식과 휴식이 필요한 것을 아셨으나, 그에게는 역시 영적인 자극이 필요하였다. 엘리야는 음식을 먹고 잠이 들었다! 여기서 회개나 무슨 관심 같은 것은 찾아볼 수 없다. 아마도 그는 포기한 것 같다. 그래서 하나님은 두번째로 먹이셨다. 이제는 엘리야가 일어나서 다시 여행을 시작하였다. 여호와의 손은 일찌기 모세가 하나님께 부르심을 받고(출 3장), 율법을 받았던 호렙산으로 엘리야를 인도해 갔다. 하나님의 자녀가 타락하고 실의에 빠져 있을 때에 하나님께서 그를 은혜로 돌보신다는 것을 아는 것은 격려가 된다.

2. 하나님이 엘리야를 책망하심(19 : 9 ~18)

굴에서 그에게 임한 말씀은 실제로 예수 그리스도이셨다(9절). "네가 왜 여기 있느냐?" 이 질문은 어느 때에나 우리 자신에게 물어도 좋은 질문이다. 엘리야의 대답은 다시금 그의 마음의 실망을 나타내었다. 그는 이스라엘 중 여호와께 충성된 자는 자신뿐이라고 여겼다. 자신의 교만과 자기를 변호하려는 욕망을 자백하는 대신 엘리야는 자기의 경우에 대해 여호와와 논쟁하기를 계속한다. 그래서 여호와는 그를 가르치기 위하여, 그리고 항복하는 자리로 이끌기 위하여 다른 방법을 사용하셔야만 했다.

여호와는 왜 바람과 지진과 불을 일으키셨는가? 한 가지 이유는 마음이 산란한 이 선지자를 하나님의 명령에 따르게 하는 데는 많은 도구들이 있다는 것을 가르치시는 것이었다. 사실상 하나님은 자연 가운데서는 순종하는 종을 찾기에 어려움이 없다(시 148 : 1~8). 그러나 하나님의 형상으로 만들어진 인간들은 하나님께 순종하지 않았다. 이 타락한 선지자에게는 이 일이 참으로 큰 문책이 되었다. 더구나 광풍이 지난 후에 세미한 음성이 임한 것은 하나님의 일이 언제나 크고 시끄러운 방법으로 행해지는 것은 아님을 보여 주는 것이었다. 갈멜산의 기적은 놀라운 것이었다. 이 민족 가운데 영적인 일이 계속되기 위해서는 하나님의 말씀을 마음에 두는 일이 수반되어야 한다. 엘리야는 요란하고 큰 일이 성취되기를 원하였으나 하나님은 때로는 조용하고 작은 일을 더 좋아하신다. 우리가 할 임무는 **하나님께 어떤 방법을 쓰라고 지시하는 것이 아니라, 믿고 순종하는** 것이다.

"돌아가라." 이것은 엘리야가 두 번이나 자신을 변호하려고 한 후에 그에게 주신 하나님의 말씀이었다(14~15절). 하나님은 그에게 봉사할 또다른 기회를 주고 계셨다. 엘리야는 수리아의 새로운 왕으로서 하사엘을, 이스라엘의 새로운 왕으로 예후를, 그리고 새로운 선지자로서 엘리사에게 기름을 붓게 된다. 하나님은 엘리야에게 "너의 실패에 대하여 불평하고 근심하기를 멈추고 사역으로 돌아가라"고 말씀하신다. 이것은 분명히 좋은 충고이다.

3. 하나님이 엘리야의 후임을 정하심 (19:19～21)

그 땅에 신실한 신자 칠천 명이 있다고 확신시킴으로써 하나님께서 엘리야를 격려하시는 방법은 참으로 놀라운 것이다. 엘리야가 갈멜산에서 홀로 서 있을 때에 신자들은 어디에 있었는지 의심스럽다. 우리는 우리가 행하는 일이 얼마나 좋은 일인지를 다 알 수가 없다. 그러나 하나님은 알고 계신다. 이 점이 문제의 핵심이다. 이제, 엘리야의 사역은 종말에 접어들고 있었으며 그는 계승자를 선택하여 하나님의 말씀을 계속 선포하도록 준비시켜야 했다. 이 일도 엘리야에게 격려가 되었다. 왜냐하면 이제 그는 자기가 떠난 후에도 그의 일이 계속될 것임을 알게 되었기 때문이다. 여기 우리를 위한 실제적인 교훈이 있다. 우리가 만일 달아나는 대신 주님의 말씀에서 나오는 멧세지를 기다린다면 그는 우리가 필요로 하는 것으로 격려해 주실 것이다.

엘리야의 첫 사역은 자기의 후계자로 엘리사를 지명하는 일이었다. 이 일은 엘리사가 들에서 쟁기질을 하고 있을 때 엘리야가 자기의 겉옷을 그에게 던짐으로 이루어졌다. 이 행위는 이제 엘리사가 엘리야와 같은 능력과 권위를 가진 선지자라는 사실을 상징하였다. 엘리사는 자기의 사랑하는 가족들에게 작별 인사를 하고 오도록 승락을 받고 싶었고 이 일은 허락되었다. 대부분의 가정에서 이와 같은 작별은 며칠 걸려야 끝나는 것이 보통이다(눅 9:61～62 참조). 하나님께서 우리를 부르실 때 우리는 즉시로 따를 것이며, 다른 이들을 하나님보다 앞에 두어서는 안된다.

엘리사가 황소를 죽이고, 농기구로 장작을 삼아 불을 피웠다는 것은 그가 결정적으로 과거를 깨뜨려 버렸다는 것을 시사한다. 말하자면 "자기의 뒤에 있는 교각을 불사른" 것이다. 이 잔치에는 엘리사의 가족뿐 아니라 이웃의 친구들도 참여하였다. 이들은 모두 그의 새로운 소명이 잘 되기를 비는 마음으로 참석하였다. 그러나, 잔치가 일단 끝나자 엘리사는 일어나 자기의 주인을 따랐으며 그에게 봉사하였다.

하사엘에게 기름을 부은 사람은 엘리야가 아니라 엘리사였으며(왕하 8:8～15), 예후에게 기름을 부은 사람 역시 엘리사였다(왕하 9:1～10). 그러나, 엘리야가 엘리사에게 기름을 부었으므로 그는 간접적으로 다른 이들에게 기름부은 것이다.

엘리사가 다른 열 한 사람(아마도 아버지의 종들/19절)의 도움을 받아 쟁기를 갈고 있었다는 것은 엘리사가 부유한 가정 출신인 것은 암시한다. 성경에서는 대개 바쁜 사람들을 부르셨음에 주목하자. 모세는 양들을 돌보고 있었고 기드온은 곡식을 타작하고 있었으며 베드로, 야고보와 요한은 고기잡는 일에 바빴다. 느헤미야는 왕의 술을 맡은 사람이었다. **하나님께는 게으른 성도들을 위해 줄 자리가 없다!** 엘리사가 가족과 가정과 물려받을 수 있는 부를 포기한 것은 분명히 믿음과 헌신의 행위였다. 엘리사는 엘리야가 승천하기까지는 뒷전에 머물러 있었으며(왕하 2장), 그 후에야 비로소 사역을 이어 받았다. 엘리야의 사역은 "지진과 불과 바람"의 사역이었으나 엘리사는 "조용하고 작은 음성"처럼 사역하였다. 물론 그의 사역에 있어서 심판을 받는 일도 있다. 왜냐하면 죄는 언제나 심판을 받는 것이기 때문이다.

엘리야의 생애에 있어서 이러한 경험은 낙담과 실의에 대한 좋은 경고이다. 우리가 아무것도 성취하지 못했다는 생각이 들 때에 하나님은 우리가 생각하는 것보다 더욱 우리를 사용하셨다는 것을 알려 주신다. "나만이 진리를 붙들고 있는 유일한 사람이다"는 생각은 매우 위험하다. 물론 칠천 명의 숨은 사람들이 엘리야의 편에 서 있었다면 더 좋았을 것이다. 엘리야의 씁쓸한 태도가 그의 사역을 단축시킨 것 같다. 실망에 대한 가장 좋은 해결 방법은 이사야 40장 31절의 말씀대로 "여호와를 기다리는 것"이다.

하나님이 아합을 처리하심

-열왕기상 20~22장-

아합은 이스라엘의 역대 왕 중에서 가장 악한 왕으로 역사에 기록되어 있다(왕상 16 : 29~33/21 : 25~26). 그의 이방인 아내 이세벨은 무대의 배후에서 그를 다스렸으며 바알 숭배가 이 땅의 공식적인 종교가 되도록 주선하였다. 아합은 "스스로 팔려 악을 행하였다"(21 : 20, 25). 이 장에서 우리는 그의 죄와 하나님께로부터 오는 최후의 심판을 본다.

1. 아합의 방어(20장)

1 **도전**(1~12절)-수리아왕은 32명의 다른 왕들의 지원을 받아 막강한 군대를 이끌고 사마리아를 위협하였다. 그의 사신들은 왕의 부와 가족을 요구했으며 아합은 복종할 것을 동의하였다. 그러나, 이들이 궁들을 그들의 전리품으로 취할 권리에 대해서는 거절하였다. 아합은 용감한 일면을 보여 주었으나 종말이 가까와졌음을 알고 있었다. 그가 만일 여호와와 함께 했더라면 그는 자기의 문제를 하나님께 돌릴 수 있었을 것이었으나, 바알은 왕을 구원할 수 없었다.

2 **정복**(13~30절)-여호와는 왕과 백성들을 구하기 위하여 개입하셨는데, 이는 아합이 받을 만하기 때문이 아니다. 그가 그럴 만한 일을 행하지 않았던 것은 확실하다. 다만 하나님이 수리아를 대적하셨으며, 그 나라를 심판하실 때가 왔을 뿐이었다. 이름이 밝혀지지 않은 선지자는 놀란 왕에게 멧세지를 전했으며,(13절) 아합의 즉각적인 대답은 그가 그 멧세지를 믿었음을 시사한다(14절). 아합은 믿는 사람은 아니었으나 그에게 제공된 마지막 기회를 움켜 잡았다. 그는 즉각적으로 여호와의 말씀에 순종하였으며 수리아의 막강한 군대를 향하여 정면으로 얼마 안되는 군대를 파견하였다. 하나님께서 이스라엘에게 큰 승리를 허락하시자 왕이 직접 전쟁의 책임을 지고 나갔으며 큰 영광 중에 전쟁을 끝냈다. 수리아인들은 이스라엘의 하나님은 언덕에서는 승리를 하지만 평지와 골짜기에서는 승리하지 못하리라고 결론을 내렸다. 그래서 이들은 다음 해에 다시 공격을 시도했다. 이 때에도 자비로우신 하나님은 사악한 왕에게 희망의 멧세지를 보냈으며, 이스라엘에게 또다른 굉장한 승리를 주셨다.

3 **타협**(31~43절)-사단은 힘으로 성취할 수 없는 것을 책략으로 성취하였다. 왜냐하면 사단이 아합을 즉시 적과 사악한 타협을 하도록 이끌어 갔기 때문이다. 적의 왕들과 신복들은 교만한 아합 앞에서 반성하고 스스로 낮추는 것처럼 위장

하였으며 이 실없는 왕은 속임수에 빠져들어갔다. 그는 원수인 벤하닷을 가리켜 "나의 형제이다!"라고 말했다. 두 왕은 평화의 언약을 세웠고, 아합은 벤하닷을 살려서 돌려 보냈다. 이는 하나님이 하신 말씀에 직접적으로 불순종하는 것이었다. 그의 동료로 말미암아 얼굴에 상처를 입은 익명의 선지자는 왕을 만나려고 기다렸다가 하나님의 심판의 판결을 알렸다. 도망친 죄수의 이야기를 들려줌으로 아합왕이 자기의 죄를 고백하고 스스로 죄에 대한 선고를 내리도록 하였다(나단도 다윗에게 이와 같은 방법을 사용하였다/삼하 12장) 아합은 하나님의 지시에 따르기를 거절하였기 때문에 많은 그의 백성들과 더불어 죽게 되었다.

하나님이 적에게서 이스라엘을 구원하신 것은 온전히 은혜였음을 반드시 명심하기 바란다. 왕이나 백성은 그러한 대접을 받을 만하지 못하였다. 하나님은 이미 아합이 벤하닷이 아니라 하사엘에게 죽임을 당할 것이라고 선언하셨었다(19:15~17). 따라서 이 때는 그가 죽을 때가 아니었다. 하나님은 그의 말씀을 성취하실 것이며 그의 뜻을 행하심에 있어서 크게 서두르지 않으신다. 왜냐하면 자비 가운데 하나님은 회개할 시간을 주시기 때문이다.

2. 아합의 속임수(21장)

[1] **죄**(1~16절) ─ 사악한 자의 마음은 지속적으로 물질에 대하여 탐심을 보인다. 그리고 공허한 우상 숭배에 만족을 느낄 수도 없었다. 이제 왕은 이웃의 포도원을 탐내어 토라진다. 왜냐하면 그의 이웃은 하나님의 말씀에 불순종하지도 않고 그에게 포도원을 주지도 않을 것이기 때문이었다(레 25:23/민 36:7). 왕비 이세벨은 남편의 이름으로 편지를 날조하여 나봇에 대한 거짓 증인을 세워 이 문제를 해결한다. 그리고 종교의 축제란 눈가림 아래 이 전체의 일을 숨겼다! 나봇은 돌에 맞아 죽었다. 무죄한 사람이 왕 아합과, 바알을 숭배하는 그의 아내를 만족시키기 위하여 죽은 것이다. "만물보다 부패하고 심히 거짓된 것은 마음이라 누가 능히 이를 알리요"(렘 17:9).

[2] **심판**(17~29절) ─ 하나님은 일어난 모든 일을 알고 계셨다. 그는 엘리야를 보내어 사악한 왕과 문제들을 해결하게 하셨다. "네가 나를 찾았느냐?"라는 아합의 질문은 민수기 32장 23절을 생각나게 한다. "너희 죄가 정녕 너희를 찾아낼 줄 알라!" 엘리야는 아합의 집에 파멸을 알렸다. 그리고 얼마 후 그의 예언은 실현되었다(왕하 9:10). 아합은 "악한 일에 자신을 팔았으며" 그가 번 삯을 받아야 하는 것이다. 왕은 여호와 앞에 자신을 겸손히 하였으며(성실한 마음으로였는지 또는 외식으로 하였는지는 알 수 없다) 여호와는 형벌을 연기하셨다. 곧 회개하지 못하는 사람들은 가련한 사람들이라는 말은 진실이다!

3. 아합의 패전과 죽음(22장)

아합은 기회가 있을 때에 수리아를 파멸시키지 않았으므로 적이 그를 공격하려고 돌아왔으며, 마침내 그를 죽였다. 아말렉을 파멸시키는 데 실패했던 사울왕을 죽인 자는 아말렉의 젊은이들 중의 하나였다. 아합의 딸이 여호사밧 왕과 결혼하였으므로 이 전쟁을 위하여 아합과 여호사밧이 동맹을 한 것은 놀랄 일은 아니다.

여호사밧 왕은 이 전쟁에 대한 하나님의 뜻을 알기를 원하였으며 그래서 이들은 아합을 섬기는 선지자들에게 물어보았다. 물론 이교 선지자들은 눈이 멀어서 두 왕의 욕망을 충족시켰으며 승리를 약속하였다. 그러나 그들의 약속은 빈말이었다. 여호사밧은 여호와의 선지자에게서도 듣고 싶어했다. 미가 선지자가 가능한 유일한 사람이었기 때문에(그는 감옥에 있었던 것 같다) 사람을 보내어 그를 데려오게 했으며, 그의 멧세지를 요청했다. 빈정거림으로써 미가는 이교 선지자들의 공언을 그대로 말했다. 그러나 왕은 그가 가장하고 있다는 것을 알았다. 잃어버린 자가 여호와께로부터 듣고 싶어한다는 것은 이상한 방법이 아닌가. 그러나 그들은 진리를 듣고 순종하고 싶어서 물어본 것은 아니었다. 미가는 이방 선지자들이 거짓말을 했으며 아합은 전쟁에서 죽고 이스라엘은 뿔뿔이 흩어질 것이라고 말했다. 그의 말은 진실이었다. 그러나, 이 충성된 선지자는 그의 사역의 댓가로 무엇을 받았는가? 감옥에서의 빵과 물이었다! 그럼에도 불구하고 그는 여호와께 충성했으며 이것이 고려해야 할 전부였던 것이다.

아합은 자신을 변장함으로써 죽음을 면할 수 있을 것이라고 생각하였다. 대개의 군인들은 왕을 먼저 죽이려고 할 것이기 때문이었다. 바울이 에베소서 6장에서 육과 혈에 대하여 싸우지 말고 사단(왕)에 대항하여 기도와 말씀으로 싸우라고 말할 때의 개념도 이에서 온 것이다. 일단 왕을 파멸시키면 나머지는 쉬운 일이다(눅 11:14~26 참조). 여호사밧은 왕의 옷을 입고 전투에 나갔으나 주께서 그를 보호하셨다. 그러나 변장을 했던 아합은 죽임을 당했다. 34절은 그 군인이 목표를 겨냥하지도 않고 활을 쏘았음을 시사한다. 그러나 여호와께서는 화살이 적절한 목표에 가도록 인도하셨다! 여호와의 심판이 내리려 할 때는 인간이 사용하는 속임수나 변장도 그를 보호하지 못할 것이다. 이스라엘은 전쟁에 졌으며 왕을 잃었다.

왕은 사마리아에 장사되었다. 피에 젖은 마차는 연못에서 씻기워졌으며 개들이 그 피를 핥아 먹음으로써, 하나님이 약속하신 대로 성취되었다(20:42/21:19). 아합의 사악한 아들 아하시야가 그를 이어 통치하였고, 민족은 계속해서 죄악의 길을 걸었다.

아합왕은 용감한 군인이었으므로 만일 그가 진리 가운데서 여호와를 따랐더라면 이스라엘을 승리와 평화로 인도할 수 있었을 것이다. 그러나 바알 숭배와 결탁한 일과 그의 불경건한 아내의 악한 영향이 결국 그를 패전으로 이끌어 갔다. 아합은 군사적인 승리들을 통하여 하나님의 선하심을 경험하였지만 자신을 율법에 복종시키기를 거절하였다. 그는 심판이 선언된 때에는 외적으로 겸손히 하였으며 "집행 유예"를 받기도 하였다. 그러나 그의 얄팍한 회개는 오래 가지 못했다. 3년 반의 가뭄이나 갈멜산에서 하나님의 영광이 크게 나타났던 일도 그의 굳은 마음을 부드럽게 만들지는 못했다. 그는 자신을 "악에게 팔았으며" 회개하려 들지 않았다. 그는 구약 역사에서 가장 훌륭한 선지자들 중의 한사람에게서 들었으나 회개하지 않았다! 그의 통치 하의 22년은 그 민족을 하나님으로부터 더욱 멀리 인도해 갔을 뿐이었다.

엘리사의 사역의 시작

—열왕기하 1～4장—

이제 우리는 엘리사의 생애와 사역을 공부하기 시작한다. 엘리야와 엘리사의 사역은 종종 대조된다. 엘리야는 극적인 모습으로 갑자기 나타나는 맹렬한 선지자였던 반면에, 엘리사는 그의 백성에게 개인적인 방법으로 사역한 목회적인 선지자였다. 엘리야는 거친 언덕에, 엘리사는 평화로운 골짜기에 속해 있었다. 엘리야는 외로운 일군이었으나, 엘리사는 백성들과의 교제를 즐겼다. 포괄적으로 말해서, 엘리야는 그 민족을 하나님께로 되돌리려 한 심판의 선지자였으며, 엘리사는 그 민족이 멸망하기 전에 "남은 자"을 불러내는 은혜의 사역자였다.

1. 엘리야를 계승한 엘리사(1～2장)

1 **불의 심판**(1장)—열왕기상 22장의 마지막 세 구절은 사악한 아하시야왕이 최근의 하나님의 심판에도 불구하고 마음이 움직이지 않았음을 알려 준다. 그는 모압의 반역에도, 낙상함으로 인한 상해들에도 불구하고 회개하지 않았다. 사실, 그는 그가 나을지 안나을지의 여부를 알아오도록 이방 신들에게 사람을 보내기조차 하였다. 하나님의 지시를 받은 엘리야는 "왕이 죽으리라"는 참된 멧세지를 전하도록 사자들을 되돌려 보내고는 다른 곳으로 피했다(요 12：35～36 참조). 엘리야의 하나님께 순복하기보다도 왕은 그를 죽이려 하였으나, 하늘로부터 내린 불이 그들을 죽였다. 이 심판은 하나님께로서 온 것으로, 엘리야가 한 일이 아니었다. 선지자의 동기는 여호와를 영화롭게 하는 데에 있었다(눅 9：51～56 / 예수님의 제자들이 이 사건에 대해 오용함). 세번째의 군대는 비록 믿음이 아닌 두려움 때문이었을지라도 겸손하게 자신들을 낮추었으므로 하나님은 그들이 접근하도록 허용하셨다. 두려움없이 엘리야는 운명의 멧세지를 전했고, 왕은 죽었다!

2 **불병거**(2장)—열왕기상 19장 20절에서 엘리사는 엘리야를 충실하게 따르겠다고 약속했으며 떠날 기회가 있었는데도 불구하고 그를 따랐다. 그를 섬긴 지 10년이 되자 엘리야는 떠나야 할 때임을 알렸다. 만약 엘리사가 안일한 길을 택하여 뒤에 처져 있었다면 그는 9～15절의 축복을 받을 수 없었을 것이다. 소명에는 충성을 다해야 한다("갑절"이란 단어에 대해서는 신 21：17 참조). 수 년 전에 엘리야는 광야에서 죽기를 구하였었다. 하나님이 이에 응답하지 않으신 것은 얼마나 놀라운 일인가! 그 대신 선지자는 회오리 바람 가운데 하늘로 올리워갔다. "하나님은 그의 택하신 자들에게 최선의 것을 주신다." 왜냐하면 엘리

사는 올리워진 그의 주인을 보았으며 영감을 갑절이나 받았기 때문이다. 12절에서 엘리사는 엘리야를 이스라엘의 군대와 비교한다. 그들의 안전에 있어서 그는 말들과 병거보다도 더 중요하다(13 : 14 참조). 엘리사는 엘리야의 외투를 붙잡았으며(왕상 19 : 19 참조), 능력을 주실 것을 위해 하나님을 담대히 의지하였다. 엘리야와 함께 요단강을 건넌 것과 자신이 직접 믿음의 발을 내딛은 것은 확실히 별개의 것이었다. "**엘리아의 여호와 하나님**"을 믿는 사람에게 **엘리야**도 필요한 것은 아니다.

엘리야의 외투로 행한 그의 첫 기적은 선지학교의 젊은이들에게 엘리사가 참으로 하나님의 선지자임을 입증한 것이 되었고, 그들은 엘리사를 존중하였다. 그러나 그들은 엘리야가 정말로 사라졌는지 확신할 수 없었다. 16~18절에서 우리는 그들의 불신앙과 어리석음이 기록된 것을 본다. 이것은 오늘날 그리스도의 부활과 육체로 승천하셨음과 성도들이 미래에 휴거할 것을 의심하는 "자유주의" 설교자들을 예증하는 것이다. 소금으로 물을 고친 것은 3년 반동안 물의 공급을 멈추게 했던 엘리야의 기적과는 상당히 대조가 된다.

23~25절은 성경을 주의깊게 공부하지 않는 사람들에게는 문제를 일으킨다. 이들은 어린 아이들이 아니라 젊은이들이었음과 그들 스스로 행동에 대해 책임을 져야했음을 기억하자. 벧엘은 우상 숭배의 중심지였다(왕상 12 : 28~33). 거룩한 장소가 오염되었으며, 실제로 이 젊은이들은 하나님의 말씀과 하나님의 종들을 조롱하고 있었다. 그들 중의 42명이 함께 만났다는 것은 조직적으로 계획된 일임을 암시한다. 선지자를 "대머리"라고 부른 것은 모욕 중에서도 가장 천한 모욕 중의 하나였다. "올라가라"는 것은 엘리야가 하늘로 휴거한 것을 조롱하는 말임을 지적하는 것이다. 곰들이 그들을 "찢었는데", 죽은 자가 있는지에 대해서는 아는 바가 없다. 이는 좀 더 알고 배워야 할 사람들이 경박하게 조롱하는 것에 대한 하나님의 응징이다.

2. 민족을 구한 엘리사(3장)

유다의 여호사밧이 스스로 아합의 사악한 아들과 동맹을 맺는다는 것은 죄였으나, 그는 이 죄를 범하였다. 이들 두 사람은 모압과 싸우기 위하여 또다른 적인 에돔과 결탁하였다. 이스라엘의 여호람은 모압을 공격하기 위해서는 그의 군대가 유다와 에돔의 영토를 통과해야 했으므로 그들과 연합하지 않으면 안되었다. 유감스럽게도, 이들의 원정은 실패로 돌아갔고, 마실 물조차 고갈되었다. 여호사밧은 엘리사와 여호와께로 돌이켰다. 엘리사는 다윗의 자손(여호사밧)을 의식하여 도움을 베풀었으나, 아합의 불경건한 상속자(여호람)를 인정하지는 않았다(13~14절). 하나님은 기적적으로 그들이 판 도랑에 물을 공급하셨으며 그들 앞에 있는 대적들을 파하셨다. 이 일은 다음과 같은 이상한 사건으로 이끌어 가게 된다. 희망을 잃은 모압의 왕은 자기의 아들을 제물로 하여 번제를 드렸으며, 유다와 에돔은 이스라엘을 향해(여호람) 대단히 분개하여 전쟁을 철회하고 본국으로 돌아갔다. 그들은 처음부터 그와 동맹을 맺지 말았어야 했다. 나라를 구한 것은 사악한 왕이 아니라 충성된 하나님의 선지자였다.

3. 백성을 섬기는 엘리사(4장)

"숨어있는 기간" 동안에 엘리야는 백성들을 도왔었다. 그러나 이것이 그의 주된 사역은 아니었다. 엘리야는 근본적으로 불의 선지자였으며 엘리사는 백성들에게 "목회자"적인 사역자였다. 우리는 가난한 백성을 돕기 위하여 몇 가지 기적이 일어난 것을 볼 수 있다.

1 **선지자와 과부**(1~7절/레 25 : 39~46 참조) — 유대인들은 빚에 관한 한, 다른 사람에게 자비를 보이지 않았으며 율법에 순종하지도 않았다. 하나님은 우리가 신뢰할 때 우리의 가진 것을 취하여 우리의 필요에 대처하신다(출 4 : 2). "문을 닫으라!"는 말은 마태복음 6장 6절을 상기시킨다. 엘리사가 하나님의 도움을 구할 때에는 종종 "문을 닫았던 것"에 주목하자(21, 33절). 하나님은 그녀가 믿음으로 가져올 수 있는 만큼의 많은 그릇들을 채우셨고, 그녀에게 그릇을 빌려주었던 사람들도 역시 유익을 얻었을 것이다. "나의 하나님께서 너의 모든 필요를 공급하실 것이다."

2 **수넴여인**(8~37절) — 여기에는 두 가지의 기적이 기록되어 있다. 하나님은 이 여인의 남편이 나이가 많음에도 불구하고 아들을 주셨으며, 그 아이가 죽자 생명을 되살려 일으키셨다. 수넴은 갈멜에서 7마일(약 11km) 떨어진 곳에 있었다. 그 집을 자주 지나다녔던 엘리사는 마침내 그들 부부와 더불어 떡을 떼도록 초청을 받게 되었다. 우리는 여기서 이 선지자가 엘리야와는 달리 사회적인 경향이 있는 것을 본다. 세례(침례) 요한과 그리스도의 관계가 이와 비슷하다. 요한은 엘리야처럼 홀로 살았으나, 그리스도는 엘리사처럼 가정을 방문하며 사람들과 함께 식사하는 것을 즐겼다. 그 여인은 참으로 영적인 가치관을 지니고 있었다. 왜냐하면 방문하는 선지자를 위하여 지붕에 "선지자의 다락방"으로서 특별한 방을 마련하였기 때문이다. 이를 상주시기 위하여 하나님께서 그녀에게 한 아들을 주셨다. 그러나 그 아들은 들에서 심한 괴로움을 당하였으며(일사병일 수도 있다) 죽은 채로 집으로 옮기워졌다. 어머니는 실망하지 않고 즉시 낙타를 타고 선지자를 찾아 나섰다. 그녀는 선지자의 종 게하시와는 상대하려고 하지 않았다. 게하시는 그 아이를 살리려 했으나 실패하였다. 이것은 아마도 이미 마음에 자리잡은 탐심 때문일 것이다. 이 탐심은 나중에 드러나게 된다(5 : 20 이하). 게하시가 그녀를 물리치려고까지 했었던 것을 주목하자(27절/마 14 : 15/마 15 : 23). 엘리사 자신이 여행을 하여 그 아이를 일으켜야만 했다. 34절은 한 영혼을 인도하기 위하여 필요로 하는 노력과 사랑에 대한 아름다운 실례이다(왕상 17 : 21 이하 참조). 일곱 번의 재채기는 정상적인 호흡 작용을 시사하는 것

이었다. 그 소년은 살아서 일어났다.

3 **선지학교**(38~44절) — 이 학교는 사무엘이 시작하였고 엘리야가 계속하였다 삼상 19 : 2 / 왕상 20 : 35). 젊은이들 모두가 믿음의 사람이었던 것은 아니며, 그 땅에 경쟁이 되는 배교자들의 학교도 있었을 가능성이 있다(2 : 23~25 참조). 그 땅에 흉년이 들었다는 말은 음식이 없다는 뜻이다. 그래서 젊은 설교자들은 국을 끓였다. 이 생도들 중의 하나는 그 음식에 만족하지 못하고 좀더 나은 것으로 먹기 위하여 채소를 찾으러 나갔다. 그가 가져온 독있는 호박은 거절해야만 하는 식품이라는 것을 아는 사람들은 아무도 없었다. 국은 늘 먹는 음식이었는데 여기에 호박을 첨가시켰다. 우리는 기회를 잘 포착해야 한다. 맛을 본 후 위험한 것을 알게 되었고, 이들의 기도는 엘리사로 하여금 행동을 취하게 하였다. 그는 밀가루를 떨어뜨려 독을 제거하였다. 말하기는 슬프지만 많은 대학에, "선지 학교에," 그리고 교회에까지도 "늘 먹는 음식"에 "죽음"이 들어있다. 독있는 음식의 독을 제거하는 유일한 것은 하나님의 말씀인 순전한 밀가루이다. 42~44절에서 우리는 또다른 문제를 발견한다. 손에 좋은 음식이 있었으나 다 돌아갈 만큼 넉넉하지 못하였다. 엘리사는 모든 사람의 필요에 대처할 만큼 음식을 늘렸다(요 6장 참조).

엘리사는 물론 기적의 사람이었다. 필요한 것이 무엇이든지 하나님은 그 필요에 대처할 수 있으시다. 그리고 그분은 "어제나 오늘이나 영원토록" 동일하시다. 그분을 믿고 의지하자!

나아만의 병고침

—열왕기하 5장—

1. 나아만의 저주(5：1～19)

우리는 이 기적을 통해서 하나님의 말씀을 믿음으로 말미암는 구원에 대한 아름다운 사례를 본다. 모든 잃어버린 죄인들은 자신이 나아만과 같은 것을 볼 수 있을 것이다. 또한 구원하는 믿음의 능력을 보게 될 것이다.

1 **그는 정죄되었다**—그가 정죄되었다는 근거는 문둥병에 걸렸다는 점이다. 그의 아름다운 복장과 승리의 위업들도 그가 죽은 사람, 문둥병자라는 사실을 위장할 수는 없었다. 레위기 13장은 문둥병에 대해 묘사하고 있는데 이는 죄를 예증하는 것이다. 피부 깊숙이 파고들며(3절), 퍼지며(7절), 사람을 더럽게 하여 고립시키며(45 ～46절), 불로 처리되어야 한다(52절). 물론 수리아의 법은 문둥병자를 격리시키지 않는다. 그러나, 그가 이스라엘로 오면 하나님의 법은 나아만에게 따로 떨어져 있을 것을 명령한다.

2 **그는 적이었다**—심지어 그는 유대인을 집에서 하녀로 쓰고 있었다. 이 소녀는 침략했을 때 사로잡혀 온 것이다. 나아만은 이방인이었기 때문에 이스라엘의 축복에서 제외되어 있었다(엡 2：11～22 참조). 하나님께서는 우리가 원수였을 때에 우리를 위하여 그의 아들을 주셨다(롬 5：6～10).

3 **그는 간증을 들었다**—어린 유대인 소녀는 주인에 대한 사랑을 가지고 있었다. 그녀가 비록 고향에서 멀리 떨어져 있었지만 그녀의 하나님을 잊지 않고 있었으며, 하나님의 위대한 능력을 간증하는 데 민첩했다. 만일 그녀가 그 가정에서 충실한 일군이 아니었더라면 효력있는 간증을 할 수 없었을 것이다. 그러나 충성되게 일하였으므로 그녀의 간증은 보상을 받았다. 그리스도는 오늘날 이런 간증들을 필요로 하신다.

4 **그는 스스로 구원해보려고 노력하였다**— 나아만은 문둥병에서 고침받고자 가능한 모든 방법을 다 해보았으나 고칠 수 없었다. 우선, 그는 수리아의 왕에게 갔으나 아무 효력이 없었던 것은 물론이다. 다음으로, 그는 이스라엘 왕에게 갔으나 역시 아무것도 할 수 없었다. 죄인들은 왕되신 그리스도로 말미암아 구원을 받는 것이 아니라, 주인이시며 구세주이신 그리스도로 말미암아 구원을 받는다(롬 10：9～10). 얼마나 많은 잃어버린 죄인들이 구원을 받고자 이 사람 저

사람에게 찾아 다니는가.! 그런데 그리스도는 그들의 필요를 해결하고자 기다리고 계신 것이다. 나아만은 또한 은혜에 대해서 아는 바가 없었다. 왜냐하면 많은 재물을 가지고 갔기 때문이다(5절). 잃어버린 죄인은 구원을 사거나 벌려고 한다. 그러나 그럴 수는 없다(벧전 1：18~20).

5 **그는 하나님의 부름을 받았다**—엘리사는 나아만의 곤경에 대하여 들었으며 사람을 보내어 오게 했다. 구원받을 자격을 갖춘 죄인은 아무도 없다. 다만 인간이 그리스도께 오게 되는 것은 성령의 은혜로운 부르심으로만 가능할 뿐이다(요 6：37 참조). 누가복음 4장 27절에서 예수께서는 나아만이 많은 문둥병자들 중의 한 사람이었는데 여호와 하나님께서 그를 고치셨다고 말씀하셨다. 이것이 바로 은혜이다.!

6 **그는 하나님의 간단한 구원의 방법에 저항했다**—엘리사는 나아만을 맞으러 나오지 않았다. 장군은 문둥병자였으며 선지자를 더럽힐 위험이 있었다. 엘리사는 나아만이 거절당하고 정죄받은 인간이라는 것을 스스로 알게 하려고 하였다. 그는 교만한 장군을 죄인처럼 다루었다. 그러나 나아만은 평범한 죄인으로 취급받는 것에 화를 냈다. 그는 "내가 누구인지를 모르는가?" 라는 의문을 품었다. 오늘날의 죄인들처럼, 나아만은 선지자가 세례(침례), 성찬식, 견진례 등 어떤 의식을 행하리라고 생각했다(11절). 그래서 그는 스스로 겸손하게 죽음의 강인 요단강에 들어가려 하지 않았다. 그는 자기의 집 근처에 있는 친근한 강들이 훨씬 더 낫다고 생각했다.

7 **그는 순종하는 믿음으로 고침을 받았다**—13절에 나오는 겸손한 종은 대 장군보다도 생각이 예민했다. 인간이 하나님의 간단한 구원의 길에 저항하는 것이 얼마나 비합리적인 일인가.! 박식한 니고데모도 이것을 이해할 수 없었다(요 3장). 그러나 나아만이 믿음으로 순종하였을 때 그는 "거듭났으며" 어린 아이의 피부처럼 정결하게 되어 물에서 나왔다.! 요단강에 일곱 번 잠긴 것은 세례(침례)의 상징은 아니다. 왜냐하면 세례(침례)는 한 번 받는 것인데 여기서는 일곱 번을 잠겼으며 또한 그것으로 구원을 받는 것이 아니기 때문이다. 그의 믿음은 행위로써 입증이 되었다. 그는 말씀을 신뢰하였으며 말씀에 따라 행동했다. 믿음은 일곱 번이라도 행동하게 한다.

8 **그는 확신이 있었다**—전에 그는 "보라, 내 생각에는…"이라고 말했으나 이제는 "보라, 내가…아노니"라고 말한다(15절). 그는 하나님의 능력의 실제와, 여호와만이 참된 하나님이심을 공식적으로 간증하였다. 나아만은 너무도 감사하여 엘리사에게 재물을 제공하려고 하였으나 그의 제안은 거절되었다. 만일 그 선물이 용납되었다면 "은혜로 말미암은 구원"이란 교훈을 망쳐놓았을 것이며 하나님의 모든 영광을 훔쳤을 것이다.

9 그는 평화 가운데 집으로 갔다(19절)—그는 수리아로 돌아가면 문제에 봉착하게 된다는 것을 알았다. 왜냐하면 그의 왕이 우상 숭배자였기 때문이다. 그러나 나아만은 여호와께 순종하기를 원하였으며 온전히 그를 높이고 싶었다. "모든 참된 신자들은 하나님과 화평하다" (롬 5 : 1).

2. 게하시의 탐욕(5 : 20~27)

게하시는 하나님의 말씀에 동의하지 않았다. 이것이 그가 문제를 일으키고 죄를 짓게 되는 시작이었다. 만일 그가 하나님의 말씀에 순종하였더라면, 그래서 마음의 탐욕을 심판했더라면 결코 문둥병자가 되는 일은 없었을 것이다. 하나님의 백성이 정직하게 자신의 마음의 죄를 안다는 것은 중요하다. "당신의 뜻"이 아니라 "내가 …· 하리라"는 것이 그의 태도였다.

사람이 일단 하나님의 말씀에 불순종하면 얼마나 재빠르고 능률적으로 되는지에 유의하자. 그는 죽은 소년을 일으키려고 갈 때에는 뛰어가지 않았다(4 : 29~31). 그러나 여기서 그는 물질적인 재물을 얻으려고 나아만에게 달려간다. 만일 그리스도인들이 물질적인 일들에서처럼 영적인 일에 관심이 있다면 얼마나 좋을 것인가? 이제 우리는 두 가지 거짓말을 보게 된다.

1 그는 나아만에게 거짓말했다(21~32절)—"내 주인이 나를 보내었는데, 엘리사는 자기를 위해서가 아니라 생도 중의 몇 명을 위해 돈이 필요합니다"라고 그는 장군에게 말하였다. 유다처럼 게하시는 가난한 사람들을 위하여 관심이 있는 것처럼 보였다. 이와는 반대로 그는 자신에 대해서만 관심을 가지고 있었다 (요 12 : 1~7). 물론 돈을 받음으로써 게하시는 하나님의 영광을 훔쳤으며, 선지자의 교훈을 위반하였고, 구원에는 돈과 선한 행실이 개입되는 것 같은 인상을 주었다. 그의 한 가지 이기적인 행동이 전체의 상징적인 교훈을 망쳐놓았다. 게하시는 나아만의 두 종들이 그를 위하여 옮겨다 줄 만큼의 재물을 얻었다!

2 그는 엘리사에게 거짓말을 하였다(25~27절)—그는 들어가서 아무 일도 없었던 것처럼 행동하였으나 선지자는 진실을 알고 있었다. 엘리사가 "어디에 있었느냐"고 묻자, 그는 "주의 종이 아무데도 가지 아니하였나이다"라고 대답하였다. 그는 또다른 거짓말을 하고 있다! 26절은 게하시가 유다와는 달리 자신의 작은 농장을 마련하는 데에 그 돈을 사용하려 했음을 시사한다. 이 사건이 있기 오래 전에 이미 탐욕이 그의 마음에 있었던 것 같다. 왜냐하면 4장에서 우리는 그가 죽은 소년을 일으키는 데 얼마나 능력이 없었는가를 볼 수 있었기 때문이다. 그는 자신을 심판하려 하지 않았으므로 하나님이 직접 그를 심판하셨다. 나아만의 문둥병은 그에게, 그리고 그의 자손에게로 옮겨졌다.

우리는 8장 1~6절에서 게하시가 다시 나오는 것을 보는데, 이번에는 왕의 앞에 출현한다, 어떤 이는 그가 회개하여 고침을 받았다고 추정하지만 이에 대해 성경에 무슨 근거가 있는 것은 아니다. 더구나 질병은 그의 자손들에게 전해지도록 되어 있었다. 해답은 간단하다. 열왕기하에 기록된 사건들은 반드시 사건이 일어난 순서에 따라 기록된 것은 아니다. 게하시와 왕과의 대화는 아마도 왕이 백성들의 불평을 들으려고 할 때에 성문에서 일어난 일이었을 것이다.

여호와께 헌신한 종이 탐심으로 인하여 수치와 거절을 당하게 되는 것은 얼마나 슬픈 일인가. 겉으로 보기에는 신성 모독(베드로의 경우), 또는 간음(다윗)인 듯하지만, 사실은 탐욕이라는 감추어진 죄인 것이다. 탐심이 모든 죄의 뿌리에 놓여 있는 것은 사실이다. 어떤 사람이 무엇을, 또는 어떤 사람을 탐하게 되면 그 욕망을 충족시키기 위하여 범하지 못할 죄가 없는 것이다. 여호와의 종 엘리사는 물질적인 소득을 위하여 살지 않았다. 그는 온전히 여호와의 영광을 위하여 살았다. 게하시는 여호와와 돈이라는 두 주인을 동시에 섬길 수가 없었다. 골로새서 3장 5절은 탐심과 우상 숭배를 동일하게 본다. 예수께서는 마가복음 7장 22절에서 탐심을 육의 무서운 죄와 관련시켜 생각하신다. 바울은 로마서 1장 29절에 나오는 "이방인의 죄의 목록"에 탐심을 기록한다. 누가복음 12장 13절 이하에서 주님은 탐심의 위험에 대해 경고하고, 16장 13절 이하에서는 사람들을 지옥으로 인도해 가는 것을 보여 준다(엡 5 : 3 참조).

2~3절에 나오는 하녀와 게하시를 대조하는 것은 흥미로운 일이다. 그녀는 노예였으나 여호와를 위하여 즐거이 증거하였던 반면에 게하시는 자유로운 자로서 그의 고국에서 살면서도 자기 자신에게만 관심이 있었다. 또한 그녀는 나아만을 구원의 장소로 인도한 반면, 그는 자신의 죄로 말미암아 모든 것을 파멸로 이끌었다. 그녀는 물질적인 소득은 없었으나 여호와의 축복을 받았고, 게하시는 재물을 가져왔으나 모든 것을 잃었다.

엘리사의 기적들

—열왕기하 6～8장—

이 부분에서는 엘리사의 기적과 사역에 대해서 다룬다. 기적 중에서 더러는 하나님의 백성들을 위하여 개인적으로 행하였으며 더러는 민족을 위하여 공식적으로 행하였다. 어느 경우에서나 이 하나님의 사람이 하나님의 뜻을 알고 하나님의 능력을 행사하는 데 있어서 난처한 입장에 놓이게 된 일은 결코 없었음을 보게 된다.

1. 도끼날을 되찾아 줌(6：1～7)

선지자들의 학교 중에서 하나가 커지고 있어서 공간이 더 필요하게 되었음을 보는 것은 즐거운 일이다. 이 사람들은 어떤 의미에서 국내 선교사들이었으며, 엘리사에게 훈련을 받고 백성들에게 말씀을 전하는 사람들이었다. 우리의 미래 사역자들을 훈련시키는 복음 전도 학교는 중요하고 하나님의 백성의 지원을 받기에 합당하다. 엘리사가 너무 바쁘거나 교만하여 건축활동에 참여하지 못하는 일이 없었음에 유의하자. 물론 그가 함께 있다는것이 젊은이들에게 격려가 되었을 것은 분명하다. 생도들은 가난하였으며 적어도 한 사람은 도구를 빌려 와야 할 정도였다. 도끼가 물에 빠지자 생도는 두려워하였으나, 엘리사는 도끼를 도로 찾아 주었다. 빌려 오는 것은 죄가 아니다. 빌려 온 것은 잘 관리하여 돌려 주어야 한다. 하나님은 물론 그의 백성의 개인적인 필요에 관심이 있으시며, 우리의 마음에 부담을 주는 작은 일에조차 관심을 가지신다.

2. 수리아의 침략자들을 사로잡음(6：8～23)

수리아왕은 한 떼의 군대를 보내어 이스라엘을 노략질하고 있었다(5：2). 그러나 하나님은 엘리사에게 적의 모든 동태에 대해 계시하고 계셨다. 시편 25편 14절에는 "여호와의 친밀함이 경외하는 자에게 있음이여"라고 기록되어 있다. 엘리사가 비록 사악한 왕 여호람을 존중하지는 않았지만(3：13～14) 그에게는 이스라엘 백성을 위하는 마음이 있었으며, 이들을 보호하기를 원하였다. 왕은 하나님의 사람에게 귀를 기울일 정도의 지혜가 있었으며, 하나님은 이스라엘을 보호하셨다. "엘리사가 숨겨진 첩자"라는 말이 들리자 수리아왕은 그를 잡으려 일단의 군인들을 보냈다. 엘리사의 종(분명히 게하시를 대신한 사람일 것이다)은 자기의 성읍에 군대가 오는 것을 보고 끝이 왔다고 생각하였다. 그러나 하나님은 종의 눈을 열어 엘리사를 구하려고 준비를 갖추고 있는 천군을 보게 하셨다.

16절이 그 날의 유대인들에게 진실이듯 오늘날의 그리스도인들에게도 진실이다. "만일 하나님이 우리를 위하시면 누가 우리를 대적할 것인가?"

엘리사는 그의 종의 눈을 열어 보게 하였으나, 침략자들의 눈을 어둡게 하는 이중의 기적을 행하였다. 따라서 사마리아에게 있어서 그 군대를 사로잡는 것은 매우 쉬운 일이었다. 수리아인들의 눈이 뜨였을 때 자기들이 적의 성읍에 있는 것을 알고 놀라는 모습을 상상해 보라! 엘리사는 그 군사들을 죽이려는 이스라엘왕을 금지시켰다. 하나님이 그들을 사로잡으셨으므로, 하나님만이 영광을 받아야 할 것이었다. 엘리사는 자비함으로 그들을 패배시켰다(롬 12:20~21/잠 25:21~22/마 5:43~45). 이 때로부터 수리아는 이스라엘의 성읍에 침입하도록 은밀한 "특공대"를 보내는 일이 없었다. 만약 하나님의 말씀에 순종한다면, 하나님의 백성들은 결코 적들을 두려워할 필요가 없다(시 46편 참조).

3. 성을 구함(6:24~7:20)

6장의 23절과 24절 사이에 얼마나 많은 시간이 흘렀을지는 알 수 없다. 그러나, 벤하닷은 이스라엘을 침공하기로 결정했고, 그들은 작은 무리가 아니라 전 군대를 동원하였다. 수도는 포위되었고 거의 식량이 고갈되었으며, 최하의 음식이 가공할 만한 가격으로 팔리고 있었다. 25절에 나오는 "비둘기의 똥"이란 가장 값싼 종류의 곡식인 듯하다. 그러나 굶주린 백성들은 동물들도 먹지 않는 것을 먹었던 것 같다. 더군다나 백성들 중의 어떤 이들은 사람을 서로 잡아 먹기까지 하고 있었다. 사악한 왕 여호람이 이 기근을 엘리사의 탓으로 돌리는 것은 그의 아버지 아합의 말을 복창한 것이다(6:31/왕상 18:17). 그 아버지에 그 아들이다! 왕의 사자는(엘리사는 그를 알고 있었다) 하나님의 사람으로부터 이상한 예언을 받았다. 다음 날 사마리아는 구원을 받게 되며 먹을 식량이 많게 되리라는 것이다. 7장 1절에서 엘리사는 정가의 1/15의 가격으로 여섯 배의 음식을 살 수 있을 것이라고 예언하였다. 왕의 수령 중의 하나가 불신앙을 표명하자 엘리사는 그가 심판을 받게 될 것을 맹세하였다(7:17~20).

참호를 파고 진을 친 수리아 군인들을 파멸시키는 데 하나님은 어떤 무기를 사용하셨는가? 시끄러운 소음과 네 명의 문둥병자였다. 한 떼의 용병들이 그들에게 오고 있다는 생각을 하여 수리아인들은 진 중에 재물과 양식을 남겨둔 채 도망하였다. 합리적으로 생각한 네 사람의 문둥병자는 자유 가운데 굶어 죽는 것보다는 죄인의 몸으로 먹는 것(또는 빨리 죽는 것)이 낫겠다고 생각했다. 9절은 확실히 복음이었으며, 위대한 선교 사역의 본문이다! 참으로 오늘날 그리스도인들이 이 구절을 암송해야 한다. 사마리아 성에 갇혀 있던 사람들은 이 기쁜 소식을 듣자 달려 나갔으며 불신앙적인 수령을 발 아래 짓밟았다. 그는 좋은 소식을 듣고 예언이 증명된 것을 보았으나, 그것을 누리게 되기 이전에 죽었다. 그리스도를 영접하기를 미루는 죄인들에 대한 무서운 경고이다.

4. 수넴 여인을 보호함(8：1～6)

1절을 읽어보면 "엘리사가 말했었다…"고 기록되어 있다. 즉, 하나님의 사람은 7년 전에 온 땅에 기근이 들 것에 대하여 그녀에게 경고하였었다(4：38 참조). 7장에 설명된 기근은 사마리아 성읍에만 제한된 지역적인 기근이 아니었다. 게하시가 왕에게 말하고 있다는 사실은 이 사건이 나아만의 병고침이 있기 전에 있었던 것임을 시사한다(5장). 그 여인은 엘리사에게 순종하여 자기의 재산을 구하였으며 블레셋에서 임시적인 도움을 받을 수 있었다. 그러나, 이스라엘로 돌아 왔을 때 누군가 그녀의 재산을 몰수했음을 알았다. 그녀가 자신의 경우를 호소하려고 왔을 그 순간에 게하시가 왕에게 말하고 있는 것을 보고 얼마나 놀랐겠는지 상상해 보라! 하나님은 수 년 전에 아들이 죽었다가 다시 살아 날 것을 정하셨으며, 그녀의 잃었던 땅을 되찾을 수 있었던 기적도 정하셨던 것이었다(4：18～37). 우리는 지금 당하는 시련들을 다 이해할 수 없다. 그러나 이러한 시련들은 모두 합력하여 선을 이룬다(롬 8：28). 신자들이 빼앗기지 않을 유업을 가지는 것은 얼마나 놀라운 일인가(벧전 1：4/엡 1：11, 14, 18).

5. 왕을 심판함(8：7～29)

하나님은 하사엘 왕에게 기름을 부으라고 엘리야 선지자에게 명령을 하신 일이 있었다(왕상 19：15). 엘리야는 엘리사가 자기의 후계자가 되도록 기름을 부었는데, 엘리사에게는 하사엘이 왕위에 오르는 것을 볼 일이 남아 있었다. 하나님의 말씀은 신자들의 실패에도, 불신자들의 계획에도 불구하고 성취되고 있는 것이다.

벤하닷은 이스라엘의 적이었으나, 위기가 오자 도움을 받으려 하나님의 사람에게로 향하였다. 세상의 사람들과 얼마나 비슷한가! 그는 엘리사에게 정교하게 만든 값비싼 선물을 보냈다. 그가 그 선물을 받았다는 기록은 없다. 만일 받았다면 선지학교를 위하여 썼을 것이 분명하다. 엘리사가 하사엘에게 한 기이한 대답에 주목하자. "너는 가서 저에게 고하기를 왕이 정녕 나으리라 하라 그러나 여호와께서 저가 정녕 죽으리라고 내게 알게 하셨느니라." 하사엘이 그의 왕에게 14절에서 인용한 첫번째 말은 그의 회복이 확실한 것처럼 꾸미고 있다. 두번째 언급은 왕을 죽임으로써 성취되었다(15절).

11～13절은 주의깊게 연구해야 한다. 하사엘에게 이상한 응답을 한 후에 하나님의 사람은 오랫동안 그 방문객을 노려보았다. 사실상 엘리사는 하사엘의 사악한 마음이 생각하고 있는 것을 읽었는지도 모른다. 그는 이 방문객이 왕을 살해할 계획을 가지고 있는 것을 보았을 것이다. 하사엘은 자기를 부끄럽게 하는 이상한 행동으로 말미암아 당황하였으며, 그 반면에 엘리사는 울었다. 사악한 방문객은 마음의 죄를 덮으려고 하였으나 그러기에는 엘리사가 너무 많은 것을 알고 있었다. 엘리사는 울면서 "네가 이스라엘에게 행할 모든 악을 내가 앎이

라"고 말했다. 그리고는 그의 무서운 죄악을 설명하였다. 하사엘은 이러한 말을 듣고 충격을 받았으나, 자신의 마음이 사악함을 인하여 충격을 받는 사람은 아무도 없다. 왜냐하면 마음이 "극도로 사악하기" 때문이다. 엘리사의 마지막 말은 "당신이 수리아의 왕이 될 것이다"라는 것이었다. 여호와께서 그 일을 성취하도록 하는 대신 하사엘은 앓고 있는 왕을 침대에서 질식시킴으로 성취하였다. 후에 역사는 엘리사의 말이 진실이었음을 나타냈다. 왜냐하면 하사엘은 그의 치리 기간 동안에 무서운 범죄 행위를 저질렀기 때문이다(10 : 32~33 / 13 : 3~7, 22).

본 장의 남은 구절들은 당시 이스라엘과 유다의 문제를 다루고 있다. 요람과 여호사밧은 여호사밧의 마지막 통치 기간 동안에 서로 섭정을 한 듯하다. 이들 민족의 왕들이 여로보암과 아합의 나쁜 본을 따르는 것을 보게 됨은 얼마나 슬픈 일인가.

정치적인 쇠퇴와 백성들의 죄로 점철된 이 기간에 하나님은 엘리사와 헌신한 선지자 생도들을 사용하셔서 백성 중에서 믿음있는 사람들을 불러내셨다. 전체의 나라가 구원을 받을 것은 아니었다. 오늘날도 전 세계가 구원을 받는 것은 아니다. 하나님은 그의 이름을 위하여 사람들을 불러내신다. 신자로서의 우리의 책임은 하나님의 말씀에 진실하여 다른 사람들을 그리스도께로 인도해 내도록 는 일이다.

예후의 통치

—열왕기하 9～10장—

이 두 장은 폭력과 피흘림으로 채워져 있다. 여기서 우리는 오랫동안 하나님을 멸시하고 그의 말씀에 불순종한 사람들에게 그의 진노가 임하는 것을 보게 된다. 예후왕은 여호와의 손에 붙들린 복수의 도구였다(9：7). 비록 우리는 여호와에 대한 그의 열성을 시인하지 않을 수 없지만(10：16), 그는 지나치게 피에 굶주려 있었던 것 같다. 호세아 1장 4절에서 하나님은 그의 무자비한 살인 행위로 인하여 예후의 집을 심판하실 것이라고 하셨다. 예후는 이것을 "여호와를 향한 열성"이라고 불렀으나 그의 살육을 통하여 여호와를 영광스럽게 하지 못한 육신적이고 죄악된 동기를 볼 수 있다.

1. 기름부음(9：1～13)

아합의 아들 요람(여호람)이 이스라엘을 다스리던 당시에 아하시야가 유다를 다스리고 있었다. 두 왕은 수리아왕 하사엘에 대항하여 싸우기로 동맹을 맺었다(왕하 8：25～29). 요람은 전쟁 중에 상처를 입고 이스라엘에서 치료하고 있었으며, 아하시야는 그를 방문하러 그곳에 와 있었다. 예후는 이스라엘의 군대에서 존경받는 대장이었으며, 전쟁의 주역들 중의 하나였을 것이다. 그는 사악한 왕이 나봇의 포도원을 빼앗을 때 아합의 경호원 중의 하나였었다(9：25～26).

엘리사가 직접 예후에게 기름을 부은 것은 아니었다. 그를 알아보고 폭행을 가해 올른지 모르기 때문이다. 그는 이름이 알려지지 않은 "선지자의 생도"를 급히 길르앗 라못으로 보내어 이스라엘의 새 왕으로서 예후에게 기름을 붓게 하였다. 이 일은 여러 해 전에 여호와께서 명령하신 일이었다(왕상 19：15～17). 젊은 선지자는 재빨리 순종하였다. 그는 전략 회의에 나타나 예후에게 개인적인 방으로 들어갈 것을 청하여 그에게 기름을 붓고 하나님의 멧세지를 전하였으며 올 때와 같이 재빨리 떠났다. 예후는 자기의 사명을 알았다. 그것은 아합의 집을 쓸어 버리는 것이었으며, 아합과 이세벨과 그 자손들이 흘린 무죄한 피를 복수하는 것이었다(9절 / 왕상 15：29 / 왕상 16：3～11 비교).

군인들은 선지자를 미친 사람으로 생각했으나, 예후는 군인들이 이 모든 일을 진행시킨 것이라고 짐작하고 그들에게 "그대들이 그 사람(선지자)과 그 말한 것을 알리라"고 말한다. 예후는 그들이 은밀하게 군대를 일으켜 왕에게 반역을 한 것이라고 생각한 것이다. 그러나 장군들은 아무것도 모르고 있음을 시인하였다. 그래서 예후는 그 사자가 한 말을 전해 주었다. 그들의 즉각적인 반응은 그에게 순복하는 것이었고, 그를 왕으로 선언하였다. 15절에서 새로운 왕은 자기의 기름부은 것에 대해 자기의 중요한 임무를 성취하기까지는 기름부음 받은 것을 비밀에 붙이도록 조정하였다. 만일 이 말이 이스르엘에 있는 두 왕에게 전해 진다면 예후의 갑작스런 공격은 방해를 받을 것이었다.

2. 복수(9：14～10：28)

1 **요람왕의 죽음**(9：14～26)－앓고 있는 왕은 이스라엘에 있었으며, 아하시야가 그를 방문하러 와 있었다. 하나님은 심판의 시간에 두 왕이 함께 있도록 배정해 놓으셨다. 왕은 예후를 차단시키기 위하여 사자들을 보냈으나 예후는 그들을 위하여 멈추거나 어떤 것도 알려 주기를 거절하였다. 보초가 멀리서도 그를 알아보았던 것으로 미루어 보아 이 유명한 장군은 마차를 "사납게 모는" 것으로 알려져 있었던 것이 분명하다. 어느 정도 방어를 할 수 있었을 성에서 기다리지 않고 두 왕은 예후를 만나러 나갔다. 아마도 그들은 대 장군이 이 전쟁에서 좋은 소식을 가지고 온다고 생각했던 것 같다. 예후는 우선 요람을 노렸으나 사악한 군주는 예후의 말을 듣고 등을 돌려 도망하였다. 예후는 뒤에서 활을 쏘아 쉽게 그를 죽였다. 하나님의 말씀이 성취되었다. 왕이 죽은 장소가 약 20년 전에 아합이 나봇에게서 빼앗은 땅 위였던 것이다(왕상 21：17～24).

2 **아하시야왕의 죽음**(9：27～29)－그도 역시 도망하려고 하였다. 그러나 예후의 사람들은 사마리아 왕국(사마리아성이 아님)으로 뒤쫓아가 므깃도에서 그를 죽였다(대하 22：9 참조). 그의 종들은 그를 예루살렘으로 옮겨 장사를 지내도록 허락을 받았다. 아하시야는 요람의 매부였으므로(8：18), 아합의 집에 대한 심판에 포함되었던 것이다.

3 **이세벨의 죽음**(9：30～37)－왕의 어머니인 이세벨은 이스라엘에서 여전히 많은 권위를 행사하였다. 그러나 그녀에 대한 심판의 시간이 왔으며, 아무도 그녀를 보호할 수 없었다. 그녀는 예후가 오고 있다는 소식을 들었을 때 자신을 아름답게 꾸미고 담대하게 새로운 왕을 맞으러 나갔다. 그녀는 "눈을 그리고" 머리에 왕관을 썼다. 그녀는 왕비답게 죽고자 하였다. 31절의 그녀의 언급은 열왕기상 16장 9～20절로 우리를 인도해 가는데, 거기에는 시므리가 왕을 죽이고 7일간 통치한 일을 기록하고 있다. 사악한 이세벨은 예후를 뇌물로 매수하여 그녀의 목숨을 구하고, 그의 보좌를 더욱 안정되게 하라고 말하려는 것이었을까?

왕궁에 있는 몇 명의 시종들은 윗창문에서 여왕을 내던짐으로써 예후를 지원하였다. 그리고 예후는 자기의 말들과 마차로 그녀의 시체 위를 달려 그 일을 끝냈다. 그리고나서 그는 왕국을 차지하고는 왕성한 식사를 즐겼다. 그는 사람들에게 지시하여 죽은 왕비를 장사지내게 했으나, 개들이 이미 달려들어 그녀의 시체를 먹은 후였다.(왕상 21：23 참조).

④ **아합 자손들의 죽음**(10 : 1~17) ─ 아합의 70명의 후손들(아들들, 손자들, 등)은 사마리아에서 살고 있었으며, 예후는 그들에게로 관심을 돌렸다. 그는 장로들에게 공식적인 편지를 써서(이세벨이 했던 방법 / 왕상 21 : 8~14) 이르기를 "아합 집안에서 우수한 자를 뽑아 예후와 그의 신하들에게 대항하여 싸우게 하라"고 하였다. 장로들은 싸우기를 두려워하여 즉시로 화평을 간청하였다. 예후는 두번째 편지에서 70명의 자손들의 머리만 가져오라고 제안하였다. 그 날 저녁 사람들이 머리들을 가지고 왔으며, 다음 날 아침에 예후는 성문으로 들어가면서 무서운 광경을 보았다. 9절에서 그는 그들의 죽음에 대하여 무죄한 체하는 것 같다. 10절에서는 살해한 사람들에게 주님의 말씀을 성취한 것이라고 확신을 준다. 물론 어떤 의미에서는 예후의 말이 사실이다. 그러나 예후는 하나님의 영광을 위하는 것보다도 아합의 집을 도륙하는 데 더 마음을 썼다고 생각하지 않을 수 없다. 12~14절에서 그는 아하시야의 사촌 42명도 죽였다. 17절에 보면 예후가 수도인 사마리아에 있는 아합의 남은 가족들을 진멸했음을 알 수 있다.

⑤ **바알 숭배자들의 죽음**(10 : 18~28) ─ 예후의 마음은 목적으로 방법을 정당화시켰다. 그래서 그가 백성들에게 "바알 숭배에 있어서, 나는 아합보다 더 열성적이다"라는 고의적인 거짓말을 하고도 양심의 가책을 느끼지 않았다. 그는 이 음모에 여호나답을 가담시켰는데 그는 그 땅에서 우상 숭배를 제거하는 데 헌신한 유대인이었다. 레갑 집안에 대하여 더 알아보려면 예레미야 35장을 보라. 사마리아에 도착하여 예후는 바알을 섬기겠다는 자기의 의향을 널리 알리었고, 백성들은 그를 믿었다. 바알의 충성된 추종자들을 바알의 산당에 모이게 하고 군대를 밖에 세워 두고는 여호와를 충성스럽게 섬기는 사람들이 실수로 이교의 전에 들어가는 일이 없도록 주의깊게 군중을 점검하였다. 예후 자신은 이 의식에 참석하지 않았다. 의식이 끝나자 지키던 사람들이 바알의 추종자들을 죽였으며, 우상의 형상들과 전을 파괴하였다. "산당은 변소로 바뀌었으며" 영속적으로 불결하게 되었다.

우리는 이 사건에 대하여 듣고, 움츠러들지 모른다. 그러나 우리는 하나님께서 아합의 집에 회개하고 심판을 피할 수 있는 기회를 주셨음을 기억해야 할 것이다. 예후의 열성이 이 일을 해 낸 것이지만 그의 동기가 반드시 영적인 것만은 아니었으며, 그는 죄악된 백성들을 향한 하나님의 진노의 도구였다는 사실을 깨달아야 할 것이다. 하나님은 여러 해를 기다렸으며, 하나님의 자비가 그것을 받을 만하지 못한 민족에게 닿을 동안 심판은 "잠을 자고" 있었다. 죄인은 하나님의 인내를 시험하는 일이 없도록 해야 하며, 은혜의 때를 저버리는 일이 없어야 하겠다.

3. 방종함(10 : 29~36)

하나님은 예후가 순종한 것을 칭찬하시고 4대에 걸쳐 안정된 보좌를 주시겠다고 약속하셨다(15 : 1~12 참조). 그러나 예후는 여호와의 말씀을 간직하지 못하고 금송아지를 섬기는 우상 숭배로 곧장 되돌아 갔다. 우리들은 다른 사람들의 생활에 있는 죄들을 판단하기가 쉬우나, 우리 자신의 삶에서 똑같은 죄들을 보지는 못한다(마 7 : 1~5 참조). 하나님은 수리아 왕 하사엘로 하여금 이스라엘의 영토를 빼앗게 하심으로 예후를 징계하셔야 했다. 그는 28년 동안 통치하였다. 호세아 선지자는(호 1 : 4) 하나님께서 예후의 집에 대해 이스르엘에서 흘린 피를 복수할 것이라고 알렸으며, 하나님은 그 일을 행하셨다. 예후는 여호와를 포기했었으며 이제 여호와께서는 네 세대가 지난 후에 그와 그의 씨를 포기하실 수밖에 없었다.

예후와 관계된 사건을 통하여 몇 가지 **근본적인 교훈**을 발견할 수가 있다.

1 **하나님의 자비는 오랫동안 기다려 주기는 하지만 주님의 심판의 말씀은 성취 된다.** 죄인은 흔히 거짓된 평화에 빠져든다. 왜냐하면 심판의 검이 임하지 않기 때문이다. 그러나 우리는 그것이 올 것임을 확신할 수 있다.

2 **불경건한 아버지들은 그들의 자녀들을 죄와 저주로 인도해 간다.** 아합이 이방 여인과 결혼한 것과 바알 숭배를 따라간 일은 그 집안과 국가를 어두움과 운명으로 인도해 갔다. 한 사람이 백성을 죄 가운데로 인도함으로 말미암아 얼마나 많은 사람이 죽었는가!

3 **인간은 하나님의 말씀을 성취할 수 있으나, 그런 후에 스스로 철저하게 순종하는 데 실패할 수 있다.** 예후가 만일 여호와께 대하여 계속해서 열심이었다면 그의 통치는 특별히 축복되었을 것이나, 자신이 오히려 우상을 숭배한 일은 그와 가족을 정죄받게 하였다.

이스라엘의 변절

—열왕기하 11~16장—

이 장들에서는 유다에서 다섯 왕, 이스라엘에서 여덟 왕, 모두 열 세 명의 왕들을 다룬다. 각 왕의 생애들을 점검해 본다는 것은 불가능하다. 그래서 우리는 특히 다섯 왕에 대하여 촛점을 맞추고 그들의 생애를 통하여 교훈들을 얻기로 하자.

1. 요아스—소년 왕(11~12장 / 대상 22~24장)

[1] **보호를 받음**(11 : 1~3)—왕의 모친 아달랴는 자기의 아들 아하시야가 죽은 것을 보고 왕의 가족을 쓸어 버리기로 결심하였다. 그렇지 않으면 어떤 경쟁자가 나타나 그녀로부터 보좌를 훔쳐 갈지도 모르기 때문이다. 하나님의 섭리 안에서 한 어린 소년이 구출되어 7년 동안 보호를 받고 있었다. 이리하여, 하나님은 다윗의 씨가 유다의 보좌를 유지해 가리라는 그의 약속을 성취하셨다. 역대하 22장 11절은 요아스의 생명을 구한 경건한 여인은 사실상 그의 숙모, 즉 아사랴의 이복 누이이며, 거룩한 대제사장 여호야다의 아내였음을 말해 준다. 사단의 씨는 하나님의 씨를 전멸시키려 하지만, 싸움의 승자는 하나님이시다.

[2] **왕으로 선포됨**(11 : 4~21)—여호야다는 섭정 왕후가 전혀 음모를 눈치채지 못하게 전체의 계획을 진행시켰다. 그는 사악한 아달랴가 행동하기 전에 레위인들과 경호원들을 각 위치에 배치했다. 그녀가 나타났을 때는 그녀의 죽음을 의미했다. 호위대가 오래 전에 다윗이 노획했던 성전의 무기들을 사용하였음을 주목하자(10절). 그러나 일은 "정권의 변화"이상의 의미가 있었다. 이것은 종교적인 부흥 운동이기도 하였다. 어린 요아스에게 율법 책이 주어졌고(12절/신 17 : 18), 그는 여호와와 백성을 섬길 것을 맹세하였다. 일단 그의 보좌가 견고해지자, 왕은 "성전을 정결케" 할 것과, 바알 숭배자들과 그들의 우상을 제거하도록 허락하였다. 부흥에는"헌신"이라는 긍정적인 면이 있듯이 "심판"이라는 부정적인 면도 있다.

[3] **하나님께 축복받음**(12 : 1~16)—여호야다는 어린 왕의 영적인 안내자였으며, 통치 초기에 있어서 요아스는 기꺼이 이 안내자를 따랐다. 바알을 숭배한 아달랴는 여호와의 집을 수리하지 않고 퇴락하게 버려 두었으므로 여호야다와 왕은 성전을 수리하여 복구하는 작업에 들어갔다. 이 계획을 위한 경비 조달의 첫번 계획은 제사장들이 서원을 하거나 제물을 바치려고 오는 사람들로부터 기

부금을 받는 것이었다(4～5절). 그러나 오랜 후에 이 정책은 폐지되었다. 왜냐하면 제사장들은 제물과 서약을 위하여 바치는 돈으로 생활을 해야 했으며, 임의대로 돈을 더 내라고 하는 것은 어려운 일이었기 때문이다. 대제사장은 성전 문 곁의 놋제단 바로 옆에 헌금 상자를 두었다. 백성들은 관용적인 반응을 보였으므로 일을 완성할 수 있는 충분한 돈을 모으게 되었다. 일군들은 정직하고 충성스러웠으므로 자금이 사용된 데 대하여 특별히 계산하는 일은 없었다.

4 죄로 인하여 패망함(12：17～21)－역대하 24장 15～27절은 거룩한 대제사장 여호야다가 죽자(130세에) 왕은 타락하기 시작하여 사실상 우상 숭배에 들어 갔음을 기록하고 있다. 어떤 사람의 믿음이 주님께 직접 연결되어 있지 않고 다른 사람에게 묶여 있다는 것은 대단히 나쁜 일이다. 하나님은 왕을 경고하려고 선지자들을 보냈으나 그는 들으려 하지 않았다. 이 선지자들 중의 하나는 스가랴였으며, 그는 대제사장 여호야다의 아들이며 요아스의 사촌이었다(대하 22：11). 왕은 그의 말을 듣기는커녕 성전 뜰에서 그를 돌로 쳐 죽이라고 명령하였다. 예수님은 이 살인에 대하여 마태복음 23장 34～35절에서 언급하셨다. 영적으로 타락하게 되자, 요아스는 수리아의 침략에 대처할 수 없게 되었다. 그래서 그는 하나님의 전의 재물을 하사엘에게 줌으로써 그를 매수하려고 하였다. 하나님의 백성들이 죄를 고백하고 주께 돌아오는 대신에 자신들의 문제를 해결하기 위하여 여호와의 것을 훔치는 일이 얼마나 많은가! 유감스럽게도 요아스는 여호야다의 아들들의 무죄한 죽음을 복수하려는 자기의 종들에게 살해당하였다.

2. 요아스－잃어 버린 기회(13장)

첫 9절까지에서 우리는 요아스의 아버지인 여호아하스에 대하여 읽는다. 이 요아스를 11～12장에 나오는 유다의 어린 왕과 혼동하지 말자. 이 요아스는 이스라엘의 왕이였으며 하나님이 보시기에 악을 행하였다. 14장 8～14절에서는 이 왕이 유다왕 아마샤를 멸망시킴을 보게 된다. 그의 통치 기간 동안에 요아스는 하나님의 사람 엘리사의 임종을 맞게 되었다. 엘리사는 그에게 수리아를 단번에 모두 멸망시킬 황금의 기회를 주었으나, 그는 그 기회를 사용하는 데 실패했다. 25절은 그가 세 번만 이겼음을 말해 준다. 여호와께서 우리들에게 주신 크고 놀라운 기회들의 이점을 취하지 못할 때 얼마나 비극이겠는가! 오늘의 잘못된 결정은 내일의 패망을 뜻하는 때가 많다. 20～21절에 나오는 비범한 기적은 거룩한 사람이 죽은 후에조차 가질 수 있는 능력의 영향력을 암시한다.

3. 아마샤－교만으로 인하여 패망함(14장 / 대하 25장)

이 왕은 여호와께 순종하여 그의 아버지 요아스의 살인자들을 복수함으로써 좋은 출발을 하였다(12：20). 그가 6절에서 신명기 24장 16절에 엄격히 순종하는 것을 눈여겨 보자. 하나님은 에돔과의 싸움에서 그에게 큰 승리를 주셨다. 그러나 역대하 25장 14～16절은 그가 돌아오면서 에돔의 이방신을 들여와서 패전한 적의 신들을 섬겼다고 말한다. 우상 숭배와 교만이 조화를 이루자, 그는 이스라엘왕 요아스를 간섭하며, 전쟁을 일으키려는 충동을 느꼈다(13：10～13). 이스라엘왕은 지혜로와서 위협을 두려워하지 않았다. 9～10절에 나오는 그의 비유가 이를 시사하고 있다. 그러나, 아마샤는 약간 가시돋힌 성격이었다. 결과는 자명하다. "교만은 패망의 선봉이요 거만은 넘어짐의 앞잡이니라"(잠 16：18). 유다는 이스라엘에게 심히 패전하였으며 예루살렘은 부분적으로 파괴되었고, 여호와의 보고는 비게 되었다. 만일 아마샤가 자기 자신의 땅에서의 승리로 인하여 하나님께 영광을 돌렸다면 이스라엘에 포로로 잡혀가지는 않았을 것이다. 그는 어떤 음모에 걸려 죽음을 당하였다고 전한다(대하 25：25～28).

4. 웃시야－유다의 위대한 왕(15장 / 대하 26장)

웃시야는 "여호와의 힘"이란 뜻이다. 그의 다른 이름은 아사랴인데 "여호와의 도움을 받다"는 의미이다. 그가 보좌에 오른 것은 열 여섯 살 때이며, 그의 건전한 지도력 아래 나라는 새로운 생활과 번영을 이룩하였다. 그를 영적으로 지도한 사람은 스가랴였는데(대하 26：5), 이 사람은 요아스를 섬긴 스가랴와는 다른 사람이다(왕하 12：17～21). 하나님은 웃시야에게 블레셋과 아라비아 민족들을 크게 이기도록 하셨다. 그는 나라의 대규모 건설 계획을 이끌어 갔으며 특히 관개 분야에서 더욱 그러하였다. 그의 군사적인 위업 또한 현저한 것이었는데, 상을 받는 전쟁에서 그는 최신의 기계를 사용하였다. 선지자 이사야가 소명을 받은 것은 웃시야왕이 죽던 해이다(사 6장).

교만은 그의 멸망을 가져왔다(대하 26：16). 그가 성전에 들어가서 향을 피웠으므로 하나님은 문둥병으로 그를 치셨다. 그의 아들 요담은 웃시야가 죽을 때까지 몇 년간 그와 함께 통치하였다. 그의 죽음은 유다에 큰 애도를 가져왔다. 그는 52년간 통치하였으며, 그의 치리 기간 동안 나라는 가장 안정을 누렸고 번영을 이루었다.

15장 8～31절에서 우리는 이스라엘의 다섯 왕에 대한 간략한 기록을 본다. **스가랴**는 단지 6개월만 통치하였고 살룸에게 암살을 당하였으며, 이리하여 여로보암의 왕조는 4대에서 그치게 되었다(왕하 10：30 / 암 7：9). **살룸**은 한달간 치리하였으며 므나헴에게 죽임을 당했다. **므나헴**은 10년간 통치하였으며, 이방인들도 놀랄 사악한 행동을 하였다. 그를 계승한 사람은 **브가히야**로서 2년을 치리하였는데, 그 다음은 **베가**이다. 이스라엘에 있어서 이 시기는 어려운 시기였다. 왜냐하면 나라가 여호와께 등을 돌렸기 때문이다.

5. 아하스―타협의 대가(16장 / 대하 28장)

이 유다의 왕은 대단히 사악하여 자기의 아들을 희생제물로서 몰록에게 드리기조차 하였다. 그는 16년 동안 통치하였다. 그의 행적 중의 하나는 바알에게 힌놈의 아들의 골짜기를 헌납한 것이었다. 나중에 요시야왕은 그 골짜기를 속되게 사용하였으며 쓰레기 버리는 곳으로 만들었다. 지옥을 상징하는 헬라어의 "게헨나"는 "게힌놈"(힌놈의 골짜기)에서 유래한 것이다. 하나님은 수리아가 그를 대항하게 하심으로 그를 벌하셨으며(그의 선조들처럼), 아하스는 여호와의 전에서 훔친 것으로 그를 원조하도록 앗수르인들을 매수하였다.

그가 앗수르왕과 친교를 가진 일은 더욱 큰 문제로 이끌어 갔다. 아하스는 다메섹에서 이교 제단을 보고 그것을 예루살렘에 복제하려 하였다. 사실상 그의 새로운 제단이 하나님의 기름 부으신 성전의 제단을 대신하였다. 세상을 흉내내기란 얼마나 쉬운가! 역대하 28장 20～27절은 앗수르와의 이 친교가 아하스를 우상 숭배로 인도해 갔으며, 앗수르왕은 결국 재물만 빼앗아 갔을 뿐 유다를 전혀 돕지 못했다. 17～18절에서 우리는 아하스가 여분의 금 장식품들을 감추어서 앗수르왕이 가져가지 못하게 한 것을 본다. 그가 죽자, 그의 아들 히스기야가 보좌를 이어 받았으며 이는 여호와의 축복을 구한 경건한 왕이었다. 아하스는 타협하려고 하였으며 자기의 방식대로 승리를 사려고 하였으나, 수치와 패배로 이끌려 갔을 뿐이었다.

이스라엘의 멸망

—열왕기하 17장—

이 긴 장에서는 이스라엘의 마지막 왕과, 어떻게 하여 북왕국이 결국 유배당하게 되었는지를 기록하고 있다. 앗수르는 주전 722년에 그 민족을 정복한 후에 사마리아(북왕국의 수도)를 빼앗았다. 하나님의 영광을 위하여 큰 승리가 될 수 있었던 것이 패전으로 바뀌어 졌고, 이 일은 참되신 하나님을 섬기는 것을 가장 보잘것 없는 일로 만들어 놓았다.

1. 사마리아의 함락(17：1~6)

호세아는 앗수르의 협력을 얻어 이스라엘의 왕이 되었다. 왜냐하면 그는 앗수르 왕에게 조공을 바치기로 약속했었기 때문이다. 호세아는 사악한 왕으로 알려져 있으나(이스라엘 역사 가운데 20명의 사악한 왕이 있음), 그의 죄들은 그의 선조들 만큼 나쁜 것은 아니었다. 2절은 호세아가 그 민족을 보다 나은 길로 인도하고 싶어한 것을 암시한다. 역대하 30장 6~11절은 그가 경건한 히스야왕이 초청한 큰 유월절에 그의 백성이 참가하도록 허락한 것을 시사한다. 그러나 왕은 자신을 앗수르에 팔았으며, 바꾸기에는 때가 너무 늦었다. 말하기는 슬프지만, 그는 연례적인 조공을 바치기를 거절하고 애굽과 은밀한 협정을 맺음으로써 앗수르에 반란을 일으키려고 하였다. 이스라엘이 도움을 청하려 "애굽에 내려가기를" 얼마나 좋아하였는가! 오늘날 하나님의 백성들이 지원을 받기 위하여 "세상"을 바라보는 것과 같다. 예레미야 17장 5~7절과 호세아 7장 11~13절에는 애굽과의 동맹에 대한 선지자의 태도에 대해 묘사되어 있다.

앗수르는 이 반역을 가볍게 보지 않았다. 그들의 군대는 북왕국을 짓밟았으며, 마침내는 수도인 사마리아에 집결하였다. 사마리아는 방비가 든든한 성이었으며, 앗수르가 그 성을 점령하는 데에는 3년이 걸렸다. 그러나 상황은 절망적이었다. 백성은 여호와를 버렸고, 하나님은 이미 그들이 포로될 것을 말씀하신 터였다. 앗수르는 "농작물의 정수"(최고의 시민들)를 그들의 땅에서 데려가는 것과 다른 곳에서 포로되어 온 외국인들로 그 빼앗은 땅을 식민지화시키는 정책을 썼다. 250년 간의 계속적인 죄와 반역 끝에, 결국 이스라엘 민족(북왕국)은 적에게 포로가 되어 수치와 패전의 불모지에 남겨지게 되었다. 만일 이스라엘의 첫 왕 여로보암이 여호와의 길로 행하여 그의 민족을 율법에 순종하도록 이끌어 갔다면 이스라엘의 역사는 달라졌을 것이다. 그러나, 우리는 여로보암이 여호와께 불순종하며 민족을 하나님으로부터 멀리 인도해 갔음을 본다. 그의 후계자들도 "이스라엘을 죄에 빠지게 한 여로보암의 죄 가운데 행하였다(왕상 16：19,

26절 / 왕하 3 : 3 등). 단과 벧엘에 둔 금송아지들은 이스라엘을 곁길로 인도해 갔다(왕상 12 : 25~33).

2. 포로된 경위(17 : 7~23)

역사란 단순히 인간의 사건들의 연속이 아니다. 왜냐하면 각 민족의 배후에는 하나님의 계획과 목적이 있기 때문이다. 이 구절들에서는 성령께서 사마리아가 망한 이유를 우리에게 말씀하신다. 오늘날 우리는 이를 마음에 새겨야 할 것이다. 왜냐하면 하나님은 나라들을 존경하는 분이 아니시기 때문이다. 만일 그가 자기의 백성 이스라엘을 그처럼 혹독하게 징계하셨다면 오늘날 그에 대항하여 반역하는 나라들에게 하나님이 하실 일은 어떠하겠는가! "역사(History)는 그분에 대한 이야기(His story)이다."

1 **백성이 하나님을 잊음**(7절)—하나님은 그들을 애굽의 노예 상태로부터 구속하셨으며 그들을 값주고 사서 자기의 백성으로 삼으셨다. 연중 행사인 유월절은 그들이 하나님의 은혜를 기억케 하였으나, 이들은 하나님께서 그들을 위하여 행하신 모든 일을 잊었다. 신명기에서 모세는 여러 번 백성들에게 여호와를 기억하며 그의 자비를 잊지 말라고 간곡히 부탁하였다(신 10 : 6 이하 / 8 : 1이하 참조).

2 **백성이 은밀히 불순종함**(8~9절)—하나님은 가나안에 있는 이방 민족들과 섞이지 말라고 그들을 경고하셨었다(신 7장). 그러나 이스라엘은 은밀하게 불순종하였다. 그들은 마음이 육욕에 차서 점차적으로 그들 주위의 이교 숭배에 굴복하였다.

3 **백성이 공개적으로 반역함**(10~12절)—은밀한 죄로 시작한 것은 궁극적으로 공개적인 죄가 되었다. 그들은 하나님을 자극시켰다(출 20 : 4/ 신 4 : 16 /신 5 : 8 참조).

4 **백성이 하나님의 부르심에 저항함**(13~15절)—여호와는 그들을 경고하고 그들과 변론하도록 거룩한 선지자들을 보내셨다. 그러나 이 민족은 고집스럽게 반역을 하며 목을 곧게 하였다(출 32 : 9 / 출 33 : 3 / 행 7 : 51 참조). 그들은 성령으로 씌어졌으며 그들을 축복하려고 주어진 율법을 거절하였다. "허무한 것(헛된 우상들)을 좇아 허망하며"라는 15절의 말씀은 대단히 두려운 선언이다. 우리는 우리가 숭배하는 것처럼 되어 진다(시 115 : 1~8 참조).

5 **백성이 스스로 악에게 팔림**(16~23절)—그들은 죄의 노예가 되었다. 여로보암이 세웠던 금송아지조차도 이스라엘의 육욕에 찬 마음에 만족을 주지 못

하였다. 이들은 가나안의 신들을 예배했을 뿐아니라 다른 나라들로부터 신들을 들여왔다. 하나님은 왕국을 분열시키시고(18절), 다윗의 집안으로 하여금 유다를 다스리게 하셨다. 그러나 유다도 역시 죄에 빠져 들어갔다. 하나님은 그 민족을 "약탈자"에게 넘기셨는데(2절), 이 약탈자들은 그들의 나라 안에도 있었고"산 울타리" 밖에서 오기도 하였다. 그들은 왕으로부터 노략질당하였으며, 적들로부터는 공격을 받았다. 하나님은 선지자들을 통하여 심판이 임할 것을 경고하셨으나, 백성들은 맹목적으로 이 죄에서 저 죄로 옮겨 다녔다.

구약은 20명의 이스라엘왕을 열거하고 있는데, 그들은 모두 사악했다. 이스라엘 왕국이 멸망되기까지는 250년이 걸렸을 뿐이다. 이들은 엘리야, 엘리사, 아모스, 호세아, 이사야와 같은 선지자들의 말을 들었으나 여호와께 무릎꿇기를 거절하였다. 배교에 대해서는 치료책이 없다. 하나님께서 할 수 있는 일이란 심판하시는 일 뿐이며 남은 신자들을 취하여 다시 시작하는 일뿐이다.

3. 사마리아의 식민지화(17：24～41)

앗수르왕은 가장 훌륭한 사람들을 외부로 내보낸 후에, 자신의 통치 아래 있는 다른 민족들로부터 시민들을 이끌어 들였다. 이러한 이주 정책은 이스라엘이 조직화하여 반역하는 것을 막기 위함이었다. 이 구절들은 사마리아인들의 기원을 설명하는 것이며, 이들은 곧 요한복음 4장과 사도행전 8장에서 보게 되는 혼혈의 사람들인 것이다. 후에 사마리아로 돌아온 신앙의 그루터기 유대인들, 즉 정통 유대인들은 이 "혼혈"의 민족과는 상종을 하지 않았다. 예수께서는 사마리아 사람들은 자신들이 무엇을 예배하고 있는지 모르고 있으며 구원은 유대인들로부터 오는 것임을 사마리아 여인에게 분명히 말씀하셨다(요 4：22).

초기에는 사마리아에 종교적인 신앙이 없었으므로, 하나님은 백성들의 마음에 경외심을 주기 위하여 사자떼를 보내셔야만 했다(사 25장 참조). 그러나 지도자들은 가장 특이한 방법으로 문제를 해결하였다. 이들은 유대의 제사장들을 데려다가 여호와의 도를 배웠다. 그리고는 여호와와 자신들의 민족적인 신을 동시에 섬기도록 하였다. "각 민족이 각기 자기의 신상들을 만들었다"고 29절은 말한다. 이것은 옛날의 "에큐메니칼 운동"(교회연합운동)이었다. "여호와를 경외하였다"는 말이 반복되는 것을 눈여겨 보자(25, 28, 32～34, 41절). 그들은 여호와를 ("그 땅의 신"으로/ 27절) 경외하였으나 정작 예배하고 섬긴 것은 그들 자신의 신이었다(33절). 그들의 여호와께 대한 예배는 공허한 형식이었으며 단순해 외적으로 보이기 위함이었다. 이들이 진심으로 예배한 것은 자신의 이교 신상이었으며, 여호와는 다만 그들이 신을 수집하는 데 있어서 또하나의 "신"에 불과하였다.

다른 말로 하면, 그들의 땅에 심판의 엄한 손이 임한 것을 보고서도 여전히 고집스럽게 여호와께 불순종하며 버티었다. 궁극적으로, 우상 숭배의 암적 영향은 유다에게로 퍼져갔으며 주전 586년에 바빌로니아인들이 예루살렘을 점령하고 파괴하였다. 한 때의 남은 자들이 에스라와 느헤미야의 인도로 돌아 왔으며 민족은 다시 꽃피게 되었다. 그러나, 하나님께서 그의 아들을 자기 백성에게 보내셨을 때 이들은 그를 거절하였으며, 다시 한 번 심판이 임했다. 주후 70년에 예루살렘은 파괴되고 민족은 온 세계에 흩어졌다.

"여호와 하나님을 믿는 나라는 복되도다!" 이스라엘 역사에 있어서의 이러한 비극적인 사건들은 모든 그리스도인 시민들로 하여금 나라에 대한 경외심을 가지고 지도자들을 위하여 기도하도록 동기를 주게 된다. 거룩하지 못한 지도자들은 거룩하지 못한 시민의 세대를 산출하며(41절), 타협적인 제사장들은 예배자들을 여호와로부터 더욱 멀어지게 인도해 간다. 여호와의 말씀이 거절당할 때(34~38절) 민족의 장래에는 희망이 없다. 자비가 연장될 수는 있으나(하나님은 이스라엘을 위해 250년을 참으셨다!) 최종적으로는 심판이 임할 것이다. **배교에 대한 해결책은 없다**"는 사실은 중요한 교훈이다. 일단 교회나 교파, 또는 민족이 여호와께 등을 돌리면 하나님은 심판하시지 않을 수 없다. 그는 자신을 위하여 충성된 믿음의 "그루터기"를 구원하셔서 다시 증거를 시작하신다. 하지만, 하나님의 말씀을 거부하고 그의 부르심을 거절하는 자를 축복할 수는 없다.

히스기야의 통치

—열왕기하 18~20장—

우리는 이제 유대 역사에 있어서 가장 흥미진진한 기간의 하나인 경건한 왕 히스기야의 통치에 대한 연구에 들어섰다(사 36~39장/대하 29~32장 참조). 사마리아(북왕조 이스라엘)는 앗수르에게 몰락하였고, 이제 적은 유다를 공격하고 있었다. 아하스는 수 년 전에 앗수르와 조약을 맺었으나(16 : 7~9), 히스기야는 이를 반역하였으므로(18 : 7, 13~16), 적의 침략을 초래하게 되었다. 사실상, 이 세 장에 기록된 사건들은 정확한 순서에 따라서 기록된 것은 아니다. 히스기야가 병이 난 것은 포위를 당하고 있는 동안이었다(20 : 60 참조). 그는 회복된 후에 바빌로니아 지도자들의 방문을 받게 된다. 그는 29년을 통치하였으며(18 : 2), 회복한 후로는 15년을 통치하였다. 그리고 침략은 그의 통치 기간의 14년 째에 발생하였으므로(18 : 13) 발병과 침략을 받게 되는 일이 동시에 일어난 것이 된다. 히스기야가 직면해야 했던 세 종류의 적들과, 그가 이 적들을 어떻게 다루었는지 주목하여 보자.

1. 앗수르의 침략자(18~19장)

1 히스기야의 개혁 (18 : 1~8/대하 29~32장)—이 경건한 왕은 즉각적으로 그 땅에서 우상 숭배와 죄를 제거하기로 작정하였다. 그는 성전을 다시 열어 수리하였으며 거기 모아 두었던 폐물들을 청소해 냈다. 그리고, 제사 의식을 다시 거행하였는데, 특별히 찬양대와 희생제사에 관심이 있었다. 그는 또한 유월절 절기에 전체의 민족(이스라엘을 포함하여)을 소집하였다. 이것은 갱생의 기회였으나, 불행하게도 백성들의 마음에 와 닿지는 않았다. 변화는 다만 표면적인 것이었다. 그러나 히스기야는 여호와를 사랑했음을 입증하였으며, 하나님은 그의 믿음을 인하여 축복을 내리셨다.

2 히스기야의 반역 (18 : 9~37)— 오랜 동안 이 민족은 앗수르에게 조공을 바쳐 왔다. 그러나, 히스기야는 반역하고 조공을 바치지 않았다. 이 일로 인하여 앗수르의 군대가 예루살렘으로 쳐들어 왔다. 그는 하나님을 향하는 대신에 두려워서 굴복하였으며 앗수르를 기쁘게 하기 위하여 성전의 것을 훔치기까지 하였다. 이 당시 유다에는 세 당파가 있었다. 첫째는 앗수르에게 항복하자는 당파였고 두번째는 애굽에 도움을 청하자는 당이었으며, 세째는(이사야의 인도를 받아) 이 민족이 구원을 받기 위해 여호와를 의지하자는 파였다. 사실상, 앗수르 왕은 돈을 받고도 마음을 바꾸어 결국 침략을 하였다. 이사야는 이것을 "배반"

이라고 불렀는데(사 33 : 1~8), 앗수르가 약속을 지키지 않았기 때문이다. 앗수르 장군들 중의 셋이 유대인들을 조롱하였다(17절 / 이것은 장군들의 계급 이름이다). 이들은 히스기야의 믿음과 지도력을 약화시키려고 하였다. 31~32절은 죄의 속임수를 예화로 보여 주고 있다. 그는 평화와 풍족케 해 줄 것을 약속하였는데 결국에는 포로로 잡혀가기에 이르렀다!

[3] **히스기야의 간구** (19 : 1~19) ─자기 힘으로는 자신을 구할 수 없게 되자 왕은 성전으로 기도하러 갔다. 2절은 성경에서 제일 먼저 이사야 선지자에 대해 언급된 곳이다. 선지자는 왕에게 "하나님이 유다를 건지시고 앗수르를 멸하시리라"는 평화의 답을 보내었다. 다른 나라들과의 역경들로 인하여 앗수르는 군대를 되돌려 갔다. 그러나 랍사게는 오만한 편지를 보내어 그를 위협하여 항복하게 하려 하였다. 왕은 편지를 성전으로 가져가 "여호와 앞에 펼쳐 놓았다." 19절에서 하나님의 영광에 강조를 두고 있는 것에 주목하자. 이것은 기도의 참된 기본이다.

[4] **히스기야가 받은 보상** (19 : 20 ~37) ─기도와 하나님의 말씀은 참으로 놀라운 관계이다. 히스기야는 기도하였고, 이사야를 통하여 하나님은 앗수르를 판단하실 것이며 나라들에게 행한 대로 갚으실 것이라고 말씀하셨다. 하나님은 히스기야에게 2년 후에는 다시 추수를 하게 될 것을 약속하셨다(29절). 하나님은 다윗을 위하여 기도에 응답하셨으나, 유다와 왕이 이같은 자비를 받을 만해서가 아니었다(34절). 하나님은 하룻밤에 185,000명의 군사들을 죽이셨으며, 산헤립은 후에 자기의 아들에 의하여 암살되었다. 하나님은 애굽의 도움 없이도 적을 무찌를 수 있으셨다(사 30~31장 참조).

2. 죽음 (20 : 1~11)

죽음은 "마지막 원수"라고 불리워진다(고전 15 : 26). 앗수르가 침략하겠다고 위협하고 있는 동안 왕이 아프다는 것은 대단한 시련이 아닐 수 없다. 문제는 여러 겹으로 오는 때가 많다. 그러나, 하나님은 이들을 대처하시기에 넉넉하시다. 우리는 하나님께서 왜 이런 병을 보내셨는지 확신할 수는 없다. 어쩌면 히스기야의 불신앙과, 18장13~16절에 나오는 조공을 기꺼이 바치지 않았기 때문인지 모른다. 아니면 다른 은밀한 죄가 있었는지도 모른다(사 38 : 17 참조). 이사야 38장9~20절에 나오는 왕의 찬양의 시는 그가 죽음을 두려워하며, 개혁을 끝마치기 위하여 살아 있기를 원함을 시사한다. 어찌 되었거나, 히스기야는 생명을 연장시켜 주시기를 기도했고, 그의 기도는 응답되었다. 하나님은 그 자신의 특별한 치료 방법으로 고치셨는데, 이 때에는 무화과 반죽을 사용하셨다(그러나, 의사에게 가는 것이 불신앙을 의미하는 것은 아니다). 하나님은 그에게 15년을 더 살게 하셨다. 하나님은 해시계의 그림자를 10도 쯤 뒤로 물러 가게 하심으로 그의 믿음을 더욱 굳건하게 하셨다(해시계란 단계별로 시간을 표시하게 된 큰 돌인 것 같다). 왕은 이 일을 그의 창문에서 볼 수가 있었다.

성경 연구자들은 히스기야가 치료를 위해 기도를 했어야만 했는가, 또는 히스기야가 회복된 것은 하나님의 완전하신 뜻인가 아니면 그의 허용적인 뜻인가에 대한 문제로 오래도록 논란을 벌여 오고 있다. 하나님은 때때로 그것이 우리에게 최선의 길이 아닐 때라도 기도에 응답하셔서 들어 주시는 때가 있다(시 106：15). 히스기야가 옳지 않았다고 말하는 연구자들은 왕의 마지막 15년이 바벨론과의 악한 동맹을 맺은 때였고(20：12～21), 유다의 가장 사악한 왕으로 밝혀진 므낫세가 출생한 때임을 지적한다(21절). 만일 히스기야가 죽었더라면 유다는 바벨론과 타협을 하지 않았을 것이며, 므낫세의 사악한 통치도 없었을 것이었다. 그러나 므낫세는 회개하였고 마침내 여호와를 섬겼다(대하 33：11～19).

반대로, 또다른 이들은 이사야가 운명의 멧세지를 히스기야에게 전했을 때 그에게는 보좌를 상속할 사람이 없었다는 것을 지적한다. 따라서 그의 기도는 자신만을 위한 기도가 아니라 그 국가를 위한 기도이기도 했다. 20장 1절에 나오는 "집을 처치하라"는 말은 문자 그대로 하면 "당신을 계승하여 보좌에 오를 한 사람을 뽑으라"는 말이었다. 하나님은 유다의 보좌에는 언제나 다윗의 자손이 오를 것이라고 약속하셨다. 히스기야는 하나님을 약속 앞에 붙들어 두고 있었다. 그의 모든 아들은 마지막 15년 사이에 태어났다(20：18 참조). 므낫세가 경건하지 못한 왕이었다는 것은 사실이지만(이것은 아버지인 히스기야에게는 명예롭지 못한 일이다), 그 다음 왕인 요시야는 위대한 하나님의 사람이었음을 시인하지 않을 수 없다. 히스기야가 죽었다면 요시야도 없었을 것이다. 더군다나 성경에는 히스기야의 마지막 통치 15년 동안 그가 "히스기야의 사람들"로 더불어(신하들의 기관／잠 25：1) 구약 성경을 복사하며 순서를 붙였음을 시사하는 많은 구절들이 있다. 많은 학자들은 "성전에 올라가는 노래"(시 120～134편)가 히스기야의 병과 회복을 기념하기 위하여 함께 엮어진 것임을 믿는다. 또한 히브리 성경 각 권의 끝에는 히브리 문자로 "H Z K"라고 쓴 것을 많이 보게 되는데, 하나님께서 행하신 일을 인하여 하나님께 감사를 드리는 것인 듯하다.

히스기야는 자기 생애의 마지막 15년을 백성들을 위하여 구약에 차례를 붙이는 일에 헌신하였다. 사람이 사악한 아들을 낳았으므로 죽어야 한다고 말하는 것은 너무 지나친 말이다. 다윗의 아들들은 솔로몬을 포함하여 사악했었는데 하나님은 왜 다윗을 살도록 허락하셨는가? 하나님은 아직 잉태되지도 않은 아이의 미래에 범할 죄로 인하여 그 사람을 죽이시는가? 더구나 왕의 병고침과 예루살렘의 구원은 동시에 일어났다(20：5～6). 성은 구하면서 그들의 왕을 죽이는 것이 하나님께 영광이 되는 일이었을까?

아마도 이런 면에 대한 문제점은 영원히 해결될 수 없을 것이다. 신자는 기도하는 중에 "모든 것을 하나님께" 가져갈 권리가 있으나, 죽음에 이르는 죄가 있다는 것도 알아야 한다(요일 5 : 14~17).

3. 바벨론의 방문객들(20 : 12~21)

앗수르가 무력으로 할 수 없었던 것을 바벨론은 책략으로 성취하였다. 사단은 사자요 뱀이다. 병을 고침받고 예루살렘이 구원을 받은 후 히스기야의 교만은 바벨론과의 사악한 동맹을 맺게 하였다. 역대하 32장 25~26절과 31절은 모두 그가 치료를 받은 후 교만하여져서 징계를 초래했다고 시사한다. 왕이 적에게 자기의 재물과 무기를 보게 한 것은 확실히 어리석은 일이었다. 결국은 그 일로 인하여 민족이 고난을 당하였다. 15절에 나타난 왕의 교만에 유의하자. 그는 "나의 집… 나의 보물"이라고 말하고 있다!

죽음을 앞에 두고 있던 히스기야에게 치료의 기쁜 소식을 전했던 바로 그 선지자는 이제 "보물과 그의 아들들이 바벨론으로 가게 될 것"이라는 슬픈 심판의 멧세지를 전해야만 하였다. 하나님은 왕이 자기의 보물과 그의 힘을 의지하지 않고 하나님께 영광을 돌리며 하나님을 의지하는지의 여부를 시험하고 계셨다(대하 32 : 31). 므낫세는 바벨론으로 잡혀가 감옥에 갇히게 되었으나 스스로 겸손케 하였으므로 하나님께서 그를 구해내셨다(대하 33 : 11~19).

히스기야가 민족의 장래보다도 당대에 대해서 더욱 관심을 가지는 것을 보게 됨은 슬픈 일이다. 결정적인 패망이 모퉁이에 있는 때에, 일시적인 평화를 누리며 쉬는 것은 가장 현명하지 못한 처사이다. 그의 실수와 죄에도 불구하고 히스기야는 위대한 왕으로서 히브리 역사에 기록된다. 그는 성의 방비를 튼튼히 하였고 관개시설을 향상시켰으며, 우상을 일소하였고 백성들을 여호와께 인도하려고 노력하였다. 그는 "여호와 앞에 기도를 펼쳐 놓는" 방법을 아는 기도의 사람이었다.

므낫세와 요시야

—열왕기하 21～23장—

이 장들에서는 다섯 왕들이 언급된다. 그러나 우리는 주로 두 사람, 즉 므낫세와 요시야에 대하여 관심을 가지게 된다. 아몬왕은 2년간 다스렸고(21：19～26), 여호아하스는 3개월만 다스렸다(23：31～33). 여호야김은 다음 장에서 보게 될 것이다. 요시야와 므낫세를 비교할 때 흥미로운 일은 그들의 영적인 삶이 정반대라는 점이다. 므낫세는 죄 가운데 통치를 시작했지만 순종 가운데서 끝냈고, 요시야는 그의 생애를 순종으로 시작하여 불순종(죄)으로 끝냈다.

1. 므낫세의 통치(21장)

1 **그의 반역**(1～9절)—역사가들은 므낫세가 경건한 히스기야와 적어도 마지막 10년 동안 함께 통치한 것으로 본다. 므낫세는 사악한 사람이었는데, 그보다 앞선 누구보다도 그리고 그 후의 누구보다도 더욱 그러했다. 경건한 히스기야가 29년을 통치했는데 경건하지 못한 므낫세가 55년을 치리했다는 것은 참으로 이상한 일이다. 그러나 하나님은 그 백성들이 원했던 대로, 그리고 받을 만한 대로 주고 계셨다. 히스기야가 무대에서 사라지자마자 므낫세의 본래 성품이 나타나게 되었다. 그는 히스기야가 헐어 낸 것을 세우고 히스기야가 세운 것을 헐었다. 창세기 26장 18절에 나오는 이삭과 비교해 보라. 경건한 히스기야를 본받는 대신 므낫세는 아합왕의 길을 따랐다. 전해 오는 바에 의하면 므낫세는 이사야를 톱으로 켜서 죽였다고 한다(히 11：37). 므낫세는 그의 우상 숭배를 성전 뜰로 끌어들였다. 그는 자기 아버지의 경건한 본보기에 항거하여 반역하였으며 여호와의 법에 대항하였다.

2 **그의 이동**(10～15절) 전체의 흐름을 알려면 역대하 33장 11～20절을 읽어야 한다. 하나님은 그의 선지자들을 보내어 왕을 경고하셨으나 왕은 들으려 하지 않았다. 하나님은 심판과 유배가 다가오고 있음을 이 민족에게 알렸다. 유다는 사마리아의 두려운 심판을 목격하였으나, 백성들은 회개하지 않았다. 하나님은 아합의 집을 다루시던 대로 다윗의 집을 다루시겠다고 약속하셨다(13절). 앗수르의 장군들이 므낫세를 바벨론으로 데려갔으며, 그는 그곳에서 감옥에 갇히게 되었다.

3 **그의 회개**(대하 33：12)—그는 "환란을 당하여 여호와 하나님께 간구하는" 인간의 전형적인 실례이다. 하나님은 그의 은혜 중에 사악한 왕을 용서하시

고 그의 보좌로 돌아 오도록 허락하셨다. 하나님은 진실로 겸손한 태도로 기도하는 사람을 위하여 일하신다.

4 **그의 회복과 개혁**(대하 33:13~20/왕하 21:17~26)—므낫세의 회개는 피신하기 위한 얄팍한 속임수는 아니었다. 일단 보좌에 돌아 오자, 그는 즉각적으로 자신이 파괴했던 것들을 보수하기 시작했다. 그는 적에 대항하여 예루살렘의 방비를 튼튼히 했으며, 우상과 이상한 제단들을 제거하였고 백성을 여호와께 인도하려고 노력하였다. 물론 그가 행한 모든 일들을 원상태로 돌리기는 불가능한 일이었다. 그러나 우리는 그가 죽기 전에 성취한 일들로 인하여 그를 칭찬하지 않을 수 없다. 하나님은 므낫세가 히브리 왕들 중에서 가장 오래 통치하도록 하셨으나 그가 성취한 것이 거의 없다는 것은 유감스러운 일이다. 사실상 그의 회개조차도 하나님의 심판의 손을 멈추게 하지는 못했다. 이 민족이 포로가 되도록 하나님을 움직인 것은 므낫세의 죄였다(23:26~27).

므낫세왕이 경건한 삶을 살며 하나님과 백성들에게 충실할 수 있는 기회는 많았다. 그의 아버지는 다윗을 제외한 유다의 가장 위대한 왕이었을 것이며, 가장 위대한 선지자 이사야와 예레미야가 그 시대에 사역을 하고 있었으나, 므낫세는 그의 생의 종말에 이르기까지 여호와를 발견하지 못하였다. 우리는 그가 회개한 후의 행한 일들을 칭찬한다. 그러나, 그의 말년에 시정한 것보다는 초기에 입힌 손상이 더 많은 것을 생각하지 않을 수 없다. 그는 왕들과 함께 장사되지 않았고 개인 동산에 묻혔다.

그의 아들 아몬왕은 아버지의 늦은 개심의 영향을 받지 않았고, 그의 죄를 본받았다. 아몬왕의 치리 기간은 불과 2년에 지나지 않았으며, 어떤 음모로 인하여 죽임을 당한 후, 므낫세의 곁에 묻혀졌다.

2. 요시야의 통치(22~23장)

아몬왕의 계승자로서 요시야는 8세의 어린 나이로 보위에 올랐다. 우리가 다루는 핵심적인 사건들은 이 경건한 왕의 짧은 생애와 통치를 요약해 준다.

1 **구원**(16세, 왕하 22:1~2/대하 34:3)—그가 통치하기 시작한 지 8년째 되는 해에 요시야는 여호와를 찾게 되었다. 대제사장 힐기야가 그를 하나님의 말씀으로 가르쳤을 것은 의심할 여지가 없다. 그의 어머니의 이름(여디디야)이 하나님께서 솔로몬에게 주신 "애칭"인 것은 흥미로운 일이다(삼하 12:25). 그 이름은 "여호와의 사랑을 입은 자"라는 뜻을 지니고 있다. 예레미야와 스바냐도 이 때에 사역하였다.

2 **개혁**(20세, 대하 34:3~7)—왕은 이제 그 성과 나라에서 므낫세와 아몬의 우상 숭배를 정화시킬 수 있는 성숙한 나이가 되었다. 요시야의 궁극적인 목

표는 성전을 복구하는 것이었고 민족을 하나님께로 되돌리는 일이었다. 그는 새로운 순종을 하기에 앞서 과거의 죄를 파괴해야 한다는 것을 알고 있었다. 그러나 불행하게도, "요시야의 부흥운동"은 표면적인 것이어서 백성들의 마음에 도달하지는 못하였다. 예레미야 선지자가 요시야의 죽음에 임하여 많이 울었지만, 그가 이른바 "부흥 운동"에 대해서 젊은 왕을 칭찬한 것은 발견할 수 없다. 물론, 왕과 그의 고문들은 진지했으나 백성들은 따르지 않았으며, 마음은 우상 숭배에 머물러 있었다.

3 **복구**(26세, 왕하 22 : 3~23 : 28/대하 34 : 8~35 : 19) —우상들을 파괴하기는 했으나 요시야는 여호와를 참되게 섬기는 일을 재개하는 데 집중하지 못했다. 눈물을 흘리는 것으로는 충분하지 않다. 우리는 또한 재건을 해야만 한다. 그는 제사장들에게 돈을 모으도록 명령했으며, 성전을 수리하였다.

재건을 성전을 수리하던 중, 대제사장은 우상 숭배로 말미암아 오래 전에 버려졌던 모세의 율법 사본 하나를 발견하였다. 이들은 헌물들을 다루다가 그 책을 발견하였는데, 그 책이 은보다 더 가치있는 것으로 여겨진 것에 유의하자. 이것은 하나님의 전에 마땅히 있어야 할 것이었다. 요시야는 율법을 읽는 소리를 듣자 즉각적으로 유다가 큰 위험에 처해 있는 것을 알았다. 그는 사람을 보내어 무엇을 해야 할 것인가를 여호와께 물었다. 여선지자 훌다는 그 성의 "둘째 구역"("College", 22 : 14)에서 살았으며, 근심하는 왕에게 하나님의 멧세지를 전하였다. 멧세지의 내용은 유다와 예루살렘이 그 죄로 인하여 심판을 받을 것이나, 요시야 왕은 하나님 앞에서 자신을 겸손케 하였으므로 심판을 보지 않을 것이라는 것이었다.

그러자 요시야는 즉시 이 하나님의 말씀에 대해 나라의 장로들과 상의하였으며, 하나님의 언약을 재확인하는 대 예배를 주선하였다. 그는 그 땅의 부패를 일소하는 데에 계속해서 노력하였고, "도벳"(힌놈의 아들의 골짜기—사람들은 여기서 몰록에게 자기의 자녀들을 제물로 불태워 바쳤다)을 더럽혔다. 왕은 그 골짜기를 쓰레기 버리는 곳으로 만들었으며, "힌놈의 아들의 골짜기"(게힌놈)란 이름은 신약에서 "게헨나"로 표기되었는데 이는 지옥을 생생하게 설명해 주는 것이다. 올리브산은 "퇴폐의 산"이었으나(23 : 13), 요시야가 이를 회복시켰다. 그의 일소 기간 동안에 요시야는 사악한 왕 여로보암의 제단을 들추어 내었고, 또한 그에게 경고하였던 선지자의 무덤도 찾아 냈다. 이렇게 하여 요시야는 열왕기상 13장 1~5절에 나오는 예언을 성취하였다. 하나님의 말씀은 헛되게 돌아가는 일이 결코 없다. 왕은 성전과 율법을 회복하였을 뿐아니라 그 민족이 오랜 동안 소홀히 해 온 유월절도 회복하였다. 그는 자기의 백성이 "값으로 산 바가 되었음"을 기억하기를 원하였다.

요시야의 개혁과 복구가 성취한 일은 무엇인가? 요시야의 시대에는 평화와 축 379

복이 있었다. 그러나, 므낫세의 죄로 인하여 심판을 내리시겠다고 한 본래의 약속은 철회되지 않았다(22 : 26~27). 요시야의 거룩한 생활과 사역은 수 년 동안 하나님의 심판의 손을 유보시키고 있었다. 그러나 포로로 유배당할 일이 닥치고 있었으며 아무도 이 일을 막을 수는 없었다.

4 **암살**(31세, 왕하 23 : 29~37 / 대하 35 : 20~26) —아마도 애굽의 군대는 바다를 통해 와서 블레셋 해변에 상륙한 것 같다. 바로는 그가 유다에 대항하여 싸우지는 않을 것이며, 다만 앗수르를 공격하는 중임을 명백히 하였다. 요시야는 여호와 하나님의 마음을 구하지 않았고, 사실상 하나님의 뜻에 고의적으로 불순종한 것 같다(대하 35 : 22 참조). 그의 변장은 그를 보호하지 못하였으며 또한 하나님의 뜻에서 벗어나게 되었다. 그는 전쟁터에서 죽었다. 스가랴 12장 11절을 보면 요시야를 위하여 므깃도에서 큰 곡성이 들렸었다는 암시가 있다. 왕은 잠언 20장 3절과 26장 17절을 마음에 간직했어야 했다. 아마도 이 때에 유다는 앗수르의 동맹국이었고, 함께 행동할 의무가 있었던 것 같다. 그러나 바로는 요시야와 전쟁하지 않게 되기를 더욱 바랬던 것은 틀림없는 일이다.

요시야의 아들 여호아하스는 바로가 그를 퇴위시키고 결박할 때까지 겨우 3개월을 다스렸다. 바로는 요시야의 아들들 중에서 엘리야김을 선택하여 왕을 삼고 "여호야김"(여호와가 그를 일으킬 것이다)이라는 새 이름을 주었다. 우리는 다음 연구에서 그의 생애와 치리에 대하여 살펴볼 것이다.

유다의 멸망

—열왕기하 24~25장—

마침내 심판의 때가 왔다. 하나님은 유다 왕국의 백성들에게 무서운 진노를 내리심으로써 말씀을 지키셨다. 하나님은 그들에게 보좌와 성전과 성읍과 땅을 주셨으며, 이들 각각에 대해 진노를 쏟으셨다(렘 25~34장/대하 36장 참조). 유다에 내린 심판에 유의하자.

1. 왕이 폐위됨(24：1~12, 17~20)

경건한 요시야의 통치가 끝나자 다윗의 보좌는 지속적인 죄로 말미암아 하나님을 무시한 사람들에게 연속적으로 점령을 당하였다. 여호아하스는 3개월을 다스렸고 여호야긴(고니야 또는 이고니야/렘 22：24)도 그러하였다. 여호야김은 11년 동안 통치를 하였으며, 그의 통치 3년째에 바벨론에 대항하였다(바벨론은 애굽을 패배시켰고, 유다의 적들 중에서 가장 큰 나라이다). 여호야김은 주전604년에 바벨론에게 항복하였으나 601년에 항거하였다. 예레미야의 예언서들을 조각조각 찢어 불태운 사람이 바로 이 부도덕한 왕이었다 (렘 36장). 597년에 여호야김이 죽자, 그의 아들 여호야긴이 계승하여 석달간 다스렸다.

강력한 바벨론의 군대가 예루살렘성을 포위 공격하기 시작한 것은 주년 597년이었다. 물론 연약하고 믿음이 없는 그는 가족과 더불어 즉시 항복하였으며, 바벨론으로 끌려 갔다. 왕의 삼촌 맛다니야가 다음의 왕이 되었으며, 시드기야라는 새로운 이름이 주어졌다(렘 52장 참조). 그는 597년부터 585년까지 11년을 통치하였다. 그는 통치 9년째에(주전 588년) 애굽과 은밀한 동맹을 맺어 바벨론 사람들의 진노를 샀다. 예레미야의 심한 반대에도 불구하고 체결된 동맹은 예루살렘에 마지막 공격을 하도록 바벨론 군대를 이끌어 들인 어리석은 행위였다. 25장 27~30절에서는 여호야긴 왕이 포로 생활의 반 쯤 지났을 때 바벨론의 감옥에서 석방되었다고 말한다. 다윗의 보좌는 실제적으로 이제 비어있었다. 시드기야는 유다의 마지막 왕이었다. 시드기야가 예레미야의 말에 귀를 기울였다면 예루살렘의 최후의 날은 달랐을 것이다.

2. 백성들이 추방됨(24：13~16)

18개월에 걸친 성에 대한 무서운 공격이 끝나자, 세 번의 추방이 있었는데, 605년(다니엘이 포함됨), 597년(위의 구절에 언급됨), 587년에 시행되었다. 바벨론은 왕자, 귀족, 군사, 기술자 등의 고급 인력을 그 땅에서 데려가는 정책을 썼다. 그리고는 가장 가련한 사람들만을 남겨 두어 자기들의 총독의 지휘 아래 뒤에서 일들을 관리하게 하였다. 이렇게 하면 정복된 민족은 저항을 위한 조직을 구성할 수가 없을 것이다. 물론 이러한 추방은 예레미야가 예언한 것이며(25장), 모세도 율법서에서 예언하였다(레 26장/신 28장). 그 백성은 하나님이 주신 땅을 피와 우상들로써 더럽혔으며, 더이상 거기서 살기에 적합하지 못했다. 하나님은 "이들을 쓸어 내셔야만" 했고, 그럼으로써 다시 한 번 그 땅을 정화할 수 있었을 것이다.

3. 성이 파괴됨(25 : 1~12)

예루살렘성이 파괴된 모습은 예레미야 애가서에 생생하게 묘사되어 있다. 성은 주전 588년 1월 15일에 시작하여 586년 7월 19일까지 18개월간 포위되었었다. 성에 돌파구가 생기자 백성들은 종말이 임했음을 알았다. 시드기야와 그의 사람들은 도망하려고 하였으나(4~6절), 바벨론 군대에게 차단되었다. 예레미야 32장 4~5절과 34장 1~7절, 또한 에스겔 12장 13절은 시드기야가 도망할 수 없음이 예언되어 있다. 그는 바벨론의 왕을 볼 것이지만 바벨론 자체를 보지는 못할 것이었다. 그는 느부갓네살을 보았으나 그의 눈은 뽑혀졌고 맹인으로서 바벨론에 잡혀갔다. 한달 후 바벨론 사람들은 성을 불태웠으며, 성벽을 헐어버렸고 성전을 파괴하였다.

4. 성전이 치욕거리가 됨(25 : 13~17)

바벨론 군대들은 성전에서 그 재물을 모두 벗겨냈다. 너무 커서 전체를 들고 갈 수 없을 때에는 여러 조각으로 깨뜨려 가져갔다. 놋, 금, 은 기구들이 이방 땅으로 옮기워졌다. 24장 13절에서 우리는 그 전리품 가운데에 솔로몬의 금과 보석들이 포함되어 있다는 기록을 본다. 예레미야 7장에서 유대인들은 성전이 있기 때문에 하나님께서 침략으로부터 보호해 주실 것이라고 생각했음에 유의하자. 거짓 선지자들과 세상적인 제사장들은 백성들에게 거짓말을 믿도록 했으며, 이것은 마치 오늘날 사람들이 교회나 종교적인 의식이 그들을 심판으로부터 구원할 것이라고 믿는 것과 같다. 여호와의 전의 그릇들은 하나님의 영광을 위하여 사용되는 대신 우상의 전을 장식하기 위하여 바벨론으로 옮겨졌다(대하 36 : 7).

성전의 존재 자체가 그 민족을 구원할 수는 없었으며, 마음으로부터 우러나는 참된 고백과 회개가 있어야만 하였다. 그러나, 때가 너무 늦었다. 이 백성은 "하나님의 사자들을 조롱하기를… 치료책이 없게 되기까지" 하였다.

5. 땅이 황폐화 됨(25 : 18～30)

바벨론의 장군 중의 한 명이 그 땅에 남아 있는 귀족들을 함께 모아놓고 그들을 죽였다(18～21절). 그 땅에 남아 있는 사람들은 가장 가난한 사람들 뿐이었다. 느부갓네살은 그 땅을 다스리기 위해 총독제도를 도입하여, 첫 총독에 그달리야를 세웠다. 그의 아버지는 예레미야를 도왔고(렘 26 : 24), 그의 가족은 선지자에게 헌신하였다(렘 39～40장). 그달리야는 뒤에 남은 자들의 안전과 평화와 안정을 위해 응분의 일을 해나갔으나 이스마엘(아마도 왕의 먼 친척인 듯함)의 시기심은 음모를 꾸미게 했으며 총독을 살해하게 했다(렘 40～41장). 음모가 드러나자, 많은 유대인들이 안전을 위하여 애굽으로 도망하였다.

역대하 36장 20～21절은 포로 생활 70년이 레위기 25장에 나오는 "안식년"에서 추산된 것임을 알려 준다. 유대인들은 매 칠년마다 땅을 쉬게 하도록 되어 있었다. 그러나, 이들은 수 세기를 내려 오며, 이 법을 순종하지 않았다(렘 38 : 8～22 참조). 하나님은 그들의 죄에 대하여 "7배"로 벌하실 것을 약속하신 것에 주목하자(레 26 : 18, 21, 28). 따라서, 포로 생활에 있어서는 7이란 숫자가 중요한 역할을 한다.

이스라엘을 제외한 유다(남쪽왕국)의 20명의 왕들의 전 통치 기간은 대략390년이었고, 다윗과 솔로몬과 사울이 합해서 120년이므로 군주국의 전체 치리 기간은 150년이 된다. 그러나 아버지와 아들이 함께 통치한 예도 있으므로 그 기간이 중복된 경우도 있다. 이것은 유다 왕국의 통치 기간이 사울에게 시드기야까지 500년이 채 못된다는 뜻이다. 500년을 7(안식년)로 나누면 대략 70년이 된다. 이스라엘이 40일간 땅을 정탐함으로써 광야에서 40년 간 방황하는 것을 택하였듯이, 그 500년 동안 안식년을 소홀히 하였으므로 70년 간 포로 생활을 하게 된 것이다.

하나님은 그들에게 주신 모든 것을 그들에게서 빼앗아 가셨다. 다윗의 보좌에는 왕이 없었고 오늘날도 가지고 있지 못하다. 성전도 없었다. 불타버렸고 흩어진 그릇들은 몰수당했기 때문이다. 오늘날도 성전은 없으며, 거룩한 성은 파괴되어 그 때 이후로는 전쟁과 불안의 촛점이 되어 왔다. 그들의 땅은 빼앗긴 바 되었고, 그들은 나라들 중에 흩어지게 되었다. 물론 이 무서운 포위 공격은 주후 70년에 있은 예루살렘의 무서운 파괴를 위한 전초전이었다. 이때, 이 나라는 민족으로서의 특성을 잃었다(1948년 8월까지). "당신의 죄가 당신을 찾아 낼 것임을 명심하라"!

에스라 · 느헤미야

—서론과 개요—

에스라 · 느헤미야 서론

□ **배경 :** 에스라와 느헤미야서는 남은 자들이 예루살렘으로 귀환하여 성과 나라를 재건한다는 하나의 줄거리로 되어 있으므로, 히브리 성경에서는 이 두 성경이 한 권으로 묶여져 있다. 바벨론 유수는 주전 606년에 시작되었고, 적의 공격 끝에 예루살렘성이 주전587년에 함락되었다. 바벨론인들은 주전 606～587년 사이에 많은 유대 민족을 포로로 끌어갔는데, 그들 중에는 다니엘과 에스겔도 포함되어 있다. 예레미야는 포로 생활의 기간을 70년으로 예언하였는데 (렘 25 : 12～14 / 29 : 10～14), 이는 606년에 침공을 시작하여 536년, 남은 자들이 돌아와서 제단을 재건하고 동물을 제물로 드리기 시작할 때까지 이어졌다. 에스라와 느헤미야서는 그 땅과 성에 돌아와서 성전과 성곽을 재건하는 일에 대해 기록하고 있다. 에스더와 학개, 스가랴서도 역시 이 시대에 기록되었다(스 5 : 1 이하).

□ **연대기 :** 이 기간에 대한 간략한 연표는 다음과 같다.

606～605—바벨론의 침략이 시작되고, 포로들이 국외로 추방되다.
587—예루살렘이 함락되다.
539—고레스에 의해 바벨론이 멸망하고, 메대 바사 왕국이 시작되다.
538—고레스가 유대 민족의 팔레스틴 귀환을 허락하는 조서를 내리다.
536—약 50,000명의 유대인이 귀환하여, 제단을 재건하고 제사 의식을 행하다.
535—성전 재건이 시작되었으나, 공사가 중단되다(스 4장 참조).
520—15년 후 공사가 다시 시작되고, 학개, 스가랴가 사역하다.
515—성전이 완공되어 헌납되다.
476—에스더가 바사의 왕비가 되다.
458—에스라가 예루살렘에서 영적 개혁을 주도하다(스 7～10장 참조).
주전 445—느헤미야가 귀환하여 성곽을 재건하고 정부를 세우다.

성경 연구자들 간에는 어떤 연대에 대하여 일 년이나 이 년 정도의 의견 차이가 있지만, 이러한 사소한 불일치가 교훈을 기록하는 데에 큰 영향을 주는 것은 아니다.

□ **지도자들 : 에스라**는 제사장이며 서기관이었던 경건하고 애국적인 유대인으로 우리에게 소개된다(겔 7 : 1~6). 그는 위대한 성경 연구자였고 그 땅에서 율법을 회복하는 데 도움을 주었다. 그는 또한 기도의 사람이었으며(8 : 21~23), 자기 백성의 영적인 복지에 대해 큰 부담을 지닌 사람이었다(9 : 3~4). 그의 이름은 "도움"이란 뜻이다. 여호와를 믿는 에스라의 믿음은 군대의 호위 없이 바벨론에서 예루살렘까지 위험한 여행을 기꺼이 떠맡아 하는 데서도 나타난다. **느헤미야**는 예루살렘으로 돌아가 성을 재건하라는 하나님의 소명을 받았을 때 왕의 궁정에서 관리로 있었다. 그는 우리가 오늘날 "평신도"라고 부르는 사람으로서, 선지자의 소명을 받았거나 또는 제사장의 계열에 있었던 것도 아니다. 그는 술 관리 담당자의 직위에서 총독으로 승진하였다!

스룹바벨 (세스바살 – 2 : 3 / 3 : 8)은 에스라의 휘하에 있는 한 지도자들였다. (1 : 8, 11 / 5 : 16). 그의 직책명은 "딜사타"(2 : 63 / 방백) 였는데 "총독"이라는 뜻이다. 역대상 3장 17~19절은 스룹바벨이 다윗 가문의 왕족이었음을 시사한다. 그는 복구된 나라의 정치적인 지도자로서 봉직하였다. 이 시대의 대제사장은 **여호수아**(**예수아**— 학 1 : 1, 12, 14 / 슥 3 : 1~10 / 스 3 : 2 참조)였고, 또한 두 선지자, 즉 **학개**와 **스가랴**가 사역하였다. 에스라는 예루살렘으로 처음 귀환하는 무리를 인도한 사람이 아니었음에 유의하자. 에스라는 7장까지 무대에 나타나지 않는데, 두번째의 일단(첫번째보다 작은)을 거룩한 땅으로 인도하였다. 에스라는 거기서 활약하고 있다가 결국 느헤미야와 협력하게 된다(느 8 : 9 / 12 : 26).

□ **교훈 :** 하나님은 이 죄를 범하는 민족에게 유배의 심판을 내리시기로 약속하셨으며 그는 약속을 지키셨다. 그는 또한 남은 자들이 돌아올 것을 약속하셨다 (렘 25 : 12~14 / 29 : 10~14). 다니엘은 바벨론에 있는 동안 예레미야의 예언을 읽었고, 이것은 그 백성의 귀환을 위해 기도하는 데에 있어서 그를 격려하였다(단 9 : 1 이하). 하나님은 그의 아들이 히브리 민족을 통하여 오셔서 세상을 구원하게 하시려고 예루살렘에 "불빛"을 보존하셨다. 포로 생활은 유대인들을 우상 숭배로부터 치료하였고, 말씀을 알고 순종하고자 하는 욕망을 주었다. 그러나 유감스럽게도, 이들은 받은 교훈을 빨리 잊어버렸다!

에스라 개요

1. 스룹바벨 지휘 하의 민족 회복 / 1~6장

[1] 그 땅으로의 귀환 / 1~2장
(1) 고레스의 선포 / 1장
(2) 귀환자의 수 / 2장
[2] 성전 재건 / 3장
(1) 제단의 건설 / 3장 1~6절
(2) 기초를 다시 놓음 / 3장 7~13절
[3] 적의 방해 / 4~6장
(1) 건축의 중단 / 4장
(유의 : 4장 6~23절은 후에 발생한 일을 순서를 바꾸어 삽입한 것이다.)
(2) 선지자들의 사역의 시작 / 5장
(3) 건축의 완료 / 6장

2. 에스라 지도 하의 영적 개혁 운동 / 7~10장

[1] 에스라가 예루살렘에 돌아옴 / 7~8장
[2] 에스라가 백성의 죄를 고백함 / 9장
[3] 에스라가 민족을 정결케 함 / 10장

느헤미야 개요

1. 성벽의 보수작업 / 1~6장

[1] 준비 / 1~2장
(1) 관심있는 지도자 / 1장
(2) 협력하는 왕 / 2장 1~8절
(3) 도전받는 백성 / 2장 9~20절
[2] 협력—백성들이 일함 / 3장
[3] 반대 / 4장 1절~6장 14절
(1) 조롱 / 4장 1~6절
(2) 무력 / 4장 7~9절
(3) 실망 / 4장 10절

(4) 두려움 / 4장 11 ~ 28절
(5) 이기심 / 5장
(6) 교활한 책략 / 6장 1~4절
(7) 살해 / 6장 5~9절
(8) 위협 / 6장 10~14절
4 완성 / 6장 15~19절

2. 백성의 회복 / 7 ~ 13장

1 성의 주민에 대한 계수 / 7장
2 하나님의 말씀이 선포됨 / 8장
3 백성의 죄의 고백 / 9장
4 거룩한 언약이 비준됨 / 10~12장
5 백성의 죄가 정결케 됨 / 13장

일의 시작

—에스라 1～5장—

이 장들은 이스라엘의 남은 자들의 역사에 있어서 핵심적인 네 가지 사건을 다룬다.

1. 그 땅으로 돌아옴(1～2장)

[1] **선포**(1：1～4)—이 구절은 역대하 36장 22～23절과 거의 같다. 이사야 44장 28절～45장 3절에는 바사의 위대한 통치자가 태어나기도 전에 고레스의 앞날에 대한 놀라운 예언이 기록되고 있다. 주전 539년에 고레스는 바벨론을 정복하여 바사 제국을 세웠다. 전쟁 포로에 대한 그의 정책은 바벨론과는 정반대였다. 왜냐하면 그는 유대인들이 그들의 땅으로 돌아가 성전을 다시 건설하고, 자신의 복지를 위하여 기도하라고 격려했기 때문이다. 물론 고레스는 다른 난민들에 대해서도 똑같은 특전을 주었으며 그들의 신들을 섬기도록 하였다. 그의 칙령은 주전 538년에 있었다. 이 법령을 다니엘 9장 25절에 나오는 법령과 혼동하지 말자. 그것은 성을 재건하는 것이었고 주전 445년의 것이다. 고레스의 칙령은 백성들이 그 땅으로 돌아온 것과, 성전을 재건하는 데 관련이 있다. 이 칙령은 놀랍게 성경을 성취하는 것이었다.

[2] **귀중한 것들**(1：5～11)—하나님의 영은 백성들과 그들을 사로잡은 사람들의 마음 가운데서 역사하고 있었다. 성전 보물들은 유대인들에게 되돌려졌으며 이방인들도 성전을 위하여 자유로운 의사에 따라서 기부금을 내었다(대하 36：7 / 단 1：2 참조). 8절과 11절에 나오는 세스바살은 스룹바벨 곧 임명된 총독이다. 유대인들은 지정된 비품이 없이는 성전 예배를 회복시킬 수가 없었다. 신약의 예배와는 얼마나 다른가(요 4：19～24).

[3] **백성**(2장)—약 50,000명의 유대인들은 자기의 땅에 관심을 가지고 바벨론에서의 안전과 사치를 버려두고 돌아왔다. 느헤미야 7장 6～73절에 이와 똑같은 명단이 인용되어 있다. 이 등록부는 특별한 몇 개의 그룹으로 나누어져 있는데, 지도자들(1～2절), 몇몇 가족들(3～19절), 몇몇 성읍들(20～35절), 제사장들(36～39절), 레위인들(40～42절) 느디님 또는 성전의 수종자들(43～54절), 솔로몬의 신하들(55～58절), 족보가 없는 사람들(59～63절)로 구별되어 있다. 63절에 나오는 "딜사타" 라는 단어는 "총독"을 의미하는데(느 8：9 참조), 여기서는 스룹바벨을 가리킨다. 64～70절에서 사람들과 동물들의 총계가 나온다. 이

른바 "이스라엘의 잃어버린 지파"에 대해서는 의견이 분분하다. 그러나 신약에 보면 이 남은 자들 중에는 열 두 지파가 모두 들어 있다고 분명히 밝힌다(행 26 : 7 / 약 1 : 1 참조). 에스라 2장 70절은 "모든 이스라엘"이라고 말한다. 에스라 6장 17절에서 우리는 제사장들이 열 두 지파를 위하여 열 두 숫염소를 제물로 드리는 것을 본다(8 : 35 참조). 예수께서는 어느 날 열 두 지파를 심판하실 것이다(눅 22 : 30 참조). 대부분의 유대인들은 바벨론에 정착했으며 그들의 약속된 땅으로 돌아갈 의욕을 가지고 있지 않았다. 그들은 안정과 물질적인 소득에 만족하여 조상의 땅을 포기하였으며 바벨론에서의 유배 생활에 머물러 있었다.

2. 성전 재건(3 장)

[1] **제단의 건설**(3 : 1~6)—제단은 유대 신앙의 중심이었고, 희생제물이 없이는 하나님의 축복을 기대할 수가 없었을뿐더러 하나님께 나아갈 수도 없었다. 추방은 그들의 강한 이웃들을 두려워하게 하였으며, 만일 그들이 하나님께 순종한다면 하나님께서 그들을 보호하신다는 것을 알게 했다. 우리는 엘리야가 제단을 다시 세우지 않으면 안되었던 것을 회상할 것이다(왕상 18 : 30 이하). 예수아와 스룹바벨은 백성들이 희생 제사를 드리도록 인도해 갔으며, 또한 절기들을 지키도록 이끌어 갔다. 그 때는 7월(우리 달력으로는 9월~10월)이었으며 나팔절과 장막절의 달이었다(민 29 : 1~6 / 레 23 : 23~25).

[2] **기초를 놓음**(3 : 7~13)—백성들은 헌금을 한 것이 분명하며, 이에 첨부되어 왕으로부터 성전 건축에 필요한 재료들을 마련하기 위하여 기부금을 받았다(1 : 5~11). 535년 두번째 달(우리 달력으로는 4~5월)에 일이 시작되었다. 레위인들은 일의 진행을 맡아 다른 일군들을 보조하였다. 기초가 놓여졌을 때, 백성들은 너무도 감사하여 노래를 부르며 외쳤다. 하나님은 불가능한 일을 행하셨다(렘 33 : 1~11). 물론 그들 중에는 이전 성전의 찬란함을 기억하는 연로한 사람들도 있었다. 이들은 두번째 성전의 빈약함을 보고 흐느껴 울 뿐이었다. 그러나 과거에서 사는 것은 좋은 일이 아니다(학 2 : 3 참조).

3. 적의 방해(4 장)

우리의 적 사단은 주님의 일이 번영되기를 결코 원하지 않는다. 그리스도는 세우시는 분이나, 사단은 파괴자이다. 우리는 이제 일을 반대하고 방해하려고 하는 원수의 손길을 본다.

[1] **타협**(4 : 1~3)—그 땅의 백성은 유대인들이 일하는 것을 조력하겠다고 하였으나 스룹바벨과 예수아는 그들의 도움을 거절하였다. 이 사람들은 사마리아 사

람들로서 유대인과 이방인들의 혼혈로 이루어진 반(半) 민족이었다. 열왕기하 17장을 읽고 사마리아와 그들의 거짓 종교에 대하여 알아보자. 요한복음 4장 20~24절에서 예수님은 사마리아인의 종교를 분명히 거절하셨다. 결국 사마리아인들은 그리심산에 그들의 성전을 짓고 유대인들과 분리된 채 남아 있었다.

[2] **장애**(4 : 4~5) — 그 땅의 사람들은 유대인들에게 저항하기 위하여 궁정에 사람들을 고용하였다. 이러한 간계는 성공하여, 일을 중단하게 하였다(4 : 24 참조). 그리하여 14년 동안(주전534~520) 성전 일이 중단되었다.

6~23절은 "부적당하게 보여" 성경 연구자들에게 문제를 일으킨다. 6~7절에 언급된 왕들은 에스라 4장에서 다루고 있는 시기보다 나중에 통치하였다. 이에 대해서는 두 가지의 설명이 가능하다. 즉, 왕들은 한 가지 이상의 이름을 가지고 있어서 6~7절에 나오는 아하수에로와 아닥사스다는 실제로 이 기간에 통치한 왕들의 이름일 것이다. 엉거 박사는 "아하수에로"는 "바로"와 같은 직책의 명칭이었고, 아닥사스다는 감비세의 또다른 이름이었다고 생각한다. 그래서 이 귀절들이 유대인들의 공사를 중단시키려는 방해자들의 공식적 기록을 담고 있다는 설명이다. 또다른 설명은 이 구절들이 반대에 부딪힌 예를 들기 위하여 나중에 있었던 일을 포함시켰을 수도 있다는 것이다. 즉, 유대인들은 적들에게서 계속적으로 어려움을 당하고 있음을 나타낸 것이다. 이들 중 어떤 경우에 해당되든지, 거기서 주는 교훈은 명백하다. 세상의 사람들은 여호와의 일은 방해하기 위하여 그들이 할 수 있는 모든 방법을 사용한다. 왕은 고발에 귀를 기울이고, 일을 멈추게 했다.

4. 일이 재개됨(5 장)

4장과 5장 사이에 5년이 흘렀다. 성전의 일은 학개와 스가랴 두 선지자에 의해서 하나님의 말씀이 선포되기까지 다시 중단되어 있었다. 하나님의 말씀이 일을 시작했으며(스 1 : 1), 하나님의 말씀이 일군들을 격려하였고, 궁극적으로 일을 끝내게 했다(6 : 14). 520~515년에 성전이 완공되었다. 하나님의 종에 의하여 하나님의 말씀이 전파되는 것이야말로 하나님의 일을 승리로 이끄는 비결이다. 하나님의 말씀은 예수아와 스룹바벨을 격려했으며, 하나님의 눈은 그들을 향하여 있었다(스 5 : 5).

학개서에는 네 가지의 다른 멧세지가 기록되어 있다. 즉, 백성들이 자신의 집들은 지으면서도 하나님의 집을 소홀히 하는 것을 책망하는 것과(1 : 1~15), 하나님이 그와 함께 하신다는 스룹바벨에 대한 격려와(2 : 1~9), 자신을 정결케 할 것을 거절하는 제사장들에 대한 정죄와(2 : 10~19), 메시야 왕께서 어느 날 영광 중에 통치하실 것을 스룹바벨에게 약속하는 것이다(2 : 20~23). 학개는 이 멧세지들의 날짜(9월 1일, 10월 21일, 12월 24일)까지 말하였다.

스가랴서는 더 보충되어 있으나, 이 책 역시 같은 시대를 다루고 있다. 스가랴

1장 1~6절에서 선지자는 이 민족에게 회개할 것을 청하는데 이 때가 11월이었다. 그 후 2월에 그는 백성들에게 몇 가지 격려의 예언을 들려 주었다(1：7~6：15). 이 책의 후반부에서(9~14장) 스가랴는 거절당하시는 그리스도, 영광 중에 재림하시는 그리스도, 그리고 미래의 왕국을 묘사한다. 물론, 이 모든 멧세지는 백성이 일을 계속하여 성전을 완성하도록 격려하려는 의미가 있었다.

총독 닷드내는 건축 계획에 대하여 물어볼 권리를 가지고 있었다. 이는 자재들의 일부가 왕의 보고에서 공급되고 있었기 때문이다. 새로운 통치자 다리오왕에게 보내는 에스라의 편지가 나오는데, 6장에는 왕으로부터의 답신이 나온다. 8절은 선지자들의 사역이 백성들을 휘저어 놓았음을 시사한다. 왜냐하면 일이 급진적으로 진행되었기 때문이다. 16절의 "세스바살"은 스룹바벨이다. 유대인들은 자신들이 정당하다는 것을 알고 있었으며 총독에게 기록을 조사하여 왕의 칙령을 조사할 것을 제안하였다. 하나님의 백성이 시민으로서의 권리를 주장하는 것은 잘못된 일이 아니다(행 16：35~40 / 행 22：25 참조).

공사가 필역됨

—에스라 6～10장—

1. 성전의 완성(6장)

다리오는 주전 522년에 통치자가 되었다. 그는 바벨론을 멸망시키고 바사 대제국을 건설한 사람이다(이 사람은 다니엘 5, 6, 9장에서 언급하고 있는 메대의 다리오가 아니다). 그는 자기의 속국들에 대해 관용적이었고 유대인들에게 친절하게 대하였다. 6장 3～5절에는 에스라 1장 1절에서 언급된 고레스의 첫 칙령에 대한 상세한 기록이 나온다. 다리오는 이 첫 칙령에다 자신의 칙령을 첨부하여(6：12) "총독은 유대인들이 하는 일을 지원해야만 하며 반대가 없도록해야 할 것과, 물자들이 왕의 보고에서 공급되어져야 함"을 알렸다. 물론 다리오는 친절히 해야 할 동기를 가지고 있었다. 그는 유대인들이 왕의 건강과 가족의 복지를 위하여 여호와께 기도하기를 원했던 것이다.

총독은 서둘러 이 칙령을 준수하였다. 학개와 스가랴는 영적인 격려를 제공하였으며, 총독은 물질적인 필요를 제공하였다. 이렇게 하여 일이 완성되었다. 유대인들은 기쁨으로 여호와의 전을 헌당하였다. 물론 이 건물은 솔로몬의 성전과 같은 크기나 영광은 지니지 못했다. 이들은 유월절을 지켰다. 하나님은 기도를 들으시고 왕의 마음을 바꾸셨고(잠 21：1 참조), 이 민족은 성전을 다시 가지게 되었다. 6장과 7장 사이에 58년의 기간이 있는데, 에스더서는 이 기간에 해당된다.

2. 예루살렘에 온 에스라(7～8장)

7절에 나오는 아닥사스다는 465년에서 435년 사이에 바사를 통치한 "아닥사스다 롱기마누스"이다. 즉위 7년에 그는 제사장이며 서기관인 에스라를 예루살렘에 돌아가도록 허락하여 그들의 영적인 필요를 돕도록 하였다. 1～5절에는 에스라의 족보가 나오는데 이는 그가 아론 집안 출신의 제사장임을 증명한다. 그는 율법에 대해 박식한 학자였으며 서기관이기도 했다(렘 8：8 참조). 에스라가 왕에게 허락을 요청했던 것이 분명하다. 그는 복구된 민족의 남은 자들에게는 영적인 인도가 절실하다는 것을 깨달았던 것이다. 바벨론에서 예루살렘까지 거의 1,000마일의 여행을 하는 데에 4개월이 걸렸다. 하나님의 선하신 손길이 그 위에 있었으며 그는 성공하였다(느 1：10 / 2：8, 18 참조).

왕은 칙령을 내려 유대인들이 에스라와 함께 그 땅으로 돌아갈 수 있음을 알렸다. 이 유대인들은 또한 여호와의 일을 지원할 자의적이고 막대한 헌금을 바벨론에서 가져가야 했다. 다리오는 또한 약 십만 달러 쯤 되는 "경비" (20～22절)를 왕의 보고에서 가지고 가게 했다. 에스라의 임무는 그 땅에 질서와 종교적인 예배를 설립하는 것이었다(25～26절). 7장 27～28절에 나오는 에스라의 독백은 기도에 응답해 주신 것에 대하여 여호와께 얼마나 감사해 하고 있는지를 나타낸다.

8장은 예루살렘으로 오는 위험한 여행길에 그와 동반한 가족들과 사람들의 명단을 열거한 것이다. 백성들에게 하나님의 말씀을 가르치고 말씀을 연구하는 것은 레위인의 임무이기 때문에, 레위인의 함께 간다는 것은 중요한 일이었다. 불행히도 에스라는 몇 명의 레위인을 징발해야 했다. 왜냐하면 그들은 자원해서 가려고 하지 않았기 때문이다(15～20절). 에스라는 금식을 선포했는데 이는 하나님만이 그들의 여행을 성공시키실 것을 알았기 때문이다. 그 민족의 간증이 위험에 처해 있었다. 에스라는 하나님이 돌보아 주실 것이므로 군사 호위가 필요치 않다고 말하였다! 그들의 금식과 기도는 오늘날 우리들을 위하여 좋은 본보기이다. 여호와께서 그들에게 응답하셨던 것이다 (21～23절).

에스라는 24명의 경건한 자를 택해 보물을 옮기게 하고 (24～30절) 예루살렘에 도착하면 하나님께서 계산하실 것임을 그들에게 경고하였다. 오늘날의 그리스도인 청지기에 대한 아름다운 상징이다. 하나님은 우리에게 영적인 보물들을 맡기셨으며, 그리스도의 심판대 앞에서 우리의 청지기 직분에 대한 계산을 하게 될 것이다. 이들은 458년 4월에 출발하여 7월에 예루살렘에 도착하였다. 하루 평균 7마일(약 10km) 의 여행을 한 것이다. 백성들은 그들의 보물들을 분담하여 담당했으나 각자가 충성스러웠음이 드러났다. 그들은 에스라의 경고를 마음에 두었던 것이다. "삼가 지키라" (깨어 지키라/8 : 29) !

3. 죄의 고백(9장)

하나님의 말씀을 가르치는 어떤 교사라도 말씀 자체가 죄를 드러내기 시작하는 것보다 더 빨리 이 일을 해낼 수는 없다(히 4 : 12). 에스라는 유대인들이 이방인 이웃들과 섞여 살면서 이방 여인들과 결혼한 것을 알게 되었다(신 7장 / 출 19 : 5～6 / 시 106 : 35 참조). 에스라는 이 보고를 듣고 너무도 마음에 부담이 되어 슬픔과 회개 가운데 공식석상에게 그의 옷을 찢었으며, 저녁 희생제사 시간이 될 때까지 벙어리처럼 앉아 있었다. 하나님의 말씀을 아는 사람들은 이 어리석은 민족에게 하나님께서 어떤 일을 행하실까 두려워하며 떨기 시작하였다 (사 66 : 1～2 참조).

에스라의 고백 기도는 다니엘과 느헤미야의 기도와 비교된다 (단 9장/느 9장). "내가 부끄러워 얼굴을 들지 못하오니… "라고 에스라는 기도하였다. 그는 이스라엘의 과거의 죄를 돌아다 보며(7절) 그 민족이 유배를 당함이 마땅했음을 시인하였다. 그러나 이제 하나님은 구원하셨고 그의 은혜로써 회복하게 되었는데, 이들이 다시금 죄를 범하고 있다. 말하자면, 왕국의 미래는 천막 못에 걸린 옷과 같은 것이었고, 이스라엘의 회복된 그루터기 역시 이처럼 연약한 것이었다. 하나님은 그들에게 방어할 수 있는 성벽을 주셨고(9절), 은혜스럽게 그들의 기도에 응답하셨다. 에스라가 더이상 무엇을 말할 수 있었겠는가? "우리는 교훈을 받아들이지 못하였읍니다. 하나님께서 우리의 죄들을 벌하셨는데도 우리는 여전히 죄를 범하고 있으니까요.!"

다니엘, 에스라, 느헤미야가 하나같이 민족의 죄를 고백하고 용서를 간구한 것을 주목하는 것은 흥미있는 일이다. 역대하 7장 14절이 여기에 적용된다. 하지만 종교 지도자들이 기도하는 것으로는 충분하지 않았다. 민족 전체가 그 죄들에 직면하여 여호와와 올바른 관계를 맺어야 했다.

4. 민족의 정화(10장)

예루살렘에 있었던 종교의 부흥운동에 대한 기사는 느헤미야 8～13장에도 나와 있다. 하나님은 백성들의 마음을 감동시키시고 죄를 깨닫게 하심으로 에스라의 기도에 응답하셨다. 남자들 중에 더러는 공개적으로 그를 찾아와 이방 여인들과 결혼함으로 여호와의 율법에 불순종한 것을 고백하였다. 그들은 하나님과 언약을 세워 부정한 아내들을 내버리기도 하였다. 만일 모든 지도자들이 하나님 앞에서 자신을 겸손케 하여 죄를 고백하고, 모든 백성이 하나님의 말씀에 순종한다면 오늘날 우리의 교회는 참으로 큰 부흥을 이룰 것이다.

그 결과로, 이 중요한 문제를 해결하기 위하여 예루살렘에 모든 백성을 불러 모으도록 온 땅에 포고를 내리게 되었다. 죄가 있으면서 오지 않는 사람은 누구나 그 땅에서 자기의 위치를 상실하게 될 것이다. 이 때는 주전 457년 12월 20일이었으며, 많은 민중이 그 계절에 내리기 마련인 많은 비에도 불구하고 모여 들었다. 백성들은 비로 인하여 몸을 떨었을 뿐아니라 여호와를 두려워하기 때문에도 떨었다. 에스라는 백성들에게 최후의 통첩을 내렸다. "죄를 고백하라. 그리고 이방인 아내들을 버리라." 이것은 회개와 배상이었으며, 이 두 가지는 병행하는 일이었다. 백성들은 순종하기로 뜻을 모았으나, 그 문제를 하루에 해결하기는 너무도 광범위하고 복잡하다는 것을 시인하였다. 백성들은 지도자들이 그들의 가정을 바로잡고(14절) 바른 일을 행하며, 죄에 대해 민족을 정화하는 일에 에스라를 지원하도록 제안하였다. 15절은 네 사람만이 이러한 제안에 "반대하고 나섰으며" 남은 지도자들은 이 제안을 받아 들였다. 우리는 언제나 100퍼센트의 협력을 기대할 수는 없으며, 특히 징계의 문제에 있어서는 더욱 그러하다.

민족을 정화하는 일은 12월부터 4월까지 계속되었다. 18～44절은 17명의 제사장과 10명의 레위인, 87명의 다른 사람에게서 이방 여인을 아내로 취한 죄가 발견되었음을 시사한다. 제사장들이 고의적으로 하나님께 불순종했다는 것은 참으로 놀라운 일이다. 영적인 지도자들이 타락할 때, 일반인들에게서는 무엇을 기대할 수 있겠는가? 이러한 조사가 너무도 철저하였기 때문에 이방인 어린이들은 드러나는 대로 추방되었다. 물론 유대인 남편들과 아버지들은 추방된 사람들의 복지를 위하여 대책을 마련했음을 우리는 안다. 그러나 더이상 남편과 아버지로서는 살 수가 없는 것이다. 이 개혁은 얼마나 오래 지속되었는가? 25년 후에 느헤미야는 똑같은 문제에 부딪혔다(느 13 : 23 이하). 이것은 반복된 죄였으며 반복된 징계가 요구되었다. 하나님의 일이 번영하려면 하나님의 종들은 "깨어 기도해야" 한다.

백성들을 개혁하지 않은 채 성전을 다시 건축한다는 것은 어리석은 일이었다. 에스라가 죄악된 민족을 하나님께로 되돌리기보다는 차라리 성전을 재건하는 것이 쉬운 일이었다.

성곽의 중건

— 느헤미야 1~3장 —

하나님께서 어떤 일이 성취되기를 원하실 때는 뜻이 있는 사람에게 손을 펴신다. 예루살렘의 성벽은 파괴되었고 돌아온 남은 자들은 적었기 때문에 많은 일들을 해야 했다. 주전 536년에 스룹바벨과 예수아는 50,000명의 유대인을 이끌고 돌아와 성전을 건축하였다(516년 경). 457년에는 에스라의 주도 아래 소규모의 부흥 운동이 있었으며, 445년에 하나님은 파괴된 성과 안정과 질서를 회복할 사람을 찾고 계셨다. 느헤미야는 바로 그러한 사람이었다! 이 세 장에서 느헤미야가 펼치는 활동에 유의하자.

1. 일을 위해 기도하는 느헤미야(1장)

[1] **보고**(1~3절) – 왕의 술 관리자로서 느헤미야(유대인)는 궁정에서 높은 지위에 있었다. 그는 왕과 절친하였으며 그의 신념을 나눌 수 있었다. 그러나, 느헤미야는 자기의 백성을 잊지 않고 동료들에게 열심히 예루살렘 소식을 물었다(시 122편/137:5~6 참조). 오늘날의 그리스도인이 하늘나라의 예루살렘에 이처럼 관심을 가진다면 얼마나 좋을까! 소식은 그를 슬프게 하는 것이었다. 남은 자들은 괴로움과 수치를 당하고 있으며 성벽이 무너져 내리고 문은 불타버렸다(시 79:1~4 참조). 찬양과 영광의 도시가 되기는커녕 수치와 치욕의 성이 되었다.

[2] **반응**(4절) – 느헤미야는 이 성을 위하는 마음에 불타올라서, 750마일(약 1,200Km)이나 떨어져 있다는 사실도 그의 마음을 바꾸지는 못했다. 왕의 궁정에서 사치스러움과 권력을 누리고 있는 것도 별 문제가 되지 않았다. 그는 "그 성의 재앙은 내 잘못이 아니야"라고 말하지 않았다. 즉각적으로, 그의 마음은 그 성을 구하기 위해 무엇인가 하고 싶다는 생각으로 가득 찼다. 그는 넉달 동안(12월부터 4월까지, 1:1/2:1) 울며 기도했다(단 9장/스 9장 참조).

[3] **요청**(5~11절) – 이 책은 느헤미야가 기도의 사람인 것을 보여 준다(1:4~11/2:4/4:4/4:9/5:19/6:9,14/13:14,22,29,31). 이 책은 기도로 시작해서 기도로 끝난다! 6절은 그가 그 성에 대한 부담을 안고 주야로 기도하였음을 말해 준다. 느헤미야가 자기 자신과 백성의 죄를 고백하는 것에 유의하자. 그는 또한 주님의 은혜스러운 약속을 상기시키고(8~9절), 예루살렘의 곤경에 대하여 무엇인가 할 수 있도록 자신을 하나님께 종으로 드린다. "주여, 내가 여기 있

사오니 나를 보내소서.!" 11절에서 우리는 그가 임무를 수행함에 있어 그를 도울 하나님의 종으로서 다른 유대인들을 보내달라고 간구하는 믿음을 볼 수있다.

2. 일을 준비하는 느헤미야(2장)

느헤미야가 왕에게 나아가기 위한 하나님의 때를 기다리는 동안 4개월이 지났다. 이사야 28장 16절은 "믿는 자는 급절하게 되지 아니하리라"고 하였다. 믿음과 인내는 동행한다(히 6:12 참조). 느헤미야는 그의 마음 속에 주께서 주신 한 가지 계획을 가지고 있었다. 그래서 적절한 시기가 되자 무엇을 해야 하는 것인지 알았다. 주 예수 그리스도와 참으로 비슷하지 않은가(6:5～6).!

1 **느헤미야와 왕**(1～8절) - 왕 앞에서는 누구도 슬픔이나 나쁜 소식을 전하도록 되어 있지 않았다(에 4:1～2). 그러나 느헤미야의 마음에 있는 부담감이 얼굴에 드러났다. 왕은 그가 슬픔을 지녔음을 알아차렸다. 하나님의 섭리가 아니었으면 그 슬픔으로 인해 느헤미야는 죽임을 당할 수도 있었다. 그의 짐을 아닥사스다에게 가져가기 전에 그는 재빨리 기도로써 은혜의 보좌로 나아갔다. 그리고나서, 그는 그의 마음에 있는 모든 것을 왕에게 고하였다. 그는 하나님이 길을 열어 주실 것을 알고 있었다(잠 21:1 참조). 느헤미야는 대단히 철저하게 계획을 세웠기 때문에 왕에게 시간 계획표와(6절), 이 일을 하는 데 필요한 물자의 목록을 왕에게 제출할 수가 있었다(7～8절). 하나님의 강하신 팔이, 그리고 선하신 손길이 불가능한 일을 해냈다(2:8).!

2 **느헤미야와 폐허**(9～16절) - 그가 그 성에 도착하는 데는 3개월이 걸렸으며, 종으로서가 아니라 총독으로 임했다. 인내의 사람 느헤미야는 어떤 방법을 취하기 전에 3일을 기다렸다. 적들이 지켜보고 있었으므로 느헤미야는 지혜롭고 조심스러워야 했다. 후에 그는 유다의 귀족들 중에 그들의 적인 도비야와 결탁한 사람들이 있음을 알게 되었다(6:17～19). 어두운 시기에 그는 상황을 깊이 헤아려 자기 자신의 뜻을 지켰다. 다른 사람들이 잠자는 동안 그는 깨어 있었고, 남들이 안일하게 지내는 동안 그는 주의를 기울였다. 그는 빛 가운데서 다른사람들이 보는 것보다도 더 많은 상황을 어두운 가운데서 볼 수 있었다.

3 **느헤미야와 유대인**(17～20절) - 느헤미야는 독자적으로 사역하려 하지 않았다. 그는 성벽을 중건하는 일에 있어서 그 자신만이 아니라 그와 함께 일하는 남은 자의 지도자들을 격려하였다. 동기는 "우리가 더이상 비난을 받지 말자"는 것이었다. 그는 백성들의 유익 뿐아니라 하나님의 영광에도 관심을 가지고 있었다. 느헤미야는 그들에게 일의 필요성과 작업의 개괄적인 것을 설명하고, 하나님의 축복을 확신시켰다. 언제나 그러하듯이 즉각적인 반대가 일어났으나, 느헤미야는 하나님의 손길이 그와, 그 일을 지키실 것을 알고 있었다.

3. 일을 성공시키는 느헤미야(3장)

1 **작업방식**－일은 영적 지도자들의 인도 하에 백성들이 협력하는 방식으로 조직되어 진행되어 갔다(1절). 하나님은 각 일군들을 주목하고 계셨으며 책에 그 이름들을 기록하셨다. 각 사람들에게는 책임 맡은 특별한 부서들이 있었다. 모든 일을 해낼 수 있는 사람은 없으나, 모든 사람이 얼마간의 일을 할 수는 있다. 물론 100퍼센트의 협력이란 결코 얻을 수 없다. 5절에서 귀족들 중의 더러는 개입하기를 거절했음을 볼 수 있다. 일군들은 42개 조로 나누어서 일했다.

2 **작업자**－일군들은 매우 다양하여, 제사장들(1절), 치리자들(12～19절), 여인들(12절), 기술자들(8, 32절), 그리고 다른 성에 사는 유대인들도 있었다(2, 5,7절). 어떤 사람들은 여분의 일도 하기를 원하였음에 주목하자(11,19,21,24, 27,30절). 어떤 이들은 집에서 일을 했으며(10,23,28～30절), 그리고 어떤 일군들은 가족 중 혼자 나와서 일했으며(30절), 또 어떤 일꾼들은 다른 사람들보다도 더욱 열성적이었다(20절). 11절과 에스라 10장 31절을 비교해 보라. 또한 이전에 타락했던 사람들 중의 일부도 여기에 합세하였다.

3 **작업 장소**－각 성문마다 분명한 영적 교훈을 제시한다.

●**양문**(羊門, 1절)－십자가 상에서 이루신 그리스도의 희생을 말해 준다(요 10장 참조). 이 문이 가장 먼저 수리되었는데, 이는 희생이 없이는 구원이 없기 때문이다. 이 문에는 자물쇠나 출입을 금지시키는 막대기 같은 것이 없었음에 유의하자. 구원의 문은 죄인들에게 활짝 열려 있다. 이 문은 성별된 유일한 문이며 특별한 문으로 제쳐져 있다.

●**어문**(魚門, 3절)－영혼을 구원하는 "사람 낚는 어부"를 상기시킨다(마 1：17 참조).

●**구문**(舊門, 6절)－하나님의 말씀에 대한 옛 길과 옛 진리를 말해 준다(렘6：16/18：15 참조). 세상적인 사람들은 언제까지나 새로운 것을 추구하고(행 17：21 참조), 실제적인 일에 있어서 근본적인 진리로 돌이키기를 거부한다.

●**골짜기문**(13절)－여호와 앞에 겸손할 것을 말한다. 빌립보서 2장에서는 하늘의 영광을 버리고 인간의 유한성과 죽음의 골짜기까지 내려오신 그리스도에 대해 설명한다. 우리는 골짜기를 즐거워하지 않지만, 하나님은 종종 우리의 삶을 축복하시려고 우리를 그 곳으로 옮겨 놓으신다.

●**분문**(糞門, 14절)－이 문을 통하여 성의 쓰레기와 폐물들이 버려졌음이 분명하다. 이러한 곳의 문을 고치기가 얼마나 어려웠을지 상상해 보라. 이 문은 우리의 삶의 정화에 대해 말해 준다(고후 7：1/사 1：16～17). 후에 유대인들 중 어떤 이들은 폐물에 대해 불평하였다(4：10 참조).

●**샘문**(15절)－성령의 사역을 예증한다(요 7：37～39 참조). 이 문들의 순서에 유의해 보라. 먼저 겸손(골짜기문)이 제시되고 정화(분문)가 따른 뒤에

성령의 충만 (샘문) 이 온다.

● **수문** (水門, 26절) – 신자들을 정결케 하는 하나님의 말씀을 시사한다(엡 5 : 26/시 119 : 9 참조). 이 문이 일곱번째에 언급된 것은 하나님의 말씀의 완전성을 보이는 것인데, 일곱은 성경에서 완전 숫자이다. 특별히, 이 문이 수리될 필요가 없었음에 주목하라! "여호와여 주의 말씀이 굳게 섰사오며" (시 119 : 89).

● **마문**(馬門, 28절) – 전쟁의 의미를 지닌다. 그리스도인의 생활에 전투가 따름은 분명하며, 우리는 싸움에 준비되어 있어야 한다(딤후 2 : 1~4 참조).

● **동문** (東門, 29절) – 그리스도의 재림에 대해 생각하게 한다(마 24 : 17). 에스겔 10장 16~22절에서 선지자는 동문을 통해 하나님의 영광이 성전에서 떠나는 것을 보았다. 그러나, 그는 후에 "동편으로부터" 하나님의 영광이 돌아오는 것을 보았다.

● **밉갓문** – 하나님의 심판을 보여 준다. 히브리어로 "밉갓"은 "약속, 계산, 인구 조사, 점호"를 의미한다. 즉, 재검열을 받으려는 군대 또는 만남을 위한 약속 장소의 개념을 지니고 있다. 분명히 하나님은 어느 날 심판을 위해 모든 영혼들을 불러 모으실 것이다.

이 문들과 순서에 대해 살펴보면서, 우리는 양문 (구원) 으로부터 최후의 심판에 이르기까지의 그리스도인의 생활에 대한 상징들로 가득 찬 것을 보았다. 그리스도인들은 죄에도 불구하고 결코 심판에 직면하지 않을 것을 인하여 하나님을 찬양하자 (요 5 : 24/롬 8 : 1~2 참조).

적대 세력과의 대면

－느헤미야 4～7장－

하나님의 일을 행하려는 하나님의 사람에게는 항상 반대가 따르기 마련이다. 믿음과 목적의식이 약한 사람은 그만두게 될 것이나, 결의와 신념을 지닌 사람은 반대를 극복하고 일을 마칠 것이다. 느헤미야는 이러한 사람이었다. 이 장들에서는 느헤미야가 직면했던 성의 내적, 외적인 반대들과 그가 이긴 승리들을 주목하자.

1. 조롱(4：1～6)

하나님의 백성들은 언제나 적이 있기 마련이다. 이 경우에는 사마리아의 정부관리인 산발랏과 암몬사람 도비야, 그리고 가스무라 불리우는 아라비아사람 게셈이다(6：1, 6). 이 사악한 세 사람은 이스라엘 민족 외부의 사람들이었으며, 사실상 암몬 사람들은 유대인의 분명한 적들이었다(신 23：3～4). 그들의 첫 번째 무기는 조롱이었다. 이들은 사마리아의 지도자들 앞에서 공개적으로 "미약한 유대인들"이라고 조롱하였다. 사단은 조소자이다(눅 22：63/23：35～37). 조롱은 시기심으로 가득 찬 무지한 사람들이 사용하는 속임수이다. 그들은 그 백성("연약한 유대인")과 그 계획("하루에 필역하려는가")과 그 재료들("돌과 흙무더기")을 조롱하였다.

느헤미야는 그들의 모욕에 찬 조롱에 대하여 어떻게 응답하였는가? 그는 하나님께 기도하였다! 그의 관심은 하나님께 영광을 돌리는 것이었으며 민족의 간증을 지키는 것이었다. 따라서 이 기도를 개인적인 보복으로 보아서는 안될 것이다(시 139：19～24). 백성들은 여전히 그들이 기도한 대로 일을 계속하였다. 이는 기도가 일을 대신해 주는 것은 아니기 때문이다. 사단은 느헤미야가 성벽을 떠나게 될 것과, 산발랏의 논쟁에 개입되기를 간절히 원했을 것이다. 그러나 느헤미야는 사단의 함정에 빠지지 않았다. 조롱이 우리의 사역을 중단하는 일이 절대로 없도록 하라. "이 일을 기도 중에 주님께 가져가라." 그리고 일하기를 계속하라.

2. 무력(4：7～9)

사단은 속임수로 성취할 수 없을 때에는 힘으로 다시 공격한다. 7절에서는 인간들의 연합 전선이 펼쳐지는 것을 본다. 이들은 모두 유대인들에 대항하여 음모를 꾸몄다. 사단에게는 인력의 부족이 없는 것처럼 보이니 놀라운 일이다. 2장

10절에는 두 원수가 나오는데 2장 19절에는 셋이 나오고 4장 7절에는 전체 군중이 원수 역할을 한다. 그러나 "만일 하나님이 우리를 위하시면 누가 우리를 대적하겠는가?" 느헤미야는 이 새로운 공격을 어떻게 직면할 것인가? 그는 기도하였고 파숫군을 세웠다. "깨어 기도하라!" 신약에서는 이러한 권고가 계속해서 나온다(막 13：33－세상/막 14：38－육신/엡 6：18－마귀). 느헤미야가 기도에만 의존한 것이 아님을 유의하자. 그는 또한 파숫군을 세웠다. 하나님은 우리가 가능한 일을 행하기를 원하시되, 불가능한 일은 주님께 의지하기를 원하신다.

3. 실의(4：10)

이제 전쟁은 성의 외부에서 내부로 옮기워진다. 사단은 이와 똑같은 방법을 사용하여 사도행전 5～6장에 나오는 아나니아와 삽비라의 사건, 교회 내의 구제에 대해 불평하던 과부들의 문제를 일으켰다. 그는 또한 사도들 가운데에 유다를 두어 사용했다. 폐허의 잔해들과 외부적인 위험으로 인해서 일군들은 얼마나 실의에 빠져 있었을까? 유다지파는 왜 불평하였는가? 아마도 은밀히 산발랏과 동맹을 맺고 있었는지도 모른다(6：17). 13장 15절에서 하나님의 법에 유다가 불순종하는 것을 유의하라. "우리는 할 수 없나이다"라고 말할 때 이들은 사실상 적에게 동의한 것이었다(4：2). 실의와 불평은 급속히 퍼져 나갔으며 하나님의 일을 방해하였다. 느헤미야가 불평하는 사람들의 말을 귀담아 듣지 않았다는 말은 없다. 그는 건축을 계속했고, 계속 파숫군을 세웠으며, 계속 기도했다.

4. 두려움(4：11～13)

두려움과 믿음은 결코 같은 마음에 거할 수 없다. 11절에서 "적들이 갑자기 예루살렘을 공격할 것이다"는 소문이 적에 의해 퍼뜨려진 것을 볼 수 있다. 성 밖에서 살고 있던 유대인들은 이 소문을 느헤미야에게 열 번이나 알렸다. 사단의 일은 얼마나 끈질긴가! 마침내 느헤미야는 성에 파숫군을 세우고 두려워 말라고 백성들을 격려하였다.

13절과 15절 사이에서 일이 멈춘 것에 유의하자. 바로 적이 원하던 일이었다. 느헤미야는 이 계획의 어리석음을 알게 되었다. 그래서 그는 일군들에게 다시 일하게 했으며, 한 손에는 무기를, 다른 한 손에는 도구를 들고 일하게 하였다. 그는 또한 나팔을 든 특별한 파숫군을 세웠다(19～20절). 그러나 그는 일을 멈추게 하지는 않았다. 이 유대인들은 그리스도인의 사역자들이 마땅히 어떠해야 한다는 것을 보여주는 놀라운 본보기이다. 이들은 일할 마음이 있었고(4：6) 기도하려는 마음이 있었으며(4：9) 지켜볼 눈(4：9)과 들을 귀가 있었다(4：20).

5. 이기심(5장)

본 장은 슬픈 장이다. 여기서 우리는 유대인들이 이기적으로 서로 삼키려 하는 것을 보게 된다. 본 장에는 건축에 대한 내용은 없다. 유대인들은 큰 경제적인 부담이 있었는데, 이는 흉년으로 인한 것 뿐아니라(학 1:7~11) 세금과 조공 때문에 더욱 그러했다. 유대인들은 그들 가운데 성행하던 저당과, 종으로 팔림으로써 착취되고 있었다. 이러한 위기에 임하여 느헤미야는 어떻게 행동하였는가? 그는 화를 내었다. 이는 그의 백성들이 서로 탈취할 만큼 영적으로 타락해 있었기 때문이다. 그는 이 문제를 경제적인 것이 아닌 영적인 문제로 보았다. 그가 깊이 숙고하고 하나님께 지혜를 구했을 것은 물론이다. 다음으로 그는 백성을 책망하며(7~11절) 그 백성에게 하나님의 선하심을 상기시켰다. "하나님께서 우리를 자유케 하셨거늘, 이제 너희가 다시 형제를 서로 종으로 팔고자 하느냐?"라고 말하며, 그는 그릇되게 얻은 이익을 되돌려 주라고 명령함에 있어 구약 율법에 호소하였다(출 22:25). 유대인들이 서로 탈취하는 것을 보며 원수들은 얼마나 즐거워했겠는가(9절)! 느헤미야는 또한 지도자로서의 자신의 훌륭한 모범을 설명하였다(10절). 백성들은 말씀에 순종하기로 맹세하였으며, 그대로 실천하였다.

6. 간사함(6:1~4)

백성들은 다시 일터로 돌아왔고, 적들도 역시 그러했다. 이제 산발랏과 그의 부하들은 지도자인 느헤미야를 공격하는 데에 목표를 두었다. 하나님의 백성들은 하나님의 종들이 매일 직면하는 특별한 유혹과 시험들을 결코 의식하지 못한다. 영적 지도력이란 값진 것이다. 산발랏은 느헤미야에게 오노(Ono) 평지에서 만나자고 초청하였으나, 그는 한 마디로 거절했다("O, no!"). 하나님의 구별된 종들은 "악인의 꾀를 좇지 않는다"(시 1:1). 적의 미소를 조심하라. 사단이 친구로서 나타날 때가 다른 어느 때보다 더욱 위험하기 때문이다. 네 번이나 초청이 왔으나(4절) 그는 매 번 거절하였다. "내가 큰 역사를 하니 내려가지 못하겠노라"는 것이 그의 대답이었다. 사단이 우리의 일을 중단시키려 하여 초청할 때에도 일을 계속 하라! 하나님께서 축복하실 것이다.

7. 모함(6:5~9)

사자가 다섯번째로 왔을 때, 그는 느헤미야와 그의 백성들에 대한 중상모략으로 가득 찬 봉해지지 않은 편지를 받았다. "기록되었으되…"라는 말은 마귀의 주요 무기 중의 하나이다. "사람들이… 말하던데" 또는 "내가 듣기로는…"과 같은 말들은 소문이나 거짓말을 알릴 때에 대개 쓰이는 말이다. 누가 그렇게 말하는가? "사람들이…"란 대체 누구인가? 느헤미야는 그들의 계략을 눈치채고, 즉시 이른바 "공개서한"에 수록된 거짓말들을 폭로하였다. 그의 삶과 성품은 모든 거짓말을 반박하였다. 1~4절에서 적들은 유대인의 일에 동참하겠다고 제의했었으나, 이제 5~9절에서는 느헤미야의 명예를 훼손시키려 한다. 느헤미야는 하나님께서 다스리시도록 다시 기도하였다. 하나님의 종은 그에 대해 사람들이 무슨 말을 하거나 막지는 못하지만, 그가 지닌 성품과 간증은 알릴 수 있다. 만약 느헤미야가 그의 명성을 회복하기 위해 일을 중단했다면 성전은 결코 재건되지 못했을 것이다.

8. 위협(6 : 10~14)

스마야는 적을 두려워하여 집에 들어 앉은 채 두문불출하였지만, 사실상 그는 적과 한 패가 되어 일하고 있었다. 왜 그는 성곽을 재건하는 데에 유대인들을 돕지 않고 있는가? 자신은 그리스도를 위하여 아무것도 성취하지 않으면서 언제나 충고만 하는 그리스도인들 주위에서는 조심해야 한다. 바울은 거짓 형제에 대해 경고한 바 있다(고후 11 : 26). 스마야는 느헤미야에게 거짓말을 하여 그를 두려워하게 함으로써 그가 안전을 위해 적에게로 나아가게 만들려 하였다. 그러나, 느헤미야는 계책을 알아채고 그 거짓말을 공개적으로 논박하였다. 또다시 그는 하나님의 도우심을 구하여 기도하고, 곧바로 일하러 갔다.

성벽은 52일 만에 완공되었는데, 작업 기간은 일 년 중 가장 더운 때였다. 하나님은 영광을 받으셨고 원수들은 부끄러움을 당했다(16절). 그러나 타협적인 유대인들은 느헤미야가 도비야를 용납하도록 여전히 일을 꾸미고 있었다. 경건하고 용기있는 느헤미야에게 있어서 이 "유대의 귀족들"은 얼마나 짐스러웠겠는가! 일은 완성되었다. 하나님께 이 영광을!

말씀의 회복

—느헤미야 8 ~13장—

성벽은 여섯째 달의 25일에 완공되었다(6 : 15). 이 책의 후반부는 일곱째 달의 첫날부터 시작되었는데(8 : 2), 성의 주민과, 그들의 하나님께 대한 헌신에 강조점을 두고 있다. 물질적인 건축은 끝났으나, 이제 백성들의 영적인 건축을 시작해야 했다.

1. 말씀의 선포(8 ~10장)

예루살렘으로 온 에스라는 성벽을 헌납하고 백성을 성별하는 일에 있어서 느헤미야를 도왔다. 이 부분을 에스라 3장과 혼동하지 말라. 수문은 하나님의 말씀을 상징하므로, 백성들이 수문 앞에 모였다는 것은 의미심장한 일이다(3 : 26). 백성들은 말씀에 대한 갈망으로 에스라에게 말씀을 가져다가 설교해 줄 것을 요청하였다. 7월의 첫날은 나팔절이었고, 10일은 속죄일이었으며, 15～22일은 장막절이었다(레 23 : 23～44 참조). 에스라는 말씀을 읽었으며 여러 시간 동안 설교하였다. 레위인들이 조력하였음은 물론이다. 8절은 교회에서의 집회를 완전하게 묘사하고 있다. 사람들이 듣기 위해 모였고 말씀은 높이 선포되었다. 설교자는 회중들이 이해할 수 있도록 읽고 설명하였고 백성들은 말씀을 들을 때에 울었다. 그들이 자기의 죄를 애통해 한 것은 의심할 바 없다. 그러나 그 날은 기쁨의 날이 되었다. 그들은 속죄의 날에 울었다! 에스라는 잔치를 벌이고 즐거워할 것을 명했다(전 3 : 4 참조).

다음 날, 지도자들은 에스라를 만났으며 장막절의 축제에 대한 율법을 발견하였다. 이들은 온 나라에 이 율법을 선포하였으며, 백성들이 순종함에 따라 "큰 기쁨"이 있었다(17절). 말씀을 듣는 데는 즐거움이 있다. 그러나 말씀을 순종할 때에는 더욱 큰 기쁨이 있다. 이 "사경회"(査經會)로 모인 결과(일주일 간 매일 열렸음, 18절), 죄를 깨달은 백성들의 큰 소집이 그 달 24일에 있었다. 에스라와 레위인들은 세 시간 동안 말씀을 가르쳤고 세 시간 동안 고백과 기도로 백성들을 인도해 갔다. 따라서 그 날 하루 전체가 소요되었다. 9장에 나오는 기도는 유대인들의 구약 역사를 요약해 놓은 것으로서, 창조(6절), 창세기에 나타난 아브라함의 소명(7～8절), 출애굽(9～14절), 광야 생활과 죄(15～23절), 땅을 정복함(30～31절) 등의 내용을 다루고 있다. "그러므로 이제…"란 말은 우리를 에스라의 시대, 이 민족이 회개하고 죄를 고백해야 할 필요성으로 이끌어 간다. 유대인들은 이사야와 예레미야서에 나오는 "구원의 예언들"이 그들이 유배지에서 돌아온 것에 적용되지 않음을 시인하고 있다는 데에 유의하자. 그 예언들은 장래 어느 날 하나님께서 이스라엘을 팔레스틴에 다시 모을 때에 적용된다. 예언들에 대하여 이스라엘이 포로 생활에서 돌아 왔을 때 성취되었으며, 그리고 지금은 "교회 안에서" 성취되고 있다고 말하는 것은 성경을 왜곡하는 일이다.

10장은 하나님과의 언약 관계로 들어간 용기있고 경건한 사람들의 명단을 수록하고 있다. 그들은 자신들의 이름이 영원토록 하나님의 말씀에 기록될 것을 알지 못하고 있었다! 28~39절에서 우리는 그들이 말씀을 일상생활에 적용시키는 것을 본다. 기도하고 언약에 서명하는 것이 하나라면 악에서 분리되는 것, 우리의 가정을 굳게 하는 것(28~30절), 안식일을 존중하는 것(31절), 하나님의 전에 헌납하는 것(32~33절), 그리고 십일조와 헌금으로(34~39절) 하나님을 섬기는 일은 또 다른 하나이다. 너무도 많은 "사경회"들이 각성되고 축복된 사람들로 끝이 나지만, 그러나 그들은 들은 말씀에 순종하지 않는다.

2. 성벽의 헌납(11~12장)

본 장은 에스라 지도 하의 영적인 일에 대한 것을 중단하고 성벽에 대한 이야기로 돌아온다. 7장 5절부터 10장 35절까지는 삽입 부분으로서, 느헤미야서의 사건은 정확한 순서로 되어 있지는 않다. 유대인들을 성읍에서 살도록 하는 것은 성의 유익을 위해서나 하나님의 영광을 위하여 필수적인 일이었다. 지도자들은 성 안에서 살고 있었지만 이제 주민들이 그들과 합세하기를 원하였다. 곧 그들은 그 제비를 뽑아 10%를 성 내로 이동시켰다. 2절에는 지원자들도 얼마간 있었음을 시사한다. 3~19절에 나오는 수는 모두 합해서 3,044명이었다. 이것이 남자 인구의 10%라고 하면 우리는 그 땅에 남은 자들이 얼마나 적었는지 알 수 있다. 노래하는 자들에 대한 언급에 유의하자(22~23절). 유대인들은 그들이 포로 생활을 하는 동안에는 노래를 부르지 않았으나(시편 137편) 이제는 그들의 힘인 여호와의 기쁨을 얻었다.

성벽에 대한 실제적인 헌납은 12장 27~47절에 묘사되어 있다. 에스라와 느헤미야는 백성들을 크게 2개 조로 나누어서, 하나는 에스라가 인도하고 다른 하나는 느헤미야가 맡았다(31, 36, 38절). 이들은 아마도 골짜기문에서 시작한 것 같다. 에스라는 도시의 동쪽 편을 따라서 일행을 인도해 갔으며 거기서 성전 지역을 향해 북쪽으로 갔다. 느헤미야와 그의 일행은 북쪽으로 직진하여 성전에서 다른 일행과 만났다. 아마도 이것은 여리고 성을 돌며 행진하여 큰 승리를 얻었을 때를 상기하는 일인 듯하다. 이 일이 완성된 것을 백성들이 목격함으로써 하나님께 감사를 드릴 수 있는 공식적인 기회였을 것이다. 43절은 성의 기뻐하는 소리가 멀리까지 들렸음을 시사한다. 이 날은 참으로 놀라운 헌납의 날이었다. 헌신한 백성이 하나님의 일에 헌신하기 위하여 연합할 때 이들은 반드시 하나님의 축복을 경험한다.

3. 사악한 자들에 대한 정죄 (13장)

13장 6절과 7장 2절에서 우리는 느헤미야가 성을 치리하는 일을 그의 형제의 손에 맡기고 몇 년 동안 바벨론으로 돌아간 것을 보게 된다. 그가 돌아왔을 때 그는 백성들이 그들의 옛 길에 빠져 있음을 발견하였다. 1~3절은 헌신의 날에 발생했던 정화운동에 대하여 말하고 있다. 이 때 이들은 가족 중에서 이방인 아내들과 분리되었다(신 23：1~5 참조). 수 년 전, 에스라도 이 문제에 부딪혔었다(스 10장). 죄는 그 자체가 반복의 요인을 가지고 있다. 예루살렘에 돌아온 느헤미야는 유대인들이 이 죄를 다시 반복하였음을 발견했다(23~31절). 사실상, 제사장들조차도 이 죄를 범하였다. 이 용기있는 성도는 그 죄에 직면하여 심판해야 할 필요가 있었다.

그는 하나님의 전으로부터 시작하여 대제사장이 유대인의 대적인 도비야와 동맹을 맺고 있는 것을 보았다! (동맹"이란 말은 "친척 관계"를 의미하는 것 같다/6：18/13：28 참조). 하나님의 종이 하나님의 원수들과 타협한다는 것은 슬픈 일이다. 제사장은 도비야에게 성전에 있는 방을 주었고 성전 창고에서 재물을 주었는데 이것은 사실상 제사장들과 레위인에게 속한 재물이었다. 왜 그리스도인들과 교회들이 거룩하지 못한 사람들과 거룩하지 못한 일들을 지원하는지 이해하기가 어렵다. 느헤미야는 도비야와 그의 물건들을 지체 없이 던져 버리고 성전 방을 용도에 맞게 성결케 하였다.

또다른 죄는 백성들이 영적인 지도자들, 곧 제사장들과 레위인들을 지원하지 않은 것이다. 말라기는 이 일에 대하여 언급하였다(말 3장 참조). 느헤미야는 백성들을 책망하고 제사장들이 따라야 할 믿음 직한 제도를 설정하였다. 그가 이 모든 일에 하나님의 도움을 구하는 것에 유의하자(14절).

안식일을 지키지 않은 것이 또다른 문제였다. 일군들이 안식일에 일을 하였으며(15절) 상인들도 안식일에 물건을 팔았다(16절). 우리는 주일이 유대인의 안식일과는 같지 않다고 믿지만 한편으로 하나님의 백성은 주일을 따로 분리하여 그를 영화롭게 하는 데 사용해야 할 것이라고 느낀다. 우리의 경제 체계는 사람들이 일요일에도 일할 것을 요구한다. 그러나 주님의 날을 존중하는 일이 가능하다면 그 사람과 민족을 위하여 훨씬 좋은 일이다. 물론 그리스도인들은 일요일을 쇼핑하거나 미루어 둔 일을 처리하는 데에 소일하지는 않을 것이다. 느헤미야는 안식일을 지키지 않은 데에 대하여 유대인들을 책망하고, 안식일에 장사하는 것을 막기 위해 성문을 닫았다(18절/렘 17：21~24 참조).

이 책은 세 가지 기도로 끝을 맺는다(22, 29, 31절). 느헤미야가 일을 이루었으나, 하나님만이 그 일을 축복하고 지속시킬 수 있으시다. 느헤미야는 어느 날 죽을 것이고 백성은 그를 잊을 것이지만, 하나님은 그를 잊지 않으실 것이다.✓

에 스 더

—서론과 개요—

에스더 서론

□ **에스더서** : 에스더서에 기록된 사건들은 에스라 6장과 7장 사이에 발생한 것이다. "아하수에로 3년"이란 주전 483년일 것이다. "아하수에로"란 바사(Persia)의 통치자를 가리키는 명칭으로서, 애굽의 통치자를 가리키는 명칭으로서 애굽의 통치자를 "바로"(Pharaoh)라고 하는 것과 같다. 왕의 이름이 28번이나 언급되는 반면 하나님의 이름이 언급된 일은 없다.✓ 유대 랍비들은 히브리어 원전의 다섯 구절에서 "여호와"의 이름이 각기 달리 언급된 것을 발견하였다(1 : 20 / 5 : 4, 13 / 7 : 5, 7). 비록 여호와의 이름이 언급되지는 않았지만 이 책의 각 장마다 주님의 통치 섭리가 언급된다. "에스더"는 "별"이란 뜻이고 그녀의 유대이름 "하닷사"는 "상록수"라는 뜻이다.

□ **주제** : 에스더서는 유대민족이 멸절의 위기에서 어떻게 구조되었는가를 말해준다. 에스더서는 이 민족의 가장 큰 축제일들 중의 하나인 부림절의 기원을 설명하고 있다. "부림"이란 뜻은 "제비"라는 뜻이며 하만이 유대인을 살육할 날짜를 "제비를 던져" 결정했다는 데서 유래되었다(9 : 26~31 / 3 : 7). 부림절은 유대 달력의 마지막 달(우리의 2~3월) 14~15일에 열렸고, 13일에는 에스더의 금식을 기억하여 금식하는 행사가 실행되었다(4 : 16). 이 날 저녁에 이들은 회당에 모여 에스더서를 공식적으로 읽는다. 하만의 이름이 나올 때마다 유대인들은 마루를 구르고 야유하며 "그의 이름이 지워질지어다"라고 외친다. 다음 날 이들은 다시금 회당에 모여서 기도하며 율법을 읽는다. 그날의 남은 시간과 다음 날은 큰 기쁨과 잔치와 선물을 주는 일로 보낸다. 이 절기에 대해서는 구약에서 하나님께로부터 인준을 받은 것은 아니지만 유대인들은 수천 년을 신실하게 지켜 오고 있다.

□ **에스더의 용기** : 어떤 사람들은 에스더가 유대인의 재앙에 대하여 무관심하였다고 비판하기도 한다. 모르드개가 금식하며 곡하기 시작하자 에스더는 그의 마음을 바꾸게 하려고 했던 것이 사실이다(4 : 1~4). 그러나 우리는 에스더가 궁정의 일에 대해서는 퍽 고립되어 있었으며 한 달 동안 왕을 대면하지 못했음도 명심해야 한다. 그녀는 일단 위험이 닥쳤다는 소식에 접하자 기꺼이 모르드개에게 협력하였다. 물론 그녀는 목숨을 내걸어야만 했다. 왜냐하면 크세르크세

스는 기분과 분위기에 좌우되는 인물이었기 때문이다. 그에게는 와스디를 폐위시킨 것같이 에스더를 죽이는 것 또한 쉬운 일인 것이다.✓ 처음에 에스더는 모르드개처럼 하나님의 언약을 믿는 믿음을 발휘하지 못했다. 그러나, 사건들이 진행됨에 따라서 하나님을 진실로 믿는 용감한 여자임이 나타나게 되었다. 에스더가 모르드개와 접촉하기 전에는 모든 일들이 유대인들에게 불리하게 진행되었음을 보는 것은 흥미있는 일이다. 그러나 그녀가 모르드개의 말에 순종하기 시작하자 모든 일들이 유대인들에게 유리하게 되었다. 눈에 보이는 대로 행하는 것은 문제를 초래한다. 믿음으로 행하여 하나님의 말씀을 순종하는 것은 승리를 즐기는 것이다.

□ 영적인 교훈 : 에스더서에서 우리는 한 번 더 유대인에 대한 사단의 증오를 본다. 하만의 음모가 성공했다면 유대민족은 멸종되었을 것이다.✓ 이것이 아브라함과 맺은 하나님의 은혜로운 언약 때문인 것을 생각하라. 물론, 유대인을 쓸어 버리려 시도한 어떤 사람이나 민족도 실패하였으며, 하만 역시 그러하였다(창 12 : 1～3 참조). 창세기 3장 15절 이후 사단과 그의 자손들은 그리스도와 그의 씨에 대항하여 싸워오고 있다. 가인은 아벨을 죽였고 바로는 유대인들을, 하만은 이스라엘을 멸망시키려고 하였으며, 헤롯은 그리스도를 죽이려 하였다. 우리는 또한 육과 영 사이의 전쟁에 대한 설명을 볼 수 있다(갈 5 : 16～23 참조). 하만은 아말렉의 후손으로서 유대인의 으뜸가는 적이었다(에 3 : 1과 신 25 : 17～19 / 출 17 : 8～16과 삼상 15장 비교). 아말렉은 육신을 상징하며, 그 혈통인 하만은 영에 대항하는 육, 하나님의 자손에 대한 사단의 자손의 적개심을 예증한다.

□ 하나님의 섭리 : 이 책의 어느 곳에서도 하나님의 이름이 발견되지는 않지만, 그의 손길은 어느 곳도 놓치지 않으신다.✓ 하나님은 "그늘진 그 어느 곳에 서계시며" 통치하시고 다스리신다. 이 책을 연구할 때, 하나님의 섭리하시는 사역에 대한 증거들에 주목하자.

1 에스더는 모든 지원자들을 물리치고 왕비로 간택되었다(2 : 15～18).
2 모르드개는 왕을 암살하려는 음모를 발견하였다(2 : 21～23).
3 유대인을 멸망시키려는 날을 제비뽑았을 때, 모르드개와 에스더가 활동할 수 있는 시간을 갖게 되도록 그 해의 말엽의 한 날로 정해졌다(3 : 7～51).
4 한 달 동안 에스더를 소홀히 하다가 왕이 그녀를 반겼다(5 : 2).
5 에스더에 대한 왕의 인내심은 그녀가 또다른 연회를 열도록 허락하였다(5 : 8).
6 왕의 불면증은 모르드개의 친절한 행위가 빛을 보게 하였다(6 : 1 이하).
7 왕의 기억력에 있어서 분명한 착오는 그가 죽이기로 동의했던 유대인 한 사람을 명예롭게 하였다(6 : 10～14).
8 처첩들이 많았는데도 왕은 에스더의 평안에 대해 깊은 관심을 가졌다(7 : 5 이하).

□ **날짜** : 이 책에 나오는 왕은 위대한 다리오 1세의 아들 크세르크세스이다. 그는 주전 486년부터 465년까지 통치하였다. 와스디는 그의 통치 3년째에 폐위되었으므로 이 때는 483년이었을 것이다. 역사는 크세르크세스가 그리이스 침략을 준비하는 동안 그의 제후들을 위하여 큰 잔치를 벌였다고 말해 준다. 이 원정은 479년까지 계속되었으며, 이 때 불행한 일이 있었다. 크세르크세스가 와스디를 폐위시키지 않으려 한다면 그것은 그를 수치와 패배로 이끌어 갈른지도 모를 일이었다. 에스더는 그의 통치 7년째인 479년에 왕비로 선택되었다(2:16). 하만이 음모를 꾸민 일은 왕의 통치 12년째인 474년, 즉 에스더가 왕비가 되었던 5년째의 일이었다. 크세르크세스는 465년에 암살되었다.

□ **에스더와 잠언** : 잠언의 어떤 구절들과 에스더의 사건들을 찾아 비교해 보라.

- 에스더 3장 7절 / 잠언 16장 33절
- 에스더 5장 1～4절 / 잠언 21장 2절
- 에스더 5장 9～14절 / 잠언 16장 18절
- 에스더 7장 10절 / 잠언 11장 8절

□ **하만과 적그리스도** : 많은 성경 학자들은 사악한 하만이 유대인들을 박해하고 멸망시키려 하는 미래의 적그리스도를 상징한다고 본다. 7장 6절에 나오는 "이 악한 하만"은 히브리어로 모두 더하면 666이 되는데, 이는 짐승의 수이다(계 13 : 18). 하만은 공개적으로는 유대인들에게 친절한 것처럼 보이면서 비밀히 살해 음모를 꾸몄다. 적그리스도는 7년 동안 언약을 맺을 것이나, 후반의 3년 반에는 그 언약을 깨뜨릴 것이다. 하만은 왕으로부터 굉장한 권세를 받았는데, 그 짐승은 사단에게서 받은 큰 권세를 소지할 것이다. 하만의 교만은 명백한 것이었다. 그는 모든 사람이 그에게 절하기를 원하였는데, 짐승은 모든 사람들에게 자기와, 자기의 형상을 예배하게 할 것이다. 하만은 유대인들을 증오하였다. 그리고 적그리스도는 유대인들을 미워할 것이다. 하만은 얼마 동안은 권력을 잡는 것 같았지만 결국에는 죽을 운명이었다. 사단의 걸작품인 짐승은 파괴될 수 없는 것처럼 보일 것이지만 그리스도가 돌아오셔서 사단과 그의 추종자들을 멸망시키실 것이다.

에스더 개요

1. 에스더의 선택됨 / 1～2장

1 왕이 와스디를 버림 / 1장
2 왕이 에스더를 선택함 / 2장

2. 하만의 흉계 / 3～7장

1 하만의 악한 음모 / 3장
2 모르드개의 고뇌 / 4장
3 에스더의 용기있는 중재 / 5～7장

3. 이스라엘의 보호됨 / 8～10장

1 왕의 새로운 칙령 / 8장
2 유대인의 새로운 승리 / 9장
3 모르드개의 새로운 명예 / 10장

왕관을 쓴 에스더

—에스더 1～4장—

이 책의 처음 네 장은 이 줄거리에서 네 가지 주된 특징을 소개한다.

1. 아하수에로 왕(1장)

서론에서도 언급하였듯이 "아하수에로"는 바사의 통치자를 칭하는 말이었다. 그의 이름은 크세르크세스였으며 주전 486년에서 465년까지 통치하였다. 역사는 그가 충동적인 통치자였음을 말해주고 있으며 에스더서에서도 이러한 면을 찾아볼 수 있다. 왕이 하만에게 갑자기 큰 권위를 주고 그 칙령이 무엇을 의미하는지는 잊어버린 것에 대하여 주목하자! 또한 얼마나 충동적으로 그의 사랑하는 아내를 내버렸으며 또 나중에 이 일을 얼마나 후회하는지 눈여겨 보자!

1 **잔치**(1～12절)—이 궁중의 집회 목적은 그리이스에 대항하여 전쟁을 준비하며 그의 우두머리들과 지도자들과 상의하기 위한 데에 있었다. 크세르크세스는 애굽에 반역하여 그리이스를 정복할 수 있다는 확신을 가졌다. 이 집회는 180일 동안 계속되었으며, 이 기간이 끝날 때 쯤에는 거대한 잔치를 열었다. 이 일은 주전 483년, 크세르크세스 3년에 있었던 일이었다. 다니엘이 예언했던 대로 메대와 바사가 권력을 쥐고 있었다(단 2 : 36 이하 참조). 잔치는 왕의 아름다운 궁정에서 7일간 계속되었다(5절). 물론 술이 있었으며 손님들은 원하는 대로 먹을 수 있었다. 바사의 관습에 따라 여인들은 그들대로 따로 잔치를 차렸다. 자기 손님들을 즐겁게 하는 데 급급하여 크세르크세스는 남자들의 잔치에 왕비를 초청하였다. 그러나 와스디는 거절하였다("와스디"라는 이름은 "아름다운 여인"이란 뜻이다). 의심할 나위 없이 와스디는 왕과 그의 손님들이 술에 만취되어 있다는 것과 그녀의 출현은 보다 깊은 혼란을 초래할 것임을 알고 있었다.

2 **폐위**(13～22절)—왕은 자기의 변덕스러움을 충족시키는 일에 와디스가 공식적으로 거절함으로 말미암아 어안이 벙벙하여 기절할 정도였다. 그는 고문들과 논의하기에 이르렀다. 이 책에서 크세르크세스가 많은 사람들의 충고를 들었음을 유의해야 할 것이다. 역사는 그가 자기의 몇몇 참모들에게 줄로 조정되는 "꼭두각시"였다고 말해 준다. 사람들은 와디스를 폐위시키고 온 나라 안에 공식적인 본보기로 삼으라고 충고하였다. 바사의 "우편제도"는 아마도 고대 세계에 있어서 가장 훌륭했던 것 같다. 이 제도는 옛날 역마제도처럼 노선을 따라 요소요소마다 기운찬 말과 마부들이 대기하고 있었다. 왕은 그의 칙령이 온 땅의

가정들을 견고하게 하기를 원하였다. 그러나 그 일의 성공 여부에 대해서는 알 수 없다. 다만, 그가 후에 그의 결정을 후회하였다는 것은 분명하다.

2. 왕비 에스더(2 장)

1장과 2장 사이에 최소한 4년이 지났다. 이 기간 동안 크세르크세스는 피해가 막심한 그리이스 정벌에 나섰다(주전 481~479년). 그는 씁쓸한 결과를 가지고 돌아왔으며, 자기의 가정에서 어떤 류의 위안을 추구한 것은 자연스러운 일이었다. 그 때 그는 와디스가 폐위되고 왕비가 없다는 것을 기억하였다. 물론 그의 별궁에는 많은 여인들이 있었으나 아름다운 왕비를 그리워하였다. 고문들은 그에게 또다른 왕비를 얻으라고 충고하였다. 그들은 와스디가 왕궁에 돌아온다면 벌을 받게 된다는 것을 알고 있었다! 이리하여 이상적인 왕비를 위한 대대적인 탐색이 시작되었으며, 여기에 에스더가 포함되었다.

에스더와 모르드개는 사촌 간이다. 모르드개는 그녀를 자기의 딸처럼 키웠다. 모르드개는 아마도 궁정에서 소임을 맡고 있었던 것으로 알려지고 있다. 왜냐하면 그는 성문에 앉아 있었기 때문이다. 그는 에스더에게 "대회에 출전하도록" 권하였으나, 그녀가 유대인이란 것을 알리지 못하게 하였다. 이것은 에스더가 금지된 음식을 먹고 구약의 율법을 어느 정도 어겼다는 뜻이다. 그렇지 않았다면 그녀는 이방인 경쟁자들 사이에서 자신을 지켜갈 수가 없었을 것이다. 이것은 "목적이 수단을 정당화한다"는 말인가? 물론 이 율법은 구원에 관계된 근본적이고 영원한 법이 아니라 임시적인 규율이었다. 그러나 이 율법 역시 하나님의 말씀인 것이다. 바벨론에 있는 다니엘은 자신을 더럽히지 않기로 목표를 세웠다. 하나님은 그를 크게 축복하셨다! 에스더가 용기있는 여성임을 스스로 입증하였으므로 우리는 그녀를 판단하지 않는다. 특별한 준비를 한 후에(12절) 에스더는 왕 앞에 나아갔다. 그리고 선택을 받았다! 그녀가 "다른 것을 구하지 아니하였다"는 것은 다른 여인들처럼 화려한 보석들로 자신을 장식하지 않았다는 뜻이다. 그녀는 자신의 미와 품성에 의존하였다(벧전 3 : 3~4 참조). 그녀는 479년에 왕비가 되었고 그녀를 높이기 위해 큰 잔치가 벌어졌다. 21~23절에서 우리는 별로 중요할 것 같지 않는 일을 본다. 그러나 나중에 문제가 되었다! 아마도 이 사람들은 와스디에 대한 처리 문제로 인준을 얻지 못하자 왕을 죽이려고 했던 것 같다.

3. 원수 하만(3 장)

5년이 지났으며(7절), 사단은 일을 개시하였다. 하만의 승진은 그를 흥분시켰으며 살인자로 변하게 하였다. 신실한 유대인 모르드개는 하만에게 절하지 않았고 이 일은 교만한 통치자로 하여금 더욱 화가 나도록 만들었다. 궁정에서는 모르드개가 유대인임을 알고 있었으나(5절) 에스더가 유대인인 줄을 모르고 있었다. 하만은 모르드개에 대한 원한으로 말미암아 모든 유대인들을 멸망시키기로 결심하였다(계 9 : 11). 하만과 점장이는 제비를 던져 일 년 후로 시행일을 정했다. 하만은 은 일만 달란트(25, 000, 000 달러) 를 왕에게 바치고 유대인을 죽일 권한을 샀다. 하만은 유대 사람들에 대하여 거짓말을 하였다. 물론 사단은 거짓말장이요 살인자다. 어리석게도 크세르크세스는 하만에게 반지를 주었으며 자기 왕비의 목숨을 위협하는 것인 줄도 모르며 칙령을 인준하였다! 하만은 시간을 낭비하지 않았다. 그는 바사인들에게 광대한 왕국의 곳곳에 사는 유대인을 죽이고 파괴하며 약탈하라는 내용의 법령을 바로 그 달에 기록하여 발송하였다. 왕이 수 백만의 백성을 쓸어버리라는 명령을 단 일 분만에 만들고, 다음 순간에는 먹고 마실 수 있다는 것은 상상할 수 없는 일이다. 그러나 현대 역사의 지령자들은 똑같은 일을 행하고 있다(하만에 대한 추가 자료는 서론을 참고하라).

4. 모르드개(4 장)

왕의 문에 앉아 있는 늙은 유대인은 이제 무대의 전면에 등장한다. 그는 민족을 구하도록 하나님께서 예비하신 그릇이었다. 즉각적으로 모르드개는 공식적인 곡을 시작하여, 왕의 문에서도 곡을 하였다! 그는 에스더에게 국적을 감추라고 조언한 일이 있기는 하지만 자기의 민족이나 자기의 하나님을 부끄러워 하지 않았다. 성문 앞에 앉아서 "대성통곡"하며 울었고, 그의 영향은 전염병같이 퍼졌다.

에스더는 그에게 새로운 옷을 보내어 중단할 것을 제안하였다. 그러나 그는 자기의 행동을 설명하는 말을 보냈다. 궁 안에 있는 에스더는 진행되고 있는 모든 정책과 정치에 대해서는 아는 바가 없었던 것 같으며 한 달 동안 왕을 뵌 일이 없었다(11절). 모르드개는 칙령을 복사해서 그녀에게 보냈으며, 그녀는 실제의 상황이 얼마나 절실했는가를 깨달았을 것이다. 우리는 여기서 두 종류의 성도를 본다. 한 편은 무슨 일이 일어나고 있는지 모르는 채 즐거워하는 사람들, 그리고 다른 한 편은 시대의 표징을 알기 때문에 슬퍼하는 사람들이다.

11절에서 그녀는 핑계를 대는 것인가, 아니면 단순히 상황을 설명하는 것인가? 그녀는 유대인을 구할 수 있는 유일한 사람인 것을 깨달아야만 했다. 에스더는 하만의 참된 성품에 대하여 아무것도 알지 못했을 것임을 명심하라. 하만은 왕의 총애를 받는 사람이었으며 에스더는 그의 성실성을 의심할 이유가 없었다. 모르드개는 그녀가 궁에 있더라도 죽음을 면치 못할 것임을 상기시켰다. "만일 네가 잠잠하여 말이 없으면 하나님은 다른 데로 말미암아 구원하시리라!" 모르드개는 아브라함과 맺은 언약으로 인하여 하나님이 그 민족을 결코 멸망시키지 않으실 것을 알고 있었다.

우리는 에스더의 분별있고 영적인 반응을 칭찬한다. 그녀는 기도를 요청하였다. 그녀는 왕의 면전에 나간다는 것이 죽음을 의미할 수도 있다는 것을 알고 있었다. 그러나 그녀는 하나님의 뜻을 행하는 데에 자신을 "산 제사"로 드렸다.

"죽으면 죽으리라." 이말은 순교자의 절망적인 외침이 아니었다. 그녀의 하나님을 위하여 모든 것을 바치려는 신자의 의지를 간증하는 것이었다(단 3 : 13~18). 에스더는 이제 자기의 백성을 드러내도록 강압을 받았다. 빛을 말 아래에 오래 숨겨 둘 수가 없다! 구약의 에스더와 신약의 아리마대 요셉(요 19 : 38~42)은 특별한 환경에 두셨다가 특별한 일을 성취하도록 "숨겨 놓은" 신자들이었다(요 19 : 38의 "은휘하더니"라는 말의 문자적인 의미는 "비밀히"라는 뜻이다. 하나님은 예수님의 몸을 장사지낼 특별한 목적을 위하여 그를 숨겨 두셨다).

우리는 이 장들을 현대의 영적인 일에 적용시키지 않을 수 없다. 사단은 파괴자이며, 수 백만의 사람들이 누군가 그들을 구속하지 않기 때문에 지옥으로 가고 있다. 어떤 그리스도인들은 왕같이 먹고 마시고 생을 즐기며 위험에 대해서는 관심이 없다. 다른 이들은 모르드개같이 저주받은 백성들을 구하는 데에 깊은 관심을 가지고 있다. 그리고 에스더처럼 잃어버린 사람들을 위하여 자기를 희생하여 중재하는 사람들도 있다. 당신은 어떤 사람인가?

하만의 몰락

—에스더 5 ~10장—

이 장들에 나오는 사건들은 세 번의 잔치에 그 중심을 두고 있다.

1. 환희의 잔치(5 ~ 6 장)

유대인들은 3일 동안 에스더와 함께 금식하였다. 이제는 믿음으로 한 발을 내딛고 왕의 보좌 앞에서 중재해야 할 때이다. 동양의 왕들이 그들의 백성 앞에서 거의 신과 같은 존재인 것을 명심하라. 그들의 명령은 옳거나 그르거나 간에 순종되어야 하는 것이다. 에스더가 생명을 걸어야 했던 것은 물론이다. 아니, 하나님의 손에 위탁하는 것이었다!

그녀가 왕좌가 있는 방 입구에 모습을 나타내자마자 왕은 그의 홀을 들어 그녀를 들어오게 했다! "왕의 마음은 여호와의 손에 있다"(잠 21 : 1). 에스더는 매우 현명하게 행동하여 크세르크세스에게 진짜 소원을 즉석에서 말하지 않았다. 그 대신 왕과 하만을 바로 그 날 잔치에 초대하였다. 그녀는 여자의 직관으로 왕이 음식과 술 앞에서 약하다는 것을 알았으며 자기의 요청을 들어줄 준비를 시키고 있었다. 더군다나 하만을 포함시킴으로 그에게 안전하다는 거짓 감정을 유발시켰다. 음식을 충분히 먹은 후에 술을 마실 시간이 되고 왕은 예외적으로 기분이 좋았다. 그는 에스더의 마음 속에 무슨 문제가 있음을 알았고 그것이 무엇인지를 물었다. 그러나 지혜로운 왕비는 다른 날로 미루었으며 왕은 그녀의 지혜에 굴복하였다. 하만은 이러한 왕과의 상류급 잔치를 즐기게 된 것으로 인해 마음이 교만에 부풀어 의기양양하여 집으로 돌아갔다. 그러나, 그의 평화와 안정은 그리 오래 가지 못하도록 되어 있었다. 오늘날의 잃어버린 죄인들처럼 하만은 이미 정죄 아래 있었다.

하만이 그날 멸망을 당해야 한 것은 한 가지 이유에서 였다. 그는 문에서 모르드개를 보고 지나가야만 했는데 모르드개는 그에게 절하기를 거절하였다. 그는 교만으로 진노하여 모르드개에 대한 어떤 허물을 날조하기로 결심하였다. 아담처럼 하만도 아내의 말을 들었으며 그녀의 충고를 따랐다. 그는 75자의 십자가를 세웠으며 모르드개를 거기 매달아 죽이려고 하였다("장대"란 히브리어로는 "나무"를 의미한다. 바사 사람들은 올가미에 매달아 죽이지 않고 그 희생자를 죽여서 시체를 나무에 매달거나 말뚝에 찔러 놓거나 또는 십자가에 달아 놓았다). 나무의 높이는 온 성이 그 희생자를 볼 수 있을 정도였으며 7장 9~10절은 왕의 종들이 왕궁에서도 볼 수 있었음을 시사한다. 하만의 세속적인 환희는 오래 가지 않는 것이다. 우리는 6장에서는 모르드개가 마침내 왕의 생명을 구원한 것에 대하여 상을 받게 된 것을 본다. 모르드개는 아마도 시편 37편 1~15절을 묵상하고 있었는지 모른다. 그는 하나님께서 어느 날 그의 착한 행실을 인하여 그를 높이실 것을 알고 있었다. 이 일이 하만에게 얼마나 자존심을 상하게 했을 것인지 생각해 보라. 이 사건은 그를 겸손케 하여 그의 사악한 계획을 변화시키게 해야 했을 것이다. 사실 그의 아내도 유대인들을 이길 수 없다고 경고하였다. 하만과 그의 아내가 이 일을 논의하고 있을 때에 종이 와서 두번째 연회에 하만을 데리고 갔다.

2. 응보의 잔치(7 장)

하만과 모르드개의 대결, 그리고 하만의 결과적인 몰락은 시편 37편의 완전한 예화이다. 이 시를 주의깊게 읽고 어떻게 적중하는지 보자(시 73편 참조). 하만은 잔치에 왔으며, 그의 마음에 두려움과 떨림이 있었음은 의심의 여지가 없다. 그러나 너무 늦었다. 그의 죄가 그를 찾아내고 있었다(잠 16 : 18 / 18 : 12 참조). 왕은 에스더에게 그녀의 요청을 말하라고 했고, 에스더는 마음을 열어 자기 백성의 구원을 간청하였다. 4절에서 그녀가 왕의 포고령을 그대로 사용하고 있는 것에 유의하자(3 : 13 참조). 의심할 나위없이 그녀는 포고령을 자주 읽었을 것이며 "여호와 앞에 펼쳐 놓았을 것이다." 왕은 그녀가 유대인임을 발견하고 놀라지 않았다. 그가 놀란 것은 그처럼 사악한 사람이 그의 신하라는 점이었다. 그 원수가 하만이라는 것을 알고는 충격이 훨씬 컸다. 이 군주는 자기를 둘러싸고 있는 사람들의 참된 성품에 대하여 얼마나 소경이었는가! 그는 경건하고 지혜로운 모르드개를 문 밖에 두고 하만은 궁궐을 출입토록 허락했던 것이다. 그가 나중에 암살을 당한 것은 이상할 것이 없다.

잠언 16장 14절에는 "왕의 진노는 죽음의 사자와 같다"고 기록되어 있다. 마음이 몹시 혼란하여진 아하수에로 왕은 잔치하는 홀을 떠나 정원으로 나갔다. 이로 인해 악한 하만은 왕비 앞에 엎드려 빌며 자비를 구할 기회를 얻었다. 육신과 얼마나 닮았는가! 육신이 우리의 생활을 조절할 때에 죽이는 일을 하지만 하나님의 영이 심판할 때 육신은 참으로 겸손하며 결백해진다! 바울이 "육신을 의지하지 말라"고 썼던 것은 이상할 것이 없다(빌 3 : 3). 하만은 용서를 구하는 데 너무도 열성적이서 왕비의 침상에 쓰러지는데, 이것은 왕에 대하여 지나친 일이었다. 왕은 그를 사형에 처하라고 명령했으며, 그가 모르드개를 위하여 준비해 두었던 그 나무에 달리게 하였다. "의인은 환란에서 구원을 얻고 악인은 와서 그를 대신하느니라"(잠 11 : 8). 구약의 헬라어 역본(70인경)에는 9절 끝이 이렇게 번역되어 있다. "그를 십자가에 못박으라!" 종들은 이 말에 기꺼이 순종하였다. 왜냐하면 하만은 이기적이고 교만한 행정을 하여 많은 적들을 만들었기 때문이다.

3. 추억의 잔치(8 ~10장)

하만이 일단 제거되자 궁정에는 평화가 깃들었으며 모르드개는 하만이 누렸던 권세를 얻었고, 이제는 모든 사람들이 에스더가 유대인인 것을 알게 되었다. 이러한 권력의 변화는 그리스도인의 승리에 대한 아름다운 예화이다. 한 번 육신이 못박히면(롬 6~7장) 하나님의 평화와 능력이 우리의 삶을 다스릴 수가 있다(롬 8장).

그러나 한 가지 문제가 남아 있었다. 왕은 이 칙령을 철회할 수가 없었으며 아홉 달만 있으면 유대인들은 약탈을 당하고 죽임을 당하게 되는 것이었다(8:9/3:13 비교). 제비를 뽑는 데 있어서 하나님의 섭리가 작용함을 우리는 볼 수 있다(3:7). 왜냐하면 왕이 전체 제국에 새로운 칙령을 내릴 시간적 여유가 있었기 때문이다. 에스더는 한 번 더 왕에게 자기 백성의 구원을 위하여 영을 내릴 것을 간구하였다. 왕은 모르드개에게 왕을 대신하여 영을 내릴 권세를 주었다. 새로운 칙령은 유대인들이 자신을 방어하고, 유대인의 원수 하만과 같은 사람들을 멸하도록 하는 것이었다. 왕은 옛 법을 철회하지 않았으며 다만 그것을 대신하는 새로운 영을 내렸다. 이것은 그리스도인의 생활에서도 마찬가지이다. 죄와 죽음의 법은 그리스도 안에 있는 생명의 성령의 법으로 말미암아 정복되었다(롬 8:1~12).

10~14절은 복음을 전하는 아름다운 예화이다. 이것은 생명과 죽음의 문제이다.✓ 서기관들은 서둘러 멧세지로 썼으며 사무대신들은 왕국 곳곳에까지 서둘러 전하였다. 만일 오늘날의 그리스도인들이 이 복음의 멧세지를 전하는 심정의 반만큼만 가져도 보다 많은 사람들이 영원한 죽음으로부터 구조될 것이다(잠 24:11~12 참조). 이 기쁜 소식을 전하는 데에 많은 다른 사람들이 고용되었던 것에 유의하자. 이는 마치 오늘날 하나님께서 많은 일군을 사용하심과 같다. 물론, 유대인들이 그 멧세지를 듣고 믿었을때 이것은 그들에게 큰 기쁨과 구원을 가져다 주었다. 그들은 바사 사람들이 그들을 대항하여 싸움으로써 왕의 진노를 사려 하지 않을 것을 알고 있었다. 사실상 많은 바사인들이 형벌을 피하려고 할 때에 "자신들을 유대인이라고 불렀다."

12월이 되었을 때(9장), 유대인들은 승리할 준비를 갖추었다. 왜냐하면 그들의 편에 왕의 칙서를 가지고 있었기 때문이다.✓ 수 많은 유대인의 적들이 살해되었으며, 하만과 열 아들들도 여기에 포함되어 있었다(9:6~10). 히브리 성경에서는 이 열 아들의 이름들이 장대처럼 긴 난에 열거되어 있다.✓ 유대인들은 8장 11절의 칙령에 명시되어 있었으나 전리품을 취하지 않았음에 유의하자. 적들은 물론 왕의 명령대로 유대인의 재물을 취했을 것이지만 (3:13) 하나님의 백성들은 그들이 적보다 낫다는 것을 입증해야 했다. 16절에는 75,000명 이상의 적들이 죽임을 당한 것으로 기록되어 있다. 그 달 14일에 유대인들은 안식하며 하나님의 구원을 즐기워하였다. 모르드개는 이 큰 구원을 기념하기 위하여 12월의

14, 15일을 축일로 정하게 하였다. 그래서 오늘날까지 유대인들은 이날을 부림절로 지켜온다. 26절은 부림의 뜻을 설명한다. 이것은 "부르"(Pur) 의 복수인데 "부르"는 "제비뽑기"를 의미한다(3 : 7). 이 절기에 대해 구약의 인준은 없으나 이 절기는 수천 년 동안 지켜오고 있으며, 하나님의 자기 백성에 대한 은혜와 능력의 본이 되어오고 있다.

이 책은 하나님의 약속을 믿고 담대히 행동한 믿음의 사람 모르드개의 승진과 번영을 기록함으로 끝맺고 있다. 우리는 백성을 구하기 위하여 자기의 모든 것을 바친 에스더를 잊을 수 없다. 에스더서 전체는 하나님의 통치하시는 능력과 섭리에 대한 놀라운 간증이다. 로마서 8장 28절은 이 책으로 말미암아 입증된다.

욥 기

—서론과 개요—

욥기 서론

대부분의 성경학자들은 욥기의 처음 두 장과 마지막 장의 극적인 면을 제외하고는 별로 이용하지 않는다. 나머지 부분은 긴 연설을 모아 놓은 것 같으며, 어느 다른 곳에서도 찾아볼 수 없는 대화일 것이다. 그러나 욥기를 주의깊게 읽어 보면 그 전하는 내용이 매우 근대적이며 창세 이래 신자들이 직면해 온 한 가지 문제를 다루고 있음을 알게 될 것이다.

□ **욥기** : 욥기서를 연구할 때 다음의 사실들을 명심하자.
(1) 이 책은 동양사람들의 사상과 표현들로 채워진 동양의 책이다.
(2) 이 책은 시적인 책이다(1～2장/42 : 7～27 제외). 그리고 히브리 시는 우리의 시와는 전혀 다르다.
(3) 이 책은 하나의 어려운 문제, 즉 "왜 하나님은 의인에게 고난을 주시는가"에 대하여 다루고 있다.

이러한 세 가지 특징 때문에 욥기서는 읽고 해석하기에 난해하다. 그러나 소홀히 해서는 안될 것이다.

□ **인물** : 욥은 이 극적인 요소가 가미된 시에 등장하는 허구적인 인물이 아니라 역사에 나오는 실제 인물이다. 에스겔이 그의 이름을 말하며(14 : 14～20), 야고보도 그의 이름을 들춘다(5 : 11). 욥은 경건한 사람이며 부자이고, 다른 사람들의 필요에 대하여 진지한 관심을 가진 사람이었다. 그러나, 하나님께서 왜 그에게 그처럼 혹독한 많은 시련을 경험케 하시는지 설명할 수가 없어서 당황했던 사람이다.

□ **주제** : 가장 단순하게 주제를 밝힌다면 욥기는 오랜 세대를 두고 내려오는 의문을 주제로 다룬다고 할 수 있다. "사랑이 많으시고 의로우신 하나님은 왜 경건한 사람들에게 고난을 당하게 하시는가?" 며칠 사이에 욥은 그의 사업과 부와, 아내를 제외한 가족과 건강을 잃었다! 이러한 일이 왜 생겼을까? 그의 세 친구들은 욥이 실제로 위선자였으며, 그의 생활에 숨겨진 죄가 있어서 여호와께서 징계하시는 것이라고 이 문제를 해석하였다. 그러나 욥은 숨겨진 죄가 있음을 알지 못한다고 주장하였고, 그리하여 논쟁이 계속되었다. 하나님은 자

신이 욥을 해칠 이유가 없다고 2장 3절에서 친히 언급하고 계심에 유의하라! 42장 7절에서는 세 친구들이 하나님에 대해 사실이 아닌 말을 한 것에 대해 문책하신다! 욥은 그의 생활에서 더욱 향상되어야 할 부분이 있었던 것은 분명하지만(우리들 모두가 그렇듯이), 욥이 위선자였던 것은 아니다. 종국에 가서 그는 향상되어야 할 여지가 있음을 시인하였다(42 : 1~6).

하나님께서 죄 가운데 빠져 고집을 부리는 자녀들에게 징계를 가하신다는 것은 사실이다(히 12 : 1~13). 그리고 이러한 징계는 그의 사랑의 증거이다. 사악한 사람들은 이 세상에서 즐기며 살지만 곧 베임을 받게 된다는 것도 사실이다(시 37편 / 73편). 그러므로 신자가 기다리노라면 상받음을 보게 될 것이다.

하지만 이러한 사실들은 욥의 생애에 대한 해답이 되지는 못한다. 그는 사악한 사람이 아니었으며 그의 생활 가운데는 징계의 필요성이 없었다. 물론 하나님은 욥이 고난을 당하게 하심에 있어서 거룩한 목적을 가지고 계셨다. 그 한 가지 실례로서 사단과 천사들에게 욥은 믿음의 사람이라는 증거를 보이셨다. 천사들이 성도들의 삶으로부터 얼마나 많이 배우고 있는지에 대해서는 영원 세계에서만 알 수 있을 것이다(엡 3 : 9~10 / 벧전 1 : 12 참조). 하지만 욥기의 핵심적인 교훈은 다음과 같다. "하나님은 성도들을 다루심에 있어서 절대주권을 가지고 계시며, 순종적인 그리스도인의 생활에 있어서는 그에게 유익이 되지 않거나 하나님께 영광이 되지 않는 일은 생기지 않게 하신다." 하나님은 자기의 뜻을 우리에게 반드시 설명해야만 하는 것은 아니다. 주님은 결코 실수를 하지 않으시며 우리를 돌보신다는 것을 우리가 아는 것으로 충분한 것이다.

□ **그의 친구들** : 여기에는 다른 네 사람이 개입되는데, 모두 욥의 친구들이다. 이 책에 나오는 사건들은 수 개월에 걸쳐서 이루어진 것임을 명심하자(7 : 3). 친구들과 이웃들은 욥의 경우에 대해 논의하고 있었다(6 : 15 / 12 : 4 / 16 : 10 / 17 : 1~9). 데만 사람 **엘리바스**가 먼저 말을 했는데 그의 생각은 모두 그가 어느 날 밤에 경험한 "영적인 경험"에 기초하고 있었다(4 : 12~16). **빌닷**은 "지혜의 말들"을 알고 있는 "전통주의자"로서 욥의 경우를 그 말들에 적용시키려 하고 있었다. 엘리바스처럼 그도 역시 욥이 위선자라고 믿고 있었다. **소발**은 매우 독설적이며 그 누구보다도 하나님에 대하여 자신이 많이 알고 있다고 확신하였다. 이들은 욥에게 논쟁적으로 말하였고 욥도 역시 이를 받아 논쟁하였다.

종국에 가서 한 새로운 목소리가 나타나는데(32~37장), 이 사람 **엘리후**는 젊은이였으며 자기의 견해를 피력하기에 앞서 연장자들이 말을 마치기를 기다리고 있었다. 나이 많은 세 사람이 하나님은 의인을 축복하고 사악한 사람을 벌하신다고 주장한 반면, 엘리후는 하나님께서 때때로 자기의 뜻에 따라 의로운 사람을 징계(형벌이 아님)하실 때가 있다고 말하였다. 그는 욥이 하나님께 순복하고 그를 의지할 것을 요구하였으나, 그의 태도는 어디까지나 심판관적이고 비판적이었다. 하나님이 나타나셨을 때, 엘리후의 위대한 발언에 대해서 일언반구도 없으셨다.

□ 인내의 축복 : 어떤 의미에서 욥기는 의인이 왜 고난을 당하는 가에 대한 "적절한 대답"을 주고 있지 않다. 물론 욥은 시련을 겪고 난 후에 보다 나은 사람이 되었으며, 우리가 주님께 순복하고 헌신하는 한, 고난은 정화시키는 효력을 줄 수가 있다. 야고보서 5장 11절은 욥을 그 인내로 말미암아 추천하고 있다. 인내(견딤)는 시련 가운데서의 충성을 뜻한다. 이 말을 "참다"라고 번역하면 오해할 수가 있다. 욥은 분명히 그의 친구들과 환경들에 대해 참지못해 했기 때문이다. 욥은 하나님에 대한 믿음을 유지했고 종국에 가서는 하나님께서 그의 순결함을 입증해 주시리라 믿고 있었으며, 하나님은 그렇게 하셨다. 이 책의 가장 큰 교훈은 다음과 같이 말할 수 있다. 하나님은 우리의 생활 가운데서 절대 주권을 가지고 계시며 그의 뜻에 대하여 우리에게 반드시 설명해야 하는 것은 아니다. 하나님은 자기의 뜻을 성취하시며(롬 8 : 28), 그의 뜻이라면 더 이상 문제삼을 것이 없다.

욥기 개요

1. 욥의 재난 / 1～3장

1 그의 재산 / 1장 1～5절
2 그의 불행 / 1장 6절～2장 13절
3 그의 당황 / 3장

2. 욥의 변호 / 4～37장

1 일회전 / 4～14장
(1) 엘리바스 : 4～5장 / 욥의 대답 : 6～7장
(2) 빌 닷 : 8장 / 욥의 대답 : 9～10장
(3) 소 발 : 11장 / 욥의 대답 : 12～14장
2 이회전 / 15～21장
(1) 엘리바스 : 15장 / 욥의 대답 : 16～17장
(2) 빌 닷 : 18장 / 욥의 대답 : 19～20장
(3) 소 발 : 20장 / 욥의 대답 : 21장
3 삼회전 / 23～37장
(1) 엘리바스 : 22장 / 욥의 대답 : 23～24장
(2) 빌 닷 : 25장 / 욥의 대답 : 26～31장
(3) 엘리후 : 32～37장

3. 욥의 구원 / 38～42장

1 하나님이 욥을 겸손케 하심 / 38장 1절～42장 6절
(40 : 3～5 / 42 : 1～6 참조)
2 하나님이 욥을 영예롭게 하심 / 42장 7～17절
(1) 하나님이 그의 비판자들을 문책하심 / 42장 7～10절
(2) 하나님이 그의 부를 회복시키심 / 42장 11～17절

욥의 재난

—욥기 1～3장—

우스 땅은 우리가 지금 아라비아 북부라고 부르는 곳인 듯하다. 동양에서 가장 위대한 사람이 거기 살았는데, 그의 이름은 욥이었다.

1. 욥의 재산(1：1～5)

어느 면으로 보나 욥은 부유했다. 성품도 부유하여 "완전하고 의로웠다." 그가 죄가 없었다는 뜻은 아니지만 여호와 앞에 순전하고 순종적인 사람이었다. 그는 공포감으로가 아니라, 겸손하게 신뢰하는 마음으로 하나님을 경외하였다. 그는 악에서 자신을 분리시켰다. 그의 가족들도 풍성하였다. 아들 일곱에 딸이 셋이었다. 동양에서는 대가족(특히 아들들)을 몹시 선호하였다. 5절에서, 욥이 그의 아들들과 딸들을 위해 영적으로 신경을 쓰고 있으며, 제단에서 그들을 위하여 기도하였음을 살펴보라. 이와 같은 경건한 아버지를 가지고 있다는 것이 자녀들에게 얼마나 행운이었을까? 욥의 아내는 욥이 소유했던 지혜와 믿음을 가지고 있지 못했다. 우리는 물론 그처럼 고통을 당하느니 차라리 남편이 죽기를 바라는 그녀를 이해할 수 있다. 그러나 종국에 가서 하나님은 그녀가 잘못임을 입증하셨다(19：17 참조).

욥은"소유"에 있어서도 풍족함을 이루고 있었다. 그의 가축은 수천을 헤아렸다. 하나님께서 욥을 축복하신 것이 분명하며 욥은 하나님이 행하신 모든 일들에 대해 찬양함에 있어 주저하지 않았다. 바울은 "내가 비천에 처할 줄도 알고 풍부에 처할 줄도 알아…"(빌 4：12)라고 썼다. 우리들 대부분은 비천에 처했을 때, 그리고 일들이 제대로 안 풀릴 때 하나님을 의지하는 데는 아무 문제가 없으나 일들이 잘 풀려 번영할 때 하나님을 섬기며 그를 기억하기는 참으로 어렵다. 욥은 돈과 소유가 하나님의 자리를 대신하도록 하지는 않았다.

2. 욥의 불행

1 **사단의 첫 고발과 공격**(1：6～22) — 사단은 하늘로 올라가 하나님께 "보고하지" 않으면 안되었다(계 12：7～12 참조). 하늘에서 사단은 하나님 앞에서 성도들을 고발한다(슥 3장 참조). 하늘에 우리를 위한 변호자, 예수 그리스도 우리 주가 계신 것이 얼마나 감사한가(요일 2：1～2)! 욥이 모르게 하나님은 사단과 욥의 경우를 논의하였다. 만일 욥이 이러한 대화를 알았더라면 의문을 가지거나 신경을 쓸 여지를 남겨 두지않았을 것이다. 왜냐하면 하나님께서

사단의 거짓말을 꾸짖게 하는 데에 욥을 사용하시는 것을 알기 때문일 것이다. 하지만 그는 하늘의 회의에서 무슨 일이 일어나고 있는지 몰랐으며 믿음으로 이 시련을 받아들여야만 했다. 사단은 울부짖는 사자와 같이 이 땅을 오르내리도록 허락을 받았다(벧전 5 : 8~9). 하나님은 경건한 사람들은 마땅히 어떠해야 함을 보여 주는 실례로서 욥을 사용하셨다. 그러나 사단은 하나님의 말씀에 결코 동의하지 않았다. 즉시로 사단은 욥을 위선자로 고발하였다. "욥이 순종하는 유일한 이유는 부자이기 때문이니, 그의 부를 취하소서. 그리하면 그는 당신의 얼굴을 저주할 것이니이다!" 신자들은 주님이 "울타리"가 되어 주시므로 하나님의 허락이 없이는 사단이 손을 댈 수가 없다(눅 22 : 31~34 참조). 사단은 하나님과 동등하지 못하다! 사단은 전능하지 못하며 그 능력에 있어서 유한한 피조물에 지나지 않는다. 사단은 전지하지 못하다. 왜냐하면 이번 경쟁이 어떻게 되어 갈 것인지 알았더라면 결코 대들지 않았을 것이기 때문이다. 사단은 이 세상을 자기의 무릎 위에 놓고 있으나(요일 5 : 19) "세상에 있는 자(사단)"보다 "우리 안에 계신 이"가 더욱 크시다(요일 4 : 4).

허락을 받자마자 사단은 욥의 소유를 공격하기 위하여 떠났다. 그리고 잠깐 동안에 욥은 극빈자가 되어 있었다! 사단은 욥을 공격하는 데 있어서 원수의 군대들, 불, 강한 바람과 같은 일반적인 것들을 사용하였음에 유의하자. 욥의 친구들은 이러한 일들이 사단에게서 왔는데 하나님께로부터 왔다고 생각하였다! 사실상 어떤 이는 불(아마도 번개)을 "하나님의 불"이라고 불렀다(1 : 16) 욥은 어떻게 반응하였는가? 그는 죽은 자들을 위하여 애도하였으며 하나님을 예배하였다. "여호와께서 주셨다"는 말은 하기 쉽다. 그러나 "여호와께서 가져가셨다"는 말은 하기가 좀 어렵다. "여호와의 이름이 찬송을 받으실지니이다"라고 말하는 데에는 진실한 신앙이 필요하다!

[2] **사단의 두번째 고발과 공격**(2 : 1~13) —욥이 믿음에 머물러 있는 것을 보고 천사들이 하늘에서 하나님을 얼마나 찬송하였겠는지 생각하여 보라. 사단에게는 참으로 비난의 소리로 들렸을 것이다. "그가 자기의 순전을 굳게 지켰느니라"고 하나님은 사단을 상기시켰다(2 : 3). 그런데 사단은 그 혀로 또 다른 거짓말을 한다. "나로 그의 몸을 치게 하여 그가 고통을 당하게 하소서. 그러면 그가 어느 정도로 충성스러운지 알게 될 것이니이다." 하나님은 이 말을 허락하셨으나 사단에게 제한을 두셨다. 왜냐하면 사단(하나님이 허락하실 때 사망의 권세를 가짐)은 하나님의 뜻을 지나쳐 행동할 수는 없기 때문이다. "욕창"이 무엇인지는 모르지만 문둥병이나 피부병의 형태를 취한 듯하다. 어쨌든 그는 고통으로 가득 채워졌고, 그의 외모는 엉망이었으며(19 : 13~20) 아무 희망이 없어 보였다. 그의 아내는 그가 고통당하는 것을 볼 수가 없었으며 한 순간의 불신앙으로 그의 남편에게 하나님을 저주하고 심판을 받아 죽으라고 말하였다(9~10절)!

때때로 하나님은 재앙이 우리의 생활에 끼어드는 것을 허락하신다(2:10). 욥의 세 친구들은 욥을 위로하러 가기로 약속하였다. 이들은 욥이 자신을 낮추는 행위에 동참하여 일주일 간 그와 함께 울면서 조용히 동정하는 마음으로 앉아 있었다. 사단이 욥의 아내와 그의 세 친구들의 말과 행동에까지 손을 뻗치고 있었을 수도 있다. 사단은 유다와 베드로와 아나니아와 삽비라를 사용하였다.

3. 욥의 혼란(3장)

이 장을 오해해서는 안된다. 욥은 사단이 예견한 것이나(1:11/2:5) 또는 그의 아내가 제안했던 것처럼(2:9) 하나님을 저주하지 않았다. 사단이 미래를 예견할 수 있는 능력이 없음을 아는 것이 유익하다. 미래에 대해 그가 알고 있는 것이란 모두 하나님의 말씀에 씌어진 것뿐이다. 욥이 저주한 것은 그의 생일이었다. 태어나지 않았더라면 좋았을 것이라고 소원한다. 태어나서 바로 죽었더라면 살아서 이러한 근심을 견뎌야 하는 것보다 나았을 것이라고 생각하였다. 13~19절에 나오는 무덤에 대한 욥의 묘사는 신약에 나오는 계시를 보충해 준다. 욥은 모든 사람들, 즉 죄인들과 성도들이 똑같이 안식과 축복의 위치로 간다고 암시하고 있지는 않다. 왜냐하면 잃어버린 자들은 죽어서 형벌의 장소로 가는 반면에 신자들은 즉시로 하나님의 존전으로 간다. "분명히 나는 이보다는 나은 것을 위하여 태어났다!"고 욥은 말하고 있다. 욥은 혼란을 일으키고 있었으며, 이러한 고난을 통하여 하나님이 어떤 목적을 가지고 계신지 알지 못했다.

20~24절에서 욥은 "어째서 나같은 곤고한 사람들이 살아야만 하는 것인가? 우리의 비참함이 무엇을 이루는가? 나는 죽고자 하여도 죽음이 오지 않는구나" 라고 말한다. 고난은 무엇을 성취하는가? 우리가 하나님께 굴복하는 바로 그때 일을 한다. 고난은 우리를 위한 것이지 우리를 해롭게 하는 것이 아니다(고후 3:7~5:9 참조). 욥은 "하나님의 결말(목적)"을 알 수가 없었다(약 5:11). 우리는 하늘의 법정을 비추는 희미한 빛(성경)을 소유하였으므로 주님의 목적을 알 수가 있다.

25~26절은 욥이 때때로 시련에 대하여 생각했으며 이런 일들을 직면할까봐 두려워하였음을 시사한다. 그는 번성하고 있는 사람이었으며, 자기의 부와 건강을 잃게 되면 어떻게 할 것인지를 생각하고는 놀랐었다. 그는 육신적인 안전성이나 거짓 평화 가운데서 살았던 것은 아니다. 왜냐하면 그는 주님을 믿고 있었으며 자기의 소유를 믿고 있지는 않았기 때문이다. "그런데 문제가 닥쳤다." "그가 처했던 환경에 처해보기 전에는" 욥에 대하여 그렇게 심하게 말하지는 말자. 성공의 절정기에서 하나님을 믿기란 쉬운 일이다. 그러나 우리가 모든 것을 잃을 때, 그리고 우리의 고통이 이처럼 강렬할 때 우리는 죽고 싶어지며, 믿음이란 다른 문제가 되어 버린다. 욥이 하나님을 저주하지 않았음을 기억하라. 이 책의 어느 곳에서도 욥이 하나님을 부인하였다는 말은 없으며, 주님의

능력과 거룩하심에 대하여 의심을 한 일도 없다. 사실상, 문제가 된 것은 하나님의 공의에 관한 문제였다. 이처럼 거룩하신 하나님이 어떻게 그처럼 혹독한 재난을 허락하실 것인가?

경건한 사람이 죽기를 원했다고 하여 우리에게 이상할 것은 없다. 모세는 자기 백성의 끈질긴 반역으로 인해 자기의 생명을 가져가 달라고 청하였다(민 11 : 10~15). 그리고 엘리야는 이세벨에게서 도망하였을 때 죽게 해 달라고 기도하였고(왕상 19장), 요나도 죽기를 원하였다(욘 4 : 3). 3장에서 욥이 "왜?"라는 질문을 다섯 번 묻는 것에 유의하자(11, 12, 23절). 만일 하나님께서 왜 고난을 허락하셨는지 알 수 있었다면 욥은 고통과 근심을 견딜 수 있었을 것이다. "왜"라는 질문은 물어 보기 좋은 말이다. 그러나 하나님께서 언제나 즉각적으로 응답해 주실 수 있는 것은 아니다. 욥은 하나님께서 조정하고 계신 것과, 이러한 사건들이 사랑의 계획의 일부이며 어느 날 하나님은 자기의 목적을 알리실 것을 믿고 있었다.

당신이 생의 시련들에 대하여 혼란을 일으킬 때는 하나님께서 여전히 보좌에 앉아 계심을 기억하라. 욥기 23장 10절에서 욥이 자기의 신앙을 어떻게 표현했는지 살펴보자. "나의 가는 길을 오직 그가 아시나니 그가 나를 단련하신 후에는 정금같이 나오리라." 욥은 용광로 속을 통과하고 있는 중이었으며, 하나님의 자녀들 중의 하나가 용광로 속에 있을 때에 하나님도 그와 함께 거기에 계신다(사 43 : 1~2 / 단 3 : 25 참조).

욥의 변호

-욥기 4~37장-

이 장들은 너무 길고 복잡하기 때문에 각 장의 내용을 상세하게 검토할 수는 없다. 만일 흠정역 성경(K. J. V.)과 더불어 현대어 번역판으로 이 부분을 읽는다면 이들의 논쟁을 좀더 잘 이해할 수 있을 것이다. 버클리 판(Berkeley Version)이나 표준판(American Version)을 권한다.

1. 욥에 대한 비난

욥의 네 친구들은 그를 위로하러 와서는 비판하는 것으로 끝을 맺는다. 이들 각자는 이러 저러한 방식으로 말했지만 결국은 "하나님은 의인을 축복하시고 사악한 사람들에게 고난을 주신다. 그런데 하나님은 욥에게 고난을 주셨다. 그러므로 욥은 사악한 사람임에 분명하다"는 것이었다. 물론 이들의 생각이 논리적인 것처럼 보이지만 영적인 것은 못되었다. 죽을 운명에 처한 인간은 하나님의 길을 온전히 이해하기에는 너무도 무지하다. 하나님을 인간이 만든 틀 속에 적합하게 맞추려는 것은 하나님을 제한하는 것이며 하나님보다 못한 존재로 만드는 것이다.! 명심해야 할 것은, 이 세 친구들이 우리가 신약성경에서 가지는 온전한 계시를 가지고 있지 않았다는 점이다. 다시 말하면, 고난은 반드시 죄로 말미암는 것이 아니며, 그리스도를 믿는 믿음을 통하여 축복으로 변할 수가 있는 것이다. 신자들이 하나님의 말씀과 하나님의 방법을 이해하지 못하면서 다른 신자들에게 하나님의 방법을 설명한다는 것은 위험한 일이다. 욥이 자기의 친구들을 "번뇌케 하는 안위자들"이라고 부른 것은 하나도 이상한 일이 아니다(16:2).

엘리바스는 제일 먼저 말하면서 욥이 죄인이라고 논쟁을 시작한다(4:7~11). 그는 자기가 옛날에 경험한 특별한 묵시에 입각하여 생각하고 있다(4:12~21). 따라서 우리는 엘리바스가 생의 어려운 사실들을 개인적인 경험으로 따지는 것이라고 말할 수 있다. **빌닷**은 8장 1~7절에 있는 논제를 택하여 하나님은 불의한 일을 하시는 분이 아니라고 퉁명스럽게 말한다. 8장 8~10절에서 그는 전통으로부터 논제를 꺼내며 자신의 논점을 지지하기 위하여 일련의 "옛 지혜의 말씀"을 꺼낸다. **소발**은 11장에서 욥을 문책하며 회개하고 하나님과 바른 관계를 맺어야 한다고 말한다.! 세 친구들은 모두 같은 실수를 범하고 있다. 즉, 이들은 욥의 슬픔에 가담하여 그에게 동정심을 베풀지 못했으며, 하나님이 "굳고 딱딱한 분"이시라는 개념을 가지고 있었는데 이는 진리가 아니다. 또한 이들은 매우 독단적이고 교만하여 욥의 말을 듣고 자신의 이론들을 검토하려들지 않았다.

인간의 고난에 대한 문제는 세 친구들이 간단히 대답하기에는 너무도 깊고 복잡한 것이다. 예수께서는 죄를 범한 일이 없으시지만 그 어느 누구보다도 고난을 많이 당하셨다.! 욥이나 그의 친구들은 하늘의 회의에 대해 모르고 있었다. 그리고,"하나님이 하시는 일을 인간으로서 다 이해하지 못할 때라도 하나님을 신뢰하는 사람"에 대해 사단과 천사들에게 보이기 위해서 욥이 사용되고 있다는 것도 이들은 모르고 있었다. 친구들은 욥을 "위선자"라고 불렀으나(8 : 13 / 15 : 34 / 20 : 5 / 34 : 30), 하나님은 그를 "순전하고 정직한 사람"이라고 부르셨다(1 : 8 / 2 : 3). 2장 3절에서 하나님은 욥을 괴롭힐 아무 까닭이 없음을 분명히 밝히셨으므로 욥은 위선자나 죄인이 아니었다. 하나님께서 엘리후의 발언과 (38 : 1～2) 세 사람의 발언 내용을 거절한 이유도 여기에 있다(42 : 7).

세 친구들이 욥의 고난은 죄에 대한 형벌로 말미암은 것이라고 말한 반면 엘리후는 다른 생각을 가지고 있었다(32～37장). 하나님은 우리를 징계하시며 또한 가르치시기 위하여 고난을 보내신다(33 : 9～20 / 35 : 10～16). 엘리후는 하나님에 대한 보다 높은 견해를 가지고 있었으며 그의 발언을 통하여 하나님의 능력과 지혜를 아름답게 지적한다(37장). 그러나, 엘리후도 욥에게 도움을 주지 못했으며, 하나님께서는 친구 엘리후의 "무지한 충고"에 대하여 문책하셨다(38 : 1～2).

2. 욥의 논점

각 사람의 발언에 대하여 욥은 엘리후의 경우를 제외하고는 응답을 하였다. 엘리후의 경우에는 하나님께서 직접 개입하셔서 대답하셨다. 욥이 주장하는 점을 간추리면 다음과 같다. "나는 하나님께서 의로우시며 능력이 많으심을 너희들과 마찬가지로 잘 알고 있다. 그러나 나는 죄인이 아니며 하나님과 나 사이에 무엇이 있다고는 생각지 않는다. 나는 하나님과 내 경우를 논하고 싶은데 그를 찾을 수가 없다. 그러나 나는 이 세상에서, 그리고 오는 세상에서 나를 변호하실 하나님을 의지할 것이다." 욥이 그러한 처지에 있으면서 이러한 방식으로 응수하는 데는 큰 믿음이 필요했을 것이다. 야고보서 5장 11절에서 욥의 인내를 지적하는 것은 당연한 일일 것이다.

세 친구들은 하나님께서 반드시 악한 자에게 고난을 주신다고 주장하였고, 욥은 악한 자들은 번영하는 것처럼 보인다고 말하였다.! 18장에서 빌닷은 사악한 사람들의 무서운 운명을 꺼지는 빛(5～6절), 그물에 걸린 새(7～10절), 뒤를 좇아오는 무서운 것(11～13절), 찢어진 장막(거처, 14～15절), 뿌리가 마른 나무(16～17절) 등 여러 가지 모습으로 비유하였다. 20장에서 소발은 사악한 자의 외적인 번영은 잠시 동안일 뿐이라고 주장한다. 그러나 21장에서 욥은 그들의 주장을 거부하고 사악한 자들의 탁월한 건강과 부를 지적한다. 24장에서 욥은 "어째서 하나님은 죄에 대해 관여하셔서 어떤 조처를 취하지 않으시는 것일까?"라고 묻는다. 욥은 사악한 자들의 죄를 열거하며, 31장에서는 자신의 경건한 생활을 다시 설명한다. 세 친구들은 욥의 주장이 옳다는 것을 알고 있었기 때문에 침묵을 지켰다. 엘리후의 장황한 발언은 문제를 해결하는 데 별 도움을 주지 못했다.

3. 욥의 호소

이 부분에서 가장 중요한 구절들은 욥이 진정한 마음으로 하나님과 그의 친구들에게 호소하고 있는 내용이다.

1 **동정을 호소함**－그의 친구들은 사랑과 이해를 보이지 않았다. 욥은 고난당하는 성도에 대한 것을 문제삼는 것이 아니라 신학적인 문제를 다루고 있다(요 9：1～3 참조). 6장에서 욥은 생에 대한 맛을 잃었으며(6～7절) 죽고 싶다(8～13절)고 말한다. 그는 그의 친구들이 마치 목마를 때에 말라버린 시냇물 같다고 비유한다(14～20절). 7장에는 생의 시련과 덧없음을 몇 가지 비유로 나타내 주고 있음을 볼 수 있다. 즉, 전쟁(1절), 품군(1～5절), 빠른 베틀의 북(6절), 한 호흡(7～8절), 구름(9～10절 / 약 4：13～17 참조) 등의 비유이다. 9장 25절에서 욥은 인생을 빠른 우체부(에 8：9～14 참조)로, 빠른 배로 비유한다(9：26).

2 **하나님을 대면할 기회를 호소함**－9장에서 욥은 자기의 경우를 하나님께 제시할 방법이 없다고 불평한다. 왜냐하면 하나님을 발견할 수가 없기 때문이다 다. 33절에서 욥은 그와 하나님 사이에 설 판결자가 있기를 호소한다. “인생이 어찌 하나님 앞에 의로우랴”(9：2)는 말은 “어찌 인간이 자기의 경우를 하나님 앞에 탄원할 수 있으랴”는 뜻이다. 중재자이신 예수 그리스도로 인하여 하나님께 감사하자. 그 분은 우리를 대신하여 하나님 앞에 서신다.!(딤전 2：5 / 요일 2：1～2 / 슥 3장 / 욥 16：19～22 / 욥 23：3 참조).

3 **자신의 기본적인 결백에 호소함**－욥은 발언할 때마다 남모르는 죄가 있음을 부인한다. 그는 자신의 마음을 알고 있으며, 자기의 친구들이 자신을 지독하게 그릇 판단하였다고 고백한다. 이 책의 끝부분에서 하나님은 자신을 친히 욥에게 계시하셨으며 이 노인은 티끌과 재 가운데서 경배하며 자신의 무가치함을 고백한다(40：3～5 / 42：1～6). 그러나 이것은 죄의 고백이 아니었다. 오히려 전능자의 면전에서 자신의 무지함과 무가치함을 깨닫고 자신을 겸손히 낮추는 것이었다. 하나님은 결코 욥을 죄에 대해 고발하지는 않으셨다. 그대신 하나님의 위대하심을 깨닫지 못하고 국한된 작은 논쟁에 맞추려고 하는 것으로 인해 욥을 고발하신다. 하나님은 그의 친구들이 고발한 내용을 가지고 욥을 심판하지는 않으신다. 욥이 자기의 경건한 생활에 대하여 변호하는 것을 31장에서 찾아보자.

④ 하나님을 믿는 자기의 신앙에 호소함—이 점이 문제를 야기시켰다. 욥은 하나님을 신뢰하였으나 하나님은 욥을 피하신 것처럼 보였다. 만일 욥이 하나님을 부인하거나 저주하였다면 문제는 해결되었을 것이다. 그의 친구들은 욥의 불신앙을 인하여 벌하신 것이라고 알게 될 것이기 때문이다. 하지만 욥은 믿음을 가지고 있었다. "그가 나를 죽이시더라도 나는 그를 의지할 것이다!"(13：15). "나는 내가 의롭게 될 것을(변호될 것을, 진실로 입증될 것을) 믿는다"(13：18). 욥의 믿음은 대단히 큰 것이어서 만일 이 세상에서가 아니면 다음 세상에서라도 부활을 통하여 자신을 변호해 주실 것이라고 언급한다(19：25～29/14：1～14). 욥은 하나님께서 어떤 목적을 성취하고 계심을 알고 있었으나, 그가 행하시는 일에 대해 욥에게 말하셔야 한다고 생각하였다(23장). 물론 욥이 천국의 비밀회의를 알았더라면 믿음을 동원할 필요는 없었을 것이다.

⑤ 죽음에 호소함—4장에서 논쟁을 시작할 때부터 논쟁을 끝낼 때까지 욥은 계속해서 죽음을 청하고 있다(6：8～12/7：15～21 참조). 욥이 죽음을 원하였다 해서 너무 비판적이 되지는 말자. 그는 육신적으로 대단한 고통 가운데 있었으며 친구들과 이웃들은 그에게 비난을 퍼붓고 있었다(30장). 또한 하나님께서 그를 버리신 것처럼 보였다. 모세, 엘리야, 요나도 똑같은 오류에 빠졌었다.

하나님의 방법은 인간이 생각하는 것 이상이다. 빌닷조차 "이것은 하나님이 사용하시는 방법 중의 일부이다"고 시인하였다. 이 말을 직역하면 "이것은 하나님의 방법 중에서 변두리이며, 옷의 가장자리에 불과하다"는 뜻이다. 하나님은 인간의 신학보다 더 위대하시다. 우리는 이해할 수 없을 때에도 경배하며 신뢰할 수 있다.

욥의 구원

—욥기 38~42장—

이제 우리는 본 서의 절정에 이른다. 하나님께서 친히 이 무대에 등장하신다! 욥은 하나님이 그와 대면하여 말씀하실 것을 요청하였는데(9 : 35/13 : 22/31 : 35~37), 이제 바로 그렇게 되었다. 하나님이 행하신 첫번째 일은 하나님의 목적들을 어둡게 하며, 이 상황에 전혀 아무런 빛을 비추지 못한 엘리후의 헛된 생각을 쓸어버리는 것이었다(2절은 언제나 바르게만 말했다고 볼 수 없는 욥에게도 적용된다고 할 수 있겠다). 이제 하나님은 개인적인 방법으로 그의 종을 처리하는 일을 진행하신다.

1. 하나님이 욥을 겸손케 하심(38 : 1 ~42 : 6)

하나님은 욥에게 우주와 그 운행에 관한 간단한 질문들을 하신다. "네가 여호와에 대하여 그처럼 많이 알고 있는 듯하니 내가 만든 우주를 설명할 수 있는지 물어보자꾸나!" 이 부분에 나오는 핵심을 찌르는 일격이다. "네가 나에게 도전해 왔는데, 이제는 내가 너에게 도전을 해야겠다!"

하나님은 **창조**로부터 시작하신다(38 : 4~11). 물론 지구에는 어떤 "기초"는 없다. 하나님은 과학적인 용어들이 아니라 비유적인 언어를 사용하신다. 사실, 욥기 26장 7절은 세계가 무엇에 매달려 있는 것이 아님을 명백히 밝힌다. 이 구절은 학식있는 사람들이 이 세상이 거대한 거북이나 다른 피조물로 말미암아 지탱을 받고 있다고 생각하던 시대에 기록된 것이었다! 26장 10절은 지구가 구형임을 명백하게 가르치고 있다. "그는 빛과 어두움 사이의 깊은 경계를 넘어 원을 그린다"(버클리역본). 이 구절 역시 지구의, 한 쪽이 어두울 때 다른 한 쪽은 빛 가운데 있음을 가르친다! 욥기 38장 7절은 하나님이 우주를 창조하셨을 때 천사들이 기뻐한 것을 말한다. 12~15절에서 하나님은 욥에게 태양이 동터옴과 빛의 퍼짐에 대하여 질문하시며, 16~21절에서는 땅과 바다의 측정에 대하여 물으신다. 인간이 하나님의 창조를 측량할 수 있다고 생각하는 것은 얼마나 어리석은 일인가!

다음으로 하나님은 **무생물의 자연**, 곧 눈과 우박, 비와 얼음으로 방향을 돌리신다(22~30절). 22절은 "눈의 보물창고"라고 번역될 수 있다. 즉, 하나님이 눈과 우박을 숨겨두는 비밀 창고이다. 그러나, 눈이 참으로 보물을 포함하고 있다는 의미로 볼 수도 있다. 왜냐하면 눈은 공기 중의 질산 칼륨을 모아 두었다가 땅에 저축하는 일을 돕기 때문이다. 어디에 비가 오고 눈이 와야 할 것을 결정하는 책임을 지고 싶은 사람이 누구겠는가! 하나님만이 이 우주를 다스릴 수 있으며 모든 일들을 조화있게 만들 수가 있으시다. 31～38절에서 하나님은 구름, 비와 더불어 별과 별자리에 대하여 질문하신다.

하나님은 다음으로 **동물의 생태**에 대하여 질문하신다(38：39～39：30). 인간이 사자를 먹이기 위하여 사냥하는가? 까마귀는 음식물을 위해 인간을 의존하고 있는가? 예수님은 누가복음 12장 24절에서 이에 답하신다. 산에 있는 들염소, 평지에 사는 들나귀, 들소(9～10절)들은 하나님께서 그들을 보호하시고 공급해 주실 것을 바란다. 자기의 둥우리가 어디 있는지 가끔 잊어 버리는 타조조차 전능하신 분의 돌보심을 즐긴다(13～18절). 18절은 타조의 굉장한 속력을 상기시킨다. 19～25절의 말(馬)은 전쟁에서 원수를 직면했을 때의 모습이다. 26～30절에는 매와 독수리에 대한 언급이 나온다. 욥이 생태계를 바라볼 때 어디에서나 하나님의 역사하고 계신 손을 보게 된다.

"이제, 네가 나를 비난하고 나와 논쟁을 했는데 네 대답을 들어보자!" 라고 하나님은 말씀하신다. 욥이 할 수 있는 대답은 한 가지뿐이었다(40：3～5). "나는 미천하오니 무엇이라 주께 대답하리이까 손으로 내 입을 가릴 뿐이로소이다 내가 한두 번 말하였사온즉 다시는 더하지도 아니하겠고 대답지도 아니하겠나이다." 이제 축복으로 한 걸음 가까와졌으나, 아직 그는 하나님에 대하여 그런 식으로 말한 것을 회개하지 않았다. 그래서 하나님은 다시 질문을 계속하신다. 이번에는 **두 마리의 큰 짐승**, 즉 하마(짐승 / 15：24절)와 악어(괴물 / 41장)에 촛점을 맞추고 있다. 이 짐승들은 둘 다 욥 당시에 대단한 감탄과 두려움의 대상이 되었던 짐승들이다. 이들은 팔레스틴이 원산지는 아니다. 여기 나오는 하마에 대한 헬라어는 단지 "큰 짐승"이라는 뜻인데 대부분의 성경학자들은 이것이 하마를 가리키는 말이라고 추정한다. 물론 욥은 이러한 짐승을 본 일이 없을 것이며 상상으로 창안해 냈을 것이다! 악어도 마찬가지이다. 욥은 감히 낚시로 악어를 낚을 수 없었고 일을 시킬수도 없었으며 애완용으로 여길 수도 없었다(41：1～8). "그 만드신 자가 피조물보다 강함이 확실할진대 내 앞에 설 자가 누구인가"라고 여호와께서 말씀하신다. 18절에 나오는 재채기는 "경멸하다"는 말의 고어이며, 악어가 씩씩거리는 모습을 가리킨다. 어떤 성경학자들은 18～21절에서 고래가 물을 내뿜는 것을 연상한다. 어찌 되었든지, 본 장 전체는 하나님의 피조물들의 위대함을 나타내어 결국 하나님의 위대하심을 드러내고 있다.

그 결과로 욥은 자신을 겸비케하고 회개하였다(42：1～6). 하나님은 욥의 친구들이 고발한 내용에 대해서는 그에게 책임을 묻지 않으셨다. 그러나, 자신을 하나님의 위대하심과 광대하심의 빛 가운데서 살피지 못한 것에 대한 책임을 물으신다. 욥의 종교적인 체험은 이제는 더이상 간접적인 것이 아니며 하나님을 개인적으로 만나뵙게 되었고 이 일은 그의 모든 고난을 가치있는 것으로 만들었다.

2. 하나님이 욥을 높이심(42 : 7 ~17)

이제 욥이 자신을 낮춤으로써 하나님은 그를 높이실 수가 있으시다(벧전 5 : 6/약 4 : 10 참조). 하나님이 하신 첫번째 일은 그의 친구들을 꾸짖는 일이었다. 엘리바스가 친구들 중에서 연장자였으므로 책임이 가장 컸다. 하나님은 그들의 많은 논술들에 과오가 있음을 분명히 하셨다. 이들은 하나님도, 욥도 이해하지 못하였다. 하나님은 친구들에게 번제를 드리게 했으며, 욥에게 그들을 위하여 기도할 것을 지시하신다. 그토록 자신을 지독하게 대했던 사람들을 위하여 기도하려면 은혜로운 마음이 필요했을 것이 분명하다. 욥이 그의 친구들을 위하여(자신을 위하여서가 아님) 기도했을 때 하나님은 욥의 매인 바를 풀어 주셨고 그의 몸을 고치셨다.

욥의 친구들을 꾸짖으신 다음, 하나님은 욥의 번영을 회복시키셨다. 하나님은 욥이 겸손한 종으로서, 부와 명성을 의지하지 않을 것임을 알고 계셨다. 7~8절에서 네 차례나 "나의 종 욥"이라고 부르신 것에 유의하자. 하나님은 욥에게 전 소유의 두 배를 주셨다(1 : 3/42 : 12 참조). 하나님은 욥에게 14명의 아들들과 6명의 딸들을 주셨다(전에 가졌던 수의 두 배/1 : 2). 전에 죽은 열 자녀들은 천국에 살아 있기 때문이다! 이와 같이 7명의 아들들과 3명의 딸들을 주심으로써 총 수는 전에 가졌던 자녀의 두 배가 된다. 이것은 사후의 삶에 대한 구약의 증명들 가운데 하나이다.

일단 그의 번영이 회복되자 욥의 친구들과 면식있는 사람들은 그를 위로하고 격려하기 위해서 다시 돌아왔다. 이 사람들 중의 더러는 의심할 나위 없이 과거에 그를 비판하고 심판하였을 것이었다. 그러나, 이제는 모두 끝이 났다. 이들은 욥에게 선물을 가져왔는데, 이는 아마도 과거의 실수에 대하여 진지하게 슬퍼한다는 증거로 가져왔을 것이다. 행복한 때에 선물을 주는 것은 동양 나라들 가운데 행해지는 풍습이었다.

욥의 딸들의 이름은 재미있다. "여미마"는 "비둘기"란 뜻이고 "긋시아"는"계피", 게렌합북는 "눈화장용 상자" 또는 "화장품 상자"라는 뜻이다. 이들 각 이름들은 이 소녀들이 매력적이고 높임을 받고 있음을 시사한다. 욥은 이 딸들에게도 아들들과 더불어 유업을 주었다. 욥은 그 후로 140년을 더 살았으므로(모든 것을 두 배로 환산할 때) 이 사건이 일어난 것은 그가 70세 때인 듯하다.

하나님의 뜻 안에서 고난을 당하는 모든 성도들이 이 땅에서 그처럼 높임을 받는 것은 아니다(벧전 3 : 17 참조). 욥기의 주된 교훈은 고난이 끝나면 부유해지고 권세있게 된다는 뜻이 아니라, 다만 전능하신 하나님은 고난 가운데 목적을 가지고 계시며 어떤 것이라도 그 목적을 방해할 수는 없다는 것이다. 사단조차도 하나님의 통치에 머리를 숙여야만 하였다. 욥은 죄로 인하여 고난을 당한 것이 아니며, 그의 고난은 그를 보다 나은 사람으로 만들었던 것이다. 그가 고난을 받은 후에 하나님은 그를 크게 높이셨고, 사람들을 가르칠 만한 기록된 성경이 없던 시대에 증거로 삼으셨다. 현 시대에서 고난을 당하는 그리스도인들은 여기서 보상받지 못할 수 있으나, 내세에서는 상급을 얻게 될 것이다(롬 8 : 18~39/고후 4~5장/벧전 4 : 12~19 참조). 욥의 생애에서 하나의 비결이 있다면 그것은 인내이다(약 5 : 11). 그는 사단과 환경, 친구들 또는 사랑하는 사람들에도 불구하고 하나님을 신뢰하였다. 그의 믿음이 때로는 요동하며 때로는 하나님을 힐난하였으나, 그는 여전히 "보이지 않는 분을 보이는 것같이 여기며" 견디었다.

복있는 사람
—시편 1편—

본 시편의 주제는 **경건한 사람의 복됨과 거룩하지 못한 사람들에 대한 심판**이다. 1절은 이렇게 번역해도 좋을 것이다. "오, 한 사람의 행복함이여!" 성경의 그 어느 곳을 펼쳐도 하나님은 순종하는 사람들에게 기쁨을 주시며(시련의 한 복판에서라도) 불순종하는 사람들에게는 슬픔을 주신다는 사실을 발견한다. 하나님은 이 세상 사람들을 그리스도 안에 있는 거룩한 사람들과, 그리스도 밖에 있는 거룩하지 못한 사람들로 이분하여 보신다. 사람은 "그리스도 안에" 있어 구원을 받았거나 아니면 "아담 안에" 있어 잃어버림을 당하는 둘 중의 하나이다 (고전 15：22, 49 참조). 이 두 부류의 사람을 살펴보자.

1. 하나님이 축복하시는 사람(1～3절)

태초의 창조로부터 하나님은 인간을 축복하셨다(창 1：28). 저주라는 말이 나오는 것은 다만 인간의 불순종을 통하여 세상에 죄가 들어온 후였다(창 3：14～19). 하나님은 언제나 인간이 하나님의 축복을 누릴 수 있기를 갈망하고 계신다. 에베소서 1장 3절은 그리스도를 믿는 신자가 "모든 영적인 축복을 받는다" 고 말한다. 주님 안에서 우리는 얼마나 부유한가! 유감스럽게도 많은 그리스도인들은 "자기의 기업을 누리지" 못하며 그리스도 안에 있는 축복들을 즐기지 못한다(옵 17절). 이 구절들에는 하나님께서 축복하실 수 있는 종류의 그리스도인에 대하여 설명되어 있다.

1 **세상과 분리된 사람**(1절)—그리스도인의 생활은 걷는 것으로 비유된다(엡 4：1, 17/5：2, 8, 15 참조). 그리스도를 믿는 믿음의 일보를 내딛음으로 그리스도인의 생활은 시작된다. 우리가 하나님의 말씀에 순종하여 믿음의 걸음을 더 멀리 걸어갈 때 성장하게 된다. 걷는 일은 행동을 뜻한다. 따라서 그리스도인은 일상생활에 성경의 진리들을 적용함에 있어 행동을 보여야 한다. 그러나, 신자들은 하나님의 뜻 밖에서 "어두운 가운데" 행할 수는 없다(요일 1：5～7 참조). 하나님이 축복하시는 사람은 자기의 행실을 삼가한다. 일상적으로 부딛치는 일들이 세상 안에서 이루어지지만 그의 행실은 세상에 속한 것이 아니다. 이 구절에 나오는 일련의 대조점들을 살펴보자.

● 걸음 — 논의 — 불경건함(악인, 하나님을 닮지 않음)
● 서있음 — 길 — 죄인들(목표에서 빗나감, 도달하지 못함)
● 앉음 — 자리 — 경멸함(거룩한 것을업신 여김, 조롱함)

젊은이가 죄 가까이 걷다가 죄를 생각하느라고 서있고 마지막으로는 "잠시 죄의 낙을 누리려고" 앉게 되는 일은 상상력을 많이 동원하지 않아도 알 수 있는 일이다(히 11 : 25 참조). 우리는 베드로의 불순종에서 이러한 슬픈 과정을 보게 된다. 예수님은 그에게 물러가라고 말씀하셨으나(요 18 : 8), 그는 예수를 따라 걸어갔다(요 18 : 15). 다음으로는 그가 그릇된 군중들과 함께 서 있는 것을 본다(요 18 : 18). 그리고 오래지 않아 그는 불 곁에 앉아 있다(눅 22 : 55)! 그 후에 어떤 일이 일어났는지 우리는 알고 있다. 그는 곧장 유혹을 향해 걸어갔으며 세 번 주님을 부인하였다. 그리스도인이 거룩하지 못한 논의(충고, 계획)에 귀를 기울이기 시작하면 그는 머지않아 그들의 생활방식에 서 있게 되고 마침내는 주저앉아 그들에게 동의하게 된다.

[2] **말씀으로 가득 채워져 있는 사람**(2절)—하나님이 축복하시는 사람은 죄와 세상의 일들을 기뻐하지 않으며, 하나님의 말씀 안에서 즐거워한다. 말씀을 향한 사랑과 순종은 우리의 생활에 축복을 가져온다(수 1 : 8 참조). 하나님이 축복하시는 사람은 성경 말씀을 매일 연구하고, 암송하며, 읽을 뿐 아니라 주야로 말씀을 묵상한다. 그의 마음은 하나님의 말씀으로 말미암아 조절을 받는다. 이 일로 인하여 그는 성령의 인도를 받게 되고 성령 안에서 행하게 된다. 영혼에 있어서 "묵상"은 곧 몸의 "소화기능"과 같다. 묵상이란 말씀을 이해하고 그 말씀을 우리의 생활에 적용하며 속 사람의 일부가 되게 하는 것이다(렘 15 : 16 / 겔 3 : 3 / 계 10 : 9 참조).

[3] **물가에 있는 사람**(3절)—마실 물이란 하나님의 성령을 비유하는 말이다(요 7 : 37~39 참조). 여기서 그리스도인은 마른 땅 밑 깊숙한 곳에 숨겨진 샘으로부터 물을 얻는 나무에 비유된다. 이 세상은 헌신한 신자에게 있어서는 사막과 같아서 결코 만족을 줄 수가 없다. 그는 그리스도께 속한 일들에 영적인 뿌리를 깊이 내리고 영적인 생명수를 끌어 올려야 한다(렘 17 : 7~8 / 시 92 : 12~14 참조). 뿌리가 없으면 열매를 맺을 수가 없다. 뿌리보다는 잎사귀와 열매에 대해서 보다 더 관심을 가지는 그리스도인들이 너무도 많다. 뿌리는 가장 중요한 부분이다! 만일 그리스도인들이 기도와 말씀으로 매일 시간을 보내며 성령께서 자신을 먹이시도록 허락하지 않는다면 유용성의 면에 있어서는 말라서 죽게 될 것이다. 그리스도 안에서 영적인 생명을 끌어내는 신자는 열매를 맺을 것이며 성공을 거두게 될 것이다. 그리스도인이 열매 맺기를 멈추면 그것은 뿌리에 이상이 생겼기 때문이다(막 11 : 12~13, 20 / 눅 13 : 6~9 참조). 우리가 맺어야 할 열매에 대해서는 다음 귀절들을 찾아 보라(롬 1 : 13 /롬6 : 22 / 갈 5 : 22~23 / 히 13 : 15 / 골 1 : 10).

1~3절에 제시된 **거룩한 사람에 대한 완전한 모범**은 물론 **예수 그리스도**이시다. 그는 길이요(1절) 진리요(2절) 생명이시다(3절 / 요 14 : 6 참조).

2. 하나님이 심판하시는 사람(4～6절)

"그렇지 않음이여!" 참으로 무서운 심판이다! 이 말은 거룩한 사람들이 즐기고 경험하는 모든 일들이 불경건한 사람들의 생활에서는 실현되지 않는다는 뜻이다. 경건한 사람은 강하고 영구적이며 아름답고 유용하고 열매맺는 나무에 비유되어 있다. 그러나 불경건한 자는 겨이다! 그는 뿌리가 없고 바람에 날려가며, 하나님의 계획에 아무런 쓸모도 없을 뿐 아니라 아름다움도 결실함도 없다. 세례(침례) 요한은 마태복음 3장 10～12절에서 이와 유사한 비유를 사용하였다. 그는 하나님을 탈곡 마당에 찾아와서 알곡과 쭉정이를 분리시키는 추수군으로 비유한다. "그는 겨를 불사를 것이다!"(시 35 : 5 / 욥기 21 : 18 참조) 이 땅에서의 전 생을 겨와 같이 보내야 하는 사람의 비극은 어떠하겠는가?

미래의 심판이 있는가? 5절에 보면 심판이 있다고 되어 있다. 물론 구약에는 우리가 신약에서 찾아볼 수 있는 미래의 심판에 대한 온전한 설명은 나오지 않는다. 그리스도를 믿는 신자에게는 심판이 없다(요 5 : 24 / 롬 8 : 1 참조). 하지만 불신자에게는 "무서운 마음으로 심판을 기다리는 것"이 있다(히 10 : 27 참조). 잃어버린 자들에 대한 심판은 요한계시록 20장 11～15절에 설명되어 있다. 그 무대에는 그리스도인들은 없을 것이며 구원받지 않은 사람들만 있을 것이다. 심판 때에는 사악한 사람들 그대로의 본성, 즉 쭉정이로서 가치없이 잃어버려진 영혼임이 드러날 것이다. 5절은 악인이 심판 때에 서지 못한다고 말한다. 이 말은 그들이 심판의 자리에 없을 것이라는 뜻이 아니라 심판을 견디지 못할 것이라는 뜻이다. 책이 펼쳐질 때 이들은 무릎을 꿇고 죄에 대하여, 하나님의 말씀의 진리와, 하나님의 아들에 대하여(빌 2 : 9～11 참조) 고백하게 될 것이다. 이들이 비록 이 세상에서 종교적인 모임의 회원이었을지라도 천국 의인의 회중에는 들어가지 못할 것이다(마 7 : 21～23 참조).

성경의 "안다"라는 단어는 보통 "나는 열 두 제자들의 이름을 안다"고 말할 때의 지적인 이해보다 훨씬 더한 뜻을 가지고 있다. 이 단어에는 다음 귀절들에서 볼 수 있듯이 "선택과 관심" 이라는 개념이 내포되어 있다. "주께서 자기 백성을 아시며…" (딤후 2 : 19 참조). "내가 내 양을 알고…아버지께서 나를 아시고 내가 아버지를 아는 것같이…"(요 10 : 14～15 참조). 예수께서는 잃어버린 자들에게 "나는 너를 알지 못한다"라고 말씀하셨다(마 7 : 23 참조). 여호와는 의인의 길을 직접 계획하셨고 설계하셨으므로 알고 계신다(엡 2 : 10 참조). 주님은 의인들이 이 계획된 길을 갈 때에 그들에게서 눈을 떼지 않으신다. 거룩한 사람들의 삶은 하나님의 영원한 계획이다! 그가 하는 말, 그가 행하는 일, 그가 가는 곳,이 모든 것에는 영원한 결과가 따른다. 거룩하지 못한 사람은 "각기 제 길로 갔다"(사 53 : 6 참조). 의인의 가는 좁은 길은 영광으로 향하지만(잠 4 : 18 참조), 경건치 못한 사람들의 길은 망할 것이다. 참으로 비극적인 일이다. 거룩하지 못한 사람은 이 땅에서 낭비하는 삶을 살며, 오는 세상에서는 멸망을 받는다! 얼마나 큰 낭비인가!

6절은 "두가지 길"에 관한 잘 알려진 교훈을 우리 앞에 펼쳐 놓는다. 예수님은 산상설교를 이 비유로 끝맺으셨다(마 7 : 18 이하). 또한 잠언 전체를 통하여 이러한 내용을 볼 수 있다(잠 2 : 20 / 4 : 14 / 4 : 24~27 등). 거룩하지 못한 사람이 잃어버림을 당하는 이유는 무엇인가? 이는 그리스도와 그의 말씀에 순복하지 않을 것이기 때문이다. 그는 말씀에 나타난 "하나님의 모든 뜻"(행 20 : 27 참조) 보다도 거룩하지 못한 사람들의 의견을 더 좋아한다. 그는 의인의 회중보다 거룩하지 못한 사람들과의 교제를 더 좋아한다. 그는 하나님의 말씀을 생각하지 않으며 하루 종일 죄를 생각하며 보낸다(창 6 : 5참조). 그는 이 땅에서 안전하다고 생각하지만 겨에 지나지 않을 뿐이다!

신자가 시편 1편 1~3절을 어떻게 실천할 것인가? **주님께 양보함**으로 시작된다. 우리 자신과, 우리가 가진 모든 것을 매일 양도하는 것이다(롬 12 : 1~2 참조). 여기에는 하나님의 말씀을 읽고 묵상하며 말씀으로 시간을 보내는 일도 포함되어 있다. 이 생활은 **세상으로부터 분리된 생활**을 하는 것이며(물론 고립이 아니라 그 더러움에서 분리되어 있는 것) 하나님의 숨겨진 자원들을 빨아올리는 **뿌리를 가진 생활**이다. 얼마나 축복된 생활인가. 이 세상과 오는 세상에서 참된 만족을 주는 생활이다!

왕
—시편 2편—

시편 1편과 2편 사이에는 흥미로운 대조점들이 있다. 첫 장은 개인적이고 둘째 장은 국가적이다. 시편 1편에서 우리는 완전한 인간이신 그리스도를 보지만, 시편 2편에서 그는 왕중의 왕이시다. 1편은 유대인의 축복을 다룬다(물론 오늘날 그리스도인에게도 적용된다). 반면에, 2편은 이방 나라들의 심판을 제시한다. 1편과 2편에 모두 "망한다"는 단어가 나오는데, 1편 6절은 개별적인 개인에게 적용되며, 2편 12절은 반역하는 나라들에게 적용된다. 또한 두 편 모두 "묵상하다라"는 단어가 나오는데 2편 1절에서는 "경영한다"고 번역되어 있다. 1편 2절에 나오는 묵상은 올바른 것이며 2편 1절에 나오는 것은 그릇된 종류이다! 시편 2편의 열 두 구절은 세 구절씩 네 부분으로 나눌 수 있다. 각 부분마다 우리는 다른 음성을 듣게 된다.

1. 민족들의 소리(1～3 절)

이것은 반역의 소리이다. "분노하다"는 단어는 "모여서 소란을 피운다"는 뜻이다. 허사를 경영하는 사람들은 이방인들("이교도", "백성들")이며 하나님과 그의 규율에 대항하여 반역하고 있다. 민족들은 왕들로 말미암아 반역으로 이끌려 가고 있으며 모두들 하나님과 그리스도께 저항하고 있다. 물론 이 소리는 시대를 내려오며 수십 세기에 걸쳐 들려오고 있다. 그러나 이 마지막 때에 더욱 크게 들려온다. 전에는 그런 일이 없었으나 하나님과 그리스도의 규율에 대항하는 반역의 소리가 연합을 이루고 있다. 민족들이 원하는 바는 무엇인가? **하나님의 법으로부터 벗어나 자유를 얻으려는 것이다.** "우리가 그 맨 것을 끊고 그 결박을 풀어버리자!" 창세기 10장 5절 절에 따라서 하나님은 이방 민족들을 나라와 민족으로 나누셨다(행 17：26/신 32：8 참조). 역사는 이방 나라들이 유대인들(하나님의 백성들)을 거절하였으며, 하나님의 말씀과 그리스도를 거부하였음을 밝혀준다. 교만한 느부갓네살처럼 이들은 자기의 길을 가고자 함으로써, 하나님이 인간의 일들을 통치하신다는 사실을 시인하기를 거절한다(단 4：28～37 참조). 이 이방인의 반역은 교회의 설립과 더불어 더욱 맹렬하게 되었다. 사도행전 4장 23～30절은 초대교회의 박해를 말해 주고 있는데, 이는 본 시편의 부분적인 성취인 것이다. 그러나 이 마지막 때에는 "이 땅의 왕들"이 하나님께 대항하여 싸우기 위해 연합함으로 이 예언의 완전한 성취를 보게 될 것이다 (계 1：5/6：15/16：12～16/17：2,18/19：11～21 참조).

2. 아버지의 음성(4 ~ 6 절)

하나님은 인간의 위협에 대하여 어떻게 대응하시는가? 그는 웃으신다! 이것은 거룩한 **조소의 음성**이다. 왜냐하면 하나님은 사람보다 위대하시며 가련한 왕들의 교만한 공격들을 두려워할 필요가 없기 때문이다. 하나님은 오늘날 심판을 통하여 우리에게 말씀하시지 않는다. 그는 십자가에서의 은혜를 통하여 말씀하신다. 그러나, 하나님께서 "마지막으로 웃으실" 날이 올 것이다(시 37 : 1~15 / 59 : 1~8 참조). 산헤립이 얼마나 교만하게 하나님과 유대인들을 무시하였는지 기억해 보라. 그리고는 어느 날 갑자기 쓸어버림을 당하였다(왕하 19장). 이 일은 심판 가운데 이 세상의 나라들을 처리하기로 결정하시는 날, 다시 일어날 것이다.

또한 **화를 발하시는 음성**이 이어진다(5절). 다시 말하지만, 오늘날 하나님은 진노로 말씀하지 않으신다. 그는 은혜 가운데서 아들을 통하여 말씀하고 계신다(히 1 : 1~2 참조). 그러나 어느 날, 이 세상의 나라들에게 그의 진노를 쏟으실 것이다. "분"이라는 단어는 "맹렬한 화"라는 뜻이다. 이것은 요한계시록 6~19장에 상세히 설명되어 있는 대환란을 말한다. 이 때는 땅과 바다와 하늘과 자연계, 사람들과 나라들에게 무서운 심판이 임하는 때이다. 수백만의 사람들이 재앙과 하늘로서 온 질병에 걸려 죽을 것이다. 환란 기간 동안에 이스라엘 민족은 "정화되어서", 믿음을 가진 남은 자들이 예루살렘에서 주님의 왕국을 세우기 위하여 그리스도께서 돌아오시는 때를 준비할 것이다. 이 기간 동안에 수 많은 사람들이 구원을 받을 것이지만, 자신들의 결정을 자신의 생명으로 인칠 사람들도 많을 것이다.

마지막으로, 하나님의 음성은 **선포의 음성**이다(6절). 하나님은 그의 거룩한 산에 그의 기름부으신 왕을 세우실 것이다! 이 분이 그리스도이시다(사 9 : 6~7 / 단 7 : 13~14 참조). 주님이 아직은 영광스러운 자신의 보좌에, 또는 다윗의 보좌에 오르시지는 않았지만 아버지의 오른편에 앉아계시며, 그의 보좌는 아버지의 말씀처럼 확실하다! 오늘날 그리스도는 멜기세덱 같은 "제사장—왕"이다(히 6 : 20~7 : 17 참조). 주님은 자기 백성들을 중재하시며, 어느 날 영광중에 돌아오셔서 나라들을 심판하고 다스리기 위하여 보좌에 오르실 것이다(마 25 : 31~46 참조).

3. 아들의 음성(7 ~ 9 절)

이 구절들은 그리스도의 말씀이다. 그는 아버지께서 그에게 말씀하신 영원한 법령을 우리에게 가르치신다. 하나님은 자기의 말씀을 성취하기로 이미 결정을 내리셨다. 따라서 인간이 하나님의 일을 방해할 수 없다는 사실을 안다는 것은 얼마나 좋은 일인가. "너는 내 아들이라 오늘날 내가 너를 낳았도다." 아버지 하나님은 언제 아들에게 이 말씀을 하셨는가? 그가 세상에 태어났을 때가 아니라 그가 무덤에서 나왔을 때였다. 사도행전 13장 28～33절을 주의깊게 읽자. 그리스도는 장사지낸 일이 없는 새 무덤에서 나오셔서 부활의 능력에 속한 영광스러운 생명으로 일어나셨다. 이 구절은 히브리서 1 : 5과 5 : 5에 다시 인용된다.

그리스도께서 죄와 죽음을 이기셨으므로 그는 유업을 받으셨다(히 1 : 4～5참조). 하나님은 그 아들이 세례(침례)를 받으실 때에 "이는 내 사랑하는 아들이라"고 말씀하셨으며(마 3 : 17 참조), 그리스도께서 십자가 상의 참혹한 죽음을 직면하셨을 때에도 변화산 상에서 재차 말씀하셨다(마 17 : 5 참조). 예수님은 십자가 상에서의 충성스러운 사역으로 말미암아 모든 나라들을 유업으로 받으셨다. 그러나 사단은 십자가를 지지 않고 이와 똑같은 왕국을 가지라고 예수님께 제안했었다(마 4 : 8～10 참조). 만일 예수님이 마귀에게 굴복하셨더라면 고난 없이 이 나라들을 받으실 수 있었을 것이다. 그러나, 그렇게 되면 아버지의 뜻 밖으로 벗어나게 되는 것이다(물론 그리스도께서 죄를 범한다는 것은 불가능한 일이다. 그러나 유혹은 끊임없이 있었다). 사단은 이 왕국들을 적그리스도에게 넘길 것이며, 그가 잠깐 동안 나라들을 통치할 것이다(계 13 : 1～10 참조).

그리스도는 언제 "땅 끝까지" 온 땅을 자기의 소유로 받으실 것인가? (그가 오늘 소유하고 있지 않은 것은 확실하다!) 그가 능력과 영광 가운데서 이 땅에 돌아오실 때이다(계 19 : 11～21 참조). 시편 2편 9절은 요한계시록 12장 5절과 19장 15절에 언급되어 있다. 요한계시록 2장 26～29절에서는 그리스도인들이 그와 함께 다스리게 될 것이라고 말해 준다(단 2 : 42～44 참조).

4. 성령의 음성(10～12절)

마지막 세 구절은 이제 예수 그리스도께 자신을 순복하려는 사람들에게 성령께서 호소하시는 말씀이다. 성령은 인격의 모든 면으로 호소하신다!

[1] **정신**(10절) —"지혜로우라… 교훈을 받으라!" "거룩하지 않은 사람의 논의"(시 1 : 1)는 거룩하지 못한 곁길로 인도하였다. 세상의 지혜는 하나님께는 어리석은 것이다(고전 1 : 18～31 참조). 우리의 세상은 그 지식을 자랑한다. 그리고 과거보다도 지식이 많아졌음은 사실이다. 그러나, 지혜는 줄어든다! 하나님의 지혜는 하나님의 말씀에 기반을 두고 있으나 왕들과 통치자들은 하나님의 말씀을 원하지 않는다.

[2] **마음**(11절) —"그를 섬기라!" 거역하고 저항하는 대신 사람들은 그리스도에게 절하고 그를 섬겨야 한다. 경건한 기쁨은 그리스도께 순복하는 데서 오는 결과이다.

[3] 의지(12절) —"아들에게 입맞추라"는 말은 그에게 사랑의 헌신을 나타내어 경의를 표하라는 말이다. 입맞춤이란 사랑과 화해를 말해 주는 것이다. 하나님은 그리스도의 십자가로 세상과 화해하셨다(고후 5 : 14~21 참조). 의와 평화는 십자가에서 서로 입을 맞추었다(시 85 : 10 참조). 이제 하나님은 잃어버린 죄인들을 구원하실 수가 있으시며 그의 거룩하신 법도 지키실 수 있게 되었다. 세상 사람들이 "우리는 이 사람이 우리를 다스리도록 하지는 않겠어!"라고 말하는 것은 매우 좋지 못하다. 예수께서 돌아오실 때 이들은 그 앞에 머리를 숙이지 않을 수 없게 될 것이다(빌 2 : 10, 11 참조). 그러나 그 때는 이미 늦을 것이다! 하나님이 하셔야 했던 모든 일은 주님의 진노를 "조금만" 타오르게 하는 일이었다. 그리하여, 한 사람이 멸망하였다! 주님의 진노가 큰 심판 가운데서 이 땅을 태울 때 과연 어떠할 것인가!

시편 1편은 축복으로 시작되며 시편 2편은 축복으로 끝을 맺는다. "그를 의지하는 모든 이에게 복이 있으라." "누구든지 주의 이름을 부르는 자는 구원을 얻으리라!"

＊주(註): 시편에서 설명하고 있는 반역은 아마겟돈전쟁으로 이끌어 갈 것이다. 나라들이 예루살렘에 대항하여 모여들 것이나(계 16 : 13~16/요 3장), 그리스도의 재림의 징후로 말미암아 이들은 연합하여 주께 대항하려 할 것이다 (마 24 : 30). 물론 그리스도는 그들을 속히 멸망시킬 것이며(계 19 : 19 이하/슥 14장), 예루살렘에서 그의 지상 통치를 시작하실 것이다.

인간은 무엇인가?
—시편 8편—

당신이 이 아름다운 시를 처음 읽을 때 "오늘날 현실적인 사람들에게 주는 멧세지는 무엇인가?"라고 의아해 할 것이다. 이 시는 창조에 나타난 인간의 지위에 대한 시적인 설명에 지나지 않는 것처럼 보인다. 그러나 빙산과 같이 이 시에 숨겨진 교훈은 크다고 하겠다. 시편 8편에 대한 신약의 관련성구들의 도움에 힘입어 여기서 발견되는 몇 가지 교훈을 찾아낼 수 있을 것이다. 우리는 이 시를 세 가지 관점에서 생각하려 한다.

1. 역사적인 배경

시편의 제목들이 역사적인 면과 음악적인 면의 두 가지 형식으로 기재되어 있는 것을 눈여겨 보았을 것이다. 예를 들면, 시편 8편의 서두에서 "다윗의 시－영장으로 깃딧에 맞춘 노래"라고 기록되어 있다. "깃딧"이란 "포도주틀"이란 뜻으로, 아마도 추수 때에 사용되는 것을 나타내는 말인 듯하다. 그러나 음악적인 지시사항은 하박국 3장에서와 같이 앞에 나오는 시의 끝부분에 속한다고 결론짓는 성경학자들도 있다. 이 말은 9편의 처음에 나오는 "뭇랍벤"은 사실상 시편 8편의 끝에 속한다는 뜻이다.

"뭇랍벤"이란 용어는"챔피언의 죽음"이라는 뜻으로서, 다윗이 골리앗을 죽인 것을 가리킨다(삼상 17장). 젊은 다윗이 거인을 죽인 후, 그 날 저녁 하늘을 바라보며 하나님의 백성을 향하신 그 관심에 놀라워하며 하나님과만 홀로 지새우는 것을 우리는 쉽게 상상할 수 있다. 다윗은 거인에 비교하면 "젖먹이요 풋나기"였다. 그러나 하나님은 이 "젖먹이"를 사용하시어 적을 잠잠케 하셨다. 사무엘상 17장 4절에서 골리앗은 "챔피언"으로 불리워졌으며 40일 동안 교만스럽게도 도전하며 유대인들에게 겁을 주었다(삼상 17：16). 다윗이 적을 침묵시킬 때 사울은 이렇게 말했었다. "너는 소년이다"(17：33/젖먹이요 풋나기이다). 사무엘상 17장과 시편 8편 사이의 또다른 유사점은 "공중의 새"와"들의 짐승"(삼상 17：44/시 8：7～8)이라고 한 말이다. 또한 시편 8편이 "여호와의 이름"을 영화롭게 한다는 사실도 유사하다(8：1, 9). 다윗은 "여호와의 이름"으로 골리앗을 패배시켰다(삼상 17：15).

따라서, 우리는 이 시를 통하여 하나님이 주신 위대한 승리로 인해 여호와를 찬양하는 젊은 다윗을 보게 된다. "사람이 무엇이관대 주께서 저를 생각하시나이까?" 하나님은 왜 한 목동에게 관심을 기울이셨는가? 다윗에게서 우리는 **예수 그리스도의 놀라운 모형**을 본다. 이들은 둘 다 베들레헴에서 출생하였다.

둘 다 목자였으며, 둘 다 일시적으로 형제들에게 거절을 당하였다. 또한 둘 다 광야에서 적을 직면했으며 승리를 거두었다. 왕이 되기 전에 추방을 당했으며, 유배되어 있는 기간 동안 신부를 취하였다. 그리고, 둘 다 "사랑의" 사람들이었다. 왜냐하면 "다윗"이란 이름은 "사랑받다"는 뜻이기 때문이다.

2. 교리적인 의미

신약에서 시편을 인용하여 그리스도에게 적용할 때는 언제나 메시야와 관련된다. 시편 8편은 신약에서 몇 차례에 걸쳐 그리스도께 적용되고 있다(2절/마 21:16/히 2:6~8/고전 15:27/엡 1:22 참조). 이 관련성구들을 조심스럽게 읽자(특히 히브리서 2장).

시편 8편으로부터 인출되어 히브리서 2장과 고린도전서 15장에서 가르치고 있는 주된 교훈은 다음과 같다. 그리스도는 아담이 죄로 인하여 잃어버린 모든 것을 도로 찾으셨다. 그리스도는 하늘 위에 높이 올리워지셨으며, 그로 인해 하나님의 이름을 영화롭게 하셨다(엡 1:19~23/히 1:1~3 참조). 하나님의 영광은 이제 더이상 천막이나 성전에 머물러 있지 않다. 영광은 그리스도 안에서 "하늘 저 위에" 있다. 그리고 신자들의 마음에 있다. 그리스도께서 이 땅에서 사역하셨을 때에는 제사장이나 왕들에게 찬양을 받지 못하셨다. 성전에서 그에게 찬양을 돌린 사람들은 어린 아이들이었다!

창세기 1장 26~28절을 주의깊게 읽고 하나님은 처음 사람에게 바다의 고기와 새와 가축들을 다스리게 하셨음을 알아보자. 사실상, 인간은 "하나님보다 조금 못하게" 지음을 받았으며 하나님을 대신하여 이 땅을 다스리도록 위임을 받았다. 아담이 범죄하였을 때 그는 이 왕권을 잃었다! 로마서 5장은 "왕들"에게 변화가 있음을 지적한다. 죽음이 다스리고(5:14, 17) 죄가 다스렸다(롬 5:21). 아담은 자기의 왕권을 잃었으며, 왕은 고사하고 노예였다!

그리스도께서 지상에 오셨을 때 그는 아담이 잃은 주권을 행하셨다. 그리스도는 물고기를 다스렸고(눅 5:1~6/마 17:24~27/요 21:1~6), 새를 다스렸으며(눅 22:34), 짐승들을 다스리셨다(막 1:13/11:1~7 참조). 오늘날 지상의 어떤 사람도 하나님이 행하신 대로 자연을 조절할 수 있는 사람은 없다! 예수께서 지상에 오셨을 때 이것은 하나님께서 인간을 "방문하시는 것"이었다(시 8:4/눅 1:68, 78 참조). 다윗이 밤의 경치를 묘사하고 있는 것에 유의하자(3절). 왜냐하면 예수께서 세상에 오셨을 때는 영적으로 밤이었던 것이 분명하기 때문이다! 자신을 낮추시고 종이 되심으로, 그리고 십자가에 죽으심으로 예수님은 하나님을 영화롭게 하셨으며, 잃어버린 사람들과 잃어버린 세계를 값주고 구속하셨다. 히브리서 2장 8절은 "우리가 만물이 아직 인간에게 복종하는 것을 보지 못하고 있다. 여전히 홍수가 나고 지진이 있고 재앙이 있다"고 말한다. 그러나 우리는 예수님을 본다(9절)! 그리스도께서 인간을 위하여 죽으셨다는 사실은 그가 재림하실 어느 날, 하나님의 백성인 우리가 영화롭게 된 이 땅을 통치하게 될 것이라는 확신을 준다. 우리는 오늘날 영적으로 주님과 함께 통치한다(롬 5 : 17, 21 참조). 또한 주님의 왕국에서 육신적으로 그의 통치에 참여하게 될 것이다(계 1 : 6 / 20 : 4 참조)

십자가 위에서 이루신 그리스도의 사역은 다만 아담의 죄를 풀어주어 본래의 아담으로 돌아가게 하는 것만이 아니라 훨씬 더한 것을 준다. 그리스도의 십자가는 우리를 그리스도와 같이 만든다! 로마서 5장 9～21절에서 "더욱"이라는 말이 반복되는 것을 눈여겨 보자.

3. 실천적인 생활

[1] 찬양—만일 다윗이 자기의 지위와 승리로 인하여 하나님께 찬양할 이유를 가지고 있었다면 우리는 얼마나 더 주님을 찬양하여야 할 것인가! 하나님께서 찾아오셔야 했던 우리는 어떤 사람들인가? 우리는 어떤 사람이기에 그리스도께서 우리를 위하여 죽으셨고 하늘로 우리를 데리고 올라가시는 것인가?

[2] 지위—이 시는 인간의 존엄성을 드높인다. 5절은 "하나님은 인간을 하나님보다 조금 못하게 지으셨다"라고 읽어야 한다. 인간은 분명히 하나님의 피조물 중에서 가장 뛰어난 것임은 분명하다. 왜냐하면 인간은 "하나님의 형상"을 따라 창조되었기 때문이다. 현대의 가르침은 인간을 동물로 낮춘다. 이는 하나님의 형상을 거부하기 때문이다. 세계는 혼란하다. 야고보서 3장 9절은 인간이 하나님의 형상으로 만들어졌음을 기억할 때 보다 나은 대우를 할 수 있음을 상기시킨다. 우리가 내적으로 대단히 불안하고, 심히 잔인하다는 것은 이상한 일이 아니다! 우리는 하나님을 폐위시키고 인간을 저하시켰으면서도 왜 혼란 가운데 있는지 의아해 한다! 우리는 하나님의 형상으로 지음받은 피조물로서의 책임을 잊어서는 안된다. 또한 우리는 그리스도를 통하여 이러한 형상 가운데서 새로워진 성도로서의 책임도 잊어서는 안된다(골 3 : 9～10 / 롬 8 : 29 참조).

[3] 능력—그리스도는 우리에게 다스릴 권세를 주셨다. 이 말은 우리가 왕으로서 통치한다는 뜻이다 그리스도를 통하여 생명 안에서 다스리며(롬 5 : 17), 죄와 유혹을 이기고 승리를 얻는다. 우리는 죽음도 다스리며(고전 15 : 54～57) 죽음은 더이상 우리를 다스리지 못한다. 그리고 우리는 이 땅에 세울 주님의 왕국에서 통치하게 될 것이다. 그 때에 우리가 섬겨야 할 위치는 오늘 여기서의 생활과 충성에 따라 결정될 것이다(마 25 : 14～30 / 눅 19 : 12～17 참조).

[4] 약속—이 시는 하나님께서 피조물에게 마음을 쓰고 계심을 명백히 밝힌다. 또한 히브리서 2장 6～9절에 나오는 해석은 그리스도께서 어느 날 피조 세계를

죄의 속박에서 구원해 주실 것을 시사한다(롬 8 : 18～24 참조). 이것은 우리가 그리스도를 보며 그와 같이 될 때 "우리 몸이 구속될 것"도 포함해서 하는 말이다(롬 8 : 23/요일 3 : 1～3/빌 3 : 20～21 참조).

예수 그리스도께서 오늘날 보좌에 계시다는 사실은 어느 날 모든 피조 세계가 구속을 받을 것에 대한 증거이다. 얼마나 영광스러운 약속인가!

물론 시편 8편은 예수 그리스도 안에 있는 신자에게만 적용된다. 불신자는 "하나님의 지으신 것"을 찬양할지 모르나(3절), 구원받은 사람들은 "그의 팔"의 능력을 경험하였다. "우리의 전한 것을 누가 믿었느뇨 여호와의 팔이 뉘게 나타났느뇨"(사 53 : 1). 하나님은 자기의 손가락으로 우주를 창조하실 수 있으셨다. 그런데 그 우주를 구원하기 위해서는 그의 팔을 뻗쳐야 하셨다! 하나님이 이 땅에 찾아오셔서 구원을 베푸신다는 것은 얼마나 놀라운 일인가(눅 19 : 44 참조). 그러나 어느 날 하나님은 심판 가운데 이 땅을 찾아오실 것이다! 당신은 그리스도를 당신의 구주로 영접하였는가? 당신은 그분이 당신의 생활을 다스리시도록 허락하고 있는가?

하나님의 영광

—시편 19편—

이 시편의 주제는 인간에게 보이시는 하나님의 계시이다. 하나님이 우리에게 말씀하신다는 것 자체가 놀라운 일이다! 인간들은 죄인들이며 하나님께 귀를 기울이려는 욕구를 가지고 있지 않다. 그러나, 그는 은혜롭게도 계속 말씀하신다. 하나님은 세 가지 방식으로 인간들에게 말씀하신다.

1. 하늘을 통해 말씀하심(1～6절)

하나님의 지혜와 능력과 영광은 그의 피조 세계에서 찾아볼 수 있다. 현대의 과학은 "자연의 법칙"을 연구하게 하며 하나님을 떠나라고 할지 모르지만 시편 기자는 천지의 경이로움을 통하여 하나님을 보았다(시 29, 128편/사 40：12～31 참조). 예수님은 백합화와 까마귀들에게서 아버지 하나님의 솜씨를 보셨다(마 6：24～34 참조). 낮과 밤이 하나님의 창조를 말한다(2절). 그러나 이 말은 인간의 귀에는 들리지 않는다. 3절은 "아무 연설도 아무 언어도 없으며 그들의 음성은 들리지 않는다"라고 읽어야 한다. 우리는 하나님의 지혜와 능력을 봄으로써 창조 가운데 들리는 하나님의 음성을 "듣는다". 우리의 우주, 또한 우리가 살고 있는 그 너머의 우주들은 대단히 복잡한 기계로서, 창조자와 유지할 분을 필요로 할 것이 틀림없다. 우주가 무(無)로부터 진화된 것이며 이처럼 질서있는 방식으로 배열되었다고 주장하는 것은 어리석은 일이다.

피조 세계는 모든 나라들에게 우주의 언어를 말한다(3～4절). 모든 곳에 사는 모든 사람이 하나님의 진노 아래 있음을 증명하기 위하여 바울이 로마서 1장 18～32절을 사용한 것도 이러한 사실에 기반을 두고 있다. "이방인들은 잃어버린 자들인가?" 이 질문은 흔히 반복되는 질문이며, 대답은 "그러하다"는 것이다. 그들이 전혀 복음을 듣지 못했다면 어떤 근거로 잃어버림을 당하는가? 그것은 창조에 나타난 하나님의 계시에 근거한다. 이방인들은 창조에 나타난 하나님의 지혜와 "영원히 하나님 되심"을 알며, 자신들에게 하나님께 대한 책임이 있음을 안다. 바울은 시편 19편 4절을 로마서 10장 18절에서 다시 사용하고 있다.

자연은 하루에도 수천의 설교들을 인간의 마음에 전파하고 있다! 매일은 빛으로 시작되어 어두움으로 옮겨가며, 깨어나고, 잠든다. 이것은 하나님이 없는 인간 생활의 모습이다. 매년 봄에서 시작하여 겨울로 이동하며, 생명에서 출발하여 죽음으로 향한다. 우리는 풀이 마르고(사 40：6～8), 나무가 베어지고(눅 13：6～9/마 3：10), 불이 쓰레기를 소멸하는(마 13：42, 50) 것들을 본다. 하나님의 손 아래서 자연이 활동하고 있음은 죄인의 마음에 주는 생생한 실물교습이다. 그러나 슬픈 일은 죄인들이 보기도 원하지 않으며 듣기도 원하지 않는 것이다! 잃어버린 죄인은 이 지구상의 어떤 곳에 있든지 간에 하나님의 보좌 앞에서 정죄받는 위치에 있다.

2. 성경을 통하여 말씀하심(7～11절)

하늘은 하나님의 영광을 선포할 것이지만 성경은 하나님의 은혜를 선포한다(히 1：1～3 참조). 물론 이것은 하나님께로부터 인격적으로 받은 계시이다. 여기 사용된 이름은 "하나님"이 아니라 "주-여호와" 곧 하나님에 대한 개인적인 언약의 이름이다.

1 성경은 무엇인가?

(1) **완전한 법**—성경에는 오류가 없다. 역사적인 사실이나 영적인 진리에 있어서 그러하다. 물론 성경은 인간들과 사단의 거짓말도 싣고 있으나 성경의 포괄적인 멧세지는 진리의 멧세지이다(시 119：128, 160).

(2) **확실한 증거**—말씀은 변하지 않는다. 이것은 분명하고 확고부동한 것이다(시 119：89 참조). 이것은 하나님께서 인간에게 주시는 증거이며, 무엇이 참되고 옳은 일인가를 말해 준다(마 5：18).

(3) **의로운 법령**—"법령" 즉 "교훈, 일상생활을 위한 규율들"이다. 어떤 규율들은 틀린 규율이지만 하나님의 말씀은 옳다. 말씀에 순종하는 것은 일상생활에 축복을 가져온다.

(4) **순전한 계명**—이 세상 종교의 "경전" 중에는 육욕이 가득한 것도 있다. 그러나 하나님의 말씀은 순전하며 죄의 문제를 다룰 때에도 역시 순전하게 다룬다. 바르게 이해되는 한, 성경 중의 그 어떤 것도 인간을 죄로 인도하는 것은 없다.

(5) **여호와에 대한 정결한 경외심**—"여호와를 경외한다"는 구절은 하나님의 말씀이 하나님을 향한 존경하는 마음을 산출하기 때문에 "법"을 나타내는 또다른 용어이다. 하나님을 경외하는 일은 인간을 정결하게 만든다. 이방 우상을 숭배하는 것은 인간을 불결하게 만든다(신 4：10/벧전 2：17/시 111：10 참조).

(6) **참되고 의로운 심판**—하나님은 인간과 사물을 참되게 평가하시며 모든 것들을 완전히 아신다. 그리스도인은 하나님의 말씀하신 바를 믿고 자신의 주관대로 행하지 않을 때 보상을 받는다. 롯은 이러한 일에 있어서 실패했으며 그래서 모든 것을 잃었다!

(7) **금보다 귀한 것**—성경은 참으로 보물 창고이다(시 119：72/잠 8：10/잠 16：16 참조).

(8) **꿀보다 더 단 것**—영적인 그리스도인은 이 세상의 인위적인 일들에서 만족을 찾지 않는다. 말씀이 그의 영적인 식욕을 만족시킨다(시 119：103 참조).

2 성경이 하는 일

(1) **개심하게 한다**—이 말은 시편 23편 3절에 나오는 "소생시킨다"와 같은 말이다. 말씀은 죄인을 자기의 죄의 길에서 돌이키게 하며, 성도를 그 방황하는 자리에서 회복시킨다. 말씀은 그를 새롭게 하며 치료한다.

(2) **지혜롭게 한다**(시 119 : 97~104/사 8 : 20/렘 8 : 9/골 1 : 9/약 1 : 5 참조).

(3) **기뻐하게 한다**—영적인 신자들은 말씀에서 기쁨을 발견한다(렘 15 : 16 참조).

(4) **깨닫게 한다**—"주의 말씀을 열므로…비취어 깨닫게 하나이다"(시 119 : 130 참조).

(5) **견디게 한다**—다른 책들은 시들어가고 잊혀진다. 그러나 하나님의 말씀은 견딘다.

(6) **부요하게 한다**—금과 은보다 낫다(잠 3 : 13~15 참조).

(7) **만족을 준다**—꿀은 몸에 만족을 준다. 말씀은 영혼에 만족을 준다.

(8) **경고한다**—죄를 고백하고 실수를 치료하려고 하는 것보다는 죄를 예방하고 피하는 편이 낫다. 말씀을 알고 거기 순종하는 것은 신자를 안전한 길로 안내한다(잠 2장 참조).

(9) **보상한다**—돈으로는 경건한 생활이 가져다 주는 정결한 양심, 순전한 마음, 기쁨, 평화, 응답받는 기도 등의 보상을 살 수 없다. 11절은 말씀을 지키는 것 안에 보상이 들어있으며, 말씀을 지켰다고 해서 상을 주는 것이 아님을 말한다. 상은 행함을 통하여 온다. "이 사람이 그 행하는 일에 복을 받으리라"(약 1 : 25 참조).

3. 영혼을 통하여 말씀하심(12~14절)

아무도 자신의 마음을 이해할 수는 없다(렘 17 : 9 참조). 우리에게는 우리 자신의 죄를 나타낼 말씀의 거울이 필요하다(약 1 : 22~25 참조). 시편 기자는 자신의 숨겨진 죄를 나타내달라고 하나님께 구함으로 끝을 맺는다(시 139 : 23~24 참조). 구약 율법은 죄에 대해 무지하기 때문에 제공된 것이다(레 4, 5장/민 15 : 22 이하 참조). 그러나 공개적인 도전과 반역의 죄에 대해서는 대신 희생해 주는 것이 없었다(민 15 : 30~31). 시편 기자는 은밀한 잘못들을 정결케 해달라고 했을 뿐만 아니라 공개적인 죄로 내달리는 일이 없도록 막아달라고 하였다. "시험에 들지 않도록 깨어 기도하라." 죄를 향한 이와 같은 종류의 사악한 자포자기는 노예로 떨어지게 하며 죄가 삶의 주인이 되게 한다. 로마서 6장은 "죄가 우리를 주장하게 하지 말라"고 가르친다. 물론 이 일은 하나님의 말씀이 우리의 생활을 주장하여 죄를 극복할 때 이루어진다. 13절에 나오는 "큰 죄"는 "죽음에 이르는 죄 또는 하나님의 진노를 초래하는 반복된 반역을 뜻하는 것 같다. 13절에 나오는 작고 은밀한 죄들이 축적될 때 사람은 점차적으로 큰 죄에 빠져

들어간다. 그리스도인들이 죄를 즉시 고백하고, 말씀과 그리스도의 피가 마음을 정결케 하도록 하는 것은 중요한 일이다.

14절의 기도는 종일토록 우리의 입술과 우리의 마음에 있어야 마땅할 것이다. 마음의 묵상은 입의 말을 조절한다(막 7 : 14~23 참조). 여기서 "묵상"이라는 단어는 하프의 줄을 튕기는 음악가의 이미지를 전해 준다. 누가 우리의 마음의 음악을 조절하는가. 하나님인가 아니면 사단인가? 몸에 소화기능이 있듯이 마음에는 묵상이 있다. 이것은 하나님의 말씀을 받아들여 속 사람의 일부가 되게 하는 것이다. 마음과 정신이 하루 종일 하나님의 말씀을 생각할 때, 성령은 생활을 인도하신다. 이것이 바로 성령으로 행하는 것이며(갈 5 : 16 참조) 영의 생각을 갖는다는 뜻이다(롬 8 : 1~8 참조).

당신에게 있어서 성경은 하나님이 원하시는 가치로서 받아들여져 있는가? 이 시편을 다시 읽고 하나님께 말씀을 사랑하고, 그 안에서 살며, 말씀에 순종할 수 있도록 해주시기를 간구하라. 하나님은 축복하실 것이다.

목자의 시

—시편 22, 23, 24편—

이 잘 알려지고 사랑받는 세 편의 시는 각기 나름대로 그리스도의 인격과 사역에 있어 다른 면을 강조하는 동시에 그를 목자로 제시한다. 다음과 같이 대조해볼 수 있겠다:

시편 22편	●선한 목자(요 10:11) ●십자가 상에서의 과거 사역 ●우리를 위해 죽으신 그리스도- **은혜** ●죄의 형벌을 치름 ●구세주의 십자가
시편 23편	●큰 목자(히 13:20~21) ●보좌에서의 현재 사역 ●우리를 위해 다시 사신 그리스도-**능력** ●죄의 권세를 극복함 ●목자의 지팡이
시편 24편	●목자장(벧전 5:4) ●왕국에서의 미래 사역 ●우리를 위해 오실 그리스도-**영광** ●죄의 면전에서 벗어남 ●절대주권자의 면류관

1. 선한 목자(22편)

이 놀라운 시편의 1~21절에서는 그리스도께서 십자가에서 죽으실 것을, 22~31절에서는 그의 부활을 제시한다. 다윗 시대에 유대인들은 십자가에 대하여 몰랐기 때문에 십자가 상에서 그리스도께서 죽으실 일에 대한 이같은 생생한 설명은 성령의 감동이 아니고서는 기록될 수 없는 것이다. 본 시편의 두 부분을 대조하는 일은 중요하다.

1~21절	22~23절
[1] 고난-십자가에 달리심	[1] 영광-부활
[2] 고통과 기도	[2] 찬양과 약속
[3] 원수들 가운데	[3] 교회 가운데에서(히 2:11~12)

신약에 나오는 십자가의 이야기에서 본 장이 성취된 것을 보게 되기란 어려운 일이 아니다.

● **1 절** : 그리스도는 십자가에서 이렇게 외치셨다(마 27 : 46 / 막 15 : 34).

● **2 절** : 빛과 어두움이 교체되었다(마 27 : 45).

● **6~8 절** : 사람들이 수치 중에 매달려 있는 그리스도를 비난하였다(마 27 : 39~44 / 막 15 : 29 이하). "나는 벌레요"라는 말은 그리스도께서 "나를 버리셨나이까?"라고 하신 말과 같다. 그리스도께서 우리의 주님이 되기 위하여 얼마나 겸손하셔야 했던가를 보여 주는 구절이다.

● **11~12절** : 그에게는 아무런 도움이 베풀어지지 않았다(마 26 : 56). 9~10절에서는 "아버지"에 대한 언급은 없다. 예수님은 처녀에게서 탄생하셨으며, 인간의 어머니(마리아)는 있었으나 인간 아버지는 없으셨다. 이러한 사실은 처녀 탄생에 대한 구약의 예시이다.

● **16 절** : 주님은 손과 발을 찔리셨다(마 27 : 35). "개들"이 이방인들(로마인들)을 가리키는 것에 유의하자. 12절에 나오는 "소"는 유대인을 의미할 것이다.

● **17 절** : 그는 벌거벗음과 수치를 당하셨다(요 19 : 36). 18절에서 우리는 옷을 제비뽑는 것을 본다(요 19 : 23~24 / 마 27 : 35).

● **20절** : "내 사랑", "유일한 것"은 유일한 아들을 가리킨다(창 22 : 2).

● **22절 이하** : 이제 장면이 바뀌어 부활로 이동한다. 히브리서 2장 11~12절에서 이에 대한 신약의 설명을 찾아 보라. 그리스도는 더이상 십자가에 계시지 않는다. 그는 하나님의 영광을 선포하며 주님의 형제(교회)들 가운데 계시다. 24절은 히브리서 5장 7절과 연관하여 읽어야 한다. 이 마지막 부분은 교회에서(22절), 이스라엘에서(23~26절) 이방인들 중에서의(27~31절) 찬양으로 가득 차 있다. 31절은 "그가 행하셨다"는 말로 끝을 맺는다. "다 이루었다." 그리스도의 십자가 사역으로 말미암아 구원이 성취되었다.

2. 위대한 목자(23편)

히브리서 13장 20~21절은 예수께서 오늘날 양을 돌보시는 "큰 목자"이심을 우리에게 알려 준다. 우리는 주님의 양이며 우리가 그를 따를 때 그는 우리를 돌보신다. 그리스도는 우리를 위하여 단지 돌아가신 것만이 아니라 다시 부활하셔서 우리를 위하여 살고 계시다. 그는 큰 목자이시며 큰 대제사장이시다. "내게 부족함이 없도다"는 말은 23편의 주제이다. 쉼과 새로워짐에 있어서(2절), 회복과 의(3절)에 있어서, 문제가 생겼을 때의 보호(4절), 광야에서의 예비(5절), 사는 날이 끝날 때에 가야 할 집(6절), 이 모든 일에 있어서 부족함이 없다.

물론, 여기에서는 동양의 목자와 양떼를 말한다. 이 목자들은 양들에게 매우 절친하여 양들의 이름을 하나씩 불러서 안다. 목자는 양들 앞에 가면서 그들이 위험한 길로 가고 있지 않다는 확신을 준다(요 10 : 27~28 참조). 양들은 목자를 따라가는 한 결코 염려할 필요가 없다. 왜냐하면 그가 그들을 보호할 것이며 그들에게 필요한 것을 공급할 것이기 때문이다. 비록 위험한 골짜기로 갈지라도(4절) 목자가 그들 곁에 있다. 골짜기 너머에는 안식의 집이 있다. 날이 저물면 목자는 양떼를 인도하여 우리로 데리고 돌아갈 것이며, 양들이 들어갈 때에 문 옆에 서서 양들을 검사할 것이다. 상처를 입었거나 연약한 양을 보면 상처를 아물게 하고 원기를 되찾게 하는 기름을 바르고 치료한다. 우리의 목자가 우리를 돌보시는 것은 얼마나 은혜스러운가!

구약에 나오는 하나님에 대한 명칭들은 모두 이 시에 나온다. 여호와이레("주께서 준비하신다"/창 22：13～14), 여호와라파("여호와께서 치료하시며 회복시키실 것이다"/출 15：26), 여호와살롬("주는 우리의 평화"/6：24), 여호와치드케누("주는 우리의 의"/렘 23：6), 여호와 삼마("주께서 거기 계시다"/겔 48：35), 여호와 닛시("주는 우리의 깃발"/출 17：8～15), 여호와 라("주는 나의 목자"/시 23：1) 등이다. 다른 말로 하면, 예수 그리스도는 그의 양에게 있어 필요한 모든 것이 되신다. 어린 아이들이 이 시를 잘못 인용하여 이렇게 말한다. "여호와께서 나의 목자시니 무엇을 더 원할 것인가?"

3. 목자장(24편)

유대의 전설에 의하면 이 시는 다윗이 법궤가 예루살렘으로 돌아온 것을 기념하기 위하여 쓴 것이라고 한다. 이 시는 아마도 합창대와 독창하는 사람들이 서로 화답하며 불러진 듯하다. 합창대가 1～2절을, 독창은 이에 응답하여 3절을, 그리고 또다른 독창하는 사람이 4절을 부르면 합창이 7절을 부르고, 또 한 사람이 "영광의 왕이 누구냐?"라고 외치면 합창이 8～9절로 응답한다. 한 목소리가 다시 "영광의 이 왕이 누구냐?"라고 하면 이 모두가 "만군의 여호와께서 영광의 왕이시로다"라고 소리쳤을 것이다. 굉장한 광경이었을 것이 분명하다.

그러나 목자장이신 예수 그리스도께서 나타나셔서 다윗의 보좌를 요구하실 때 예루살렘에서는 더 큰 놀라움이 기다리고 있을 것이다. 이 시는 왕이 시온으로 돌아오시는 것을 묘사하고 있다(계 19：11～16 참조). 현재의 이 땅은 창조와 구속으로 말미암아 주님께 속한 것이긴 하지만, 죄와 사단의 주권 아래 아직 그 속박으로부터 구원을 받지 못하였다. 그러나, 하나님께 감사할 것은 어느 날 예수께서 자기의 유업을 주장하기 위해서 이 땅에 돌아오시는 일이다. 그 때에 이 땅은 주님의 영광으로 가득찰 것이다.

3절에 있는 질문은 중요하다. "누가 시온산에서 땅을 통치할 만한가?"이 질문은 요한계시록 5장에 나와 있는 질문을 생각하게 한다. "누가 이 책을 열고 인을 뗄 만한가?" 대답은 한 가지 뿐이다. 하나님의 아들 예수 그리스도이시다! 시편 24편 4절은 주님을 **완전한 인간**, **완전한 왕**으로 묘사한다. 다윗은 사람을 죽였으므로 깨끗한 손을 가지지 못하였고, 육욕에 빠져 간음을 행하였으므로 순전한 마음을 가지지 못하였다. 다윗은 백성을 계수하였을 때 헛되고 교만한 가운데 자신의 영혼을 높이 들어 올렸다. 솔로몬왕도 우상 숭배로 인하여 자격이 없었고, 히스기야 대왕조차도 교만함으로 말미암아 타락하였다. 자격이 있는 유일한 왕은 예수 그리스도뿐이다.

예수 그리스도께서 예루살렘을 요구하실 때, 그는 **전쟁에서 나오는 능한 왕**으로 오실 것이다. 왜냐하면 그는 아마겟돈에서 세상의 나라들을 파하실 것이기 때문이다(계 19：19～21 참조). 예수께서 탄생하시기 전에 이미 그가 다윗의 보좌에 앉게 될 것이 약속되었다(눅 1：30～33 참조). 오늘날 그는 그의 아버지의 보좌에 앉아계시지만(계 3：21), 그가 심판과 영광 중에서 돌아오실 때 그는 다윗의 보좌를 요구하실 것이며 야곱의 집을 다스리실 것이다. 물론 그는 먼저 교회를 천국으로 데려가시기 위하여 공중에 임하실 것이다(살전 4：13～18 참조). 다음으로는 이 땅에 무서운 7년 대 환란이 있을 것인데, "야곱의 시련의 때"이다. 사단과 그의 조력자들이 최악의 발악을 할 그 때에, 예수 그리스도께서 그들을 심판하시고 세상을 악으로부터 구하기 위하여 돌아오실 것이다. 그리하여 이 땅은 새롭게 되고 이스라엘은 회복되며 1,000 년 동안 의로운 왕국이 있을 것이다(계 20：1～5 참조).

그리스도가 당신의 선한 목자이시며, 당신이 그를 당신의 구주로 영접하였다면 그로 하여금 당신의 큰 목자가 되게 하여 당신의 삶을 안내하고 축복하시게 하라. 그러면 그가 목자장으로 돌아오실 때 당신은 그를 만날 준비가 되어 있을 것이다.

고백시

—시편32, 51편—

이 시들의 배경은 사무엘하 11～12장에 나온다. 이 시들은 주의깊게 읽혀져야 한다. 다윗은 자기 이웃의 아내에게 육욕을 품고 간음을 하였으며, 그 남편을 술 취하게 하였고 살해하였으며, 최소한 일 년 동안 이 모든 일을 숨기고 있었다. 그가 이 죄를 범할 때는 젊은이가 아니었으며 성숙한 사람으로서, 광대한 왕국을 통치하고 있었다. "선 줄로 생각하는 자는 넘어질까 조심하라!" 시편 51편은 다윗의 고백시이며 시편 32편은 용서의 노래이다. 요한일서 1장 5절～2장 2절은 하나님이 마련하신 정결함을 받을 대책을 알려 준다.

1. 다윗의 고백 기도(51편)

이 기도는 매우 개인적인 기도이다. "나"라는 말과 "나의 죄"라는 말이 자주 나오는 것에 유의하자. 그의 눈은 다른 사람이 아닌 자기 자신과 주님을 보고 있다.

[1] **죄를 범한 댓가**—육욕에 빠져 간음을 저지른 것은 순간적인 행위인 것 같다. 그러나 다윗이 치러야만 하는 댓가는 얼마나 엄청난 것이었던가! 시편 32편 3～4절에서 다윗이 죄에 대해 **육체적**으로 값을 치루어 병이 든 것을 보게 된다. 그러나 **영적인 댓가** 역시 컸다. 마음의 순전함을 잃었으며(1～2절), 따라서 씻음을 받고 정결해질 필요가 있었다(7절). 여기서 죄에 대하여 쓰여진 단어들을 눈여겨 보자. "죄과"란 반역하는 행위나, 하나님이 그어 놓으신 선을 지나치는 것을 의미하며 "죄악"은 내적으로 굽어있음을 뜻한다. "죄"는 목표에서 빗나가는 것, 하나님의 표준에 이르지 못하는 것을 뜻한다. 17절은 다윗의 마음이 더러워졌을 뿐 아니라 굳어졌음을 암시하고 있다. 우리의 마음에 죄를 품고 있으면 마음이 굳어진다. 다윗의 눈 또한 병들었고 그가 볼 수 있었던 것은 죄뿐이었다(3절). 더러운 양심을 가진 사람은 다른 사람들이 자신에 대하여 무엇을 알고 있을까를 궁금해 하며 방어적인 사람이 된다. 죄는 또한 귀에도 영향을 미쳤다. 왜냐하면 그는 기쁨과 즐거움의 소리를 들을 수가 없었기 때문이었다(8절) 하나님과의 교제에서 벗어난 사람에게는 아무 것도 유익한 소리를 들을 수가 없다. 다윗의 입술도 병이 났다. 더이상 간증을 하거나 전도를 할 수가 없었다. 하나님을 찬양할 수도 없었다(13～15절). 고백하지 않은 죄만큼 그리스도인의 입을 막는 것은 없다. 다윗의 정신이 병들었다. 그는 지혜를 구해야 했다(6절). 속 사람(마음과 영/10절)은 하나님과의 교제에서 벗어나게 됨으

로써(11절) 기쁨이 없었다. 물론 하나님은 우리가 죄를 범할 때 성령을 가져가시는 것은 아니다(요 14 : 16 참조). 그러나 우리는 성령을 근심케 하며 이에 따라 그와의 교제와 축복을 잃게 된다(엡 4 : 30~32). 우리는 죄를 범한 데 대한 높은 댓가를 잊어서는 안될 것이다.

2 **죄를 고백한 댓가**—죄를 진지하게 고백하는 일에는 회개가 내포되어 있으며, 마음의 진지한 변화를 말한다. 다윗이 죄를 감추고 있는 동안 그는 어떤 일을 모면할 수 있으리라고 생각하였다. 그러나, 나단이 다윗의 죄를 가지고 대면하자 다윗의 마음은 찔림을 받았고 회개하였다. 죄를 시인하는 것과 죄를 고백하는 것 사이에는 차이가 있다. 고백이란 "사실대로 말하는 것"이다(요일 1 : 9). 만일 우리가 하나님이 말씀하시는 우리의 죄에 대하여 똑같이 말한다면 우리는 죄를 고백하고 있는 것이다. 다윗은 죄 가운데서 태어난 자신의 죄악된 본성을 시인하는 자리에 이르렀다(5절). 오늘날에는 값싼 고백이 너무도 많다. 입술로만 "주여, 나는 죄를 범하였나이다. 용서해 주십시오!"라고 기도하는 것은 고백이 아니다. 참된 고백은 상한 심령과 깊이 뉘우치는 마음(17절) 등의 값을 치루게 된다. 이 말은 우리가 고행을 행하여 용서를 얻는다는 말은 아니다. 우리의 죄로 말미암아 마음이 심히 상하여 하나님께 아무것도 숨기지 않는 것을 뜻한다.

3 **정결케 하는 죄의 댓가**—선한 행위가 죄를 씻어주지 않는다. 종교적인 행위나 희생제사도 죄를 씻지는 못한다(16~17절). 예수 그리스도의 피만이 죄를 씻어 낼 수 있다(히 10 : 1~18 / 요일 1 : 7~2 : 2 참조). 용서란 값싼 것이 아니다. 그것은 예수 그리스도의 피로 댓가를 치루는 것이다. 우리는 주님이 행하신 일로 말미암아 구원을 받는 것이며, 우리의 기도나 눈물로 용서를 받는 것은 아니다. 하나님은 우리의 죄를 씻어 내시고 완전히 깨끗하게 하시기를 즐겨하신다(1, 9절 / 사 43 : 25). 죄를 씻기 위하여 지불한 높은 댓가는 우리로 하여금 죄를 미워하게 하며 죄에서 돌리키도록 경고한다.

2. 하나님의 정결케 하심에 대한 다윗의 찬양(32편)

처음의 두 구절은 바울이 로마서 4장 7~8절에서 인용하고 있다. 이 구절들을 꼭 읽어 보라. "오, 그 반역이 용서를 받고, 가리워짐을 받는 자의 복됨이여! 마음에 간사함이 없고 그의 영혼에는 속임수가 없다고 간주되는 사람은 참으로 복되도다!" 다윗은 이 모든 죄를 범했다. 그는 율법에 반역하여 불법을 행하고 하나님의 의로운 표준에 접하지 못하였다. 그는 자신의 비뚤어진 본성이 자신을 지배하도록 하였으며, 이 모두 일들을 일 년 동안 덮어 두어 속였다. 잠언 28장 13절을 읽고 다윗의 경우에 적용해 보라.

1 **뉘우침에 대한 침묵**(3～4절) ─ 다윗이 자기의 죄를 시인하지 않고 고백하기를 거절하였을 때 무슨 일이 있었는가? 고난을 당하였다. 다윗은 51편에서 볼 수 있듯이 영적으로 고난을 받았으며 육체적으로도 고난을 당하였다. 그는 늙은 사람처럼 되었다. 죄를 깨우치시는 하나님의 손이 밤낮 그를 무겁게 눌렀다. 그는 가뭄 때의 시내처럼 "말라 붙었다." 자신의 증세를 보이려고 의사에게 가는 사람들 중에는 사실 하나님 앞에 나아가 죄를 보여야 할 사람들이 많다. 이 말은 모든 병이 죄로 말미암은 것이라는 뜻은 아니다. 다만 고백하지 않은 죄가 질병을 일으킬 수도 있다는 뜻이다(고전 11：29～32 참조).

2 **고백의 흐느낌**(5절) ─ 문자 그대로 말하면 "내 허물을 여호와께 자복하기 시작하리라"가 된다. 다윗은 나단이 그에게 말했을 때 즉시로 죄를 고백하였다(삼하 12：13 참조). 그 때 그는 자신을 벗어버리고 하나님의 성령이 자기의 죄를 하나씩 벗겨내도록 허락하였다. 다윗의 기도는 "일반적인 기도"가 아니었다. 그는 죄를 특별하게 고백하였다. 그가 고백하였기 때문에 하나님은 용서하셨다. 한 나이 많은 작가는 이런 말을 하였다. "당신이 자신을 조금 사용할수록 하나님은 당신을 더 많이 사용하실 수 있으시다." 바울은 "우리가 우리를 살폈으면 판단을 받지 아니하려니와"(고전 11：31 참조)라고 하였다. 하나님은 우리가 하나님께 대하여 미안한 생각을 한다거나 또는 우리가 기도한다 해서 용서하시는 것은 아니다. 하나님은 "신실하시고 의로우시므로, 그의 약속에 대해 신실하시고 십자가에서와 같이 의로우시므로 우리의 죄를 고백할 때 우리를 용서하신다. 그리고 그리스도께서 이미 대신하여 지불하신 죄들에 대하여는 우리에게 죄값을 치르게 하시지 않으신다(롬 8：31～39 참조).

3 **죄씻음의 노래**(6～7절) ─ 다윗의 탄식은 노래로 대치되었다. 그는 "구원의 노래들"에 둘러싸여 있어서 어디를 보아서도 노래할 만한 이유들을 찾아내었다. 전에는 어디를 보아도 자기의 죄가 보였었다(51：3). 다윗은 우리가 찾을 만한 때에 하나님께 용서를 구해야 한다고 경고한다. 여기에는 우리가 죄를 발견하였을 때, 그리고 하나님을 찾을 수 있을 만한 때의 두 가지 의미가 있다(사 55：6～7 참조). 만일 우리가 죄를 그대로 버려둔다면 하나님이 개입하셔서 징계하실 수밖에 없다(히 12장 참조). 다윗은 더이상 두려워하지 않는다. 하나님이 그의 피난처이시기 때문이다. 문제가 닥치려면 닥치게 하자. 그가 하나님과 함께 행하는 한 두려울 것이 없다.

4 **확신의 외침**(8～11절) ─ 하나님은 이제 다윗에게 말씀하고 계시며 그의 길을 인도하시겠다고 확신시키신다. "내 영혼을 소생시키시며 자기 이름을 위하여 의의 길로 인도하시도다"(시 23：3). 하나님은 무거운 막대기가 아니라 그의 눈으로 우리를 안내하시기를 원하신다. 순종하는 자녀는 아버지의 얼굴, 특히 그의 눈을 지켜보며 그의 뜻이 무엇인지 알아본다. 그리스도인들은 아버지

하나님의 시야에 계속 머물러 있어야 하며 그를 기쁘게 하기 위하여 살아야 한다. 9절에서 다윗은 두 가지 극단적인 예로서, 충동적으로 앞으로 내달리는 말과 고집스럽게 다리를 버티고 있는 노새를 제시한다. 그리스도인은 이들 중의 어느 하나도 되어서는 안된다. 우리는 사랑에 찬 순종으로 한 번에 한 걸음씩 주님과 함께 행해야 한다. 말과 노새들은 채찍과 굴레로 조절을 당해야 하고 그렇지 않고서는 가까이 나오지 않을 것이다. 슬프게도 어떤 그리스도인들은 하나님께서 그들을 조절할 수 있기 전에 "채찍과 굴레"를 써야만 한다. 그러나 하나님이 우리를 인도하시는 정상적인 방법은 우리를 향한 그의 눈으로 인도하시는 것이다. 말 못하는 동물들은 이해력이 없다. 그러나 하나님의 백성은 주님의 뜻이 무엇인지 이해할 수 있다(엡 5 : 15~17 참조).

그리스도인이 회복된 후에는 사단은 그의 평화와 확신을 해치려고 노력한다. 신자들은 과거의 죄들과 그 무서운 결과들에 대해 염려하기 시작한다. 그렇다. 불순종에는 씁쓸한 열매들이 있다. 다윗은 어떻게 이들을 발견하였던가! 그러나 10~11절에는 하나님께서 자기에게 속한 자들을 보호하시고 붙들어 주신다는 확신을 주신다. 사악한 사람들에게는 많은 슬픔이 있고, 슬픔은 불순종하는 성도들에게 있다. 그러나 깨끗하게 된 그리스도인은 주님의 인애와 자비를 경험한다. 다윗이 큰 소리를 외치면서 끝을 맺고 있는 것은 하나도 이상한 일이 아니다. 과거는 용서를 받았으며 현재는 즐겁다. 그리고 미래는 하나님의 손 안에 있다.

크리스마스의 시

—시편 40편—

이 시는 "크리스마스의 시"라고 부를 수 있겠다. 왜냐하면 그리스도의 탄생을 내다보는 시이기 때문이다. 6～8절은 히브리서 10장 5～10절에서 인용되고 있으며 예수 그리스도에게 적용된다. 역사적으로는 다윗의 생애에 위기가 고조되고 있을 때에 이 시가 씌어졌다. 그는 "기가 막힐 웅덩이"에 빠져서 하나님께 소리쳐 외쳤고 하나님은 그를 구원해 내셨다. 전반부에서(1～10절) 다윗은 하나님의 자비를 간증하며 자신을 주님께 새로이 헌신함으로 감사를 표현하고 있다. 끝맺는 구절들에서(11～17절) 다윗은 그에게 다가오는 새로운 적들로 말미암아 더욱 도움을 베풀어 주실 것을 위해 하나님을 부른다. 17절은 참으로 힘있는 구절이다. "주께서는 나를 생각하신다." "너의 모든 염려를 주께 맡겨버리라 주께서 너희를 권고(돌봄)하시니라." 이 시는 메시아에 대한 시(예수 그리스도에 대하여 말하는 시)이기 때문에 우리는 특히 이러한 면으로 연구할 것이다.

1. 그리스도의 탄생(6 ～ 7 절)

히브리서 10장 1～18절을 주의깊게 읽자. 그 장은 죄를 씻어 버릴 수 없는 모든 히브리의 희생제사를 제쳐버리는 것으로 시작된다. 5～9절에서 기자는 이러한 희생제사가 할 수 없는 것을 하시려고 예수 그리스도께서 오셨다고 주장한다. 그러나 예수께서는 죽기 위해서는 육신의 옷을 입고 사람으로 이 땅에 오셔야 했다(물론 죄가 없으시다). 그가 세상에 오셨을 때, 아들은 아버지께 이렇게 말했다. "주여, 내가 왔나이다. 책들은(구약 예언서들) 나에 대하여 기록하고 있읍니다!"

히브리서 10장 5절은 시편 40편 6절을 조금 다르게 인용하고 있다. "당신이 내 귀를 여셨나이다"는 말대신 "당신은 나를 위하여 몸을 준비하셨나이다"로 하였다. 물론 성경을 기록한 동일한 성령께서 그가 뜻하시는 대로 말씀을 확대하시거나 설명하실 수 있으시다. 여기에는 아무런 모순이 없다. 예수 그리스도는 예비된 몸을 통하여 오셨다. 즉, 성령으로 잉태되어 동정녀 마리아에게서 나셨다(눅 1：26～38 참조). 하나님께서 **인간을 만드신** 데는 **네 가지 방법**을 사용하셨다. 즉, 아담의 경우와 같이 흙으로부터 만드심과, 하와와 같이 남자에게서 만드신 방법(창 2：21～25), 일반적인 출생과 같이 여자와 남자와의 결혼을 통해 만드신 방법과 그리스도의 출생처럼 남자 없이 여자에게서 만드신 것이다. 예수 그리스도는 준비된 몸을 통하여 오셨으며 그 몸은 죄로 인하여 더럽혀진 몸이 아니었다. 비록 그가 죄가 아닌 육신적인 연약함(배고픔, 고통, 피로함 등)을 느끼셨지만 육신의 죄악된 연약함에 참여하신 일은 없으셨다. 만일 예수 그리스도께서 죄없는 본성을 가지지 않으셨다면 그는 세상의 구세주가 될 수 없으셨다.

"주께서 나의 귀를 통하여 들리시기를"이라는 구절에 대해서는 출애굽기 21장 1~6절과 이사야 50장 2절을 보자. 구약의 유대인은 그와 함께 머물기를 원하는 종에게 귀를 뚫게 했다. 이것은 헌신의 아름다운 상징이다. 그리스도의 탄생이 "책에 기록되어 있다"는 것에도 유의하자. 첫번 약속은 창세기 3장 15절에 있으며, 하나님은 "여자의 후손"(남자의 씨가 아니다. 따라서 동정녀 탄생으로 오셨다)이 사단의 씨를 패배시킬 것임을 알리셨다. 하나님은 구세주가 유대인을 통하여 오실 것이라고 아브라함에게 알리셨으며, 나중에는 유다 지파를 통하여 오실 것을 덧붙이셨다. 이사야 7장 14절은 동정녀 탄생을, 미가 5장 2절은 그가 베들레헴에서 오실 것을 알려 준다.

2. 그리스도의 생애(8 ~10절)

이 구절들은 예수님께서 행하신 일들을 아름답게 요약하고 있다. 그는 말씀을 사랑하셨고 말씀에 따라 생활하셨으며, 백성들에게 말씀을 전파하셨다. 아무도 예수님에 대해 죄가 있다고 고발할 수가 없었다(요 8 : 46 참조). 유대인들은 그를 재판할 때에 거짓 증거를 대기 위하여 거짓말장이들을 고용하였다.

가룟 유다조차 그리스도를 고발하는 그럴 듯한 핑계를 댈 수 있었을 터이나, 주님께 죄가 없음을 시인하였다(마 27 : 1~5 참조). 예수님은 말씀 안에서, 그리고 하나님의 뜻 안에서 기뻐하셨다. 예수께서는 "나는 언제나 아버지를 기쁘게 하는 일을 한다"고 말씀하셨다(요 8 : 29 참조). 그의 생활과 입술은 여호와의 의와 자비하심을 영화롭게 하였다.

3. 그리스도의 죽음(6 절)

주님은 죄를 위한 완전한 희생물이 되시려고 육신을 입고 오셨다. 구약의 어느 곳에서도 동물의 피가 죄를 깨끗이 씻어 준다고 말하지 않는다(삼상 15 : 22/시 51 : 16~17/호 6 : 6/미 6 : 6~7 참조). 많은 유대인들이 주님을 바라보는 대신 동물을 신뢰하였다. 오늘날 얼마나 많은 교회들이 구원에 대하여 세례(침례)나 또는 교인의식에 의존하고 있는가! 6절에서는 네 가지 종류의 제물에 대해 언급되어 있다. 즉, 희생제물은 어떤 종류이든 피가 있는 제물을 의미하고, 예물은 피가 없는 것으로서, 소제와 같은 것이다. 또한 번제는 하나님께 대한 헌신을 의미하며, 속죄제는 개인적인 죄를 다룬다.

구약의 모든 제사가(레 1~5장에 요약되어 있다) 예수 그리스도를 상징한다. **번제**는 하나님께 완전히 헌신하는(항복하는) 것으로서 "나는 주의 뜻을 행하는 것을 기뻐한다"는 의미이다. **소제**(레 2장)는 주님의 완전한 본성을 예증하는 것이며 영혼에 만족을 얻기 위해서는 주님에게 공급을 받아야 한다는 사실을 상기시킨다. **화목제**(레 3장)는 죄인과 구세주 사이에 생겨난 하나님과의 평화를 상징하며, 이 평화는 예수께서 십자가 상에서 이루신 것이다(골 1 : 20 / 고후 5 : 18 참조). **속죄죄**(레 4장)는 우리의 본성에 있는 죄를 다루는 반면 **속건죄**(레 5장)는 우리가 범한 죄를 다룬다. 그리스도는 우리의 죄를 위하여 죽으셨을 뿐 아니라 주님은 또한 십자가에서 우리의 옛 본성을 정죄하셨으며, 이로써 우리가 죄를 이길 수 있게 하셨다(롬 6~8장 참조).

가장 중요한 것은 이 모든 제사들이 예수 그리스도 안에 모두 속해 있다는 것이다. 단번의 제사로써 죄의 문제를 완전히, 영원히 해결하셨다. 수 천만의 어린 양과 염소들이 수 세기를 거쳐오며 할 수 없었던 일을 십자가 상에서의 짧은 여섯 시간 동안에 이루셨다. 할렐루야, 얼마나 놀라운 구세주이신가!

4. 그리스도의 부활(1 ~ 3 절)

이 구절들은 어떤 문제로부터 다윗이 구원받은 것을 묘사하고 있다. 그러나 이들은 그리스도의 부활에 대한 아름다운 상징이다. 주님은 우리를 위하여 죄의 구덩이로 내려가셨으며 우리를 대신하여 죄를 입으셨다(벧전 2 : 24 / 고후 5 : 21 참조). 예수께서 그의 죄없으신 몸에 전 시대의, 전 인류의 죄를 짊어 지셨음을 생각할 때, "혹독한 구덩이"였을 것은 분명하다. 하지만 그는 구덩이에 머물러 있지 않았으며 죽은 자들 가운데서 부활하셨다. 히브리서 5장 7절은 겟세마네와 갈보리의 공포가 어떠했을 것임을 말해 주며, 예수께서 "죽음에서 건져냄을 받고자" 기도하셨음을 알린다(그는 죽으러 오셨기 때문에 "죽음으로부터" 구원되기를 기도한 것은 아니다). 아버지는 이 기도에 응답하셨으며 죽은 자들에게서 그를 부활시키셨다.

그리스도는 오늘날 부활하셔서 더이상 죽지 않으신다. 그의 사역은 끝났으며 그의 발은 반석 위에 있다. 새로운 노래는 승리를 노래하며 하나님께 찬양한다(시 22 : 22~25 / 40 : 9~10 참조). 주님은 모든 원수들을 자기의 발 아래 두고 계신다.

*　　　*　　　*　　　*　　　*

□ **시편 41편 :** 역시 메시야에 관한 시이다. 왜냐하면 9절에서 우리는 그리스도를 배반한 유다에 대한 관련성구를 보기 때문이다. 요한복음 13장 18절에서 이 말이 성취되고 있다. 시편 41편은 압살롬이 그에게 등을 돌리고 왕국을 탈취하려고 할 때 다윗이 쓴 시이다(삼하 15~18장 참조). 아히도벨은 다윗이 신임하는 고문들 중의 하나였다. 그러나 그도 역시 압살롬의 편을 가담하였다(삼하 15 : 31 참조). 아히도벨은 압살롬에게 현명하게 충고를 했으나 이 젊은이는 그의 진언을 따르지 않았다(이것은 다윗의 기도에 대한 응답이었다). 그의 의

견이 거절되자 그는 밖으로 나가 목을 매었다(삼하 17：23 참조). 유다와 같다. 사실상 아히도벨은 유다에 대한 구약의 예증이다. 그는 다윗과 가까운 친구였으며 신임받는 관리였다(유다는 제자들의 재정을 맡았었다). 그는 다윗이 그의 손녀 밧세바를 망쳐 놓았으므로 다윗에 대하여 은밀한 증오심을 품고 있었다(삼하 11：3/23：34 참조). 그는 원수와 거래하며(삼하 15：12) 싸울 병력을 요청하였고(삼하 17：1), 그리고는 밖으로 나가서 스스로 목을 매어 죽었다.

영원하신 하나님

—시편 90편—

이 시는 모세에 의해 기록되었으므로, 모든 시편 중에서 가장 오래된 시이다. 이 시는 아마도 가데스 바네아에서 이스라엘이 실패한 것과 연관되어 씌어진 것 같다(민 13～14장 참조). 사람들(여호수아와 갈렙을 제외하고)은 모세를 따르기를 거절하였고 하나님을 믿지 않았다. 믿음으로 그 땅에 들어가는 대신 불신앙 가운데 뒤로 돌아섰으므로 하나님은 그들을 심판하셨다. 하나님은 이 백성 중에서 20세 이상 되었던 사람들이 모두 죽어 먼지가 되기까지 광야에서 40년 동안 방황하게 하셨다. 시편 90편을 읽을 때(특히 7～11절) 이 점을 명심한다면 새로운 의미를 얻을 것이다. 이 시는 위기에 처한 모세의 개인적인 반응이다. 그는 하나님을 향하여 기도했으며 여호와 안에서 영원히 거할 곳을 구하였다. 몇 년이 지난 후에 모세는 이스라엘에게 이렇게 말하였다. "영원한 하나님이 너희의 피난처시니 그 영원하신 팔이 네 아래 있도다"(신 33 : 27). 모세가 광야에서의 이러한 시련의 해를 보내는 동안 버틸 수 있었던 것은 이러한 종류의 믿음 때문이었다. 아이작 왓츠는 시편 90편을 기초로 하여 "옛부터 도움되시고"(438장) 라는 찬송을 썼다. 이 시를 기억하면서 찬송가를 불러 보자.

1. 영원하신 하나님과 덧없는 인간(1～6절)

여기서 우리는 큰 대조점을 본다. 영원하신 하나님은 역사를 초월하여 존재하신다. 세대는 오고 가지만 하나님은 여전히 동일하시다. "나는 하나님이니 변역지 아니한다"(말 3 : 6 참조). "예수 그리스도는 어제나 오늘이나 영원토록 동일하시니라"(히 13 : 8 참조). 불멸과 영원 사이에는 차이가 있다. 인간은 불멸한다. 즉 그의 영혼은 결코 죽지 않을 것이다. 그러나 하나님은 영원하시다. 그는 시작도 끝도 없으시다. 오직 예수 그리스도를 믿는 믿음으로 인간은 영원의 일부가 되며 영원한 생명을 소유한다. 하나님은 산이 있기 전에 계셨으며(모세 시대의 사람들은 산을 가장 영속적인 것으로 알았다), 사실상 주님은 산을 만드신 분이다. 인간이 덧없는 존재임을 보이는 예는 많다. 흙(3절), 세 시간 가가량 지속되는 밤을 파수함(4절), 곧 말라버릴 소나기 후의 적은 물의 넘침, (5절), 몇 분 동안인 것 같아 보이는 잠(5절), 갑자기 솟았다가 저녁이 되기 전에 베임을 당하는 풀(5～6절) 등이 그러하다. 인생의 짧음에 대한 다른 비유들은 욥기 7～9장이 나온다. 3절은 우리를 창세기 3장 19절로 이끌어 간다(겔 12 : 7 참조). 이 귀절들은 인간이 부분적으로는 먼지와 같고 부분적으로는 신성하다고 잘 말해 준다. 그는 하나님의 형상으로 만들어졌으나 한편으로는 흙으로 만들어졌다. 죄가 아니었더라면 죽음이나 썩는 일은 없었을 것이다.

이 구절들은 왜 인간이 영원한 피난처를 필요로 하는지 설명해 준다. 인간은 덧없는 존재이며, 흙에 지나지 않는 시간 속의 피조물이므로, 영원한 하나님과 바른 관계를 맺지 않으면 아무것도 아닌 존재이다. 그리스도를 믿는 믿음을 통하여만 우리는 하나님을 알 수 있으며 또한 그의 영원한 생명에 참여할 수 있다.

2. 거룩하신 하나님과 죄인(7～12절)

가데스 바네아에서 있었던 이스라엘의 반역은 하나님의 진노를 초래하였다(민 14：11～25 참조). 하나님은 질병으로 이 민족을 치셨으며 상속권을 박탈하셨지만, 모세는 하나님의 약속과 언약들에 기초하여 하나님께 탄원하였다. 모세는 그들의 죄를 용서해 주시기를 기도하였고, 하나님은 40년 동안 광야에서 죽어 가도록 이들을 저주하심으로 끝내 이스라엘을 심판하셨다. 이것은 세계에서 가장 긴 장례 행렬이었다. "죄의 삯은 사망이다."

죄악된 인간은 하나님의 진노 아래 살고 있다. 요한복음 3장 18절은 "믿지 않는 자는 이미 심판을 받은 것임"을 알려 준다. 하나님은 공개적인 죄 뿐만 아니라 은밀한 죄들도 보신다(8절/히 4：13 참조). 그의 날들은 "지는 해와 같이 쇠하며"(9절/밝음에서 어두움으로), 그의 날들은 "탄식하며"("이야기 하다"는 뜻이 아님), 너무도 짧고 공허하고 너무도 빨리 지나간다. 인간은 얼마나 오래 사는가? 모세 당대의 세대는(20세 이상이란 말에 근거하여/민 14：29 참조) 많이 살아도 40년을 살았을 것이다. 20년에서 40년을 더하니 60년이 된다. 모세는 하나님이 10년을 허락하시지 않았더라면 70년이 수한이라고 말한다. 이스라엘에 사는 연로한 사람들은 그 당시 그들의 죄로 인하여 80년을 살지는 못하였을 것이다. 믿음의 사람 갈렙은 가데스 바네아에서 40세였으며, 80세에 가나안에 들어가도록 허락을 받았다(수 14：6～15 참조).

11～12절은 **실제적인 결론**을 내린다. "너의 날을 세고 너의 생명을 계산하라". 하나님의 진노의 능력을 진실로 이해하는 사람은 누구인가? 만일 우리가 그것을 이해한다면 헛된 수고를 하며 우리의 생명을 낭비하지 않을 것이다. 우리는 주님을 경외해야만 하며 그를 높여야 한다. 그리고 그의 영광을 위하여 우리의 짧은 생명을 사용해야 할 것이다. 여호와를 경외하는 것이 지식의 근본이다. 인간은 덧없는 약한 존재이며 또한 죄인이기 때문에 구세주를 필요로 하며 예수 그리스도만이 구세주이시다.

3. 하나님의 축복과 갈망하는 인간(13～17절)

이 마지막 부분은 하나님께서 그의 백성을 축복하시며, 그의 삶을 영광으로 관씌우실 것이라는 연속된 기도를 포함하고 있다. 인간은 아무 목적도 없이 이 세상에 있는 것이 아니다. 살다가 죽는 동물과 같지 않다. 인간은 하나님의 형상으로 지음을 받았으며, 그의 삶이 무엇인가를 성취하며 의미있는 것이 되기를 열망한다. 수 많은 대중들은 오늘날 무의미한 존재로 이해되고 있다. 인생에 목적이 없으며 아무런 도전도 없다. 그들에게는 예수 그리스도께 순복하고 바울과 같이 "내게 있어 사는 것은 그리스도니 죽는 것도 유익하다"고 말하는 것이 참으로 필요하다(빌 1 : 21 참조).

모세는 **하나님의 호의**를 얻기 위하여 기도한다(13절). 물론 하나님은 인간처럼 "회개하는" 일은 없으시다. 왜냐하면 결코 죄를 범하시지 않기 때문이다. 하나님이 돌이키실 때는 자기 백성을 다루는 법을 변경시키신다(출 32 : 12/신 32 : 36 참조). 하나님은 이스라엘을 막 심판하셨고, 이제 모세는 하나님께 기도하며 이스라엘을 용서하시고 호의와 축복의 지위로 회복시켜 달라고 요청한다.

모세는 **기쁨**을 구한다(14~15절). 40년 동안 끊임없이 방황과 죽음을 직면해야 했던 일을 상상해 보자. 이들은 날마다 수백 명씩을 장사지내야 했던 것이다. 이러한 환경에서 무슨 기쁨이나 즐거움이 있었겠는가? 기쁨은 여호와를 통해서만 올 수 있었다. 14절은 이런 의미를 전달한다. "주님의 자비로써 아침에 우리를 만족케 하옵소서." 유대인들은 아침마다 무슨 일을 하였는가? 일찍 나가서 하늘의 만나를 거두어 들였다(출 16장 참조). 모세는 이렇게 말하고 있다. "여호와여 우리가 새 날을 맞아 깨어날 때 아침마다 우리를 면대하사 당신의 말씀으로 우리를 먹이소서. 당신이 함께 계심으로 말미암아 기쁨을 얻게 하옵소서." 현대를 사는 그리스도인들이 주님과 더불어 자기의 날을 시작하며 말씀을 읽고 기도를 드린다는 것은 중요한 일이다. 15절에서 그는 그들이 맛 본 슬픔에 비례하여 즐거움을 달라고 요청한다. 그리스도인으로서 우리는 고린도후서 4장 16~18절에서 훨씬더 큰 약속을 소유하고 있다. "우리의 잠시 받는 환란의 경한 것이 지극히 크고 영원한 영광의 중한 것을 우리에게 이루게 함이니"(17절). 참으로 놀라운 약속이다. 로마서 8장 18절에서 바울의 말에 귀를 기울이라.

모세는 **하나님의 행사**가 이루어질 것을 기도한다(16절). 그는 하나님의 능력이 그의 백성을 위하여 역사하는 것을 보기를 갈망한다. 물론 역사적으로 이 일은 이스라엘이 약속의 땅을 소유하게 되는 것을 뜻한다. 모세가 민수기 14장 13~19절에서 하나님께 주장하는 것을 보자. 이스라엘이 광야에서 방황한다는 것은 확실히 하나님께 영광이 되는 일은 아니었다. 이스라엘이 요단강을 횡단하여 능력으로 그 유업을 주장할 때 하나님께 영광이 되었다. 16절에서 모세는 자신의 즐거움보다 하나님의 영광을 더욱 생각한 것에 주목하자.

모세는 **인간의 사역**을 하나님이 축복해 주실 것을 위해 기도한다(17절). 16절과 17절 사이에는 놀라운 연관관계가 있다("주의 일 : 우리 손의 사역"/"주

의 영광 : 우리 위에 있는 여호와 하나님의 아름다우심"). "아름다움"이란 단어는 "하나님이 은혜로우시며 친절하시다"는 뜻이다. 시편 27편 4절에서 우리는 여호와의 아름다우심을 본다. 그러나 우리는 여기서 주님의 아름다우심에 참여한다. "우리가 그와 같을 줄을 아는 것은 그의 계신 그대로 볼 것을 인함이다"(요일 3 : 2) 참조). 모세가 **인간의 손의 사역**에 대하여 기도할 때 무엇을 뜻한 것일까? 그것은 단순하다. 우리의 삶이 낭비되어서는 안되며, 하나님이 우리를 인도하시고 축복하셔서 우리가 하는 일이 영원히 지속되기를 구하는 것이다. "하나님의 뜻을 행하는 자들은 영원히 거한다"(요일 2 : 17 참조). 모세는 유대인들이 광야에서 방황하는 것을 지켜보며 그들의 삶이 아무 소용 없이 낭비되는 것으로 생각했다. 하나님의 사람으로서, 그는 자기의 삶이 낭비되는 것을 원하지 않는다. 그는 자기의 생애가 하나님의 영광으로 간주되기를 원한다. 따라서 그는 하나님의 사역이 모세 안에서, 그리고 모세를 통하여 창설되기를 기도한다. 예수께서는 두 건축자의 비유를 통하여 같은 생각을 하셨다 (마 7 : 21~29 참조).

예수 그리스도를 떠난 삶은 견딜 수가 없는 것이다. 만일 하나님도 없고 영광도 없는 것이라면 왜 삶의 시련을 견뎌야 하는 것인가? 만일 그렇다면 우리는 "오늘 먹고 마시자 내일은 죽으리라"라고 말하는 죄인들과 같다(고전 15 : 32 참조). 그러나 삶은 짐이 아니며 탄식도, 밤의 잠도 아니다. 예수 그리스도께서 다스리고 계시면 인생은 모험이며 도전이고 영원에 대한 투자이다! "여호와여 우리의 날 계수함을 가르치사 매일 예수 그리스도를 위하여 살도록 도우소서!"

하나님의 말씀

—시편 119편—

이 시는 여러 가지 면에 있어서 특이하다. 이 시는 가장 긴 시이며(176절) 또한 각 행의 첫 글자를 맞춘 시이다. 성경의 번역판들이 많지만 그 대부분에서 본 시는 히브리 알파벳의 순서에 따라 22절씩 된 부분이 연속하여 나온다(알레프부분, 테트부분, 김멜부분 등). 히브리성경에서는 각 부분의 첫 절이 히브리 알파벳으로 시작된다. 예를 들면 "알레프"부분(1~8절)의 각 줄은 모두 알레프로 시작된다. "테트"부분을 살펴볼 때(65~72절), 67절을 "Til"로 시작하고 71절을 "Tis"로 바꾸어 시작한다면 각 줄 모두가 영어 문자 "T"로 시작하게 된다(히브리어의 "테트"와 같다). 유대인들은 암송하기 편리하게 하기 위해 이와 같은 방법으로 썼다. 시편 119편을 암송하는 것을 상상할 수 있는가?

본 시를 쓴 사람은 자신을 325회나 말하고 있지만, 누가 썼는지 알 수 없다. 그는 하나님의 율법을 사랑하므로써 고난을 당하고 있으나(22, 50~53, 95, 98, 115절) 어떤 값을 치르더라도 말씀에 순종하기로 결심하였다. 세 구절을 제외하고는 모두 성경을 말하고 있다(84, 9, 132절). 하나님은 각 구절마다 언급되어 있다. 본 시는 8이란 숫자에 맞추어져 있다. 각 부분은 여덟 구절로 되어 있고, 하나님의 말씀을 일컫는 여덟 가지 목록과 여덟 가지의 말씀에 대한 상징, 말씀에 대한 여덟 가지 신자들의 책임이 있다. 히브리어에서 8이란 수는 "풍성함, 충분한 것보다 많은"의 뜻이다. 8은 부활의 수이다(안식일 다음 날, 제 8일에 그리스도께서 부활하셨다). 기자는 이렇게 말하는 듯하다. "하나님의 말씀은 충분하다. 성경이 있으면 당신은 필요한 모든 것을 가진 것이다." 성경은 우리에게 그리스도를 지적하고 있다. 그는 성경에서 말하고 있는 바 살아 있는 말씀이시다. 어떤 의미에서 시편 119편은 시편 19편 7~11절을 확대한 것이다. 본 시의 첫 아홉 구절들 가운데서 성경의 주된 명칭 여덟 개가 나오는 것을 살펴보자. 여호와의 율법(1절), 증거(2절), 도(3절), 법도(4절), 율례(5절), 계명(6절), 판단(7절), 말씀(9절) 등, 이러한 말들은 이 시에서 여러 번 반복된다.

1. 성경은 무엇인가?

1 **깨끗하게 하는 물**(9절) —이 전체 부분(9~16절)은 죄를 이긴 승리를 다룬다. 특히 젊은 사람들이 유혹을 물리치기 위해서는 이 말씀을 간직하고 암송해야 할 것이다. 말씀을 읽을 때에 그에 대하여 묵상하라. 말씀은 속 사람을 정화시킨다. 이는 물이 몸을 정결케 하는 것과 마찬가지이다(요 15:3/엡 5:25

~27 참조).

[2] **부와 보물**(14, 72, 127, 162절) —가격과 가치의 차이를 모르는 사람이 너무도 많다. 실제로 성경은 구입 가격은 대단치 않을 것이지만, 참으로 놀라운 보물창고이다. 만일 우리가 하나님의 말씀을 잃어버린다면 어떤 기분이 들 것인가. 그리고 무엇으로 대치할 수 있는가?

[3] **동료와 친구**(24절) —그는 객이었고(19절), 교만한 자들에게 거절당하였으며(21절), 방백들도 그를 거절하였다(23절). 그러나 그는 언제나 말씀으로 그의 고문이 되게 하였다(잠 6：20~22 참조).

[4] **노래**(54절) —율례로부터 흘러 나오는 노래를 상상해 보라. 인생은 순례의 길이다. 우리는 거주자가 아니라 "여행자"이다. 세상의 노래들은 우리에게 아무런 의미가 없다. 그러나 하나님의 말씀은 우리의 마음에 있어서 노래가 된다.

[5] **꿀**(103절)— 말씀의 맛은 달다. 그리스도인이 만족을 얻기 위하여 세상의 "꿀"을 소유한다는 것은 슬픈 일이다(시 34：8/벧전 2：7/욥 23：12 참조).

[6] **등불**(105, 130절) —세상은 어두우며 성경만이 의존하고 믿을 만한 빛이다(벧후 1：19~21 참조). 성경은 우리가 순종함으로 행할 때에 한 번에 한 걸음씩 인도한다. 요한일서 1장 5~10절은 우리가 주님의 말씀에 순종할 때에 빛 가운데서 행함을 말해 준다.

[7] **많은 탈취물**(162절) —가난한 군인들이 적을 무찌른 다음에 탈취물로 말미암아 부유해진다. 말씀의 부요함은 쉽게 얻어지는 것이 아니다. 먼저 사단과 육신에 대한 영적인 전투가 있어야만 한다. 그러나 그것은 가치있는 전쟁이다(눅 11：14~23 참조).

[8] **기업**(111절) —성경은 얼마나 귀중한 유업인가! 그리고 우리가 이러한 유업을 가지도록 하기 위하여 고난을 받고 죽임을 당한 수 많은 사람들을 생각해 보자.

2. 성경이 하는 일

[1] **축복한다**(1~2절) —성경은 축복을 지닌 책이다(시 1：1~3 참조).

[2] **생명을 준다**(25, 37, 40, 50, 88, 93절)—"소생시킨다"는 말은 "생명을 준다"는 말이다. 베드로전서 1장 23절에는 우리가 말씀을 믿을 때에 영원한 생명을

얻는다고 기록되어 있다. 성경은 살아 있는 말씀이다(히 4：12). 또한 말씀은 우리가 연약하고, 용기를 잃고, 좌절했을 때 우리를 소생시킨다.

3 **힘을 준다**(28절) ― 말씀을 신뢰할 때 우리는 격려를 받는다(마 4：4/신 33：25 참조).

4 **자유를 준다**(45절)― 이것은 자유를 주는 법이다. 죄는 우리를 지배하려 하지만(133절) 말씀은 우리를 자유롭게 한다(요 8：32). 참된 자유는 하나님의 뜻에 순종하는 데에 있다.

5 **지혜롭게 한다**(66, 97～104절) ― 사람들은 다른 책에서 지식과 사실들을 얻는다. 그러나 참된 영적인 지혜는 성경에서 발견된다. 97～104절에는 원수, 선생, 노인 등 여러 가지 방법으로 진리를 얻을 수 있음을 제시한다. 물론, 이 모든 것들은 유익하다. 그러나 이 모든 것 위에 성경의 지식이 있다. 선생들은 책을 통하여 지식을 얻으며, 연로한 자들은 경험으로 지식을 얻는다. 이 둘은 다 존경을 받아야 할 것들이다. 그러나 이러한 것들은 성경을 떠나서는 온전하지 못하다.

6 **친구들을 만든다**(63절) ― 성경을 알고 순종하면 가장 훌륭한 친구들에게로 인도함을 받는다. 하나님의 말씀을 사랑하는 사람들이 참된 친구들이다. 세상적인 지혜와 부로써 현혹시키는 잘못된 친구들이 있으나, 그들의 우정은 우리를 곁길로 가도록 인도할 것이다. 성경에 "밀접한" 사람들과 밀접한 관계를 가져야 한다(31절).

7 **위로를 준다**(50, 76, 82, 92절) ― 이 시편 중에서 60절 이상은 시련과 박해를 언급한다(22, 50～53, 95, 115절 등). 말씀에 순종하려는 신자는 이 세상에서 시련을 당하게 될 것이다. 그러나 성경은 그에게 지속적인 위로를 준다. 위로자이신 하나님의 영은 하나님의 말씀으로 우리의 마음에 적용시켜 우리를 위로하신다.

8 **방향을 제시한다**(133절) ― 행한다(걷는다)라는 단어가 시편 119편에 여러 번 사용된다. 말씀은 걸을 때나 달릴 때에 우리의 발걸음의 방향을 정해 준다(32절). 35절과 116～117절에 있는 기도들을 눈여겨 보자. 우리가 인도하심을 받고자 기도할 때에 여호와는 그의 말씀을 통하여 응답하신다.

3. 우리가 성경으로 해야 하는 일

1 **사랑하라**(97, 159절) ― 당신이 성경을 대하는 태도는 곧 그리스도를 대하

는 태도이다. 주님을 사랑하는 것은 그의 말씀을 사랑하는 것이다. 말씀은 즐거움이며(16, 24, 35, 47, 70절), 실망이 아니다. 우리는 말씀을 읽는 것을 기뻐한다(14, 162절).

[2] **존중하라**(72, 128절)—성경을 높이 평가하고 굳게 붙드는 것은 참된 성도의 표시이다.

[3] **연구하라**(7, 12, 18, 26~27절)—최소한 12회 이상 시편 기자는 "나를 가르치소서"라고 기도한다. 성경을 매일 연구하는 그리스도인들은 하나님의 축복을 받게 될 것이다. 성경 연구가 언제나 쉽지만은 않다는 것은 맞는 말이다. "전심"을 요구하기 때문이다(2, 10, 34, 69, 145절). 우리는 다른 책들을 읽고 죄악된 마음을 가질 수도 있다. 그러나 성경을 읽으면 그럴 수 없다. 성경 연구보다도 이 세상이나 영원 세상에서 더욱 큰 보상을 받을 만한 연구 대상은 없다.

[4] **암기하라**(11절)—"최고의 목적을 위하여 최고의 위치에 있는 최상의 책이다!" 젊은 사람들이나 어린 아이들뿐만 아니라 모든 연령층의 사람들이 말씀을 암기해야 한다. 여호수아는 하나님의 율법을 암기하라는 명령을 받았을 때 젊은이가 아니었다(수 1：8 참조). 한 주일에 한 구절을 학습한다는 것은 그 얻는 유익을 생각한다면 그리 어려운 일은 아닐 것이다. 그러나 어떤 신자들은 그들 마음의 보물 창고에 새로운 구절들을 간직할 시간을 내지 못하고 있다.

[5] **묵상하라**(15, 23, 48, 78, 97, 99, 148절)—몸에는 소화 기능이 있듯이 영혼에는 묵상이 있다. 묵상한다는 것은 마음과 정신에 하나님의 말씀을 "펼친다"는 뜻이다. 말씀을 검토하고 성경 구절들을 비교하며 그 놀라운 진리들을 "공급받는" 것이다. 이 소란하고 혼란한 시대에 있어서 묵상이란 어려운 일이다. 암기하지 않으면 묵상은 불가능하다.

[6] **신뢰하라**(42절)—매사에 말씀을 신뢰하라(128절). 성경은 진실하며, 온전히 신뢰할 수 있다. 성경과 더불어 논쟁한다는 것은 하나님과 논쟁하는 것이다.

[7] **순종하라**(1~8절)—말씀을 지킨다(유지한다)는 것은 말씀에 순종하는 것이며, 명령에 따라 행하는 것이다.

[8] **선포하라**(13, 26절)—순종할 때 우리는 말씀을 증거하며 주께서 우리에게 행하신 일들에 대해 다른 사람들에게 말할 수 있다.

잠　　언

—서론과 개요—

잠언 서론

□ **제목** : 영어 단어 잠언(proverb)은 pro(…대신)과 verba(말들)이라는 두 개의 라틴어 단어로 이루어졌다. 따라서 잠언이란 "많은 말을 대신하여"라는 하나의 문장이다. 즉, 잠언은 지혜로운 원리들을 요약한 짧은 서술들이다. 잠언으로 번역된 히브리 단어는 "비교"라는 뜻이다. 앞으로 살펴보겠지만 솔로몬의 잠언들은 비교와 대조로 이루어져 있다. 대부분의 동양 사람들처럼 유대인들은 잠언을 통하여 많은 것을 교훈하였다. 이 짧고 "흥미있는" 문장들은 암기하기에 쉽게 되어 있다.

□ **저자** : 본 서의 곳곳에서 솔로몬이 이 책에 있는 잠언의 대부분을 썼다고 말하는 것을 볼 수 있다(1 : 1/ 10 : 1/ 25 : 1 등). 열왕기상 4장 32절에 보면 솔로몬이 3, 000잠언을 말했다고 전하고 있는데, 물론 이것은 공식적인 기록이다. 히스기야의 사람들(히스기야가 성경을 필사하기 위하여 고용한 기록자들)이 잠언 25～29장에 나오는 자료를 베껴 넣었으며, 반면에 잠언 1～24장은 솔로몬왕이 직접 썼다. 30～31장의 내용은 다른 저자들이 쓴 것에서 자료를 발췌한 것이다. 31장 1절에 나오는 르무엘왕이 사실은 솔로몬이라고 믿는 사람들도 많다. 솔로몬은 말년에 우상 숭배와 어리석은 행위로 등을 돌리기는 하였으나, 그가 지혜로 인하여 널리 알려진 사람인 것은 분명하다.

□ **주제** : 핵심 단어는 지혜이다. 우리는 일반적으로 "지혜"라 하면 "지식을 적절하게 사용할 수 있는 능력"이라고 생각하는데 이것은 실천면에 있어서의 정의이고, 성경에서 지혜라 말하는 것은 훨씬 많은 뜻을 지니고 있다. 이것은 정신만의 문제가 아니라 마음의 문제이며 영적인 문제이다. "세상의 지혜"(고전 2 : 1～8/ 약 3 : 13～18)가 있고 위로부터 오는 하나님의 지혜가 있다. 잠언에서 **지혜**는 남자를 불러 축복과 성공의 생활로 인도해 가는 사랑스런 여인으로 묘사되어 있는 반면에 **어리석음**은 미련한 자들을 유혹하고 지옥으로 인도하는 사악한 여인으로 묘사되고 있다. 물론 신자에게 있어서 하나님의 지혜는 예수 그리스도이시다(고전 1 : 24, 30 참조). 잠언 8장 22～31절에서 솔로몬의 지혜에 대한 설명은 예수 그리스도를 보게 한다. 지혜는 영원하여(22～26절) 모든 만물의 창조자이며(27～29절), 하나님의 사랑을 받는 존재로(30～31절) 묘사

되어 있다. 우리는 즉시 요한복음 1장 1~2절과 골로새서 1장 15~19절을 생각하게 된다. 우리의 삶을 그리스도께 양도하고 순종한다는 것은 참된 지혜이다.

□ **우매자** : 잠언은 지혜를 절실히 필요로 하는 사람들을 세 부류로 언급한다. 즉, 미련한 자와 거만한 자, 어리석은 자이다(1 : 22). **미련한 자**는 빡빡하고 활발하지 못하고 부주의하며, 자기 만족에 빠져있는 사람이다. 사무엘상 25장에 나오는 나발은 좋은 표본이다. "나발"이라는 이름은 "미련하다. 어리석다"는 뜻이다. 미련한 자는 교훈을 싫어하고(1 : 7, 22), 자기 자신을 신뢰하며(12 : 15), 생각없이 말하고(29 : 11) 죄를 가볍게 여긴다(14 : 9). **어리석은 자**란 모든 일을, 그리고 모든 사람을 믿는 사람으로서(14 : 15) 분별이 없다. 그는 이해력이 결여되어 있어 다른 사람들에게 쉽게 이끌려 간다(7 : 7). 그는 앞을 볼 수 없으며(22 : 3), 그 결과로 계속 문제거리에 봉착한다. **거만한 자는** 자신에게 하나님의 지혜가 너무 높기 때문에 오히려 조롱한다(14 : 6). 그러나 그는 사실을 시인하지 않는다. 그는 모든 것을 안다고 주장한다(21 : 24)! "미련한 자"라는 히브리 말을 직역하면 "얼굴을 찌프리다"라는 뜻이다. 우리는 그가 코웃음을 치며 경멸하여 입술을 삐죽거리는 것을 볼 수 있다. 그는 책망으로도 유익을 얻지 못하며(9 : 7~8/ 13 : 1), 그 결과 어느 날 심판을 받게 될 것이다(19 : 25).

□ **지혜로운 사람** : 잠언은 지혜로운 사람의 성품을 우리에게 요약해 준다. 그는 교훈에 귀를 기울이며(1 : 5), 그가 듣는 말에 순종하고(10 : 8), 그가 배운 것을 간직하며(10 : 14), 다른 사람들을 여호와께 인도하며(11 : 30), 죄를 피한다(14 : 16). 자기의 혀를 지키며(16 : 23), 자신의 일과에 부지런하다(10 : 5).

□ **가치** : 잠언은 일상생활에서 실천적인 지혜를 주는 안내서로서 우리에게 가치있는 책이다. 잠언은 혀, 돈, 우정, 가정, 사업관계 등에 관하여 말한다. 신자(특히 젊은 사람들)가 잠언을 하루에 한 장씩 읽으면 좋을 것이다. 그렇게 하면 한 달에 잠언 전체를 읽게 된다. 신약의 곳곳에 잠언이 인용되어 있다(롬 3 : 15 -잠 1 : 16 / 히 12 : 5~6, 계 3 : 19 -잠 3 : 11~12 / 약 4 : 6, 벧전 5 : 5 -잠 3 : 34 / 롬 12 : 20 -잠 25 : 21~22 / 벧후 2 : 22 -잠 26 : 11).

잠언 개요

●서론 / 1장 1절~19절

1. 지혜의 부름 / 1장 20절~9장 18절

[1] 구원을 위한 지혜 / 1장 20절~4장 27절
(1) 정죄를 부르는 어리석음 / 5장
(2) 빈곤을 부르는 어리석음 / 6장
(3) 죽음을 부르는 어리석음 / 7장
[2] 부요함을 위한 지혜 / 8장
[3] 생명을 위한 지혜 / 9장

2. 지혜의 대조 / 10~15장

지혜와 어리석음에 대한 연속적인 대조

3. 지혜의 조언 / 16~31장

대조가 아닌 실천적인 문제에 대한 잠언

*　　　*　　　*　　　*　　　*

●2~4장

지혜의 첫번째 부름(1 : 20~31)에 이어 세 장은 지혜에 이르는 길을 제시한다. 여기에는 "길"이라는 단어가 자주 사용되고 있다(2 : 8~9, 13, 15, 18~20 / 3 : 6, 17 / 4 : 11, 14, 17~18, 25~26 참조). 각 장의 개요는 다음과 같다.

2장—지혜는 우리의 길을 보호한다(2 : 8)
3장—지혜는 우리의 길을 지시한다(3 : 5~6)
4장—지혜는 우리의 길을 완전케 한다(4 : 18)

지혜는 우리를 하나님의 장비로 무장시키고(2 : 7) 우리의 길을 경계함으로 보호하며, 우리를 죄로 인도하는 부정직한 사람들과(12~15절) 음녀에게서(16~22절) 우리를 지킨다.

지혜는 우리가 여호와의 말씀에 청종하며(3 : 1~4) 그를 의뢰하고(5절) 인정하며 (6절), 여호와를 경외하며(7절) 공경하며(9절) 그에게 순복할 때에 우리의 길을 지시한다.

지혜는 우리의 길을 완전케 한다. 우리가 그 길을 따라 걸을 때 그 길은 더욱 더 빛나고 밝게 된다(4 : 18)! 1 ~ 13절에서 하나님은 지혜가 우리를 위하여 하는 일이 무엇인지를 보여 주시며, 20 ~ 27절에서는 지혜를 어떻게 다루어야 축복을 받을 수 있는지를 말씀하신다. 본 장을 주의깊게 읽어 보자.

지혜와 어리석음

—잠언 1～9 장—

이 부분에서 우리는 남자의 마음을 사로잡아 얻으려 유혹하는 두 여인, 즉 지혜와 어리석음에 대해 살펴보게 된다. 잠언의 개요에는 지혜와 어리석음의 부름이 세 가지로 대별되어 있다. 지혜는 우리를 하나님과 생명을 향하여 부르지만, 어리석음은 죄와 심판으로 이끈다. 여기서 여섯 가지 중요한 초청을 연구하며 대조해 보자.

1. 지혜의 첫번째 부름—구원(1 : 20～31)

이 지혜는 공개적인 부름으로서 사람들이 보고 들을 수 있는 거리에서의 외침이다. 사람들을 향한 하나님의 부르심은 은밀한 것이 아니다. 성령은 사람들을 그리스도께로 공개적으로 초청한다. 지혜가 세 부류의 사람들, 즉 미련한 자와 거만한 자, 어리석은 자 모두를 초청하고 있음에 유의하자(1 : 22). 지혜는 심판이 임하는 것을 알 수 있으며, 죄인들이 거기에서 피하기를 원한다. 또한 들으려 하는 자에게 놀라운 것, 즉 하나님의 성령과 하나님의 말씀을 제공한다(23절).

이 부름에 대하여 죄인들은 어떻게 반응하는가? 대체로, 그들은 거절하는 것처럼 보인다! 24～25절에서는 그들의 반응에 대해 묘사하고 있다. 그들은 주의를 기울이지 않으며 하나님의 편 팔을 돌아보지도 않고, 또한 그것을 경시한다. 그 결과는 다만 파멸일 뿐이다! 그들이 지혜를 비웃었듯이 하나님은 그들을 비웃으실 것이다. "그들이 부를지라도 내가 대답지 아니하리라!"고 말씀하신다. 그들은 뿌린 대로 거두게 될 것이다. 그들이 하나님의 은혜로운 선물을 거절하는 이유가 무엇인가? 32절에서 보면 미련한 자의 "안일함"과 어리석은 자의 "형통함"이 그들에게 잘못된 확신을 갖게 하며, 결코 심판을 보지 않으리라고 생각하게 한다.

지혜는 사람들에게 구원을 제공하지만, 어리석음은 정죄를 제공한다(5장). 하나님의 은혜로운 초청이 있는 곳마다 사단의 유혹이 함께 한다. 이 사악한 여인에 대한 묘사를 읽고 사단이 죄를 아름답고 매혹적인 것으로 꾸미기 위해 얼마나 노력하는지 보라. 그러나 5장에서는 "그 발은 사지로 내려가며 그 걸음은 음부로 나아간다"고 말한다. 하나님은 우리에게 그의 문에 가까이 가지 않도록 경고하신다(7～8절). 죄는 항상 값을 치른다. 우리의 명성을 잃을 수 있으며(9절) 우리의 모든 소유와(10절) 건강과(11절) 목숨(22～23절)을 잃을 수 있다. 죄의 매는 끈은 서서히 이끌어 매지만, 그러나 어느 날 탈출할 수 없게 매어져 있음을 발견하게 될 것은 확실하다.

2. 지혜의 두번째 부름－부요(8 장)

지혜는 다시 거리로 돌아가서 하나님의 길을 따르라고 사람들을 부른다. 5절에서 지혜는 어리석은 자와 미련한 자를 부르고 있지만, 거만한 자는 제외되어 있다. 그는 1장 25～26절에서 보듯이 비웃고 조롱하는 자로서, 하나님은 그를 지나쳐버리셨다. 사람의 마음이 너무도 굳어 있어서 더이상 하나님의 음성을 들을 수 없다는 것은 얼마나 심각한 일인가!

참된 부요를 가져다 주는 지혜는 은이나 금, 또는 보석류보다 더욱 승한 것이다(10～11절). 잠언 4장 1～10절을 보면 유사한 훈계가 나와 있다. 사실상, 하나님의 지혜를 알면 왕처럼 통치하게 된다(15～16절) 18～19절은 지혜와 거룩한 이 모든 세상적인 부요함보다 더욱 가치있는 것임을 재차 강조한다. 결국, 하나님을 알고 그에게 순종하는 것은 우리의 마음에 있어서 하늘과 땅의 모든 부를 소유하는 것이다. 22～31절에서, 솔로몬은 구약적 상징으로서 예수 그리스도를 하나님의 지혜로 소개한다(고전 1：24, 30 참조). 이 설명을 통하여 우리는 하나님의 사랑하시는 아들이요 우주의 창조자이신 그리스도를 보게 된다. 그를 아는 것은 참다운 지혜를 갖는 것이다. 물론, 그리스도는 영원 전부터 계신 분이므로 하나님에 의해 창조된 존재로서 "태어나는" 것은 아니며(24～25절), 이것은 상징적인 말로 쓰인 것이다.

지혜는 우리를 부요함으로 인도하지만, 어리석음은 빈곤으로 인도한다(6：20～35). 우리는 "음녀"가 화장을 하고 달콤한 말로 꾀어 젊은이들을 죄로 이끌어 가는 것을 다시 보게 된다. 26절은 죄가 빈곤으로 인도함을 명확하게 설명하며, 또한 31절에서도 같은 설명이 반복되어 있다. 진실로, 오늘날 많은 불경건한 사람들이 번영하는 것처럼 보이지만, 그들의 부요함은 만족스럽지도, 영속적이지도 못하다.

3. 지혜의 세번째 부름－생명(9 장)

지혜의 첫번째 부름은 미련한 자와 거만한 자, 어리석은 자 모두를 부르며, 두번째 초청은 미련한 자와 어리석은 자를 향한 것이었다. 그러나, 이 세번째 부름은 단지 어리석은 자만을 향한 것이다(9：4). 미련함은 어리석음을 추종함으로 인하여 8장 36절에서 죽음을 경험한다(1：22／미련한 자는 지식을 미워한다). 유감스럽게도 그 역시 지혜의 은혜로운 부름을 거절하여 결국 음부의 깊은 곳으로 내려가는 것이다(9：18)! 이 부름들과 그 결과를 요약해 보자.

●**거만한 자** : 지혜를 거절하여 파멸에 이른다(1 : 24~27).
어리석음에 귀를 기울여 멸망을 받아들인다(6 : 32).
●**미련한 자** : 지혜를 거절하고 죽음에 이른다(8 : 36).
어리석음에게서 배우고 죽음을 얻는다(5 : 22~23).
●**어리석은 자** : 지혜를 거절하고 음부의 깊은 곳에 인도된다(9 : 18).
어리석음을 경청하고 음부의 깊은 곳으로 내려간다(7 : 27).

그 교훈은 명백하다. 지혜를 거절하는 것은 어리석음을 받아들이는 것이다. 중간지점이란 없다. 예수께서는 "나와 함께 하지 않는 자는 나를 반대하는 자"라고 말씀하셨다. "아무도 두 주인을 섬길 수 없으며" 어떠한 주인도 섬기지 않을 수 있는 사람이란 없다. 우리는 지혜가 아니면 어리석음을, 그리스도가 아니면 죄를 따르게 된다.

1~6절은 지혜가 놀라운 잔치를 예비하고 있음을 보여 준다. 이것은 우리에게 그리스도의 비유 가운데의 여러 가지 잔치를 상기시킨다(특히 눅 14 : 15~24). 구원은 장례식과 같지 않은 축제이다. "어리석음을 버리고 살라!" 지혜는 그리스도를 받아들이는 것만이 생명을 얻는 유일한 길이기 때문에 소리 높여 부르고 있다(요일 5 : 11~13). "나로 말미암아 네 날이 많아지리라"고 지혜는 약속한다(11절). 이것은 사실이다.

7장에서 어리석음은 사람들을 우매함의 연회로 초대한다. 이것은 미련한 젊은이가 유혹을 가지고 장난치며 결국은 어리석음에 귀를 기울이고, 그 잔치에로 가는 것을 보여 준다. 마치 도살장으로 가는 소와 같지 않은가(22절)! 그가 유혹에 굴복할 때 그는 말 못하는 짐승과 같게 된다! 유혹은 항상 사랑스럽고 즐겁게 보이지만, 거기에는 "죄악의 낙이 잠시" 있을 뿐이며(히 11 : 25) 그 결국에는 사망과 지옥이 있다.

이것들은 사람이 사는 동안 직면하는 것들이므로, 지혜를 듣고 구원과 부와 생명을 누리거나 그렇지 않으면 어리석음(유혹과 죄)을 듣고 정죄와 빈곤과 죽음을 경험할 것이다. 여기에 몇 가지 **실제적인 교훈**이 있다.

1 **우리는 결심해야만 한다.** "결심은 운명을 결정지운다." 누구나 지혜의 길 또는 어리석음의 길을 선택해야만 한다. 이 결정은 연기하거나 피할 수 없는 것이다. 하나를 선택하는 것은 다른 것을 거부하는 것이다. 우리는 결정을 내릴 것인가?

2 **죄는 항상 아첨한다.** 어리석음은 죄를 미화시킬 수 있는 모든 방법을 동원한다. 그것은 결코 참된 본성을 드러내는 일이 없으며, 그 거처가 곧 음부의 입구임을 말해 주지 않는다. 어리석음을 간파하는 유일한 길은 지혜와 더불어 행하는 것이다(잠 2 : 10~22를 주의깊게 읽으라). 지혜와 동행하는 자는 하나님의 말씀을 순종하며, 어리석음에 의해 속임을 당하지 않는다.

③ **타락은 심판을 초래한다.** 지혜를 거부하는 미련하고, 어리석고, 거만한 자는 즉각적으로 비극적인 상황이 전개되지 않는다 해서 "그럼 그렇지!"라고 생각한다. 그러나, 심판이 임한다. 사람은 무엇으로 심든지 그것으로 거둘 것이다.

④ **사단은 육체에 호소한다.** 이 장들에서 볼 때, 사악한 여인("음녀") 이 젊은이들의 정욕에 호소하는 것은 확실하다. 그녀는 그들에게 쾌락을 구하는 데에 몸을 사용할 수 있으며, 그 때문에 고통받지는 않는다고 말한다. 그러나 잠언 5장 1～14절은 성적인 죄가 육과 영에 비극적인 결과를 초래한다는 것을 분명히 명시하고 있다. 성적 풍조와 부도덕이 범람하는 오늘날 (영화, TV, 노래, 광고 등) 젊은이들이 마음과 정신을 순전하게 지키는 것은 중요하다.

⑤ **하나님은 계속 부르고 계신다.** 사람들이 오랫동안 듣지 않아도 하나님은 계속 부르신다. 계속 거절할 때 사람들은 하나님의 말씀에 대하여 귀머거리가 된다. 깨어 있으라! "오늘날 너희가 하나님의 음성을 듣거든 … 너희 마음을 강퍅하게 하지 말라"(히 3 : 7 이하 참조).

하나님의 말씀과 삶

—잠언 2～4장—

예수 그리스도를 알 때 우리는 참된 지혜를 알며(고전 1：24, 30 참조), 그의 말씀을 통하여 일상생활을 위한 지혜를 받게 될 것이다. 이 세 장들 가운데 솔로몬은 젊은이에게 ("내 아들"이 다섯 번 언급됨)' 하나님의 지혜를 붙잡으라고 강권한다. 왜냐하면 하나님의 지혜는 삶에 축복을 가져오기 때문이다("길" —2：8, 13, 15, 18～20/3：6, 17/4：11, 14, 18, 26).

1. 지혜는 우리의 길을 보호한다(2장)

여기서의 핵심 사상은 하나님께서 자기 소유의 사람들을 보호하신다는 것이다(7～8, 11～12, 16절). 인생을 살아가는 길은 쉬운 길이 아니다. 그래서 우리가 나이가 들수록 직면해야 할 위험들이 많아진다. 세상, 육신, 마귀는 우리를 쳐부수려고 나다니고 있으며 우리는 그들의 능력에서 우리를 지키기 위하여 하나님의 지혜를 필요로 한다. 죄인들은 젊은이들을 유혹하려 하며(잠 1：10～19), 때로는 유혹이 너무도 매혹적이어서 저항하기 어려운 경우도 있다. 그러나 성경을 알아 거기 순종하려는 그리스도인은 그들의 권세에서 안전하게 보호를 받게 될 것이다.

1 **자기 백성에 대한 하나님의 명령**(1～9절) —우리는 성경을 통하여 말씀을 받아 마음에 간직하고, 말씀을 향해 마음을 기울이며, 우리의 삶에 그것을 적용시켜야 한다. 하나님께 지혜를 구하여 부르짖으며, 하나님의 뜻을 발견하도록 성경을 탐구해야 한다. 솔로몬은 단순히 "하루에 한 장씩 읽는 것"을 말하고 있는 것이 아니라 그 말씀에 필사적으로 달려드는 것을 뜻한다. 솔로몬은 우리가 그의 말씀 안에서 살 것과 말씀이 우리 안에서 살 것을 주장한다. 4절에서 그는 성경 연구를 귀중한 금을 캐내는 것에 비유한다. 따라서, 여기에는 수고가 따르는 것이다. 말씀의 진리는 "채굴되어서" 개인적인 경험이라는 용광로에 집어 넣어져야 한다. 이 진리는 영적인 동전으로 주조되어야 하며,그래서 미래에 사용할 수 있도록 우리의 보물창고에 간직할 수 있어야 한다(마 13：52). 더 나아가서 이 지혜가 우리의 삶에 방패가 됨으로써(7절), 하나님은 우리의 길을 보호하실 수 있게 될 것이다. 그리스도인이 성경에서 발견되는 하나님의 지혜로부터 고의적으로 돌아설 때 그는 자기 자신, 또는 다른 사람들을 위험에 빠뜨리는 것이다. 롯이나 요나, 다윗을 기억하라!

2 자기 백성에 대한 하나님의 돌보심(10～22절) —솔로몬은 이 세상의 악인과 "이방 여인"으로 인한 큰 위험을 알고 있다. 악인은 그의 "큰 소리"(패역한 입술, 12절)로 알아볼 수 있으며, 그는 젊은이들에게 무슨 "큰 일"을 가지고 있는 것으로 생각하게 하지만 사실은 어두움의 길을 걷고 있으며 어두움의 권세자, 사단에게 조절을 당하고 있다. 악인은 곧은 길을 걸어가는 대신 구부러진 길로 행한다. 따라서 우리는 미련하게 그의 뒤를 추종할 수는 없는 일이다. 악인은 부자가 되고 성공하는 데에 "지름길"이 있으며, 여호와께 불순종함으로써 유익을 얻을 수 있다고 믿게 한다. "이방 여인"에 대해 말하자면, 이 여자는 아첨을 이용하여 육신의 정욕에 호소한다. 그녀는 자신의 남편을 버리고 결혼서약을 깨뜨린다(17절). 그녀는 어리석은 젊은이들을 죽음과 지옥으로 이끌어 간다. 오늘날 신자(특히 젊은 사람들)에게는 그의 길을 보호하기 위하여 말씀으로부터의 하나님의 지혜가 참으로 필요하다!

2. 지혜는 우리의 길을 인도한다(3장)

잠언 3장 5～6절은 하나님의 뜻을 알기를 원하고 하나님의 뜻을 행하기 원하는 그리스도인에게는 귀중한 약속들이다. "믿고, 순종하라." 하나님은 우리가 그의 뜻을 알고, 행하기를 원하신다. 그래서 우리에게 자신의 뜻을 계시하시는 데 열성이시다(엡 5：8～10 / 요 7：17 참조). 하나님께서 우리의 길을 인도하시도록 하기 위해 우리가 해야 할 일들이 있다.

1 말씀에 귀를 귀울이라(1～4절) —하나님의 뜻은 하나님의 말씀에서 발견된다(골 1：9～10 참조). 말씀을 기억하고 숙고해야 하는 것은 정신이 아니라 마음이다. 우리는 성령께서 우리의 마음에 성경을 기록하시도록 간구해야 한다(고후 3：1～3 참조). 우리는 학교에서, 교회 봉사 활동에서, 책을 읽는 등의 일을 통해서 기회가 있을 때마다 말씀을 받아야 한다. 성경을 더 잘 알수록 우리의 삶에 대한 하나님의 뜻을 더 잘 알게 될 것이다.

2 말씀에 순종하라(5～10절) —만일 우리가 진실로 하나님을 신뢰한다면 우리는 주님께 순종할 것이다. 우리는 자신의 지혜가 충분하다고 생각할지 모른다. 그러나, 그렇지 않다. 하나님의 지혜가 필요하다. 5절은 그리스도인이 결정을 내림에 있어서 사실을 생각하거나 고려할 필요가 없다고 가르치는 것은 아니다. 왜냐하면 하나님은 우리가 우리의 두뇌를 사용하는 것을 기대하시기 때문이다. 오히려, 이 귀절은 우리가 우리의 생각과 지혜를 의존하는 것이 아니라, 하나님이 우리를 지시해 주시도록 기도해야 할 것을 의미한다(약 1：5). 순종하려는 마음은 하나님의 뜻을 아는 첫걸음이다(요 7：17 참조). 충성스럽게 바치는 것도 순종의 일부임에 유의하자.

3 **말씀에 순복하라**(11~12절) — 때로는 하나님께서 그의 완전하신 뜻 가운데로 우리를 인도하시기 위하여 징계를 하셔야 하는 때도 있다(히 12：5~11). 우리가 순복한다면 하나님은 징계가 축복이 되도록 하실 것이다.

4 **말씀을 보물로 여기라**(13~26절) — 마태복음 6장 33절은 이 부분에 대한 완전한 요약이다 그리스도를 첫 자리에 두라! 솔로몬은 말씀을 길의 안내자로 삼는 신자에게 찾아오는 축복들을 21~26절에 열거하고 있다. 우리 몸의 각 부분이 어떻게 말씀의 지배를 받아야 하는 것인지 살펴보자(롬 12：1~2 참조).

3. 지혜는 우리의 길을 완전케 한다(4장)

14~19절에서 사악한 자의 길과 의로운 자의 길을 대조하고 있다. 사악한 자의 길은 어두우며, 더욱 어두워지는 반면에 의인의 길은 밝고, 갈수록 더욱 밝아진다. 구원은 우리의 마음에 "동이 트는 것"으로 시작된다(눅 1：77~79에서는 "돋는 해"). 우리가 주님과 함께 행할 때 빛은 더욱 밝아진다. 그리하여 결국은 영원한 빛, 곧 밤이 없는 땅에 들어가게 될 것이다!

하나님은 신자의 길을 완전케 하시기를 원하신다. 주님은 각 생애를 위한 계획을 가지고 계시며 그 계획을 완성하시기를 원하신다(엡 2：10/빌 1：6/ 빌 2：12~13 참조). 솔로몬은 하나님께서 우리의 길을 완전케 하실 때 우리가 따라야 할 몇 가지 교훈을 준다.

1 **지혜를 구하라**(1~13절) — 솔로몬은 이런 말을 하고 있는 것 같다. "내가 어렸을 때에 나의 아버지께서 나를 바른 길로 가르치려 하신 것을 회고해 보니, 이제, 나 스스로 연로한 아버지로서 그분이 하신 일이 옳았음을 안다." 단지 지혜를 얻는 것만으로는 충분하지 않다. 우리는 그것을 마음 속에 간직하여 빠져 나가지 않도록 해야 한다. "훈계를 굳게 잡으라 그리고 협약을 맺으라!" 12절은 지혜로운 사람의 길이 "곤란을 당하지 않으리라"고 약속하고 있는데, 이는 방해를 받지 않는다는 뜻이다. 성경에 순종하는 신자는 함정과 장애를 피할 것이나, 하나님의 뜻을 떠나 멀리 돌아가는 사람들은 이러한 함정과 장애에 부딪힌다.

2 **유혹과 죄를 피하라**(14~19절) — 여기서 솔로몬은 죄와 악에서 분리될 것을 가르치고 있다. 그리스도인으로서 우리는 사람들 가운데서 살며 그들을 그리스도께로 인도해야 하므로 세상으로부터 고립될 수는 없다. 그러나, 그들의 죄의 영향을 받거나 그들의 길로 이끌려 가서는 안된다. 여기에 적합한 옛 격언이 있다. 즉, 배가 물 위에 떠있는 상태는 좋은 것이나, 배 안에 물이 새어 들어오는 것은 좋지 못하다는 것이다. 그리스도인은 이 세상에 있어야만 한다. 그러나 세상이 그리스도인의 마음에 들어와서는 안된다. 이 세상에는 성경의 경고

를 소홀히 하는 어리석은 사람들을 이용하려고 기다리는 사악한 사람들이 있다.

[3] 자신의 삶을 경계하여 지키라(20~27절)－23절은 이렇게 기록하고 있다. "무릇 지킬만한 것보다 더욱 네 마음을 지키라 생명의 근원이 이에서 남이니라." 즉, 이 구절은 인간의 마음이 그들의 삶을 조정하는 주된 기능임을 말해주고 있다. 따라서, 그릇된 마음은 항상 그릇된 삶을 산출한다. 죄가 마음에 들어오는 것을 허용하는 것은 전 생애를 오염시킨다. 또한 솔로몬은 우리의 입술을 지킬 것을 경고한다(24절). 마음이 혀를 조정하는 것은 물론이다(눅 6：45). "고집스러운" 입은 교만하며, 경멸적이고 오만불손한 입이다. 그리스도인은 항상 사랑으로(엡 4：15, 31) 말하며, 소금으로 맛을 내듯해야 한다(골 4：6 참조). 그리고, 우리는 우리의 눈을 지켜서 예수 그리스도와, 우리를 위해 하신 그의 목적에 고정시켜 두어야 한다. 하와는 눈이 배회하도록 버려 두었다가 범죄하게 되었다(창 3：6 참조). 요한은 "안목의 정욕"에 대하여 경고한다(요일 22：15~17 참조). 삼손은 자기 앞에 놓인 길을 "똑바로 쳐다보지 않고" 사자에게서 난 오염된 꿀을 쳐다보다가 온갖 종류의 죄 가운데 빠지게 되었다(삿 14：8 이하).

이제 마지막으로 솔로몬은 우리의 길을 숙고하고 우리의 삶을 검토하여 우리의 위치가 어디인지 알아보라고 강권한다. 어떤 위인은 "검토되지 않은 삶은 살 만한 가치가 없다"고 말했다. 주님은 우리의 삶(생명)을 심사숙고하고 계신다(5：21). 따라서, 우리도 우리의 삶을 검토해야만 한다.

혀로 말미암는 죄

—잠언 12, 18장—

잠언에는 혀에 대한 관련 구절들이 많다. 12장과 18장에는 혀에 대한 구절들이 여러 번 나오기 때문에 본 장을 읽으라고 제시했는데, 당신은 아마도 실천의 책인 본서(잠언)의 다른 관련 구절들도 찾아 검토해 보고 싶을 것이다. 우리는 "말하는" 놀라운 은사를 당연한 것으로 받아들이며, 마땅히 경계하고 하나님의 영광을 위하여 사용하여야 할 것을 남용한다.

혀의 죄에 대하여 몇 가지 생각해보기 앞서 "경건한 혀"의 축복들에 대하여 살펴보기로 하자(물론 이것은 거룩한 마음을 뜻한다. 왜냐하면 혀는 마음에 있는 것을 말하기 때문이다). 선을 위하여 사용하였을 때 혀는 가치있는 은과 같다(10 : 20). 이것은 아름답고 열매맺는 생명나무이며(15 : 4/ 12 : 14/ 18 : 20), 새롭게 하는 샘이요(18 : 4/ 10 : 11), 건강을 위한 양약이다(12 : 18/ 약 3장 참조).

혀는 바른 목적, 즉 사람들에게 평화를 가져다주고(15 : 1, 26), 잘못을 행한 자에게 지혜롭게 책망하며(25 : 12/ 28 : 23), 잃어버린 영혼을 죽음에서 구원하며(11 : 9/ 14 : 3～5, 25/ 12 : 6), 사람들에게 하나님의 것을 가르치고 (15 : 7/ 16 : 21, 23/ 20 : 15) 복음의 좋은 소식을 전하는(25 : 25) 데에 사용되어야 한다.

그러나 사단과 육신이 혀를 붙들고 있으면 무서운 결과를 초래한다. 다른 어떤 것보다도 혀로 말미암아 삶과 가정과 교회에게 손상을 입히는 경우가 많을 것이다. 마땅히 하나님을 찬양하고 기도하며 다른 사람들에게 그리스도에 대하여 증거하는 데에 사용되어야 할 혀가 명예를 손상시키고, 다른 사람들에게 문제를 일으키는 데에 사용되는 것을 깨닫게 될 때 슬프지 않을 수 없다. 혀는 몸의 "작은 지체"이지만(약 3 : 5 참조), 의의 도구로서 하나님께 양도되어야 할 지체이다(롬 6 : 12～13 참조). 혀가 범하는 죄들에 대하여 조금만 생각한다면 우리의 언변의 은사를 좀더 주의깊게 사용해야겠다는 생각을 불러 일으킬 것이다.

1. 거짓말(12 : 17～22)

하나님은 거짓말하는 혀를 미워하신다(6 : 16～17). 때때로 거짓말하는 혀는 아나니아와 삽비라같이(행 5장 참조), 그리고 사악한 유다와 같이 마음의 죄를 가리우고 있다(10 : 18). 12장 18절에서 거짓말은 칼로 찌름과 같으나, 진리는 치료하는 약과 같다고 솔로몬은 말한다. 진리는 영원하지만 거짓말은 어느 날

드러날 것이며, 거짓말장이는 심판을 받게 될 것이다(19절 / 시 52 : 4~5 참조). 거짓말을 하게 되는 것은 마음의 부실로 인함이라고 20절은 설명한다. 결국 입술은 참된 말을 할 수 있으나, 마음의 의도가 악하면 그의 진술은 거짓이 된다. 이와 마찬가지로 모르는 채로 비진리를 말한다면 그의 진술 역시 거짓말이 될 것이지만 그를 거짓말장이로 정죄할 수는 없다. 성경은 마음의 의도를 시험하고 드러낸다(히 4 : 12 참조). 따라서 진리를 말하고 있다는 확신을 얻는 최선의 방법은 말씀과 성령이 혀를 지배하도록 허락하는 일이다. 진리는 영혼들을 구원한다(14 : 25). 그러나 거짓말은 속박과 수치로 이끌어갈 뿐이다. 잠언 17장 4절은 거짓말장이는 거짓말장이에게 귀를 기울이기를 좋아한다고 시사한다. 험담에 귀를 기울이기를 즐기는 사람은 자신이 험담에 오르내리게 될 차례가 온다. 마음은 입술뿐만 아니라 귀도 지배한다. 그러나 모든 거짓말은 형벌을 받게 될 것이다(19 : 5, 9 / 두 번 반복됨). 그들은 "자신이 한 말을 먹을 것이며" 그것은 자갈과 같이 될 것이다(20 : 17). 하나님은 이들을 영원히 심판하실 것이다. 지옥은 "거짓말을 좋아하며 거짓말을 지어내는 사람들을 위하여 기다리고 있다(계 22 : 15 참조).

2. 나쁜 소문을 퍼뜨림(18 : 8)

모세는 레위기 19장 16절에서 이 죄를 경고한다. "소문을 퍼뜨리는 사람"이란 숨겨져야 마땅한 일을 사실이거나 거짓이거나 간에 이 사람 저 사람에게 말하고 다니는 사람이다(11 : 13). 10장 12절은 "사랑은 모든 허물을 가리운다"고 말한다(17 : 9 / 벧전 4 : 8 / 약 5 : 20 참조). 우리가 다른 사람들을 사랑할 때 그들을 개인적으로(은밀히) 도우려 하며 바른 길로 돌아오도록 인도하려 할 것이다(마 18 : 15~18 참조). 얼마나 많은 사람들이 소문 퍼뜨리는 자들로 말미암아 상처를 입었는가! 말은 무기처럼 치명적일 수가 있다. 25장 18절에서 솔로몬은 속이는 말을 세 가지 다른 무기, 즉 가까운 데에 있는 것을 부숴뜨릴 수 있는 방망이와, 자르는 검과, 멀리서도 쏠 수 있는 화살로 비유하고 있다. 소문을 퍼뜨리는 사람들과는 떨어져 있어야 한다 (20 : 19). 그는 불을 타오르게 하는 자이며(26 : 20) 우정을 파괴하는 자이다(17 : 9).

3. 말을 너무 많이 함(12 : 13 / 18 : 6, 7)

이 구절들의 배후에는 어리석은 자가 말을 지나치게 많이 하며 문제에 빠져들어갈 말을 한다는 개념이 담겨 있다. 그의 입은 함정이 되고 자기가 그 함정에 빠지게 된다! 6장 1~5절에서 이 죄가 사람들을 어떻게 문제로 이끌어 가는지 알아보라. 10장 19절은 "말이 많으면 허물을 면하기 어렵다"고 경고한다. 조절을 받는 혀는 생명을 안전하게 보존하나(13 : 3), 느슨한 혀는 가난과(14 : 23 / 많은 사람들이 일하기보다는 말하기를 좋아한다) 어리석음의 도구이다(15 : 2).

말을 적게 하는 사람은 지식이 있는 사람이다(17 : 27～28). 불행하게도 때로는 하나님의 집 안에서조차 말이 많은데, 전도서 5장 1～7절에는 이에 대한 좋은 충고가 기록되어 있다.

4. 너무 빨리 말함(18 : 13, 17)

"사람마다 듣기는 속히 하고 말하기는 더디 하라"고 야고보서 1장 19절은 명령한다. 우리는 때때로 듣는 것은 느리고(우리는 인내로 전체를 끝까지 듣는 일은 없다) 말하기는 빨리 한다. 그리고는 이로 말미암아 문제에 빠지게 된다. 참으로 말해야 할 것이 있기까지 "입술을 제어하는 것"이 현명하다(10 : 19). 경건한 사람은 대답할 말을 연구할 것이지만 어리석은 자는 그의 입을 열어 어리석음을 쏟을 것이다(15 : 28). 보디발은 요셉의 편에서 이야기를 들으려 하지 않음으로 인하여 큰 죄를 범하였다. 예수님과 사도들은 자신의 모든 이야기를 하도록 허락을 받지 못했다. 사건이 정직하게 심리되기 전에 적들로 말미암아 판결이 내려졌다. 하나님은 우리가 모든 문제마다 면밀하게 조사 연구하고(25 : 2) 공정한 판단을 하기를 원하신다. 잠언 18장 17절은 우리가 듣는 "첫번째 주장"에 동요하지 않고 문제의 양 편을 다 살피기를 원하신다. 헌신적인 그리스도인이 포함되어 있는 곳에서조차 한 가지 이야기에는 양면성이 있다. 이는 사람들이 거짓말을 하기 때문이라고만은 할 수 없다. 왜냐하면 두 사람이 한 문제에 대해서 같은 방식으로 보거나 듣는 것이 아니라 각기 다르게 보기 때문이다. 다윗도 죄없는 므비보셋에 대하여 성급한 결론을 내렸었는데, 문제의 또다른 면을 보지 못하였기 때문이다(삼하 16 : 1～4 / 삼하 19 : 24～30 참조). 우리는 이렇게 기도할 필요가 있다. "여호와여 내 입 앞에 파숫군을 세우시고 내 입술의 문을 지키소서"(시 141 : 3 / 시 39 : 1 참조).

5. 아첨(26 : 28)

아첨이 거짓말의 일종임은 물론이다. 그러나 이것을 따로 분리하여 살펴보는 이유는 이것이 매우 위험하기 때문이다. 26장 28절은 "아첨하는 입은 패망을 일으킨다"고 경고하며 29장 5절은 아첨을 죄없는 자의 발 앞에 펼쳐져 있는 위험한 그물에 비유하고 있다. 아첨하는 입에 대하여는 시편 5편 9절에도 언급되어 있다. 아첨이란 이기적인 동기를 지닌 사람이 진실성없이 하는 찬양 또는 칭찬을 말한다. "아첨"(Flatter)과 "동요, 소동"(Flutter)은 동류의 단어이다. 아첨하는 사람은 자기의 희생자를 동요시키며 자기에 대해 강한 인상을 주려 한다는 것을 우리는 알 수가 있다. 사단은 하와를 유혹할 때에 이 아첨의 방법을 사용하였다("너희가 하나님과 같아질 것이다"). 사악한 여자들은 젊은이를 유혹할 때에 아첨을 한다(5 : 3 / 7 : 5, 21). "부자들에게 친구가 많은 주된 이유"는 그에게 아첨하여 무엇인가 얻어내려는 데에 있다(14 : 20 / 19 : 4～6). 우리는 아첨하는 사람의 일에 간섭하지 말라는 경고를 받고 있다(20 : 19). 유감스럽게도, 때때로 의인이 편의를 도모하기 위하여 악인에게 아첨하는 일도 있을 것이다(25 : 26). 이러한 일은 마치 독을 넣은 샘과 같이 그 가정과 교회, 나라를 오염시킨다. 정직한 책망은 아첨보다도 그 사람에게 더 유익이 된다(28 : 23). "친구의 통책은 충성에서 말미암은 것이나 원수의 자주 입맞춤은(유다처럼) 거짓에서 난 것이니라"라고 27장 6절은 말한다.

물론 그리스도인의 생활에는 정직한 찬양이 머물 곳이 있다(살전 5 : 12～13 참조). 정직한 찬양은 용광로와 같다(잠 27 : 21). 용광로는 최고의 순수한 금 또는 찌꺼기를 만들어 낸다. 어떤 그리스도인들은 너무나 육신적이어서 칭찬을 받지 못한다. 칭찬을 받으면 그들은 흥분하게 된다. 그러나 더욱 나쁜 경우는 그들이 다른 칭찬을 받게 되도록 서 있을 수가 없게 된다는 것이다. 유대인들이 다윗을 칭찬했을 때, 그 칭찬은 다윗을 겸손하게 만들었으나 사울에게서는 시기심과 교만을 드러내었다(삼상 13 : 5～9 참조).

6. 다툼(12 : 16, 18)

의로운 분노가 있기는 하나(엡 4 : 26), 너무도 많은 경우 불의한 분노가 되어 우리를 화나게 하거나 논쟁을 일으키게 만든다(29 : 22). 성난 사람은 불에 연료를 더하며 사태를 더욱 악화시킨다(26 : 21). 그리고 성난 말들은 연료가 된다. 논쟁을 멈추는 최선의 방법은 부드러운 말이다(15 : 1～2). 이것은 "뼈를 꺾는" 가장 좋은 길이다(25 : 15). 사람의 마음을 조절할 수 있는 것은 군대나 또는 제국을 지배하는 것과도 같다(16 : 32/ 14 : 17, 29/ 17 : 14 참조).

술 취 함

—잠언 23장—

여기서는 경건한 아버지가 아들에게 술취함에 대하여 경계하는 15～35절에 강조점을 두려 한다. 또한 성경에서 금주를 찬미하고 있는 다른 구절들을 살펴볼 것이다. 미국이라는 일개국에만 해도 알코올 중독자들이 천만이 넘으며 "술군"도 수백만이 넘는다. 예일 알코올 연구 소장인 앤드류 C. 아이비 박사의 연구에 따르면 시계가 한 바퀴 도는 한 시간 동안에 50명의 비율로 알코올 중독자들이 생겨나고 있으며, 술군의 70% 이상이 십대에 술을 마시기 시작했다는 것이다. 양조업자들과 증류주 제조업자들이 무려 연간 2억 5천만 달러의 막대한 광고비를 젊은이들을 끌어들이는 데에 투자하고 있다는 사실은 전혀 놀라울 것이 없다.

1. 술취함에 대한 경고

사려깊은 아버지는 아들에게 술을 마실 때 어떤 나쁜 결과가 그의 생애에 발생하는지 말해 준다.

1 **빈곤** (23：20～21 / 21：17)—광고는 언제나 "특출한 사람"을 내세워 마치 술을 마시면 명성과 행운을 얻게 되는 것 같은 인상을 주기 마련이다. 그러나 술취함과 빈곤은 언제나 함께 다닌다. 미국인은 알코올에 연간 130억 달러를 소비한다. 이것은 술군의 가족들을 위하여 옷과 음식과 교육에 사용되어야 했을 돈이다. 술을 마심으로써 연평균 25일을 흘려보내게 되는데, 회사는 이 자리를 메꾸기 위해 사람들을 쓰는 데 수백만 달러를 사용하며, 이러한 일들은 상품의 가격을 올리게 되어 결국은 술을 마시지 않는 고객들이 부담하게 된다.

2 **재난** (23：29～32)—알코올은 대단한 사기꾼이다(20：1). 그는 기쁨을 약속하지만 슬픔을 주며, 생명을 가져다 주는 것 같지만 사실은 죽음을 산출한다. 술이 가정을 더 행복하게 하거나 사람을 더욱 건강하게 하는 일은 없다. 결과는 비애, 슬픔, 불만("논쟁, 말다툼"), 주정(술취한 자의 말을 들어 보았는가?), 상처, 눈의 충혈 등의 현상으로 나타난다. 치명적인 자동차 사고의 55%는 음주 운전과 연관된다. 1960년에서 1965년 사이에 술로 인한 자동차 사고로 죽은 사람이 108,929명이었는데, 이와 같은 기간 동안에 베트남 전쟁에서 미국인이 생명을 잃는 것은 1071명 뿐이었다! 그러나 사람들은 알코올 문제에 대해서는 큰 관심을 갖지 않으면서 전쟁에 관한 한 경악을 금치 못한다. 술이 사람

을 성공하게 만든다고 생각하는 사람은 구조본부를 방문해 보아야 한다. 미국에서는 심장질환과 암에 이어 세번째의 건강 장해 요인이 술이다. "지성인들"은 "술은 질병이다!"라고 말하고 있다. 그러므로, 술이란 유일하게 선전하고 장려하는 "질병"이다!

3 **부도덕**(23 : 26~28, 33)—많은 여인들이 술로 인하여 정조를 잃고 좋은 성품을 잃게 된다. 그것은 많은 젊은 남자들도 마찬가지이다. 술취함, 춤, 그리고 제7계명에 불순종하는 일은 함께 다닌다. 알코올은 자극제가 아니라 뇌에 영향을 주어 조절 능력을 잃게 하는 마취제이다. 이것은 식품이 아니며 독약이다! 젊은 남자나 여자가 자신을 조절할 힘을 잃으면 그의 타락한 본성은 온갖 종류의 악한 행위를 하도록 이끌려 간다.

4 **불안정성**(23 : 34~35)—비틀거리며 흔들거리는 모습은 술취한 자를 잘 표현하는 것이다! (사업가들이 텔레비전에 무슨 일을 꾸미는지는 모르지만 술취한 사람에게 익살스러운 요소는 아무것도 없다). 술은 그 사람에게서 안정성을 빼앗아 간다. 바르게 걸을 수도 없고 바르게 생각할 수 없다. 왕이 술을 먹지 말라고 경고를 받는 이유가 이것이다(잠 31 : 4~5). 그러나 워싱톤시의 알코올소비량은 나라 전체 평균의 두 배이다! 외무부에서 외교 사절단을 접대하는 데 백만 달러의 예산이 소요된다.

5 **영원한 지옥**(고전 6 : 9~10)—술취한 사람들은 지옥으로 간다! 물론 술취한 사람도 구원을 받을 수 있다(11절). 그러나, 일단 알코올이 사람을 주관하면 그리스도께로 개심한다는 것은 매우 어렵다.

2. 완전한 금주에 대한 언급

성경에서 포도주란 단어는 간단한 포도즙에서부터 여러 가지 종류의 술을 총망라하고 있음을 명심하자. "새 술"이란 아직 발효되지 않은 포도즙을 말한다(마 9 : 14~17 참조). 유대인들은 때때로 포도주를 향료나 다른 열매즙에 혼합하기도 한다(사 5 : 22/ 24 : 9). 술과 술취하는 일은 분리되어 언급된다(신 14 : 26/ 잠 20 : 1 참조). 성경에서 여러 가지 본보기를 통해 완전한 금주를 제시하고 있다.

1 **광야에서의 이스라엘**은 포도주를 마시지 않았다(신 29 : 6). 유월절에는 포도주가 사용되지 않았다(출 12 : 8~10). 왜냐하면 발효된 포도주는 누룩을 포함하고 있기 때문이다. 누룩은 금지되고 있었다. 포도주는 나중에 첨가되었는데 이것은 하나님께서 주신 명령은 아니었다.

2 **제사장**들은 성전에서 봉사하며 금주하도록 되어 있었다(레 10：8～10). 신약의 제사장인 현재의 그리스도인들이 매일 주님을 섬기면서 생활의 기준을 낮게 설정할 수 있는가?

3 **나실인**은 술을 마시지 못하도록 금지되어 있었다(민 6：1～3). 세례(침례) 요한이 이러한 사람이었다(눅 1：15). 예수께서는 그를 가리켜 여자에게서 태어난 가장 위대한 설교자라고 하셨다.

4 **다니엘**은 "군중을 따를 것을" 거절하였다(단 1：5, 8, 16 / 10：3). 하나님은 그를 높이시고 승격시키셨다. 이러한 사실과, 다니엘 5장에 나오는 술취한 벨사살 왕, 마가복음 6장 21절 이하에 나오는 헤롯을 비교해 보라.

5 **바울**은 형제를 걸려 넘어지게 하는 일은 무엇이든지 하지 말라고 초대교인들에게 경고한다(롬 14：19～21 / 고전 8：13 참조). 교회에 속해 있는 이른바 "사회적으로" 어쩔 수 없이 마신다는 사람들은 우범지대의 술주정뱅이와 다를 바 없이 나쁜 산업을 지원하고 있는 것이다. 왜냐하면 이들은 다른 사람들이 마시도록 영향력을 행사하고 있기 때문이다. 사실상 "도덕적이며 교회에 다니는 술마시는 사람"은 빈민굴에 사는 더러운 게으름뱅이보다 선전을 잘하고 있는 셈이다! 바울은 술취하는 것과 성령으로 충만한 것을 대조시킨다(엡 5：18). 갈라디아서 5장 21절에서 그는 육신의 무서운 일들을 열거함에 있어 술취하는 것을 포함시킨다. 디모데전서 5장 23절은 오늘날에는 약으로 사용하는 일이 없지만 포도즙을 약으로 사용하는 것에 대해 말한다. 약으로 사용하기 위해 알코올을 사용해도 된다고 말하는 것은 치과의사나 외과의사가 의료적인 목적으로 사용하기 위하여 몰핀이나 마취제를 사용할 수 있다고 말하는 것처럼 이치에 맞는 말이다!

6 **베드로**는 "영혼을 거스려 싸우는 육신의 정욕을 끊어버리라고 그리스도인들에게 주의를 준다"(벧전 2：11). 술취하는 것은 육신의 정욕이기 때문에(갈 5：21) 완전한 금주가 그 해결책이 된다. 사람이 술주정뱅이의 생활을 시작하게 되는 것은 처음 술을 마시는 때부터이다!

7 **구약 선지자**들은 술취하는 일에 대하여 위협을 가하였다. 하박국 2장 15절은 이웃에게 술을 주는 사람을 저주하고 있다(사 5：11～22 참조). 아모스는 잔이 너무 작아서 사발로 술을 마신 게으른 유대인들을 정죄하였다(암 6：3～6).

8 **예수 그리스도**께서 "물을 포도주로 변화시키지 않으셨던가?" 그렇게 하셨다. 그러나 이것은 강한 술이 아니라 "새 술" 또는 발효되지 않은 포도즙이었다. 헬라어의 "오이노스"는 발효된 포도주를 말하거나 포도즙을 둘 다 의미한다.

우리는 주님이 하박국 2장 15절의 말씀에 불순종하셨다고는 믿지 않는다! 주님은 사역의 종말에 임하여 "내가 포도나무에서 난 것을 이제부터…마시지 아니하리라"(마 26 : 29)고 말씀하셨다. 그는 십자가에서 잔을 거절하셨다(막 15 : 23).

그리스도를 술마시는 자의 본보기로 삼으려는 사람들은 대개 마태복음 11장 18～19절을 지적하면서도 마태복음 26장 29절은 잊어버린다. 이들 중에는 그 외의 다른 면에서 그리스도를 본보기로 따르겠다는 사람은 별로 없다. 그리스도는 마지막 만찬에서 발효된 포도주를 사용하셨는가? 아니다! 성경의 그 어느 곳에서도 주님의 만찬과 연결되어 포도주라는 말을 사용한 곳은 없다. "잔"이라거나 "포도열매"라고 되어 있다(마 26 : 27～29). 더구나 발효된 포도주에는 죄의 상징인 누룩이 들어 있다. 고린도전서 5장 6～8절과 11절은 포도주일 가능성을 배제한다. 성찬을 행하며 술에 취했던 고린도 교인들은 그들 자신의 "애찬"에서 그렇게 된 것이지 주의 만찬 때문이 아니었다(고전 11 : 21).

일본에는 이런 속담이 있다. "처음에는 사람이 술을 마신다. 다음에는 술이 술을 마시고 그 다음에는 술이 사람을 마신다." 이는 당연한 과정이 아닐 수 없다! 첫번째 술을 거절하라. 그런 후에는 삶의 남은 기간 동안 계속해서 거절하라!

분 노

—잠언 25 장—

이 부분의 주제는 분노인데, 의로운 분노가 있음에 유의하면서 시작하는 것이 좋겠다. 23절은 분노의 표정은 잡담을 침묵시킬 것이라고 가르친다.⁄ 예수께서는 "노하심으로 저희를 둘러보셨다(막 3 : 5). 바울은 에베소서 4장 26절에서 분을 내어도 죄를 짓지 말라고 충고한다. 물론 우리는 죄에 대해 분을 발하는 것이며, 사람에게 분을 내는 것은 아니다. 잠언 27장 4절은 분노는 잔인하며 난폭하다고 경고한다. 분노는 육체를 상하게 할 수 있으며 살인으로조차 인도한다(마 5 : 22). 성난 부모는 자녀의 몸과 정서에 영속적으로 상처를 입힐 수 있다. 죄악된 분노는 육신에 속하며(갈 5 : 19 ~ 21) 하나님의 뜻을 성취할 수가 없다(약 1 : 19~20). 사단은 우리의 성난 말과 태도를 통하여 우리의 삶에 끼어든다(엡 4 : 26~27). 그래서 하나님은 "분노를 벗어버리라"(엡 4 : 31 / 골 3 : 8)고 주의시키신다. 화난 사람은 위험한 친구이며(잠 22 : 24 / 잠 29 : 22) 성난 여인은 가난한 여인이 된다(잠 21 : 9, 19 / 잠 25 : 24).

본 장에서 우리는 삶에 있어서, 그리고 다른 사람들의 삶에 있어서 분노를 처리하는 데에 필요한 사항들을 배우게 된다.

1. 인내 (25 : 8)

우리를 흔들어 놓는 말을 듣게 되는 순간 그 문제에 대하여 생각하거나 기도할 겨를도 없이 성을 내며 그 문제에 몰입하기란 그리 어려운 일은 아니다. 현명한 처사는 그 일을 끝까지 생각해 보는 것이다. 이것은 사랑이 허다한 죄를 가리운다고는 하지만(잠 10 : 12 / 잠 12 : 16) 우리가 어떤 죄에 빠져들기 위한 핑계를 찾으라는 뜻이 아니다. 오히려 조심성을 가지고 무엇이 개입되어 있는지 알라는 뜻이다. "화를 더디 내는 것"은 하나님의 놀라운 은사이다(잠 15 : 18). 분을 내기에 성급한 사람은 어리석은 자로 취급을 받는다(잠 14 : 17). "분을 그치고 노를 버리라. 불평하지 말라. 행악에 치우칠 뿐이라"라고 시편 37편 8절은 충고한다. 그러므로, 화가 날 때는 어떤 문제에 몰입하기에 앞서 멈추어서 기도하고 생각하라. 하나님의 말씀을 읽을 여유를 가지며 하나님의 영이 내적인 평화를 주시도록 허락하라.

2. 비밀 유지(25 : 9 ~ 10)

우리는 가장 먼저 어떤 사실을 "세상에 널리 알려" 모든 사람을 우리의 편으로 만

듣기를 원한다. 그러나, 성경은 정반대의 말을 한다. "당사자에게 직접 말하되 다른 사람들이 개입하는 것을 허락하지 말라"는 것이다. 이것은 예수께서 마태복음 18장 15~17절에서 명령하신 그대로이며 이러한 방침이 가정과 교회에서 실천된다면 싸움과 분열은 줄어들 것이다. 신앙을 고백하는 그리스도인들이 다른 사람에게는 말하면서도 사건의 당사자에게 말하지 않는 것은 유감스러운 일이다. 물론 형제에게 견해차를 말하는 데 있어서는 용기와 그리스도인의 사랑을 필요로 한다. 그러나 이렇게 함으로써 영적으로 성숙하게 되고 그리스도께 영광을 돌리게 된다. 아마도 두 사람만으로는 문제가 해결되지 않을 수도 있을 것이다. 그 때는 두 세 사람의 영적인 형제들로 하여금 돕도록 한다. 이 때에도 실패하면 교회가 개입될 수 밖에 없다. 상대방이 교회의 말도 듣기를 거절하면 그는 징계를 받아야 한다. "할 수 있거든 너희로서는 모든 사람으로 더불어 평화하라"라고 로마서 12장 18절은 말한다. 불행하게도 성경에 순종하지 않기 때문에 우리와 함께 살 수 없는 사람들도 있다.

3. 지혜(25 : 11~14)

말은 우리 귀에 들리는 소리인 것만은 아니다. 말은 살아있고 능력있는 실제로서 우리를 도울 수도, 해칠 수도 있다. 잠언 25장 18절에서 솔로몬은 거짓말을 세 가지 무기들과 비교한다(싸움 방망이 검, 화살). 그러나 11~14절에서는 말이 사랑의 열매(금사과, 또는 레몬이나 오렌지), 아름다운 장신구, 눈덮인 산에서 내려오는 시원한 얼음 냉수가 될 수 있음을 본다. 문제를 처리함에 있어서 우리는 바른 말을 사용해야 하며 바른 방식으로 제시하여야 한다. 은쟁반에 사랑스런 열매를 담듯이 "적절하게 말을 해야" 한다(욥 6 : 25 참조). 잠언 19장 11절에서는 신중함(사려분별)은 사람이 분내는 것을 막을 것이라고 언급한다. 어리석은 자만이 그의 마음을 모두 말한다(잠 29 : 11). 지혜로운 사람은 무슨 말을 어떻게 언제 해야 할지(잠 15 : 23) 심사 숙고한다. 물론 이러한 영적인 지혜가 하나님께로부터 오는 것임은 틀림없는 일이다(약 1 : 5).

4. 부드러움(25 : 15)

"부드러운 혀가 뼈를 꺾는다!" 참으로 모순된 말이다. 이 말은 "유순한 대답은 분노를 쉬게 하여도 과격한 말은 노를 격동하느니라"는 잠언 15장 1절과 유사하다. 어떤 사람이 비열하게 대하는 것에 대한 우리의 첫번째 반응은 그대로 되돌려 주는 것이다. 그러나 이렇게 하면 불에 기름을 더하는 격일 뿐이다(26 : 20~21/약 3 : 5 참조). 우리는 악을 악으로 갚지 말며, 우리를 비난하는 자들을 비난하지 말라는 명령을 받았다(벧전 2 : 20~23). 우리가 만약 범죄한 형제를 회복시키려 한다면, 우리들에게는 온유한 정신이 필요하게 된다(갈 6 : 1). 이것은 바울이 그의 회심자들을 대하는 방법이었으며(살전 2 : 7), 또한 신자들에 대한 그의 명령이기도 하다(딤후 2 : 24). 엘리야는 하나님께서 폭풍이 아니라 "조용한 작은 목소리"도 사용하신다는 것을 배워야만 했다(왕상 19 : 11~13 참조). 우리는 온유함이 곧 연약함이라는 개념을 가지고 있으나, 사실은 그렇지 않다. 온유함이란 조절을 받는 능력이다. 외과의사를 위대하게 만드는 것은 그의 온유함에 있으며, 성령께서만 이 귀중한 은혜를 우리에게 주실 수 있으시다(갈 5 : 22).

5. 친절(25 : 21~22)

온유함이 친절함으로 이끌어 가는 것은 당연한 일이다. 로마서 12장 19~21절에서 바로 이 구절이 인용되어 있으며 신약 그리스도인들에게 적용되고 있음을 알아보자. 분노의 불에 석탄을 붓는 대신(잠 26 : 20~21) 우리는 사랑과 친절을 보여줌으로 불을 끄는 데 도움을 줄 수가 있다! 마태복음 5장 9~12절을 읽고 그리스도께서 이에 대해 하신 명령을 알아보자. 어떤 사람이 징계를 받아야 한다면 하나님께서 그 문제를 관할하실 것이다. "원수갚는 것이 내게 있으니 내가 갚으리라"고 주께서 말씀하셨다. 그런데 우리는 이러한 친절한 행위들을 바른 동기로 성취하는 일에 유념해야 할 것이다. 만일 우리가 사람들에게 우리에 대한 책임을 지우거나, "돈을 받고 면제해 주거나" 한다면 하나님께서 축복하지 않으실 것이다. 그러나 우리가 그들을 진지하게 사랑하며 그들을 돕기를 원한다면 하나님은 우리를 높이시고 우리에게 상을 주실 것이다. 물론, 이러한 선한 행위들이 사람들에게 좋은 인상을 주기 위한 목적으로 행해져서는 안된다. 잠언 21장 14절은 이러한 일들에 비밀이 유지되어야 한다고 암시한다. 솔로몬은 여기서 뇌물을 말하고 있는 것은 아니다. 그보다는 친절은 기름과 같아서 요동하는 바다도 잔잔케 할 수 있다고 말하는 것이다.

6. 절제(25 : 28)

절제는 문제의 핵심에 자리한다. 절제를 실행하는 그리스도인은 분노로 말미암아 파멸에 이르거나 다른 사람들을 파멸케 하는 일은 없을 것이다. 이 구절은 "노하기를 더디하는 자는 용사보다 낫고 자기의 마음을 다스리는 자는 성을 빼앗는 자보다 나으니라"는 16장 32절과 비교되어야 한다. 사람이 자기 자신의 마음을 다스린다는 것, 그리고 자기 생활의 왕국을 다스린다는 것은 세계를 지배하는 것보다 나은 것이다! 알렉산더 대왕은 당시 알려져 있던 전 세계를 정복할 수는 있었으나 자신을 정복할 수는 없었다. 물론 인간이 이러한 절제를 소유하게 되는 유일한 방법은 예수 그리스도의 왕권을 통하는 길이다. 우리는 그리스도를 통하여 "생명 안에서 왕노릇하기" 때문이다(롬 5 : 17). 절제(기질의)는 성령의 열매들 가운데 하나이다(갈 5 : 22). 육은 사람에게 절제를 주지 못한다. 왜냐하면 육은 하나님과 싸우고 있기 때문이다.

사람이 그가 필요로 하는 인내심을 얻게 되는 것은 절제를 통해서이며, 이에 대해서는 본연구를 시작할 때 요약해서 살펴보았다. 만일 사람이 어떤 문제의 초기에서부터 절제를 행사한다면 잇달아 발생할 온갖 종류의 문제들에서 그를 구원할 것이다. 잠언 17장 14절은 분쟁의 시작을 댐에서 물이 새는 것으로 비유한다. 만일 주의하지 않으면 그 틈이 커져서 홍수를 당하게 될 것이다! 처음에 적게 샐 때에 막는 것이 사납게 날뛰는 홍수를 막는 일보다 훨씬 쉽다. 잠언 30장 33절은 다른 상황을 제시한다. 젖을 저으면 버터가 되고 코를 비틀면 피가 난다. 이 말이 주는 교훈은 명백하다. 분노로 강압하고 문제를 자극한다면 더 많은 문제들을 산출할 뿐이라는 것이다. 성령의 인도를 받는 절제는 신자로 하여금 이러한 일들을 인내로, 그리고 지혜롭게 처리할 수 있게 할 것이다.

의로운 문제들에 대하여 의분을 일으킬 수 있는 것은 좋은 성품을 세우는 일에 도움을 준다. 물론, 우리는 불의나 죄에 대해서는 일어설 수 있어야 한다! 그러나, 혈기를 부리며 발끈 성을 낸다면 파괴적이 되는 것이다. 거룩한 분노는 보일러의 증기와 같아서 올바른 문제들로 향하게 하며 많은 유익한 일을 성취하게 한다. 자제력을 잃은 불의한 분노는 숲의 불과 같아서 조절할 수 없게 되며, 많은 유익한 일들을 파괴한다. 시편 19편 14절을 적용시키라! "내 입의 말과 마음의 묵상이 주의 앞에 열납되기를 원하나이다."

경건한 여인

—잠언 31장—

우리는 오직 영원한 세상에서만 경건한 여인들이 시대를 내려오며 소유하는 축복을 볼 수 있을 것이다. 잠언 1~9장에서는 사악한 여인에 대하여, 그리고 성가시게 잔소리하는 여인에 대하여 많은 말을 하고 있다(21 : 9 / 25 : 24). 그러나 본서는 하나님께는 영광을 돌리고 가족에게는 기쁨을 주는 경건하고 헌신적인 아내에 대하여 영광스러운 치사를 하며 끝을 맺고 있다. "위대한 남자 뒤에는 위대한 여자가 있다." 많은 하나님의 종들이 그들의 경건한 어머니와 경건한 아내들로 인하여 하나님께 감사를 드리는 것은 물론이다. 그리스도를 믿는 결정을 내린 다음에 그리스도인이 내릴 수 있는 가장 중요한 결정은 인생의 동반자를 선택하는 일이다. "어진 여인은 그 남편의 면류관이라"고 잠언 12장 4절은 말한다. "아내를 얻는 자는 복을 얻고 여호와께 은총을 받는 자니라"(잠 18 : 22). "슬기로운 아내는 여호와께로서 말미암는다"(19 : 14). 그리스도인은 구원받지 못한 짝과 같이 멍에를 맬 수 없다(고후 6 : 14 ~ 18). 이들은 "주님 안에서" 결혼해야 한다(고전 7 : 39). 그리스도인으로서 믿지 않는 사람과 결혼하는 여자는 해산할 때에 자기의 생명이 위험한 것이 사실이다(딤후 2 : 12 ~ 15 참조).

본 장은 우리를 위하여 "어진 여인"을 묘사하고 있다. 그녀의 자질들을 살펴보라.

1. 그녀의 영성(31 : 1~9)

왕의 어머니는 아들에게 하나님의 말씀에 순종하라고 가르치고 있다. 어떤 학자들은 르므엘왕이 사실은 솔로몬 왕이라고 생각하는데, 이에 대한 증거는 없다. 어머니가 가진 가장 중요한 직분(또는 이 일에 있어 아버지의 직분)은 자녀들을 영적으로 훈련시키는 일이다(딤후 1 : 5 / 딤후 3 : 15 참조). 어머니는 담대하게 르무엘왕에게 인생의 위험들에 대하여 주의를 준다. 즉, 사악한 동료, 독주, 하나님의 말씀에 순종하기에 실패하는 일 등에 대한 것이다. 죄에 대하여 경고하며 하나님을 경외하는 어머니를 가진 사람은 참으로 행복하다! 얼마나 많은 가정들이 남자 또는 여자의 음행과 술로 말미암아 파괴되었는지 셀 수 없을 정도이다. 충실하지 않은 남자 또는 여자와 결혼하는 사람(이 사람에서 저 사람으로 날아다니는 사람)들이나 술을 마시는 사람과 결혼하는 사람은 불행한 가정을 요구하고 있는 것이다. 결혼은 개인의 성품을 바꾸어놓지 못한다. 장래의 동반자가 어떠한지를 결혼하기 앞서 발견하도록 하라.

2. 그녀의 충성심(31：10～12)

여기서 핵심이 되는 두 단어는 마음과 신뢰, 곧 사랑과 믿음이다. 결혼은 마음의 문제이며 남편과 아내 사이에는 참된 사랑이 있어야 한다. 남자가 그의 아내에게 보여 주어야 하는 사랑은 그리스도가 교회에 보여 주신 것과 똑같은 사랑으로(엡 5：18 이하), 희생적이고, 인내하고, 고난을 감수하며, 부드럽고, 지속적인 사랑이다. 아내를 사랑하며 사랑을 보여 주는 남편에게 순종하는 데는 아무런 문제가 없다. 남편은 돌보는 일을 해야 하며 직업이나 가정의 잡일이 그들을 아내들이나 자녀들에게서 빼앗아가는 일이 없도록 해야 한다. 행복한 가정이란 "저절로 생기는"것이 아니라 열심히 일하고 기도하고 진실로 사랑한 결과로 주어지는 것이다. 남편들과 아내들이 주님을 신뢰하고 서로를 신뢰할 때 행복과 축복이 있을 것이다. 결혼서약은 진지하게 받아들여야만 할 약속이다. 이 서약들을 깨는 것은 하나님과 다른 사람들에게 죄를 범하는 것이다.

3. 그녀의 일(31：13～22)

이 귀한 여인은 일군이다! 바느질이거나 요리이거나 자녀들을 돌보고 가정의 잡무에서 남편을 보조하며 충실하게 자기의 몫을 담당한다. 그녀가 즐겁게 일하는 것을 눈여겨 보자(13절). 이것은 강제(Compulsion)로 되는 것이 아니라 "같은 심정"(동정, Compassion)을 가짐으로 된다. 그녀는 남편을 사랑하므로 그를 기쁘게 할 것을 추구한다. 결혼의 축복된 원리에 대해서는 고린도전서 7장 32～34절을 보라. 상대방을 기쁘게 하기 위한 삶이다! 여기 나오는 이상적인 여인은 아침 시간을 잠자리에서 보내지 않으며 자기의 임무를 담당하기 위해 일찍 일어난다(15절). 필요에 따라서는 저녁 늦게까지 깨어서 지낸다(18절). 디모데전서 5장 14절에서 바울이 젊은 여인들에게 주는 교훈을 살펴보자. 때때로 긴급한 일이 생기거나 여인이 집 밖에서 일해야 할 상황이 있기도 하겠지만 비록 그렇다 해도 그녀의 우선적인 임무는 가족에게 있음을 기억해야 한다.

잠언은 게으름에 대해서 남자거나 여자거나 간에 동조하는 말은 한 군데도 없다(6：6～11/10：4, 26/13：4/15：19/18：9/19：15, 24/20：4, 13/21：25/22：13/24：30～34/26：13～16 참조). 오늘날과 같이 "노동력을 절약하려는 방책"이 추구되는 시대에 있어서도 열심히 일하는 것과 부지런한 것을 대체할 수 있는 것은 없다.

4. 그녀의 품위(31：23～26)

그녀의 남편은 성문에서 알려지며 그녀는 가정에서의 충실함으로 인하여 알려지게 된다. 하나님의 계산에 있어서는 남자와 여자가 같은 지위에 있다. 각자의 위치를 떠다면 혼란과 문제가 생긴다. 물론 남자의 머리됨은 명령권이라기보다는 사랑에 있어서의 본보기와 지도력을 뜻한다. 경건한 여인은 성공하기 위해 아름다운 옷에 의존하지 않으며, 속 사람의 "능력과 존귀"로 옷입는다고 25절은 암시하고 있다. 베드로는 사치로써 외모를 단장하는 것과 "온유하고 정숙한 정신"으로 속 사람을 단장하는 일에 대하여 말한다(벧전 3 : 1～3). 바울은 여자들에게 품위있는 외모로 단장하라고 명령한다(딤전 2 : 9). 또한 영적인 아름다움에 의존하며, 세상의 인공적인 아름다움으로 꾸미지 말라고 권한다. 26절은 경건한 여인이 옷입는 것과 마찬가지로 말에 대해서도 조심해야만 한다고 말하고 있다. "친절의 법"이 혀를 다스릴 때 이는 참으로 축복된 일이다.

5. 그녀의 경건함 (31 : 27～31)

"여호와를 경외하는 여자는 칭찬을 받을 것이라." 하나님을 경외하며 주님의 말씀에 순종하려고 추구하는 것이 그녀의 삶의 비결이다. 아침 일찍 일어나서 하나님의 말씀을 묵상하며 기도할 것임은 의심의 여지가 없다. 하루 종일 그녀는 남편과 가족들을 위하여 기도할 것이다. 그녀의 참된 아름다움은 내적인 것이다. 비록 연륜이 그녀의 몸에 나타난다 해도 주 안에서의 아름다움은 더해질 뿐이다. 그녀의 찬양은 하나님께로부터 온다. "나는 언제나 주님을 기쁘게 하는 일만을 행한다."

하나님은 이 여인을 어떻게 칭찬할 것인가? 그녀의 수고한 것과 생명을 축복하심으로 칭찬하신다. 그녀의 생명의 결실은 그녀를 높일 것이다. 그녀는 물론 "영원한 생명"을 추수하게 될 것이다. 왜냐하면 육신에 심지 않고 영에 심었기 때문이다(갈 6 : 7～8).

그녀의 남편과 자녀 역시 일어나 그녀를 칭찬할 것이다. 오늘날 남편과 자녀는 아내나 어머니가 가정에서 하는 일에 계속적으로 감사를 표해야 할 필요성이 매우 크다고 하겠다. 오늘날 많은 가정에서 가장 큰 약점들 중의 하나는 가족들이 서로를 당연한 것으로 여기는 점이다. 남편들은 공개적으로 가정의 축복을 인하여 주님과 아내를 칭찬함으로써 올바른 본을 세울 필요가 있다. 가정의 행복을 위하여 헌신적인 아내가 "고맙다"는 간단한 말 한 마디 들어본 적이 없는 일이 얼마나 많은가! 우리의 가정에서 감사가 부족하다는 것은 참으로 죄이다. 이러한 종류의 감사는 "어머니날"이나 크리스마스를 위하여 예약된 것이서는 안된다. 오히려 일 년 내내 진지하게 나타내야 할 것이다. 감사는 놀라운 그리스도인의 덕이다. 모든 가정에서 개발해야 할 필요가 있다.

물론 이와 같은 자질들은 가정의 남자에게서도 볼 수 있어야 하겠다. 경건한 여인이 육신적이고 세상적인 남편으로 인하여 인내하며 괴로워하는 것을 우리는 얼마나 자주 보는가! 성경은 남편과 아내에 대하여 "이중적인 기준"을 세운 곳은 한 군데도 없다. 남편이 영적이며, 충성되고, 부지런하게 되는 일은 중요한 일이다. 하나님의 은혜로운 계획 안에서 한 가정에 남편과 아내가 둘 다 필요하게 하셨다. 질서를 세우셨으며 각자는 일정한 직분을 수행해야 함을 명령하셨다. 어느 한 쪽이 다른 쪽을 대신할 수가 없다. 어떤 긴급 사태 하에서는(동반자가 사망한 경우) 하나님은 한 사람에게 가정에서 "아버지와 어머니"가 되도록 은혜를 주신 일은 있으시다. 그러나 이러한 배정은 최선의 방책이지 이상적인 것은 아니다.

남편과 아내는 계속적으로 경계하지 않으면 사단이 끼어들어와 가정을 파괴할 것이다. 이들은 서로 영적이고, 물질적인, 육체적인 책임들을 지고 있으며, 이러한 필요들이 해결되지 않으면 사단이 일을 하게 된다(고전 7：1~6/ 딤전 5：8/ 엡 5：21~33/ 벧전 3：7 참조). 특히 자녀들이 성장하여 가정을 떠날 때는 경계를 계속하는 것이 매우 중요하다. 왜냐하면 이 때 그 가정의 참된 힘이 시험되기 때문이다. 남자와 여자는 더이상 "우리의 자녀들을 위해서 함께 있기로 하자"고 말할 수는 없다. 하나님께서 우리를 도우셔서 하나님의 뜻 안에서 올바른 동반자를 선택하며, 그의 이름을 영화롭게 할 가정을 세우기를 빈다.

전 도 서
—서론과 개요—

전도서 서론

□ 이름 : "전도서"는 히브리 말이 아니라 신약성경에서 "교회" 또는 "총회"라고 번역되는 헬라어 "에클레시아"(ekklesia)에서 온 것이다. 이것은 회중에게 말하는 설교자 또는 토론자의 개념을 전해 준다(1 : 1~2 / 12 : 8~10).

□ 저자 : 1장 1~2, 12절에는 저자로서 솔로몬의 이름이 명시되어 있다. 그가 부와 낙을 즐기는 것뿐 아니라 지혜로 인하여 알려졌던 것은 분명하다. 구약의 어느 왕도 솔로몬보다 이 책을 쓰기에 더욱 적합한 조건을 갖춘 사람은 없다.

□ 주제 : 주제는 1장 1~3절에 밝혀져 있는 바, "인생은 참으로 살 만한 가치가 있는가?"라고 표현할 수 있을 것이다. 솔로몬은 인생을 외관상의 모순들과 신비들로 보며, 존재의 "끝없는 고통"에 그만한 가치가 있는 것인지 의아해 한다. 사람은 그의 사는 동안 내내 고통을 당하고는 죽는다! 그만한 가치가 없어 보이는 사람이 모든 부귀를 유업으로 받으며 낭비한다! 그가 도달한 결론은 할 수 있는 최선을 다해 오늘 하나님의 축복을 누리며 하나님을 경외하고 그의 말씀을 지키는 것이라고 하였다. 물론 우리는 신약에 더하여진 빛으로 보아 "우리의 수고가 주 안에서 헛되지 않음을"알고 있다.

전도서에서 핵심을 이루는 단어들은 "사람"(47회), "수고"(36회), "해 아래"(30회), "헛됨"(37회), "지혜" 또는 "현명함"(52회), "악"(22회) 등이다. 솔로몬이 그가 해 아래서 본 것과 알고 있는 것들을 추론하고 있음을 기억하자. 만약 "전도서"에만 머물러 있는다면 "그늘" 가운데 있게 될 것이므로 우리는 하나님의 전체적인 조언을 얻기 위해서 신약의 온전한 계시로 이동해 가야 한다. 거짓된 이단들이 이 책에서 고립적으로 인용하여 그들의 이상한 교리들을 증명하려고 하는 일이 많다.

□ 문제점 : 전도서는 사람이 동물들처럼 죽으며 죽은 후에는 생명이 없다고 가르치고 있는가? 아니다! "죽음"에 관한 구절들을 주의깊게 읽어 보라(2 : 14~16 / 3 : 16~22 / 6 : 1~6 / 7 : 2~4 / 9 : 1~4). 당신은 솔로몬이 죽은 후에 생명이 있다고 믿었음을 알게 될 것이다. 그는 미래의 심판에 대해 언급하고 있는데(3 : 17 / 11 : 9 / 12 : 14), 만약 죽은 후에 생명이 없다면 미래의 심판이

어떻게 있을 수 있겠는가? 3장 19~20절에서 말하고 있는 대로 인간과 동물에게 발생하는 "한 가지 동일한 일"은 흙으로 돌아간다는 사실이다. 그러나 21절에서 인간의 영혼이 하나님께로 돌아간다고 말하고 있음에 유의하라(12:7). 솔로몬은 생명, 죽음, 심판에 대한 신약의 온전한 계시를 가지고 있지는 못했지만 신약의 교훈들과 모순을 일으키고 있지는 않다.

전도서는 "먹고 마시고 즐거워하라"고 가르치고 있는가? 아니다! 다만 우리는 할 수 있는 한 하나님의 축복을 받고 이 축복들을 즐거워해야 한다고 가르치고 있다. "즐거움(낙)"이라는 구절은 매번 "죽음"이란 구절과 균형을 맞추고 있다(2:12~23과 2:24~26/3:16~21과 3:12~15, 22/9:1~4과 8:15~17). 솔로몬은 이렇게 말하고 있다. "인생의 짧음과 죽음의 확실성으로 비추어 볼 때 오늘 하나님의 축복들과 네가 수고한 열매를 누리며, 이러한 축복들을 하나님의 영광을 위하여 사용하라." 이 말은 디모데전서 6장 17절의 바울의 말과 일치한다. 솔로몬은 무모한 쾌락이나 술취함을 권유하고 있는 것이 아니라 오히려 우리가 할 수 있는 동안에 인생과 그 축복들을 감사하라고 권고하고 있다.

하나님의 진리는 단번에 나타난 것이 아니라 성경을 통해 진리들이 점진적으로 풀려가고 있다. 우리는 전도서를 신약으로 조명함으로 해석해야만 한다. 죽음으로써 모든 것이 끝난다면 생은 살 가치가 없는 것이며 인간은 사실상 비참한 존재이다! 그러나, 우리가 그리스도를 구세주와 주인으로 알 때 인생은 감격적인 믿음의 모험이 되며 우둔한 일상적인 절차가 되지 않는다. 우리의 수고는 주 안에서 결코 헛되지 않다. 왜냐하면 어느 날 우리는 보상을 받게 될 것이기 때문이다(고전 15:51~58). 그리스도 안에 있는 구원과 부활은 인생을 살 가치가 있게 만든다. "하나님의 뜻을 행하는 이는 영원히 거하느니라"(요일 2:17). "이는 저희의 행한 일이 따름이라"(계 14:13). 11~12장에서 솔로몬이 내린 결론은 "믿음으로 살며 하나님께 순종하라. 그리하면 그가 남은 모든 일들을 돌보실 것이다. 지금 그의 축복들을 누리라. 그리고 참으로 중요한 것에 인생을 투자하라"는 것이다.

전도서 개요

●주제 / 1장 1～3절
"인생은 살 가치가 없다. 모든 것이 헛되고 공허하기만 하다.!"

1. 처음의 이유 / 1장 4절～2장 26절

1 인간은 "쳇바퀴의 톱니"와 같다 / 1장 4～11절
2 인간의 지혜는 생을 이해하거나 설명할 수 없다 / 1장 12～18절
3 부와 낙은 만족을 주지 못한다 / 2장 1～11절
4 죽음이 오면 모든 것이 끝난다 / 2장 12～23절
●결론 : 할 수 있는 한 하나님의 축복을 지금 누리라 / 2장 24～26절

2. 좀더 깊은 관찰 / 3～10장

솔로몬은 같은 생각으로 돌아와서 좀더 깊이 숙고한다(4 : 1 / 7장 / 9 : 11).

1 "진력나는 생의 순환"에도 하나님의 목적이 있다 / 3장
하나님은 인생의 요소를 균형있게 하셨다. 인간의 마음에 "영원성"을 주셔서(3 : 11) 인간이 세상에서 만족하지 못하고 하나님을 찾게 하셨다. 인간은 톱니바퀴가 아니다.
●결론 : 하나님의 축복을 즐기라 / 3장 12～15, 22절

2 부와 낙은 하나님을 영화롭게 할 수 있다 / 4～6장
하나님을 섬기는 한, 수고는 헛된 고생이 아니다. 생은 공정하지 못한 듯하지만, 이는 우리가 하나님의 온전한 계획을 알 수 없기 때문이다. 따라서, 우리가 수고와 고생을 다하고 죽고나면 우리의 부는 다른 이에게 옮겨가지만, 하나님은 어느 날 우리에게 보상하실 것이다.
●결론 : 하나님의 축복을 즐기라 / 5장 18～20절

3 하나님으로부터 온 지혜는 우매한 삶보다 낫다 / 7～10장
현명한 사람은 더 나은 것, 최상의 것을 택한다. 그는 하나님의 가치에 따라 산다. 우리는 이 생에 대해 이해할 수 없는 것이 많으나, 하나님의 지혜가 최상의 것임은 안다. 사람들이 우리와, 우리의 선택의 진가를 인정하지 않을지라도 하나님은 기뻐하실 것이다.
●결론 : 하나님의 축복을 즐기라 / 8장 15～17절

3. 마지막 결론 / 11~12장

1 믿음으로 살라 / 11장 1~6절

바르게 행하지 않을 핑계를 찾기는 쉽다. 환경은 이 생에 있어 결코 이상적일 수 없다. 그러나, "주라, 그리하면 너희에게 더하시리라"는 믿음으로 하나님을 섬기라.

2 생은 어느 날인가 끝이 날 것을 기억하라 / 11장 7절~12장 7절

할 수 있는 한 이 축복들을 누리라! 어느 날 우리는 늙게 되며 육체는 기능을 멈추게 될 것이다.

3 하나님의 말씀에 순종하고 그를 경외하라 / 12장 8~14절

신약의 개념으로는 이 내용이 로마서 12장 1~2절과 요한일서 2장15~17절에 나타나 있다. 인생이 부당하게 느껴질 때마다 여호와를 바라라. 그가 어느 날 심판하실 것이다.

전 도 서

본 서의 제목으로 표기된 전도서(ecclesiastes)라는 단어는 "총회"를 의미한다. 유대 백성들이 총회로 모여서 중요한 문제에 대해 논하는 솔로몬 왕의 말에 청종하는 것을 상상해보라. 이 총회에 있어 솔로몬은 설교자 또는 토론자이며(1 : 1 ~2, 12 / 7 : 27 / 12 : 8~10), 그는 "인생은 과연 살 가치가 있는 것인가?"를 주제로 다루고 있다. 당신은 이보다 더 실제적인 주제를 생각할 수 있는가? 그리고 이 주제에 대해 논하기에 더 적절한 사람을 생각할 수 있겠는가? 솔로몬은 왕들 가운데 가장 지혜로운 왕이며, 지혜와 부로써 충분한 삶의 체험이 가능했던 사람이었다. 이 짧은 고찰을 통하여 우리는 이 흥미로운 책의 주안점들을 단지 스치고 지나갈 뿐이다. 개인적인 연구를 위해서는 개요를 참조하라.

1. 문제의 제기(1 ~ 2 장)

"인생은 살 가치가 있는 것인가"의 문제를 제기하여 솔로몬은 이에 대해 논하고 있다. 1장 1~3절에서 그는 첫번째 결론으로서 "생은 살 가치가 없으며 삶이란 헛된 것(공허한 것)이라"고 선포한다. 거기에는 다음과 같은 이유가 있다.

1 인간은 커다란 바퀴의 톱니에 지나지 않는다(1 : 4~11).
세계의 방대함에 비교해 볼 때 인간은 무엇인가? 자연의 모든 것은 지속되고 한 세기가 가면 또 한 세기가 오지만, 인간은 시간의 짧은 영역을 차지했다가 죽는다. 모든 것이 의미가 없어보인다! 헛된 것에 지나지 않는다(솔로몬은 이 책에서 헛되다는 말을 37회나 사용한다). 삶은 이처럼 짧고 인간은 이처럼 무의미한데, 왜 사느라고 괴로움을 당하는 것인가?

2 인간은 생을 모두 이해할 수 없다(1 : 12~18).
솔로몬은 인간들 중에서 가장 지혜로운 사람이었으나 인생의 의미를 이해하려고 했을 때 좌절하고 당황하게 되었다. 많은 철학자들이 인생을 설명하려고 노력하였지만 자신의 극단적인 무지를 시인하게 될 뿐이었다. 인생이 무엇인지 모르면서 살아간다는 것이 과연 합리적인 일일까?

3 인간의 부와 쾌락은 만족을 주지 못한다(2 : 1~11).
솔로몬은 부와 쾌락과 학식과 교양과 명성을 한 몸에 지녔으나 이러한 것들이 그에게 만족을 주지 못하였다고 고백하였다. 이러한 것들은 지속되지 않는다! 예수께서는 누가복음 12장 13~21절에서 이에 대해 어떻게 말씀하셨는지 알아보라.

4 인간은 결국 죽어야 하며 죽음은 모든 것을 끝낸다(2 : 12~23).
한 가지 일(죽음)은 어리석은 사람이나 지혜로운 사람에게, 부자나 가난한 사람에게 똑같이 임한다. 인간은 온 생애를 수고하다가 죽으며 그의 부는 다른 사람들이 즐기도록 남겨 두고 간다! 이러한 일이 공정한가?

이러한 네 가지 논점은 하나의 큰 결론으로 인도해 가는 듯하다. 즉, 인간이 산다는 것은 가치가 없는 일이라는 것이다. 그러나, 솔로몬은 그러한 결론을 이끌어내지는 않았다. 2장 24~26절에서 그는 현재로서 하나님이 주시는 축복들을 받아들여 누리고 이러한 축복들로부터 유익을 얻어내야 한다고 말하고 있다. 이것은 디모데전서 6장 17절에서 바울이 권면하는 것과 일치한다. "오늘을 위하여 산다"는 것이 완전한 만족을 주는 것은 아니다. 인간은 오늘을 넘어 저편으로 가기를 원하기 때문이다. 그래서 솔로몬은 다음의 여덟 장에서(4 : 1, 7 / 9 : 11) "왔던 길을 되돌아 간다." 그리고 그의 논점들을 보다 심오하게 다루어 간다.

2. 문제의 논의(3 ~10장)

1 하나님은 우리의 삶에 목적을 가지고 계시다(3장).
하나님은 인생을 균형있게 하셔서 출생과 죽음, 슬픔과 기쁨, 만남과 헤어짐을 조정하신다. 이렇게 하시는 데에는 두 가지 이유가 있다. 즉, 그렇게 함으로써 인간이 하나님의 일을 간단히 설명할 수 있다고 생각하지 않을 것이며(11절), 인간이 자기가 가진 것을 받아들이고 누릴 수 있는 법을 배우게 되기 때문이다(12~13절). 하나님은 우리의 마음에 "영원성"을 주셨다(11절). 이 말은 세상의 일들이 우리에게 참된 만족을 주지 못한다는 뜻이다. 따라서 우리는 우리의 생애들에 대한 하나님의 뜻을 발견하여야 하며 그의 목적에 따라서 그가 "재료들을 섞으시도록" 양도해야 한다.

2 하나님은 그의 뜻에 따라서 부하게 하신다(4~6장).
이 장들에서는 부의 의미를 논의한다. 왜 어떤 사람은 부유한데 다른 사람은 가난한가? 세상에 불공정과 불평등이 존재하는 이유는 무엇인가? 이는 하나님이 인간을 위한 계획을 가지고 계시기 때문에, 불확실한 부를 신뢰하지 않게 하시려는 것이다. 부를 위하여 살지 말라. 그러나 하나님의 뜻에 따라서 부를 사용하라.

3 하나님의 지혜는 생명을 통하여 우리를 안내한다(7~10장).
"지혜"와 "지혜로운"이란 단어는 7~12장에서 35회 사용되고 있다. 인간의 지혜가 하나님의 계획을 통찰할 수가 없는 것은 사실이나, 하나님은 그의 뜻을 알고 행하도록 우리에게 지혜를 주신다. 모든 것을 이해할 수 없다고 해서 실망하고 포기해야 하는 것은 아니다. 하나님을 신뢰하고 그가 행하라고 말씀하시는 것을 행하라.

당신은 솔로몬이 각 부분마다 하나님의 축복을 즐기는 것과 죽음의 실재에 강조점을 두고 있음을 간파하였는가? (3 : 12~21 / 5 : 18~6 : 7 / 8 : 15~9 : 4 참조). 인간은 죽을 것인데 왜 일하고, 재물을 저축하며, 하나님을 섬기며 괴로움을 당하는가? 그러나, 솔로몬은 이것이 잘못된 생각임을 말한다. 11~12장에서 솔로몬은 그가 의도하는 바를 설명한다.

3. 문제에 대한 결론(11~12장)

솔로몬은 이미 결론짓기를 인간은 "수레바퀴의 톱니"가 아니며 하나님의 영광을 위하여 부와 낙을 즐기는 일이 잘못은 아니라고 하였고, 또한 인간이 하나님의 하시는 모든 일을 이해할 수 없다고 해서 행복한 생활에 방해가 되는 것은 아니라고 하였다. 11~12장에서 솔로몬은 세 가지 실천적인 권면으로 전체 문제를 종합하고 있다.

1 믿음으로 살라(11 : 1~6)—이 생에서 환경이란 결코 이상적일 수는 없는 것이다. 다만 그대로 전진하며 하나님께 순종하고 결과를 하나님께 맡기라. 만일 적절한 기회나 때가 오기를 기다린다면 기회를 잃을지도 모르며, 이런 사람은 흐르는 물 위에 빵을 던지는 사람처럼 바보로 보일지도 모른다. 그러나, 하나님은 그것을 보실 것이며 그것을 되돌려 주실 것이다.

2 인생은 끝이 있음을 기억하라(11 : 7~12 : 7)—이것은 하나의 병적인 제안인가? 그렇지 않다! 이것은 그리스도인의 현실관이다. 어느 날 당신은 죽을 것이므로 현재의 삶이 당신의 최선이 되도록 하라. "내일은 죽을 것이니 오늘 먹고 마시며 즐기자"는 것은 세상적인 태도이다. 빌립보서 1장 21절에서 바울은 "사는 것은 그리스도니 죽는 것도 유익함이라"고 말한다. 여기서 젊은이에게 주는 세 가지 핵심적인 단어가 있다. 즉, **"즐거워 하라"**(9절), **"떠나게 하라"**(10절), **"기억하라"**(12 : 1)는 것이다. 젊었을 때에 하나님의 축복들을 즐거워하며, 슬픔을 가져오는 죄를 생활에서 떠나게 하고, 젊은 시절에 하나님을 섬기며, 그를 경외할 것을 기억하라는 교훈이다. 12장 1~7절은 연로함과 죽음을 시적으로 묘사하고 있다. 여기 나오는 서로 다른 단어들이 인간의 몸에서 어떤 부분들을 가리키는 것인지 찾아보도록 하자.

[3] 하나님을 경외하고 그에게 순종하라(12 : 8~14) —어느 날 심판을 받을 사람처럼 살라. 하나님의 불이 당신의 수고를 시험할 때 모두 불타버릴 것인가(고전 3 : 9~17)?

솔로몬의 결론은 고린도전서 15장에 비추어서 해석할 수 있다(성경에서 위대한 부활장). 만일 죽음이 모든 것을 끝낸다면 인생은 살 가치가 없을 것이며 모든 일들이 사실상 "헛되고 공허할" 것이다. 그러나, 고린도전서 15장은 죽음은 끝이 아님을 분명히 밝힌다! 그리스도께서 죽은 자들 가운데서 부활하셨으므로 우리도 또한 부활하게 될 것이다! 우리가 영원에서 누릴 영광과 상급은 우리가 이 땅에서 사는 생활에 달려있을 것이다. 따라서, 우리의 수고는 주 안에서 "헛되지" 않다(58절).

"해 아래"라는 인간의 관점에서 볼 때, 인생은 헛되고 공허한 것 같다. 모든 것이 헛되다. 그러나 인생이 하나님의 영광을 위하여 하나님의 능력으로 살 때는 의미가 있다. 어떤 사람이 50년 동안 살며 수고하다가 죽었다고 한다면, 그의 생애가 허비된 것일까? 물론 아니다! 그의 수고는 주 안에서 결코 헛되지 않다. 그리스도께서 오실 때 그가 수고한 상을 받게 될 것이다. "하나님의 뜻을 행하는 이는 영원히 거하느니라"(요일 2 : 17). 구원을 받지 못한 사람은 죽을 때 모든 것을 잃는다. 육신적이고 세상적인 그리스도인들도 마찬가지이며 이들은 "불 가운데서 구원을 받게 될 것이다"(고전 3 : 15). 그러나, 오늘날 하나님의 축복을 누리며 그리스도를 영화롭게 하기 위하여 자기의 삶을 사용하는 충성된 그리스도인들은 앞으로 올 생애에서 풍성한 상을 받게 될 것이다.

신약의 빛으로 비추어 볼 때 전도서는 인생의 기쁨을 부정하는 "염세적인" 책이 아니다. 오히려 전도서는 인생에 우리가 다 설명하지 못할 신비스러운 일들이 많다고 해도 우리가 하나님의 축복을 누리며, 하나님의 이름을 영화롭게 하며 살 수 있음을 증명하고 있다.

솔로몬의 아가

"노래 중의 노래"라는 칭호는 "지극히 거룩한"이라고 할 때와 같이 "모든 노래들 중에서 가장 훌륭한"이라는 뜻이다. 솔로몬은 1, 005편에 달하는 노래들을 지었는데(왕상 4 : 32), 아가서는 그 노래들 중에서 가장 잘된 것들을 분류한 것임이 분명하다. 이 책에는 상징과 비유들로 가득 차 있으며, 이 책의 진가를 이해하고 즐기기 위해서는 영적인 성숙과 분별력이 요구된다. 이 귀중한 책의 언어와 멧세지를 오용하는 사람은 그 자신의 육신적인 삶을 드러낼 것이 분명하다. 이 책을 세밀하게 검토할 수는 없으나 네 가지로 이 책의 멧세지를 이해하고자 한다.

1. 문자적 의미

우리는 여기서 보배로운 사랑의 이야기를 보게 된다. 이 이야기에는 세 인물이 등장한다. 곧, 이기적인 가족들에게서 일을 강요당하는 사랑스러운 처녀(1 : 5～6 / 2 : 15)와, 그녀를 사랑하며 또한 그녀에게서 사랑을 얻은 이웃에 사는 청년인 목자(1 : 7), 그리고 아름다운 여인들에게 매력적인 사람으로 알려진 솔로몬왕이다(왕상 11 : 3).

솔로몬은 그의 나라를 둘러보며 여행하던 중 이 사랑스러운 처녀를 만나 왕궁으로 데려온다. 거기서 그녀는 고향에 있는 사랑하던 사람만을 생각한다(1 : 1～2 : 7). 그녀는 후궁들 ("예루살렘의 딸들", 2 : 7 / 3 : 5 / 8 : 4)에게 그녀의 참사랑을 버리도록 강요하지 말라고 말한다. 2장 8절～3장 5절에서 그녀는 사랑하는 이를 회상하며 그의 꿈을 꾸기조차 한다. 솔로몬이 그녀를 방문하여(3 : 6～4 : 16) 그녀의 사랑을 얻으려 하였으나, 그녀는 고향의 사랑하는 이를 잊을 수 없었다. 그녀는 꿈에 그 연인을 보았다(5 : 1～6 : 3). 다시 왕은 그녀의 사랑을 얻으려 했으나(6 : 4～7 : 9) 그녀는 거절하였다(7 : 10～8 : 3). 그녀는 왕의 부와 향료, 넓은 영지와 아첨에도 감동되지 않았다. 마침내, 진실한 사랑이 승리하여 그녀를 자유롭게 해주었고, 그녀는 그의 사랑하는 이에게로 돌아갔으며(8 : 4～14) 그녀의 가족과 재회하였다.

물론, 이러한 해석은 솔로몬을 부각시키지 않는다. 물질적인 면에 있어 그는 성실하지 않았으며, 그를 신자에게서 그들의 참 사랑을 떠나게 하려는 세상의 모형으로 본다 해도 틀리지는 않는다. 이 이야기에 대한 다른 해석과 적용들을 검토해 보면 이 점은 더욱 분명해질 것이다.

2. 역사적 의미

고대로부터 유대인들은 이 이야기가 **여호와 하나님과 이스라엘 사이의 관계를** 보여 주는 것이라고 생각했다. 이스라엘은 율법을 받아들였을 때 시내산에서 여호와와 "결혼하였다". 이사야 54장은 이 결혼 관계를 말하고 있는데, 예레미야 3장과 호세아서 전체에서도 발견할 수 있다. 유감스럽게도 이스라엘은 거룩한 남편(하나님)에게 성실하지 못하고 세상의 우상 숭배하는 민족들과 더불어 음녀와 같이 행하였다. 그녀는 연인으로부터 등을 돌렸다. 그러나, 아가서의 처녀처럼 이스라엘이 집으로 돌아가며 그녀의 연인에게로 돌아가는 날이 올 것이다.

3. 교리적 의미

이 결혼 관계는 **그리스도와 교회와의 관계**를 나타내는 데에도 사용된다(엡 5:22~33 참조). 이 구절은 집합적인 교회(이 교회 시대의 모든 신자들)에만 적용되는 것이 아니라 지교회에 적용되기도 한다(고후 11:2). 바울은 각 교회가 "그리스도와 결혼한 것"으로서, 사단과 세상으로 말미암아 유혹을 당할 위험에 처해 있는 것으로 보았다. 남편과 아내가 "하나"이며 서로에게 소속되어 있는 것처럼 그리스도와 그의 교회는 하나이다. 우리는 "주님의 뼈 중의 뼈요 살 중의 살"이다. 주님은 우리 안에 계시고 우리는 주님 안에 있다. 주님은 우리를 사랑하셨고(과거) 우리를 위해 십자가에서 죽으심으로 이 사랑을 보여 주셨다. 또한 주님은 우리를 사랑하셔서(현재) 우리를 돌보시며, 말씀으로 양육하시고, 가능한 한 영적으로 아름답게 되기를 추구하게 하심으로 이 사랑을 나타내신다. 그리고 장래에도 주님은 우리를 사랑하실 것이므로 우리는 영원한 데서 주님의 영광에 참예하게 될 것이다. "어린 양의 혼인 잔치"가 다가오고 있다(계 19:7~9)! 그리스도께서는 영광 중에 다시 오셔서 그의 신부를 천국으로 데려가실 것이다.

4. 실제적인 의미

이 책에서 얻을 수 있는 가장 중요한 교훈은 **신실한 사랑과 깊은 교제**이다. 그리스도와 그리스도인 간의 놀라운 사랑을 설명해 주기에 적합한 용어들이 사용되었으며, 사랑과 결혼이 그리스도인의 삶을 어떻게 예증하고 있는지에 유의하자.

[1] **구원**—우리는 "그리스도와 결혼하였다(롬 7:4). 결혼은 지·정·의와 육체의 전인적인 것을 포함한다. 한 남자가 한 여자를 만나 생각으로 그녀를 알게 된다. 아마도 이 교제가 깊어지면 그의 마음은 온통 사로잡힐 것이다. 그러나 아직 그는 그녀와 결혼한 것이 아니다. 그가 "결혼하겠다"는 의지를 밝히기

까지는 결혼이 성립되지 않는다. 많은 그리스도인들이 그리스도에 대해 알며, 감정적으로 종교적인 느낌조차 갖게 되지만 여호와를 신뢰하리라는 의지를 선포하지 않고 있다.

2 **헌신** ― 남자와 여자가 결혼할 때 그들의 존재 자체와 모든 소유는 서로에게 속한다. 그들의 육체는 그들 개인의 것이 아니며(고전 7 : 1~5), 그들은 서로 기쁘게 하기 위하여 산다. 그리스도인의 삶에 있어서도 마찬가지이다. 우리의 몸은 그리스도께 속하여(롬 12 : 1~2), 세상이 아닌 그를 기쁘시게 하도록 생활한다. 아가서에서의 솔로몬처럼 사단과 세상은 그리스도를 향한 우리의 헌신으로부터 우리를 유혹하려 한다(약 4 : 4). 그러나, 우리는 주님을 향한 참 사랑을 유지해야만 한다. 한 남자와 한 여자가 서로 사랑할 때에는 어떤 희생도 대단치 않으며, 어떤 짐도 무겁지 않다. 고린도후서 11장 2절에서 바울은 "영적 음행"에 대해 경고하고 있다.

3 **사귐** ― 서로 사랑하는 이들에게 있어 깊은 교제가 있어야 한다는 것이 이 책의 가장 큰 교훈이다. 솔로몬이 그녀를 어디로 데려가든 그녀의 마음은 언제나 사랑하는 이와 함께 있었다. 그녀는 그에게 이야기하며 꿈을 꾸고, 그녀가 자유롭게 되었을 때에는 그에게로 돌아갔다. 우리는 그리스도를 향하여 이와 같은 사랑을 소유하고 있는가? 또한 주님의 아름다우심을 보는가(시 45편)? 그리고, 그가 우리를 얼마나 사랑하시는지 깨닫고 있는가?

아가서 5장에서 우리는 신자가 그리스도와 갖는 친교에 대한 흥미로운 상징을 보게 된다. 그녀는 잠을 자지만 연인의 목소리는 문 밖에서 들린다. 그는 그녀와 함께 사랑을 나누고 싶어하지만 그녀는 너무도 나태해서 일어날 수가 없다! "내가 옷을 벗었으니 어찌 다시 입겠으며, 내가 발을 씻었으니 어찌 다시 더럽히리이까"라는 그녀의 말은 "제발 나를 귀찮게 하지 마셔요, 나는 무척 편안하거든요"라는 의미이다. 그리고난 후 그녀는 그의 손을 보고(4절), 그녀의 죄를 깨달았다. 그의 손이 위협하였음을 기억하라! 그래서 그녀는 일어났으나, 유감스럽게도 그녀의 연인은 가버린 후였다! 그는 문 앞에 향기를 남기고 갔지만, 축복하는 자가 없는데 그 축복이 무슨 유익이 되겠는가? 연인을 찾으려다가 그녀는 문제에 부딛히고 징벌을 받았다.

주님은 낮에 우리와 교제하시기를 얼마나 자주 원하시는가. 그러나 우리는 너무도 바쁘다. 마르다처럼 우리는 "여러 가지 일들에 대하여 염려하고 근심한다"(눅 10 : 38~42 참조). 우리가 만일 주님의 감동적인 사랑에 우리의 마음을 연다면 우리의 삶은 얼마나 행복할 것인가! 충성된 남편이 자기의 사랑하는 아내를 하루 종일 생각하듯 충성된 그리스도인은 구세주를 생각해야 하며 주님과 더불어 교제해야만 한다. 1장 1~7절에서 그녀는 자신에게서 아무 아름다운 것을 보지 못하였으나, 1장 14~17절에서 그녀의 연인은 그녀에게서 부드러운 아름다움을 본다. 그녀는 2장 1절에서 자신을 평범한 수선화요 백합이라고 본다. 그러나 연인은 그녀를 아름다운 사과나무로, 가시들 사이에 있는 백합으로 본다.

4 **영광**—결혼식은 아직 행해지지 않았다! 우리는 주님과 약혼한 상태에 있다. 그리고 성령께서는 "거룩한 약혼반지이시다" (엡 1 : 13~14). 비록 우리가 그를 사랑하지만 그를 아직 보지는 못한다(벧전 1 : 8). 그러나 어느 날 신랑의 목소리가 하늘을 진동할 것이며 예수께서는 그의 교회를 데리러 돌아오실 것이다! 그 때 놀라운 혼인 잔치가 있을 것이며(계 19 : 1~9), 우리는 영원히 주님과 함께 있게 될 것이다. 그녀가 다음과 같은 말로 솔로몬의 아가를 끝맺고 있는 것은 이상할 것이 없다. "내 사랑아 어서 서둘러라!""주 예수여, 어서 오시옵소서!"

* * * * *

아가서는 말하는 사람에 따라 구절들을 구별할 수 있다.

● **처녀의 말** : 1장 2~7, 12~13절 / 2장1, 3~6, 8~13, 15~17절 / 3장 1~4절 / 5장 2~8, 10~16절 / 6장 2~3절 / 7장 10~13절 / 8장 1~3, 5하~8, 10~12, 14절.
● **예루살렘의 딸들** : 5장 9절 / 6장 1절 / 8장 5절.
● **솔로몬 또는 사랑하는 사람** : 나머지의 남성 명사로 표기된 부분.

이사야
—서론과 개요—

이사야 서론

□ **이름** : "이사야"는 "여호와는 구원이시라"는 뜻이다. 이 책에는 "구원"이라는 단어가 여러 번 사용되었다. 이사야가 훌륭한 가문 출신이었음은 분명하다. 그는 여러 왕들의 궁정에 출입할 수가 있었던 것이다. 그는 결혼하였고(8 : 3), 최소한 두 명의 아들을 두었다(7 : 3/8 : 1~3). 그의 사역은 웃시야왕의 통치가 끝날 즈음이나, 또는 주전 758년 경에 시작되었고 그 세기가 바뀔 때까지 활동하였으며, 사악한 므낫세 왕 때에 톱에 켜서 죽임을 당했다고 전해진다(히 11 : 37).

□ **주제** : 이사야서는 자체 내에서 자연적으로 두 부분으로 나뉘어져 있다.

1~39 장	40~66 장
바벨론 유수 이전 유다가 앗수르를 이김 주제 : 정죄	바벨론 유수 이후 남은 자들이 바벨론에서 돌아옴 주제 : 시련 후의 위로

우리가 아는 바대로, 전반부 39장까지의 사건은 이사야가 직접 경험하였으나, 본 서의 뒷부분은 예언한 것이다. 그는 그 장들을 바벨론 유수로부터 돌아오게 될 유대인들을 위로하고 격려하기 위해 기록하였다. 전반부에서는 앗수르가, 후반부에서는 바벨론이 주된 적으로 다루어졌다.

□ **역사적 배경** : 솔로몬이 죽은 후에 왕국은 둘로 분할되어, 북쪽의 열 지파는 이스라엘을 조직하였으며 남쪽의 두 지파는 유다를 이루었다. 이스라엘의 수도는 사마리아였고, 유다의 수도는 예루살렘이었다. 이사야는 예루살렘에서 사역하였으나, 그의 멧세지는 북쪽과 남쪽의 왕국을 다 취급하고 있다. 이사야는 이스라엘(북왕국)이 포위되어 결국은 앗수르로 사로잡혀 가는 것을 보고 살았다.
당시의 정세는 매우 흥미로운 데가 있다. 앗수르는 위협적인 세력이었으므로 다른 나라들은 앗수르와 싸우기 위해 동맹을 맺으려 하였다. 그러나, 유다의 아하스왕은 이 동맹에 가입하지 않았다. 그래서 수리아와 이스라엘은 유다를 침공하여 강제로 그들과 협력하게 하려 하자, 아하스왕은 여호와의 도우심을 신뢰하는 대신 앗수르에 지원을 요청하였다! 앗수르에게 있어서 이것은 문 앞에서 음식을 취하는 격이었다. 그리하여, 앗수르는 주전 721년에 이스라엘을 멸망시켰고 유다를 그들의 속국으로 삼았으며, 아하스는 그 값을 치루어야 했다. 이스라엘이 더이상 방해가 되지 않자, 앗수르는 곧 유다를 공격하여 전 유대민족을 노예로 삼았다. 이사야는 백성들에게 여호와께서 도와주실 것을 신뢰하라고 말했으나, 많은 무리들이 애굽에게 원조를 요청할 것을 왕에게 고하였다. 36~39장에서 이사야는 하나님이 예루살렘 성벽에서 히스기야 왕으로 하여금 앗수르를 이기게 하셨던 일을 말하고 있다. 그러나, 유다는 전쟁으로 인하여 매우 약화되었으며 성은 적들에게 심히 짓밟혀 있었으므로 사실상 결코 회복될 수가 없는 상황이었다. 앗수르는 애굽 사람들에게 패하였으며, 애굽은 바벨론에게 멸망을 당했다. 주전 606~587년에 바벨론은 유다를 포로로 잡아갔다. 그러므로 이 책 첫 부분에서 이사야는 앗수르를 조심하라고 충고하고 있으며, 후반부에서는 바벨론에서 돌아오는 남은 자들을 위로하였다.

□ 이사야서에 나타난 그리스도 : 구약에서 예수 그리스도의 온전한 모습을 이처럼 잘 나타낸 책은 없다.

- **출생** : 7장 14절 / 마태복음1장 23절, 9장 6절
- **세례(침례) 요한의 사역** : 40장 3~6절 / 마태복음 3장 1절 이하
- **성령으로 기름부어진 그리스도** : 62장 1~2절 / 누가복음 4장 17~19절
- **종된 그리스도** : 42장 1~4절 / 마태복음 12장 17~21절
- **이스라엘이 그리스도를 거부함** : 6장 9~11절 / 요한복음 12장 38절 이하 / 마태복음 13장 10~15절 / 복음서의 관련성구들 / 사도행전 28장 26~27절 / 로마서 11장 8절
- **거치는 돌** : 8장 14절 / 28장 16절 / 로마서 9장 32~33절, 10장 11절 / 베드로전서 2장 6절
- **이방인에 대한 그리스도의 사역** : 49장 6절 / 누가복음 2장 32절 / 사도행전 13장 47절, 9장 1~2절 / 마태복음 4장 15~16절
- **그리스도의 고난과 죽으심** : 52장 13절 ~ 53장 12절
- **그리스도의 부활** : 55장 3절 / 45장 23절 / 사도행전 13장 34절 / 로마서 14장 11절 / 빌립보서 2장 10~11절
- **왕으로 오시는 주** : 9장 6~7절 / 11장 1절 이하 / 32장 1~2절 / 59장 20~21절 / 63장 2~3절 / 로마서 11장 26~27절 / 요한계시록 19장 13~15절

□ 고난받는 종 : 본 서에는 "여호와의 종"에 대해 17회 언급되어 있다. 이 가운데 13회는 민족적인 관점에서 사용되었고(41 : 8~9 / 43 : 10 / 44 : 1~2, 21, 26 / 45 : 4 / 48 : 20 / 49 : 3, 5~7), 4회는 예수 그리스도의 관점에서 쓰여졌다(42 : 1, 19 / 52 : 13 / 53 : 11). 52장 13절~53장 12절까지는 예수 그리스도의 고난과 죽음, 부활에 대해 생생하게 묘사되어 있다. 이스라엘은 여호와의

종으로서 말씀과 구세주를 세상에 보내기 위해 하나님께 사용된 민족이었다. 그러나, 이스라엘은 징계를 받아 마땅한 불순종하는 종이었다. 예수 그리스도는 세상을 위하여 죽으신 여호와의 종으로서 아버지의 뜻을 완전하게 행하셨다.

□ **이사야의 두 아들 :** 두 아들의 이름이 상징하는 바는 이사야서의 두 가지의 주된 멧세지를 예증하고 있다. "스알야숩"은 "남은 자가 돌아올 것이라"는 뜻이며, 예언의 두번째 부분인 바벨론에서 남은 자들이 귀환하는 것에 해당된다. "마헬살랄하스바스"는 "노력하는 데에 빠른, 또는 약탈하는 데에 성급한"의 뜻을 갖는다. 이것은 1～39장에 나오는 앗수르에 의한 멸망에 해당한다.

이사야서는 "축소된 성경전서"라고 불리워진다. 전 66장은 두 부분, 즉 첫 부분의 39장(구약)과 둘째 부분의 27장(신약)으로 나뉘어져 있다. 구약성경과 같이 전반부의 39장은 심판을 강조하며, 후반부의 27장은 자비와 위로를 강조한다.

이사야 개요

●주제 : 여호와의 구원

1. 정죄—앗수르에 의한 패망 / 1~39장

[1] 유다와 이스라엘에 대한 설교 / 1~12장
[2] 다른 민족에 대한 심판으로 인한 부담 / 13~23장
[3] 민족의 장래 영광을 노래함 / 24~27장
[4] 민족의 죄로 인한 재난 / 28~35장
[5] 역사적 기술(히스기야왕) / 36~39장
- 앗수르에 대한 승리 / 36~37장
- 바벨론과 더불어 범죄함 / 38~39장

2. 위로—바벨론에서 해방된 남은 자들 / 40~66장

[1] 하나님의 위대하심 / 40~66장
참 하나님 대 이방의 거짓 우상
성부, 여호와 하나님을 강조함
[2] 하나님의 은혜 / 49~57장
인간을 위해 죽으신 고난받는 종, 예수 그리스도
성자, 예수 그리스도를 강조함
[3] 하나님의 영광 / 58~66장
장래의 왕국의 영광
성령을 강조함(59 : 19,21 / 61 : 1 / 63 : 10,11,14)

이사야의 소명

—이사야 1～6장—

이 부분에서는 6장이 핵심 장이다. 6장에서는 이사야가 성전에서 탄식하는 모습을 보게 된다. 웃시야왕은 죽었고 유다의 보좌는 비어 있었다! 모든 믿음의 사람들이 그러하듯이 이사야는 도움과 위로를 받고자 하나님에게로 향하였다. 외관상으로는 패배한 것 같은 때에 그는 영적인 큰 축복을 체험하였다. 그가 받은 삼중의 환상을 살펴보자.

1. 위(여호와)를 바라봄(1～4절)

모든 헌신한 시민들처럼 이사야는 웃시야왕을 우상화하였다. 52년간 웃시야는 평화와 번영을 가져온 계획들을 시행해 왔으며, 이 때는 위대한 건설과 물질적인 업적을 남긴 시기였다. 왕이 하나님의 말씀에 저항하여 문둥병자로 죽어야 했던 것은 불행한 일이다(왕하 15：1～7 / 대하 26장). 이사야는 이 나라가 물질적으로는 번영되었지만 영적으로는 형편없는 상황에 처해 있음을 강조하였다. 외적인 성장과 평화는 부패한 마음을 덮고 있을 뿐이다! 유다에게는 어떤 일이 일어나고 있였는가?

하나님은 이사야의 눈이 자신을 바라보던 자리에서 하늘의 보좌를 바라보도록 하셨다. 유다의 왕좌는 비어있었으나 하늘의 보좌는 여전히 채워져 있었다! 땅에서는 혼돈과 불안이 있었으나 하늘에는 완전한 평화가 있었다. 하나님은 장엄한 권세와 영광 중에 앉아 계셨다. 이 땅의 인간들은 웃시야가 문둥병자로 죽은 것을 수치로 생각할지 모르지만 하늘에서는 실패로 인한 수치나 그늘은 없었다. 오히려 하늘은 "거룩하고 거룩하고 거룩하였다!"

요한복음 12장 38～41절은 이사야가 영광 중에 계신 예수 그리스도를 보았음을 우리에게 전한다. 그는 하늘의 보좌에 계셔서 천사들의 찬양을 받고 계셨다. 주님의 천사들인 스랍들("불의 천사들")은 주님의 거룩하심과 영광을 인하여 주님을 찬양하였다. "온 땅이 여호와의 영광으로 가득하다!" 이사야는 그 당시에 그같은 영광을 보지 못하였으며 오늘날 우리도 보지 못한다. 오히려 온 땅은 강포로 충만한 것만 같다!"(창 6：11) 우리는 인간적인 시각으로 사건들을 보지만 천사들은 하나님의 관점에서 사건들을 본다. 어느 날 예수께서 통치하실 때 온 땅은 그의 영광으로 가득찰 것이다(사 11：9 / 민 14：21 / 시 72：19 / 합 2：14).

"만군의 여호와"는 이사야가 가장 좋아하는 하나님의 이름이며 적어도 65회 이상을 사용하고 있다. 이는 "군대들의 하나님"이라는 뜻이다. 이 선지자는 또한 하나님을 "이스라엘의 거룩한 자"라고 부르고 있으며 최소한 30회를 사용하고 있다. 여호와는 거룩한 전쟁의 하나님이시며 죄를 적대하시고 적을 무찌르시는 하나님이시다. 이사야는 유다가 패망할 것 같아 보이는 날에 이러한 사실을 깨달아야 했다. 이것은 오늘날 그리스도인들을 위한 좋은 실천적인 교훈이다. 날이 어두울 때 눈을 하늘로 향하여 보좌에 계신 그리스도를 보라! "여호와께서는 그분의 거룩한 성전에 계신다!"

2. 안(자신)을 바라봄(5~7절)

참으로 하나님과 그의 거룩하심을 보게 되면 자신의 죄악과 실패를 반드시 깨닫게 된다. 욥은 하나님을 보고 회개하였으니(욥 42:6), 베드로는 그리스도의 능력과 영광을 보았을 때(눅 5:8) "나는 죄인이로소이다!" 라고 외쳤다. 스스로 의롭다고 생각한 랍비 사울은 자기의 의가 그리스도의 영광만 같지 못한 "쓰레기"였음을 알게 되었다(행 9장/빌 3장). 그는 믿었고, 사도 바울이 되었다. 신자가 주님과의 참된 경험을 가지는 것은 그를 교만하게 하지는 않으며, 겸손케 하며 그를 깨뜨린다.

이사야가 자기의 죄를 고백하였을 때 그는 자기의 깨끗하지 못한 입술에 대해 특별히 언급하였다. 물론 깨끗하지 못한 입술은 깨끗하지 못한 마음의 산물이다. 이 선지자는 그가 준비되지 못하고 정결케 되어 있지 않으면 주님을 충성스럽게 전파할 수 없음을 알고 있었다. 주님을 만나 정결함을 받을 시간을 가지기도 전에 영혼들을 그리스도께로 인도하겠다고 달려가는 그리스도인들과는 얼마나 다른가. 하나님은 이 선지자의 필요를 해결하셨다. 하나님은 스랍을 보내어 제단의 숯불로 그를 정결케 하였다. 제단없이 보좌를 소유한다는 것은 얼마나 혹독한 일인가! 죄를 깨닫기는 하지만 정결함을 받지는 못하는 것이다. 스랍에게 있어서 하나님을 찬양하는 것보다도 이사야가 영혼 구원자가 되도록 준비시키는 일이 더욱 중요했음에 유의하라! 진정한 예배는 증거와 영혼 구원으로 이끌어 간다. 많은 그리스도인들이 하나님과의 "영적 체험"을 갖고 싶어하면서도 다른 사람들에게 주님에 대해 나누기를 좋아하지 않는다.

여기에 놀라운 격려의 말이 있다. 하나님은 기도에 응답하시며 우리를 정하게 하시는 데에 신속하시다(요일 1:9). 하나님은 우리가 주님을 섬기기 위해 준비하기를 원하신다.

3. 밖(필요들)을 바라봄(8～13절)

이를 위한 모든 것이 준비되었다. 이제 하나님은 이사야를 불러 말씀을 선포하는 데에 사용하실 수가 있게 되었다. 선지자는 더이상 자기 자신의 필요들에만 얽매여 있지 않으며, 하나님의 뜻을 행하고 싶어한다. 그는 더이상 죄에 속박되어 있지 않다. 그는 정결케 되어 있었다. 또한 하나님이 보좌에 계심을 알고 있었으므로 더이상 실망하지도 않는다. 이제 그는 일하러 갈 준비가 되었다!

이러한 부르심은 하나님의 은혜의 증거이다. 그는 이 땅 위에 자기의 뜻을 성취하시기 위하여 사람들을 사용하기를 즐겨하신다. 하나님은 물론 스랍들 중의 하나를 보내실 수도 있으며 즉각적으로, 그리고 완전하게 순종하도록 할 수도 있으시다. 그러나 하나님의 말씀을 선포하는 일에 있어서는 인간의 입술을 사용하셔야만 한다. 하나님은 오늘날도 여전히 신자들을 부르고 계신다. 그러나, 이에 응하는 사람들은 많지 않다. 이사야 시대에는 "남은 자들"만이 듣고 순종할 수가 있었다(13절).

"가서 말하라!" 이것은 오늘날 하나님이 우리에게 맡기신 사명이다. "땅 끝까지 이르러 내 증인이 되라…"(행 1：8). 하나님께서 이 선지자에게 주신 사명은 용이한 것이 아니었다. 왜냐하면 이 민족이 죄와 심판의 멧세지에 귀를 기울일 분위기가 아니었기 때문이었다. 1장에서 하나님은 이 민족을 상처와 곪는 종기 투성이의 아픈 몸으로 비유하셨으며, 또한 자기 주인의 말에 귀를 기울일 줄 모르는 고집세고 반역적인 동물에 비유하셨다. 5장에서 이 민족은 좋은 포도 열매를 생산하지 못하는 아름다운 포도원으로 비유하였다. 1～5장을 읽으면 하나님이 이사야에게 주신 부담감을 이해하게 된다. 민족은 번영하는데 왜 죄에 대하여 전파하는가? "유행을 따르는 여인들"은(3：16～26) 이러한 멧세지를 좋아하지 않을 것이며, 지도적인 통치자들 역시 그러할 것이다(5：8이하). 사람들은 부유하고 넉넉하고 만족할 때 심판이 오는 것을 믿지 않는다.

9～10절은 신약에서 여섯 번 인용되었다(마 13：13～15 / 막 4：12 / 눅 8：10 / 요 12：40 / 행 28：25～28 / 롬 11：8). 따라서 모두 합하면 일곱 번 언급되는 셈이다. 하나님은 고의적으로 사람들을 눈멀게 하시고 이들을 정죄하시는 것인가? 아니다. 전혀 그렇지 않다. 하나님의 말씀에 귀를 기울이지 않고 자신을 순복하려고 하지 않는 사람들에 대하여는 힘이 들고 눈이 먼 것 같은 결과를 가져온다는 것이 이사야가 말하는 내용이다. 얼음을 녹이는 태양이 또한 진흙을 굳게 한다. 요한복음 12장에서 아래로 향하는 단계들을 살펴보자. 그들은 믿으려 하지 않았으므로(37절), 그들은 믿을 수가 없었다(39절). 이들이 믿지 않는 것이 당연한 것은(40절) 이들은 자신의 운명에 인을 쳤기 때문이다.

하나님의 종은 인간이 어떻게 반응하거나 상관없이 하나님의 말씀을 선포해야 한다. 이와 같은 사명에 순종하는 데에는 이사야의 편에서 볼 때 많은 믿음을 필요로 하였다. "이와 같은 비극적인 결과들을 산출하고 있는데 얼마나 오랜 동안 계속 전파해야 합니까?"라고 그는 묻는다. 주님은 "이 땅의 심판을 마칠 때까지"라고 대답하신다. 이러한 종류의 심판은 1장 7~9절과 2장 12~22절에서 제시되어 있다. 그러나, 비록 이 민족이 멀리 포로로 잡혀가더라도 주님은 그 남은 자들을 구원하실 것이다(12~13절). 이 예언은 포로가 되는 데에 직접적으로 적용이 되지만 또한 마지막 때에 하나님이 이스라엘을 다루시는 방법을 설명하고 있다. 그 때는 유대인의 소수만이 환란 기간 동안 믿음을 지키게 될 것이다. 이사야는 이 민족을 찍혀 넘어져 있는 나무로 비유하여, 그루터기가 남아서 새로운 싹이 거기서 날 수가 있는 것으로 상징한다. 이것을 11장 1절 이하의 "가지－예수 그리스도"의 예언과 연관시켜 보자.

이사야가 그 날 성전에서 걸어나올 때 이제는 더이상 슬퍼하는 사람이 아니었으며, 그는 선교사였다! 그는 구경하는 방관자가 아니라 참여자였다. 하나님은 이사야가 일을 하도록 준비를 갖추어 주셨다. 이사야는 주님을 보았고 자기 자신을 보았으며, 필요한 것이 무엇인지를 보았다. 하나님이 보좌에 계심과, 하나님이 그를 불러 사명을 맡기셨음을 알게 되었다. 그는 말씀을 전할 준비를 갖추었으며 죽도록 충성할 준비가 되었다. 우리가 오늘날 따라야 할 본보기가 아닐 수 없다!

그리스도의 초림과 재림

—이사야 7 ~ 12장—

구약 예언을 연구할 때 마음에 새겨야 할 두 가지 중요한 원리들이 있다. 즉, 선지자들은 그리스도께서 겸손하게 오시는 것과 영광 중에 오시는 것을 보았으나 그 두 사건들 사이에 있는 기간 곧 교회시대는 보지 못했다(벧전 1：10~12)는 점과, 각 예언들은 제한된 역사적인 상황에서 나오게 된 것이지만 그 시대를 넘어 미래를 바라보았다는 점이다. 우리는 이제 우리 앞에 놓여진 장들을 통하여 이러한 원리들을 찾아보려 한다. 이 선지자는 유다 역사상 가장 처절한 위기, 곧 이스라엘(북왕국)과 수리아에 의한 임박한 공격 상황을 다루고 있으며 어떤 일들이 생길 것인지 정확하게 말하고 있다. 이러한 선지자들과 더불어 이사야도 역시 메시야의 오심을 알리고 있다! 그의 예언들에 주목하자.

1. 유다는 적들에게서 구원될 것이다(7 ： 1 ~16)

1 **상황**(1~2절)—앗수르는 점차 강대해져서 다른 나라들을 위협하고 있었다. 그래서 이스라엘과 수리아는 군대를 연합하여 스스로의 힘으로 공격하려 하였다. 이들은 유다가 그들의 편에 가담하기를 원하였으나 유다는 동조하지 않았다. 사실상 아하스는 은밀히 앗수르와 거래하여 그를 보호해 줄 것을 요청하였다(왕하 16：1~9)! 수리아와 이스라엘이 공격하려고 하였고, 피할 길이 없었기 때문에 이 백성은 깜짝 놀라고 당황하였다.

2 **약속**(3~9절)—하나님은 이사야와 그의 아들 스알야숩("남은 자는 구원을 받을 것이다")을 보내어 아하스왕을 접견하도록 하였는데 그 때 이 왕은 수로의 안전도를 점검하고 있었다. 이사야는 왕에게 희망과 신뢰의 멧세지를 전하였다. "수리아와 이스라엘을 겁내지 마시오. 65년 안에 이들은 망할 것입니다!" 이 예언은 사실이 되었다. 앗수르는 수리아(다메섹)를 732년에 멸망시켰으며, 이스라엘(에브라임, 사마리아)을 721년에 멸망시켰는데 이 시기는 예언된 기간 안에 들어 있었다!

3 **징조**(10~16절)—아하스는 하나님으로부터 오는 징조를 받아들이기를 거절하여 매우 위선적으로 행동하였다! 그리하여 하나님은 아하스로부터 등을 돌려 다윗의 집에 징조를 보이셨다(13절). 이 징조는 예수 그리스도의 출생으로 성취되었다(마 1：23). 그는 동정녀 마리아에게서 나셨으며 성령으로 말미암아 잉태되었다(눅 1：31~35). 14절에 나오는 "처녀"라는 단어를 젊은 여인으로

해석하는 것은 성경을 왜곡하는 일이다. 그의 이름은 "임마누엘"이었는데 "하나님이 우리와 함께 하신다"(8 : 8, 10)는 뜻이다. 예수 그리스도는 인간의 육신을 입고 오신 하나님으로서, 죄가 없는 분이시다(요 1 : 14). 예수 그리스도는 단지 "좋은 사람"이거나 "위대한 선생"일 뿐만 아니라 바로 하나님의 아들이시다. 이것을 부정하는 것은 하나님의 말씀을 부정하는 것이다(요일 4 : 1~6).

왕과 민족에게 보내는 징조로서 이같은 종류는 즉각적으로 성취될 수도 있다(반드시 그래야 했을 필요는 없었지만). 이 말은 기적적인 처녀 탄생이 그 당시 있었다는 뜻은 아니다. 왜냐하면 예수 그리스도만이 그런 방식으로 태어날 수 있기 때문이다. 그러나 어떤 유대 처녀가 결혼하여 다음 해 안에 아이를 낳는다는 뜻을 암시하는데 이 아이가 유대의 법으로 계수 대상이 되는 나이(12세)가 되기 전에 원수인 이스라엘과 수리아는 멸망하게 되는 것이다. 이 징조가 주전 735년에 주어진 것이라면(추정연대) 721년에 약속이 이루어지게 되는 것이다. 우리가 살펴보았듯이 수리아는 732년에, 사마리아는 721년에 망하였다.ˊ 이 "징조의 아이"가 이사야의 아내에게서 태어났을 수도 있다. 8장 1~8절에 이에 대한 기록이 있다. 이 말은 선지자의 첫 아내가(스알야숩의 어머니, / 7 : 3) 죽었고 이 예언을 말한 직후에 둘째 아내와 결혼했다는 뜻이다. 앗수르에 뇌물을 바치기 위해 성전 기물을 훔치는 아하스 왕의 불신앙과 속임수에도 불구하고(대하 28 : 24~25), 하나님은 은혜롭게도 유다를 그의 적들에게서 구원하셨다. 그러나 유다는 앗수르의 노예로 남게 되었으며, 히스기야 시대의 하나님의 중재로써 이 민족은 구원을 받게 되었다(사 36~37장).

2. 이스라엘은 앗수르에 의해 멸망될 것이다(7 : 17~10 : 34)

7장 17절부터 계속해서 이사야는 배반하는 이스라엘과 왕 베가에 대하여 말하고 있다. 그는 북왕국에게 경고하기를 "앗수르가 그들에게로 와서 그들을 완전히 패망시킬 것이라"고 하였다. 나라는 축복으로 가득 차는 대신 빈곤과 패망에 남겨지게 될 것이었다. "징조의 아이"가 태어난 것은 바로 이 시점에서이다(8 : 1~4). 그의 이름은 마헬살랄하스바스("노략하기에 빠름, 서둘러 빼앗음")였다. 그의 이름은 사마리아와 수리아의 다가오는 패망에 강조를 두고 있다(8: 4). 이스라엘과 수리아가 연맹을 하였지만, 자신을 방어할 수 없었다(8 : 11~15). 이들은 여호와 편에 서서 주께서 그들의 안전한 바위가 되도록 했어야 했다. 이들은 율법으로 돌아가야 할 필요가 있었다(8 : 20). 9장 1~7절에는 오실 메시야에 대한 두번째 예언이 기록되어 있다(마 4 : 13~16 참조). 9장 1절에서 언급되고 있는 곳은 앗수르가 이스라엘을 휩쓸었을 때 가장 고난을 많이 당한 지역이었다. 그러나 이들은 메시야의 빛을 보기 위한 사람들이었다.ˊ 3~5절에서 이 선지자는 이스라엘이 즐거워 하며 짐을 벗게 될 때, 전쟁의 무기들이 연료로 사용되어 불탈 때, 예수 그리스도께서 평화의 왕으로 통치할 때를 내려다 본다! 여기서 우리는 그리스도의 인성("한 아기가 태어나다")과 신성("한 아들이 주어지다")을 본다. 그 다음은 그의 겸손한 탄생에서 영광스러운 통치로 옮겨진다. 그는 예루살렘에서 통치하실 것이며 그 때 완전한 평화가 임할 것이다. 그의 이름은 그의 성품과 사역을 또렷하게 보여 준다. **기묘자**는 그의 출생과 생애와 말씀, 죽음, 부활과 약속 등을 나타내고, **영존하시는 아버지**는 "영원의 아버지", 즉 자기의 영적인 가족들에게 영원한 생명을 주시는 분을 의미하며, **평화의 왕**은 그가 다윗 보좌에 오르실 때 평화가 임할 것을 나타낸다.

9장 8절~10장 34절에서 이사야는 계속하여 임박한 재난을 경고한다. 또한 앗수르에게 자신의 승리를 자랑하지 말 것을 경고하고 있다. 그 나라는 하나님의 손에 붙들린 도구에 지나지 않기 때문이다. 앗수르가 멸망할 날이 올 것이다! 앗수르는 아마겟돈 전쟁에서 예루살렘에 대항하여 모든 나라들을 모으는 적그리스도로 볼 수도 있다. 하나님께서 기적적인 능력으로 앗수르를 멸망시키신 것처럼 주님은 또한 사단과 그의 연합군을 무찌르실 것이다(계 19장).

3. 이스라엘과 유다 왕국은 통일될 것이다(11~12장)

분열된 민족들이 어느 날 통일될 것이며 평화 가운데 자기의 나라로 돌아가게 될 것에 유의하자(11 : 12). 11장 1~3절의 "가지"는 예수 그리스도에 대한 상징이다. 6장 13절에서 우리는 이 민족이 나무가 찍히듯 "베어버림을" 당하여 그루터기만 남았음을 보았다. 이제 우리는 그리스도께서 백성을 구하시려고 그 그루터기로부터 오심을 본다. 예수 그리스도는 다윗의 법적인 자손이시며 한 사람의 유대인으로 유다의 "뿌리"에서 나셨다. 그는 "여호와의 싹"(4 : 2), "의로운 가지"라고 불리워진다(렘 23 : 5). 스가랴 3장 8절에서는 "내 종 순"이라고 하였고 스가랴 6장 12절에서는 "순이라 이름하는 사람"이라고 하였다. 히브리어의 네째르("가지")는 마태복음 2장 23절에서 예수님께 주어진 이름인 "나사렛 사람"과 관계가 있다.

사복음서들은 이 "가지"에 대하여 각각 묘사하고 있다. 마태복음은 "다윗의 의로운 가지"(렘 23 : 5)로, 마가복음 "나의 종 순"(슥 3 : 8), 누가복음은 "순이라 이름하는 사람(슥 6 : 12), 요한복음은 "여호와의 싹"(사 4 : 2)으로 언급하였다. 이처럼 예수 그리스도는 어느 날 구약의 모든 예언들을 유대인들에게 성취하실 것이며 영광과 승리 중에 왕국을 다스리실 것이다(롬 15 : 8~12).

11장 2절에서는 삼위의 각 인격이 다 나오는 것을 본다. "**여호와**의 **영**이 **그**(**그리스도**)에게 머물러 있을 것이다." 여기서는 성령의 일곱 가지 사역을 보게 된다. 그리스도께서 지상에서 사역하실 때 성령께서 능력을 주신 것은 확실하다(요 3 : 34). 성령은 오늘날 우리가 그리스도를 섬기고 그에게 영광을 돌릴 수 있도록 능력을 입히신다(행 1 : 8). 4절부터는 그리스도께서 돌아오셔서 통치하실 때 세우실 영광스러운 왕국을 묘사하고 있다. 이 때는 죄가 즉각적으로 처리를 받는 정직한 심판의 때가 될 것이다 자연은 회복될 것이며(롬 8 : 18~25) 더이상 저주가 없을 것이고, 폭력과 전쟁은 사라질 것이다! "땅은 여호와에 대한 지식으로 충만할 것이다!"(9절 / 사 6 : 3 / 합 2 : 14 참조). 이러한 약속들을 "영적으로만"보아서는 안된다! 이 약속들을 이스라엘에게서 훔쳐서 교회에 적용시키는 것은 성경을 왜곡하는 일이다. 이것은 그리스도께서 어느 날 다스리시게 될 문자 그대로의 왕국에 대한, 문자 그대로의 약속들이다

10절에서 우리는 그리스도께서 유대인들과 마찬가지로 이방인들을 부르셨다는 것을 듣는다. 출애굽 당시 홍해를 횡단한 기적은 마지막 때에 다시 반복될 것이며, 이스라엘은 자기의 땅으로 돌아오게 될 것이다(11~16절). 사람들은 과거에 이러한 약속들을 비웃었으나, 현재 이스라엘은 자신의 땅과 거룩한 성(예루살렘)을 소유하고 있다. 예언의 성취는 가까워진 것 같다. 12장은 이 민족이 부른 승리의 노래이다. 이들은 애굽에서 구원되었을 때 이 노래를 불렀으며(출 15 : 2), 바벨론 유수에서 돌아와 성전을 다시 건축하였을 때도 이 노래를 불렀다(시 118 : 14). 이들은 예수께서 평화와 번영의 세상을 통치하실 때 승리와 영광 가운데 그들의 땅으로 돌아가 다시 이 노래를 부를 것이다.

내 백성을 위로하라

—이사야 40～46장—

이사야 40～66장은 흔히 이사야서의 "신약 부분"이라고 부른다. 27장으로 되어 있는 것이 신약의 27권으로 되어 있는 것과 유사하다. 이것은 세례(침례) 요한의 사역으로 시작되며(40 : 3～4 / 마 3 : 1～3), 그 강조하는 바는 **그리스도**와 **구원**이다. 이 부분의 한가운데 53장이 나오며 이는 그리스도께서 십자가에서 돌아가실 것에 대한 가장 위대한 구약 예언이다. 이사야 1～39장이 자기 백성에 대한 하나님의 심판에 강조점을 두고 있는 반면 40～66장은 위로와 구속의 소리를 들려 준다. 이 부분은 70 년간 포로 생활을 한 후 바벨론 유수에서 구원을 받은 유대의 남은 자들을 위로하기 위하여 쓰여졌다. 이사야는 남은 그루터기가 위로를 필요로 하기 150년 전에 이 놀라운 예언을 썼다! 이 장들을 읽어 가노라면 몇 가지 중요한 사상들이 뚜렷해진다.

첫째는 "두려워 말라"는 지속적인 강조이다(41 : 10, 13～14 / 43 : 1, 5 / 44 : 2, 8). 유대인들은 무엇을 두려워하였는가? 세계를 정복하며 전진하는 이방 강대국들에 대한 두려움이었다. 이스라엘은 앗수르에게 점령당하였고 유다는 바벨론에게 망하였으며, 이제 새로운 바사제국이 무대에 나타나기 시작하였다. 이 모든 나라들은 우상을 섬기고 있었다! 어떤 유대인들은 "이 나라가 이토록 승리를 하는 것을 보아 그들의 신들이 참된 신인 것이 틀림없으며, 여호와는 신뢰할 수 없다"고 말하였다.

이 일은 두번째의 중요한 생각, 즉 "하나님의 위대하심과 이방 우상들의 거짓됨"으로 이끌어간다(40 : 18～20 / 41 : 6～7, 29 / 42 : 8, 17 / 43 : 10～12/ 44 : 9～20 / 45 : 16, 20 / 46 : 1～2, 5～7). 44장에서는 우상 숭배의 어리석음을 가차없이 노출시킨다. 또한 하나님은 참되시며 그와 비교할 다른 신이 없다는 거듭된 진술에 유의하자(40 : 18, 25 / 43 : 10～11 / 44 : 6, 8 / 45 : 5～6, 14).
이 부분의 각 장에서 이사야는 우상의 어리석음을 노출하고 여호와의 위대하심을 높인다. 유대의 남은 자들은 두려워할 필요가 없었다! 하나님은 위대하셔서 바벨론의 속박에서 그들을 구원하실 수 있으시며 그들의 땅으로 안전하게 인도하실 것이었다.

세번째 중요한 생각은 바사의 왕 고레스와 관계가 있다. 이 사람은 하나님이 바벨론을 정복하셔서 유대인들을 자기 땅으로 돌아가게 하시려고 일으키신 왕이다(41 : 2～5, 25 / 44 : 28～45 : 4 / 47 : 11). 그는 에스라 1장 1절에서 언급되고 있는 고레스이며, 주전 559~529년에 다스렸다. 이사야가 고레스왕이 태어나기 2세기 전에 이름까지도 부를 수 있었다는 사실은 성경이 하나님의 감동으로 된 것임을 입증하는 또하나의 증거이다. 요시야왕도 그가 태어나기 수백 년 전에 이름이 지어졌다(왕상 13 : 2 / 왕하 23 : 15~18 참조).

이 장들을 읽을 때, 고레스에 대한 것과, 바벨론에서 남은 자들이 귀환하는 일은 예언이 즉각적으로 성취된 것이며, 예수 그리스도와 그분 안에서 우리가 가지는 구속을 통하여 최종적으로 성취되는 것임을 명심하자. 바벨론으로부터의 놀라운 구원은 그리스도께서 십자가에서 우리를 값주고 사신 구속의 상징이다. 고레스왕은 이방인 통치자였으나 이러한 의미에서 우리의 구속자이신 그리스도를 상징한다(45 : 1~4). 이사야 42장 1~9절은 그리스도를 하나님의 순종적인 종이며, 유대인에게 영광을, 그리고 이방인들에게 구원을 주시는 분으로 제시한다(마 12 : 18~20 비교).

이러한 배경에서 우리는 이제 이 장들을 볼 수 있으며, 하나님은 자신을 그의 백성들에게 어떻게 계시하셨으며, 그를 의지하도록 어떻게 격려하셨는지 볼 수가 있다. 하나님은 그들에게 자신의 위대하심을 계시하신다.

1. 그의 인격의 위대함(40장)

본 장에서는 하나님의 위대하심과 인간의 미약함(6~8절), 우상의 무력함을 대조시킨다(18~20절). 유대의 이러한 연약한 남은 자들이 어떻게 자기들의 땅으로 돌아올 수 있었는가? 하나님께서 앞서 가셔서 그 길을 열어놓으셨다(3~5절)! 마태복음 3장 3절에서 이 약속은 그리스도의 도래를 기다리며 전파하는 세례(침례) 요한에게 적용되고 있다. 9~17절에서 선지자는 "너희들 자신을 쳐다보지 말라"고 말한다. "너희 하나님을 바라보라!" 그는 우주의 창조자이시다! 그러한 하나님이 우리에게 힘을 주시며 우리를 지탱시키실 수 없겠는가? 28~31절에 나타난 축복된 약속들을 살펴보라.

2. 그의 목적의 위대함(41장)

여호와는 단순히 유대인의 하나님만은 아니었다. 그는 민족들을 조절하시는 분이시다. 그는 동쪽에서 고레스를 일으키시며(바사제국 / 2절) 북쪽에서 쓰러뜨리신다(메대에게 정복됨 / 25절). 민족들은 떨며 그들의 우상들에게로 향하였으나 우상들은 그들을 구원할 수 없었다(3~7절). 하나님은 나라들의 흥망성쇠에 있어 목적들을 가지고 계시다. 이스라엘은 두려워할 필요가 없다(10, 13~14절). 왜냐하면 하나님이 그들과 함께 계셨으며 하나님의 목적들을 성취하고 계셨기 때문이다(롬 8 : 28). 주님은 "벌레"를 탈곡기로 변화시킬 수 있으시다! 우상들은 아무런 목적도 갖고 있지 못하다. 이들은 계획을 세울 수 없으며 미래의 사건들을 조절할 수가 없다(21~24절).

3. 그의 용서의 위대하심(42~43장)

1~9절에서는 예수 그리스도가 소개된다(마 12:18~20). 우리는 겸손과 은혜로 초림하신 주님이 또한 능력과 심판 가운데 재림하시는 것을 본다. 물론 이 두 사건 사이에는 현재의 교회 시대가 있다. 하나님은 유대인들의 죄로 인하여 그들이 포로되어 유배되도록 허락하셨었다(18~25절). 하지만, 영원히 그래야 하는 것은 아니다. 그는 심판 중에 오셔서 바벨론을 멸명시킬 것이며(10~17절), 고레스를 자기의 도구로 사용하실 것이다. 43장은 다시 이스라엘에게 확신을 준다. "두려워 말라 내가 너와 함께 함이라!" 이들의 구원은 하나님의 은혜와 능력에 대하여 세상에 간증이 될 것이다(10, 12절). 그러나, 이사야는 이 민족이 하나님을 잊은 것에 대해 꾸짖고 있다(22~27절). 하나님은 그의 은혜로 그들의 죄들을 용서하실 것이다(43:25). 이러한 용서의 약속들을 환란 기간 동안에 유대의 남은 자들에게 적용시킬 수도 있겠다.

4. 주님의 약속의 위대함(44~45장)

이 장들에서 "내가…하리니" 라는 말이 여러 번 반복되는 것에 유의하자. 여기서 하나님은 이 민족에게 도움과 축복을 약속하고 계신다. 44장 1~8절에서 그는 이들을 자기 땅으로 돌려보낼 것과 그 땅을 축복하실 것, 그리고 그들의 왕으로 다스리실 것을 약속하신다. 물론, 이 민족은 용서를 받기에 앞서 자신의 "죄들"을 자백해야만 하는 것이다(21~23절). 44장 9~20절에서 이 선지자는 이방 우상들을 섬기는 어리석음을 다시 폭로한다. 어떤 사람이 나무를 베어 그중의 일부는 땔감으로 사용하고, 나머지는 자신을 신으로 만드는 데 사용한다! 여호와는 약속을 세우시며 그 약속을 지키는 분이시다. 그러나 우상들은 거짓말을 한다(18~20절). 44장 24절~45장 8절에서 우리는 고레스를 통하여 구원할 것이라는 또하나의 약속을 본다. 이방의 제사장들과 술사들은 패전을 약속할지 모르지만 하나님은 그들의 거짓말을 꺾으시고 고레스에게 승리를 주실 것이다. 유다에는 다시금 주민들이 살게 될 것이며, 예루살렘은 재건될 것이다. 이 예언은 에스라 1장에서 성취되었다. 45장 1~3절에서 이사야는 고레스가 바벨론의 난공 불락의 요새를 점령하는 데에 사용하는 방법까지도 말하고 있다. 고레스는 그 성으로 들어가는 강줄기를 마르게 하여 문 밑으로 들어갔던 것이다(사 44:27 / 단 5:30). 역사는 이 사실을 기록한다. 그러나 예언은 이 일이 발생하기 수백 년 전에 이 일을 알렸다!

하나님의 약속들과 목적들을 좌절시키거나 반대할 사람이 있는가(5~10절)? 없다! 하나님은 고레스를 일으켜 주님의 성을 세우게 하셨으며(13절), 다른 나라들을 그의 속국으로 고레스에게 주셨다(14절). 우상은 비난을 받을 것이지만 하나님은 영광을 받으실 것이다(16~19절). 45장 17절에서 역사적인 일들이 영원한 일들과 혼합되고 있는 것을 눈여겨 보자. 이것은 영원한 구원이 될 것이다. 여기서 이사야는 우리가 그리스도 안에서 가지는 구원을 미리 바라보고 있으며(22절), 또한 미래에 이스라엘이 구원을 받을 것과 왕국을 건설할 것을 수십 세기 앞서 내다보고 있다.

5. 그의 능력의 위대하심 (46~48장)

이 장들은 바벨론의 철저한 패망에 대하여 묘사한다. 이사야가 이 일들을 말하고 기록했을 때는 바벨론이 세계적인 큰 권력을 가지고 있지 않았을 때였다. 따라서 어떤 유대인들은 그의 멧세지를 이상히 여겼을 것이 분명하다. 그러나 바벨론은 힘차게 솟아 올랐으며 유다를 정복하였다. 그런데, 하나님은 어느 날 바벨론을 정복하실 것이며 바벨론의 거짓 신들은 유배를 당할 것이다! 이방신들이 바벨론 백성들을 데리고 나오는 대신 그 백성이 그 신을 운반할 것이다! 그러나, 하나님은 자기의 백성을 이끌어 오셔서(3~4절) 시온에 구원을 가져 오실 것이다. 11절에 나오는 "굶주린 새"란 물론 고레스를 두고 하는 말이다. 47~48장을 읽고 하나님의 능력이 어떻게 큰 바벨론 나라를 멸망시키실 것인지 알아보자.

"두려워 말라!" 이 말은 우리 신약 그리스도인들에게 하신 하나님의 큰 약속이다. 그는 사단과 그의 세계보다 더 위대하시므로, 우리는 두려워할 필요가 없다. 그는 우리의 생명을 위한 목적을 가지고 계시며, 우리가 하나님을 신뢰할 때에 그 목적을 성취하실 것이다. 주님은 우리의 죄들을 용서하실 것이며 주님의 약속들을 지키실 것이다. 할렐루야, 놀라운 구세주가 아니신가!

그리스도의 십자가

—이사야 53장—

본 장은 이사야 40~66장 중에서 핵심이 되는 부분이며 우리를 십자가로 인도해 간다. 예수 그리스도께 이 구절들이 적용된다는 사실은 신약의 곳곳에서 입증되었다(요 12 : 38 / 마 8 : 17 / 행 8 : 32~35 / 막 15 : 28 / 눅 22 : 37 / 롬 10 : 16 / 벧전 2 : 24). 이사야 53장은 신약에서 최소한 85회 언급되어 있다고 한다.

사실상, 이 예언은 52장 13~15절에서 시작된다. 13절은 그리스도의 높여지심을 말하고 남은 부분은 그의 낮아지심을 다룬다. 베드로전서 1장 10~11절이 우리에게 알려 주는 것처럼 이 예언은 구약 예언자들에게 혼란을 주는 하나의 이상한 "모순"이다. 이들은 고난을 당하며 죽기 위하여 오시는 종과, 높임을 받고 다스리기 위하여 오시는 종 사이에 긴 기간이 있을 것임을 깨닫지 못했다.

14절은 그리스도의 육체적인 고난이 그를 사람이 아닌 것처럼 보이게 하며, 그로 인하여 인간들은 그를 보고 놀라게 된다고 알려 준다. 그러나 그가 두번째 돌아오실 때는(15절) 온 세상은 "깜짝 놀라 충격을" 받을 것이다(슥 12 : 9~10 / 계 1 : 7 참조). 주님께서 처음에 오셨을 때 팔레스틴에 있는 소수의 사람들이 깜짝 놀랐다. 그러나, 그가 다음에 오실 때는 온 세상이 깜짝 놀라게 될 것이다. 본 장은 그리스도의 역량과 사역을 추적하는 내용으로 되어 있다.

1. 그의 거절당하심(1~3절)

이스라엘의 불신앙이 이제 알려지게 된다. 그들은 주님을 보고 들었지만 그를 신뢰하지는 않았다(요 1 : 11 / 요 12 : 37~38). 그들은 삼중으로 거절하였다. 주님의 **말씀**("보고")을 거절하였으며, 주님의 **사역**("여호와의 팔")을 거절하였다(요 12 : 37~40 참조). 이 선지자는 6장 9~10절에서 이처럼 강퍅하게 되는 것에 대하여 경고했었다.

그러나, 이들은 또한 그의 **인격**을 거절하였다 (2절). 그는 궁전이 아니라 베들레헴의 마굿간에서 출생하셨으며, 나사렛의 경멸받는 마을에서 장성하셨다(요 1 : 43~46). "연한 식물"은 문자 그대로 하찮은 가지에서 생기는 것 같은 "작은 덤불"이다. 다른 말로 하면, 그리스도는 큰 나무가 아니라 작은 덤불이었다!

그러나, 그가 나타났을 때 그 민족은 영적으로 황폐한 불모의 땅이었고 메말라 있었다. 이들은 종교의 형식은 가지고 있었으나 생명은 없었다. 주님께서 생명을 가져왔으나, 이들은 주님을 거절하였다. 얼마나 비범한 분이신가. 그는 인간이시며("그는 장성할 것이며") 거룩하시다! 이 사실은 하나님이 종의 형체로 오셨음을 믿을 수 없는 유대인들에게는 걸림이 되었다(막 6：1～3). 주님의 인간으로서의 외모는 비범한 것이 아니어서 불신앙의 눈으로 볼 때는 인간적인 매력이나 광채 같은 것은 없었다. 물론, 그를 아는 사람들에게 있어서 그는 멋장이 중의 멋장이이시다(시 45：1 이하). 그는 업신여김을 받으셨고(원하는 사람도 없었고 경멸당하셨다), 거절을 당하셨으며(제자들에게, 민족과 세상에게서 버림받으셨다). 하찮게 평가를 받으셨다(높은 값으로 평가되지 못하였고 그를 탐내는 사람도 없었다). 그러나 그는 선한 일을 하며 소망없는 이들을 도우셨다! 본 장은 인간의 마음이 사악하다는 것을 나타내며, 인간들이 하나님의 아들을 이처럼 취급할 것을 보여 주는 것이다.

2. 그의 구속(4～6절)

예수님과 같이 죄가 없으신 분이 왜 십자가에서 그처럼 무서운 죽음을 당하셔야 하는가? 이 구절들은 그 이유를 설명한다. 그는 죄인들을 대신하여 그들이 받을 심판을 받고 계신 것이다(벧전 2：24 / 고후 5：21 참조). 그가 지불하신 값을 보자. 그는 **찔림**을 당하셨는데, 십자가에서 못에 찔려 죽으심과 관계된다(요 19：37 / 슥 12：10). 그리고 **상함**을 받으셨는데, 이는 그가 담당하셔야 했던 죄짐의 무게 아래 으스러지는 고통을 당하신 것이며(6절), 또한 **징계**를 받으셨다. 그는 마치 법을 어긴 자처럼 채찍에 맞는 징벌을 당하셨다.

그러나 이러한 육체적인 고통들은 십자가 상에서 우리의 **허물**(5, 8 절 / 우리의 반역, 하나님의 법을 고의적으로 어김)과 우리의 **죄악**(5～6절 / 우리 본성이 비뚤어짐), 우리의 **질고와 슬픔**(4절 / 재난과 죄로 인한 불행한 결과들)을 짊어지실 때 받으신 십자가에서의 영적인 고난에 비교할 것이 못되었다. 인간은 죄인이다! 인간은 나면서부터 죄인이며("우리는 다 양 같아서 그릇 행하여") 또한 선택으로 인하여 죄인이다("각기 제 길로 갔거늘" / 시 58：3 / 5：12 이하 참조). 6절은 정죄를 나타내는 "모두"로 시작되지만 구원을 나타내는 "모두"로 끝맺고 있다! 주님은 우리들 모두를 위하여 죽으셨다! 이 구절들은 복음의 핵심이다. "그리스도께서 우리를 대신하여 죽으셨다."

3. 그의 복종(7～9절)

그는 정당하게 취급을 받지 못하였다. 그는 "압박을 받으셨으며 괴롭힘을 당하셨고, 거칠게 다루어지셨다." 그러나, 불평하거나 소리쳐 울지 않으셨다. 그들은 그를 조롱하였고 이 장소에서 저 장소로 밀어 대었지만, 그는 잠잠하며 어린 양처럼 온순하였다. 그는 세상 죄를 지고 가는 하나님의 어린 양이었다(요 1：29). "내 뜻대로 마옵시고 아버지의 뜻대로 하옵소서." 8절은 그가 감옥에서 격렬하게 다루어졌고 공정한 권리를 인정받지 못하셨음을 시사한다(행 8：33 / 마 27：22～31 참조).

그리스도에 대한 재판은 미리 꾸며진 대로 엉터리로 진행되었으며 모든 일들이 불법적이었다. 그러나 그의 "관대함"은 이에 저항하지 않았다. 그의 제자들은 그를 버리고 도망하였다! 또한 그의 죽음은 영광스러운 것이 아니었다. 그는 부정한 문둥병자처럼 "끊어짐"을 당했으며 성 밖에 내던져졌다. 불법적이고 비인간적인 취급을 당하셨음에도 불구하고 예수 그리스도는 저항하시거나 논쟁하지 않으셨다. 그 이유는 그가 백성들의 죄를 위하여 죽으러 오셨기 때문이다. 죄수 바라바는 하나님의 아들이신 예수 그리스도보다 오히려 더욱 많은 공의와 친절로 대우를 받았다.

9절은 이렇게 읽어야 할 것이다. "그리고 이들은 사악한 자들과 함께 주님의 묘소를 지정하였으나 죽은 동안 그는 부자와 함께 있었다." 니고데모와 요셉이 아니었더라면 예수님의 시신은 토기장이 밭에 매장되었거나 아니면 쓰레기 더미에 던져졌을 것이다(요 19 : 38~42). 그러나 하나님은 그의 아들에게 정원에 있는 "묘소"를 약속하셨고 이 약속은 성취되었다. "그는 강포를 행치 않으며 그 입에 궤사가 없었다." 인간들은 의롭지 못하나 하나님은 의로우시다. 그리스도께서 온전히 하나님의 뜻에 순복하심으로 우리에게 참으로 놀라운 본을 보이셨다(벧전 2 : 18~25). 인간들이 우리를 불공정하게 다룰 때(우리가 그리스도를 따르기 때문), 우리는 하나님의 뜻에 순종함으로써 그리스도를 영화롭게 해야만 한다.

4. 그의 상급(10~12절)

이 모든 일들은 하나님에 의해 계획된 것이다! 그리고 그의 계획은 완전한 성공을 거두셨다! 52장 13절과 42장 1~4절을 보면 구세주께서 그 사역에 성공하신 것을 본다. 이 구절들은 십자가를 하나님의 편에서 보여 주고 있다. 그의 죽음은 "여호와를 기쁘시게 하였다." 이 말은 아버지가 그의 아들의 고난과 죽음을 즐기셨다는 말인가? 아니다! 구원의 계획이 성취되었다는 사실이 하나님을 기쁘시게 하였다. 사역은 끝났고, 죄가 속하여졌다. 이제 거룩하신 하나님은 그의 은혜 안에서 자격이 없는 죄인들을 구원하신다. 그리스도께서 인간의 악한 손으로 말미암아 죽임을 당하셨지만, 그들의 행위는 하나님의 목적을 성취하도록 미리 정하신 바 되었다(행 2 : 22~24). 그리스도의 죽음은 도덕적인 본보기가 아니라 죄를 사하기 위한 제물이었다(10절). 그는 우리 대신 죽으셨다!

하나님의 뜻을 성취한 기쁨과 달리 그리스도의 보상은 무엇이었는가? 그 한 가지는 죽은 자들 가운데서 부활하신 것이며("그의 날은 길 것이요"), 영적인 가족이 주어진 것이다("그가 그 씨, 그의 자녀들을 보게 될 것이며").

11절은 영적인 가족에 대한 상징과 관계가 있다. 왜냐하면 십자가에서의 그의 영혼의 고통을 설명하는 구절이기 때문이다(시 22 : 30 / 히 2 : 13 참조). 이사야 9장 6절에서 그리스도는 "영존하시는 아버지"라고 불리우는데 그 이유는 십자가 상에서의 그의 죽음과 고통으로 말미암아 구원받은 죄인들로 이루어진 하나님의 가족이 구성될 수 있었기 때문이다! 이들은 그가 의롭게 하신 사람들이며 주님의 은혜를 통하여 의롭다고 선포되었다.

12절은 충성된 종의 보상을 보다 깊이 다룬다(아버지 하나님으로부터의 유업). 그는 죄와 사단을 정복하셨으며, 이제 그 탈취물들을 분배하신다(엡 4 : 8). 그가 이 땅에 계실 때에는 대수롭지 않은 존재로 평가를 받으셨으나, 이제는 "왕 중의 왕"으로 여겨진다. 왕들은 그에게 절할 것이다(52 : 13, 15 / 시 72 : 8~11 / 계 19 : 14 이하). 시편 2편은 그리스도께서 어느 날 자기의 유업을 주장하실 것을 묘사한다.

끝부분의 귀절들은 우리를 십자가로 데려간다. 그는 범죄자들과 함께 수를 세인 바되셨는데 그것은 두 도둑들 사이에서 십자가에 달리셨으며, 사람들이 그를 죄인이라고 불렀기 때문이다(마 27 : 38). 그는 범죄자들을 위하여 중재하시며 그들을 위하여 기도하신다(눅 23 : 34, 43). 그는 사람들이 지독하게 욕설을 퍼부었을 때에도 말씀하지 않으셨다. 그는 잃어버린 죄인들을 위하여 말씀하셨다! 그리고, 그는 오늘날 자기의 사람들을 위하여 중재하시며(롬 8 : 34), 그가 친히 모든 심판을 담당하셨기 때문에 그들에게는 더이상 심판이 없을 것이다! 당신은 그를 당신 자신의 구세주로 신뢰하는가?

그가 오시리라

—이사야 60~66장—

이 장들은 예수 그리스도께서 이 땅을 다스리기 위해서 돌아오실 때 세우실 영광스러운 왕국을 묘사한다. 이 부분에서는 영광이라는 단어가 여러가지 형태로 23회 나오고 있다. 물론 유다나 이스라엘이 바벨론 유수를 끝냈을 때, 또는 미약한 남은 자들이 돌아왔을 때 이들에게 무슨 영광이 있었던 것은 아니다! 전쟁으로 찢겨진 땅에 돌아오는데 얼마나 실망이 되었겠는가! 성벽과 성읍은 파괴되고 성전은 폐허가 되어 있었다.

그런데 여기서 이사야는 이스라엘의 먼 훗날을 내다보고 있다. 그는 영광스러운 성전을 가진 영광스러운 "거룩한 도성"(60 : 7 / 64 : 11)과, 재건된 성벽과 성문을 보았다(60 :10~11). 이스라엘은 이방나라들에게서 경멸을 당하였으나, 이 땅의 중심이요, 하나님의 보좌가 될 것이며, 이방인들이 예루살렘에 와서 참되신 하나님을 예배할 것이다(60 : 3, 5, 11, 16/ 61 : 6, 9/ 62: 2 / 66 : 12, 19). 따라서 이 민족의 미래 영광에 대한 약속들은 포로 생활이 끝나고 그들의 땅으로 돌아오는 유대인들에게 큰 격려가 되었을 것이다. 본 장에서 회복된 민족의 놀라운 네 가지 모습을 살펴보자.

1. 영광스러운 새벽(60장)

[1] **새 날이 밝아온다**(1~9절)—이사야 시대의 유대인들은 얼마나 암담하였겠는가? 이 민족이 적그리스도와 이방 나라들의 손 아래 고난을 당하게 될 환란 기간 동안에는 얼마나 더 암담할 것인가? 그러나, 이 어두움은 그리스도께서 돌아오심으로 끝이 날 것이다! 주님께서 친히 유대인들에게 모습을 나타내실 것이며 "그들은 그들이 찔렀던 자를 볼 것이다"(슥 12 : 10 / 계 1 : 7). 이스라엘은 주님이 다윗의 보좌에서 다스리실 그 날에 그리스도의 영광에 참여할 것이며, 우리 그리스도인들은 그의 왕국에서 그와 함께 왕노릇할 것이다.

이사야는 이방 나라들이 전쟁 목적이 아니라 평화 가운데 예루살렘으로 와서 이 민족의 부(富)에 참여하는 것을 본다(3~9절). 어떤 이들은 5절이 사해를 가리키는 말이라고 본다. 왜냐하면 오늘까지도 유대인들은 이 물에서 굉장한 부를 추출해내고 있기 때문이다. 오늘날 나라들은 예루살렘에 대항하고 있으며, 예루살렘은 전세계의 공격 중심지가 되고 있다. 그러나 그리스도께서 이스라엘에게 영광을 되돌려 주시는 날 이방인들은 평화 중에 머리를 숙일 것이다.

2 풍성한 축복들(10～22절)—이 민족은 재건될 것이며 다시는 성문들이 위험 때문에 닫히는 일이 없을 것이다. 천년왕국(계 20：4～5)은 평화와 번영의 때일 것이며 온 세계가 이를 누릴 것이다. 의로운 해이신 예수 그리스도께서 돌아오실 때는 인류에게 있어 "새 시대"가 될 것이다(말 4：1～3). 이러한 약속들을 오늘날 그리스도인들에게 적용시켜서 "영적으로 해석하거나," 또는 "상징들로" 변화시키지 말라. 예수께서 다시 오실 때에 이 약속들은 땅에 문자 그대로 이루어질 것이다. 신약 그리스도인들로서 우리는 동트기 전의 "밝은 새벽별"을 기대하고 있다(계 22：16). 왜냐하면 그리스도는 심판이 이 세상에 임하기 전에 그의 교회인 우리를 하늘로 데려가시기 위하여 공중에 돌아오실 것이기 때문이다.

2. 즐거운 혼인 잔치(61～62장)

1～2절은 나사렛의 회당에서 그리스도께서 읽은 구절이다(눅 4：16～21). 그는 자신에게 이 구절을 적용하셨었다. 그는 백성들의 영적인 필요들을 해결하기 위하여 오셨었으며 "여호와의 은혜의 해를 선포하러" 오셨었다. 거기서 주님은 읽기를 멈추셨는데 그것은 환란 때까지는 "복수의 날"이 오지 않을 것이기 때문이다(63：1～4).

현대를 살고 있는 우리는 오늘 하나님께서 용납하시는 때 곧 은혜의 날에 살고 있다. 물론 이사야는 이스라엘에 대한 여호와의 사역에 대하여 말하고 있으며, 이 때 여호와는 그들의 "장례식"을 즐거운 "결혼식"으로 바꾸어 놓으실 것이다. 3절은 애곡하는 이들이 눈물을 닦으며 곡하는 옷 대신에 연회복을 입고 있음을 보여 준다. 10절은 신부와 신랑으로서 즐거워하는 민족을 묘사한다.

이스라엘은 시내산에서 여호와와 결혼하였으며, 이 때 하나님은 율법을 주셨다. 그러나, 이 민족은 불충실했으며 다른 나라의 우상들을 좇아 갔다. 이 민족은 영적인 음행으로 인하여 유배를 당하게 되었으나, 이 일조차 그 죄들을 치료할 수가 없었다. 오늘날 이스라엘은 "버리운 바된 아내이지만 그리스도께서 돌아오실 때 이 민족은 구원을 받을 것이며, 다시금 여호와와 "혼인을 하게" 될 것이다. 이사야 62장 4절은 이 민족이 "아스바"(버림받음) 되거나 "셈마마"(황폐함) 되지 않을 것이며 오히려 "헵시바"(나의 기쁨이 그에게 있다!), 그리고 "뿔라"(결혼한)라고 불리울 것을 약속한다. 5절은 주께서 그의 아내가 회복된 것을 즐거워하는 모습을 그리고 있다. 이것을 그리스도의 신부인 교회와 혼동하지 말자(고후 11：1～2/호 2장/사 50：1/사 54：1).

3. 의로운 승리(63~64장)

63장1~6절에서 우리는 아마겟돈 전쟁에서 나라들을 승리하시고 돌아오시는 피에 젖은 군사로 묘사된 그리스도를 본다(계 19 : 11~21). 주님의 승리는 포도주틀에서 즙을 짜는 농부로 묘사되고 있다. 이 땅에 계실 때 그리스도의 첫번째 기적은 물을 포도주로 변화시키는 것이었다. 지상에 그의 왕국을 세우기 전의 마지막 승리는 주님의 진노의 포도주틀을 밟는 것이 될 것이다. 그리스도는 왜 유대인들을 쓸어버리려는 나라들을 패망시키시는가? 주님의 은혜와 신실하심 때문이다(7~9절). 이사야가 이스라엘이 반역함에도 불구하고 그들에 대한 하나님의 선하심을 생각할 때에 그는 이 민족을 정결케 해주실 것을 위하여 기도로 부르짖지 않을 수 없었다(63 : 15~64 : 12). 이사야는 하나님께서 전에 행하셨던 대로 위대하신 능력으로 역사하시는 것을 보게 되기를 얼마나 갈망하였던가! 성전은 짓밟혔고, 이 민족이 성전을 소유하고 있었던 기간은 얼마 되지 못했었다(63 : 18). 이사야는 그들의 부정함(64 : 5~6)과 무관심(64 : 7)과 순복하지 않는(64 : 8) 죄들을 지적한다.

예수께서 예루살렘으로 입성하셨을 때 그는 나귀를 타고 평화 중에 입성하셨다. 그가 두번째로 오실 때는 흰 말을 타고 오실 것이다. 나라들은 평화의 왕이 또한 죄를 심판하시며 그의 백성들을 구원하시는 전쟁에 능하신 분임을 배우게 될 것이다.

4. 놀라운 출생(65~66장)

하나님은 이 두 장을 통하여 이 땅에 왕국(천국)이 건설될 때 그가 하실 일을 설명하고 계신다.

하나님은 이스라엘 민족에게 그들의 죄를 상기시키실 것이며(65 : 1~7) 이방인들에게 주의 구원을 알림으로써 이스라엘을 책망하실 것이다(롬 10 : 19~21). 구약은 이방인들에게 구원을 약속하였으나, 믿는 유대인과 이방인들이 한 몸인 교회를 구성할 것에 대해서는 계시하지 않았었다. 이 민족은 멸망을 당할 만했으나 하나님께서 이들을 보존하실 것이었다(65 : 8). 믿는 남은 자들이 그 땅을 유업으로 받을 것이며, 불신자들은 끊어질 것이다(65 : 9~17). 18~25절은 예루살렘이 온 땅의 중심이 될 때 왕국이 받을 축복들을 비유한다. 장수하며(20절), 사단이 최종적으로 심판을 받을 때, 왕국시대가 끝날 때까지는 죽음이 없어지지 않을 것이다(계 20 : 7~14 / 고전 15 : 26). 사람들은 평화와 행복 가운데 그들의 일을 하여 완전히 성취할 것이며, 자연도 평화로울 것이다(25절 / 롬 8 : 18~24). 그 날은 얼마나 영광스러운 날이 될 것인가!

66장7~9절에서 우리는 새로운 민족의 놀라운 탄생을 보게 된다. 이스라엘은 정치적으로 1948년 5월 14일에 태어났으나, 이 국가는 불신앙 가운데 있다. "의로운 이스라엘"은 예수께서 돌아오셔서 그들이 주님을 보고 믿게 될 때에 태어날 것이다. 환란 기간은 이 민족이 고통 중에서 괴로워하게 될 "야곱의 환란의 때"(렘 30 : 7)가 될 것이다. 이 때는 하나님께서 이스라엘을 정화시키는 날이며, 믿는 남은 자들은 살아 있어 왕국을 세우게 될 것이다. 현재의 이스라엘이 한 나라를 이루기까지 정치적인 고난의 해들을 보내었으나, 이들이 그리스도를 보는 날 회복된 국가는 하룻만에 태어날 것이다. 출생은 7～9절에서 알리고 있으며, 10절에서는 출생의 기쁨을 알린다. 이 "젖먹이"는 다른 사람들 품에서 길러지는 대신 다른 나라들에게 축복을 끼칠 것이다(11～12절)! 그리고, 여호와 하나님께서 새로운 나라의 "어머니"가 될 것이며(13절) 이 나라로 하여금 온 땅에 기쁨과 축복을 가져오게 하실 것이다.

7절에 유의하자. 환란의 고통이 있기 전에 이스라엘에 그리스도의 탄생이 있을 것을 말하고 있다. 그리하여 인간으로서의 아이인 그리스도의 출생과(7절) 환란 후에 있을 회복된 민족의 출생(8～9절)의 두 가지 출생이 있게 된다.

다음 **사건들의 순서**에 유의하자.

1. 교회의 휴거/데살로니가전서 4장 13～18절
2. 적그리스도의 발흥 / 데살로니가후서 2장
3. 유대인과 맺은 7년 언약을 적그리스도가 3년 반 후에 깨뜨림/다니엘 9장 27절
4. 이방인과 순전한 이스라엘을 심판하기 위해 하나님의 진노가 세상에 부어짐 /마태복음 24장 15～18절
5. 그리스도께서 나라들을 멸하러 교회와 함께 돌아오심 / 요한 계시록 19장 11～21절(아마겟돈)

예 레 미 야

—서론과 개요—

예레미야 서론

□ **저자 :** "예레미야"란 이름은 "여호와께서 지명한 사람"이라는 뜻이다. 물론 하나님께로 말미암은 임명이 없이는 이 선지자가 사역을 충실하게 지속해갈 수 없었을 것이다. 그는 제사장의 혈통에서 태어나, 아나돗이라는 제사장의 성읍에서 살았다. 그가 부동산을 살 수 있었고 서기관을 고용할 수 있었던 점으로 보아 그는 개인적인 재산을 소유한 부자였을 것이 분명하다. 그는 "어린 아이" (1 : 4～6)였을 때 사역에 임하도록 부름을 받았는데, 그 때가 10대였음에는 의심의 여지가 없다. 주전 627년의 일이었다.

□ **시대 :** 예레미야는 유다 역사의 마지막 40년 동안에 사역을 하였으며 요시야 왕의 즉위 13년(주전 627년)에서부터 예루살렘의 멸망과 그 이후(주전 587년)까지 사역하였다. 그는 1장 1～3절에서 이전에 번영했던 유다왕국의 지도자들의 이름을 나열하고 있다. **요시야**는 경건한 왕이었고 주전 608년에 죽었는데, 그의 통치 기간에 율법이 발견되었고 성전 예배가 회복되었다. **여호아하스**가 그 뒤를 이었으나, 불과 석달 간 다스렸을 뿐이었으므로 그를 언급하지 않고 있다. 그 다음의 **여호야김** (주전 608～597)은 불경건한 왕으로서, 예레미야를 박해하는 데 온 힘을 다하였고, 예레미야 36장에 나오는 예레미야의 예언을 기록한 문서를 불태운 왕이었다. **여호야긴**은 그 다음 왕이었으나 바벨론으로 포로되어 가기 전의 석달 동안 통치하였다. 마지막 왕은 **시드기야**(주전 597～586)였으며 나라의 멸망과 예루살렘 성의 함락을 초래케 한 장본인이다. 따라서 예레미야는 그가 사랑하는 민족이 죄에 빠지고, 전쟁을 치르며, 심판을 받는 것을 보며 살았으나 이 모든 일을 거치면서도 그는 하나님의 말씀을 전파하는 데 충실하였다.

예레미야가 사역을 시작하였을 때 앗수르가 세계의 주도권을 쥐고 있었다. 그러나 애굽와 바벨론이 급진적으로 세력을 뻗치고 있었으며, 주전 607년에는 바벨론이 니느웨를 점령하여 앗수르의 세력을 무찔렀다. 그러자 바벨론은 유다를 향하였고, 유다의 "정치가들"은 애굽에게 도움을 청하도록 왕에게 권하였다. 예레미야는 언제나 애굽과의 동맹을 반대하였다. 그는 유다의 유일한 희망은 오직 여호와임을 알고 있었다. 그러나 유다의 죄가 너무도 컸으므로 이 민족은 하나님의 축복을 빼앗기게 되었다. 마침내 바벨론은 유다를 쳐서 예루살렘을 점령하였다(주전 606～586). 예레미야는 거룩한 성의 죽음을 기념하기 위하여 "애가"를 썼다.

☐ **전언(멧세지)** : 예레미야의 임무는 쉬운 것이 아니었다. 왜냐하면 그의 민족을 위하여 죽음의 종소리를 울려야 했기 때문이다. 이 책의 첫 부분은 예루살렘에서 행한 그의 설교 몇 편을 수록하고 있는데, 여기서 그는 백성들과 제사장들, 치리자들의 죄, 특히 우상 숭배하는 죄를 탄핵한다. 25장에서 그는 이 민족이 70년 동안 유배를 당하게 되며 그 후 왕국을 재건하기 위하여 돌아오게 될 것임을 알린다. 31장에서 그는 여호와와 그의 백성 사이에 "새 언약"을 맺게 될 것을 예언한다. 이것은 돌에 새겨진 율법이나 행위의 언약이 아니라 마음에 씌어진 사랑과 믿음의 언약이다. 마지막 장에서 예레미야는 유다 주위에 있는 이방 나라들을 다루며 그들에 대한 하나님의 계획을 말한다.

이 책에 나오는 핵심 단어는 **타락**이다. 이 민족은 여호와께 등을 돌렸으며, 그들을 우상 숭배로 인도하는 거짓 선지자들을 추종하였다(2：19／3：6,8／4：1～12, 22／5：6／8：5／14：7). 이 선지자는 회개하라는 말을 열 한 번 사용하였으나, 이 민족은 회개하지 않았다. 우리는 예레미야가 울고 있는 것을 읽는다. 따라서 그는 이 타락한 민족에 대하여 대단히 부담을 느끼고 있었다(9：1／13：17／14：17／15：17～18／렘애 1：2／렘애 2：11, 18). 포로될 것을 예언하여 바벨론에게 항복하라고 왕들에게 말했기 때문에 예레미야는 반역자로 불리웠으며, 백성들에게 박해를 당하였다(1：12～33/20, 26, 28～29, 38장). 구약 예언자들 중에서 거짓 선지자들에게 이처럼 많은 박해를 받아야 했던 사람은 예레미야 외에는 없었다(2：8, 26／4：9／6：14／14：13～16／18：18／23：9～40／26：8～19／27：9～16／28～29장). 유다가 회개하고 하나님께로 향하였더라면 하나님은 그들을 바벨론에서 구원하셨을 것이다. 이들은 자기의 죄 가운데서 고집스러웠기 때문에 형벌을 받아야만 하였으나, 하나님은 "자기의 이름을 위하여" 회복시켜 주실 것을 약속하셨다.

예레미야는 자기의 멧세지를 잘 이해할 수 있도록 샘들과 웅덩이(2：13), 약(8：22). 아무 소용없는 띠(13：1～11), 토기(18～19장), 멍에(27장), 강에 던지운 책(51：59～64) 등의 극적인 예화들을 많이 사용하였다.

☐ **예레미야와 그리스도** : 예레미야와 예수 그리스도 사이의 유사점들은 살펴볼 만하다. 둘 다 결혼을 하지 않았으며(16：1), 자기의 출신지에서 거절을 당하였다(11：21／12：6／눅 4：16～30). 예레미야는 바벨론의 위협이라는 그늘 아래서 사역을 하였으며 예수께서는 로마의 그늘 아래서 사역하였다. 이들은 둘 다 자기 백성들에게서 반역자라는 말을 들었다. 예레미야는 거짓 선지자들에

게, 예수께서는 서기관과 바리새인들, 당대의 거짓 선생들로부터 악의적인 반대를 받았다. 둘 다 예루살렘성을 바라보고 울었으며, 이 성의 파멸을 예언하였다. 예레미야는 소수의 제자들을 모았고, 예수님을 따르는 사람들도 얼마 되지 않았으며 그들 중의 더러는 그가 가장 어두움에 처해 있을 때 그를 남겨 두고 떠났다. 둘 다 거짓되게 체포되어 박해를 받았으며, 외적인 형식과 의식의 아닌 마음의 종교를 강조하였다. 예수께서 성전을 정결케 하시며 제사장들에게 성전을 "강도의 굴혈"로 만들었다고 말씀하셨을 때 예레미야 7장 11절을 인용하신 것이었다. 둘 다 마음의 "새 언약"을 강조하였다(렘 31 : 31~37 / 히 8 : 7 이하). 설교를 통하여 감동적인 예화들과 비유들을 사용했으며, 동정심이 많고 온유한 마음을 보여 주었고, 하나님의 말씀에 순종해야 할 이 민족의 사악함으로 말미암아 마음이 상하였다. 결국 둘 다 생애와 사역에 있어서 실패한 것처럼 보였으나, 하나님은 그들을 높이셨으며 그들의 사역을 성공적으로 만드셨다.

□ **예레미야애가** : 우리는 이 책을 요약하지는 않을 것이다. 이 책은 예루살렘과 성전의 파괴를 기록한 일련의 "장례식 시들"이다. 이 시들은 각 행의 첫자와 끝자를 맞추는 방식으로 쓰여졌다. 1, 2, 4, 5장의 22절씩은 히브리 알파벳 순으로 되어 있고, 3장에서는 각 문자마다 3절씩 배정하고 있다. 죄로 인하여 괴로워하시는 하나님의 마음을 이 책보다 더 잘 표현한 책은 성경에 달리 없다(렘 13 : 17 / 마 23 : 36~38).

예레미야 개요

●서론 : 선지자로서의 소명 / 1장

1. 민족적인 내용 : 유다에 대한 멧세지 / 2～33장

1 정죄 / 2～24장
(1) 민족 전반에 대한 정죄/ 2～20장
(2) 특히 지도자들에 대한 정죄 / 21～24장
2 포로됨 / 25～29장
3 회복됨 / 30～33장

2. 개인적인 내용 : 예레미야의 고난 / 34～45장

1 예루살렘 포위 공격 이전 / 34～39장
2 포위 공격 이후, 남은 자들과 함께 함 / 40～45장

3. 국제적인 내용 : 나라들에 대한 멧세지 / 46～51장

1 애굽 / 46장
2 블레셋 / 47장
3 모압 / 48장
4 암몬 / 49장 1～6절
5 에돔 / 49장 7～22절
6 수리아, 게달, 엘람 / 49장 23～39절
7 바벨론 / 50～51장(168번 언급됨)

●결론 : 선지자의 사로잡힘과 해방 /51장

예레미야의 사역

—예레미야 1～35장—

예레미야 18～19장은 토기장이와 진흙에 중점을 두고 있다. 그러므로 우리는 예레미야가 유다에게 한 사역을 연구함에 있어 이 장들을 사용할 것이다. 18장에서 선지자가 토기장이의 집을 방문하여 진흙으로 빚는 것을 지켜보는 것에 주목하자. 19장에서 그는 완성된 그릇을 가져다가 힌놈 골짜기에서 부숴 뜨린다. 첫 사건은 하나님의 은혜를 비유하며, 두번째 것은 하나님의 심판을 예증한다. 토기장이와 진흙을 생각할 때, 우리는 우리의 생애의 모습과, 우리와 하나님과의 관계에 대한 비유를 볼 수 있을 것이다. 각 물체마다 의미들을 지니고 있다.

1. 하나님은 토기장이시다

[1] **인격**—우리의 삶은 어떤 보이지 않는 힘이나 맹목적인 "운명"의 손에 달린 것이 아니라 한 인격자, 즉 "전능하신 하나님의 손"에 달려 있다. 하나님은 우리의 창조자이실 뿐만 아니라 우리의 아버지이시며 우리의 삶에 대한 개인적인 관심을 가지고 계시다. 그는 토기장이시다(사 64：8 참조).

[2] **능력**—진흙은 스스로 빚어지는 것이 아니다. 하나님만이 우리의 삶을 안내하는 능력을 가지고 계시다. 하나님은 모든 인간들 위에 절대 주권을 행사하신다(6～10절). 우리는 그와 논쟁을 하거나 무슨 일을 하시는지를 문의할 수 없다(롬 9：20～24 참조). 물론, 이 말은 하나님께 인간들의 죄나 민족들의 실패에 대한 책임이 있다는 뜻은 아니다.

[3] **계획**—토기장이는 진흙에 대한 완전한 계획을 가지고 있다. 그는 이미 완성된 생산품을 그의 마음에서 보고 있는 것이다. 하나님은 우리의 삶에 대한 완전한 계획을 가지고 계신다(롬 12：1～2 / 엡 2：10 / 빌 1：6). 우리는 그 완성된 생산품을 볼 수 없으나 하나님은 그 생애가 놀라울 것을 약속하신다(고전 2：9).

[4] **인내**—토기장이는 인내심을 가지고 진흙으로 일을 하며 부드럽게 모양을 빚는다. 하나님은 우리의 삶을 지시하심에 있어서 인내하시며 그의 뜻을 성취하고자 하신다. 때때로 그는 부모, 교사, 동료 그리스도인, 우리를 박해하는 사람들의 손을 빌려 우리의 모양을 빚는 일을 도우신다. 가치있는 생산품이 되기까지는 시간이 걸린다. 그리고, 하나님은 즐겨 기다리신다.

2. 인간은 진흙이다

물론 예레미야의 멧세지에서 진흙은 이스라엘 민족을 나타낸다. 하지만 이것을 우리의 삶에 개인적으로 적용한다 해도 틀리지 않는다. 그리스도인들은 복음의 보물들을 담도록 하나님이 빚으시는 하나님의 그릇들이다(딤후 2 : 19~21 / 고후 4 : 7 / 행 9 : 15). 인간은 진흙으로 지어졌는데, 진흙이란 흙을 물과 섞은 것이다. 우리는 흙으로 되어 있다(시 103 : 14). 그러나 하나님의 영의 물이 그리스도를 믿는 믿음을 통하여 우리에게 생명을 부어 주셨다. 진흙은 그 자체로는 그다지 큰 가치가 없다. 그러나 바른 목적을 위해 올바른 손으로 빚어질 때 위대한 것이 될 수 있다. 개인의 생활에 잠재해 있는 놀라운 가능성을 계산할 수 있는 사람은 아무도 없다.

진흙의 가장 중요한 자질은 그 고분고분함에 있다. 만일 토기장이의 손에서 고분고분하지 못한다면 작품을 망쳐 놓게 될 것이다. 진흙은 스스로 빚을 수가 없으며 토기장이가 있어야만 한다. 하나님의 뜻 안에서 "스스로 만들어진" 그리스도인은 아무도 없다.

3. 인생은 녹로(회전대)이다

녹로(회전대)는 토기장이로 말미암아 신속히 돌아간다. 그리고 속도를 조절하는 이도 토기장이이다. 그리스도인으로서의 우리의 삶은 우연이나 행운에 의해 조절을 당하는 것이 아니라, 하나님에 의해 조절을 받는다. 하나님께서 인생의 환경들을 배정하시며, 그 환경은 또한 우리들을 빚게 된다. 어린 요셉을 애굽으로 가게 하여 왕과 같이 빚어지게 하신 분도 하나님이셨다. 우리는 생의 환경들에 대하여 이상히 여기며 하나님이 우리에게 불친절하시다고 생각할 수도 있다. 그러나, 어느 날 우리는 로마서 8장 28절의 진리를 깨닫게 될 것이며, 모든 일들이 합력하여 선을 이루었다는 것에 동의하게 될 것이다. 녹로에 관한 가장 중요한 것은 그 크기가 아니라(어떤 사람들의 생은 다른 사람들의 생애보다 짧다) 그 중심이다. 녹로가 "중심이 잘 잡혀 있으면" 모든 것에 균형이 유지된다. 헌신한 그리스도인의 생활에 있어서 중심이 되시는 분은 그리스도이시다(마 6 : 33).

4. 불순종은 망하게 하는 것이다

진흙이 토기장이의 손에 언제나 순복한다면 참으로 놀라운 일일 것이지만 일이 언제나 그렇게 되는 것만은 아니다. 선지자는 망쳐진 그릇을 보았다! 토기장이는 그 진흙을 던져 버리고 새로운 덩어리로 시작하려 할 것인가? 아니다. 그는 그 진흙으로 다시 만든다! 이것은 인간의 반역과, 은혜로 회복되는 것을 상징한다. 망쳐지는 경우는 어떤 경우인가? 자기 자신의 방법을 유지하려고 할 때이다(18：11～12). 우리는 그리스도인으로서 하나님의 뜻 밖에서 우리 자신의 계획을 세움으로써 우리의 인생을 망치는 경우가 허다하다. 하나님께서 계획하신 완성된 생산품만을 볼 수 있기 위해서는 하나님께 결코 불순종해서는 안 될 것이다! 슬프게도, 우리는 인생에 대해 하나님보다 더 많은 것을 알고 있다고 생각한다.

하나님은 용서하시는 데에 은혜로우시며 "우리를 다시 만드시는 데에" 자비로우시다. 어떤 때는 우리를 굴복하게(고분고분하게) 하시기 위하여 격렬한 징계를 사용하셔야만 하기도 한다. 그는 야곱의 삶에서 20년을 소비하셨으나 결국은 여호와께 유용한 그릇이 되었고, 하나님은 다윗에게 또다른 기회를 주셨다. 진흙이 반항을 한다는 것은 유감스러운 일이다. 그럼으로써 시간과 아름다움을 잃게 되기 때문이다. 하나님은 우리를 다시 빚으시지만, 우리는 결코 전과 똑같을 수 없는 것이다. 요한일서 1장 9절은 용서에 관한 놀라운 약속이지만, 불순종해도 된다는 핑계가 될 수는 없다.

5. 시련은 용광로(토기장이의 가마)이다

예레미야는 토기장이의 용광로에 대해서는 말이 없었으나 거기 있었을 것이 분명하다. 어떠한 그릇이라도 용광로를 통과하기 전에는 아무 쓸모가 없다. 열이 그릇에 힘과 미를 주며 유용성과 가치를 높인다. 인생은 반드시 용광로를 가지기 마련이다. 욥은 고통의 용광로를 거쳤으며(욥 23：10), 베드로전서 4장 12절 이하는 박해의 용광로에 대해서 말해 준다. 충성된 세 명의 히브리 청년들은 용광로를 통과하였으며 토기장이가 그들과 함께 불 가운데 있는 것을 발견하였다(단 3：19～25)! 하나님은 그 용광로를 얼마나 뜨겁게 하셔야 하는지 알고 계시며, 우리가 견딜 수 있는 시련의 정도가 어느 만큼인지 알고 계신다(고전 10：13). 하나님의 용광로를 벗어나서 피하는 삶을 살아 온 그리스도인들은 그리스도와 함께, 그리고 그리스도를 위하여 기꺼이 고난을 감수해 온 사람들 만큼 하나님의 은혜의 축복을 알지 못한다. 우리의 길에 시련이 닥칠 때 우리는 토기장이에게 굴복하여야만 하며 그분이 그분의 방법을 사용하시도록 해야 한다.

6. 깨뜨림은 곧 심판이다

19장 1～13절에서 예레미야는 유대인들이 우상을 숭배하는 일에 헌신하였던 장소인 힌놈의 아들의 골짜기를 향하여 갔다. 유대 역사에 있어서 가장 악한 죄들이 이 장소에서 범하여졌다(7：31). "힌놈의 아들"이란 이름은 히브리 말로는 "게힌놈"인데, 결국 헬라어의 "게헨나"가 되었고, 이 말은 신약에서 지옥을 나타내는 말이다. 요시야왕은 이 우상의 산당을 예루살렘의 쓰레기 하치장으로 바꾸어 버렸다(왕하 23：10)!

이제 선지자는 완성된 토기를 가지고 가서 그 땅의 장로들 앞에 펼쳐 보이며 심판에 대해 설교한다! "너희는 하나님을 버렸으며 여기서 우상을 예배함으로 하나님의 말씀에 대항하여 죄를 범하였다. 그러나 이 골짜기가 도벳(불탐, 또는 오물)이라고 불리지 않고 학살의 골짜기라고 불리울 날이 곧 올 것이다. 심판이 유다에 임하고 있다!" 말을 마친 후 그는 그 토기를 깨뜨렸다. 이제 그 토기는 다시는 고쳐 쓸 수가 없게 되었다(10~11절).

민족이나 개인의 생활은 "돌아설 수 없는 지점"에까지 도달할 수가 있다. 진흙이 굳어지면 더이상 빚지 못한다. 생의 초기에 그리스도께 굴복한다는 것은 얼마나 중요한 일인가! 삼손은 굴복하기를 거절하였으므로 하나님은 그릇을 부숴야만 하셨다. "죽음에 이르는 죄가 있다"(요일 5 : 16).

하나님은 우리가 그릇들이 되기를 원하신다. 그릇은 스스로 무엇을 만들어내는 것이 아니라, 다만 담고 받아들이며 나누어 준다. 우리는 그의 축복들을 받으며 다른 사람들에게 나누어 준다. 하나님께서 요청하시는 모든 것은 우리가 유용하고 정결하며 비어 있는 것이다. 바울은 우리에게 죄에서 분리되어 있으라고 경고하였다(딤후 2 : 19~21 참조). 우리가 채워지지 않는다면 우리는 무엇이든 다른 사람들과 나눌 수가 없다. 주께서 우리가 높임을 받는 그릇이 되도록 도와 주시며, 주인의 용도에 적합하게 해 주시기를 빈다.

성경의 영감

—예레미야 36장—

극적인 본 장의 주제는 하나님의 말씀이 어디서 왔으며 무슨 일을 하고, 인간은 이에 대해 어떻게 반응하는가를 다룬다. 예레미야는 지난 20년 동안 설교를 해 왔었다. 애굽이 막 바벨론에게 멸망을 당하였고 여호야김왕의 대외정책은 파탄하였다. 그러나 선지자는 바벨론이 어느 날엔가 유다를 포로로 잡아갈 것을 알고 있었으며 다만 그의 백성이 회개하는 것을 보게 되기를 갈망하고 있었다. 상황이 낙심스러워 보일 때라도 경건한 사람은 계속해서 사역을 하게 된다.

1. 말씀의 영감(1～4절)

지금까지 예레미야의 사역은 구두로 하는 것으로서 성전 뜰에서 설교를 했었고 타락한 민족을 일깨우려고 노력하였다. 그러나 하나님은 예레미야가 멧세지를 하나님의 말씀의 일부로 기록하기를 원하셨다. 17～18절에서 우리는 이 일이 어떻게 진행되었는지를 본다. 예레미야가 비서격인 바룩에게 말을 하면 그가 그것을 기록하였다. 바룩이 쓴 것은 하나님의 계시였으며 그 누구도 혼자서는 발견할 수 없는 진리들이었다. 성경은 하나님이 인간에게 주시는 계시이다. 인간의 생각으로는 그 안에 들어 있는 진리들을 결코 발견할 수가 없다. 구약에는 거의 4,000번이나 "여호와께서 이렇게 말씀하셨다"는 말이 나온다.

영감(inspiration)은 성경이 어떻게 기록되었는지를 묘사하는 단어이다. "모든 성경은 하나님의 영감으로 된 것으로"라고 디모데후서 3장 16절은 말한다. 이 말은 성경이 "하나님께서 입김을 불어 넣으신" 책이란 뜻이다. 이것은 인간의 정신에서 제조된 생산품이 아니다. "하나님의 거룩한 사람들이 성령의 감동하심을 받아 말씀하신 것이다(벧후 1:21). 인간들은 위대한 작가들에 대하여 "영감받은" 작품이라고 말하는데, 이것은 성경에서 사용하는 단어는 아니다. 세익스피어는 인간적인 감각으로 보아 그 위대함에 있어서 영감받은 작가였다. 그러나 그의 작품들은 성경처럼 하나님께 영감받은 것은 아니다! 하나님의 영은 하나님의 사람들에게, 그리고 하나님이 사람들을 통하여 말씀하셨다. 하나님은 그들의 개성을 무시하거나 그들을 "로보트"로 만드신 것은 아니었다. 왜냐하면 각 성경의 저자들은 그 자신의 개성을 그 저작 속에 나타내기 때문이다. 그러나 그들이 쓴 것은 하나님의 말씀이며 최종적이고, 완전하며 권위를 갖춘 것이다. 우리는 우리의 성경을 신뢰할 수 있다.

2. 말씀의 선포(5～10절)

1절과 9절을 비교할 때 이 책을 기록하는 데 최소한 일 년은 걸렸으리라는 인상을 준다. 백성들은 바벨론에 대항하여 여호와의 도움을 구하기 위해 특별 금식 기간을 둘 것을 요청하였다. 왕은 그의 말년의 사건들에서 하나님이나 또는 하나님의 말씀을 존중하지 않았음을 보여 주지만 이 요청을 수락하였다. 그 왕은 국가적인 "종교의식"은 따라 행하지만 개인적으로는 그리스도와 그의 말씀은 거절하는 오늘날의 정치적인 지도자들과 같았다. 바룩은 성전에 있는 금식하는 백성들에게 이 책을 읽어줌으로써 하나님의 말씀을 선포하였다. 예레미야는 갇혔지만 하나님의 말씀은 갇히지 않았다(딤후 2：9/살후 3：1～2 참조). 바룩이 이 일을 하는 데는 용기가 필요하였다. 왜냐하면 예레미야는 인기있는 사람이 아니었기 때문이다.

하나님은 그의 말씀이 전파되고 가르쳐짐으로 인하여 퍼져나가도록 규정하였다. 성경 문헌과 배본을 위한 직분이 있는 것이 분명하지만 하나님께서 특별히 축복하시는 일은 말씀을 전파하는 일이다. 하나님은 그의 말씀을 인간들이 죄를 깨우치도록 하는 데 사용하시며 정직한 회개로 그들을 인도하는 데, 또한 구원의 확신을 주시는 데 사용하신다(3절). 바룩은 하나님의 자비로부터 도망하려는 유다를 경고하고 있다. 하나님의 심판이 다가오고 있었기 때문이었다. 오늘날 우리는 하나님의 진노가 이미 사람들에게 임해 있기 때문에 그들을 그리스도께로 인도하려고 노력하는 것이다(요 3：36).

3. 말씀의 보존(11～32절)

사람들이 하나님의 말씀에 반응하는 모습이 각기 다른 것을 보는 일은 흥미롭다. 바룩이 서기관 그마랴의 방 앞쪽 성전에서 말씀을 읽을 때 그마랴의 아들인 미가야가 참석하고 있었다. 미가야는 이 말씀에 감동을 받아 즉시로 나라의 지도자들과 이 말씀을 나누었다. 이들은 바룩을 데려오게 하였으며 그는 두 번째로 말씀을 읽었다. 지도자들은 이제 두려워하였으며(16절), 누군가 왕에게 전해야만 하였다!

여호야김은 애굽에게 무릎을 꿇어 왕좌를 받은 불경건한 사람이었다(왕하 23：31～24：7). 그는 하나님의 한 선지자 우리야를 벌써 죽인 터였다(렘 26：20～24). 그는 물론 예레미야에게도 호의적이지는 않았으나, 그는 겨울 궁전에서 편안히 앉아 읽는 소리를 듣는 일에는 동의하였다. 그는 마땅히 하나님 앞에 자신을 겸손히 하여 성전에 있어야만 하였다. 그에게 말씀이 필요한 때에 그에게 말씀을 가져다 주시는 하나님은 참으로 은혜로우시다. 그러나 여후디가 책을 읽자 왕은 부주의하게도 그것을 조각내어 그의 화로에 연료로 사용하였다. 그의 눈에는 여호와를 두려워하는 빛이 없었다. 지도자들 중의 세 명이 간

원하였으나(25절) 왕은 들으려 하지 않았다. 말씀에 굴복하는 대신 그는 말씀에 항거하였으며, 예레미야와 바룩을 체포하여 죽이려 하였다!

불경건한 사람들은 세기를 거쳐 내려오며 성경을 공격했었다. 그러나 아직도 성경은 든든히 서 있다. 예레미야는 다시 그와 같은 것을 썼다. 우리는 예레미야의 예언을 지금까지 가지고 있으나 여호야김 왕은 흙으로 변한 지 오래이다. 죄를 사랑하는 사람은 성경을 미워한다. 왜냐하면 성경은 인간의 죄를 드러내며 다가올 진노를 경고하기 때문이다. 주후 303년에 로마의 디오클레티아누스 황제는 하나님의 말씀의 사본들을 찾아내어 불태웠으며 그 기념비에 "그리스도인의 이름은 멸절된다!"고 새겨 놓았다. 20년 후에 콘스탄티누스 황제는 기독교를 로마의 공식적인 종교로 삼았으며 성경을 다시 사람들의 손에 돌려 주었다. 진리를 미워하는 사람들은 성경을 영어로 번역하였다고 하여 위클리프를 박해하였으며, 틴들(W. Tyndale)은 화형을 당하였지만 성경은 여전히 여기 있다. 하나님께서 그의 말씀을 보존하신다. "오 주여, 당신의 말씀은 영원토록 하늘에 뿌리를 내리고 있읍니다." "천지는 없어지겠으나 내 말은 없어지지 아니하리라"(마 24 : 35). 성경 위에 삶을 세우는 사람은 흔들리지 않는 곳에 세우는 것이다. "하나님의 뜻을 행하는 자는 영원히 거하느니라"(요일 2 : 17).

예레미야는 새로운 사본을 썼으며 왕에 대한 특별한 심판을 첨부하였다. 여호야김은 말씀을 파괴할 수 있을 것으로 생각하였다. 그러나 말씀이 그를 파괴하였다! 그는 비참한 죽음을 당할 것이며 보좌를 주장할 상속자를 남겨 두지 못할 것이었다(30절 / 렘 22 : 18~19). 그의 아들 여호야긴은 아버지가 죽자 보좌를 차지하였으나 바벨론으로 포획되기 전 3 개월간만 지속되었다(왕하 24 : 6~12). 바벨론은 유다를 사로잡으러 왔으며 예레미야가 예언한 그대로였다. 예언의 성취는 성경이 하나님의 영감으로 기록되었다는 데에 대한 가장 큰 증거들 중의 하나이다.

4. 말씀의 위로(45장)

이 장에서는 36장에 있었던 사건에 대한 바룩의 반응을 기록한다. 그는 하나님의 말씀을 기록하는 데 참여하였었으나 자기의 생명을 구원하기 위하여 숨을 곳을 찾아가야 했다. 그의 충성심으로 인하여 높임을 받기는커녕 오히려 박해를 당하지 않을 수 없었다! 얼마나 실망이 컸겠는가!

의심할 나위없이 그는 재능있는 서기관이었으므로 왕을 보필하는 사람들 중의 누군가가 바룩에게 왕의 관리가 되도록 "좋은 일자리"를 제공하였을 것이다. "왕의 인기있는 서기관이 될 수 있을 텐데 예레미야와 같이 미움받는 설교자와 한 패가 되는가?" 이것은 굉장한 유혹이다! 하나님은 그의 마음을 아셨으며 하나님은 예레미야에게 이 일에 대하여 말씀하셨다. "너는 너를 위하여 대사를 경영하느냐?"라고 하나님은 바룩에게 물으셨다. "그것들을 구하지 말라! 유다의 땅은 미래가 없다. 바벨론이 와서 성읍과 땅을 파괴할 것이기 때문이다. 만일 바룩이 왕과 함께 있을 "평안한 위치"를 얻고자 예레미야와 말씀을 버렸다면 모든 것을 잃었을 것이다. 결국은 하나님이 그의 생명을 보호하셨고 주님을 섬기는 일에 그를 사용하셨다.

오늘날과 같이 반대와 박해의 시대에 말씀의 편에 참되게 서기란 쉬운 일이 아니다. "데마는 이 세상을 사랑하여 나를 버리고… 갔고"(딤후 4 : 10). 예레미야와 바룩같이 바울은 말씀으로 인하여 박해와 고난을 당하였으나(딤후 2 : 8 ~9), 그는 생명의 종말에 이르러 "내가 믿음을 지켜"라고 말할 수 있었다.

하나님의 말씀을 당신은 어떻게 취급하고 있는가? 선반에 두는가(36 : 20)? 성경의 "현대 비평가들"처럼 조각조각 찢고 있는가? 당신은 성경을 폐지하려 하고 있는가? 아니면 성경에 머리를 숙이고 그 진리에 순종하고 있는가? "내가 범사에 주의 법도를 바르게 여기고 모든 거짓 행위를 미워하나이다"(시 119 : 128).

눈물과 믿음

—예레미야애가—

이 책은 주전 586년에 예루살렘이 바벨론에게 멸망한 것을 기념하는 다섯 편의 "애가" 또는 "장례 시"를 수집해 놓은 것이다. 예레미야는 이와 같은 비극적인 사건의 증인이었다. 예루살렘과 성전이 파괴되고 백성들이 죽임을 당하며 사로잡힌 자들이 바벨론으로 유배당해 가는 것을 보고 그의 마음은 깨어져 나가는 것 같았다. 우리는 이 책 전체를 통하여 이 선지자의 눈물을 볼 수 있다. 이 책에서 우리는 다섯 가지 중요한 교훈을 배울 수 있다.

1. 하나님의 심판의 무서움(1 : 1～6)

예루살렘성에 대해 이 구절들은 갑자기 혼자 남겨져 모든 부와 아름다움을 빼앗긴 어느 부유한 공주 또는 왕후에 비유한다. 과거에는 충족하였으나 이제 그녀는 텅비었으며, 과거에는 높임을 받았으나 이제 그녀는 수치가 되었다. 그녀의 기쁨은 눈물로 대신하게 되었고 큰 승리들은 이제 패전하여 탈취당했다. 왜 이렇게 되었을까? 여호와를 사랑하는 대신 "여러 사랑하는 사람들에게 구애하였고"(2절), 이방 나라들의 거짓 신들을 섬겼기 때문이다. 이제 그 이방 나라들이 그녀의 원수가 되었다.

죄는 언제나 슬픔과 비극을 가져온다. 2장에서 예레미야는 하나님이 더이상 그들의 친구가 아니며 원수라고 설명한다. 전에는 그들의 전쟁에서 싸우셨으나 이제는 너무 늦었다. 굶주린 아이들에 대한 슬픈 설명을 읽어 보라(2 : 20/ 4 : 10/ 렘 19 : 9). 예루살렘은 기쁨과 부와 미를 잃었을 뿐만 아니라 간증도 잃었다. 모든 이방이 이 성을 비웃었다(2 : 15～16).! 물론 이것은 오늘날 그리스도인들에게도 적용된다. 하나님께서 타락한 자들을 징계하실 때의 경험은 편안한 것은 아니다. 죄는 인간에게 언제나 상실을 가져온다.

2. 하나님의 진노의 의(1 : 18～22)

"우리는 우리가 심은 것을 거둔다!" 선지자는 울고 있다. 닥친 무서운 심판들은 그 민족과 도성이 받아 마땅한 것일 뿐이었다. "우리가 그의 말씀을 반역하였도다!" 반역에는 언제나 징계가 따른다(히 12 : 1～14). 하나님은 왜 그의 백성을 잡혀가게 하셨는가? 하나님을 신뢰하며 말씀에 순종하는 법을 가르치기 위한 것이었다. 19절에서 예레미야는 문제를 일으키는 "사랑하는 사람"에 대해 말하고 있는데, 곧 유다가 문제에 봉착했을 때 이들이 의지했던 이방 신들과 나라들, 그리고 백성들에게 거짓 확신을 주며 거짓말을 가르친 거짓 선지자들과 제사장들이다. 하나님의 말씀의 진리에 청종하지 않은 민족에게는 희망이 없다.

이 민족은 무슨 일을 할 수 있는가? 하나님의 징계에 굴복하고 그의 자비를 의뢰하는 것 외에는 아무런 길이 없다(1 : 22). 죄의 고백은 하나님께 계속적으로 반역하는 것보다 낫다. 하나님이 침략을 물리치기에는 너무 늦었으나, 그는 물론 그 백성이 회개하는 것을 보시고 그들이 포로 생활을 하는 동안에조차 그들을 위하여 일하기 시작하실 것이다.

3. 하나님의 말씀의 신빙성(2 : 17)

"여호와께서 그의 말씀을 다 이루셨다!" 예레미야는 40년 동안 백성들의 죄가 그들을 찾아 낼 것이라고 경고했었다. 그러나 이 민족은 들으려고 하지 않았다. 사람들은 진리에 귀를 기울이려 하지 않으며, 거짓 선지자들의 "인기있는 멧세지"를 더 좋아한다(2 : 14). 예루살렘은 예레미야를 비웃었으며 그를 박해하고 그를 죽이려고까지 하였다. 그러나 종국에 하나님은 그의 종을 높이셨으며 그의 말씀들은 진실이 되었다. 예레미야 4장 5~10절을 읽고 예레미야의 경고의 멧세지를 보자. 이 민족이 거짓말을 믿은 것에 대해서는 예레미야 5장 30~31절에 설명되어 있다. 예레미야 6장 13~14절에서 그는 거짓 선지자들을 가리켜 증세를 감추고 질병을 치료하지 않는 의사들에 비유한다(8 : 11, 21~22). 23장 9절 이하에서 예레미야는 이 민족이 하나님의 말씀의 진리를 거절하고 사람들의 거짓말을 믿을 때에 백성들에게 일어날 일에 대해 설명하고 있다.
예레미야의 시대와 마찬가지로 하나님의 진리의 말씀은 굳게 서 있을 것이다. 사람들이 "건전한 교리"를 고수하려고 하지 않고 그들의 귀를 간지럽게 하며 거짓 확신을 주는 멧세지로 그들을 즐겁게 하는 설교자들을 원하는 때가 벌써 임했다(딤후 4 : 1~5). 하나님은 거짓 선지자들이 무슨 말을 하든지 간에 이 세상을 심판하실 것이 분명하다.

4. 하나님의 마음이 부드러우심(1 : 12~16)

예레미야는 자기 백성의 죄로 인하여 마음이 상하신 여호와의 마음을 대신 표현하고 있는 것이 분명하다. 심판은 하나님의 "비상한 일"(사 28 : 21) 이다. 그는 고의적으로 괴롭히는 분이 아니시다. 자기의 백성을 징계하실 때조차 그는 그들의 괴로움에 동참하신다(사 63 : 9). "여호와는 그가 사랑하시는 자를 징계하신다." 예레미야의 눈물은 그 백성이 반역을 한다 해도 하나님은 그들을 사랑하시며 그들을 향한 사랑에는 변함이 없음을 상기시킨다. 백성이 부주의하게 패망의 길로 걸을 때에 예레미야는 묻는다. "무릇 지나가는 자여, 너희에게는 관계가 없는가?" 우리는 여기서 예수 그리스도께서 세상의 죄를 대신하여 십자가에 달리셨을 때 말씀하신 음성을 듣게 된다! 주님은 심판의 날이 다가오고 있는 것을 아셨기 때문에 예루살렘을 보고 우셨을 것임을 기억하라.

하나님은 사랑으로 백성들에게 그들의 죄를 경고하셨고 심판이 임박했음을 알리셨다. 사실상, 훨씬 전의 모세 때부터 이스라엘은 여호와께로부터 거짓 신들을 섬기지 말라는 경고를 받았었다(레 26장/신 28장). 사랑으로 하나님은 선지자들을 보내셔서 경고하셨으나(대하 36：15～17) 그들은 들으려 하지 않았다. 이제는 사랑으로 그들이 배우려들지 않는 교훈들을 가르치기 위하여 그들을 징계하셔야만 하였다.

5. 하나님의 자비의 신실하심(3：18～36)

이 책의 중심부인 여기에서 우리는 성경의 어느 곳에서나 발견될 수 있는 가장 위대한 믿음의 고백들 중의 하나를 발견한다. 예레미야는 그의 슬픔과 자기 백성의 슬픔 가운데 살았었다. 그러나, 그 때 그는 눈을 들어 여호와께로 향하였으며, 이것이 전환점이 되었다! 슬픔의 와중에서 그는 여호와의 자비를 기억하였다. "주님의 자비와 긍휼은 무궁하시다" 우리는 하나님을 실망시키지만, 하나님은 우리를 실망시키지 않으신다. "여호와의 성실이 크도소이다!"

사람들의 마음이 두려움으로 인하여 실의에 가득 차 있을 때, 그리고 사람들이 서로를 실망시킬 때에 하나님의 신실하심은 굉장한 격려가 된다. 우리가 만일 사람들 위에, 또는 이 세상의 것들 위에 우리의 삶을 건축한다면 우리에게는 희망이나 안전성은 없을 것이다. 그러나, 그리스도(신실하신 분) 위에 세운다면 영원히 안전할 것이다.

하나님은 우리를 징계하시는 데에 신실하시다(시 119：75). 하나님은 우리를 회개하고 고백하는 자리에 이르도록 인도하기를 원하시며(렘애 3：39～41), 우리가 우리의 죄를 고백할 때에 **용서**하시는 데 신실하시다(요일 1：9). 하나님은 우리가 무거운 짐을 지고 문제에 봉착했을 때 우리를 **동정**하시는 데 신실하시다(히 2：17～18/히 4：14～16). 우리는 하나님이 너무 바빠서 듣지 못하시거나 너무 피곤하셔서 도우실 수가 없을 것을 두려워할 필요가 없다! 우리가 시험에 처하여 도와달라고 외칠 때 우리를 **구원**하시는 데 신실하시다(고전 10：13). 하나님은 이 세상에서, 그리고 영원 세상에 이르도록 **보호**하시는 데 신실하시다(딤전 1：15/살전 5：23～24). 우리는 우리의 삶과 영혼을 신실하신 창조주의 손에 위탁할 수 있다(벧전 4：19). 그리고, 그가 모든 일들을 잘 하실 것임을 안다.

하나님은 그의 자비하심으로 유다의 남은 자들을 아껴두셨으며 포로 생활을 하는 동안에도 그들을 보호하시고 축복하셨다. 그리고는 다시 한 번 그들의 땅으로 돌아오도록 허락하셨으며, 하나님은 성읍과 성전을 다시 건축하도록 그들에게 능력을 주셨다. 그는 유대인들을 미워하는 이방 나라들로부터 이들을 보호하셨다. 하나님은 그의 백성들에게 얼마나 자비로우셨는가! 그는 오늘날 우리에게 얼마나 자비로우신가!

고난의 때를 당하여 자신을 바라보지 않고 여호와를 향하였던 예레미야를 우리는 본받을 필요가 있다. 그는 인내와 믿음으로 여호와를 소망하였다(3 : 24~26). 우리 자신과 문제들을 바라보고는 너무도 실망하여 그만두게 되는 일이 우리에게는 너무도 많다. 그대신 우리는 "예수를 바라보아야 한다"(히 12 : 1~2). 하나님께서 우리를 내내 지켜보시도록 해야 한다. 여호와를 잠잠히 기다려 바란다는 것은 어려운 일이다. 왜냐하면 우리의 타락한 본성은 활동하고 "무슨 일을 하는 것"을 원하기 때문이다. 보편적으로 우리가 하는 일은 상황을 더 악화시킨다. 그러나, 예레미야는 여호와를 바라고 그의 자비를 믿었으며 그의 신실하심을 의존하였다. 이사야 40장 30~31절에는 이와 유사한 권고가 나온다.

이 작은 책은 하나님의 백성들의 타락과 죄에 대해 경고하고 있음이 분명하다. "너의 죄가 정녕 너를 찾아낼 것을 알라!"

에스겔의 환상

—에스겔 1～36장—

주전 606년에 바벨론 사람들은 유대인들의 첫 이송을 시작하였다. 다니엘은 여기에 끼어 있었고, 두번째 이송에는(597년) 에스겔이 끼어 있었는데, 그는 약 25세 쯤 되었다. 그는 그발강 근처의 델아빕으로 끌려 갔고(3：15), 거기에서 그의 사랑하는 아내와 더불어 자기 집에서 살았다(8：1/24：16 이하). 델아빕으로 온 지 5년 후에 그는 하나님의 선지자가 되도록 부름을 받았다. 이때 그는 30세였다(주전 592년). 586년, 곧 예루살렘이 함락되기 6년 전의 일이었다. 따라서, 예레미야가 본국에 있는 백성들에게 사역을 하는 동안 에스겔은 바벨론에 있는 포로된 유대인들에게 말씀을 전하고 있었다. 이 책은 다음과 같이 분류할 수 있다.

1 에스겔의 소명/1～3장
2 예루살렘에 대한 하나님의 심판/4～24장
3 주위의 나라들에 대한 하나님의 심판/25～32장
4 하나님이 유대 왕국을 회복시키심/33～48장

1～24장은 모두 예루살렘이 포위되기 이전에, 25～32장은 포위 기간 동안, 33～48장은 포위된 후에 주어진 것이다. 비록 이 선지자는 머나먼 바벨론에 있었으나, 하나님의 영의 능력을 통하여 예루살렘에서 일어나는 사건들을 볼 수 있었다.

이 연구에서 우리는 하나님의 영광에 관한 에스겔의 환상을 집중적으로 살필 것이다.

1. 영광에 관한 계시(1～3장)

에스겔("하나님이 힘을 주신다")은 포로생활을 하는 제사장이었으므로(1：1) 성전과 거룩한 제단을 떠난 이후로는 사역을 수행할 수가 없었다. 그러나, 하나님은 그에게 하늘을 여시고 선지자가 되도록 그를 부르셨다. 그는 소명이 임하기 전에 5년 동안 유배 생활을 하고 있었다. 제사장들은 30세에 사역을 시작하였다(민 4：3). 이 포로 생활 동안의 영적인 상황에 대해서는 시편 137편을 보라. 예레미야는 그들에게 70년 동안 바벨론에 거주할 것을 말했었다. 그러나, 거짓 선지자들은 하나님께서 바벨론을 멸망시킬 것이며 포로된 자들을 자유롭게 하실 것이라고 말하였다(렘 28～29장). 에스겔의 임무는 하나님이 바벨론이 아니라 예루살렘을 멸망시키고자 하시며, 어느 날 이 백성과 성전은 영광스럽게 회복될 것임을 그들에게 말하는 것이었다.

"여호와의 말씀이 임하여…"라는 구절이 이 책에 49회 나온다. 하나님의 말씀이 하나님의 백성들에게 결코 멀리있지 않음을 안다는 것은 놀라운 축복이 아닐 수 없다! 요한은 밧모섬에 유배당하였을 때에 말씀을 들었고(계 1:9 이하), 바울은 감옥에 있을 때에 말씀을 받았다. 에스겔은 그 날에 무엇을 보았는가?

[1] **불이 번쩍이는 폭풍**(1:4)—이것은 예루살렘에 대한 하나님의 심판을 상징하였다. 바벨론은 예루살렘의 북쪽에서 다가왔다. 불이 번쩍이는 폭풍 구름은 예루살렘의 멸망을 의미하였다.

[2] **그룹**(천사, 1:5~14)—이 피조물은 하나님의 영광과 능력을 상징한다. 이들은 돌아보지 않고도 모든 방향을 볼 수 있으며 모든 방향으로 움직일 수 있다. 이들은 하나님의 뜻을 성취하기 위해 신속하게 움직일 수도 있다. 네 얼굴은 그들의 특성을 인간의 지성, 사자의 힘과 담대함, 황소의 충성과 봉사, 독수리의 활공 등으로 나타낸다. 어떤 이들은 이 네 얼굴에서 사복음서의 특성을 다음과 같이 분류하기도 한다.

- 마태복음/사자 — 왕
- 누가복음/사람 — 인자
- 마가복음/황소 — 종
- 요한복음/독수리—하늘에서 오신 하나님의 아들

[3] **수레바퀴**(1:15~21)—각 생물들은 바퀴들의 보조를 받고 있었으며 두 개의 바퀴가 한 조를 이루고 있었다. 각 조의 바퀴들은 자전거 바퀴의 외부 테두리와 그 중심 부분처럼 서로 동심원의 구조로 되어 있지 않고, 서로 직각을 이루고 있었으며 마치 어뢰 조정기의 꼭대기 같았다. 바퀴들은 끊임없이 돌고 있었으며 각기 네 방향을 향하고 있었기 때문에 동작을 변화시키지 않아도 천사들처럼 어떤 쪽으로도 움직일 수 있었다. 이들이 "눈으로 가득했음"(18절)은 하나님께서 그의 피조물을 모두 보고 계심을 비유하고 있다(잠 15:3). 바퀴와 천사들의 움직임은 서로 일치하였다. 이 모든 일들은 하나님께서 이 세상에서 계속 일하고 계심과 그의 능력과 영광, 모든 장소에 그가 계심, 인간을 향한 주님의 목적을 말하고 있다. 세상은 공포와 변화로 가득 차 있었지만 하나님은 일하고 계셨다.

[4] **궁창**(1:22~27)—이것은 바퀴들과 천사들 위에 있는 아름다운 "단상"(platform)이었으며, 하나님의 보좌가 거기 있었다. 하나님은 여전히 보좌에 계시며 비록 우리가 언제나 볼 수 있는 것은 아니더라도 하나님의 뜻은 세상에서

성취되고 있는 것이다. 천사와 바퀴들의 복합적인 움직임은 우주에서의 하나님의 섭리가 얼마나 난해한 것인가를 나타낸다. 하나님만이 이해하실 수 있으시며 하나님만이 조절할 수가 있으시다. 그러나 거기에는 완전한 조화와 순종이 있었다!

5 **무지개**(1 : 28) —폭풍 가운데 무지개가 있었다! 이것은 하나님의 자비와 하나님의 언약이 그의 백성을 실망시키지 않을 것임을 에스겔에게 말하고 있는 것이 분명하다. 창세기 9장 11~17절에 보면 무지개가 자비의 표시로 지적되어 있다(계 4 : 3 / 계 10 : 1 참조).

그러므로, 하나님의 영광에 관한 이 전체의 환상은 자기의 백성을 심판하시는 가운데서도 자비의 언약을 지키시며 이 세상에서 일하고 계신 하나님을 보여 준다. 이 환상은 에스겔을 완전히 무너뜨렸다! (1 : 28) 그러나, 하나님은 그의 발로 서도록 하시고 그를 파수군으로 세우시고, 말씀으로 먹이셨으며(렘 15 :16/욥 23 : 12/마 4 : 4/계 10 : 9), 성령으로 충만케 하셨다. "그들이 내가 여호와인 줄 알리라!" 이 구절은 이 책에서 70회 발견된다. 이 구절로 에스겔의 사역과 멧세지가 요약되어진다.

2. 영광이 떠나감(8 ~11장)

일 년 후에 하나님은 에스겔에게 또다른 환상으로써 예루살렘에 있는 사람들의 죄에 관한 것을 보이셨다. 영광이 다시 나타났으며(8 : 2) 하나님은 이 선지자를 환상 중에 그 성으로 이끌어 가셨다. 거기서 그는 사람들의 죄에 관한 네 가지 광경을 보았다. **첫째**는 성전의 북편 문에 세워진 우상인데, 아마도 바벨론의 부정한 신 아스다롯인 듯하다(8 : 5). **두번째**는 성전 내에서 은밀하게 진행되는 이방신을 예배하는 광경이었다(8 : 6~12). **세번째**는 담무스 신을 위하여 우는 이스라엘 여인들을 보여 주는데, 이 신은 죽은 것 같으나 봄철이 되면 다시 살아나는 것으로 되어 있다(8 :13). **네번째**로는 태양을 숭배하는 24명의 제사장들을 보여 준다(8 : 15~16). 하나님이 그 성을 파괴하려 하시는 것이 이상한 일이겠는가?

여호와의 영광이 이처럼 사악한 장소에 머물 수 없음은 물론이다. 8장 4절에서 성전에 영광이 임하였으나, 9장 3절에서는 영광이 성전의 문지방에서 떠나갔다. 영광의 보좌는 이제 비어 있었다. 이것은 심판의 보좌가 될 것이다! 9장에서 충성된 남은 신자들에게 보호의 표를 찍는 하나님의 종을 본다. 이 표를 받지 않으면 이들은 다가올 심판에서 죽임을 당할 것이다. 그런 다음 10장 4절에서 하나님의 영광은 심판이 임하기 앞서 문지방 위를 배회하며, 10장 18절에서 영광은 천사와 더불어 문지방을 떠나 성전의 동편 문으로 이동해 갔다(19절)

그리고 마지막으로 11장 22~23절에서 영광은 성전을 떠나 감람산 꼭대기로 이동한다. "이가봇—영광이 떠났다"(삼상 4:21).

영광이 왜 이동해 갔는가? 하나님은 그의 영광을 다른 신과 나눌 수가 없으시기 때문이다. 우상들과 백성들의 죄는 그를 몰아내었다. 이들의 죄는 백성들에게는 숨기워졌을지 모르나 하나님은 이것을 보셨고 심판하셨다. 오늘날도 마찬가지로 하나님은 우리가 정직하고 순전한 마음으로 충성스럽게 그를 섬기지 않는다면 우리의 생활에서 그의 영광과 축복을 옮겨가실 것이다.

3. 영광이 회복됨(43:1~12)

40~48장에서 이 선지자는 이스라엘이 장차 회복되어 왕국에서 영광을 누리는 것을 본다. 그는 이스라엘이 알고 있는 그 어느 성보다 크게 회복된 성과 성전을 묘사한다. 43장 1~6절에서 그는 하나님의 영광이 성전에 돌아오는 것을 본다. 그 영광이 떠날 때와 똑같은 길로 정확히 돌아오는 것에 주목하자. 예수 그리스도는 여호와의 영광이며 주님은 하나님의 영광을 이스라엘 민족에게로 돌려 주실 것이다. 물론, 40~48장에서 주어진 말씀은 포로 생활 후에 그들의 땅으로 돌아왔던 유대인들에게 성취되지 않았다. 따라서 이것은 예수께서 다스리기 위하여 이 땅에 돌아오실 미래에 성취될 것이다.

하나님은 그의 영광에 관심을 가지신다. 우리는 우리의 몸으로 하나님이 영광을 받으시도록 해야 하며(고 6:19~20) 우리가 행하는 모든 일에서 그를 영화롭게 해야 한다(빌 1:20~21). 우리의 선행은 곧 하나님을 영화롭게 하는 것이다(마 5:16). 그러나 우리의 생활에서 하나님의 영광을 떠나게 하는 죄를 범할 수도 있다. 물론, 하나님의 영은 영원토록 우리와 함께 사실 것이지만(엡 1:12~14) 우리는 성령을 근심되게 하며 살 수도 있으며 매일의 행실을 통하여 하나님의 영광을 상실하게 될 수도 있다(엡 4:30). 은밀한 죄들은 그렇게 오래도록 비밀로 남아 있지는 않는다! 하나님은 이들을 보시며, 오래지 않아 인간들도 역시 볼 것이다. 주님께서 우리를 도우심으로 말미암아 우리가 그에게 충성을 다할 수 있으므로, 우리의 생활 가운데 "영광이 보존되기를" 빈다.

이스라엘의 장래

—에스겔 37~40장—

이 마지막 장들은 이스라엘과 유다의 장래를 내다보고 있으며 하나님께서 새 일을 행하시고 그의 영광이 그 땅에 돌아올 때를 바라보고 있다.

1. 새로운 민족(37장)

1 **소생됨**(1~14절)—이 당시에 이스라엘과 유다는 모두 정치적으로 패망하였다. 앗수르는 이스라엘을 흩어지게 했으며, 유다는 바벨론에게 포로로 잡혀간 터였다. 이사야와 예레미야는 둘 다 포로에서 돌아올 것을 예언하였으나 에스겔의 환상은 그보다 훨씬 후대로 내려가고 있다. 그는 죽은 민족이 다시 살아나는 때를 본다! 그 환상에서 그는 골짜기(직역하면 "전쟁터")에 있는 많은 뼈들을 보는데, 이 뼈들은 대단히 메말라 있었다. 이것은 군인들의 뼈로서, 건조된 채 묻히지 못한 모습이며 극단적인 패전을 상징한다. 유대 백성에 대한 생생한 묘사가 아닐 수 없다! 그러나 하나님의 말씀의 능력으로 말미암아 뼈들이 모아지고 사람들을 형성하였다. 그리고 성령의 능력을 통하여("바람") 생명이 그들에게 주어졌다. 이것은 육체의 부활을 가리키는 것이나 또는 유대인의 구원을 가리키는 것도 아니다. 오히려 이것은 그들이 흩어져 있던 이방 나라들이라는 "무덤"으로부터 인도해냄을 받게 될 날, 곧 미래에 있을 민족의 소생의 날을 상징한다. 정치적으로 이 일은 1948년 5월 14일에 일어났다. 이스라엘이 현대 국가로서, 일개국으로 인정되어 나라들의 가족으로 다시 들어가게 된 때이다. 물론 이 민족은 영적으로 죽어 있는 상태이다. 그러나, 어느 날 그리스도께서 돌아오시는 때, 이 민족은 하룻만에 태어나게 될 것이며 구원을 받게 될 것이다.

2 **재결합됨**(15~28절)—이 민족이 북쪽과 남쪽의 지파들로 나뉘어진 것은 패망의 시작이었다. 어느 날 하나님은 그들의 참 다윗이신 예수 그리스도 아래 모든 민족 지파들을 재통일하실 것이다. 그는 그들과 평화의 언약을 세우실 것이며(26절) 그의 백성에게 다시 한 번 영광을 가져다 주실 것이다.

이스라엘에게 장래가 있을 것인가의 문제에 있어서 학자들은 구약의 모든 예언들은 영적으로 교회에 적용해야 한다고 주장한다. 그러나 여기에 동의할 수 없다. 이 예언들을 영적으로 해석하거나 오늘날 교회에 적용하기에는 너무도 구체적으로 되어 있다. 예수께서는 유대인들에게 장래가 있다고 가르치셨다(눅 22 : 29). 바울도 그렇게 가르쳤고(롬 11장), 요한도 그러하였다(계 22 : 1

~6).

2. 새로운 승리(38~39장)

이 장들에서는 유명한 "곡과 마곡의 전쟁"에 대하여 다룬다. 이 전쟁을 요한계시록 19장 11~21절에 설명되어 있는 아마겟돈 전쟁과 혼동하지 말자. 아마겟돈은 교회가 휴거된 후 7년 환란 기간의 끝에 일어난다. 이것은 요한계시록 20장 7~9절에 언급된 곡과 마곡의 전쟁과도 같지 않다. 왜냐하면 그 전쟁은 그리스도의 천년 통치가 끝나고 사단이 다시 풀려날 때 일어날 것이기 때문이다.

에스겔 38~39장에 나오는 전쟁은 "말세"에(38 : 8) 유대인들이 그들 자신의 땅에서 안전하게 살고 있을 때 일어난다(33 : 8, 11, 12, 14). 이런 일은 언제 있을 것인가? 이 일은 환란 기간의 전 3년 반에 있을 일인 듯하다. 이 때는 이스라엘이 로마제국의 머리와 맺은 언약으로 말미암아 이집트와 러시아를 막을 수 있게 될 것이다(단 9 : 26~27).

교회가 휴거된 다음에 세상에서 큰 사건들이 급진적으로 일어날 것이다. 옛 로마제국이 유럽에서 회복될 것이며 한 강력한 통치자가 이끌어 갈 것인데 그는 결국 적그리스도임이 드러나게 될 것이다. 그는 7년 동안 유대인들을 보호하는 데에 동의할 것인데(단 9 : 27 / 이 기간은 환란 기간과 정확히 같은 기간이다) 다니엘서에 나오는 70번째 주간에 이루어질 것이다(9 : 25~27). 환란 기간의 3년 반 동안은 비교적 평화스러우며, 로마의 비호 아래 이스라엘은 그들의 땅에서 안식을 즐길 것이다. 그러나, 러시아는 그 땅의 커다란 부를 탐할 것이며(38 : 12~13), 환란 기간의 중간 즈음에는 경고도 없이 이스라엘을 침공할 것이다. 에스겔 38장 1절이 러시아와 관계있음은 분명하다(메섹=모스코바 / 두발=토볼스크). 또한 "곡"은 왕의 이름이고 "마곡"은 그 땅의 이름이다.

그러나, 하나님께서 개입하셔서 러시아의 군대를 멸망시키실 것이다! 죽은 자들을 장사지내는 데 7개월이 걸리게 될 그 패전은 굉장한 일일 것이다(39 : 12). 사람들은 버려진 전쟁의 도구들을 7년 동안 불태울 것이다(39 : 9~10). 로마의 통치자는 이스라엘에게 약속을 지키려고 서둘러댈 것이며, 러시아가 이제는 더이상 세계적인 세력이 아니라는 사실을 발견하게 될 것이다. 이에 따라 그는 세계를 명령하는 자로서 유대 성전에 자신을 올리울 것이며 유대인과의 언약을 깨뜨리게 될 것이다(단 9 : 27). 이 일은 "멸망의 가증한 것"이 될 것이며, 또한 대 환란이 세상에 시작된다는 신호가 될 것이다.

3. 새로운 성전(40~46장)

물론 이런 성전은 전에 결코 지어진 일이 없으며, 따라서 미래의 어떤 때를 나타내는 것이 분명하다. 대부분의 학자들은 그리스도께서 이 땅에서, 1000년을 통치하시는 동안, 하나님의 영광으로 충만할 천년왕국 시대의 대성전일 것이라고 본다. 에스겔은 백성들이 자신의 죄와 반역을 부끄러워하도록 하기 위해 이 계획을 밝히라는 말을 듣는다(43 : 10 ~ 11). 우리가 본 연구에서 꼭 상세하게 다룰 필요는 없겠으나 크기가 모두 확대되어 있는 것에 주목해 보자. 전체의 "성벽"은 거의 사방 200리(약 80km)에 달한다. 예루살렘성 내에 어떻게 이러한 크기의 땅이 적합할 수 있을 것인지 우리는 모른다. 아마도 땅에 무슨 변화가 생길지도 모르며, 또는 이 영역은 문자 그대로의 뜻이 아니라 성전이 세워질 때 그 위대함을 표현하는 것일 수도 있다.

그리스도께서는 구약의 모형을 완성하셨다(희생제물, 제사장 등). 그런데도 왜 1,000년 동안 이러한 모형들을 다시 시작하고 실행해야 하는 것일까? 어떤 이들은 오늘날 교회에서 성만찬을 행하는 것과 같은 뜻으로 왕국의 유대인들이 이러한 의식을 실행하는 것이라고 믿는다. 그러나, 에스겔은 장차 성전에서 있을 예배에 관한 진리를 전달함에 있어 백성들이 이해할 수 있는 언어를 사용하고 있다고 본다. 유월절은 피로 말미암는 구속에 대하여 말하며(45 : 21~24), 장막절은 하나님께서 그의 백성을 돌보심과 왕국에서의 그들의 기쁨을 말한다(45 : 25). 우리는 구원받은 유대인들이 그리스도와의 친교를 율법시대에 속한 고대의 의식들로 바꾸기를 원한다고는 생각할 수 없다.

이 성전에 무슨 일이 생길 것인가? 하나님께서 새로운 하늘과 땅을 창조하실 때 거기에 성전이 있을 필요는 없다(계 21 : 1~5, 22). 요한이 계시록21~22장에서 묘사하는 새 예루살렘은 에스겔이 본 것들을 훨씬 능가할 것이다! 거룩한 성 전체가 하나님의 영광이 비칠 성전일 것이다.

4. 새로운 땅(47~48장)

1 **새롭게 됨**(47장)—땅은 하나님의 제단에서 발원한 강의 치료하는 물로 말미암아 새롭게 될 것이다. 하나님의 모든 축복들은 제단과 더불어 시작되어야만 한다. 여기 언급되는 모든 진술들을 반드시 문자 그대로의 의미로 해석해야만 하는 것은 아니다. 에스겔은 그 땅의 치유, 곧 하나님이 이스라엘을 위하여 선택하신 땅 위에 부으시는 축복을 묘사하고 있다. 그 땅의 새로운 경계가 정해져서(13~21절), 서쪽은 지중해, 북쪽은 두로에서 다메섹까지, 동쪽으로는 요단강과 사해, 그리고 남쪽으로는 사해 아래로부터 애굽강까지 될 것이다. 이것은 요단 건너편에는 아무 지파도 없으며 모든 유업이 그 안쪽에 있게 될 것을 뜻한다.

우리는 이 생명을 주는 강을 통하여 하나님의 영의 아름다운 모습을 보게 된다. 그 근원은 제단 곧 그리스도의 죽음이다(요 7 : 37~39). 강은 더 깊어져서 선지자는 그 강에서 수영을 할 수 있었다. 오, 우리가 얕은 물을 떠나 하나님의 일들에 점점 더 깊이 들어갈 수 있기를 빈다! 강은 치유와 생명을 가져왔으며, 이처럼 성령도 오늘날 치유하시며 생명을 주신다.

2 **다시 분할됨**(48장)—우리는 그 땅의 새로운 경계를 보았었다. 이 장은 지파들이 왕국시대 동안에 그들의 유업을 어떻게 할당할 것인지를 설명한다. 모든 지파는 강의 서편에 있게 될 것이며 땅은 더이상 나뉘어지지 않을 것이다. 지파들은 동에서 서로 나라를 횡단하는 땅의 "띠"를 가지게 될 것이며 일곱 지파는 그 땅의 윗부분에 거할 것이며(단, 아셀, 납달리, 므낫세, 에브라임, 르우벤, 유다), 다음으로는 성전이 세워질 거대한 "성역"이 위치한다(8~20절). 그 땅의 아랫부분에는 다섯 지파가 있게 된다(베냐민, 시므온, 잇사갈, 스불론, 갓). 그 지파들은 모두 그곳에 주님과 함께 거할 것이다(35절)! 그 성의 이름은"여호와-삼마", 곧 "여호와께서 거기 계시다"라고 불리우게 될 것이다!

다 니 엘

—서론과 개요—

다니엘 서론

□ **저자** : 다니엘은 구약 역사에 있어서 위대한 사람들 가운데 하나로 두드러진다. 그가 역사상의 실제 인물이었음은 성경 곳곳에서 입증된다(겔 14 : 14/겔 28 : 3/마 24 : 15/히 11 : 33). 느부갓네살이 예루살렘에 와서 유다의 정복이 시작되었던 당시에(주전 605년) 그는 10대의 소년이었다. 몇 차례에 걸쳐 유대인들이 바벨론으로 이송되었는데, 다니엘은 왕족이었으므로 그 첫번째 이송에 섞여 있었다. "광맥의 정수"들을 이송시켜서 그들을 왕궁에서 봉사하게 하는 것이 바벨론의 정책이었다. 다니엘은 고레스가 왕국을 빼앗은 주전 539년에도 여전히 활약하고 있었으며 따라서 60년 이상 바벨론에 살며 사역을 하였다.

그는 네 명의 통치자에 걸쳐 살았고(느부갓네살, 벨사살, 다리오, 고레스) 세 왕국을 거쳤다(바벨론, 메대, 바사). 그의 이름은 "하나님은 나의 재판관"이라는 뜻이다. 그는 몇 개의 요직을 차지하고 있었으며 그의 성품과 지혜로 말미암아, 그리고 하나님께서 축복하심으로써 크게 승진하였다. 느부갓네살은 그에게 지혜로운 사람들 중의 으뜸이라는 이름을 주어 그 땅의 통치자로 삼았는데(2 : 48), 오늘날로 말하면 수상의 자리와 비슷하였다. 느부갓네살의 손자 벨사살은 은퇴해 있는 다니엘을 불러 그 땅의 세번째 통치자로 삼았는데(5 : 29), 이것은 그가 벽에 쓴 글씨를 읽었기 때문이다. 다리오는 다니엘로 하여금 전국을 다스리게 하였다(6 : 1～3). 다니엘이 사악하고 우상을 섬기는 왕국에서 최소한 75년 간 하나님의 충성된 증인이었음은 물론이다.

□ **다니엘서** : 본 서는 신약의 요한계시록에 해당한다. 사실 다니엘서가 없이는 요한계시록을 이해할 수가 없고, 요한계시록이 없이는 다니엘서를 이해할 수 없다. 예언적으로 볼 때, 다니엘서는 "이방인의 시대"를 다루고 있으며(눅 21 : 24), 이 시대는 주전 606년에 포로 생활로부터 시작되어 그리스도께서 이방 나라들을 심판하러 이 땅에 돌아오셔서 그의 왕국을 세우실 때 끝나게 된다. 이 책은 "하늘에 한 하나님이 계시다"는 것과(2 : 28) "가장 높으신 분이 인간의 왕국을 통치하신다"(4 : 25)는 사실을 입증한다. 다니엘서는 전능하신 하나님이 이 세상의 일들에 절대주권을 행사하심을 명백히 밝힌다. "역사(History)는 그분의 이야기(HIS story)이다." 하나님은 통치자들을 보좌에서 내려오게 하실 수 있으시며 가장 강한 나라들을 패배시켜서 그들의 적들에게 넘겨 줄 수도 있으시

다. 이 책은 다니엘의 개인적인 역사(1~6장)와 선지자적인 사역(7~12장)의 두 부분으로 나뉘어진다. 1장1절~2장3절은 히브리어로 기록되어 있지만 2장 4절~7장 28절은 갈대아어로 기록되어 있다. 히브리어로 된 부분은 주로 유대인들을 다루고 있으므로 그들의 언어가 사용되고 있다.

□ **역사의 순서 :** 다니엘서는 역대기 순으로 배열된 것이 아니다. 전반부에서 다니엘은 다른 사람들의 꿈들을 해석하고 후반부에서는 자기 백성의 장래에 관한 환상들을 본다. 이 책의 역사적인 순서는 다음과 같다.

1장 / 포로됨(주전 605~604년)
2장 / 우상에 대한 꿈(주전 602년)
3장 / 느부갓네살의 우상
4장 / 느부갓네살의 나무에 관한 꿈
7장 / 네 동물의 환상(주전 556년)
8장 / 수양과 숫염소(주전 554년)
5장 / 벨사살의 축제 — 바벨론의 멸망(주전 538년)
9장 / 70주간의 환상(주전 539년)
6장 / 사자굴 사건
10~12 장 / 끝맺는 환상

다니엘이 사자굴에 던져졌을 때 80줄에 들어선 사람이었음을 알 수 있을 것이다.

다니엘 개요

● 주제 : "가장 높으신 분이 인간의 왕국을 다스리신다" / 4장 25절

1. 다니엘의 개인적인 역사 / 1～6장

1 그의 거룩한 행실을 유지함 / 1장
2 "우상의 꿈"을 해석함 / 2장
3 금 신상 (다니엘은 여기 참여하지 않았다) / 3장
4 "나무 꿈"을 해석함 / 4장
5 벽에 나타난 글씨를 해석함 / 5장
6 그의 거룩한 헌신을 유지함—사자굴 / 6장

2. 다니엘의 예언자적 사역 / 7～12장

1 네 동물에 관한 환상 / 7장
2 수양과 숫염소에 대한 환상 / 8장
3 고백의 기도-70주간 / 9장
4 장래에 관한 마지막 환상 / 10～12장

*　　*　　*　　*　　*

□ 다니엘서에 나타난 왕국들 : 다니엘서에는 여섯 가지 왕국이 제시되어 있다.

	2 장	7 장
1 바 벨 론 (주전 606～539)	황금으로 된 머리 (36～38절)	독수리의 날개가 달린 사자 (4절)
2 메대-바사 (주전 539～330)	은으로 된 팔과 가슴 (39절)	세 개의 갈빗대를 문 곰 (5절)
3 그리이스 (주전 330～150)	동으로 된 넓적다리 (39절)	네 개의 머리를 가진 표범 (6절)
4 로 마 (주전 150～주후 500)	철로 된 다리 (40절)	용처럼 생긴 짐승 (7절)
5 적그리스도	철과 진흙으로 된 발가락 (41～43절)	작은 나팔 (8절)
6 그리스도	날아와서 친 돌 (44～45절)	옛적부터 계신 이의 통치 (9～14절)

로마제국은 또다른 세계제국으로 대치된 것이 결코 아님을 명심하라. 따라서 말세에 적그리스도가 일어날 때까지 사실상 계속되는 것이다. 이 마지막 세계 지배자는 유럽 연합국을 건설할 것이며(열 개의 발가락), 이 연합국은 옛 로마 제국의 본을 따를 것이다. 2장에서 우리는 나라들에 대한 인간적인 관점 (값진 금속들)을 보며, 7장에서는 하나님의 관점을 본다(위험한 짐승들).

포로 생활과 타협

-다니엘 1장-

다니엘서의 역사에서 우리는 (1～6장) 세 차례의 곤경을 보게 된다. 바벨론에 도착하였을 때 당한 네 히브리인의 시련(1장)과, 불타는 풀무(용광로/3장), 그리고 사자의 굴(6장)이 그것이다. 이러한 경험들을 통하여 다니엘과 그의 친구들은 승리를 얻었고, 1장에 설명된 첫 승리는 다른 승리들의 기초가 되었다. 유대 소년들이 아직 10대였을 동안에 하나님께 충성했으므로 하나님은 그 이후의 날 동안에 그들에게 신실하셨다.

1. 어려운 시련들 (1～7절)

10대의 네 히브리 소년들이 예루살렘에 있는 그들의 아름다운 가정에서 탈취당하여 머나먼 바벨론으로 이송된 것을 상상해 보라. 이들 모두는 왕족에 속하는 왕자들이었으므로 이러한 방식의 취급에는 익숙해 있지 않았을 것이다. 그 나라의 젊은이들이 부모들의 죄로 말미암아 고난을 당해야 한다는 것은 너무도 유감스러운 일이었다. 유대인들은 회개하고 여호와께 순종하기를 거절하였었다. 따라서, 예레미야가 경고한 대로 바벨론 군대들이 주전606～586년에 쳐들어 왔으며 그 땅을 점령하였다. 가장 훌륭한 젊은이들을 바벨론으로 데리고 와서 왕의 궁정에서 훈련을 시키는 것은 그들의 관습이었다. 3절의 이 네 젊은이들은 정예의 표본 같은 사람들이었다. 이들은 신체적으로 건강하고 수려하며, 사회적으로는 경험이 풍부하고 다른 사람들의 호감을 받으며, 정신적으로는 예리하고 교육을 잘받았으며, 영적으로는 여호와께 헌신한 사람들이었다. 그들의 생활은 균형을 이루고 있었으며 누가복음 2장 52절에서의 그리스도와 같이 10대의 완전한 모범이었다.✓

그러나 어려운 시련이 그들 앞에 놓여 있었다. 왕은 강권적으로 이들로 하여금 바벨론의 방식에 따를 것을 명하였다. 그는 이 훌륭한 유대인들에게 노동을 시키는 것에는 관심이 없었으며 바벨론 사람들이 되기를 원하였다.✓ 오늘날의 그리스도인들도 똑같은 시련에 직면한다. 사단은 우리가 "이 세상을 따르게 되기를" 원한다(롬 12：1～2). 많은 그리스도인들이 세상에 양보하여 그들의 능력과 그들의 기쁨과 그들의 간증을 잃는다는 것은 유감스러운 일이다. 다음 변화들에 주목하자.

1 **새로운 가정** (1～2절) -이제 이들의 주위에는 예루살렘의 종교적인 일들을 생각나게 하는 것들은 없었다. 또한 더이상 그들의 경건한 부모들과 교사들의

영향을 받을 수가 없는 것이었다. 어떤 그리스도인들은 집을 떠나면 "경계를 풀고 세상을 따라 살아가는" 기회로 삼아 이를 즐긴다. 그러나, 다니엘과 세 친구들은 그렇지 않았다.

[2] **새로운 지식**(3～4절)—옛 유대인의 지혜는 버려야만 하였다. 이제부터는 세상의 지혜, 바벨론의 지혜로 대신해야 했으며, 그들을 사로잡은 자들의 지혜와 언어를 배워야만 하였다. 왕은 이러한 "세뇌활동"이 그들을 보다 훌륭한 종으로 만들 수 있기를 희망하였다. 젊은 사람들이 하나님의 말씀을 버리고 인간의 지혜를 구하는 것은 참으로 유감된 일이 아닐 수 없다.

[3] **새로운 음식**(5절)—그 다음 3년 동안 왕의 식사법에 따라 먹어야 했는데, 물론 이것은 유대인의 율법에 있는 식사법을 위반하는 것이었다. 또한 이 음식들이 그 땅의 우상들에게 바쳐진 것들임은 의심할 여지가 없다. 히브리의 젊은이들이 그 음식을 먹는다는 것은 이방의 신을 인정하는 것이었다.

[4] **새로운 이름들**(6～7절)—세상은 하나님의 이름을 인정하기를 좋아하지 않지만 네 소년 각각은 그들 이름에 하나님의 이름을 가지고 있었다! 다니엘("하나님은 나의 재판관")은 벨드사살("벨이 그의 생명을 보호한다")로 바뀌어졌다. "벨"(Bel)은 바벨론의 신의 이름이었다. 하나냐(여호와는 은혜로우시다")는 사드락("월신의 명령"), 미사엘("하나님 같은 사람이 누구인가")은 메삭("아구—이방신, Aku—와 같은 사람이 누구인가")으로, 그리고 아사랴("여호와는 나의 도움")는 아벳느고("느고—이방신, Nego—의 종")로 바뀌었다. 바벨론 사람들은 이 새로운 이름들이 이 젊은이들로 하여금 하나님을 잊으며, 점차적으로 그들이 어울려 살며 연구하고 있는 이방 백성들을 닮아가게 되기를 희망하였다.

2. 대담한 시험(8～16절)

바벨론 사람들은 다니엘의 가정, 학문, 음식, 이름을 바꿀 수는 있었으나 그의 마음을 변화시킬 수는 없었다. 그와 그의 친구들은 마음에 하나님의 말씀을 순종하기로 뜻을 정하였다. 이들은 세상을 따를 것을 거절하였다. 물론 이들은 핑계를 댈 수도 있었으며, 오늘날의 어떤 그리스도인들과도 같이 군중을 "따라갈 수도" 있었다. 이들은 "모두들 그렇게 하고 있어!" 또는 "왕에게 순종하는 것이 낫겠어!" 또는 "순종하는 체하면서 은밀히 우리의 믿음을 지키자"고 말할 수도 있었다. 그러나, 이들은 그렇게 하지 않았다! 이들은 담대히 하나님의 말씀을 믿었으며 승리를 위하여 하나님을 신뢰하였고, 로마서 12장 1～2절이 가르치고 있는 대로 그들의 몸과 마음을 여호와께 굴복시켜 하나님께서 남은 일을 하시도록 하였다.

다니엘은 열흘 간 시험해 볼 것을 요청하였다. 이 기간은 앞으로 3년간 훈련을 받을 것을 생각하면 긴 기간이 아니었으므로 감독은 그들의 계획에 동의하였다. "사람의 행위가 여호와를 기쁘시게 하면 그 사람의 원수라도 그로 더불어 화목하게 하시느니라"(잠 16 : 7 / 마 6 : 33 / 잠 22 : 1 참조). 그 종은 왕의 명령을 바꾸는 것을 두려워하였으나 젊은이들과 자신에게 무슨 일이 생기면 안되었으므로, 다니엘의 시험 제안에 따르는 것이 문제를 해결하는 좋은 해결책이었다. 물론, 하나님은 그들의 믿음을 높이셨다! 소년들은 채소(콩류)와 물로 열흘을 보냄으로써 바벨론의 피섞인 고기와 더럽혀진 음식을 피하였다. 시험을 마칠 때 즈음에는 네 소년이 왕의 식탁에서 먹은 다른 학생들보다 더 건강하고 잘생겨 보였다!

세상의 유혹과 압력을 이기려면 믿음과 순종("믿고 따라감")이 필요하다. 고린도전서 10장 13절의 말씀이 아직 기록되지 않은 때였으나, 다니엘과 그의 세 친구들은 체험으로 그 진리를 알고 있었다. 다니엘이 바벨론의 신하에게 얼마나 정중하고 친절하였는지 주목하자. 그는 자기의 신앙을 "펼쳐 보이지도 않았고" 그 사람을 당황하게 만들지도 않았다. 이것은 우리가 따라야 할 좋은 본보기이다. 우리는 괴팍하게 굴지 않고도 신념을 소유할 수가 있다!

3. 하나님의 승리(17～21절)

열흘 간의 시험은 단지 한 가지의 실례에 지나지 않는다. 바벨론의 대학에서의 3년 과정은 어떠하였을까? 대답은 17절에 있다. "그들에게 필요한 모든 것을 하나님이 그들에게 주셨다!" 하나님은 다른 학생들보다 훨씬 더 잘 배울 수 있도록 하셨으며 이러한 지식 위에 하나님의 영적인 지혜를 첨부시키셨다. 물론 20절의 "박수와 술객"(마술사와 점성술사)은 왕을 위해 연구하며 일들을 결정하는 그 왕국의 사람들이었다. 앞으로 살펴보겠지만 그들 역시 꿈을 해석하려고 노력하였다. 물론 다니엘과 그의 친구들은 어리석은 종교와 바벨론의 행습을 믿지 않았으나 똑같은 것을 공부하였다. 오늘날 그리스도인 학생들이 학교에 다니며 그가 하나님의 말씀과 위배되는 것을 사실로 받아들이라는 말을 듣게 되는 것과 꼭 같았다. 다니엘은 그 거룩하지 못한 곳에서 그를 증인으로 사용하시려는 하나님의 뜻을 이해하였다. 다니엘은 그 후 75년간 하나님의 행하신 일에 증인이 되었다!

왕은 스스로 네 히브리 청년들이 그의 가장 훌륭한 고문들보다 열 배는 머리가 좋다는 것을 인정하지 않으면 안되었다. 물론, 이와 같은 종류의 명성은 점성술사들로 하여금 시기하게 했으며, 후에 유대인들을 제거하려고 했다는 것은 이상한 일이 아니다. 다니엘이 사람들을 기쁘게 하며 "인기인"이 되었다면 압력에 굴복하지 않을 수 없었을 것이며, 또는 여호와를 실망시켰을 것이다. 그러나, 그는 여호와를 기쁘시게 하기 위하여 살았으므로 인간의 체면이나 위협을 무시하고 하나님이 그에게 원하시는 일을 행하였다. 오늘날 우리는 부엌이나 교실에서, 또는 왕좌에서조차도 매사에 그리스도를 첫자리에 둘 것을 마음의 진정한 목적으로 삼은 그리스도인들을 필요로 한다.

"그리고, 다니엘은 계속해서… 하였다"는 것은 놀라운 간증이 아닐 수 없다! 사단은 다니엘에게 "당신이 이 근처에 머물러 있기를 원한다면 군중의 말을 따르는 편이 좋을 거요"라고 말했을 것이다. 그러나 다니엘은 여호와께 순종하였으며, 그 누구보다 "보좌 가까이에" 오래 머물러 있었다. 그는 네 왕을 모시며 사역하였고 아마도 유대인들이 유배를 끝내고 그들의 땅으로 돌아가는 것을 보았을 것이다.

"하나님의 뜻을 행하는 이는 영원히 거하느니라"(요일 2 : 17). 사실 오늘날 우리들은 다니엘의 성실함으로 말미암아 축복을 받으며 도움을 얻고 있다. 그가 젊을 때에 직면한 시험들에서 하나님을 실망시켜드렸다면 다니엘은 말년의 승리들과 축복들을 누리지는 못하였을 것이다. 그는 "사랑하는 자"(10 : 11) 라는 말을 들었는데 성경에서 이런 말을 들은 다른 분은 예수 그리스도 외에는 없다. 하나님의 뜻 안에서 살았던 까닭으로 다니엘은 하나님의 사랑을 누렸다(요일 2 : 15~17). 그의 정화된 삶(헌신)은 그에게 용기를 주었으며, 그의 믿음은 그를 충성된 자가 되게 하였다. "다니엘처럼 담대하여…담대하게 홀로 서며… 담대하게 뜻을 굳히고 … 담대하게 그것을 알리라!"

큰 우상

—다니엘 2장—

이 장을 주의깊게 연구하자. 이 부분은 세계 역사의 요약이다. 본 장과 7장을 이해하면 요한계시록을 연구하는 데 있어서, 또는 성경 예언의 다른 부분들을 연구하는 데 도움이 될 것이다.

1. 다니엘의 역경(1～13절)

느부갓네살이 예루살렘을 정복하러 처음에 왔을 때 그는 아직 왕이 아니었고, 바벨론에 있는 아버지 나보폴라살을 위해서 활약하고 있었다. 외관상으로 볼 때 1장 5절에 나오는 다니엘의 훈련 기간과 2장 1절에서 말하는 왕의 통치 "제2년에"라는 설명에 모순이 있어보이는 것도 이 때문이다. 다시 한 번 고고학은 성경의 진실성을 증명한 셈이다. 왕은 그의 장래에 대해서 관심이 많았고(29절) 그의 왕국이 과연 오랜 동안 지속될 수 있을지에 대해 염려하고 있었다. 하나님은 그에게 미래를 보이는 꿈을 꾸게 하셨다. 하지만 물론 그 꿈을 이해할 수는 없었다. 사실은 그 꿈을 잊어버렸다! 그리스도인에게는 가르치고 생각나게 하시는 성령님이 계시다(요 14：26). "가짜" 술객들과 박사들은 난처해졌다. 왜냐하면 왕은 그 꿈의 해석을 원하였을 뿐만 아니라 그 꿈을 말하라고 하였기 때문이다! 아무라도 꿈의 해석을 "창안해 낼 수"는 있지만 그들이 본 일도 없는 꿈을 말한다는 것은 불가능하였다! 이 세상의 지혜는 이처럼 실패할 수밖에 없다. 이들은 왕이 "마음을 돌리기를" 기대하며 시간을 벌려고 하였다(8～9절). 그러나, 왕은 오히려 모든 박사들을 죽이라고 명령하였다. 그 속에는 다니엘과 세 친구도 포함되어 있었다! 사단은 살인자이다(요 8：44). 다니엘이 죽는 것을 본다는 것이 즐거웠을 것은 물론이다.

2. 다니엘의 기도와 찬양(14～23절)

우리는 다니엘의 용기를 찬양하지 않을 수 없다. 그는 시위대 장관을 담대하게 직면했을 뿐만 아니라 왕을 만나러 곧장 나아갔다! "의인은 사자처럼 담대하다"(잠 28：1). 하나님은 이 대화를 주관하셨고(잠 21：1), 왕은 다니엘에게 시간을 주었으나 다른 박사들에게는 시간을 주지 않았었다. 다니엘과 세 친구들은 무엇을 해야 하는지 알고 있었다. 하나님께 열렬히 기도하는 데 그 시간들을 사용하였다. "너희 중에 누구든지 지혜가 부족하거든 모든 사람에게 후히 주시고 꾸짖지 아니하시는 하나님께 구하라"(약 1：5). "구하라 그리하면 주실 것이요" (마 7 : 7).

하나님께서는 밤 시간에 다니엘에게 그 꿈을 나타내셨고 그 해석을 계시하셨다! 잠언 3장 32절과 시편 25편 14절을 읽고 어떻게 해서 다니엘에게 이러한 특권이 주어졌는지 알아보라. 다니엘은 이 새로운 지혜로 인하여 왕에게 달려가거나 자랑하지 않고 먼저 여호와를 찬양할 시간을 가졌다! 25~30절에서 이 모든 영광을 하나님께 돌리고 있는 다니엘을 보게 된다. 하나님께 모든 영광을 돌리는 신자를 위하여 그가 일하시는 데에는 아무런 제한이 없다.

3. 다니엘의 예언(24~25절)

다니엘은 시위대 대장에게 가서 다른 박사들을 죽이지 말라고 말했다. 물론 이들은 죽어야 마땅하였고 또한 이들이 제거된다면 다니엘의 지위는 높여질 것이다. 그러나, 다니엘은 적을 미워하는 사람이 아니었다. 얼마나 많은 잃어버린 사람들이 한 신자의 출현과 중재로 말미암아 육체적인 해(害)에서 구원받게 되는지는 영원 세계만이 밝힐 수 있을 것이다.

그 다음으로 다니엘은 왕에게로 나아가서 왕 자신조차도 잊어버렸던 꿈의 내용을 말하였다. 왕은 자기 왕국의 장래에 대하여 염려하고 있었기 때문에(29절) 하나님은 장차 될 왕국의 환상을 보여 주셨던 것이다. 그는 사람 모양의 거대한 신상을 보았다. 그 머리는 금으로 되었고 가슴과 팔은 은이며 배와 허벅지는 구리 또는 청동으로(놋은 아니었다 — 아직 발견되기 전이었다), 다리는 철이요, 발은 철과 진흙으로 되어 있었다. 그는 또한 돌이 발 위에 떨어져 전체의 신상을 가루로 부숴뜨리는 것을 보았다. 그리고 그 돌이 커져서 큰 산과 같이 온 땅을 채웠다.

28절은 이 꿈의 온전한 의미가 "말세"에 해당하는 것임을 말해 준다. 각 금속은 다른 왕국을 표현하는 것이었다. 바벨론은 금으로 된 머리였다(38절). 다음으로는 메대 바사 왕국으로 이어졌는데 이는 은으로 된 가슴과 팔로 상징되었다. 다음으로는 헬라 세계가 올 것이며, 이는 청동으로 된 배와 허벅다리이다. 다음으로 이어지는 왕국은 로마제국으로서 철로 된 두 다리이며(로마왕국은 동로마와 서로마로 분열되었다), 철과 흙으로 된 발은 말세에 임할 왕국을 나타낸다(부서지기 쉬운 혼합이다). 이것은 로마제국의 연속이며 열 개의 왕국으로 나뉘어질 것이다. 이 모든 것은 어떤 종말을 당할 것인가? 돌이신 그리스도(마 21 : 44)께서 갑자기 나타나셔서 세계의 나라들을 치실 것이며 자신의 세계, 곧 능력과 영광의 거대한 왕국을 세우실 것이다.

이에 따르면, 이 신상은 세계 역사의 청사진이다. 우리는 신상의 재료들의 중량이 감소하고 있으며(금에서 진흙으로), 따라서 신상의 머리가 무거워 쓰러지기 쉽다는 것을 알 수 있다. 사람들은 인류의 문화가 강력하게 잘 견딜 것으로 생각하지만 부서지기 쉬운 진흙 발 위에 얹혀져 있는 것이다! 또한 그 가치에 있어 황금에서 은, 청동, 철, 진흙으로 점점 하락하는 것을 살펴보자. 인간은 시간이 흐름에 따라 "점점 더 나아지는"것인가? 아니다! 인간의 문화는 사실상 점점 더 값이 싸지고 있다! 또한 아름다움과 영광도 감소되고 있다(금은 철과 흙이 섞인 것보다는 아름답다). 또한 우리가 역사의 종말에 접근해 감에 따라서 힘의 감소가 있을 것이다(금에서 진흙). 계승해 가는 왕국들은 각기 자기 나름대로의 힘을 지녔으며 로마는 굉장한 군사력을 행사하였으나 문화는 점점 더 연약해질 것이었다. 그에 따라 인간과 민족들은 대단히 연약하여 생존하기 위해서는 지배자를 요구하게 되므로, 적그리스도는 세계적인 명령권을 조직할 수 있게 되는 것이다.

이들 왕국의 각각은 서로 다른 형태의 정부를 가졌다. 바벨론은 절대적인 군주국가였으며 독재권을 행사하였다(5 : 19 참조). 메대 바사제국은 왕이 있었으나 제후들을 통하여 통치하였으며 법을 제정하였다(6 : 1∼3 / 에 2 : 19에 있는 메대 바사의 법을 기억해 보자). 그리이스는 왕과 군대를 통하여 운영되었고, 로마는 공화국으로 여겨지고 있지만 실제에 있어서는 법률을 통한 군사적인 통치였다. 철과 진흙에 이르게 되면 오늘날의 정부 형태가 된다. 철은 법률과 정의를 나타내며 진흙은 인류를 나타낸다. 이들이 함께 어울려 민주주의를 이룬다. 민주주의에 있어서 힘이란 곧 법률이다. 민주주의 약점은 인간의 본성에 있다. 우리는 인간의 본성이 하나님의 명령과 율법의 제한을 거절할 때 오는 무법성을 볼 수 있다.

따라서 이 꿈의 전체적인 광경은 낙관적인 것은 아니었다! 느부갓네살은 자신의 왕국이 어느 날 망하게 될 것을 보았으며 메대 바사로 대치될 것을 보았다. 이 일은 538년에 발생하였다(단 5 : 30∼31). 메대 바사는 주전 330년 경에 헬라(그리이스)에 의해 정복될 것이었다. 그리고 그리이스는 로마로 가는 길을 열어놓는 것이다. 로마제국은 외관상으로는 사라질 것이지만 그 법률과 철학, 기구들은 "진흙의 발"로 우리를 끌어내리며 오늘날까지 지속된다. 이 세상의 유일한 희망은 그리스도께서 돌아오시는 것이다. 주님이 이 땅에 돌아오실 때 나라들을 정복하실 것이며(계 19 : 1 이하) 자신의 영광스러운 왕국을 세우실 것이다.

4. 다니엘의 승진(46∼49절)

왕은 그의 약속을 지켰으며(6절) 다니엘에게 영예와 하사품을 주었으나 그는 하나님만이 영광을 받으시도록 하는 데 마음을 쓰고 있었으므로 받기를 원하지 않았다. 다니엘은 하나님께 충성함으로 모든 영광과 존귀를 받게 되었다. 이는 자기의 확신과 타협하였기 때문이 아니었다. 그는 문에 앉아 있었는데, 이것은 권위있는 지위였다. 롯도 문에 앉았었으나(창 19：1), 이것은 그가 타협함으로써 하나님의 뜻에서 벗어났기 때문이었다. 결국 그는 모든 것을 잃었다! 다니엘은 명예를 혼자서 간직하지 않고 그의 세 친구들도 역시 승진케 해달라고 간청하였다(49절). 이 사람을 알면 알수록 그의 이타심과 겸손을 좋아하게 된다!

우리는 7장에서 위와 같은 왕국들을 다루게 된다. 거기서는 이 왕국들이 들짐승들로 비유되고 있는데, 그 까닭은 하나님께서 인간의 역사를 그렇게 보시기 때문이다. 하나님은 금이나 은이나 동 등에 감동을 받지 않으신다. 인간의 관점에서 볼 때, 이 땅의 왕국들은 금속과 같이 영속성이 있으며 강하다. 그러나 하나님의관점에서 볼 때에는 죽임을 당해야만 하는 사나운 동물들이었다! 다니엘은 장래에 관한 하나님의 계획을 알았으므로 완전한 확신과 평화를 갖고 있었다. 하나님의 말씀을 알고 그 말씀을 믿는 오늘날의 그리스도인은 통치자나 국가에 상관없이 평화를 가질 것이다.

풀무(용광로)

—다니엘 3장—

이것은 참으로 극적인 이야기이다! 세상의 지배자에게 담대하게 도전하며 바벨론의 수 많은 사람들과 다르게 구는 세 명의 유대인들을 상상해 보라! 비록 이 사건이 먼 바벨론에서 2,000년 전에 발생한 일이지만 오늘날 우리가 따라야 할 중요한 교훈을 지니고 있다.

1. 실제적인 교훈

본 장에 나오는 사건과 2장에 나오는 사건들 사이에는 약 20년의 간격이 있다. 우리가 알 수 있듯이 느부갓네살의 마음은 조금도 변하지 않았다. 그는 2장 46~47절에서 여호와 하나님의 위대하심을 시인하였으나 이 진리가 결코 그의 마음에 와닿지는 않았다. 그는 다니엘과, 다니엘의 하나님을 찬양하였으나 자기의 죄를 회개하지도, 여호와를 믿지도 않았다. 그 결과로 왕은 온 제국을 강압적으로 우상 숭배자들로 만들려고 하였다. 이것은 긴 안목으로 볼 때에 왕을 예배한다는 뜻이었다. 결국 그는 꿈에서 보았던 "황금의 머리"가 아니었던가(2:38)? 그렇다면 전체가 금(아마도 나무에 금을 입힌 것으로)인 신상을 만들어 왕을 더욱 영광스럽게 하면 어떻겠는가? 하나님께서 높임을 받고 있지 않을 때에 인간의 마음은 이런 식으로 작용한다. 인간은 자신을 영화롭게 하며 모든 사람들이 그에게 예배하도록 만들려고 한다.

물론 세 사람의 유대인 관리들은 왕의 명령을 따를 수가 없었다. 로마서 13장은 지배자들과 법률에 순종하라고 신자들에게 말한다. 또한 사도행전 5장 29절과 4장 19절은 어떤 그리스도인도 정부에 순종하는 것으로 인하여 하나님께 불순종할 수 없다고 말한다. 정부가 우리의 양심을 지배하려 하며 어떻게 예배하라고 말할 때에는 어떤 댓가를 치룰지라도 인간들보다는 하나님께 순종해야 한다. 음악이 연주되고 모든 사람이 신상 앞에 절하는데 사드락과 메삭과 아벳느고가 그들의 입장을 지킨다는 것은 쉬운 일이 아니었다. 그러나 이들은 동요되기를 거절하였다. 다른 박사들은 이것으로 유대인을 고발하는 기회로 삼았고, 왕은 그의 명령이 준행되지 않는 것을 알고는 격분하였다. 세 사람들이 훌륭한 인물들임을 알자(다니엘의 친구들) 왕은 그들에게 한 번의 기회를 더 주었다. 그러나 이들은 굳게 남아 있었다. 이들은 변절하기보다는 불에 탈 것이었다! 그래서 이들은 옷을 입은 채 묶여져서 풀무불 속으로 들어갔다. 이 이야기에서 세 가지 약속이 두드러진다.

[1] **박해에 대한 약속**—그리스도인들이 그리스도께 헌신한 삶을 살고 있다면 박해의 용광로를 기대해야만 한다. "너희를 시련하려고 오는 불시험을 이상한 일 당하는 것같이 이상히 여기지 말라"고 베드로는 썼다(벧전 4 : 12이하). 세상은 우리를 미워하며 사단은 용광로가 칠 배나 더 뜨겁게 "불을 때는" 것을 본다! 물론 이 세 명의 유대인들은 핑계를 대고 군중을 따라갈 수도 있었다. 그러나 이들은 보다 훌륭한 자질을 갖추고 있었다! 이들은 서로를 의지하고, 주님을 의뢰하고 서 있었으며, 죽든지 살든지 하나님께서 영광을 받으실 것임을 믿고 있었다. 그리스도인이여, 박해를 기대하라! 하나님은 박해를 약속하셨다(빌 1 : 29/ 요 15 : 18～20).

[2] **보존의 약속**—하나님은 그의 백성이 불시험을 통과하는 동안 그들을 결코 버리지 않으신다. 우리를 용광로에서 보호하지 않으실 수도 있으나 그는 우리와 동행하실 것이며, 주님의 영광을 위하여 통과하도록 우리를 인도하실 것이다. 왕이 용광로를 들여다 보았을 때 네 사람을 보았는데 그들 중의 한 분은 예수 그리스도이셨다! 이사야 43장 2절을 읽고 우리에 대한 하나님의 약속을 찾아보자. 그리스도는 그들과 함께 하셨으며 그들의 결박을 풀어 놓으셨다. 해를 당하지 않도록 지키셔서 그들이 나왔을 때에는 불 냄새도 맡을 수가 없었다(27절). 그 비결은 그들의 믿음에 있었다(히 11 : 34).

[3] **승진의 약속**—이 사람들은 사실상 불을 통과하게 됨으로써 보다 나아지게 되었다! 그 한 가지는 그리스도와 함께 행하며 그와 함께 고난받을 기회를 얻은 것이었다. 하나님께서 우리와 가까이 계시는지 알기 위해서는 위험과 시련을 겪어 볼 만한 가치가 있다. 불이 그들의 묶은 것을 풀어 준 것은 오늘날 그리스도를 위하여 받는 고난이 우리에게 죄와 세상으로부터의 즐거운 자유와 해방을 주는 것과 같다. 그들의 경험은 다른 사람들 앞에서 하나님을 영화스럽게 하였다(고전 6 : 19～20). 왕은 그들을 승진시켰으며 명예를 주었다. 첫째로 고난이요 다음으로 영광이다(벧전 5 : 1, 10～11).

2. 교리적인 교훈

성경에서 "바벨론"이라고 할 때는 하나의 도시나 제국 이상의 의미가 있다. 이것은 하나의 체제를 나타낸다. 바벨론은 이 세상에서 사단이 가지는 제도에 대해 하나님이 부르시는 이름이다. 바벨론은 창세기 10장 10절에서 시작되었는데 니므롯의 작품이었으며, 그 뜻은 "여호와께 대한 큰 반역"이다. 바벨론은 하나님께 대한 인간의 반역을 뜻하며 여호와께서 우리에게 주신 것을 인간이 다른 것으로 대체하는 것이다. 창세기 11장에서 우리는 하나님께 대항하여 반역하는 바벨을 본다. 또한 이들을 통하여 정치적으로, 그리고 종교적으로 단결하는 인간의 시도를 본다. 느부갓네살이 그의 큰 신상으로 성취하기를 원하였던 것이 바로 이것이었다. 그는 그의 왕국이 하나의 정부와 하나의 종교로 단합하기를 원하였다. 그러나, 이 모든 책략은 인간중심적인 것이다. 하나님을 위한 처소는 전혀 없었다! 또한 금을 중심으로 하고 있었다. 이러한 전체 바벨론의 제도는 하나님의 진리를 반대하는 사단의 모조품이며 인간의 마음과 정신과 육체를 사로잡으려 하고 있다. 사실 "바벨"이란 이름은 "하나님의 문"이란 뜻이다. 하늘로 가는 길을 가장하는 것이다! 그러나, 사실은 지옥으로 가는 길이다.

요한계시록 17~18장을 보면 이 거짓 제도가 마침내 발전하여, 온 세계의 물질적이며 문화적, 종교적인 제도가 하나의 연방을 이루며 통일을 이루는 것을 본다. 하나님은 "하나의 세계"라는 체제를 발전하도록 허락하실 것이며 그 후에 한꺼번에 모두를 파괴하실 것이다. 하나님의 진리와 사단의 거짓말, 참된 기독교와 사단의 "종교" 사이의 차이점을 안다는 것은 중요한 일이다. 참된 신자들은 이러한 세상적인 제도의 일부가 되어서는 안된다(계 18:4~5). 세 명의 히브리인들처럼 우리는 바벨론에 대항하는 우리의 입장을 취해야 할 것이며, 하나님의 진리의 말씀을 증거해야 하겠다.

3. 예언적인 교훈

우리는 여기서 말세에 있을 사건들의 놀라운 광경을 본다. 무엇보다도 먼저, 다니엘은 이러한 일들이 생겼을 때에 거기 있지 않았다는 점에 유의하라. 의심할 나위없이 왕을 위하여 사무적인 일로 떠나 있었을 것이다. 그리고, 왕은 그의 사악한 우상을 조각하는 데에 그가 궐석인 이점을 이용했을 것이다. 이 일은 교회의 휴거를 예증한다. 교회가 세상에서 떠나게 되면 사단은 인간들의 마음과 몸을 노예로 삼는 그의 악마 같은 계획을 성취하게 될 것이다.

데살로니가후서 2장과 요한계시록 13장은 둘 다 그리스도인들이 휴거되어 하늘로 데려감을 받은 후에 사단 전성기를 누리게 될 것임을 명백히 밝히고 있다. 그 한 가지 예로 그는 세계적인 통치자 적그리스도를 일으켜(느부갓네살과 같은) 나라들을 정복하여 전체주의적인 정부를 세울 것이다. 교회는 거기 없을 것이지만 여호와께 인을 받고 사단의 속임수로부터 보호를 받은 144,000명의 유대인들이 있을 것이다(계 7:1~8/계 14:1~5). 적그리스도는 그 자신의 우상을 세우고 세계로 하여금 그것을 예배하도록 강제할 것이다(계 13장). 그러나, 충성된 유대인들은 절하지 않을 것이다. 바벨론의 히브리 인들처럼 144,000명은 하나님을 섬길 것이며, 하나님은 그들을 보호하실 것이다. 느부갓네살왕의 신상이 숫자 6과 결부되어 있음에 유의하는 것은 중요한 일이다(60 규빗의 높이, 6규빗의 넓이, 악대에는 여섯 악기들이 있었다/단 3:1, 5). 그리고 적그리스도는 666이란 숫자와 결부되어 있다(계 13:18). 예수께서 마태복음 24장 15~22절에서 "멸망의 가증한 것"이라고 말씀하신 것은 바로 이 우상이다.

그러므로, 우리는 다니엘 3장에서 교회가 휴거된 후 환란 기간 동안에 이스라엘에 일어날 일을 예측하고 있음을 본다. 느부갓네살은 적그리스도를 나타내며, 그의 우상은 적그리스도가 조각할 자신의 우상을 나타낸다. 세 명의 히브리 사람들은 믿는 유대인 144,000명을 나타내는데, 이들은 환란 기간 동안에 보호를 받을 것이다. 이 유대인들은 다니엘 3장을 읽어서 이해하고 있을 것이며 그들의 하나님이 그들과 더불어 환란의 용광로에 들어가실 것이며 그의 영광을 위하여 다시 인도해 내실 것이다.

우리는 매일 현대 세계가 통일을 향하여 움직이고 있는 것을 볼 수 있다. 오늘날 수십 가지의 기관들과 조약들이 나라들을 함께 묶는다. 우리는 국제연합이라는 세계 정부와 세계 은행, 세계 재판소, 세계 교회 협의회들을 소유하고 있다. 우리는 곧 "유럽 합중국"의 발전을 보게 될 것이며, 이 조직의 지도자는 마지막의 세계 독재자, 적그리스도가 될 것이다. 무대는 설정되었다! "주님의 재림은 가깝다!" 예수께서 돌아오시기 전에 우리 그리스도인들은 "불에 단 용광로"를 통과할 수도 있다. 그러나, 우리는 두려워할 필요가 없는데 그것은 하나님께서 우리와 함께 하시기 때문이다. 그리고 영원토록 뜨거운 불못에 사는 것보다는 뜨거운 용광로를 통과하는 것이 훨씬 좋다.

"나무의 꿈"

— 다니엘 4 장 —

본 장은 왕 자신이 기록한 사실상의 바벨론 공식 문서로서, 그가 나눈 대화의 내용과 이야기의 줄거리이다. 본 장은 경험을 한 후 7년 만에 기록한 것임을 명심하자. 따라서 1~3절과 37절은 하나님께서 왕에게, 그리고 왕을 위하여 행하신 일을 느부갓네살이 공식적으로 간증하고 있는 것이다. 우리는 끝부분에서 이 구절들을 살펴보게 될 것이다. 지금은 왕의 꿈에 대한 이야기를 해 보자.

1. 꿈을 꿈(4 : 4~28)

하나님께서 왕에게 이러한 꿈을 보내셨을 때는 평화로운 번영의 시기였다. 왜냐하면 이 꿈은 그의 죄가 마침내는 그를 사로잡을 것이라는 하나님의 경고이기 때문이다. 그는 안정을 누리고 있었으나 예수께서 부자 농부에 대한 비유에서 묘사하신 것과 비슷한 거짓 안전이었다(눅 12 : 15~21). 이 사악한 세계가 "평화와 안전"에 머물러 있을 때가 바로 하나님의 심판이 임하는 때이다(살전 5 : 3). 참된 안정과 안식은 오직 예수 그리스도 안에만 있다.

꿈은 이러하였다. 그는 온 땅을 그늘지게 하며 새들이 깃들고 동물들이 그 아래서 피난처를 찾는 거대한 나무를 보았다. 그는 "이 나무를 자르라!"는 천사의 음성을 들었다. 그 나무는 잘리워졌는데, 젖은 풀 위에 그루터기가 남아 있었으며 일곱 해 동안 철로 띠를 띠고 있었다. 왕이 이 꿈으로 인하여 마음이 대단히 어지러웠을 것은 말할 필요도 없는 일이다. 특별히 그는 왕국의 초기에 그의 통치의 미래에 대한 또다른 꿈을 꾸었기 때문이다.

왕은 그의 박사들을 호출하였으나 그들은 해몽할 수 없었다! 2장 6절에 나타나 있는 장담하는 말을 기억하자. "왕은 꿈을 종들에게 이르소서 그리하면 우리가 해석하여 드리겠나이다." 그러나, 이번 꿈은 그들에게 말해 주었어도 해석할 수가 없었다! 세상적인 지혜는 그 위대함을 자랑하지만 하나님의 일들을 이해할 수가 없다(고전 2 : 14~15). 왕은 이 문제를 풀 사람은 한 사람밖에 없음을 알고 있었다. 곧 하나님의 사람인 다니엘이었다. 그래서 왕은 그를 보좌로 불렀으며 그를 번민하게 만든 꿈으로 그를 끌어들였다. 느부갓네살은 권세와 부와 영광을 지녔지만 장래를 열 수는 없었다. 가장 가난한 그리스도인이라도 그보다는 부자이다. 왜냐하면 우리에게는 말씀 안에서 장래를 위한 계획을 소유하고 있기 때문이다.

2. 꿈이 계시됨 (4 : 19~27)

하나님은 다니엘에게 그 꿈의 의미를 계시해 주심으로써 다시한 번 그를 "어두운 중에 비취는 그의 빛"으로 사용하셨다. 그러나, 선지자는 계시를 받고도 얼마 동안 말문을 열지 않았다! 아마도 이 왕의 역사에 있어서 그때는 가장 오래 기다린 시간이었을 것이다! 이 꿈의 멧세지가 숙연한 내용임을 다니엘은 분명하게 느낄 수 있었다. 그는 이 꿈을 가볍게 취급하거나 부주의한 태도로 그 해석을 전하지도 않았다. 참 선지자는 언제나 그 멧세지와 같은 심정을 가지는 것이며 다니엘은 이 꿈에 대한 부담감을 가지고 하나님의 말씀을 신실하게 전달하였다. 많은 사람들은 영적인 지혜와 지식이 반드시 기쁨과 대화로 인도한다는 개념을 가지고 있는데 사실은 슬픔과 침묵으로 인도해 가는 경우가 많다. 다니엘 10장 1~3절을 보고 70년의 유배 생활에 대한 진리에 대하여 다니엘이 어떻게 반응하는지 알아보자.

그 해몽은 이해하기에 어렵지 않다. 나무는 느부갓네살과 그의 위대한 왕국이다(20~22절). 하나님은 종종 왕국을 나무의 모습으로 비유하신다. 에스겔 31장은 그 한 예이며 마태복음 13장 31~32절도 그러하다. 나무는 이 땅의 왕국을 나타내는 데는 좋은 상징이다. 왜냐하면 나무는 땅에 뿌리를 내리고 양분과 안정성을 땅에 의존하고 살기 때문이다. 보호를 받기 위하여 바벨론을 바라보는 다른 나라들은 그 나무에, 그리고 나무 아래 거하는 짐승과 새들로 비유되어 있다. 물론 바벨론은 위대하고 강한 왕국을 이룩하였지만 이 일은 느부갓네살이 자랑할 일이 아니었다. 왜냐하면 하나님이 그에게 보좌와 왕국을 주신 것이기 때문이다. 이 군주가 가혹한 방법으로 배워야 했던 교훈이 바로 이것이었다.

"순찰자와 거룩한 자"는 물론 하나님의 천사이며 바벨론 왕국에서 일하도록 지명된 천사들이다. 다니엘 9장 10절과 10장 4~20절은 이 세상 나라들의 일에 매우 활발하게 참여하고 있음을 알려준다. 천사들은 선포하였다. 나무를 베어라—느부갓네살왕을 보좌에서 내려라!" 그는 이제 어떤 경험을 겪게 되는 것일까! 인간답게 사는 것을 멈추고 7년간 짐승처럼 살게 되는 것이다. 나무는 베어졌으며 철로 동여매어져서 성장하지 못하게 되었다. 그러나 심판은 영속적인 것이 아니었다. 느부갓네살은 7년 후에 다시 인간적으로 되고 이성을 되찾을 것이며, 큰 영광 가운데 그의 보좌로 올리워질 것이다.

하나님께서 왕의 생애를 이런 식으로 다루시는 이유는 무엇인가? 그에게 겸손을 가르치시기 위함이다. 우리는 "신상의 꿈"에서 그가 황금의 머리로 상징되고 있었던 것을 기억한다. 3장에서 왕은 자신을 숭배하고 찬양하도록 유인하기 위해 전체가 황금으로 된 우상을 만들었다. 그래서 하나님은 이 교만한 군주에게 실제로는 마음이 짐승같음을 보여 주시려는 것이었다. 7장에서 다니엘은 모든 제국들이 들짐승에 지나지 않음을 보여 주는 환상을 보게 된다! 다니엘은 왕에게 회개하고 그의 방법들을 변경시키라고 경고한다. 다니엘은 간청하였다. "죄악을 깨뜨리시오. 그리하면 하나님께서 당신을 용서하시고 주님을 섬길 날들을 주실지도 모릅니다." 결국 하나님은 두 가지 다른 경로, 즉 2장의 꿈과 3장의 용광로 이야기를 통하여 왕에게 말씀하셨다. 하나님께 귀머거리의 귀를 들이대는 것은 위험한 일이다.

3. 꿈이 실현됨 (4 : 28~36절)

그런 일이 발생하고 말았다! 하나님은 느부갓네살에게 이 경고에 대하여 생각하고 죄에서 돌이키도록 꼬박 일 년이란 시간을 주셨으나 왕은 마음에 간직하지 않았다. 사실상, 그의 성공으로 인하여 더욱더 교만하여졌다(전 8 : 11 / 잠 29 : 1 참조). 그런데 심판의 날이 임하였으며, 왕의 참된 짐승 같은 본성이 드러나 모든 사람이 보게 되는 날이 왔다. 사람들은 그를 궁전에서 몰아내었으며 들짐승과 같이 7년 동안 살며 소처럼 풀을 먹었다. 하나님께서 교만한 왕을 겸손케 하기를 원하실 때는 신속하고 철저히 그렇게 하실 수 있으시다.

하지만 그 일이 영원토록 지속된 것은 아니었다. 7년 후에 느부갓네살은 개심하였다. 첫단계(왕이 기록하고 있는 대로)는 "하늘을 우러러 보았더니"였다(34절). 이 일이 생기기 오래 전에 하늘을 쳐다보지 않았던 것이 참으로 유감된 일이었다! "나는 하나님께 감사하며… 하나님을 찬양하였다!" 이 고백은 여호와를 믿는 믿음으로 말미암아 생애가 변화된 사람의 소리로 들린다! 왕은 그가 아무것도 아니었으며 하나님은 모든 것이라는 교훈을 배웠다. 34~35절을 읽고 느부갓네살이 이러한 낮아짐의 경험을 통하여 실천적인 교훈를 얼마나 많이 배웠는지 알아보자. 오늘날 세계의 교만한 통치자들이 "자신들을 아무것도 아니며 하나님은 모든 것임"을 배우지 못한다는 것은 참으로 유감된 일이다. 17절은 이 교훈을 명백하게 언급하고 있다. "지극히 높으신 자가 인간 나라들을 다스리신다."

이제 1~3절로 돌아가자. 이 강력한 독재자가 세상의 모든 사람들에게 연설을 하며 평강을 전하고 있다! 느부갓네살은 평화로운 활동들로는 잘 알려지지 않은 인물이었던 것이 분명하다. 왜냐하면 그는 잔혹한 전쟁의 사람이었기 때문이다. 1절을 읽어 보면 베드로나 바울이 쓴 무슨 서신류 같은 느낌이 든다. 2~3 절에서 그가 어떻게 하나님께 모든 영광을 드리며 여호와의 위대하심의 덕택으로 돌리는지 살펴보자. 다시 말하지만 이것은 이방 독재자의 말 같지가 않다. 그는 7년 전만해도 "이것이 내가 세운 위대한 바벨론이다!"라고 말했던 사람이었다. 하나님께 대해서는 한 마디의 찬양이나 감사의 말도 없이 자기의 능력과 자기의 위용을 자랑하고 있었다. 하지만 이제는 모든 것이 변화되었다. 그는 하나님께서 그에게 행하신 일에 대하여 개인적인 증거를 삼기 위하여 공식적인 서류를 작성하도록 하였기 때문이다. 37절은 위대한 절정이다. "나는…

나 느부갓네살이 아니라… 하늘의 왕을 찬양하고 칭송하고 존경하노니….”

“무릇 교만하게 행하는 자를 그가 능히 낮추시느니라” (37절). 우리는 본 장에서 말세에 나라들에게 일어날 일들을 미리 보고 있는 것이다. 이들이 위대함과 영광을 자랑하게 될 즈음에 하나님은 그들에게 7년 간의 무서운 심판을 내리실 것이며 그들을 낮추실 것이다. 이 환란시대의 종말에 그리스도는 이 땅에 돌아오셔서 그의 왕국을 세우실 것이다. 하나님을 신뢰하는 나라들은 영광스러운 왕국으로 들어갈 것이며 그 밖의 나라들은 내던짐을 당할 것이다. 느부갓네살처럼 이들은 교만과 불신앙에서 개심하게 될 것이며 하나님의 축복과 영광을 누릴 것이다. “그러므로 하나님의 능하신 손 아래서 겸손하라 때가 되면 너희를 높이시리라” (벧전 5:6).

벨사살의 운명

— 다니엘 5장 —

4장과 5장 사이에 20여 년이 흐르고 느부갓네살왕은 무대에서 퇴장하였다. 그를 계승한 아들은 몇 년간만 통치를 하다가 그의 처남에게 암살을 당하였고, 이 사람도 역시 4년 간을 통치하였으며 전쟁에서 죽었다. 이 두 통치자들은 매우 짧은 기간만 보좌를 차지하였었는데 이들 중에서 두번째 인물은 나보니두스였다. 그는 사실상 느부갓네살의 사위였으며 전대 왕들 중의 한 사람의 과부와 결혼하였다. 나보니두스는 그 당시 바벨론 제국의 왕이었으며, 그의 아들 벨사살은 바벨론 도성의 군주였다. 다니엘이 왜 세번째 통치자였는지 이해가 될 것이다 (7, 29절). 5장의 사건들이 일어나는 동안에 나보니두스왕은 4개월간 메대 바사의 포로가 되어 있었다. 왕이 겪은 일을 살펴보자.

1. 잔치를 즐김 (1 ~ 4 절)

이 축제는 위대한 바벨론의 신들 중의 하나를 예배하는 것이었으며 주전 539년 가을에 있었던 일이다. 고고학자들은 1,000명의 손님들을 대접하기에 충분한 넓은 방이 있는 바벨론의 궁터를 발굴하였다. 이들은 또한 그 벽이 흰 분필과 같은 재료로 덮여 있었던 것도 발견하였는데 이것은 벽에 글씨를 쓴 사건을 설명해 준다. 이 구절들에 나오는 주된 것은 포도주를 마시는 일이다. 술은 이 세상의 바벨론 "체제"와 언제나 관련이 되어 있다(렘 51 : 7/ 계 14 : 8 / 계 17 : 1~5/ 계 18 : 3, 13). 왕은 그의 신들에게 축배하는 것으로 만족하지 못하고 (4절/ 계 9 : 20) 유대인들의 신을 모욕하기를 원하였다. 그래서 왕은 신성한 성전의 기물들을 가져다가 우상을 섬기며 신을 모욕하는 잔치에 사용하게 하였다 (단 1 : 2). 5장 2절에 나오는 "아버지"라는 단어는 "할아버지"를 나타내는 것으로서 11절과 13절에서도 나온다.

성 안에서 벨사살의 잔치가 진행되고 있는 동안 메대 바사의 강력한 군대가 이미 그 성의 문 밖에 와 있었음을 명심하자! 왕은 그 요새가 함락되지 않으리라는 대단한 확신을 가지고 있었기 때문에 성문 밖의 침략자들을 비웃었다. 오늘날 우리 세계의 모습이다! 심판이 막 임하려고 하는데 인간들은 결혼을 하며 거짓 신들을 예배하고 있다. "저희가 평안하다 안전하다 할 그 때에… 멸망이 홀연히 저희에게 이르리니"라고 데살로니가전서 5장 3절은 말한다. 바벨론은 약 10m 높이에 26m 넓이의 성벽을 가진 강력한 요새였다. 유브라데강이 그 성을 대각선으로 흐르고 있었으며 큰 놋으로 만든 문은 그 성의 출입을 조절하였다. 누가 이같은 성을 함락시킬 수 있을 것인가? 하지만 그들은 함락되었다!

2. 두려움을 나타냄(5 ~ 9 절)

손님들은 신비한 손이 나타난 것을 즉각적으로 보지 못한 것이 분명하다. 그러나 왕은 그들의 반대편 벽면, 그들의 머리 위에 씌어진 글씨를 보았다. 왕이 떨며 무릎을 부딪치고 있는 모습을 보는 것은 손님들에게 참으로 큰 충격이었을 것이다! 술은 이제 그에게 용기를 줄 수 없었으며 하나님의 멧세지를 직면하지 않을 수 없었다. 7절에는 "왕이 소리를 질렀다"고 되어 있다. 그는 손과 글씨의 뜻을 알지 않으면 안되었다. 사실상, 그는 이것을 설명하는 사람에게는 그 나라의 세번째 지위를 약속하기까지 하였다(참으로 어리석다! 몇 시간만 지나면 벨사살은 살지도, 다스리지도 못할 것이었다!) 언제나 그렇듯이 왕의 "전문가들"은 벽의 글씨를 해석할 수 없었으며 이 일은 왕으로 하여금 더욱 신경을 쓰게 만들었다. 그가 자기의 할아버지 느부갓네살의 고문이었던 다니엘을 모르고 있었다는 것은 참으로 이상하다. 그러나 벨사살은 조심성이 없는 젊은이였으며(이때 35세쯤 되었다) 영적인 문제보다는 권력과 쾌락에 더욱 관심이 있었다. 이 성이 망한 것은 별로 이상한 일이 아니다!

3. 장래를 깨달음(10~29절)

왕의 어머니가 이 문제를 해결하였다. 이 현명한 여인은 벨사살의 아버지 나보니두스가 왕국에서의 자기의 권력을 견고히 하기 위하여 결혼했던 느부갓네살의 과부인 듯하다. 어찌 되었든지 그녀는 연회실에서 벌어지고 있는 경악할 일에 대하여 듣고 왕에게 조언하려고 왔다. "왕이시여, 만세수를 하옵소서!"라고 말했는데 왕은 그 밤이 새기 전에 죽게 되어 있었다! 그녀는 인사를 하고 다니엘에 대하여 말하였으며 그가 어떻게 왕의 할아버지에게 조언하였었는가를 말하였다. 다니엘은 이제 노인이 되어 있었으며 공적인 정무에서 "은퇴해"있었다. 정부 관리자들의 명예 회원으로서 그는 아마도 그 잔치의 손님으로 초대를 받았을 것이다. 그러나 그는 자신을 더럽히거나 자기의 간증을 손상시키기를 원하지 않았다. 그의 분리된 위치로 말미암아 다니엘은 하나님께 영광을 얻었다(고후 6:14~18).

왕은 다니엘에게 감동을 주려고 하였지만(13~16절) 다니엘은 흔들리지 않았다. 그는 하나님의 선물에 비교할 때 왕의 선물이 아무것도 아니라는 것을 알고 있었다. 벨사살은 이러한 선물을 줄 수 있을 만큼 오래 살 수가 없는 것이다. 글씨를 해석하기 전에 다니엘은 왕에게 설교를 하였으며 그의 할아버지를 실례로 제시하였다. 그는 왕의 교만과 죄에 대하여 경고하며 하나님께서 느부갓네살을 맹렬하게 심판하셨음을 상기시켰다. "당신은 이 모든 일을 알고 있음에도 불구하고 이같은 사악한 삶을 살려고 고집하였으므로, 하나님은 당신에게 심판의 멧세지를 보내셨읍니다. 이제는 너무 늦었읍니다!"라고 다니엘은 설명하였다. 하나님은 느부갓네살에게는 회개하도록 일 년이란 시간을 주었으나(4:

28～33), 벨사살이 회개할 기간은 없었다. 그의 운명은 정해져 있었다.

이제 그 해석을 들어보자. 그 글은 갈대아어로 되어 있었다! **메네 메네, 데겔, 베레스**(25절에 나오는 우바르신은 베레스의 복수형이며 "우"는 "그리고"라는 뜻의 갈대아어이다). 바벨론에서 미나와 데겔은 서로 다른 무게의 단위들이다. 베레스는 단순히 "나눈다"는 뜻이다. 그래서 바벨론의 술사들이 벽에 이 단어들이 나타났을 때 그 의미를 알 수 없었던 것이다. 그러나 하나님은 다니엘에게 그 해석을 알게 하셨다. "수를 세었다…무게를 알았다…나뉘어졌다!" 벨사살의 날수가 계산이 되었으며, 때가 찼다. 하나님의 척도로 무게를 달았더니 그는 중량이 모자란 것이 드러났다. 이제 그의 왕국은 메대 바사에 의해 정복당하고 분열될 것이었다. 그 시각에 다리오는 성문에 와 있었던 것을 명심하자!

벨사살은 떨고 두려워하기는 하였으나 하나님의 멧세지를 믿지는 않았다. 우리는 그가 회개했거나 관심을 가졌다는 증거를 볼 수 없다. 그는 왕국이 영원히 지속될 것이기나 한듯 자기의 약속을 지켜 다니엘을 세번째 통치자로 삼았다. 왕의 교만, 육욕, 무관심, 자기 만족이 그를 몰락으로 이끌어 갔다.

4. 운명에 직면함 (30～31절)

만일 벨사살이 선지자 이사야를 연구하였더라면 바벨론이 어떻게 점령을 당하게 될 것인지 알았을 것이며, 누구에 의해 점령당할 것인지도 알았을 것이다. 바사의 정복자 고레스는 메대를 패배시키고 바벨론으로 내려오게 되어 있었다(사 41：25/사 45：1～4). 그는 운하를 파서 유브라데강의 유로를 변경시킨 뒤에 성문 아래로 자기의 군대를 몰래 들여 보낼 것이었다! 바벨론 사람들은 군인들이 땅을 파는 것을 보았지만 성벽을 타고 넘을 언덕을 쌓고 있는 줄로 알았다. 사실은 물줄기를 바꾸어 놓고 있었다. 그 성은 왜 모르는 사이에 점령을 당하였던가? 그 이유는 대부분의 사람들이 술에 취해 있었기 때문이었다! 그 날은 굉장한 종교 축제일이었으며 백성들은 방어를 생각하기보다는 쾌락에 빠져 있었다! 적은 연회장으로 곧장 와서 왕을 살해하였다. 우리의 세계에 대한 경고가 아닐 수 없다! 오늘날 우리는 이와 같이 쾌락에 열중한 나라에 있어, 모르는 사이에 어떤 적들이 우리를 점령하게 되기란 쉬울 것이며, 역사는 이러한 일을 반복할 것이다.

메대의 다리오란 누구인가? 이사야는 고레스가 바벨론을 점령할 것이며 유대인을 석방할 것이라고 말했었다(사 44：28～45：13 /단 1：21/ 단 10：1). 다리오는 다니엘 6장 1, 6, 9, 25, 28절과 9장 1절, 11장 1절에 "왕"으로 언급되어 있는데, 이에 대한 답은 5장 31절에서의 "나라를 얻었다"는 말에서 발견된다. 그 "얻었다"는 "받았다"는 뜻으로 번역될 수 있다. 고레스의 군대장관인 다리오는 바사의 왕인 고레스로부터 왕국을 받아 그를 대신하여 바벨론을 통치하였다. 6장 28절에서 우리는 바벨론이 이중의 왕권으로 통치되었던 것을 볼 수 있다. 고레스는 제국의 왕이었으며, 다리오는 바벨론 및 이에 연관된 지역을 통치하였다. 고레스는 위대한 정복자로서 바벨론에 입성하였으며, 유대인들을 비롯하여 그 백성들을 지혜롭게 다루어 나갔다. 유대인들이 그들의 나라로 돌아가 성전을 재건해도 좋다는 칙령을 발표한 사람도 고레스였다(스 1 : 1～4 / 사 44 : 28). 결국, 제국들의 흥망 성쇠는 하나님의 백성을 위하시는 그의 계획의 일부였던 것이다(롬 8 : 28).✓

539년에 바벨론이 멸망한 것은 요한계시록 17～18장에 나오는 바벨론(마귀의 세상 제도)이 장차 망하게 될 것에 대한 모습을 예증하는 것이다. 성경을 믿는 그리스도인들은 "벽에 나타난 글씨"를 이제는 볼 수 있으나, 눈먼 세상의 통치자들은 그들의 교만과 쾌락 속에서 계속 지낼 것이다. 주님이 오고 계시며 문에 와 계심을 조금도 깨닫지 못하고 있다(약 5 : 9).

사 자 굴

-다니엘 6장-

최근에는 "…의 하루"라는 연속 간행물이 많이 나오고 있다. 이런 책들은 어떤 유명한 사람의 생활에 있어서 전형적인 한 날을 소개하는 글들이다. 본 장에서 우리는 메대 바사제국의 총리인 다니엘의 생활 중 하루를 살펴볼 것이다!

본 장에서 다니엘은 10대가 아니라는 사실을 기억하자. 그는 이제 80대에 들어선 사람이다. 이것은 그리스도를 섬기는 데에 연령이 장벽이 되지 않는다는 증거이기도 하며, 또한 유혹이나 시험에서 보호가 되는 것도 아님을 증명한다. 다니엘은 젊어서부터 믿음과 기도의 사람으로 출발하였기 때문에 나이가 많이 들어서도 여호와께 성실할 수가 있었다. 우리 함께 다니엘과 하루를 보내기로 하자.

1. 헌신의 새벽

국무총리의 하루는 여호와께 기도함으로 시작되었다. 6장 10절에서 우리는 그의 집 꼭대기에 특별한 "기도실"을 두어 하루에 세 번씩 기도했다는 말을 들었다. 시편 55편 17절은 "저녁과 아침과 정오에 내가 근심하여 탄식하리니 여호와께서 내 소리를 들으시리로다"라고 말한다. 다니엘은 여호와와 더불어 하루를 시작하였는데, 그가 행한 이 일은 좋은 일이다! 원수들이 일어섰고, 다니엘에게는 그의 일생에 있어 직면해야 할 가장 큰 시험 중의 하나가 임박하고 있었다.

"깨어 기도하라!"는 주님의 경고는 유익한 것이다. 다니엘의 삶에 있어서 기도는 부수적인 것이 아니고 가장 필수적인 것이었다. 그는 기도하기 위하여 특별한 장소와 특별한 시간을 가졌다. 그가 종일토록 주님과 이야기하였다고 확신할 수 있다. 하나님이 그를 "크게 은총을 입은 자"라고 부르신 것은 놀라운 일이 아니다(9：23/10：11, 19). 신약에서는 이 말이 하나님의 아들에게 적용되었다. 다니엘을 하나님의 "사랑하는 아들들" 중의 하나로 만든 것은 그의 믿음있는 행실과 지속적인 기도 생활이었다(요 14：21～23). 여호와와 더불어 하루를 시작한다는 것이 얼마나 중요한가! 아브라함과 다윗이 이러한 습관을 가졌으며, 우리 주 예수 그리스도께서도 그러하셨다(창 19：27/시 5：3/막 1：35).

2. 현혹의 아침(6：1～9)

하나님은 다니엘의 충성으로 인하여 그를 높이셨고, 사실상 그는 그 나라의 두 번째 통치자였다. 그 땅의 지도자는 총 124명이었는데, 다리오왕과 세 명의 통령(다니엘이 제1통령이었다), 그리고 120명의 제후들이었다. 다리오는 다니엘에게 깊은 감명을 받아서 그를 공식적인 제2인자가 되도록 계획을 세웠다! 바벨론에서의 다니엘의 승진은 신자가 성공하기 위해 반드시 타협을 해야 하는 것이 아님을 증명한다(마 6 : 33).

물론 122명의 다른 지도자들은 다니엘의 성공에 대하여 그렇게 기뻐하지 못하였다. 그 한 가지를 들자면 그는 외국인으로서 더구나 유대인이었다! 사단은 이미 유대인들을 미워하고 있었으며 그들을 박해하고 제거하는 데 극단적이었다. 사악한 사람들은 언제나 의로운 사람들을 싫어한다. 물론 경건한 다니엘은 정직하였으며 나라의 일을 보살피는 데 주의깊었다. 다른 지도자들은 왕의 소유를 훔치고 계산을 틀리게 하여 도둑질을 은폐시키고 있었다. 이 때문에 다리오는 정부를 재조직하여 손상됨이 없게 해야 했다. 하나님의 백성에 대해 사악한 자들은 거짓말을 한다. 이들은 다리오왕에게 모든 통령들이 이 계획에 찬성하였다고 말하였으나, 다니엘은 그 회의에 참석하지 않았었다. 다리오가 자기의 가장 훌륭한 통령과 먼저 논의하지도 않고 칙령에 서명을 했던 것은 얼마나 어리석은 일이었던가! 역사는 다리오가 아첨에 쉽게 영향을 받았다고 밝힌다. 그래서 사악한 지도자들은 다니엘을 그들의 권력 아래 둘 수 있다고 본 듯하다. 그는 어떻게 행할 것인가?

3. 결정의 오후(6 : 10~13)

다니엘은 새로운 칙령에 대하여 처음으로 알게 된 사람들 중의 한 명으로서, 어떻게 할 것인지를 결정해야만 하였다. 물론 그의 거룩한 성품과 신령한 행실은 그를 대신하여 이미 결정을 하였다. 그는 여호와를 섬길 것이며 언제나 해 온 대로 여호와께 기도하기로 하였다. 핑계를 대거나 타협할 수도 있었다. 그 한 가가지로는 "모든 사람이 다 하는데!"라는 변명도 있다. 그는 그의 전 생애를 통해 여호와를 신실하게 섬겼던 노인이었다. 그의 생애의 종말에 처하여 하나의 작은 타협이 그렇게 대단한 손상을 주지는 않을 것이다(이 일은 그의 전체 간증을 파괴할 것이다). 죽는 것보다는 살아 있는 것이 여호와께 더욱 유용하지 않을 것인가? 아니다! 다니엘은 타협하기를 거절하였다. 그는 한 번의 기도 시간을 빠뜨리기보다는 사자들에게 먹히려고 할 것이었다!

그의 적들은 다니엘이 언제나 창문이 열려 있는 기도실로 가는 것을 지켜보았다("쉬지말고 기도하라"). 그들은 다니엘이 손을 드는 것을 보았다. 이제 그를 붙잡았다! 그러나, 다니엘은 마음에 평화가 있었다. 기도하며 감사를 드리고 간구하였다. 이 기도의 방식은 그가 10대였을 때부터 해 온 것이었다. 우리가 젊었을 때 영적인 습관을 만들기 시작하는 것은 현명한 일이다.

4. 실망의 석양(6 : 14~17)

왕은 자신이 얼마나 어리석은 일을 했는지 깨닫게 되었다. 그러나, 그의 권력과 부를 가지고도 메대바사의 법을 변경시킬 수는 없었다. 또한 하나님은 다리오가 다니엘을 구하게 하고 싶지 않으셨다. 이것은 하나님이 받으실 특권이었다. 다니엘도 왕에게 의존하고 있지는 않았다(시 146 : 1~6). 그는 오래 전에 이미 살아 계신 하나님을 의지하는 법을 배웠었다. 하나님은 다니엘이 사자의 굴에 들어가지 않도록 구하려 하심이 아니라, 사자굴 밖으로 구원하려 하셨다.

5. 구원의 밤(6 : 18~23)

궁전에 있는 다리오와 사자의 굴에 있는 다니엘은 참으로 대조적이었다! 다리오는 평화를 소유하지 못하였으나 다니엘은 자기 자신과 하나님, 그리고 사자들과 완전한 화평을 누리고 있었다. 다니엘은 전적으로 안전한 장소에 있었다. 왜냐하면 하나님이 거기 계셨기 때문이다. 다리오는 적들에 의해 그의 침상에서 살해당할 수도 있었던 것이다! 다리오는 다니엘을 심판에서 구원하려고 전날 모든 수고를 아끼지 아니하였으나 그에게는 힘이 없었다. 한편 다니엘은 우주의 하나님께 단순히 말하는 것만으로 그에게 필요한 모든 능력을 얻었다. 모든 면으로 볼 때 다니엘은 왕답게 다스리고 있었으며 다리오는 노예였다!

다니엘을 구원할 것은 하나님을 믿는 믿음이었다(6 : 23 / 히 11 : 33). 그렇게 오랜 동안 우상을 섬기는 이방 나라에 살면서도 믿음을 소유하고 있었다는 것만도 놀라운 일이었다. 그렇게 할 수 있었던 비결은 주님과의 일상적인 교제가 있었기 때문이었다. 그는 믿음을 가졌으며 충성스러웠다(시 18 : 17~24). 우리의 일상생활에서 여호와께 충성을 다하는 것이 성공적인 기도 생활의 기본이기는 하지만 그것만으로는 충분하지 못한다. 하나님을 신뢰해야 하며, 그가 자기의 말씀을 지키실 것을 믿어야 한다.

오늘날 그리스도인들은 타협하라는 많은 유혹을 받는다. 그리고 가장 안전한 길은 군중과 더불어 가는 길이라고 여길 때가 종종 있다. 그러나, 이것은 가장 위험한 길이다! 진실로 안전한 유일한 길은 하나님의 뜻 안에 있는 길이다. 다니엘은 왕을 예배하며 왕에게 기도한다는 것은 잘못임을 알고 있었다. 왜냐하면 그는 하나님의 말씀을 알았기 때문이었다. 그는 하나님의 뜻 밖에서 살기보다는 하나님의 말씀에 순종하며 죽기를 원하였다. 사단은 울부짖는 사자처럼 다가오며(벧전 5 : 8~9), 또한 사람들은 우리를 속이려고 한다(딤후 4 : 17). 그러나, 하나님은 그의 영광을 위하는 일이라면 우리를 구해내실 수 있으시다. 하나님의 뜻이 언제나 위험 가운데서 그의 자녀들을 구원해내시는 것은 아니다. 많은 그리스도인들은 의무를 위하여 자기의 생명을 바쳤다. 그들이 받는 상은 참으로 굉장한 것이다(계 2 : 10)!

6. 파멸의 아침(6 : 24～28)

우리 그리스도인의 영혼들은 어린 아이들을 포함하여 전체의 가족을 굶주린 사자에게 던진다는 착상에 저항감을 갖는다! 그러나, 이것은 그 나라의 법이었으며 이 사악한 사람들이 다니엘에게 적용하려 했던 바로 그 법이었다. 하지만 그들의 무죄한 자녀들이 고난을 당해야 하는 것은 비극이 아닐 수 없으나, 죄에 대한 무서운 형벌은 이와 같다. 책임을 질 수 있는 나이가 아닌 자녀들은 어쨌든 주님과 함께 있게 되었으므로 이것은 이방나라에서 불신앙 가운데 성장하여 지옥에 가는 것보다는 훨씬 좋은 것이다. 하나님은 언제나 자신의 백성을 옹호하신다. "의인은 환난에서 구원을 얻고 악인은 와서 그를 대신하느니라"(잠 11 : 8). 만일 박해를 통과하고 있을때 하나님이 정말 돌보고 계신 것인지 의심이 생기면 시편 37편 1～15절을 읽으라. 그리고 다니엘이 그랬던 것처럼 하나님을 의지하라.

이제 우리는 하나님께서 왜 다니엘에게 이러한 경험을 통과하게 하셨는지 알 수 있다(25～27절). 이 일은 하나님의 이름에 큰 영광을 돌리게 하였다! 성령께서 베드로에게 베드로전서 3장 10～17절을 쓰게 했을 때 그는 아마도 다니엘을 생각했었을 것이다(이 구절들을 읽으라). 그리스도인이 유혹을 정복할 때 주님을 영화롭게 한다. "살든지 죽든지 내 몸에서 그리스도가 존귀히 되게 하기"를 원했던 바울을 본받게 되기를 빈다(빌 1 : 20).

다니엘의 환상

—다니엘 7～8장—

지금까지 다니엘은 다른 사람들의 꿈을 해석하였었다. 그러나, 이제 하나님은 그에게 비범한 환상을 주신다. 바벨론이 아직 메대 바사에게 멸망되기 전인 것으로 보아 두 장은 5장이 기록되기 전에 일어난 일임이 틀림없다. 벨사살의 아버지 나보니두스는 바벨론(제국)의 진짜 왕이었으며 벨사살은 바벨론 성의 섭정이었다. 나보니두스는 주전 556년에 왕이 되었으므로 7장은 556년에, 8장은 554년에 일어난 일로 날짜를 정할 수 있는 것이다. 다른 역사가들은 7장을 나보니두스가 아라비아로 떠나면서 벨사살에게 공식적인 임무를 맡긴 550년에 일어난 일로 정하는 것에 더욱 동조적이기도 한다. 그렇게 되면 8장의 일은 548년이 될 것이다. 다니엘은 이 환상들을 통하여 이방 나라들의 역사가 어떻게 전개될 것인지에 대한 과정을 보며, 말세에 유대인들에게 어떤 일이 일어날 것인지를 우리가 이해하도록 도움을 준다.

1. 네 짐승의 환상(7장)

성경에서 평온치 못한 바다는 이방나라들을 상징한다(계 17：5/사 17：12). 여기 나오는 바다는 대해 또는 지중해이며 이 환상에서 언급되는 모든 나라들은 이 모양 저 모양으로 이 바다와 접경하고 있다. 다니엘은 네 짐승을 보았으며 천사는 이들이 무엇을 의미하는 것인지 설명해 주었다. 각 짐승은 왕국을 나타내고 있었다(17절).

[1] **날개달린 사자**(4절)—이것은 "신상의 꿈"에서 금으로 된 머리에 해당되는 바벨론을 상징한다(2：36～38). 날개달린 사자는 바벨론에서는 잘 알려진 신상이다. 우리는 바벨론의 전시품이 있는 박물관에서 이러한 모양들을 볼 수 있다. 인간처럼 서 있도록 만들어진 이 짐승은 분명히 4장 27～37절에 나오는 느부갓네살의 낮아지는 경험을 상기시킨다! 바벨론은 그 당시의 세계를 지배하고 있었으며 몇 년 안에(5장에 설명되어 있듯이) 멸망할 것이었다. 따라서 다음의 동물로 넘어가게 된다.

[2] **갈빗대를 물고 있는 곰**(5절)—여기서 우리는 메대 바사 제국을 대하게 되는데 이 나라는 그 민첩함과 노력함으로 알려진 나라가 아니라 곰과 같이 난폭한 군사력으로 유명하였다. 세 갈빗대는 이미 패망한 세 제국을 묘사하는 것이다(애굽, 바벨론, 리비아). "몸 한 편을 들고 서 있는" 곰은 제국의 한 편이 (바사)

다른 한 편보다(메대) 더욱 강하여 영광을 얻게 됨을 시사한다. 메대 바사는 주전 539년에 바벨론을 정복하였으나 그들의 제국은 불과 200 년간 지속되었다.

3 **날개와 네 개의 머리가 달린 표범**(6절)—이 동물은 분명히 그리이스(헬라)를 나타내는데, 알렉산더 대제는 민첩하게 세계를 정복하였고 주전 331년에 바사를 멸망시켰다. 그러나 323년에 그가 죽자, 그의 광대한 제국은 네 부분으로 나뉘어졌다(네 머리). 알렉산더의 네 장군들은 왕국의 각 부분을 차지하고 군주로서 통치하였다.

4 **무서운 짐승**(7~8, 17~28절)—이 짐승은 다니엘을 깜짝 놀라게 하였다. 왜냐하면 앞선 계시들에서는 이처럼 생긴 짐승이 없었기 때문이었다. 이 짐승은 느부갓네살의 꿈에서 철에 해당하는 로마제국인 것이 분명한 것같다. 그러나 이 광경은 역사를 넘어서 "말세"를 나타내는 것같기도 하다. 왜냐하면 짐승에게는 열 뿔이 있기 때문이다. 이것은 2장에 나오는 신상의 열 개의 발가락과 비슷하다. 즉, 말세에 부활할 "로마제국"을 가리킨다. 8절과 20절은 둘 다 "작은 뿔"(치리자)이 나타나서 열 개의 뿔과 열 개의 발가락으로 표현된 열 왕국 중 세 왕국을 멸망시킬 것을 말해 준다. 이 작은 뿔은 세계의 통치자, 곧 적그리스도가 될 것이다! 그의 입은 큰 일을 말할 것이며 성도들을(환란 기간 동안의 믿는 유대인과 이방인들) 3년 반 동안(25절/한 때 두 때 반 때) 박해할 것이다. 이것은 환란 기간의 후반, 즉 다니엘이 9장에서 말하게 될 "70번째 주간"이다. 11~12절에 의하면 앞선 세 왕국(바벨론, 메대 바사, 로마)이 "삼키워질 것이며" 이 마지막의 세계 대제국에 포함될 것이지만, 적그리스도 자신은 마침내 심판을 받고 죽임을 당할 것이다. 요한계시록 13장 1~2절을 보면 요한이 짐승(적그리스도)을 설명하면서 우리가 다니엘 7장에서 발견하는 바와 똑같은 짐승들을 사용하고 있음을 알게 된다. 그런데 그 순서가 거꾸로인 것에 주목하자. 다니엘은 앞을 내다보고 있으며 요한은 뒤를 바라보고 있는 것이기 때문이다.

5 **심판**(9~14, 26~28절)—하늘에 있는 한 사람을 본 일은 다니엘을 뒤흔들어 놓았을 것이 틀림없다. 그는 예수 그리스도, 곧 영광스러운 인자(人子)를 보았다! 물론, 하나님은 그 짐승이 세상을 조절하도록 허락하실 수는 없으셨다! 그는 짐승을 심판하도록 아들을 보내어 그의 왕국을 파괴하실 것이며, 다음으로는 자신의 영광스러운 왕국을 세워 하나님의 성도들과 더불어 왕국을 다스리실 것이다.

그러므로, 이 환상은 2장에 나오는 환상을 완성시키며 또한 보완하는 것이다. 2장에서는 나라들에 대한 인간적인 견해(귀금속)를 나타내지만 여기서는 하나님의 관점(잔인한 짐승들)을 보여 준다(시 49:12).

2. 수양과 수염소의 환상(8장)

이 환상은 사실상 7장 6절을 확충하는 것이며 그리이스가 어떻게 메대 바사를 정복할 것인지를 설명하고 있다. 8장에서부터는 히브리어로 되돌아 간다(이 책의 끝까지/2 : 4~7장은 갈대아어로 기록되었다). 8장은 7장의 사건이 있은 지 2년 후의 일이다. 8장은 바벨론이 망한 후에 일어날 왕국들을 묘사하고 있다. 다니엘은 예루살렘에 있었으나 하나님은 환상 중에 그를 바사의 수도 수산궁으로 데리고 가셨다(느 1 : 1). 왜 수산궁인가? 왜냐하면 바사는 그 다음의 제국이 될 것이기 때문이다!

수양(3~4절)은 정복하고 있는 메대 바사를 가리킨다(20절). 바사의 상징은 수양이었다! 이 때 쯤에 이 수양은 "밀어부치는" 일을 끝냈으며, 서편에서는 수염소가 나타나(5절) 재빨리 수양이 서 있는 위치로 뛰어 오르고 있었다. 수양은 두 뿔을 가졌으며 하나는 다른 것보다 더 컸다. 이것은 메대 바사를 상징하며 바사가 더 강하였음을 나타낸다. 수염소는 뿔을 하나 가지고 있는데, 이는 알렉산더 대제이다. 이제 수염소는 수양을 공격하여 뿔을 부러뜨렸고 매우 커졌다(7~8절). 이것은 그리이스가 메대 바사를 무찌르고 승리할 것을 나타낸다. 그러나 그 때 큰 뿔이 부러지며(알렉산더의 죽음) 네 뿔이 그 자리를 대신한다(네 장군들이 왕국을 분할하여 통치하였다).

그런데, 여기 다시 "작은 뿔"이 생긴다! 7장 8절에서도 작은 뿔을 보았었다. 이제 우리는 또다른 작은 뿔을 본다. 7장 8절에 나오는 작은 뿔은 이 땅에 그리스도가 오시기 전에 나타날 마지막 세계제국의 마지막 세계 통치자를 나타내는 것이지만, 8장 9절에 나오는 작은 뿔은 네 뿔들 중에서 나오며 알렉산더 왕국의 네 분할지 가운데 하나에서 나온다. 그래서 이 "작은 뿔"이 말세의 적그리스도와 상관이 있는 것은 분명하지만, 적그리스도는 아니다. "작은 뿔"은 남쪽과 동쪽(애굽과 바사)의 나라들을 정복한 다음에 팔레스틴("기쁨의 땅")을 침략한다. 그는 유대인들은 정치적으로만 공격할 뿐아니라 종교적으로도 공격한다. 왜냐하면 그는 성전에서 제사드리는 것을 중단시킴으로써(11~12절) 하늘의 믿음을 말살하려고 시도하기 때문이다(10절). 13절에서 그는 성전에 "멸망의 가증한 것"을 세울 것이며 2, 300일 동안 성전을 더럽힐 것이다!

이 사람은 누구였는가? 역사는 그가 알렉산더의 네 분할 구역 중 하나인 수리아 출신의 사악한 지도자였던 안티오커스 에피파네스라고 밝힌다. 그는 팔레스틴을 침략하여 성전에 제우스의 신상을 세웠다! 그는 제단에서 돼지를 잡고 그 피를 뜰에 뿌리는 일까지 하였다! 정통 유대인들이 이 일을 어떻게 여겼을 것인지 상상해 보라! 역사는 성전이 유대인 애국자, 유다 마카비(Judas Maccabeus)가 나타나서 주전 165년 12월 25일 성전을 재헌납하고 정결케 하였던 날까지 황폐한 채로 버려져 있었던 사실을 말해 준다. 성전이 모독된 날로부터 헌신한 날까지의 전체 날 수가 2, 300일이었다!

이 환상의 의미는 이것이 전부가 아니다. 17～26절에서, 해석하는 천사는 이 환상이 말세에까지 이른다고 분명히 밝혔다. 즉, 유대 역사의 종말까지인 것이다. 안티오커스 에피파네스는 그 한 예증이며 죄악의 인간인 적그리스도를 (7：8/"작은 뿔") 예측케 하는 것이다. 23절은 이 사람을 "흉악한 외모를 지닌 왕"이라고 부른다. 이 사람은 7년 동안 유대인들을 보호하겠다고 동의할 것이다(9：27). 그러나, 이 시기의 중간에 이르러 그는 약속을 깨고 팔레스틴을 침략할 것이며 자신을 세계의 독재자로 내세울 것이다(24～25절/살후2：1～12/계13장) 그는 성전에서 일상적인 희생제사를 드리지 못하게 할 것이며, 자기의 형상을 세울 것이고(마 24：15—"멸망의 가증한 것"), 세계로 하여금 그를 경배하며 순종하도록 강압할 것이다. 25절은 그가 술책을 쓰고 자기의 목적들을 달성하기 위하여 거짓말을 할 것이라고 말해 준다. 그는 왕 중의 왕이신 그리스도께 대항하여 일어서기조차 할 것이지만, 이 전쟁에서 패배하게 될 것이다. 그는 "사람의 손으로 아니하고" 깨뜨려질 것이며(2：34) 아마겟돈 전쟁에서 멸망할 것이다(계 19장). 다니엘이 압도당하는 것도 이상한 일이 아니다! 우리가 하나님의 말씀의 놀라운 예언들을 생각할 때 우리도 역시 그렇게 되지 않을 수 없을 것이다.

70 주간

—다니엘 9～12장—

이 마지막 장들에는 성경에서 가장 상세한 예언들 중의 일부가 포함되어 있다. 그리고 그들 중의 대부분은 이미 성취되었다. 우리는 9장에 촛점을 모으려 하는데, "다니엘의 70주간"을 이해하는 것은 성경 예언의 기본이기 때문이다. 이 장에서는 유대인들에게 관계된 각기 다른 두 시대를 다룬다.

1. 포로 생활의 70년(9 : 1～19)

1 **예언**(1～2절)—다니엘은 구약 예언에 대해 열심이 있었으며 특히 자기 백성의 운영에 관계된 예언들을 연구하였다. 그는 이제 90세가 가까왔다. 그는 예레미야 25장 1～14절을 읽고 있었으며 하나님은 그의 백성이 바벨론에서 70년을 보내게 될 것을 보게 해 주셨다. 하나님은 그의 말씀을 통하여 사람들에게 가르칠 수 있으실 때에는 "꿈과 환상"을 주지 않으신다. 오늘날 그의 영은 말씀을 통하여 우리를 가르치신다. "새로운 계시"가 꿈과 환상에서 온다고 생각하는 데에 조심하라. 그러나 이것은 포로 생활 70년이 끝나가고 있다는 뜻이었다! 바벨론은 팔레스틴을 침략하였으며 주전 606년에 포위 공격을 개시하였다. 다니엘이 이 예언을 이해한 때는 주전 539～538년경이므로 예레미야가 약속한 70년은 이제 2년이 남겨져 있었다! 다니엘이 그 날의 성경 연구에서 얼마나 흥분된 시간을 보냈을 것인가!

2 **기도**(3～19절)—하나님의 말씀과 기도는 언제나 함께 한다(행 6 : 14). 다니엘은 나가서 하나님의 말씀에 대한 자기의 통찰력을 자랑하지 않았다. 사실상, 그는 한 편의 설교조차도 하지 않았다. 그는 기도중에 무릎을 꿇었다! 이것은 겸손한 성경 연구자의 참된 자세이다. "예언의 진리"가 기도의 용사들 대신에 인간을 자랑하는 사람들을 만들어내는 것을 볼 때에 슬픔을 금할 수 없다. 백성이 삼베옷을 입고 있는 총리를 보고서 얼마나 이상히 여겼을까? 다니엘의 기도는 성경에 나오는 중보 기도의 가장 위대한 본보기 중의 하나이다. 그는 자신의 죄와 자기 백성의 죄들을 고백한다. 그는 성경 역사를 성찰하여 이 민족이 사악하였던 것과 이들을 심판하시는 데 있어서 하나님이 의로우셨던 것을 고백한다. 그는 모세가 준 경고를(13절 / 레 26장 참조) 알고 있었으며, 그와 그의 백성은 하나님이 보내신 것보다 훨씬 더한 심판을 받아야 마땅하다는 것을 알고 있었다. 다니엘은 이러한 죄를 범한 일이 없음에도 불구하고 죄를 범하는 이 민족과 자신을 동일시했다는 것은 놀라운 일이다. 그의 죄와 백성의 죄들을 고백한 후

죄를 고백한 후 그는 예루살렘을 위하여 기도하기 시작하였다(16∼19절). 그가 거룩한 성을 향하여 자주 기도하였던 것은 의심할 나위가 없다. 사실상 이 일은 하나님께서 그를 축복하시고 그를 번영케 하신 이유이기도 하였다(시 122 : 6∼9). 그렇다면 왜 황폐한 도시의 번영을 위하여 기도하는가? 이는 하나님이 포로 생활을 끝나게 하실 뿐아니라 유대인들을 그들의 땅으로 돌아가게 하여 성전을 재건할 수 있게 하신다고 약속하셨기 때문이다(렘 29 : 10∼14 / 렘 30 : 10∼24). 이사야 44장 28절에서 하나님은 고레스가 예루살렘을 위하여 성을 재건할 것이라고 약속하였다! 그러므로 다니엘은 이 위대한 약속들을 붙들고 있었으며 믿음의 기도로 바꾸어 가고 있었다. 오늘날 우리를 위한 참으로 놀라운 본보기이다! 이제 우리는 하나님께서 그의 기도를 어떻게 응답하실 것인지를 보게 될 것이다.

2. 예언의 70주간(9 : 20∼27)

예루살렘에서는 저녁에 희생제사를 드리는 일은 없었으나 다니엘은 저녁 시간에 기도하며 자신을 제물로 드리고 있었다(시141 : 1∼2). 이 때 가브리엘 천사가 와서 그에게 응답해 주었다. 다니엘은 예루살렘과 거룩한 산에 대하여 관심을 가지고 있었다(20절). 성은 회복될 것인가? 성전은 재건될 것인가? 이 백성이 죄에서 구원되며 이 땅에 의가 거할 것인가? 가브리엘은 다니엘을 위하여 모든 것에 해답을 하였는데 "70주간"에 대한 유명한 예언에서 그 답을 발견한다.

태초로부터 일곱이라는 숫자는 이스라엘에게 강하게 인상지워져 있었다. 이들은 일곱번째 날을 별도로 지정하여 하나님을 영광스럽게 함으로 안식일을 지켰다(출 23 : 12). 이들은 또한 안식년을 지켰는데(레 25 : 1∼7) 일곱번째 해에는 땅을 경작하지 않고 묵혀 쉬게 하였다. 이들이 이 법을 깨뜨림으로 인하여 포로로 잡혀 가게 되었으며, 이들이 하나님께 순종하지 않은 매 안식년마다 한 해씩으로 계산하여 포로 생활을 하여야 했다(대하 36 : 21 / 레 26 : 33∼34).

이들은 또한 희년을 별도로 정하여 50년마다 "안식년들의 안식년"을 지켰다(레 25 : 8∼17). 그러나, 이제 다니엘은 새로운 안식일을 소개받게 되었는데, 그것은 유대인들을 위한 490년의 예언의 해인 70주간(7년 단위의 기간, 24절에 나오는 "주간들"이란 단어는 실제로는 "7의 복수"(Sevens)인데 70의 7은 490년이 된다). 이 490년이란 기간은 예루살렘과 유다와 관계가 있다(24절/ "네 백성 … 네 거룩한 성…"). 하나님은 이 기간에 성취할 특별한 목적들을 가지고 계시다. 결국 성전의 지성소에 기름을 붓게 될 것인데, 이 말은 곧 예수 그리스도께서 이 땅에 돌아오셔서 예루살렘에 있는 그의 성전에서 영광 중에 통치하실 것을 뜻한다.

이제 그 490년에 대한 요약을 살펴보자. 25절은 유대인들을 예루살렘으로 돌아 가게 하며 성을 재건할 것을 허락하는 칙령이 490년의 실마리가 된다고 말한다(흥미롭게도 이 기간의 마지막 7년의 관건이 되는 사건은 적그리스도가 유대인들은 보호하겠다고 언약을 세우는 일이다). 역사는 예루살렘과 관계된 네 개의 다른 칙령들이 있다고 말한다. 고레스, 다리오, 아닥사스다의 칙령들은 모두 성전의 재건에 관한 칙령들이었다(스 1, 6, 7장 / 그리고, 아닥사스다의 칙령은 느헤미야로 하여금 성을 재건하도록 돌아가게 하는 칙령이다—느 2장). 주전 445년의 일로서 다니엘 9장 25절에서 말하는 칙령은 다니엘이 하나님께로부터 이 멧세지를 받은 지 거의 10년이나 있다가 발생하였다. 가브리엘은 이 칙령이 주어진 날과 왕되신 메시야가 예루살렘에 도착하신 날까지의 사이는 "7주간과 62주"(69×7=483년)가 된다고 말했다. 성경에 나오는 "예언의 해"는 365일로 계산하지 않고 360일로 계산하는 것을 명심하자. 학자들이 계산한 바에 의하면 주전 445년에 칙령이 발표된 해와, 예수께서 종려나무 주일에 예루살렘에 입성하신 날까지의 사이에는 정확히 483년이 된다고 한다!

그러나 가브리엘은 483년을 70주간(7×7=49년)과 62주간(62×7=434년)의 두 부분으로 나누었다. 왜 그렇게 하였을까? 칙령이 발표된 때로부터 예루살렘이 재건되기까지 49년이 걸렸으며(가브리엘 천사가 말한 대로) "곤란한 동안"에 이 일이 이루어졌다. 느헤미야를 읽고 그 성을 회복하는 일이 얼마나 어려운 일이었던가를 알아보라. 그 후 434년이 지나자 세상 죄를 위하여"끊어진 바되신" (그의 십자가에서의 죽으심) 왕이신 그리스도가 오셨다. 24절에 주어진 목적을 달성한 것은 십자가 위에서의 그의 죽으심이었다. 그가 죽은 후에는 어떠한 일들이 따랐는가? 이스라엘이 그를 영접하고 그의 멧세지를 받아들였는가? 아니다! 그들은 주님께 거짓말을 하였으며 그의 사자들을 박해하고 스데반에게 돌을 던져 죽게 했으며 그의 하나님되심을 깨우치려 하지 않았다. 무슨 일이 생겼는가? 로마가 와서 성을 파괴하였으며 성을 날려 버렸다. 이 백성은 예수 그리스도를 "끊어버렸으며", 주님은 나라를 이루지 못하도록 이들을 끊어버리셨다! 1948년 5월 14일까지 이스라엘은 자유로운 나라가 아니었다.

로마는 "장차 오실 왕의 백성"이라고 불리워진다. 이 왕은 누구인가? "왕되신 메시야"는 아니다! 왜냐하면 이 말은 그리스도를 가리키는 말이기 때문이다. "장차 임할 왕"이란 적그리스도이다! 그는 회복된 로마제국의 지도자가 될 것이다. 그러므로, 주후 70년에 있었던 예루살렘의 파괴는 적그리스도가 이끄는 미래의 침략과 파괴에 대한 예증이었다. 이 마지막 7년은 다니엘이 말한 490년을 종결짓는다.

그리스도의 죽음과 이 언약이 조인된 날 사이에 하나님의 계획에 있어서 "위대한 막간"인 교회 시대가 개입되는 데에 유의하라. 490년은 이스라엘이 하나님의 백성으로서 하나님의 뜻 안에 있는 때에만 활동한다. 이스라엘이 그리스도를 십자가에 못박았을 때 이스라엘은 제쳐졌으며, "예언의 시계"는 똑딱거리기를 멈추었다. 그러나, 교회가 하늘로 휴거되고 적그리스도가 이스라엘의 조약에 서명을 할 때 다니엘의 70주간의 마지막 7년은 채워지게 될 것이다. 이 7년은 환란시대 또는 야곱의 환란날로 알려져 있다. 여기에 대해서는 요한계시록 6～19장에 설명되어 있다.

3년 반이 지난 후 러시아와 그 동맹군들이 팔레스틴을 침략할 것이며(겔 38～39장), 하나님은 그들을 심판하실 것이다. 적그리스도는 그 땅을 침략할 것이고 그의 언약을 깨뜨릴 것이며 자신을 독재자로 확정지을 것이다. 그는 유대인의 성전에서 행해지는 모든 예배를 중단할 것이며(살후 2장), 그와 그 형상을 예배하도록 세계를 강압할 것이다. 이것이 곧 멸망할 가증한 것이다(마 24：15／요 5：43／계 13장 참조). 이 기간은 어떻게 끝날 것인가? 예수 그리스도는 이 땅으로 돌아올 것이며 아마겟돈에서 저항군을 대적하여 그들을 멸하실 것이다 (계 19：11～21). 주 예수여, 어서 오시옵소서!

소선지서

소선지서 서론

□ **명칭** : "소선지서"는 그 멧세지가 하나님의 예언 계획에 있어 대단히 중요하므로, 이사야나 예레미야, 에스겔, 다니엘보다 그 중요성에 있어서 결코 못한 것이 아니다. 히브리 성경은 이 책들을 모두 묶어서 "열둘" (The Twelve)이라고 불렀다. 이들 중 스가랴서는 짧거나 간략한 책은 아니지만, 성경학자들은 그 책들이 주로 간략하기 때문에 "소선지서"라고 명명하였다.

□ **교훈** : 각 선지서에서 우리는 세 가지 교훈을 발견할 것이다.

1 **역사적인 교훈**—각 선지자들은 백성들의 생활에 있어서의 직접적인 필요에 대처하기 위하여 썼다.

2 **예언적인 교훈**—각 선지자들은 이스라엘의 장래에 있을 심판과 회복에 대하여 무엇인가를 예증하거나 알렸다.

3 **실천적인 교훈**—그 당시 그 민족의 죄들은 오늘날 우리에게도 있으며 이 책들로부터 우리가 배워야 할 실천적인 교훈들이 많이 있다. 한 가지 예를 들자면, 호세아서에서 우리는 이스라엘의 타락과 앗수르에게 시달리며 징계를 받는 것과, 장차 정결함을 받고 회복되는 것을 본다. 우리는 또한 오늘날 주님께 불순종하여 세상을 따름으로써 "영적인 음행"을 범하는 신자들을 위한 교훈도 이 책에서 보게 된다.

☐ **선지자 연표** : 소선지자들(그리고 대선지자들)을 역사적으로 적절한 시기를 아는 데에 도움이 되도록 그들의 간단한 역대기를 여기 싣는다(모든 연대는 주전임).

북 왕 국	남 왕 국
요 나 : 780~750년 아모스 : 765~750년 호세아 : 755~715년 ● **앗수르에게 멸망됨** : 721년	요 엘 : 835~795년 이사야 : 750~680년 미 가 : 740~690년 나 훔 : 630~610년 예레미야 : 626~586년 하박국 : 625~586년 스바냐 : 625~610년 오바댜 : 586년 ● **바벨론에게 멸망됨** : 606~586년 다니엘 : 606~534년 에스겔 : 593~571년 ● **유형에서 돌아옴** : 536년 스가랴 : 520~500년 학 개 : 520~516년 말라기 : 450~400년
***주(註)** : 정확한 연대에 대해서는 학자들 간에 일치하지만은 않는다. 이 도표는 각 선지서들의 대략적인 관계를 보이기 위한 것이다.	● **선지자 시대의 종료** : 세례(침례) 요한이 오기까지 -마태복음 3장

사랑과 거룩함

—호세아—

호세아라는 이름은 "구원"이란 뜻이다. 그는 민족이 쇠망의 길을 밟고 있는 기간에 북왕국(이스라엘, 또는 이 책에서는 "에브라임"이라고 불리운다)에서 전파하였다. 그가 사역을 시작하였을 때의 왕은 여로보암 2세로서 크게 번영하고 있던 때였다. 그러나 이 민족은 내적으로는 썩어가고 있었으며, 백성을 인도하며 보호하는 일에 있어서 하나님을 의지하는 대신 외국과 동맹 관계를 맺고 있었다. 호세아는 생전에 이스라엘이 주전 721년, 앗수르에게 점령당하는 것을 보았다. 역사적인 배경을 위하여는 열왕기하 15~17장을 참조하라.

호세아의 멧세지는 이스라엘 민족에 대한 것으로, 그들의 죄를 드러내고 다가오는 심판에 대하여 경고하는 것이었으며, 이제 살펴보겠지만 장래를 위한 희망의 멧세지도 있다. 그러나, 그의 멧세지에서 독특한 면이 있다면 백성들에게 멧세지를 전하기에 앞서 친히 그 멧세지대로 살아야만 했다는 것이다! 이 선지자는 아내의 죄로 말미암아 자신의 가정에서 깊은 고뇌를 경험하지 않으면 안되었으나, 이 모든 일들은 그와 그의 백성에게 하나님께서 보내신 실물 교습이었다.

1. 이스라엘의 불신앙이 드러남(1~3장)

호세아는 고멜이라는 소녀와 결혼하기를 원하였으며 하나님은 그렇게 하도록 허락하셨다. 그러나, 그녀가 그의 마음을 상하게 할 것이라고 경고하셨다. 하나님의 경고는 사실로 나타났다. 고멜은 호세아의 세 자녀들을 낳았는데 그 후에 다른 남자들과 살기 위하여 호세아를 떠나갔다! 그녀의 죄로 인하여 호세아가 얼마나 마음이 상하였겠는지 상상해 보라! 그 때 하나님은 선지자에게 곁길로 간 그의 아내를 가서 찾으라고 명령하셨고 그는 그녀를 찾아냈는데, 노예시장에 팔려 있었다(3:1~2)! 그는 그녀를 도로 사서 집으로 데려오고 용서와 사랑을 확신시켰다. 고멜이 죄를 회개하고 충성스러운 아내가 되었다고 믿을 이유는 많다.

물론 이 모든 일들은 이스라엘이 여호와께 불성실함을 보여 준다. 이 민족은 여호와와 결혼하였으며(출 34:14~16/신 32:16/사 62:5/렘 3:14) 그에게 충성스럽게 머물러 있어야 했다. 그러나 이스라엘은 죄를 갈망하였으며 특히 이방의 거짓 신들을 따랐다. 이스라엘은 참된 하나님을 버리고 대적들의 우상을 예배함으로써 "영적인 간음"을 범하였다. 이들은 온갖 종류의 쾌락을 약속하였으나 이스라엘은 거기에 또한 고통과 슬픔이 있는 것을 발견하였다. 고멜이 그러했듯이 이스라엘은 그 죄로 인하여 노예 생활(유배)을 하게 되었다. 그러나 이것으로 이야기가 끝나는 것이 아니다! 호세아가 그의 아내를 찾아 집으로 데려온 것같이 여호와께서도 자기의 백성을 찾아 자유롭게 하시며 사랑과 축복 가운데로 회복시키실 것이다.

우리는 세 자녀의 이름을 통하여 이스라엘의 역사를 추적할 수 있다. **이스르엘**(1 : 4) 은 "흩어진"이란 뜻으로 하나님께서 나라들 중에 이스라엘을 흩으실 때를 가리킨다. **로루하마**(1 : 6) 는 "긍휼을 얻지 못한다"는 뜻이며, 이는 하나님께서 이 민족으로부터 자비를 제거하시고 죄로 인한 고난을 허락하실 것이라는 뜻이다. **로암미**(1 : 9) 는 "내 백성이 아니라"는 뜻이며, 이스라엘이 하나님과의 교제에서 벗어나 그의 백성이 아닌, 하나님의 계획에서의 현재를 가리키고 있다. 그러나 하나님께서 그들을 "나의 백성", 그리고 "긍휼히 여김을 받는 자" 라고 부르실 날이 올것이다(2 : 1)! 이 때는 그리스도께서 돌아오셔서 이 민족을 회복하고 그의 의로운 왕국을 건설하실 날이다. 3장 3~5절에서 우리는 이스라엘의 영적인 상태에 대한 요약을 보게 된다.

우리는 구약 유대인들과 마찬가지로 신약의 그리스도인에게 있어서도 영적인 음행이 있음을 지적하지 않고서는 본 장들을 떠날 수 없다(요일 2 : 15~17/계 2 : 1~7/약 4 : 1~10). 세상을 사랑하며 죄를 위하여 사는 그리스도인들은 그들의 구주께 잘못을 범하는 것이며, 그의 마음을 상하게 하는 것이다. 바울은 이러한 일에 대하여 고린도 교회에서 경고하였다(고후 11 : 1~ 3). 오늘날 교회에서 이러한 일이 얼마나 심각한가!

2. 이스라엘의 죄가 선포됨(4 ~ 7 장)

모든 이웃들이 고멜의 죄에 대하여 들먹이며 그녀를 손가락질했을 것임은 의심의 여지가 없다. 그러나 이제 호세아는 그들을 향해 손가락질을 하며 그들의 죄들을 들추어낸다! 그의 멧세지는 마치 오늘날의 신문을 읽는 것과 같다(특히 4: 1~2 참조). 욕설, 거짓말, 술취함, 살인, 배반, 간음, 우상숭배 등 이러한 죄들과 더 많은 죄들이 이 나라에 만연해 있었다. 일을 더욱 악화시키는 것은 알팍한 "종교적인 부흥 운동"으로(6: 1~6) 이 나라의 죄를 덮으려 하는 것이었다. 호세아는 훌륭한 설교자였다. 그가 그 백성의 영적인 상태를 어떻게 묘사하고 있는지 살펴보자.

[1] **아침 구름**(6 : 4)—한 순간 여기 있다가 다음 순간에 사라진다.

[2] **반 쯤 구워진 전병**(7 : 8)—그들의 종교가 생활 깊숙한 것이 아니라 표면적인 것이었다.

[3] **백발**(7 : 9)–그들의 힘을 잃어가고 있으나 그것을 깨닫지 못한다.

4 **어리석은 비둘기**(7 : 11)—안정되지 못하고 여기 저기 날아다닌다.

5 **속이는 활**(7 : 16)—의지할 수가 없다.

오늘날의 많은 그리스도인들은 이와 같은 모습에 어울린다! 그들의 영적인 생활은 지속적이지도, 깊지도 않고, 올바르지도 않고, 안정되지 못하고, 믿음직하지도 않다.

3. 이스라엘의 심판이 선고됨(8~10장)

타락한 사람은 언제나 벌을 받는다(잠 14 : 14). 이스라엘이 바로 타락한 사람이었다(호 4 : 16 / 렘 3 : 6, 11). 주님과의 언약을 깨뜨리는 그리스도인은 그의 기쁨과 능력과 유용성을 잃는다. 그리고, 자기의 죄로부터 고난을 받으며 하나님의 징계를 받는다. 호세아는 앗수르가 와서 이 민족을 치는 것을 볼 수 있었다. 그는 이 심판을 빠른 독수리가 덮치는 것(8 : 1), 회오리 바람으로 인한 재난(8 : 7)과 불이 타오르는 것(8 : 14)으로 비유한다. 이 민족은 흩어지게 될 것이며(8 : 8 / 9 : 17), 그들이 뿌린 것보다 더 많은 것을 거둘 것이다(10:12－15). 죄인은 물론 그가 뿌린 것을 거둔다(갈 6 : 7~8). 그러나 더 많이 거두기도 한다. 왜냐하면 이 작은 씨들이 심겨져 크게 결실함으로 추수를 많이 하게 되기 때문이다. 죄를 추수한다는 것은 얼마나 무서운 일인가! 다윗은 육욕의 씨앗 하나를 심고 얼마나 많은 눈물을 거두었는지 보라!

하나님은 왜 이스라엘이 사악한 앗수르로 말미암아 심판을 받는 것을 허용하셨는가? 이는 하나님께서 자기의 백성을 사랑하셨기 때문이다! 사랑은 언제나 자녀를 더 잘 되게 하기 위하여 징계를 하게 된다(히12 : 1~13/ 잠 3 : 11~12). 징계의 손은 사랑의 손이다. 죄인을 심판하는 재판관이 아니라, 아들을 바로잡는 아버지이다. 우리가 하나님의 징계하시는 사랑에 대해 얼마나 감사해야 하는 것인지 모른다(시 119 : 71).

4. 이스라엘의 회복이 약속됨(11~14장)

호세아서는 침울한 음률로 끝나지 않는다. 그는 이 민족의 장래 영광을 본다. 그의 아내는 노예에서 풀려나 가정과 그의 마음으로 회복되었다. 이처럼 이 민족은 어느 날 그들의 땅과 여호와께로 회복될 것이다. 종결짓는 장에서, 호세아는 하나님의 신실한 사랑과 그의 백성의 불성실을 대조하여 하나님의 영광을 드러내고 있다.

하나님은 애굽에 있는 이스라엘을 사랑하셨다(11 : 1). 그 때 그들은 아무 아름다움이나 영광을 가지고 있지 않는 포로된 민족이었다. 그들을 노예에서 구속하여 인도하고 모든 필요를 공급하신 것은 하나님의 은혜였다. 그러나 여호와와 이스라엘 사이의 이 "결혼 생활" 초기로부터 백성은 "타락하기에 열중하였다"(11 : 7). 하나님은 사랑의 줄로 이들을 끌어 당겼으나(11 : 4), 이들은 이러한 줄을 끊고 자신의 길로 가려고 하였다. 죄는 단순히 하나님의 법을 깨뜨리는 것만이 아니라 하나님의 마음을 깨뜨리는 것이다! 8장 8~11절을 읽고 하나님께서 그의 불충성한 백성을 축복의 지위로 돌이키시려는 하나님의 열성어린 마음을 보자. 12장에서 우리는 이 민족이 "큰 소리"를 내며 그 부요함과 위업을 자랑하는 것을 본다. 그러나 하나님은 "그들이 바람을 먹고 있으며(모두 허풍일 뿐이다)"라고 말씀하신다. 타락하는 사람은 물질적인 부와 육신적인 쾌락을 즐길지 모르지만 그것이 그의 마음을 결코 만족시키지 못할 것이며 여호와께 영광을 돌리지도 못할 것이다. 결국은 가난해지고 불행해지며, 눈멀고 벌거벗게 될 것이다.

14장에서 하나님은 "아내"에게 자기의 마음과 그 축복으로 돌아오라고 사랑으로 호소하고 계시다. 그는 그들이 입술로 제사를 드리며(고백하는 말로), 짐승으로 하지 않기를 요구하신다. 그는 그들의 타락을 고치실 것과(14 : 4) 자기의 호의를 다시 회복할 것이라고 약속하신다. 그는 이 민족을 열매맺는 나무, 또는 포도나무로 비유하는데, 이들은 전에 우상에게로 향하였다가 다시 여호와께로 회복된 민족이었다. 물론 열매맺는 일은 예수 그리스도께서 이 땅에 돌아오셔서 그의 왕국을 세우시고 조상들에게 하신 약속들을 성취하실 때 이루어질 것이다.

하지만 여기서 개인적인 멧세지를 빠뜨려서는 안될 것이다. 타락한 자들이 주께로 돌아와 용서를 경험하며(요일 1 : 9) 축복과 유용함의 지위로 회복될 것이다. 마지막 구절은 두 길, 곧 의로운 여호와의 길과 그릇된 죄인의 길을 제시한다. 스스로 4절을 주장하며, 용서받은 죄가 치유되는 경험을 갖도록 하라!

여호와의 날

-요 엘-

호세아의 멧세지는 자기 가족에 대한 개인적인 상심함에서 생겨난 것이었다. 그런데 요엘의 멧세지는 민족적인 재난에 대한 상심에서 생겨났다. 메뚜기의 재앙이 닥친 것이다. 이 재앙에 잇달아 심각한 가뭄이 찾아왔다(1：19～20). 이 두 가지 사건이 한 데 어울려 그 땅을 기근으로 몰아갔다. 요엘은 이 재앙을 통하여 유다의 죄를 징계하시는 손길을 보았고, 그럼으로써 그는 그 백성에게 전할 멧세지를 갖게 되었다. 그는 이 메뚜기를 통하여 또다른 "군대", 즉 예루살렘과 유대 백성을 공격하는 문자 그대로의 이방인의 군대를 보았다(3：2). 다른 말로 하면, 요엘은 최종적인 심판(여호와의 날)의 예증으로서, 하나님의 즉각적인 심판(메뚜기들)을 사용하고 있는 것이다. 따라서 요엘의 책은 메뚜기의 재앙에 대한 현재적인 멧세지(1：1～2：27)와 여호와의 날에 대한 미래의 멧세지(2：28～3：21)의 두 부분으로 나뉘어진다.

이 두 멧세지들을 살펴보기 전에 요엘이 "여호와의 날"이라 할 때 무엇을 뜻하는 것인지 이해해야만 할 것이다. 이 구절은 다섯 번 사용되어 있는데(1：15 / 2：1, 11, 31 / 3：14), 다른 선지자들도 역시 이 말을 사용하였다(사 2：12 / 13：6～9 / 14：3 / 렘 46：10 / 스바냐 전장), "여호와의 날"이란 구절은 이방 나라들이 유대인에게 저지른 죄로 인해 하나님께서 그들에게 진노를 퍼부으실 미래의 때를 말한다(욜 3：1～8). 이 일은 교회가 하늘로 휴거된 후의(살전 1：10 / 살전 5：9～10 / 계 3：10) "환란 시대"로 알려진 7년 동안에 일어날 것이다. 이에 대해서는 요한계시록 6～19장에서 가장 완전하게 묘사되고 있다. 이 일은 아마겟돈 전쟁으로 끝날 것이며(욜 3：9～17 / 계 19：11～21), 예수 그리스도는 이 땅에 돌아오셔서 그의 적들을 멸망시키시고 그의 왕국을 세우실 것이다.

1. 여호와의 날이 모형으로 나타남(1：1～2：27)

1 **선포**(1：1～20)—요엘은 이 무서운 재앙과 그 황폐된 결과를 설명하면서 각기 다른 여러 무리의 백성들에게 연설을 한다. 노인들에게는 지나온 때에 이와 같은 비극을 겪은 일이 있는지를 물어본다. 그러나, 그들은 이러한 경험이 없었으므로 기억할 수 없었다. 사실상, 그들은 그들의 자녀들에게, 그리고 증손들에게조차 이 무서운 사건에 대하여 말할 것이다. 4절은 네 가지 다른 곤충을 보여 주는 것이 아니라, 네 가지의 다른 성장 단계에 있는 메뚜기들을 설명한다. 메뚜기에는 90여 종이 있으며 이들은 모두 한 나라를 능히 망칠 수가 있

다. 다음으로 그는 포도원이 황폐하고 마실 물이 공급되지 않는 것을 인하여 울며 악을 쓰는 술주정꾼들을 향한다(5~7절). 근본적으로 필요한 것을 빼앗긴 것에 대해서는 울지 않고 사치품과 죄악된 쾌락을 빼앗긴 것에 대하여 우는 시민들을 보는 것은 슬픈 일이다. 우유판매소에서 우유값을 올리면 백성들은 이에 항거한다. 그러나, 술값이나 담배값을 올릴 때에는 거의 불평하지 않는다.

다음으로 요엘은 가지고 갈 희생제물이 없어서 빈 손으로 성전에 가야 하는 예배자들에게로 향한다(8~10절). 그는 곡식을 모두 망치고 울부짖고 있는 농부들에게 연설한다(11~12절). 마지막으로 그는 제사장들에게로 향하여(13~14절) 금식하고 기도하라고 말한다. 여기서 우리는 문제의 핵심에 이른다. 하나님께서 이 민족을 벌하시는 이유는 죄 때문이었다. 백성이 하나님께 순종하는 한 하나님은 비를 보내실 것이며 추수를 하게 하실 것이다. 그러나 만일 이들이 하나님에게서 등을 돌리면 그분은 하늘을 놋처럼 되게 하시고 그들의 밭을 망쳐놓으실 것이다(신 11 : 10 ~17/ 대하 7 : 13 ~ 14).

[2] **환난**(2 : 1~11)ㅡ요엘은 경계의 나팔을 불어서 멸망시키는 메뚜기 군대들이 오고 있다고 백성들에게 경고한다. 메뚜기들은 작은 말탄 사람들을 닮은 모습이며, 앞에 놓여 있는 것은 무엇이든지 먹어치우는 세력을 종종 예증해 보이곤 한다. 10절은 이들이 큰 떼를 이루어 해와 달을 가릴 것이라고 암시한다.

[3] **낮아짐**(2 : 12~17)ㅡ요엘은 두 번째로 나팔을 분다. 이번에는 금식하고 회개하며 죄를 고백하기 위해 총회를 소집하는 나팔이었다. 하지만 이것은 다만 외적으로 옷을 찢기 위한 것이 아니라 마음을 찢기 위한 것이었다. 1장 13절에서 요엘은 제사장들만을 위한 기도 모임을 소집하였는데, 2장 16절에서는 모든 사람들을 금식에 참여하도록 소환한다. 그가 역대하 7장 14절의 약속을 그들에게 상기시키고 있음에는 의심의 여지가 없다.

[4] **회복**(2 : 18~27)ㅡ우리는 경보를 울리고 총회를 소집했었다. 이제는 하나님께로부터 응답을 받는다. 요엘은 참으로 믿음의 사람이었다! "주께서 응답하실 것이다!" 하나님은 메뚜기 군대를 몰아내시고 목장을 다시 회복시키실 것을 약속하신다. 그는 "엄청나게 많은 곡식들"을 주셔서 메뚜기들로 말미암아 낭비된 햇수의 분량을 채우고도 더 많은 것을 거두게 하실 것이다(2 : 25). 하나님은 그들이 이러한 일들을 받을 만해서가 아니라 그들과 이방 나라들이 그가 여호와이신 줄 알게 하기 위하여 이 일을 행하실 것이다(27절).

2. 여호와의 날이 예언됨(2 : 28~3 : 21)

이제 요엘은 미래로 이동하여 또다른 여호와의 날, 곧 장차 있을 심판의 때에 대해 말한다. 이 심판은 유대인들에게 축복을 끼치며 끝을 맺게 될 것이다.

1 **성령은 그 날이 오기 전에 부어질 것이다**(2 : 28~32).

이 구절은 오순절에 베드로가 인용한 구절이다(행 2 : 16~21). 따라서 이 인용을 주의깊게 읽어 보라. 베드로는 "요엘의 예언이 성취되었다"고 말하고 있는 것이 아님에 유의하자. 그는 "이 일은 전에 말씀된 바이다"는 뜻으로 말하였다. 다른 말로 하면, "이것은 요엘이 말한 그 성령님이시다"는 뜻이다. 요엘의 온전한 예언은 하늘의 극적인 징조와 더불어 마지막 때가 임하기 전까지는 성취되지 않을 것이다. 우리의 상상력을 동원시키지 않고 생각해 볼 때, 요엘의 예언이 오순절에 문자 그대로 성취된 것이라고 할 수 있겠는가? 아니다. 오순절에 일어난 일은 하나님께서 이스라엘을 축복하시는 시작에 불과하다.

만약 이 민족이 사도들을 체포하며 스데반을 죽이는 대신 그리스도를 영접하였더라면 약속된 "새롭게 되는 날"은 그리스도의 재림, 그리고 왕국 건설과 함께 이미 임했을 것이다(행 3 : 19~26). 요엘은 이스라엘 역사의 마지막 시기에(환란 기간 동안에) 성령께서 강한 능력으로 유대인과 이방인들을 구원하는 일을 하실 것이며, 하늘에는 큰 이상과 징조가 있을 것임을 말하고 있다. 이 일들은 요한계시록에 기록되어 있다.

2 **그 날에 심판이 부어질 것이다**(3 : 1~17).

1절은 유대인들이 그들의 땅으로 돌아가게 될 것이며 이방 나라의 포로 생활에서 구원을 받을 것임을 분명히 밝힌다. 그러나, 모든 나라들은 예루살렘과 싸우기 위하여 모두 모일 것이며, 하나님은 이들을 여호사밧 골짜기로 인도하실 것인데, 여기는 아마겟돈 전쟁이 벌어질 므깃도 평지가 있는 곳이다. 2~8절은 이 심판이 이방인들이 이스라엘 민족과 이스라엘 땅을 다룬 방법으로 인하여 하나님께서 이방인들을 벌주시는 심판이 될 것임을 분명히 밝힌다. 팔레스틴은 약탈당한 땅이었으며, 여러 이방 나라들이 유대인들에게서 부(富)를 훔쳐갔는데, 이 부는 마땅히 그들의 것이었다. 하나님은 여호와의 날에 그들에게 갚아주실 것이다. 2절에서 하나님이 이 민족들과 "변론할 것을" 약속할 때 이것은 하나님이 그들에게 회개하라고 간청한다는 뜻이 아니다. "변론하다"는 단어는 "심판을 집행한다"는 뜻으로 번역될 수도 있다(사 66 : 16/ 렘 25 : 31). 13절은 전쟁을 무르익은 포도 수확에 비유한다. 이것은 아마겟돈 전쟁에 대한 묘사이다(계 14 : 14~20). 14절에 나오는 "판결 골짜기"는 "여호와를 위하여 판결한다"는 뜻과는 관계가 없다. 판결이란 단어는 "타작한다"는 뜻을 암시한다. 나라들이 타작을 당하게 될 것이며, 여호와로 말미암아 심판을 받게 될 것이다. 그리스도는 자신의 땅과 백성과 거룩한 성을 방어하실 것이다.

3 **그 날 후에 축복이 부어질 것이다**(3 : 18~21)

요엘이 전파한 것처럼 백성들은 마른 들판을 볼 것이며 굶주린 가축과 텅빈 헛간을 볼 것이다. 그들은 메뚜기들이 그 나라를 약탈하는 것을 보고 들을 것이다. 그러나 요엘은 포도주, 우유, 물이 한없이 이 땅을 흐르게 되는 때를 묘사하고 있다.! 이 때는 물론 왕국시대로서, 예수 그리스도께서 예루살렘에 있는 다윗의 보좌에 앉으시며, 땅은 고침을 받고 하나님의 축복을 회복하는 때를 말한다. 이 민족은 정결함을 받을 것이며 하나님은 시온에 거하실 것이다. 이 일은 우리에게 에스겔의 마지막 말을 생각나게 한다. 그 날 후로는 그 성읍의 이름을 "**여호와께서 거기 계시다**"라고 하리라.!

우리는 오늘날의 신자들에게 요엘의 멧세지를 개인적으로 적용시키는 것을 빠뜨려서는 안될 것이다. 물론 하나님은 나라들이 그분께 순종하기를 거절할 때에 자연적인 재난을 보내실 것이다. 전쟁, 보잘것 없는 곡식, 유행병, 지진, 폭풍 등 이 모든 것들은 백성들로 하여금 무릎을 꿇게 하는 데에 하나님이 사용하실 수 있는 것이다. 만일 인간들이 하나님께 순종하지 않을 때는 작은 곤충들을 사용하셔서 그의 뜻을 행하실 수도 있으시다. 우리가 하나님의 뜻에 순종치 않는다면 우리의 개인적인 삶은 메마르며 결실하지 못하게 될 것이다. 진지하고 깊은 회개를 경험하는 일은 참으로 중요한 일이다(2 : 12~13). 그렇게 할 때 하나님은 우리를 용서하시고 다시금 그의 축복을 보내실 것이다.

나라들의 죄

—아모스—

때는 이스라엘이 멸망하기 25년 전이다. 이제 우리는 여로보암 2세가 그의 개인적인 예배당을 가지고 있던 벧엘 성읍을 방문해 보려 한다. 아마샤가 그의 제사장이다. 이 민족은 평화와 번영을 누리고 있었으며 사실상 사치한 생활을 하고 있었다. 감동적인 예배가 막 시작되려 하고 있으며, 아마샤가 집전하고 있다. 이 때, 우리는 예배당 밖에서 소동이 이는 것을 듣는다. "시온에 안온히 거하는 자들에게 화가 있도다!"라고 외치는 소리이다. "하나님은 그의 사악한 민족에게 심판을 내리실 것이다!" 밖으로 달려 나가면 드고아 출신의 아모스라는 촌뜨기 "옥외 전도자"를 보게 된다("아모스"는 "짐"이란 뜻임). 그는 전문적인 의미의 선지자가 아니었다. 왜냐하면 그의 아버지는 선지자가 아니었으며 그 자신도 선지자의 학교에 다니지 않았기 때문이다(7：10～17). 하지만 그는 하나님의 멧세지를 가진 하나님의 사람이며 심판이 이스라엘에 임하고 있다고 경고를 하고 있는 것이다. 그는 여러 번 포로 생활이라는 단어를 사용한다(5：5, 27/6：7/7：9, 17). 이제 잠깐 멈추어서 이 양치기 농군의 말에 귀를 기울여 그가 전하는 멧세지를 이해하도록 하자.

1. 그는 주위를 둘러 본다(1～2장)

아모스는 나라들을 둘러 보며 여덟 가지 심판을 알리는 일로 시작한다. 2절은 여호와께서 부르짖는다고 명백히 말하고 있다. 마치 먹이를 잡으려고 도약하는 사자와 같은 형상이다(3：8 참조). 아모스는 **수리아**(다메섹)에서부터 시작하며(1：3～5) 그들이 전쟁에서 무섭도록 잔인한 것에 대하여 고발한다. 다음으로는 **블레셋**(가사/1：6～8)을 지적하며 노예에 대한 죄로 그들을 정죄한다. 다음은 **두로**(1：9～10)인데, 이들 역시 잔인한 노예제도로 인하여 판단을 받고 있다. 이스라엘의 옛 적 **에돔**은 동정심을 보이지 않고 계속 증오하는 자리에 머물러 있음으로 인하여 고발을 당한다(1：11～12). **암몬**은 씁쓸해하는 잔혹성과 이기적인 탐욕으로 인하여 심판을 받고 있다(1：13～15). **모압**은 에돔에 대하여 잔인한 것을 인하여(2：1～3), **유다**는 하나님의 법을 거절한 것에 대하여(2：4～5) 고발을 당한다.

이스라엘 사람들은 벧엘에서 아모스가 그들의 이웃들을 정죄하는 것을 듣고 마음이 기뻤을 것이다. 이것은 마치 오늘날 우리의 민족적인 적들에게 심판이 이를 때에 우리가 기뻐하는 것과 같다. 그런데 아모스는 여기서 중단하지 않았다. 8번째 심판은 **이스라엘**에게 해당하는 것이었다! 2장 6～16절에서 선지자는 이 백성의 죄를 일일이 지적하고 있다. 뇌물증수, 탐욕, 간음, 부도덕, 이기심, 감사하지 않음, 술취함(나실인까지도 술을 마시도록 강압한다!), 하나님의 계시에 대항하는 것 등이다. 아모스는 "나는 이 죄의 짐 아래 눌려 있다"("아모스"라는 이름은 "짐"이란 뜻이다)라고 외친다. 하나님께서 이처럼 사악한 민족을 어찌 용서하실 수가 있으신가? 우리는 과거의 이 나라들을 정죄하기 전에 우리 자신의 나라와 우리 자신의 마음을 검토하는 편이 낫다. 왜냐하면 우리에게도 같은 죄들이 있기 때문이다.

2. 그는 안을 살핀다(3~6장)

나라들에게 심판을 알린 다음에 아모스는 백성의 마음을 살피며 이러한 심판이 왜 임하고 있는지를 설명한다. 이스라엘은 평화와 번영과 "종교적인 부흥"을 누리고 있었음을 기억하자. 사람들은 종교적인 의식들에 참석하고 있었으며 관대한 헌금을 가져왔으나, 하나님의 사람은 외모를 보지 않고 마음을 보았다. 본장에서 아모스는 세 가지 설교를 한다. 각 설교들은 "이 말씀을 들으라"는 말로 시작된다(3：1/4：1/5：1).

1 **해명의 멧세지**(3：1~15)—"우리의 하나님은 어떻게 우리에게 심판을 보내실 것인가? 우리는 이처럼 선택받은 사람들이 아닌가?"라고 사람들은 물었다. 그것이 바로 심판의 이유였다! 특권이 있는 곳에 책임이 따른다. 1~2절은 이 점을 분명히 밝히고 있다. 아모스는 원인과 결과의 논법을 사용하고 있다. 만일 두 사람이 동행한다면 이들간의 어떤 약속이 있을 것임이 분명하다(3절). 사자가 부르짖는다면 먹이가 있다는 뜻이다(4절). 새가 그물에 걸렸으면 누군가 그물을 설치한 것이다(5절). 나팔이 울리면 재난이 가깝다(6절). 선지자가 설교를 하고 있는 것이라면 하나님께서 그를 보내신 것이 분명하다(7절). 다음으로 아모스는 앗수르 사람들이 이 민족을 멸망시키려고 다가오고 있음을 알린다(9~15절). 벧엘의 멋진 예배들이 그들을 붙들어 두지 못할 것이며 여름집과 겨울집(참으로 사치스럽다!)이 모두 파괴될 것이다.

2 **고발의 멧세지**(4：1~13)—두려움 없는 이 선지자는 이제 "주무르기 시작하며" 죄들의 명목을 댄다. 조심성 없고 사치스러운 여자들을 "바산의 살진 암소"라고 부른다. 이들이 남편들에게 술을 더 가져오라고 말하는 것을 보자. 아모스는 벧엘의 종교 행사들에 감명을 받지 못한다. 그에게 있어서 이것은 기록할 또하나의 죄일 뿐이다. 하나님은 그들에게 그의 경고를 보냈으나(6~11절) 이들은 귀를 기울이려 하지 않았다. 하나님은 가장 훌륭한 젊은 사람들을 전쟁에 나가 죽게 하셨는데(4：10), 이 민족은 아직도 회개하지 않았다. 그러나 하나님은 이제 자연적인 재난을 더이상 사용하시지 않으실 것이며 이제는 그가 친히 오실 것이다(12절). "네 하나님 만나기를 예비하라!"

③ **애곡의 멧세지**(5 : 1~6 : 14)—아모스는 이 민족에게 닥칠 심판을 주시하며 운다. 3절은 백성의 90%가 죽을 것임을 암시한다. "찾으라"는 단어가 반복되는 것에 유의하자(5 : 4, 6, 8, 14). "종교적인 예배를 찾지 말고 주님을 찾으라!" 이 나라 사람들 중에는 "여호와의 날이 임할 것이며 그 때 하나님은 우리를 구원할 것이다"(5 : 18~20) 라고 말하는 사람들이 있었다. 그들은 여호와의 날이 원수들을 심판하는 날일 뿐아니라 그들을 심판하시는 날이 될 것임을 깨닫지 못하였다. 이들은 그리스도의 재림을 "갈망하지만," 사실상 생활에서 아무것도 보여 줄 것이 없는 오늘날의 그리스도인들과 같다. 5장 24절에서 우리는 이 책의 핵심 구절을 본다. "심판"이라는 단어 대신 "공의"라는 말로 바꾸어 읽으라. 아모스는 하나님께 순종하며 그의 공의를 이 땅에 집행하는 민족을 보는 것이 소원이었다. 6장에서 아모스는 무관심과 방종(1~6절), 불의, 부도덕, 우상 숭배(7~14절) 와 같은 "민족의 죄를 인하여 울기를 계속한다. "시온에서 안온하게"라는 말은 오늘날의 많은 그리스도인들을 잘 묘사하는 말이다.

3. 그는 앞을 내다본다(7 ~ 9 장)

멧세지를 마치면서 아모스는 다섯 개의 환상을 보는데, 이 환상들을 통하여 그는 하나님께서 장차 이 민족에게 행하시려는 일을 발견한다.

① **메뚜기**(7 : 1~3)—메뚜기는 곡식을 망치려 하고 있다. 그러나 아모스가 중재를 하고 있으므로 하나님께서 이들을 중지시키신다.

② **불**(7 : 4~6)—무서운 가뭄이 그 땅에 몰아닥친다. 이 선지자가 기도하여 하나님께서 그 땅을 구원하신다.

③ **다림줄**(7 : 7~9)—여호와께서 성벽 곁에("위"가 아님) 서서 성벽이 곧은지를 보려고 시험하신다. 하나님은 이스라엘을 측정하고 계시며, 이스라엘은 하나님의 말씀에 따르지 않는다. 따라서, 심판이 임하고 있다. 멧세지의 이 지점에서 "제사장" 아마샤는 더이상 용납할 수가 없어서 개입하였다. "너는 애국자가 아니다! 강단을 들고 들로 돌아가 설교하라!" 아모스는 두려워하지 않고 거짓 제사장에게 이렇게 말했다. "하나님은 나를 보내어 전파하게 하셨고 나는 순종하여야만 한다. 아마샤 당신은 그 타협과 죄의 값을 지불하게 될 것이다. 왜냐하면 당신의 아내가 창녀가 될 것이며 당신의 가족은 칼에 죽게 될 것이기 때문이다."

④ **여름 열매**(8 : 1~14)—이 환상을 이해하려면 히브리어에서 간단한 교훈을 얻어야 한다. "여름 열매"에 해당하는 히브리어는 "헤이츠"이며 2절에 나오는 "끝, 종말"에 해당하는 단어는 "하츠"이다. 이 단어들은 비슷하게 생겼

고 발음도 비슷하다. 아모스는 이들을 서로 관련을 지어 사용하고 있는 것이다. "마지막 때가 왔다! 여름 열매 같은 이스라엘은 심판을 위해 무르익고 있다!" 4~14절에서 이 선지자는 다시 백성의 죄명을 나열한다. 그들은 가난한 자들의 집에서 훔치며(8 : 4), 성일(聖日)이 사업을 방해한다고 불평하며(8 : 5), 과도한 값으로 가난한 자들에게 상처를 입히었다(8 : 6). 하나님은 그 백성에게 하나님의 진노를 보내실 것이며 자연적인 재난 뿐아니라 하나님의 말씀의 기근도 보내실 것이다. 이들은 기회가 있을 때에 말씀을 듣지 않았으며, 따라서 하나님은 그들에게서 말씀을 빼앗아 가실 것이다. 그 날에 단과 브엘세바에 있는 그들의 우상들은 그들에게 아무 유익이 되지 못할 것이다(8 : 14).

[5] **제단에서**(9 : 1~10)—이제 아모스는 어떤 상징이 아니라 여호와를 친히 뵙는다. 하나님은 왜 제단에 계실까? 왜냐하면 심판이 여호와의 집에서 시작되기 때문이다(벧전 4 : 17). 백성들은 외적으로는 종교적으로 보였지만 마음은 그리 진지하지 않았다. 하나님은 문설주가 부러지고 지붕이 함몰되라고 명령하신다! 8~9절은 하나님께서 하시려는 일을 요약하고 있다. 그는 다가오는 심판을 곡식을 체질하는 것으로 비유한다(눅 22 : 31~34). 좋은 씨는(참된 신자들, 믿음의 남은 자들) 구원을 받을 것이다. 그러나 겨는 불탈 것이다.

그런데 아모스는 승리에 대한 말로 끝을 맺는다. 11~15절에서 장차 회복될 것을 약속하고 있기 때문이다. 11절은 교회의 첫번 회의 때에 사도행전 15장 14~18절에서 인용된 구절이다. 오늘날 하나님은 민족들로부터 한 백성, 즉 교회를 불러 내고 계신다. 그러나 교회가 완성되면 그가 돌아오실 것이며 다윗의 장막(집)을 회복하시고 유대인의 왕국을 설립하실 것이다. 땅은 다시 열매를 맺게 될 것이며 백성은 영원토록 축복을 받을 것이다.

오늘날 우리의 나라는 죄명을 들추기를 무서워 아니하며 장차 임할 진노에서 백성들을 피하라고 경고하는 "농부 설교자"에게 귀를 기울일 필요가 있다.

에돔의 운명

—오바댜—

때는 주전 586년, 바벨론 군대에 의해 파괴되는 예루살렘이 본 서의 무대이다. 우리는 벽을 파괴하며 백성들을 죽이고 성읍을 불사르는 성난 군인들을 본다. 그러나 다른 것도 본다. 일단의 이웃 나라 시민들을 보게 되는데, 이들은 에돔 사람들로서, 반대편에 서서 바벨론 사람들이 그 성읍을 멸망시키는 일을 격려하며 "무너뜨리라…무너뜨리라!"고 외치고 있다. "그들의 어린 아이들을 바위에 내던지고 유대인들을 철저히 쓸어버리라!"(시 137：7～9) 이처럼 무서운 일들을 소원하는 사람들은 누구인가? 유대인의 형제들이다! 에돔은 야곱의 형인 에서의 후손들이다(창 25：21～26). 에서는 외적으로 볼 때는 속임수를 쓰는 야곱보다 훨씬 나은 사람이었다. 그러나 하나님은 야곱을 선택하셨고 에서를 거절하셨다. 에서는 남쪽의 산악지대로 이동하여 에돔왕국(이두메아)을 세웠지만 적으로 남아 있었다.

작은 책 오바댜(구약에서 제일 짧음)는 이 두 형제, 에서와 야곱, 에돔과 이스라엘을 다룬다. 이 선지자는 이중(二重)의 멧세지를 제시한다.

1. 에서에 대한 하나님의 복수(1～16절)

예레미야는 49장 7～22절에서 이미 에돔의 운명을 말한 일이 있었다. 오바댜서에는 사실상 이 예언을 몇 군데 인용하고 있다. 오바댜가 들은 소문 또는 보고는 에돔의 죄 때문에 하나님이 이스라엘의 원한을 풀어 주시며 에돔을 멸망시키실 것이라는 내용이었다. 어떤 죄들이었을까?

[1] **교만**(3～4절)—에돔은 작은 나라였으나 그 업적을 자랑으로 여기고 있었다. 에돔은 바위를 뚫고 성을 세웠는데, 그 백성은 문자 그대로 "바위에 보금자리"를 마련한 것이었다(3절). 에돔의 으뜸가는 도시 페트라는 산의 등성이를 파서 된 것이며, 그 요새는 난공불락으로 여겨졌다(사 14：12～15 비교).

[2] **동맹**(7절)—이스라엘에 사는 형제의 짐을 나누어 지기는커녕 주위의 나라들과 동맹하여 예루살렘을 적대하였다.

[3] **폭력**(10절)—에돔 사람들은 예루살렘성이 무너지는 것을 지원하고 있었다. 그들은 그 성을 보존하려는 아무 일을 하지 않고 사실상 위해를 가하는 사람들을 격려하였던 것이다. 이들은 "반대편에" 서 있었고(11절), 유대인과 같은

입장에 서기를 거절하였다. 그리스도께서 하신 선한 사마리아인의 비유에 나오는 제사장과 레위인을 생각하자(눅 10 : 31~33). 우리는 실제로 손을 들어 다른 사람들에게 상처를 입히지 않았는지는 모르지만, 보면서도 아무 일을 하지 않음으로 죄를 짓는 일에 참여하고 있는 것이다.

4 **즐거워함**(12절) — 에돔은 그의 형제의 재난에 대하여 울어야 했으나 반대로 즐거워하며 조롱하고 있었다(잠 24 : 17~18).

5 **약탈**(13절) —이들은 유대인들이 재앙을 당하는 것을 이용하여 그 성에서 재물을 약탈하였다. 도둑들은 도망쳤을지라도 하나님은 이러한 약탈을 보고 계셨다.

6 **피난하는 자들을 방해함**(14절) —유대인들 중의 어떤 이들은 피난하여 가족들을 보호하려고 하였는데, 에돔사람들은 그 길을 막았다. 이들은 피난하는 사람들을 사로잡아 바벨론으로 돌려 보내는 일을 도왔다.

7 **술의 축제**(16절) —에돔 사람들은 포도주를 공급받게 되어 큰 축제를 벌인다. 드디어 그들의 원수는 패망하게 되었다.✓

그런데 15절에 유의하자. 하나님은 그들이 유대인을 취급한 그대로 그들을 취급하실 것이었다(시 137 : 8~9절).✓ 이들은 유대인에게 있어 반역자들이었으며, 따라서 이들은 연맹군에게 배반을 당하였다(11절). 이들은 약탈하였는데 후에는 자신의 나라를 빼앗기게 된다(5~6절). 에돔은 폭력을 휘둘렀는데, 결국은 완전히 끊겨지게 된다(9~10절). 에돔은 유대인들이 멸망되기를 원하였으므로 바벨론에게 멸망을 당하게 된다(10, 18절). 에돔은 그들이 뿌린 것을 거둘 것이다(사 34 : 5~15 / 겔 25 : 12~41 / 겔 35 : 1~15 / 암 1 : 11~12 참조).✓

2. 야곱에게 승리를 주시는 하나님(17~21절)

17절의 "오직"이라는 작은 단어가 전환점이 된다. 하나님은 시온산에 구원과 죄씻음을 약속하신다. 그렇다. 이스라엘은 죄를 범하였으며 성전은 그들의 죄로 인해 파괴되었다. 그러나, 하나님은 "야곱의 집"을 정화하시고 회복시키실 것이지만 에서의 집(에돔)은 회복되지 못할 것이다. 18절에서 회복과 더불어 재결합이 있을 것임을 눈여겨 보자. 왜냐하면 요셉의 집(남쪽 지파들)과 야곱의 집이 에돔을 향하여 불과도 같을 것이기 때문이다. 유대인들이 "그들에게 속한 재산 곧 그들의 땅과 그들의 성전, 그들의 도시, 그리고 그들의 왕국을 차지하게 될" 날이 이를 것이다. 17~20절에 나오는 핵심 단어는 "**소유하다**"는 단어이다. 물론 이스라엘은 하나님께서 아브라함에게 영원한 약속을 하셨기 때문에 그 땅을 소유한다. 이스라엘은 성읍도 소유한다. 그러나 이것들을 온전히 소유하지는 못한다. 왜냐하면 이방의 나라들에게 여러 세기 동안 짓밟힐 것이기 때문이다. 그러나 예수님께서 돌아오셔서 이스라엘의 소유를 그들에게 돌려 주심으로 이것을 누리며 하나님의 영광을 위하여 이것을 사용하게 될 날이 임할 것이다.

"그리고 왕국은 여호와의 소유가 될 것이다." 이 간단한 책은 참으로 놀랍게 끝을 장식하고 있다. 오늘날 이 왕은 거절을 당하셨고 다윗의 보좌는 예루살렘에 비어 있다. 유대인들은 호세아 3장 4~5절에서 묘사하고 있는 바와 같은 왕, 제사장, 제사, 제사장 직분이 없는 슬픈 상황에 처해 있다. 그러나, 그리스도께서 돌아오시면 민족은 그들이 찔렀던 자를 쳐다볼 것이며 정결함을 받고 용서를 받을 것이다. 그리고는 왕국이 세워질 것이다. 다니엘은 돌이신 그리스도께서 내려오셔서 세상의 모든 왕국들을 부숴뜨리실 것을 보았다(단 2:44~45). 이방 나라들이 이스라엘을 지배하려고 하며 사로잡으려 할 때 이스라엘에게 무슨 일이 생기더라도 하나님은 자기의 백성을 지켜보실 것이며, 어느 날 그들에게 약속된 왕국을 주실 것이다.

그러나, 이 작은 책의 온전한 영적 가치를 얻으려 한다면 보다 깊이 살펴보아야만 할 것이다. 왜냐하면 "에서"와 "야곱"은 두 형제나 두 나라 이상의 의미를 지니고 있기 때문이다. 이들은 두 가지 반대되는 세력을나타낸다 (육과 영). 에서는 외모가 잘 생기고 활동적이며 건강하고 외향적이고 운동을 잘하였다. 그러나 야곱은 집에 틀어박혀 있는 가정적인 사람이며, 속임수와 이기적인 계책으로 가득 찼던 사람이다. 두 소년들 중에서 한 사람을 택하라면 의심할 바 없이 우리는 에서를 택할 것이다. 그러나, 하나님은 야곱을 택하였다. 성경 전체를 통하여 하나님은 "야곱의 하나님"으로 알려져 있다. 이것은 하나님의 은혜이다. 구원이란 공로로 말미암는 것이 아니라 오직 은혜로 말미암는 것이다. 하나님은 야곱을 사용하셔서 이스라엘 지파들을 창시하게 하셨다. 하나님은 야곱에게 언약을 세우시고 약속을 주셨지만, 에서에게는 주지 않으셨다.

그러므로, 야곱은 하나님의 자녀를 대표하며, 때때로 죄를 범하고 실망시키지만 궁극적으로는 자기의 유업을 얻을 은혜로 선택된 하나님의 자녀들을 말한다. 야곱은 육과 영 사이의 투쟁을 나타낸다(갈 5:16~26). 에서는 육을 상징한다. 그는 매력이 있고, 능력이 있으며, 교만하고, 탐욕적이고, 반역적이며 언제나 이기는 편에 있는 것같이 보인다. 그러나, 하나님은 육신에는 심판을 선언하셨으며 어느 날 심판이 임할 것이다. 에돔은 교만하고 반역적이었다. 그들은 예루살렘이 망하자 웃었다. 그러나 5년 후에 에돔 역시 바벨론에게 망하였다. 그리고, 오늘날 에돔이란 나라는 어디있는가? 이 세상은 육신을 자랑하며 육신이 성취한 일과 육신이 얼마나 강한가를 자랑한다. 그러나 모든 육신은 그리스도의 승리 앞에 엎드러질 것이다(계 19:11~21 참조). 특히 육신이란 말이 반복하여 언급되는 17~18절을 눈여겨 보자.

에서와 야곱, 곧 영과 육 사이의 투쟁은 성경 전체를 통하여 나온다. 신약에 나오는 헤롯은 에돔사람이었다. 헤롯 집안의 한 왕은 그리스도를 파멸시키려는 시도로 많은 유대아기들을 죽였고(마 2 : 16~18), 또다른 왕은 세례(침례) 요한을 죽였다. 그리고 또다른 한 왕은 사도 요한의 형 야고보를 죽였다(행 12장). 오늘날 이스라엘과 아랍 사이의 투쟁은 창세기 25장 21~26절에서 시작된 똑같은 전쟁의 연속이다. 육 대 영, 교만 대 복종, 인간의 길 대 하나님의 길 등, 투쟁은 그리스도가 돌아오셔서 그의 왕국을 세우실 때까지 계속될 것이다.

보복의 법칙이 역사에 기록되어 있다. 나라들은 다른 나라들에게 준 것을 도로 받는다(15절 / 렘 50 : 29 참조). 특히 이방 나라들은 그들이 유대인들을 취급한 방법을 회계하도록 불리워지게 될 것이다. 오랜 세월이 걸릴지도 모르지만 주님의 뜻을 행하기를 거절하는 사람들에게 하나님의 심판이 임할 것이다.

불순종하는 종

—요나—

요나가 역사에 나타나는 실재 인물이었다는 사실은 열왕기하 14장 25절에서 증명된다. 우리는 이 구절에서 여로보암 2세가 왕국을 확장하게 될 것이라는 그의 예언을 본다. 이 멧세지는 물론 그를 인기있는 설교자로 만들었다! 그러나, 하나님께서 요나를 불러 앗수르제국의 수도인 니느웨성에 가서 말씀을 전파하라고 하셨을 때 이 선지자는 반항하였다.

역사는 앗수르인들이 잔인하며 원수들을 산 채로 묻어버리거나, 산 채로 가죽을 벗기거나, 또는 뜨거운 태양 아래에 날카로운 장대로 꽂아 두는 것을 아무렇지도 않게 생각하는 냉혹한 사람들이라고 말해 준다. "니느웨가 망하게 되었다면 망하라지! 원수가 멸망에서 구원을 받는 것을 보게 되는 것보다는 차라리 하나님께 불순종하겠다"라고 요나는 쟁론하였다. 네 장으로 된 이 책에서 요나는 자기의 경험과 배운 교훈을 추적해 가고 있다.

1. 사임—하나님의 인내하심에 관한 교훈(1장)

요나는 니느웨로 가지 않고 반대 방향으로 달아났다. 그가 "여호와의 앞에서 도망하였다"는 뜻은 선지자의 직임을 사임했다는 뜻이다. 요나는 그가 하나님의 면전에서 도망할 수 없다는 것을 알고 있었으나(시 139:7 이하), 자기의 소명에 사임을 하고 설교하기를 중단할 수는 있었다. 그는 타락한 선지자가 되었다!

[1] **타락의 요인**—첫째로 그는 하나님의 뜻에 대하여 그릇된 태도를 지니고 있었다. 그는 그 일이 어렵고 위험하다고 생각하였다(4:1~2). 그는 또한 전도에 대하여 그릇된 태도를 지니고 있었다. 그는 자기가 원하는 데 따라서 "전도를 할 수도 있고 안할 수도 있다"고 생각하였으며, 그가 어디를 가든지 여호와께 좋은 간증 아니면 좋지 못한 간증을 남기게 된다는 것을 깨닫지 못하였다. 그는 기도에 대해서도 나쁜 태도를 지니고 있었다. 그는 문제에 봉착하여 기도하였으나(2:1 이하) 하나님의 인도하심이나 하나님의 뜻을 행할 힘을 달라고 기도하지는 않았다. 그는 또한 잃어버린 자들에 대한 그릇된 태도를 가지고 있었다. 그는 그들이 멸망하는 것을 보고 싶어했다!

[2] **타락의 과정**—이 과정은 하향적이었다. 그는 욥바로 내려갔으며, 배에서도 아래로 내려갔고, 바다 아래로 내려갔으며, 큰 물고기 속으로 내려갔다. 불순종은 언제나 아래로 내려가도록 이끌어 간다. 그러나 타락하는 신자에게 있어

서조차 일들이 가끔 "잘되는 것"같이 보인다는 점에 유의하자. 이 점은 배가 그를 기다리고 있었으며 그 배삯을 지불할 돈이 있었던 데에서 볼 수 있다. 이러한 이유로 그는 마음이 평화로웠으며 폭풍 중에서도 잠을 잘 수가 있었다!

3 **타락의 결과**—참으로 비극적인 결과였다. 그는 하나님의 음성을 잃었다. 왜냐하면 하나님은 천둥과 번개로 말씀하실 수밖에 없기 때문이다. 그는 영적인 힘을 잃고 배의 선창에서 잠이 들었다. 그는 기도할 힘을 잃었으며 기도하려는 욕망조차 잃었다. 이방인들은 기도하고 있었으나, 요나는 잠을 자고 있었다! 그는 배에 있는 사람들에게 간증을 잃었으며 유익을 위한 영향력을 잃었다. 왜냐하면 그 폭풍이 일어난 원인이 그에게 있었기 때문이었다. 그는 자기의 생명을 거의 잃을 뻔하였다! 신자가 타락한다는 것은 얼마나 슬픈 일인가. 그러나, 주님은 그에 대해 인내하고 참으셨다.

2. 회개—하나님의 자비에 관한 교훈(2장)

요나는 무엇보다도 하나님의 사랑의 손 아래에서 징계를 받고 있었다. 요나는 자기를 바다로 던진 것은 항해자들의 손이 아니라 하나님이신 것을 알고 있었다(2:3). 우리의 죄로 인하여 시련과 고난이 닥칠 때 우리는 하나님이 일하고 계심을 인식하는 것이 중요하다(시 119:67). 히브리서 12장 5~11절에서 알려주는 바 하나님의 징계의 뜻은 우리가 죄를 깨닫고 고백하는 자리에 이르게 되는 것이다. 요나는 하나님의 임재를 잃었으며(2:4 / 시 51:11) 마귀의 거짓말을 믿었음을 시인하였다(2:8). 그는 죄에 대한 진정한 슬픔을 보여 주었다(2:9).
이제 요나는 믿음으로 하나님께 용서를 구했으며 구약 시대의 유대인들이 교육을 받은 대로 성전을 향하였다(2:4 / 대하 6:36~39). 이 구절은 요한일서 1장 9절의 내용과 같다. 하나님은 그를 정결케 하셨으며 그에게 또다른 기회를 주셨다. 히브리서 12장 5~11절에 의하면 그리스도인이 하나님의 징계에 반응하는 여러 가지 방법들이 있다. 우리는 요나가 3일 동안 행했던 것처럼 이 징계를 경멸하고, 고백하기를 거절할 수도 있다. 우리는 힘을 잃고 항복할 수도 있다. 아니면, 하나님의 징계를 견디며 우리의 죄를 고백하고는 그가 우리의 유익을 위하여, 그리고 그의 영광을 위하여 모든 일들을 성취해 가실 것을 믿을 수도 있다. 하나님의 손에 대항한다는 것은 문제를 자초하는 것이다. 요나는 순복하였고 기도하였으며 신뢰하였고, 하나님은 용서하셨다.

3. 부흥—하나님의 능력의 교훈(3장)

이 장에서의 핵심 단어는 "큰"이다. 요나는 하나님의 멧세지를 전하기 위하여 큰 성에 왔다. 니느웨성과 그 주변에는 거의 백만에 가까운 사람들이 살고 있었는데, 큰 성벽과 망루들이 있는 이 성은 흥왕하는 앗수르의 중심지였다. 니느웨는 죄악된 도시였으며(나 3장 참조) 적들에게는 동정심이 없는 무자비하고 잔인한 백성들이었다. "폭력"이 그들의 으뜸가는 죄였다(3:8). 하나님은 요나를 불러 이 이방 민족에게 말씀을 전하게 함으로써, 이들이 하나님의 진노를 피하고 용서를 받게 하는 큰 사명을 맡기셨다. 참으로 놀라운 멧세지였다! 요나가 이 멧세지를 전하기 위해서는 그의 죄악된 선입관을 극복해야만 했다.

그 후에 하나님은 그 성에 큰 변화를 이룩하셨다. 왕으로부터 가장 낮은 시민에 이르기까지 두려움과 회개를 표현한 것을 볼 수 있는데 두 가지 일이 이 일에 공헌하였다. 요나의 멧세지와 요나가 큰 물고기에게서 구원을 받았다는 소식인데, 이 소식은 물론 이 성에 전해졌을 것이다. 니느웨를 통과하는 데 3일이 걸렸으나, 요나가 사역한 첫날에 부흥이 임하였다! 사람들은 "하나님을 믿었으며"(3:5) 통회하는 행위를 통하여 그들의 믿음을 입증하였다. 그래서 하나님은 그들을 용서하셨다! 의심할 나위없이 이것은 역사에 있어서 가장 위대한 부흥 운동 중의 하나였다! 이것은 하나님의 멧세지를 전파하려는 연약한 인 인간을 사용하셔서 주님이 일하실 수 있음을 보여 준다.

예수께서 마태복음 12장 38~41절에 나오는 중요한 요점에 대해 설명하심에 있어, 니느웨를 예로 들으셨다. 예수님은 3년 간 그 세대에게 복음을 전하셨으며 기적들로 자신의 멧세지를 보강하셨다. 그러나 이들은 회개하고 믿으려 하지 않았다. 니느웨 사람들은 한 설교자에게서 하나의 설교를 들었다. 이 설교는 진노를 강조하였고 사랑을 강조하지는 못하였음에도 그들은 회개하여 용서를 받았다! 유대인들은 3년 동안 하나님의 아들에게서 들었으며 하나님의 용서의 멧세지를 들었다. 그래도 이들은 회개하기를 거절하였으므로 그들이 큰 정죄를 받게 될 것은 분명한 일이었다.

4. 반역—하나님의 긍휼에 대한 교훈(4 장)

만일 당신이 이 사건을 기록하였다면 마지막 장에는 조심스럽게 백성들을 가르치며 영적인 결정을 하도록 돕는 요나의 모습을 표현했을 것이다. 그러나 하나님은 이런 식으로 기록하지 않으셨다. 즐거워하는 설교자를 만나기는커녕 우리는 그 백성들에게 화를 내며 하나님께 화를 내는 반역적인 설교자를 만나게 된다! 그리고 아이들처럼 행동하는 어른을 보며 불신자같이 행하는 신자를 본다! 요나는 성 밖에 앉아서 자신을 달래고 있으며 하나님께서 그 백성들에게 심판을 내리실 것을 원하고 있었다. 여기에 놀라운 일이 있다. 하나님은 그 백성의 영혼을 사랑하지 않는 사람의 설교를 통해서 부흥을 보내신 일이다!

이 책의 핵심적인 교훈은 잃어버린 영혼들에 대한 하나님의 사랑과 긍휼이다. 요나는 자신에 대해 유감스럽게 생각하였으며, 그에게 그늘을 만들어 주었다가 죽은 식물에 대해서도 유감스럽게 생각하였다. 그는 니느웨성의 군중들을 위하여 마음으로 느끼는 사랑이나 동정을 가지지 않았다. 여호와를 사랑하면서도 사람들을 사랑하지 않을 수 있다는 것은 가능한 일이다.! 본 장에서 요나는 예수 그리스도와는 얼마나 다른가. 왜냐하면 예수님은 잃어버린 영혼의 성읍을 보시고 우셨기 때문이다. 하나님은 1장에서 바람과 파도를 조절하실 수 있으셨고, 2장에서는 고기를, 4장에서는 조롱박, 벌레, 바람을 조절하셨다. 그러나 요나가 항복을 하지 않고서는 이 선지자를 조정하실 수는 없으셨다. 자연 가운데 있는 모든 것들은 인간을 제외하고는 하나님의 말씀에 순종한다. 그리고 가장 순종해야 할 이유를 가진 피조물은 인간이다. 요나는 하나님과의 관계를 바르게 하여 죄를 고백하고 그의 사역을 계속한 것 같다. 하나님은 150년 동안 그 성을 아껴 두셨다.

물론 요나는 예수 그리스도의 죽으심과 장사지내심과 부활을 나타내는 모형이다. 그리스도는 그의 인격에서, 그의 완전한 순종에서, 그의 멧세지(심판이 아닌 용서/욘 3 :17)에서, 그의 대상에 있어서(일개 성읍이 아닌 온 세상), 그의 희생에 있어서(다른 사람들을 구원하시기 위하여 죽으심), 받을 만하지 못한 사람들을 사랑하심에 있어서 요나보다 크신 분이시다. 어떤 이들은 요나에게서 유대 민족의 불순종함과, 나라 밖으로 던져져, 바다(이방인들)에 삼키워짐과, 압박이 있었으나 보호를 받고 다시 되돌려져 또 한 번의 기회를 갖게 되는 등의 모습을 본다. "구원이 유대인들에게 속한 것"은 분명한 일이다. 이스라엘을 떠나서는 성경도 구세주도 가지지 못하였을 것이다.

하나님의 말씀을 들으라

—미가—

미가서 1장 1절에 나오는 왕들의 이름은 이 선지자가 역사상 이사야와 같은 시기에 말씀을 전파한 사람임을 말해 준다(사 1：1). 이 두 사람이 유다에서 사역하며 서로를 격려하고 하나님의 말씀을 전하려고 애쓰는 모습을 상상하기란 그리 어렵지 않다. 요담과 히스기야는 이 민족에게 도움이 된 선한 왕이었다. 그러나, 아합은 이 민족을 우상 숭배에 팔아넘긴 악한 왕이었다. 그래서 미가는 좋은 시절과 나쁜 시절을 보내며 이 민족을 지켜보았는데, 이것은 오늘날 우리도 마찬가지이다.

이 작은 책은 미가가 이 백성에게 행한 세 편의 "설교"로 이루어져 있다. 각 멧세지는 "들으라"는 말로 시작된다. 미가는 매우 실용적이며 중대한 세 가지 주제를 다룬다.

1. 심판이 임한다(1～2장)

미가는 그의 멧세지를 전함에 있어서 시간을 낭비하고 있지 않다! 하나님께서 그에게 말씀하셨고 그 백성의 죄가 너무나 커서 심판을 보내지 않을 수가 없다고 경고하였다. 미가는 1장에서 수도의 이름을 말하고 있다(예루살렘—남왕국 유다의 수도/사마리아—북왕국 이스라엘의 수도). 사실상 이 첫 멧세지에서 열두 성읍을 나열하며 그들의 죄들을 지적한다. 성읍의 죄들은 전체의 민족을 오염시키고 있었다! 이 일은 매우 현대적인 것처럼 들린다!

하나님께서 심판하시려는 죄들에는 어떤 것들이 있는가? 우상 숭배가(1：3의 높은 곳) 주된 죄였다. 백성은 "자신의 손으로 만든 작품"을 예배할 것을 주장하였다(5：13). 오늘날을 사는 사람들도 이 일을 행한다! 우리는 작은 형상을 조각하여 거기 절하지는 않는다. 그러나 우리가 만든 것들, 즉 자동차, 옷, 집, 돈 등을 위하여 살며, 숭배하는 것이 분명하다. 우리가 섬기며 그것을 위해 희생하는 것이 곧 예배하는 것이다. 그러나 미가는 하나님께서 백성의 우상을 파괴하고 이들을 흙으로 되돌려 보낼 날이 올 것이라고 경고한다(1：6～7). 돈으로 살 수 있는 것들을 소유한다는 것은 유익한 일이다. 그러나 돈으로 살 수 없는 것을 잃어서는 안됨을 명심하라.

2장 1절에서 우리는 탐욕의 죄를 본다. 백성들은 밤에 누워서 자지 않고 깨어 있어 "물건들"을 구입할 새로운 방안들을 생각하며, 일찍 일어나 이 계획들을 성취한다. 골로새서 3장 5절에 의하면 탐욕은 우상 숭배이다! 그리고, 오늘날 사람들은 보다 많은 물건들을 가지려는 욕구를 소유하고 있다. 예수께서 이렇게 경고하셨다. “삼가 모든 탐심을 물리치라 사람의 생명이 그 소유의 넉넉한 데있지 아니하니라”(눅 12 : 15). 백성들은 탐욕을 부릴 뿐아니라 그들이 원하는 것들을 얻기 위하여 불법적인 방법들을 사용하였다(사기, 위협, 폭력/2 : 2). 부자들은 가난한 자들의 이득을 빼앗았으며 통치자들은 하나님의 말씀을 따르지 않았다. 미가는 이러한 무서운 심판의 멧세지에 대하여 어떻게 반응하였는가? 그는 울며 통곡하였다(1 : 8~9). 그런 다음 사악한 각 성읍에 개인적인 멧세지를 보내어 하나님의 진노의 날이 임박해 오고 있음을 경고하였다. 미가는 1장 10~16절에서 약간의 빈정대는 방법을 도입하여 자기의 멧세지를 각 성읍의 이름과 연관시키고 있다. 아브라는 “티끌”이란 뜻이며 그들이 티끌에서 구르게 될 것이라는 뜻이 된다. 사빌은 “아름다운”이란 뜻인데, 이 백성은 벌거벗게 될 것이다! 사아난은 “전진한다”는 뜻인데, 이 성읍민들은 앞으로 나아가기를 대단히 두려워 할 것이다.

백성들은 미가의 설교에 대하여 어떤 반응을 보였는가? 멧세지를 전하지 못하게 하려고 하였다! 2장 6절에서 이들은 이렇게 말한다. “그런 무서운 예언을 전하지 말라! 너는 그런 일들이 우리에게 일어나지 않을 것을 알고 있다! 우리는 하나님의 백성이다!” 그러나 미가는 “하나님의 영이 나를 강권하므로 나는 전하지 않을 수 없다”고 말한다. 미가는 백성이 정직한 설교를 원하지 않는다는 것을 알고 있었다. 이들은 백성들과 마찬가지로 사악하게 사는 술취한 거짓 선지자들을 더 좋아하였다.

2. 구원자가 임한다(3~5장)

미가는 그들의 중상 모략에도 용기를 잃지 않았다. 그는 이제 두번째 멧세지, 곧 희망의 멧세지로 옮겨 간다. 첫째로 그는 그 땅의 사악한 지도자들, 즉 통치자들, 거짓 선지자들, 그리고 제사장들을 정죄한다(3 : 1~7). 이들은 백성들을 돕는 것이 아니라 잡아먹고 있었다. 돈을 지불받지 않으면 섬기기를 거절하였다. 탐욕에 연연하여 선지자들은 백성들이 듣고 싶어하는 설교를 하였다. “모든 일이 순조롭다… 아무 일도 생기지 않을 것이다!” 그러나, 미가는 이스라엘이 앗수르에게 망하게 될 것(주전 721년에 이루어짐)과 유다가 바벨론에게 포로로 사로잡혀 갈 것을(주전 606~586년에 성취됨) 알고 있었다.

그런데 4장에서는 어느 날 이 땅에는 평화가 있을 것이며 의가 통치하게 될 것이라는 놀라운 새로운 주제를 내세운다. 시온산은 세계의 수도가 될 것이며 모든 군대는 해산되고 무기들은 파괴될 것이다. 어떻게 이런 일이 생길 것인가? 5장의 구원자가 올 것이라는 약속으로 인해 성립된다. 미가는 열 두 성읍을 언급했는데 이제 성읍 하나를 더 언급한다. 즉, 예수께서 탄생하신 곳, 베들레헴이다(5 : 2~3/마 2 : 6). 이것은 박사들을 예수께로 인도했던 예언이다. 물론 유대인들은 이 평화의 왕을 거절하였으며, 따라서 이 세상에는 평화가 없었다. 그러나 그리스도께서 이 땅에 돌아오실 때 그의 평화의 왕국이 건설될 것이며 더이상 전쟁도 없을 것이다.

그 동안에 사람들은 그리스도를 구세주로 믿음으로 마음의 평화를 소유할 수 있다(롬 5 : 1). 이것은 미가의 마지막 멧세지의 주제이다. 왜냐하면 주님은 백성들을 불러 주님을 신뢰하고 순종할 것을 결정하게 하시기 때문이다.

3. 오늘날 하나님을 신뢰하라(6 ~ 7 장)

하나님은 그의 백성을 재판석으로 부르셨다. 주님은 말씀하신다. "나에게 대항하는 너희의 입장을 설명해 보라. 나는 너희에 대해서 불만이 있다. 왜냐하면 나는 너희를 위하여 할 수 있는 모든 일을 다하였으나 너희는 나를 거절하였다. 나는 너희를 애굽에서 건져 내었으며 광야에서 너희를 인도하였고 너희의 원수들에게서 너희를 보호하였다. 더이상 무엇을 해야 하겠는가?"

6장 6~8절에서 백성은 답한다. "옳습니다. 우리는 죄를 범하였읍니다. 어떻게 해야 우리가 행한 모든 일들을 정리할 수가 있읍니까? 희생제물을 가져올 수 있으나 이들은 우리의 죄들을 씻을 수가 없읍니다. 우리의 모든 종교활동이 우리를 결코 구원할 수 없읍니다. 우리 자신의 자녀들을 제물로 바친다 해도 우리를 정결케 하지는 못할 것입니다. 우리는 하나님이 우리에게 원하시는 것이 무엇인지 알고 있읍니다. 의를 행하고 자비를 사랑하며 하나님 앞에서 겸손히 행하는 것입니다." 이 얼마나 진실된 고백인가! 하나님은 사치스러운 선물과 제물을 원하시는 것이 아니라, 마음을 원하신다(시 51 : 16~17/삼상 15 : 22 / 사 1 : 10~18).

6장 9~16절에서 하나님은 다시 말씀하신다. 심판이 준비되어 있으므로 "회개하고 순종하는 편이 낫다. 그 때는 너희 죄와 너희의 속임수와 거짓말들이 얼마나 무서운 것인가를 발견하게 될 것이다. 너희는 스스로 만족을 얻으려 할 것이지만 그렇게 되지는 않을 것이다. 너희는 먹어도 여전히 주릴 것이며, 돈을 저축할지라도 사라지게 될 것이고 곡식을 심어도 거두지는 못할 것이다." 얼마나 무서운 광경인가! 우리가 보는 모든 것들이 하나님의 뜻 밖에 있다는 이유로 인하여 아무것도 아닌 것으로 변화되는 것을 상상해 보라.

미가선지자는 7장 1~10절에서 연설을 한다. 이 민족이 너무나 사악하여서 한 사람의 정직한 사람도 찾아 볼 수가 없다는 사실을 탄식한다. 뇌물수수, 불공정, 부정직, 탐욕이 그 땅을 다스리고 있었다. 그러나, 미가는 하나님을 믿고 있었다(7~10절). 만일 하나님께서 벌을 주신다면 미가가 할 수 있는 일이란 하나님께서 역사하시도록 인내로 기다리는 것뿐이다. 만일 하나님께서 죄로 인하여 자기 백성을 징계하신다면 그들의 원수들도 죄로 인하여 징계를 받을 것이 분명한 것이다.

7장 11~17절에서 하나님은 장차 자기의 백성을 회복시키겠다고 약속하신다. 사악한 성읍들은 회복되어 정결함을 받을 것이며 이 민족은 영광 중에 세움받게 될 것이다. 그러나 유대인들은 먼저 환란의 때를 통과해야만 할 것이다. 물론 이들은 여러 세기들에 걸쳐 고난을 당해 왔으나 그리스도께서 교회를 하늘로 올리신 다음에는 특별한 시련의 기간이 있을 것이다. 이것이 대환란이며 야곱의 환란의 때이다.

끝맺는 구절들(7：18～20)은 놀라운 신앙의 고백이다. 이것은 미가서 전체의 목적이기도 하다. 그는 백성들을 주님을 믿는 믿음으로 인도하기를 원하였다. 하나님은 죄를 용서하실 수 있는 유일한 분이시다(막 2：7/시 32：5). 그분만이 자비를 보이실 것이며 죄인들을 사랑하실 것이다. 그는 그들의 죄를 깊은 바다에 던지실 것이다! 그리스도께서 죽으신 이유도 여기에 있었다. 죄인들이 용서받기를 원하셨던 것이다. 당신은 주님을 신뢰하였으며 당신의 죄를 용서해 주시기를 요청하였는가? 미가서의 마지막 멧세지의 주제는 "오늘날 여호와를 신뢰하라!"는 것이다.

니느웨의 운명

—나훔—

“모스코바가 멸망되었다.! 크레믈린은 이제는 더이상 존재하지 않는다.! 세계 공산주의는 깨어졌다.!” 만일 신문에서 이러한 제호의 기사를 읽는다면 어떻게 반응할 것인가? 의심할 나위없이 철의 장막 뒤에 있는 수백만의 사람들이 자유를 찾게 되는 것과 그리고 이제는 더이상 공산주의와 전쟁을 하지 않아도 되는 것, 그리고 구원과 자유가 있을 것을 인하여 기뻐할 것이다.

그렇다면 우리는 유다 백성들과 주위의 민족들이 다음과 같은 소식을 듣고 얼마나 기뻐하였는가를 상상할 수 있을 것이다. “니느웨가 망하였다.! 앗수르제국이 깨졌다.!”(나 2 : 15). 앗수르는 남자와 여자와 아이들에게 잔혹성을 실천하는 무자비한 원수였다. 그들의 군대는 파괴하고 약탈하였으며, 그들의 적들을 산 채로 파묻기도 하고 산 채로 가죽을 벗기기도 하였다. 그들은 사람들을 날카로운 기둥으로 꽂아 버려둠으로써 태양에 타 죽게도 하였다. 앗수르는 하나님이 북왕국 이스라엘을 징계하시는 데 사용되었으며 이 일은 주전 721년에 일어났다. 주전 701년에 앗수르는 유다를 정복하려고 시도하였으나 하나님이 개입하셔서 그들의 군대를 멸하셨다(왕하 18～19장 참조). 앗수르는 언제나 나라들에게 채찍의 역할을 하였으며, 모든 나라들은 앗수르를 두려워하며 그들의 승인을 얻으려고 노력하였다. 주전 612년에 마침내 니느웨는 메대와 바벨론에게 멸망을 당하였다. 이 정복이 너무도 완전한 것이어서 이 성의 폐허는 1842년까지 발견되지 않고 있었다.!

나훔이 기록한 것은 장차 있을 이러한 니느웨의 멸망에 관한 것이었다. 그가 이 작은 책을 쓸 때는 앗수르의 세력이 절정에 달해 있을 때였다.! 아무도 이 강력한 앗수르가 망하리라고는 꿈꾸지 못하였을 것이다. 그러나 하나님은 장래를 아시고 나훔에게 멧세지를 주셔서 놀라고 있는 유다의 백성을 구원하셨다. 이것은 니느웨를 경고하기 위한 멧세지가 아니었다. 이들은 150년 전에 요나를 통하여 하나님의 경고를 들었었다. 그렇다. 니느웨에게는 희망이 없었다. 하나님의 인내는 끝이 났으며 심판이 임할 것이었다. 오히려 이것은 유다를 위한 희망의 멧세지였으며, 큰 위험에 처한 때에 하나님을 의지하라고 그들은 격려하는 멧세지였다. 본 서의 각 장마다 하나님에 대하여 무엇인가를 말하고 있으며, 그 성읍의 멸망에 대해서 말해 준다.

1. 질투하시는 하나님－니느웨는 망할 것이다(1 장)

하나님께 적용될 때의 질투한다는 단어는 시기심이나 이기심을 암시하는 것이 아니라, 하나님의 영광과 그의 거룩하심을 위하여 열성을 다한다는 개념을 전해 준다. 하나님은 죄인들을 사랑하시지만, 죄에 대해서는 증오로 불타신다. 남편이 아내를 질투함으로 그녀를 보호하듯이 하나님은 자기의 백성과 그의 법을 질투하시며, 따라서 거룩함과 공의로 행동하시게 된다. 그분은 노하기에 더디시다. 사실상 그는 150년 동안 자비를 베푸셨다! 그러나 이들의 잔인성과 약탈은 정도를 넘었으며 하나님은 이들을 심판하실 수밖에 없으셨다.

하나님은 심판할 능력을 가지고 계신가? 물론, 가지고 계시다! 자연에 대한 그의 능력을 살펴보라(3~6절). 바람과 폭풍 중에서, 가뭄과 비, 땅과 바다에서의 그의 능력을 살펴보라. 그의 능력 앞에서 누가 설 수 있는가? 오늘날 나라들은 위대하신 하나님의 능력을 잊은 것 같다. 이들은 하나님이 없는 것처럼 행동한다. 그러나 우리는 심판의 날이 다가오고 있는 것을 확신할 수 있다. 그 날에는 원자탄의 양이나 전투기의 대수는 아무 문제가 되지 않을 것이다.

8~13절에서 나훔은 그 도시의 멸망을 두 가지 광경, 즉 모든 것을 쓸어버리는 큰 홍수와 그루터기를 불태우는 메마른 고통의 불로 묘사하고 있다. 메대와 바벨론은 여러 달 동안 포위 공격을 하고서 진군하지 않고 있었다. 우기가 닥쳐왔고, 니느웨에 연해 있는 두 강이 불어나기 시작하였다. 어떤 역사가는 메대가 그 강에 쌓은 댐들 중의 하나를 파괴한 것이라고 말한다. 어쨌든 불어난 물은 니느웨의 두터운 성벽을 강타하였으며, 무너뜨렸다! 그 성은 홍수로 멸망하였다(나 2:6 참조).

하나님은 본 장에서 그의 백성에게 놀라운 두 가지 약속을 하신다. 1장 7절에서 하나님은 그들에게 그의 선하심을 확신시켰고 하나님을 믿고 의지하는 한, 안전하게 될 것이라고 말씀하신다.

1장 12절에서는 그들이 앗수르 군대로 말미암아 다시는 전처럼 괴로움을 당하지 않을 것이라는 확신을 준다.

어떤 괴로움이 닥친다고 해도 우리는 하나님이 우리를 돌보심을 신뢰할 수 있으며, 우리가 그를 의지하면 그가 끝까지 우리를 돌보실 것임을 믿어도 된다.

2. 심판하시는 하나님 – 니느웨의 망함은 클 것이다(2장)

1장 15절은 히브리 성경에서는 2장의 시작이다. 니느웨가 망했다는 것은 기쁜 소식이다. 바벨론이 망한 것에 대한 이와 비슷한 소식을 이사야 52장 7절에서 찾아 보자. 그리고 바울이 로마서 10장 15절에서 이 구절을 사용한 것을 알아보라. 희망과 승리의 멧세지를 가져오는 사람은 아름다운 발을 가진 사람이다! 모든 그리스도인은 잃어버린 자들에게 복음의 멧세지를 전함으로써 아름다운 발을 가지게 된다.

2장은 이 성이 침략당하는 것과, 완전히 멸망하는 것에 대한 생생한 광경이다. 앗수르는 721년에 이스라엘을 초토화시켰다. 이제 하나님은 자기 백성의 적을 밀어내심으로 그들을 회복시키고 계시다(1~2장). 메대는 빨간 제복을 입고 빨간 방패를 사용하였으며(3절), 창을 든 군대는 마치 전나무 숲처럼 보였다. 2장 4절을 현대적 자동차에 대한 예언으로 보지 않기를 바란다! 이것은 그 성의 거리를 다니는 수레를 표현한 것이다. 7절은 왕후가 굉장히 낮아져서 끌려가는 것을 상징하는 말이다.

11~13절에서 사자들이란 말이 반복되는 것을 눈여겨 보자. 사자는 앗수르 세력에 대한 위대한 상징이었는데, 당신은 아마도 역사책이나 고고학 책에서 그림으로 보았을 것이다. 그들은 인간의 머리를 가진 사자의 거대한 동상들을 세웠었다. "너의 사자는 지금 어디 있는가?"라고 나훔이 묻는다. 너의 통치자들, 너의 승리자들은 어디 있는가? 러시아는 곰을 상징으로 사용하는데, 하나님은 어느 날 그 러시아의 곰을 우리에 가두실 것이다! 회개하지 않는다면 하나님은 "미국의 독수리"도 떨어지게 하실 수 있으시다. 오늘날 "영국의 사자"는 어디 있는가?

"내가 네 대적이 되어"(13절). 하나님은 메대와 바벨론을 보내어 니느웨를 대적하게 하시고 그 성을 약탈하며 그 부를 취하도록 허락하셨다. 150년 동안 하나님은 앗수르가 돌아서기를 기다렸으나 이를 거절하였다. 하나님은 이 나라들 중에 심판자이시다. 하나님은 행동하지 않을 수 없으시다.

3. 공의로우신 하나님-니느웨는 망할 만하다(3장)

여기서 나훔은 이러한 행위의 정당성을 다룬다. 어떤 이들은 이렇게 말할런지도 모른다. "하나님은 이스라엘의 북왕국을 벌하기 위하여 앗수르를 사용하셨었다. 그런데 하나님은 이전에 그의 도구로 사용하셨던 니느웨를 왜 벌하시는가?" 또는 이렇게 논쟁을 벌일지도 모른다. "유다왕국을 살펴보라. 유다도 역시 죄로 가득 차 있다. 왜 유다는 벌하지 않으시는가?" 하나님은 몇 년 안에 유다도 벌하실 것이었다(606~586년). 하나님은 바벨론으로 하여금 예루살렘을 파괴하도록 허락하실 것이며 백성들을 사로잡아가게 하실 것이다. 그러나 유다에 대한 그의 목적은 니느웨에 대한 목적과는 다를 것이다. 하나님은 사랑으로 교훈을 가르치시기 위하여 유다를 징계하실 것이지만, 앗수르에 대하여는 그 죄 때문에 멸하기 위하여 분노 중에 심판하실 것이다.

3장 1절에서 우리는 앗수르의 피흘린 살육과 거짓말, 탐욕과 같은 많은 죄의 목록을 본다. 앗수르인들은 죄없는 백성을 수없이 죽였다. 이제 그들의 백성이 죽임을 당하고 그들의 시체가 쓰레기처럼 거리에 쌓아 올려졌다. 니느웨는 다른 나라들과 유리한 상거래를 해왔으며 폭력과 거짓말로 부를 얻었었다. 그러나 이제 그들의 모든 부가 약탈자들의 손에서 사라지게 될 것이었다. 이것이 하나님의 공의이다. 그리고 심판의 날에 평상시에는 용감하던 앗수르의 군인들은 놀란 여인들같이 행동할 것이다. 그 모든 축성술도 빛을 잃게 될 것이다.

15~17절에서 나훔은 전쟁을 메뚜기 재앙에 비유한다. 이 벌레들이 곡식을 먹어 치우듯 원수들은 이 성을 먹어 치울 것이다. 앗수르의 군인들은 메뚜기들

만큼 강할 것이다.✓ 다음으로 18절에서는 앗수르 사람들을 살해당한 양떼로 본다. 그들의 목자들(통치자들)은 죽음의 깊은 잠에 빠져 있다.

19절에서 "소식"이란 단어는 "보도" 또는 "보고서"라는 뜻이다. 나라들은 앗수르가 멸망하였다는 보고에 접하자 손뼉을 치며 기쁨의 함성을 지른다.✓ 여호와는 나라들의 죄를 심판하신다. 그리고 개인의 죄들도 심판하신다. 하나님의 경고를 거절하고 죄를 고집하는 것은 무서운 일이다. "너희 죄가 너희를 찾아낼 줄 알라."

믿음으로 사는 삶

―하박국―

당신은 불의와 폭력으로 가득한 이 세상을 바라보며 "왜 하나님은 어떤 조처를 취하지 않으시는 것일까?"라는 의문을 품어본 일이 있는가? 악한 자들은 번영하는 것같으나 의인은 고난을 당하는 것같으며, 하나님의 사람들은 기도하지만 그들의 기도가 아무런 유익이 되지 못하는 것같다.

이것은 하박국이 직면하고 해결해 가는 문제이다. 이 선지자가 이러한 회의에 직면하여 믿음의 확실성을 발견하는 3막으로 된 개인적인 드라마를 살펴보자.

1. 방황하는 선지자(1장)

1 "하나님은 왜 침묵하시며 활동하지 않으시는가?" (1～4절)
이것이 이 선지자를 혼란시키는 첫번째 문제점이었다. 그는 당시의 세상을 바라보고 폭력(1:2～3, 9/2:8, 17)과 불의, 약탈, 투쟁, 다툼을 보게 되었다. 율법은 영향력을 잃었으며 유죄 판결을 받은 무죄한 백성들을 방어할 대책이 없었다. 법정은 비뚤어진 법관들과 이기적인 정치가들로 가득하였다. 온 민족이 정부의 사악함으로 인하여 고난을 당하고 있었다!

하나님은 5～11절에서 이 선지자에게 해답을 주고 계신다. 하나님은 이렇게 말씀하셨다. "나는 네가 놀랄 일을 행하고 있다. 이 민족을 정복하며 이 민족을 징계하는 도구로 쓰일 갈대아 사람들을 일으킬 것이다." 하나님께서는 우리가 사는 세계에서 일하고 계신데도 우리가 이 일을 깨닫지 못하고 있다는 것은 참으로 맞는 말이다(롬 8:28/고후 4:17). 바울은 사도행전 13장 41절에서 하박국 1장 5절을 인용한 복음을 이방인들 중에 전파하는 일에 적용시키고 있다.

하나님은 이 구절들에서 갈대아 군대를 묘사하고 계신데 그 광경은 아름다운 것이 아니었다. 이들은 혹독하고 민첩했으며, 지독하고 무시무시하였다. 이들은 독수리처럼 날며 죽이려고 내리덮친다. 하박국은 갈대아인의 공포에 대하여 들을 필요가 없었다. 왜냐하면 그들이 얼마나 사악한지 알고 있었기 때문이었다.

2 "어떻게 하나님은 거룩한 뜻을 위하여 그처럼 죄많은 나라를 사용하실 수 있으신가?" (12～17절)
5～11절에 있는 하나님의 응답은 하박국에게 새로운 문제를 제기했을 뿐이다. 그는 거룩하신 하나님이 그가 선택하신 백성인 유대인을 벌주시기 위하여 어떻게 이러한 사악한 민족을 사용하실 수가 있으신지 이해할 수가 없었다. 하박국

은 "우리가 죄를 범한 것은 사실입니다. 그리고 우리는 마땅히 징계를 받아야 합니다. 그러나 갈대아 사람들은 우리들보다 훨씬 더 악합니다! 만일 심판을 받아야 한다면 그것은 갈대아 사람들입니다! 거룩하신 하나님께서 자기의 백성이 생선처럼 잡히며 벌레들처럼 짓밟히는 것을 앉아서 보고 계실 수 있읍니까(14절)? 갈대아 사람들은 그들의 신이 그들에게 승리를 주었으며, 여호와는 참 신이 아니라고 말할 것입니다"라고 말했다.

신자가 삶의 문제들을 가지고 씨름을 하는 것은 잘못된 일이 아니다. 어떤 때에는 하나님이 돌보지 않으시는 것처럼, 또는 자기의 백성을 버리고 이방 나라를 돕고 계신 것같다. 얼마나 많은 신자들이 그들의 믿음으로 인하여 순교를 하였던가! 우리는 외관상으로 이처럼 모순적으로 보이는 방법을 사용하시는 하나님을 정직하게 예배하고 의지하며 섬길 수가 있는가?

2. 지켜보며 기다리는 선지자(2장)

하박국은 무신론자나 불가지론자가 되기는커녕 망루에 올라가 기도하고 묵상하며 하나님을 바라고 있었다. 그는 하나님이 그의 불평을 들으신 것과, 곧 답을 보내실 것을 알고 있었다. 하나님은 응답하셨다! 하나님은 이렇게 말씀하셨다. "나에게는 계획이 있다. 모든 일들은 때에 맞추어 일어날 것이다. 그러므로, 인내심을 잃지 말라!" 그런 후에 하나님은 이러한 어려운 때를 거치는 동안 그를 격려하시고 힘이 되도록 놀라운 세 가지 확신을 주신다.

1 "의인은 믿음으로 말미암아 살리라" (2:4).
이 구절은 성경 전체를 통하여 가장 중요한 구절들 중의 하나이다. 이 구절은 신약 중에서 세 권의 주제가 되고 있다. 즉, 로마서(1:17－의인을 강조), 갈라디아서(3:11－"살리라"를 강조), 히브리서(10:38－"믿음으로"를 강조)이다. 이 구절은 두 종류의 사람을 묘사한다. 한 편은 자신을 의지하는 "교만한 사람"과, 다른 편은 주님을 의지함으로 구원받은 겸손한 사람이다. 누가복음 18장 9～14절에 나오는 바리새인과 세리를 보라. 물론 갈대아인들은 그들에게 정복할 수 있게 하신 분이 하나님이신 것을 깨닫지 못하고 그들의 승리로 우쭐대는 사람들이었다.

2 "이 땅은 하나님의 영광으로 채워질 것이다!" (2:14)
하박국 당시의 이 땅은 많은 영광으로 채워져 있지 않았던 것이 분명하다. 오늘날도 마찬가지이다. 본 장에 나오는 다섯 가지 "비애들"을 살펴보면 우리는 하나님께서 미워하시는 죄들을 알게 될 것이다. 즉, 욕심 많고 사나운 탐심(5～11절), 무엇을 얻기 위해 살인하는 것(12절), 술취함(15～16절), 우상 숭배(19절) 등이다. 이러한 일들은 오늘날 우리 사회를 오염시키는 죄들이다! 하나님은 하박국 시대에 이러한 죄들을 미워하셨듯이 오늘날도 미워하신다. 그러나, 어느 날 하나님의 영광이 이 땅을 채울 것이라는 약속은 여전히 굳게 서 있다. 왜냐하면 예수 그리스도께서 돌아오셔서 모든 죄를 제거하시고 그의 의로운 왕국을 건설하실 것이기 때문이다.

3 "여호와께서 거룩한 성전에 계시다!" (2 : 20)
하나님은 여전히 보좌에 계신다(사 6장)! 우리는 불평하거나 의심할 필요가 없다. 왜냐하면 하나님이 인간의 일들을 다스리시며 지배하고 계시기 때문이다! 하박국은 하나님께서 인생의 일들에 무관심하신 것이라고 생각했으나, 대단히 관심이 많으신 것을 발견하게 되었고, 그의 때에 그의 계획을 성취하고 계심을 깨닫게 되었다. 이것은 바로 의인이 믿음으로 살아 가야 하는 이유이다. "이는 우리가 믿음으로 행하고 보는 것으로 하지 아니함이로다"(고후 4 : 18 / 5 : 7). 우리가 자신을 바라보거나 환경을 바라본다면 실망하고 중단할지 모른다. 그러나 믿음으로 하나님을 바라본다면, 그리고 그리스도의 영광스러운 재림을 내다본다면 우리는 용기를 얻을 것이며 승리 가운데 계속 나아갈 수 있을 것이다.

3. 예배하는 선지자(3 장)

하박국은 참으로 변화된 사람이 되었다! 불평하는 대신 여호와를 찬양하고 있다! 우리가 하박국처럼 기도하며 하나님의 말씀에 귀를 기울일 시간을 갖는다면 하나님은 언제나 탄식을 찬송으로 바꾸어 주신다.

먼저 이 선지자는 **기도한다**(2절). "나는 주께서 이 세상에서 일하고 계심을 압니다"라고 이 선지자는 1장 5절을 가리키며 말한다. "이제 그 일을 계속하시며 … 그 일을 활발히 하여 이루소서!" 여기 나오는 부흥이란 단어는 우리가 오늘날 "부흥 사경회"라고 할 때 쓰는 말과는 관계가 없다. 하박국은 여호와께 이렇게 말하고 있을 뿐이다. "나는 주께서 일하고 계심을 압니다 … 이제 그 일을 계속하십시오!" 그는 진노와 심판이 있을 것이라는 것을 알고 있으나 하나님께서 자비를 기억해 주실 것을 기도한다.

다음으로 이 선지자는 곰곰히 **숙고한다**(3~16절). 그는 이스라엘의 역사와 여호와의 기이한 일들을 고찰한다. 하나님의 위대하신 능력에 대한 이 시적인 묘사는 어떤 특별한 형식을 따르고 있는 것 같지는 않으며 유대 역사의 주요사건들을 모두 다루고 있는 것 같지도 않다. 그러나, 하박국은 과거에 하나님께서 역사하셨다는 것을 알고 있었으며, 따라서 그는 현재와 미래에도 일하실 것임을 믿을 수 있었다. 산들이 여호와 앞에서 떨며 갈대아인들도 그러할 것이다. "여호와는 전쟁에 능한 분이시다!" 이스라엘은 하나님의 백성이었고 하나님은 그들을 돌보실 것이다.

마지막으로, 이 선지자는 **찬양한다**(17～19절). 이 구절은 성경에 언급된 가장 위대한 고백들 중의 하나이다. "내 주위에 있는 모든 것들이 나를 실망시킬지라도(밭, 포도원, 양떼, 소떼) 나는 여호와를 인하여 즐거워할 것이다!" 이것은 빌립보서 4장 11～13절에 대한 구약판이다. 하박국은 스스로 아무 힘도 없음을 알고 있었으며, 하나님은 앞에 놓인 시련들을 통과하는 데 필요한 힘을 주실 것임을 알고 있었다. "나의 발을 사슴과 같게 하사 나로 나의 높은 곳에 다니게 하시리로다!"

이 신앙고백은 현대에 있어서 하나님의 위대한 계획 중의 일부인 우리들에게 더욱 의미가 있는 것이 아닐 수 없다! 하박국은 안개와 이슬비를 통하여 하나님의 계획을 희미하게 보고 궁금해 하였다. 그러나 우리는 이 시대에 대한 하나님의 계획을 알고 있다(엡 1：8～10／3장). 우리는 연구할 성경책이 있으나, 하박국은 성경을 가지지 못하였다. 우리에게는 예수 그리스도에 대한 생애와 죽음과 부활과 승천에 대한 기록이 있으며, 그가 다시 오신다는 약속도 가지고 있다. 믿음으로 행하며 여호와를 기뻐해야 할 사람이 있다면 오늘날의 그리스도인일 것이다! 그런데도 우리는 의심하고 불평하고 하나님보다 앞서 가며, 하나님이 하고 계시는 일을 비판하는 때가 너무도 흔하다.

하박국은 인생의 문제들을 어떻게 처리해야 하는지에 대한 방법을 보여 준다.
(1) 정직하게 문제를 시인하라.
(2) 문제들에 대해 하나님께 아뢰라.
(3) 기도와 말씀에 대한 묵상으로 주님 앞에서 조용히 기다리라.
(4) 주님이 말씀하실 때는 듣고 순종하라.
인생의 어려운 일들에서 달아나지 말라. 왜냐하면 하나님은 우리의 믿음을 강하게 하시는 데 이러한 어려움들을 사용하기를 원하시기 때문이다. "하나님께서 빛 가운데서 말씀하신 것을 어두움 가운데서 의심하지 말라." 의인은 믿음으로 말미암아 살리라!

하나님의 그루터기

—스바냐—

이 사람은 평범한 설교자가 아니다! 그는 유다의 가장 유명한 왕 중의 한 사람인 히스기야의 증손이다. 그의 혈관에는 왕의 피가 흐르고 있었으나, 보다 더 중요한 일은 그의 입술에 하나님의 멧세지를 가지고 있다는 것이다. 스바냐는 경건한 왕 요시야가 통치하는 동안에 설교를 하였으며 이 때는 신앙의 큰 "부흥"이 일던 시대였다(왕하 22~23장). 요시야는 8세에 보좌에 올랐으며 16세에 자신을 여호와께 헌신하였다. 20세 때에는 그 땅에 큰 개혁을 시작하였으며 우상을 헐고 거짓 제사장들과 선지자들을 심판하였다. 다음으로 그는 성전을 재건하여 그 민족으로 하여금 유월절을 크게 지키도록 인도하였다. 외관상으로 나타난 일들로 보아서는 신앙적인 관심과 헌신(정화)의 시기였다.

그러나 스바냐는 표면보다 더 깊은 곳을 보았다. 그는 사람들의 마음을 보았으며, 그들의 신앙적인 열성이 진정이 아니라는 것을 알았다. 개혁은 얄팍한 것이었으므로, 백성은 가정에서 우상들을 제거하였으나 그들의 마음에 있는 우상들은 제거하지 않았다. 그 땅의 지도자들은 여전히 탐욕스럽고 불순종하였으며 예루살렘성은 온갖 사악함의 근원을 이루고 있었다. 오늘날에도 분별력을 잃고 모든 "종교적인 운동"이 여호와의 순수한 사역이라고 생각하는 사람들이 많다. 단순한 외적인 개혁은 마귀의 사역을 위한 길을 마련하는 것일 때가 종종 있다(마 12 : 43~45).

스바냐의 멧세지는 세 부분으로 나눌 수 있는데, 두 부분은 심판을 다루며 한 부분은 자비를 다룬다.

1. 하나님은 유다를 심판하실 것이다(1 : 1~2 : 3)

참으로 놀라운 진술이다! "내가 지면에서 모든 것을 진멸하리라!" 심판이 임할 것이며 아무것도 피할 수 없을 것이다. 이 심판에는 새들과 짐승들과 물고기들도 포함될 것이며, 특별히 사악한 사람들의 우상들(거치는 돌)에게 영향을 미칠 것이다. 이 심판은 그 땅의 거민들을 쓸어 버릴 것이다.

4절에서 하나님은 유다와 예루살렘의 문제점들을 나열하신다. 하나님의 백성이 심판을 통과한다는 말인가? 그렇다! 어떻게 하나님은 그의 거룩한 백성과 성전이 서 있는 그의 거룩한 성을 파괴할 수가 있는가? 그들의 죄 때문인데, 특히 우상 숭배의 죄 때문이다(4~6절). 이 선지자는 세 종류의 죄인들을 설명하고 있다. 즉, 여호와를 버린 사람들과 우상만을 섬기는 사람들(4~5상반절) 과, 여호와와 우상을 함께 섬기는 사람들(5하반절), 또한 여호와를 공개적으로 버리고 그와 아무 관계를 맺지 않으려는 사람들(6절)이다. 오늘날 우리 시대에도 이런 사람들이 있다.

장차 임할 심판은 7~18절에 묘사되어 있다. 스바냐는 이 날을 "여호와의 날"이라고 부르는데 몇몇 다른 구약 선지자들, 특히 요엘도 이 말을 사용하였다. "여호와의 날"은 이중의 의미가 있다. 즉, 지역적으로는 과거에 유다와 이스라엘에 임한 하나님의 심판이며, 또한 예언적으로는 하나님께서 그의 진노를 퍼부으실 장차 임할 심판(계 6~19장 참조)이다. 이 경우에 있어서 "여호와의 날"은 주전 606년의 바벨론의 침략과 주전 586년의 성읍과 성전의 마지막 멸망이 될 것이다. 스바냐는 이 침략을 큰 "제물"로 본다(계 19:17~18 참조). 침략의 소음은 성읍에서 가장 먼 어문(魚門)에서 시작될 것이며, 시온산으로 곧장 올라갈 것이다. 그런데 이런 일을 하는 사람들은 외국 군인들이 아닐 것이다. 그 성읍을 탐색하는 이는 하나님이시며, 등불을 가진듯 죄를 들추어 내시고 사악함을 벌하신다. 14~16절에서는 장차 임할 심판을 묘사하기 위하여 열 한 가지 다른 단어들을 사용한다. 부자와 가난한 자가 함께 고난을 당할 것이며 은이나 금이 그를 구원할 수 없을 것이다.

2장 1~3절에서 선지자는 예루살렘과 유다를 향하여 백성이 여호와께 돌아와 그들의 죄를 회개할 것을 탄원한다. "하나님의 심판의 칙령이 통과되기 전에 시간이 아직 있을 때, 여호와를 향하여 자비를 요청하라." 그를 만날 만한 때에 그를 찾으라! 슬프게도 이 민족은 "종교적인" 것으로 만족하였다. 이들은 그들의 죄에서 돌이키지 않을 것이다.

2. 하나님은 이 나라를 심판하실 것이다(2:4~3:7)

선지자는 유다 주위에 있는 여러 이방 나라들의 이름을 말하며 그들의 죄들로 인하여 하나님께서 그들을 벌하실 것임을 알린다. 그는 블레셋(4~7절)으로부터 시작하는데, 그들의 유명한 해안이 양떼를 위한 목장이 될 것이다. 다음으로는 모압과 암몬을 말하는데(8~11절) 이들은 둘 다 타락한 롯의 후손들이다(창 19:33~38절). 이들은 하나님의 백성을 잘못 취급하였으며 교만하여서 "스스로 뽐내었다." 그러므로 하나님은 그들을 낮추실 것이다. 그들의 땅은 폐허가 될 것이며 그들의 우상들은 능력이 없음을 입증할 것이다.

명단에는 애굽이 다음으로 나온다(12절). 스바냐는 애굽의 젊은이들을 죽이게 될 전쟁이 있을 것이라고 약속한다. 앗수르와 그 수도 니느웨는 완전하게 파괴되어 그들의 땅은 황야가 될 것이다(13~15절). 야생의 새들이 동물들과 더불어 거기 거할 것이며, 그들의 아름다운 건물들은 모래 아래 묻히게 될 것이다.

물론 나훔도 니느웨가 멸망당할 것과 완전히 파괴될 것을 예언했었다.

스바냐는 자기의 백성에게 다시금 호소함으로 그의 멧세지를 끝맺고 있다(3：1～7). 만일 하나님이 이방인들의 죄를 심판하신다면 "하나님의 거룩한 백성"인 유다의 죄에 대해서는 얼마나 더욱 심판하실 것인가? 그는 예루살렘이 음란하고 오염되었다고 말한다. 요시야가 모든 우상들을 제거하였지만 하나님은 그들의 마음을 볼 수 있으시며, 그들의 마음 가운데 있는 반역을 보셨다. 이들은 여호와를 믿는 참된 믿음을 가지지 못하였다. 통치자들과 재판관들은 먹어 치울 무엇인가를 구하며 어슬렁거리는 동물들과 같았다. 선지자들은 "경박하였고" 생각과 관심에 진지함이 없었다. 이들은 또한 백성들을 곁길로 인도하는 위험 인물들이었다. 제사장들은 지성소를 포함하여 손에 닿는 것들은 무엇이든지 오염시켰다. 이들은 날마다 하나님의 심판을 볼 수 있었다. 그러나 이것을 마음에 간직하지 않았다. 이들은 하나님이 다른 민족들을 벌하는 것을 보았다. 그러나 이들은 "여기는 그런 일이 생기지 않을 것이다" 라고 말했다.
하지만 그런 일이 발생하였다! 주전 606년에 바벨론 사람들이 와서 그 민족과 성과 성전을 파괴하였다. "죄는 어떤 사람들에게도 치욕거리이며… 특히 하나님의 백성들에게는 그렇다.

3. 하나님은 그의 백성을 회복시키실 것이다(3：8～20)

스바냐는 위대한 약속으로 그의 멧세지를 끝맺는다. 어느 날 하나님은 그의 백성을 다시 모을 것이며 이방 나라들을 벌하실 것이고, 이스라엘과 유다를 자기의 땅으로 회복시키실 것이다. 8절은 아마겟돈 전쟁을 예언하는 것이 분명하다. 이 때는 모든 나라들이 예루살렘에 대항하여 모이게 될 마지막 때이다(계 19：11～21). 그러나 예수 그리스도께서 돌아오셔서 이 민족들을 심판하실 것이며 주님의 왕국을 건설하실 것이다. 그는 흩어진 유대인들을 다시 모을 것이며, 그들의 죄에서 정결케 하실 것이고, 그의 의로운 왕국을 창설하셔서 예루살렘에 있는 다윗의 보좌에 앉으실 것이다(슥 12～13장 참조).

당신은 스바냐가 "남은 자들"에 대하여 강조하고 있는 것을 눈여겨 보았는가(2：7, 9 / 3：13)? 그 당시 하나님에 대한 진실한 믿음을 가진 적은 무리의 믿음의 그루터기가 있었는데 오늘날에도 그와 같이 남은 믿음의 그루터기가 있다. 말세에 모든 유대인이 주님을 따르지는 않을 것이지만 남은 신앙인들은 따르게 될 것이다.

스바냐의 멧세지를 듣고 믿는 유대인들은 무엇을 할 수 있었을까? 한 가지는 기다리며 하나님께서 그의 목적을 성취하시게 하는 것이었다. 그 때 그들은 노래할 것이며(3：14 이하) 여호와의 선하심을 즐거워할 것이다. 이 민족은 시련과 희생의 때를 통과해야 할 것이지만 하나님께서 그들 중에 계실 것이며(3:17), 두려워할 필요가 없을 것이다. 심판의 때일지라도 하나님은 그들을 사랑할 것이며 돌보실 것이다. 이 일이 지나고 하나님의 진노가 끝이 나면 그는 이 민족을 회복시키실 것이며 그들을 기뻐하실 것이다. 하나님은 유대인들을 괴롭힌 자들을 괴롭힐 것이며(3:19), 유대인들을 그들의 땅으로 돌려 보내실 것이다. 물론 이 일은 70년의 포로 생활이 끝난 후에 일어날 것이다.

그러나 20절에 따르면, 이스라엘이 장차 다시 회복될 때 온 땅에는 찬양이 있을 것인데, 이 일은 아직 일어나지 않았다. 오늘날 이 민족은 국제적인 분쟁의 한 원인이지만, 예수께서 돌아오실 때는 이 땅의 기쁨과 영광의 원인이 될 것이며, 세상은 평화로울 것이다. "주 예수여, 어서 오시옵소서!"

성전의 완성

—학개—

우리가 마지막 세 선지자들(학개, 스가랴, 말라기)의 활동을 이해하기 위해서는 유대의 역사를 복습하지 않으면 안된다. 주전 536년에 에스라는 약 50,000명의 유대인들을 데리고 거룩한 땅으로 돌아왔다. 이들은 제단을 다시 세우고 제사를 다시 시작하였다. 주전 535년에는 성전의 기초를 놓았다. 그러나 심각한 반대에 부딪혀 사역은 중단되었다. 이 백성이 그 일을 다시 시작한 것은 주전 520년의 일이었고 515년에 드디어 성전이 완성되었다. 이 임무를 완성하는 데는 경건한 네 사람의 활동이 있었다. 즉, 총독인 스룹바벨과 대제사장인 여호수아, 그리고 선지자인 학개와 스가랴였다(스 5:1/스 6:14 참조).

학개가 이룬 사역의 전체적인 목적은 게으른 백성들을 일깨우며 하나님의 성전을 완성하도록 격려하는 것이었다. 이들이 거룩한 땅에 처음 도착하여 일을 시작하기는 쉬운 일이었다. 처음에는 모두들 헌신적이고 열성적이었기 때문이었다. 그러나 시련과 반대의 몇 달이 지나자 일은 지연되고 마침내는 멈추게 되었다. 처음에 일을 시작할 때보다도 다시 시작하게 된다는 것은 더욱 어려운 일이다.

이 작은 책에는 학개로부터의 네 편의 설교가 있는데, 이들 각각에 날짜가 적혀 있다. 이 멧세지들을 통하여 학개는 우리가 하나님의 뜻을 성취하며 그의 사역을 완성하지 못하도록 막고 있는 한 가지 특별한 죄를 지적한다.

1. 자신을 여호와보다 앞에 두는 일(1:1~15)

학개가 이 멧세지를 전한 때는 주전 520년 9월 1일이었다. 성전에 기초가 놓인 채 완성되지 못한 상태로 16년이 지났다. 이 멧세지는 이 민족의 두 지도자인 스룹바벨과 여호수아(정치적 지도자와 종교적 지도자)에게 보내졌다. 학개는 시간을 낭비하지 않고 곧장 멧세지의 핵심에 이른다. "백성들은 핑계를 대고 하나님의 집을 소홀히 하고 있다! 지금은 일을 해야 할 때이며 하나님의 집을 완성해야 할 때이다!"

그는 그들의 이기심을 지적한다. 백성들은 자신의 집들을 지으면서 하나님의 집을 세울 때가 아니라고 말한다! 다른 말로 하면, 자신들을 여호와보다 먼저 생각하고 있었다. 유대인들 중의 어떤 이들은 그 당시로서는 굉장히 사치스러운 "판벽한 집"을 가지고 있었다. 오늘날 우리는 하나님의 뜻보다 우리의 욕구를 우선적으로 두는 이러한 죄를 가지고 있다. 하나님의 일을 하는 데에 핑계를 대기란 참으로 쉬운 일이다. 그런데 우리 자신의 일을 할 때는 이러한 핑계들을 잊어버린다. 심방을 하거나 교회에 출석하기에는 몹시 사나운 날씨가 사냥 여행을 하거나 흥청대며 돈쓰는 데에는 그리 나쁘지 않다! 2회 연속 시합이 있는 야구 경기는 끝날 때까지 불평없이 앉아 있으면서도 예배가 5분이라도 시간을 넘으면 안절부절하기 시작한다.

학개는 우리가 자신을 하나님보다 먼저 생각하면 정말로 실패하게 된다고 경고한다. 1장 6절에서 그는 우리의 번 것들은 사라질 것이며, 하나님이 무시당할 때 우리의 소유는 지속되지 못한다고 말해 준다. 하나님께서 비를 붙들어 두시므로(10절) 농작물은 소출이 없었다(11절). 결국, 유대인들은 그들이 하나님께 영광을 돌릴 때 그 땅을 축복하실 것이라는 하나님의 약속을 알고 있었다(신 28장). 그러나 이들은 하나님의 말씀을 믿지 않았고, 그럼으로써 축복을 잃었다. 마태복음 6장 33절은 주장해야 할 큰 약속이다. 빌립보서 4장 19절도 그렇다.

멧세지는 참된 깨우침으로 받아들여졌으며(12~15절), 지도자들은 하나님의 뜻을 행하기 위해 움직이기 시작하였다. 여호와께서 "내가 너와 함께 하리라"고 약속하셨다! "내가 영광을 받게 될 것이다!"이 모든 사업이 영적인 모험이었으며 단순히 육신적인 일이 아닌 것에 유의하자. 하나님의 백성은 일어났으며 여호와를 그들의 삶의 첫자리에 두었다! (빌 1 : 21 / 빌 2 : 21 참조).

2. 앞을 내다보는 대신 뒤를 돌아봄(2 : 1~9)

장막절의 마지막 날인 10월 21일에 학개가 두번째 설교를 할 때는 일곱 주간 쯤 일을 했을 때였다(레 23 : 34). 이 날은 기쁨과 찬양의 큰 날이 되어야 마땅한데 반대로 실망과 불평의 하루였다! 그 이유는 사람들이 앞을 내다보는 대신 뒤를 바라보았던 데에 있었다. 그들이 16년 전에 기초를 놓았을 때 나이 많은 이들은 솔로몬의 성전의 영광을 생각하고는 울었다(스 3 : 13). 이제 백성들 중의 어떤 이들은 새로운 성전이 광채도, 영광도 없는 것들로 인하여 실망하였다.

물론 백성의 재앙은 그들의 죄에 마땅한 것이지만 그래도 뒤를 돌아다 볼 이유가 되지는 못한다. 하나님의 사역에 있어서는 믿음으로 앞을 바라보아야만 한다. "강하라…두려워 말라!"라고 하나님은 용기를 잃은 지도자들에게 말씀하셨다. "나는 이 세상을 흔들어 놓을 것이며 어느 날 하나의 왕국을 세울 것이다" (히 12 : 26~29). 하나님은 나중 집(천년왕국 기간의 성전)의 영광이 전의 집(솔로몬의 성전)의 영광을 훨씬 능가할 것이라고 약속하신다. "그리고 거기 평화가 있을 것이다!" 가장 좋은 것은 아직 오지 않았다!

3. 죄를 고백하지 못함(2 : 10~19)

백성들은 성전 일을 시작한 바로 그 날에 물질적인 축복을 받게 될 것을 기대하였다. 그러나 12월 14일이 되어서도 일들은 여전히 어려웠다. 학개는 하나님이 왜 아직 이들을 축복하지 않으시는지를 설명하였다. 이들은 아직도 정결케 되지 않았으며 그들의 죄를 고백하지 않았기 때문이다. "너희는 너희의 거룩함과 건강함을 누군가에게 줄 수는 없으나, 부정함과 병을 줄 수 있다"라고 그는 설명하였다. 그리고 백성이 부정하기 때문에 그들의 일도 부정하였다(2 : 14). 이 멧세지와 연관하여 스가랴 3장을 읽자. 스가랴는 같은 해 8월에 이 멧세지를 전파하였다(슥 1 : 1). 학개 2장 10~19절의 일이 있기 한 달 전의 일이었다. 그들이 죄를 회개하려고 할 때에만 하나님은 백성을 그들의 죄에서 깨끗케 하실 수 있으시다.

일단 이 민족이 정결함을 받자 하나님은 이들을 축복하시기로 약속하셨다(2 : 19). 하나님의 일을 하는 것만으로는 충분하지 못했다. 깨끗한 손과 순전한 마음으로 해야만 한다. 고백하지 않은 죄는 주님의 사역을 성취하는 데에 있어서 큰 장애물 중의 하나이다.

4. 불신앙(2 : 20~23)

세번째 멧세지와 같은 날 설교된 이 마지막 멧세지는 총독 개인에게 주는 것이었다. 스룹바벨이 여호와의 일을 지도해 나갈 때에 그에게 특별한 격려가 필요했던 것은 분명하였다. 사단은 언제나 영적인 지도자들을 공격한다. 우리가 그들을 위하여 기도하며 함께 일하는 것은 우리의 의무이다. 아마도 스룹바벨은 주위에 있는 큰 제국들을 보고 유대인의 작은 그루터기의 미래에 대해 염려했을 것이다. 우리가 주님의 일을 일으켜 세우려고 할 때 환경은 우리를 실의에 빠지게 하는 한 가지 요인이 된다.

그러나, 하나님은 총독의 믿음을 격려하셨다. 불신앙은 언제나 우리에게서 하나님의 축복을 훔쳐 간다. 하나님은 말씀하셨다. "내가 하늘과 땅을 뒤흔들리니 이 왕국들을 두려워하지 말라. 내가 그들을 던질 것이며 그들을 멸망시키리라. 너 스룹바벨아, 너는 나에게 있어 확실한 인장과 같으며 매우 귀중한 보석과 같다. 내가 너를 택하였으니, 포기하지 말라!" 이 멧세지가 총독에게 얼마나 격려가 되었으며 그의 믿음을 북돋아 주었겠는가.

스룹바벨은 예수님의 조상 중의 한 명으로서, 그의 이름은 족보에 실려 있다(마 1 : 12 / 눅 3 : 27). 사실상, 스룹바벨은 그리스도에 대한 구약의 모형이며 예증이다. 여기서 그리스도는 하나님께서 선택하신 도장, 그의 귀중한 인(印)으로 나타난다. 도장은 권위와 명예를 말한다. 하나님은 스룹바벨에게 성전을 완성할 수 있는 권위를 주셨다. 하나님은 그의 아들에게 잃어버린 자들을 구원하고 그의 성전인 교회를 세우도록 권위를 주셨다(요 17 : 1~3).

그리스도가 돌아오시기 전에 하나님께서 당신에게 하라고 부르신 일은 무엇인가? 그 일을 시작해 놓고 끝을 못맺고 있는가? 당신은 실의에 빠져 있는가? 그렇다면 주님의 일을 방해하는 죄들을 삼가하라. 즉, 자신을 하나님보다 먼저 생각하는 것, 앞을 보는 대신 뒤를 보는 것, 고백하지 않은 죄, 불신앙과 같은 것들이다. 그 대신 하나님이 우리에게 주시는 놀라운 약속들을 명심하라. "내가 너와 함께 하리니(1 : 13)… 두려워 말라(2 : 5)… 내가 너를 축복하고(2 : 19)… 내가 너희를 선택하였다"(2 : 23). 빌립보서 1장 6절의 약속을 주장하라. 그리고, 일어나 주님의 일을 하라!

스 가 랴

—서론과 개요—

스가랴 서론

□ 저자 : 스가랴는 50,000명의 유대인들이 그들의 성읍과 성전 예배를 재건하기 위하여 팔레스틴으로 돌아온 어려운 시대에 학개와 더불어 사역하였다. 남은 자들은 주전 536년에 돌아와 535년에 성전의 기초를 놓았다. 그러나, 반대 세력의 발생으로 일을 중단하였다. 주전 520년에 하나님은 학개와 스가랴를 세워 지도자들과 백성들을 격동하였다. 그리하여, 525년에 이 사역을 성취하였다. 스가랴는 선지자이며 제사장이었다(느 12 : 4, 16 참조). 스가랴 2장 4절에 의하면 그가 젊은이인 것을 보게 된다. 그의 이름은 "여호와께서 기억하신다"는 뜻이다. 그의 아버지의 이름은 "여호와께서 축복하신다"이며, 그의 할아버지의 이름은 "하나님의 때"라는 뜻이다. 이들을 함께 모으면 "여호와는 그분의 때에 축복하실 것을 기억하고 계신다" 는 의미가 된다.

□ 주제 : 이 책은 유대인을 위한 하나님의 계획을 드러내고 있으며, 구약 중에서 다니엘서에 버금간다고 할 수 있다. 예루살렘 성이 스가랴서에 39회 언급되어 있다. 스가랴 1장 14~17절은 이 책의 핵심 구절들이다. "하나님은 예루살렘을 위하여 질투하신다. 하나님은 이방인들이 거룩한 성에 행한 일들을 벌하실 것이다. 그리고 어느 날 영광과 평화 중에 이 성을 회복하실 것이다." 하나님께서 그의 은혜로 예루살렘을 선택하셨다는 사실은 이 책에서 자주 언급되고 있다(1 : 17 / 2 : 12 / 3 : 2). 그분은 이 성에 자비를 베푸실 것이며(1 : 12), 어느 날 이 성에 거하실 것이다(8 : 3, 8).

□ 해석 : 대부분의 구약 예언들이 그러하듯이 우리는 스가랴가 하는 말의 가까운 뜻과 먼 뜻을 구별해야만 한다. 한 구절에서는 예루살렘이 로마인들에게 멸망할 것을 묘사하고 있다. 그리고 다음 구절에서는 통치하기 위하여 오시는 메시야를 묘사한다! 스가랴가 가장 좋아하는 하나님의 이름은 "만군의 여호와"(군대들의 하나님)이다. 그는 이스라엘의 원수들을 패배시키고 평화와 영광 중에 예루살렘을 건설하려고 오시는 여호와를 본다. 이 장엄한 예언들이 오늘날 "교회, 곧 영적인 이스라엘"에게 적용시키는 것은 이 책의 의미와 능력을 훔치는 결과가 된다. 물론 모든 시대에 영적으로 적용해야 할 내용들이 있지만, 근본적인 해석은 유대 나라와 예루살렘을 위한 것이 되어야만 한다.

□ **스가랴서 :** 다음 부분에 나오는 해설적인 요약에서 보게 될 것이지만, 이 책은 세 부분으로 나뉘어진다.

1~6장은 이 책의 멧세지를 요약하고 있는 환상들을 묘사하는데, 예루살렘은 구원을 받을 것이며 정결케 되고 평화와 번영 가운데 재건될 것이라는 내용이다. 이 부분은 여호수아를 왕 같은 제사장으로 관을 씌움으로 끝을 맺는데, 예수 그리스도를 상징하는 것이 분명하다.

8~9장은 예루살렘이 함락된 것을 추념하는 일에 대하여 질문하기 위해 찾아온 몇몇 유대인들의 방문을 기록한 것이다. 이 금식은 6월에 있었다(왕하 25 : 8 / 렘 52 : 12). 결국, 만일 예루살렘이 재건될 것이라면 왜 금식해야 하는가 하는 질문이었다. 스가랴는 그들의 금식이 마음으로부터 이루어져야지 일람표에 따라 행하는 것이어서는 안된다고 응답하며, 영화롭게 된 성에서는 금식이 축제로 변할 것임을 약속한다.

마지막 부분은(10~14장) 예루살렘에 대한 상세한 묘사이며, 이방 나라들을 이기신 하나님의 승리를 묘사하고 있다. 9~11장에서 우리는 첫번째 "짐"을 보며 12~14장에서는 두번째 짐을 본다. 요약에서도 보듯이 스가랴는 알렉산더 대제의 침략, 마카비 시대(잠깐 동안이지만 이스라엘을 속박으로부터 구원한 유대인 애국자)와 로마로 말미암은 예루살렘의 멸망까지지도 다루고 있다. 스가랴서는 또한 우리에게 아마겟돈 전쟁과 그리스도께서 이 땅에 돌아오셔서 왕국을 세우시는 것을 보여 주기 위하여 "말세"로 도약한다.!

□ **그리스도 :** 스가랴서는 예수 그리스도의 사역에 있어서의 여러 가지 면을 보여 준다.

● **왕 :** 9장 9절 / 마태복음 21장 4~5절
● **돌 :** 3장 9절 / 10장 4절 / 로마서 9장 31~33절
● **은 30냥에 팔린 노예 :** 11장 12절 / 마태복음 27장 3~10절
● **얻어맞은 목자 :** 13장 7절 / 마태복음 26장 31절
● **가지 :** 3장 8절 / 6장 12절 / 이사야 4장 2절 / 이사야 11장 1절 / 예레미야 23장 5절 / 예레미야 33장 15절
● **영광스러운 통치자 :** 14장 1~4, 9, 16~17절

스가랴 개요

●**주제** : 하나님은 예루살렘을 질투하시며 그 성을 회복하실 것이다 / 1장 12~17절

●**서론** : 회개로의 부르심(주전 520년 11월) / 1장 1~6절

1. 격려의 여덟 가지 환상(주전 520년 2월 24일) / 1장 7절~6장 15절

1 말탄 사람 / 1장 7~17절
하나님은 예루살렘을 잊지 않으셨다.

2 나팔과 장인 / 1장 18~21절
하나님께서 원수들을 멸망시키실 것이다.

3 측량사 / 2장 1~13절
예루살렘은 회복될 것이다.

4 대제사장 여호수아 / 3장 1~10절
그 민족은 정결케 될 것이다.

5 촛대와 나무들 / 4장 1~14절
하나님의 능력은 여호수아와 스룹바벨로 하여금 어려운 임무를 끝내게 할 수 있을 것이다.

6 날아가는 두루마리 / 5장 1~4절
이 땅에서 죄는 심판을 받을 것이다.

7 여자 / 5장 5~11절
사악함은 이 땅에서 바벨론으로 옮겨졌으며 바벨론은 모든 우상 숭배와 종교적인 오류의 근본이다.

8 전차 / 6장 1~8절
하나님이 나라들을 조절하신다. 예루살렘은 안전하다.

● 제사장이신 왕에게 면류관을 씌움 / 6장 9~15절
하나님의 계획의 절정은 제사장이며 왕이신 예수 그리스도의 대관식이 될 것이다. 이스라엘에게 왕 또는 제사장들은 있었으나, 왕이며 제사장이신 분을 모신 일은 없었다. 이 분은 예수 그리스도만을 상징할 뿐이다.

2. 중간기록 : 금식에 관한 질문들(주전 518년 12월 4일) / 7~8장

속죄일의 금식이 필수적으로 행하는 유일한 금식이었는데 예루살렘의 함락을 추념하여 금식을 하게 되었다. 만일 이 성이 회복된다면 왜 금식을 하겠는

가? 스가랴는 금식의 참된 의미를 그들에게 가르치기 위하여 이 금식을 사용하는 것이다. 그리고 평화와 영광 중에 이 성이 회복될 것을 약속한다.

3. 교화를 위한 예언 / 9～14장

1 첫번째 예언 / 9～11장
- (1) 알렉산더 대왕의 정복 / 9장 1～8절
  메시야의 오심 / 9장 9절
- (2) 마카비 시대의 승리들 / 9장 11～17절
  메시야의 오심 / 10장
- (3) 로마의 정복 / 11장 1～9절
  메시야의 오심 / 11장 10～14절
  적그리스도의 발흥 / 11장 15～17절

2 두번째 예언 / 12～14장
- (1) 환란기의 이스라엘 / 12장 1～9절
  그리스도의 재림 / 12장 10절 ～ 13장 9절
- (2) 아마겟돈 전쟁 / 14장 1～3절
  그리스도의 재림 / 14장 4～7절
- (3) 왕국의 설립 / 14장 8～21절

하나님은 기억하신다

—스가랴—

예루살렘성은 오늘날도 대단한 화제거리이며 이렇게 묻는 사람들이 많다. "이 고대 도시의 장래는 어떻게 될 것인가? 유대인들은 예루살렘을 지킬 수 있을 것인가? 다시 공격을 당할 것인가?" 이에 대한 대답과 다른 많은 것들이 스가랴서에서 발견된다. 이 책에는 예루살렘성이란 말이 39회 언급된다. 1장 12~17절에서 하나님은 이 성의 운명을 조절하고 계심을 명백히 밝히신다. "나는 자비롭고… 나는 예루살렘을 위하여 질투하며… 내 집이 건축되리니… 여호와는 시온을 위로하실 것이며 예루살렘을 택하실 것이다!"

스가랴는 예루살렘이 아직 폐허로 있을 때에 예언하였다. 586년에 바벨론 사람들은 이 성을 파괴하고 그 백성을 바벨론으로 데려갔다. 536년에 바벨론이 망하자 고레스는 유대인들의 남은 자들이 그들의 땅으로 돌아가도록 허락하였다. 535년에 이들은 성전의 기초를 놓았으나 그 일은 중단되었다. 유대인이 다시 하나님의 집을 재건하기 시작한 것은 520년의 일이었다. 이 일은 학개와 스가랴의 설교로 인하여 재개되었다. 그러나 스가랴는 이 폐허가 된 성읍에 사는 연약한 민족을 본 것이 아니었다. 그는 수십 세기 후를 내다보았으며 그 성의 장래를 보았고, 예루살렘왕 메시야의 오심을 보았다. 그는 성전이 다시 건축될 것을 알고 있었다(1:16/4:9/6:12~14/3:9). 우리는 스가랴서에서 예루살렘성과 연관된 큰 사건들을 추적해 보기로 한다.

1. 여호와의 보호(9:8)

9장 1~8절에서 이 선지자는 그리이스의 장군, 알렉산더 대제의 정복을 묘사한다. 역사는 알렉산더가 여러 도시들을 멸망시켰으나 예루살렘은 멸망시키지 않았다고 말해 준다! 그는 이 성을 위협하였지만 그 위협을 결코 현실로 옮기지는 않았다. 이 장군이 도착하기 전에 유대의 대제사장이 하나님께로부터 왔다고 느껴지는 한 꿈을 꾸었는데, 그 꿈에 대제사장의 옷을 입고 성 밖에서 알렉산더를 만나라는 말을 들었다. 그와 함께 제사장들이 흰 제사장 복을 입고 같이 갔는데, 이 장면은 알렉산더를 깜짝 놀라게 하였다. 사실 그는 그와 똑같은 장면을 꿈 속에서 보았다고 주장하였다! 알렉산더는 예루살렘에 평화롭게 입성하였고 그 백성이나 성에 어떤 식으로도 해를 입히지 않았다.

2. 메시야의 방문

아마도 스가랴는 알렉산더의 방문을 통하여 예수 그리스도께서 거룩한 성에 오실 것에 대한 미광을 미리 본 것인지도 모른다. 왜냐하면 바로 다음 절에(9 : 9) 그리스도가 예루살렘에 도착하시는 일을 예언하였기 때문이다. 이 일은 "종려주일"에 예수께서 그 성에 입성하심으로써 성취되었다 (마 21 : 4~5 / 요 12 : 12~16).

알렉산더 대제는 전쟁을 위하여 왔으나, 예수께서는 평화를 목적으로 오셨다. 그들은 그리스도를 어떻게 대하였던가? 스가랴 13장 7절은 그가 체포되어 (마 26 : 31) 얻어 맞았다고 말한다. 그는 노예의 가격으로 팔렸다(슥 11 : 12 / 마 27 : 3~10). 그 결과, 그는 친구의 집에서 상처를 입고(슥 13 : 6) 십자가에서 찔림을 당했다 (슥 12 : 10). "평화의 성" (예루살렘의 뜻) 이 "평화의 왕"을 거절하고 십자가에 못박는다는 것은 얼마나 비극인가!

3. 로마에 의한 파괴(11 : 1~14)

이 부분 전체는 예루살렘의 마지막 날들과 로마 군인들에 의해서 예루살렘이 최종적으로 파괴될 것에 대한 도표적 상징이다. 이런 일이 생길 것이라는 말은 이 일이 있기 600년 전에 알려졌었다! 스가랴는 그 땅이 약탈당하는 것을 보았으며, 백성들이 울부짖는 소리를 듣는다. 이러한 비극은 무슨 이유에서인가? 통치자들(목자들)의 불충성 때문이다. 백성들의 종교적인 지도자들은 진리를 거절하고 그들을 구원할 메시야를 십자가에 못박히도록 방치하였다! 이스라엘은 "하나님의 백성들이며, 그의 목장에 있는 양들"이었었다. 그러나 이제 그들은 "살육자의 떼"였으며(4, 7절), 로마에 의해 살육당할 것으로 운명지워져 있었다.

여기에서 스가랴는 메시야가 목자의 두 가지 지팡이를 사용하는 것을 묘사한다(시 23 : 4). 하나는 은총(아름다움)이며, 다른 하나는 연합(묶음)이다. 이스라엘이 메시야를 팔아 넘기자(12절) 하나님의 은혜의 날은 그 민족을 종말로 이끌어 갔다. 더이상 주님 안에서 연합되지 않았으며 이 민족은 깨뜨려져야 했다. 주후 70년에 로마는 이스라엘을 공격하였으며, 예루살렘은 파괴되었다(마 23 : 37~39 참조).

4. 적그리스도의 보호(11 : 15~17)

이스라엘의 양떼는 그들의 참된 목자를 거절했을 뿐아니라 그를 쳤다 (13 : 7). 그러나 이들은 거짓 목자, "우상 목자" 적그리스도를 용납하였다. 예수께서는 요한복음 5장 43절에서 이 일을 예언하셨다. 다니엘 9장 27절은 교회가 휴거된 후에 유럽 연합국의 지도자(단 7 : 7~8에 나오는 열 왕국)는 유대인들을 7년 동안 보호하겠다고 그들과 언약을 세울 것을 말해 준다. 예루살렘은 3년 반을 평화롭게 보낼 것이며, 이 거짓 평화는 무서운 3년 반 동안의 환란의 서곡이 될 것이다.

전반부 3년 반 동안에 요한계시록 11장 1절 이하에 있는 두 증인이 하나님의 멧세지를 전할 것이다. 요한계시록 11장 4절은 이 증인들을 스가랴 4장에 나오는 두 감람나무와 연관시킨다. 스가랴 시대의 두 감람나무라면 대제사장 여호수아와 총독 스룹바벨을 말하는 것으로서, 이들을 통하여 성령께서 역사하셨다. 그러나 최종적인 적용은 말세의 두 증인에게 해당된다.

5. 이방인들에 의한 침공(12 : 1 ~ 8 / 14 : 1 ~ 3)

예루살렘은 수 많은 공격을 받아 왔으며 비참함을 경험해 왔다. 그러나 이러한 일이 한 번 더 남아 있었다. 환란 기간 동안에(후반 3년 반) 민족의 3분의 1만이 생존하여 왕국에 들어갈 것이다(슥 13 : 8~9). "그 날에"라는 말이 스가랴서 12~14장에 최소한 13회 반복되고 있으며 여호와의 날을 가리키고 있다. 12장 1~8절과 14장 1~2절에서 우리는 모든 이방 민족들이 예루살렘에 대항하여 함께 모인 것을 보게 된다! 물론 적그리스도는 예루살렘으로 이동하며 유대인들과의 약속을 깨고 성전을 세계적인 예배를 위한 사령부로 삼는다(살후 2장 / 계 13장 참조). 환란의 후반부에서 이 땅의 왕은 마지막 대 전쟁인 아마겟돈 전쟁을 치르기 위하여 모이기 시작할 것이다(계 16 : 12~16 / 19 : 19~21).

14장 1~2절에서는 주께서 예루살렘을 구하기 위하여 돌아오시기 전에 이 전쟁을 통해 혹독하게 고난을 받는 것을 주의해서 살펴보자. 어떤 학자들은 이 구절을 곡과 마곡의 전쟁에 대한 구절로 본다 겔 38~39장 그러나 견실한 의견인 것같지는 않다. 곡과 마곡은 환란 기간의 중간에 있으며 러시아와 그 연맹군이 관계된다. 이 전쟁은 아마겟돈 전쟁과 같이 모든 이방 나라들을 포함시킬 것이다. 더구나 그리스도는 곡과 마곡의 전쟁이 끝난 후에 예루살렘을 구하기 위하여 돌아오시지는 않는다. 스가랴 14 : 4 이하에서는 그가 예루살렘을 위하여 돌아오시는 것으로 되어 있다(욜 3 : 2/사 4 : 3~4/사 31 : 5/마 24 : 15 ~22 참조).

6. 예수 그리스도에 의한 구원(12 : 9 / 4 ~ 11)

전쟁이 최고조에 이르렀을 때 예수께서 감람산에 재림하실 것이다(14 : 4). 이것은 사도행전 1장 11~12절의 약속을 성취할 것이다. 영광이 감람산에서 떠나갔었으며(겔 11 : 22~23) 감람산에서 돌아올 것이었다(겔 43 : 2). 지진이 온 지역을 변경시켜 놓을 것이다(미 1 : 4/나 1 : 5/계 16 : 18~19). 이러한 변화는 틀림없이 에스겔의 장엄한 성전에 요구되는 새로운 지경을 확보하게 할 것이다(겔 40~48장). 현재와 같이 배정된 상황에서는 그처럼 큰 구조는 불가능하므로, 새롭게 형성된 골짜기는 예루살렘에 사는 사람들이 피난할 길을 만들어 놓게 될 것이다. 하지만 최종적인 승리는 그리스도의 것이 될 것이다(계 19 : 11~21).

7. 여호와에 의한 정화와 영화(12 : 10~13 : 1/ 14 : 9~21)

이 민족은 찔림을 당하신 분을 보게 될 것이며(12 : 10/ 요 19 : 37/ 계 1 : 7), 죄를 회개하고 통곡하게 될 것이다. 하나님은 은혜의 샘을 여시고 그들의 죄를 정결케 하실 것이다. 회개할 사람들의 특정한 그룹, 즉 다윗(왕권), 나단(선지자들), 레위족속(제사장들)에 유의하라(12 : 12~14). 이스라엘의 역사를 훑어볼 때에 백성들을 곁길로 인도했던 사람들은 제사장들, 선지자들, 왕들이었다.

영광스러운 성전은 순에 의해서 창설될 것이며(6 : 12~13), 왕이시며 제사장이신 그리스도는 그 위엄과 평화 가운데 통치하실 것이다. "예루살렘은 역사상 처음으로 안전히 거할 것이며"(14 : 11) 영광스러운 생수가 그 땅을 흘러 치유하게 될 것이다(14 : 8/ 겔 47 : 1 이하). 이방 나라들이 예루살렘에서 예배할 것이며(14 : 16 이하), 스가랴 3장 1절에서 더러운 곳이라고 불리웠던 곳이 거룩함으로 특징지워질 것이다! 스가랴 3장의 정결함이 현실이 될 것이며 세상에는 평화가 있을 것이다. "예루살렘의 평화를 위하여 기도하라!"(시 122 : 6) 예루살렘이 평화로울 동안에 모든 나라들 중에 평화가 있을 것이다.

제사장들의 죄
—말라기—

우리는 구약 선지자들 중에서 마지막인 이 선지자 이후에 대해서는 아는 바가 거의 없다. 다만 세례(침례) 요한이 마지막이었다(말 3 : 1/말 4 : 5~6/마 11 : 10~15/막 1 : 2/눅 1 : 17). 말라기는 그리스도께서 오시기 400년 전에 회복된 유대 민족을 위하여 사역하였다.

말라기서에 묘사되어 있는 이스라엘 백성의 죄들은 느헤미야 13장 10~30 절에서 찾아 볼 수 있다. 말라기는 제사장들에게 그의 첫번째 멧세지를 주며 다음으로는 백성들 전체를 향한다. 참으로 "그 백성에 그 제사장들이다!" 이 선지자가 하나님의 말씀을 전할 때마다 백성들은 논쟁으로 응수하였다! "어떻게?" 라는 말이 반복되는 것에 유의하자(1 : 2, 6, 7 / 2 : 17 / 3 : 7, 8, 13). 백성들이 하나님과 논쟁하며 그들의 죄악된 길을 옹호하려고 하는 것은 위험한 일이다. 말라기는 백성들과 제사장들의 무서운 죄들을 지적한다.

1. 하나님의 사랑을 의심함(1 : 1~5)

"내가 너희를 사랑하였다"고 하나님은 그의 백성에게 말씀하신다. 백성들은 응수 한다. "오, 어떻게 우리를 사랑하셨나이까? 입증하시오!" 하나님의 사랑을 의심하는 것은 불신앙과 불순종의 시작이다. 하와는 하나님의 사랑을 의심하였으며 금지된 나무의 실과를 먹었다. 하와는 하나님께서 그녀를 붙들어 두려고 하신다고 생각하였다. 사단은 우리가 하나님에 의하여 소홀히 여김을 받고 있다고 느끼게 되기를 원한다. "너희의 어려운 환경을 살펴보라"고 사단은 유대의 남은 자들에게 말하였다. "곡식은 어디 있는가? 하나님은 왜 너희를 돌보시지 않는가?"

하나님은 그의 백성에게 두 가지 방법으로 사랑을 입증하신다. 그는 은혜로 그들의 조상 야곱을 선택하셨으며, 여러 가지 면으로 볼 때 훨씬 나은 사람이었던 에서를 거절하셨다. 또한 하나님은 에돔 사람들을 심판하셨으며(에서의 후손들) 이스라엘에게 그 땅의 가장 좋은 곳을 주었다. 하나님은 이스라엘에게 젖과 꿀이 흐르는 땅을 약속하셨는데 슬프게도 그들의 죄들은 그 땅을 폐허로 만들었으며 오염시켰다. 그러나 하나님은 은혜롭게 그들을 그들의 땅으로 회복시키셨으며 포로 생활로부터 그들을 구원해 내셨다.

2. 하나님의 이름을 업신여김(1：6～14)

이제 하나님은 제사장들에게로 향하시는데 이들은 이 땅의 영적인 지도자가 되었어야 하는 사람들이었다. 이 제사장들은 하나님의 이름을 영화롭게 하지 않았으며 가장 좋은 것을 자신들이 취하였다! 이들은 하나님이 그들에게 주신 영적인 특권들, 즉 제단에서 섬기는 일, 향을 태우는 일, 드려진 진설병을 먹는 것 등의 일을 중요하게 여기지 않았다. 그리고 제물을 드릴 때에 가장 좋은 것을 가져오지 않았고 동물들 중에서 가장 보잘것 없는 것들을 가져왔다(신 15：21 참조). 하나님은 그들에게 최선의 것을 주셨으며 최선의 것을 요구하셨다. 그러나 이들은 하나님께 순종하지 않았다.

10절은 다음과 같이 읽어야 할 것이다. "성전 문을 닫고 이러한 위선에 종말을 고할 수 있는 영적인 사람들이 누구인가?" 하나님은 백성들과 제사장들이 "종교를 가지고 장난을 하며" 가장 좋은 것을 그들이 가지는 것보다는 성전의 문이 닫히게 되는 것을 원하셨을 것이다. 제사장들은 먼저 자신의 몫을 받지 않으면 제사를 드리려고조차 하지 않았다. 엘리 시대에 이스라엘을 패전으로 이끌었던 죄도 바로 이러한 종류의 죄였다(삼상 2：12～17/삼상 4：1～18). 11절은 주님의 백성들보다 "이교도 이방인"들이 오히려 좋은 제물을 가져온다고 언급한다! 구원받지 않은 사람들이 하나님을 진실로 아는 우리들보다 그들의 믿음을 위하여 더욱 희생적인 것은 참으로 유감된 일이다.

우리는 그리스도로 말미암은 제사장들이며, 또한 주님께 "영적인 제물"을 가져간다. 이 제물은 무엇인가? 우리의 몸(롬 12：1～2)과 우리의 헌금(빌 4：14～18), 찬양(히 13：15), 다른 사람들을 위한 선행(히 13：16), 그리스도께로 인도한 영혼들(롬 15：16) 등이다. 우리는 주님께 우리의 최선을 가져오고 있는가, 아니면 우리에게 편리한 대로 하고 있는가?

3. 자신의 언약을 더럽힘(2：1～17)

제사장이 된다는 것은 경시될 일이 아니었다. 왜냐하면 레위인들과 맺으신 주님의 언약을 통하여 하나님이 주시는 은혜로운 선물이기 때문이다. 5～7절은 이상적인 제사장 상을 묘사한다. 즉, 그는 여호와를 경외하며 주님께 순종하고, 말씀을 받으며 말씀을 가르친다. 그는 그가 가르치는 것대로 살며 다른 사람들을 죄에서 돌이키게 하려고 노력한다. 그러나, 말라기 시대의 제사장들은 사실상 사람들을 곁길로 이끌어 갔다(2：8). 그리고 거룩한 언약을 더럽혔다.

하나님은 이들을 어떻게 하실 것인가? "나는 너희를 저주하리라." 이것은 3장 9절과 연결되며 십일조와 헌물을 가져오지 않는 것과도 연결된다. 하나님은 곡식들을 저주하셨고, 백성들은 가난해져서 제물을 제사장들에게 가져오지 않았다. 따라서 제사장들은 배가 고팠다. 하나님의 언약을 위반하고 죄를 범하자 이들은 스스로를 해친 결과가 되었다!

10~16절은 제사장들이 유대인 아내들과 가족들을 배반하고 이방 여인들과 결혼했던 무서운 죄를 지적한다(출 34 : 10~17 / 스 9 : 1~4 / 느 13 : 23 ~ 31 참조). 제단에서 그들이 아무리 울지라도 상황을 바꾸어 놓지는 못하였다. 이들은 죄를 버려야만 하였다. 15절을 다음과 같이 읽으라. "주께서 남편과 아내를 하나로 만들지 않으셨는가? 그 까닭은 거룩한 가족을 이루게 하시기 위해서이다." 사실상, 이 민족이 이혼에 대해서 느슨해 있는 것은 그 씨, 곧 그리스도가 오실 약속에 위험이 되고 있었다! 하나님은 이혼을 미워하신다. 이것은 남편과 아내 사이의 언약을 깨뜨리는 것이며 인간과 하나님 사이의 언약을 깨뜨리는 것이기도 하다.

4. 이들은 하나님의 말씀에 불순종하였다(3 : 1~15)

2장 17절에서 백성은 경멸하며 물었다. "하나님께서 우리를 죄로 인하여 벌하실 것인가? 그가 정말 돌보고 계신다는 말인가?" 하나님은 그의 사자를 보내실 것을 약속하심으로 이에 답하신다. 이 사자, 즉 세례(침례) 요한은 언약의 사자(예수 그리스도)를 알릴 것이다. 예수께서는 성전에 들어오셔서 죄를 폭로하시고 뜰을 정결케 하셨다. 주님은 그의 사역을 통하여 종교 지도자들의 죄를 드러내셨고, 그리하여 이들은 마침내 그를 십자가에 못박게 하였다. 물론 이것을 미래에 적용할 수도 있는데, 여호와의 날에 주님은 이스라엘을 정련하실 것이며 거짓된 것들로부터 참된 것들을 분리하실 것이다. 왜 주님은 그의 반역하는 백성을 버리지 않으시는가? 6절이 그 해답이다. 그분은 변함이 없으시다. 따라서 자기의 약속에 진실하시다(렘애 3 : 22).

백성들은 주님에게서 십일조와 헌금을 훔침으로써 하나님께 불순종하였다. 사실상 하나님의 백성이 바치는 데 충성하지 않는 것은 하나님의 것을 훔치는 것일 뿐만 아니라 자기 자신의 것들을 훔치는 것이 된다. 하나님은 그러한 이기심으로 인해 비를 내리지 않으시고 곡식을 망쳐 놓으셨다. 물론 십일조는 "하나님과 거래하는 것"은 아니다. 그러나 하나님은 청지기 직분에 충성된 사람들에게 축복하시고 돌보시겠다고 약속하신다. 물론 하나님은 파산자(지불 불능자)가 아니다. 하나님은 십일조와 헌금이 우리의 믿음과 사랑을 표현하는 것이기를 원하신다. 그리스도를 향한 신자의 사랑이 식을 때 이것은 대개 그의 청지기 직분에서 나타나게 된다.

우리는 10절에 나오는 "창고"가 지교회라고 생각한다. 여기 나오는 히브리 단어는 고린도전서16장 2절에 나오는 "저축하여 두라"는 말과 정확히 같은 뜻이다. 신약에서 바치는 일에 대한 교훈은 지교회에 주는 것이며, 교회의 각 개인들에게 한 교훈은 아니었다. 바울이 교회로부터 헌금을 받은 것은 명백한 듯하다(빌 4：15～17/고후 11：8～9). 그는 교인들이 그에게 직접 내도록 조장한 것은 아니었고, 그들의 십일조와 헌금을 주일의 첫날 교회로 가져오라고 하였다(고전 16：1～2). 교인들 각자가 마땅한 분량(수입의 10%, 십일조)을 주님께 가져온다면, 그리고 감사의 표시로 헌금을 첨부한다면 우리의 지교회가 사역을 하는 데 충분하고도 남을 것이다! 그리고 지원을 받을 만한 많은 다른 좋은 사역들을 위해 관대하게 나눌 수 있을 것이다.

말라기는 충성된 자들에게 놀라운 약속을 함으로 그의 멧세지를 끝맺는다(3：16～4：6). 그의 시대에는 하나님의 집을 버리지 않고 서로 간의 축복을 위하여 함께 만났던 충성된 남은 자들이 있었다(3：16～18/히 10：25). "이들은 나의 보석들이다!"라고 여호와는 말씀하신다. 충성된 신자의 아름다운 모습이 아닐 수 없다! 보석들은 귀중하며, 우리는 하나님의 보시기에 아름답다. 그분은 자신의 피로 우리를 값주고 사셨으며, 시련들과 시험들로 우리를 빛내고 계시다. 어느 날 우리는 영광 가운데 아름다움과 광채를 발하게 될 것이다!

그리스도는 끝맺는 장에서 의의 태양으로 묘사된다. 교회에게 그리스도는 "광명한 새벽별"이시다(계 22：16/계 2：28). 왜냐하면 가장 어두운 때에 그가 나타나셔서 교회를 본향으로 데려가실 것이기 때문이다. 그러나 이스라엘에게 있어서 그는 태양이시며 "여호와의 날"을 인도해 오실 것이다. 이 날은 잃어버린 자들에게는 불타는 날이며, 구원받은 유대인들과 이방인들에게는 치유를 뜻하게 될 것이다. 4장 5～6절에 나오는 엘리야는 세례(침례) 요한을 말한다(마 17：10～13/막 9：11～13). 그러나 요한계시록 11장에 나오는 두 증인 중의 한 사람에 대한 참고 구절이기도 하다.

구약 성경의 마지막에 나오는 단어는 저주이다. 그러나 신약의 마지막에서는 "더이상 저주가 없을 것이다"를 읽게 된다. 이런 차이가 생기는 까닭은 예수 그리스도이시다! "주 예수여 어서 오시옵소서!"

이 책을 읽고, 하나님께 드릴 기도와 감사를 적읍시다.

100일간/구속사적/성경통독
100일간의 성경통독을 통해서 성경의 주제인
예수 그리스도를 성경전서 곳곳에서 만나게 하는 책!

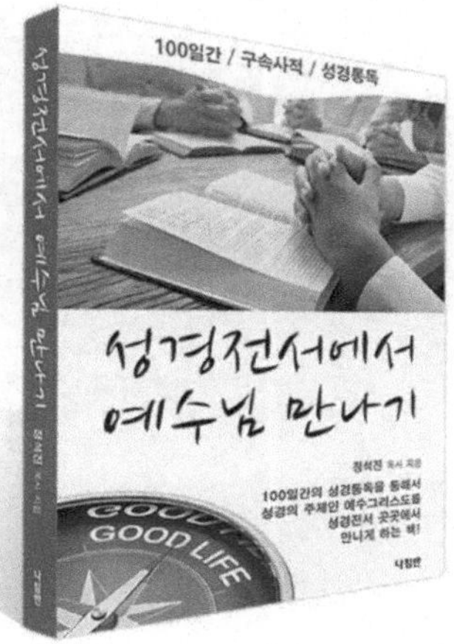

성경전서에서 예수님 만나기

정석진 지음

성경을 역사적 배경과 연대기적으로 이해하고
성경 66권의 흐름을 한 눈으로 볼 수 있는 책!

Step-by-Step 성경여행 (구약/신약)

고은주 원장 지음

망망한 바다 한가운데서 배 한 척이 침몰하게 되었습니다.
모두들 구명보트에 옮겨 탔지만 한 사람이 보이지 않았습니다.
절박한 표정으로 안절부절 못하던 성난 무리 앞에 급히 달려 나온 그 선원이
꼭 쥐고 있던 손바닥을 펴 보이며 말했습니다.
"모두들 나침반을 잊고 나왔기에… "
분명, 나침반이 없었다면 그들은 끝없이 바다 위를 표류할 수 밖에 없을 것입니다.

우리는 삶의 바다를 항해하는 모든 이들을 위하여
그 나침반의 역할을 하고 싶습니다.
우리를 구원하신 위대한 주 예수 그리스도를 널리 전하고 싶습니다.

"하나님은 모든 사람이 구원을 받으며
진리를 아는 데에 이르기를 원하시느니라"
(디모데전서 2장 4절)

핵심 성경 연구 ❶

지은이 | 워런 W. 위어스비
옮긴이 | 송용필
발행인 | 김용호
발행처 | 나침반출판사

재발행 | 2022년 3월 1일

등　록 | 1980년 3월 18일 / 제 2-32호
본　사 | 07547 서울특별시 강서구 양천로 583 블루나인 비즈니스센터 B동 1607호
전　화 | 본사 (02) 2279-6321 / 영업부 (031) 932-3205
팩　스 | 본사 (02) 2275-6003 / 영업부 (031) 932-3207
홈　피 | www.nabook.net
이　멜 | nabook365@hanmail.net

ISBN　978-89-318-1240-4
책번호　다-1107

값은 뒤표지에 있습니다.